鹿城年鉴

2015

鹿城区地方志编纂委员会
鹿 城 区 档 案 局 编
《鹿城年鉴》编辑部

《鹿城年鉴》获

第七届全国年鉴编校质量检查评比三等奖

第五届全国年鉴编纂出版质量评比综合三等奖

方志出版社
Publishing House of Local Records

图书在版编目（C I P）数据

鹿城年鉴. 2015 / 鹿城区地方志编纂委员会，鹿城区档案局，《鹿城年鉴》编辑部编. --北京 ：方志出版社，2015.12
ISBN 978-7-5144-1989-4

Ⅰ.①鹿… Ⅱ. ①鹿… ②鹿… ③鹿… Ⅲ. ①区（城市）—温州市—2015—年鉴 Ⅳ. ①Z525.53

中国版本图书馆CIP数据核字（2016）第094141号

鹿城年鉴（2015）

编　　者：鹿城区地方志编纂委员会
鹿城区档案局
《鹿城年鉴》编辑部
责任编辑：刘方圆

出 版 人：冀祥德
出 版 者：方志出版社
地址　北京市朝阳区潘家园东里9号（国家方志馆4层）
邮编　100021
网址　http://www.fzph.org
发　　行：方志出版社发行中心
电话（010）67110500
经　　销：各地新华书店
印　　刷：温州市北大方印务有限公司

开　　本：889×1194　1/16
印　　张：33
字　　数：999千字
版　　次：2015年12月第1版　2015年12月第1次印刷
印　　数：0001～1000册

ISBN　978-7-5144-1989-4　定价：200.00元

编辑说明

一、《鹿城年鉴（2015）》是中共鹿城区委员会、鹿城区人民政府主办的综合性地方年鉴。旨在记载鹿城区经济、社会概貌和发展情况，为各级党政机关和社会各界了解、研究鹿城提供较全面、系统的信息资料。《鹿城年鉴》每年编印一部，由鹿城区人民政府地方志办公室、区档案局承编。

二、《鹿城年鉴（2015）》的编辑坚持辩证唯物主义的世界观和方法论，记述鹿城区加快实现“赶超发展、再创辉煌”“创首善之区、建幸福鹿城”“构建大都市核心区”目标，不断推进中国特色社会主义在鹿城的新实践和新成果。

三、《鹿城年鉴（2015）》的框架由卷首、百科、卷尾3个部分组成，除特载、特辑等类目采用综合性文章外，百科类均采用类目、分目、条目三个层次记录，以条目为主。并特设鹿城便览。

《鹿城年鉴（2015）》类目依次有特载、特辑、大事记、地理·环境、机构及其负责人、中国共产党鹿城区委员会、中国共产党鹿城区纪律检查委员会、鹿城区人民代表大会、鹿城区人民政府、鹿城区人民政府——经济调节和市场监管事务、鹿城区人民政府——社会管理和公共服务事务、政协鹿城区委员会、民主党派·工商联、人民团体、军事、法治、农业、水利、工业、城乡建设、建筑业、交通·邮政、信息化与信息产业、商业、服务业、旅游业、金融业、房地产业、教育、科技、文化、卫生、体育、社会事务、街道·镇、人物、新事逸闻、附录、索引等。并插刊该年鹿城区自然生态环境、人文景观、经济社会发展、人民生活和重要活动等的图片资料。

企事业单位（部门、街镇）的形象宣传资料，除安排特定版面外，其余均分别归入对应类目。

特设鹿城便览，以便读者较好了解该年鹿城区的人口、面积、气象、经济综合、教育、科技、文化、卫生、体育的概况。

三、《鹿城年鉴（2015）》所刊数据，除采用有关部门正式公布外，均由各供稿单位提供，并以统计部门为准。遇到数据来源、统计方法口径不一，即着力考证核实，力求准确，仍有少数难以统一，本着如实反映原则予以刊用。

四、《鹿城年鉴（2015）》收录范围，以鹿城区现有行政区划为界，以2014年1月1日—12月31日为限。自2015年起，不再沿用当年纪年方式，采取年鉴通行纪年；以后逐年类推。

五、《鹿城年鉴（2015）》的编纂工作在中共鹿城区委、鹿城区人民政府的领导下，得到各部门、街道、镇等领导的支持，并在各有关单位撰稿人的配合下，得以顺利完成，借此深表谢忱！尽管经过多次审校，书中难免有疏漏和失误之处，恳请广大读者批评指正。

《鹿城年鉴》编辑部

2015年11月

鹿城区地方志编纂委员会

主　任：朱崇敏

副主任：洪文滨　徐　强　黄定恩

成　员：区委办、区人大办、区府办、区政协办、区人武部、区委组织部、区委宣传部、区委统战部、区委政法委、区委农办（区农林水利局）、区档案局、区经信局、区教育局、区科技局、区民宗局、区财政局、区人力社保局、区城管与执法局、区交通运输局、区文广新局、区卫计局、区统计局、区环保局、区风景旅游管理局、国土资源鹿城分局、规划鹿城分局、区总工会、团区委、区妇联、区工商联、区文联等单位主要负责人、各街镇主任（镇长）

鹿城区地方志编纂委员会下设办公室，负责日常事务

办公室主任：张　靖

办公室副主任：王剑峰

《鹿城年鉴》编辑部

地址：温州市鹿城区宽带路18号5楼

邮编：325000

电话：0577-88612633　（传真）88220111

邮箱：dfz@lucheng.gov.cn

鹿城便览

建区后建置沿革

年代	名称	隶属	下辖	更改说明
1984年12月	鹿城区	温州市	五马、鼓楼、洪殿、东风、海坛、朔门、蒲鞋市、小南、大南、松台、市中、西山、莲池、广化14个街道；新桥、南郊、黎明、城郊、双屿、仰义6个乡	浙江省人民政府浙政发〔1984〕269号：同意撤销温州市城区，设立温州市鹿城区，将新桥、南郊、黎明、城郊、双屿、仰义6个乡划归鹿城区管辖
1985年12月	鹿城区	温州市	五马、鼓楼、洪殿、东风、海坛、朔门、蒲鞋市、小南、大南、松台、市中、西山、莲池、广化14个街道；新桥、南郊、黎明、城郊、仰义5个乡；双屿1个镇	浙江省民政厅〔1985〕493号：同意双屿乡改为镇建制
1986年11月	鹿城区	温州市	五马、鼓楼、洪殿、东风、海坛、朔门、蒲鞋市、小南、大南、松台、市中、西山、莲池、广化、水心15个街道；新桥、南郊、黎明、城郊、仰义5个乡；双屿1个镇	温州市人民政府温政发〔1986〕271号：同意增设水心街道
1987年8月	鹿城区	温州市	五马、鼓楼、洪殿、东风、海坛、朔门、蒲鞋市、小南、大南、松台、市中、西山、莲池、广化、水心15个街道；南郊、黎明、城郊、仰义4个乡；双屿、新桥2个镇	浙江省民政厅浙民基字〔1987〕102号：同意新桥乡改为建制镇
1991年10月	鹿城区	温州市	五马、鼓楼、洪殿、东风、海坛、朔门、蒲鞋市、小南、大南、松台、市中、西山、莲池、广化、水心、景山16个街道；南郊、黎明、城郊、仰义4个乡；双屿、新桥2个镇	温州市人民政府温政发〔1991〕163号：同意建立景山街道
1992年10月	鹿城区	温州市	五马、鼓楼、洪殿、东风、海坛、朔门、蒲鞋市、小南、大南、松台、市中、西山、莲池、广化、水心15个街道；南郊、黎明、城郊、仰义4个乡；双屿1个镇	浙江省民政厅浙民基字〔1992〕38号：同意将鹿城区所属景山街道和新桥镇划给瓯海县管辖

年代	名称	隶属	下辖	更改说明
1993年3月	鹿城区	温州市	五马、鼓楼、洪殿、东风、海坛、朔门、蒲鞋市、小南、大南、松台、市中、西山、莲池、广化、水心、上陡门16个街道；南郊、黎明、城郊、仰义4个乡；双屿1个镇	温州市人民政府温政发〔1993〕36号：同意建立上陡门街道办事处
2000年1月	鹿城区	温州市	五马、鼓楼、洪殿、东风、海坛、朔门、蒲鞋市、小南、大南、松台、市中、西山、莲池、广化、水心、上陡门、南浦17个街道；南郊、黎明、城郊、仰义4个乡；双屿1个镇	温州市人民政府温政发〔2000〕19号：同意建立南浦街道办事处
2001年7月	鹿城区	温州市	五马、鼓楼、洪殿、东风、海坛、朔门、蒲鞋市、小南、大南、松台、市中、西山、莲池、广化、水心、上陡门、南浦17个街道；南郊、黎明、城郊、仰义、上戍、双潮、岙底7个乡；双屿、七都、临江、藤桥、4个镇	中华人民共和国国务院国函〔2001〕84号：同意将永嘉县七都镇、瓯海区的临江镇、藤桥镇、上戍乡、双潮乡、岙底乡划入鹿城
2001年9月	鹿城区	温州市	黎明、绣山、蒲鞋市、洪殿、南浦、江滨、南门、五马、莲池、水心、广化、黄龙12个街道办事处；南郊、仰义、双潮、上戍、岙底5个乡；双屿、藤桥镇、临江、七都4个镇	温州市人民政府温政发〔2001〕135号：同意撤销黎明乡、城郊乡建制，设立黎明、绣山、黄龙3个街道办事处；撤销五马、鼓楼、东风、海坛、朔门、蒲鞋市、小南、大南、松台、市中、西山、莲池、水心、上陡门14个街道办事处，组建新的五马、莲池、水心、南门、江滨、蒲鞋市6个街道办事处
2011年4月	鹿城区	温州市	黎明、绣山、蒲鞋市、洪殿、南浦、江滨、南门、五马、莲池、水心、广化、黄龙、七都、南郊、双屿、仰义16个街道办事处、藤桥1个镇	浙江省人民政府浙政函〔2011〕151号、温州市人民政府温政函〔2011〕66号：同意撤销临江镇、上戍乡、岙底乡、双潮乡并入藤桥镇；撤销七都镇，设立七都街道办事处；撤销南郊乡，设立南郊街道办事处；撤销双屿镇，设立双屿街道办事处；撤销仰义乡，设立仰义街道办事处
2011年11月	鹿城区	温州市	五马、松台、滨江、南汇、双屿、仰义、七都7个街道办事处和藤桥1个镇	温州市人民政府温政函〔2011〕220号：同意撤销南门街道、江滨街道建制，划入五马街道；撤销莲池街道、水心街道、广化街道建制，合并设立松台街道；撤销洪殿街道、蒲鞋市街道、黎明街道建制，合并设立滨江街道；撤销绣山街道、南浦街道、南郊街道建制，合并设立南汇街道；撤销黄龙街道建制，划入双屿街道

人口

单位	户数	人数	说明
五马街道	79625	236011	全区户籍数 243233 户
七都街道	4111	13169	全区户籍人口数 74.32 万人
滨江街道	38138	116506	其中男 36.86 万人
南汇街道	33294	104029	女 37.46 万人
松台街道	43133	123965	非农业人口 56.38 万人
双屿街道	12903	43155	暂住人口总数 61.16 万人
仰义街道	5837	19988	其中男 34.11 万人
藤桥镇	26192	86345	女 27.05 万人

气象

一般气象	年降水量 2002 毫米 年平均气温 19 摄氏度 年日照时数 1512.8小时
极端气象记录	最低气温 −0.6摄氏度（2014年1月23日） 最高气温 37.2摄氏度（2014年7月9日）

区域 全区陆域总面积：294.38平方公里

单位	面积	说明
五马街道	7.24平方公里	全区7个街道，1个镇，80个社区居委会，141个行政村，15个农村新社区，5个股份合作社 陆域总面积 294.38平方公里 岛屿面积 15.46平方公里
七都街道	23.90平方公里	
滨江街道	16.07平方公里	
南汇街道	18.90平方公里	
松台街道	10.11平方公里	
双屿街道	25.50平方公里	
仰义街道	28.09平方公里	
藤桥镇	164.57平方公里	

经济综合情况

主要指标	2014年全区生产总值 761.96亿元 社会消费品零售总额 741.76亿元 外贸进出口总额 38.07亿美元 固定资产投资 306.57亿元 财政总收入 41.39亿元 城镇居民人均可支配收入 45698元 农村居民人均纯收入 23434元
个体工商经济	在册个体工商户 65194户 个体从业人数 165171人 注册资金 230778万元

社会发展情况

教　育	2014年，鹿城区有幼儿园103所，在园幼儿32906人，比2013年增加184人，园均规模319人，比2013年减少10人，幼儿园教职工4028人，比2013年减少61人；小学43所，其中民办9所，在校生64741人，其中非鹿城户口27878人；初中9所，在校生4478人，其中非鹿城户口1444人，占42.36%。小学、初中入学率均为100%。新增公办幼儿园2所（园区）、创建一级幼儿园1所、二级幼儿园4所、三级幼儿园6所。收回鹿城区童之梦幼儿园（民办）园舍，新成立公办温州市第十六幼儿园；利用住宅区配套房地建设温州市第八幼儿园南塘园区。至年底，鹿城区等级幼儿园覆盖面达到88%，优质教育资源覆盖率达51%，位居全市第一。创建省级中小学示范图书馆2所，市级示范书香校园2所，标准书香校园4所；创成浙江省第二批“示范数字化校园”1所，温州市数字化校园2所。鹿城区通过全国义务教育发展基本均衡区评估，区教育局机关服务品牌“教育均衡优质发展”入选“鹿城区首届十佳机关服务品牌”，区教育局被评为“浙江省治安安全示范单位”，藤桥镇社区学校被评为“浙江省社区教育示范”学校
科　技	2014年，全区新增高新技术企业9家，比2013年增长80%，总数达45家，新增省科技型企业81家，比2013年增长290%，总数达192家，高新技术产值79.75亿元，比2013年增长85.2%，规模以上工业新产品产值56.58亿元，比2013年增长32.9%，授权发明专利156件，比2013年增长40.54%，网上市场技术交易额2.964亿元，比2013年增长209.4%，全年社会R&D（研究与实验开发）活动人员数达3987人年，比2013年增长45.62%，全社会研发投入6.73亿，比2013年增长46.94%，R&D占比0.94%，比2013年增长38.24%。新增各级企业技术研发中心13家，培育科技企业数量创历年新高。推荐企业上报国家创新基金、省重大科技专项、市激光光电专项等各类科技项目60多项 2014年，引进1支集成电路设计创新团队和1支大数据创新团队；成立1家集成电路设计公司；新增3个市级特色产业科技园，累计拥有市级特色产业科技园8个，全区市级特色产业科技园个数占街、镇总数比例达到100%；建设科技与文化融合示范基地，新引入优质企业8家，总入驻企业已达30家，该年基地企业获发明专利10项，成为温州市首家市级科技与文化融合示范基地，获温州市市级科技企业孵化器称号、温州市首批中小企业知识产权托管试点园区称号
文　化	2014年，文化事业繁荣发展。开展文化下乡活动，组织文艺下基层演出133场，放映公益性数字电影1629场次，送书下乡4万余册。引导社会力量、社会资本参与公共文化服务体系建设，打造南塘“印象舞台”，全年累计送演出103场。开展区域间文化走亲活动8场。着力编织文化服务网络，全年完成2个街道（镇）（滨江街道、藤桥镇）综合文化中心、2个图书馆分馆、1个警营图书流通点、9个“百姓舞台”、21个文化礼堂及25个社区文化服务中心项目建设。同时建成了1个“浙江省文化示范社区（村）”、1个温州市文化强镇和2个“温州市文化示范社区（村）”。打造文艺精品，共获省级奖项12个、市级奖项30个。温州莲花《阿婆洗脚》获第八届中国曲艺牡丹奖提名奖，小品《非常病患》荣获第十二届“华东六省一市戏剧小品大赛”金奖。文化市场健康有序发展，全年文化主管部门出动执法人员1704人次，检查各类文化经营单位2614家次，立案查处78起，结案77起，收缴各类非法出版物9663册，光碟3821盘
卫　生	2014年，基本医疗和公共卫生事业稳定持续发展，鹿城区有各级各类医院卫生机构523家。其中：省属医院4家、市属医院5家、部队医院1家、市管民营医院20家；区属公立医院3家、区管民营医院7家、区疾病预防控制中心、妇幼保健所、卫生监督所各1家，社区卫生服务中心22家、社区卫生服务站38家、村卫生室67家、门诊部68家、诊所278家，医务室24家。区属各医疗机构共有注册执业医师1466人，助理医师343人，注册护士1179人。卫生事业经费投入1.90亿元，占财政总支出6.29%。 创成国家卫生城市，创成第二轮全国艾滋病综合防控示范区，创成省级卫生强区，创成省级慢性病综合防控示范区。卫生应急决策指挥系统正式投入运行，7个街镇创成市级卫生应急示范街镇。创成1家省级示范社区卫生服务中心，1家省级甲等卫生院；创成5家“省三星级”、3家“省五星级”预防接种门诊，预防接种单位规范化建设全覆盖。村卫生室紧密型一体化管理率达到82.86%。全面开展全科医生签约服务，全年共签约74567人，其中重点人群签约51319人。着力推进社会资本办医，全年共引进总投资1亿元以上项目2个（深蓝医院、美生医院），5000万元项目2个（拜耳口腔医院、叶同仁中医院）。区属民办医院床位占比达63.44%。区人民医院及区精神卫生中心主楼顺利结顶
体　育	体育事业不断发展。在国际赛事上，鹿城区运动员共获金牌7枚，银牌5枚，铜牌2枚；在浙江省第十五届运动会上，鹿城区共有130名运动员代表鹿城区参加了25个大项的比赛，获87.37枚金牌，205.87枚奖牌，2564.87分的团体好成绩，团体总分和奖牌总数均为全省第一；制定出台《鹿城区加快发展体育产业实施意见》，设立100万元的体育产业发展专项引导资金。指导完成创建浙江省体育先进社区3个，浙江省村级体育俱乐部7个，体育示范幼儿园2个，省级职工体育俱乐部1个，新建健身苑点15个，小康体育村10个，健身步道5条，拆装式游泳池2个，沙土门球场改建4个，乒乓球室14个，公益性篮球场2个，健身公园3个；完成浙江省第二届全民体育节鹿城区19项赛事，参与人数达3万人，国民体质测试3800名，培训256名社会体育指导员，新注册运动员274名，新增训练点3个，向省、市优秀运动队输送38名运动员，引进优秀运动员1名

（编辑　金传坚）

2014年4月1日，浙江省委副书记、省长李强（左三）考察南塘片区低效用地再开发工程　郑瑶瑶 摄

2014年3月13日，中央文明办专职副主任徐令义（左五）走访红日亭　吴　莹 摄

2014年1月21日，国侨办副主任何亚非（左一）赴鹿城调研华侨回国定居工作　　区侨办提供

2014年7月23日，浙江省委常委、宣传部部长葛慧君（中）调研温州慈善地标和精神高地——红日亭

吴　莹摄

2014年4月16日，副省长朱从玖（中）到温州民间借贷服务中心调研　　刘　鹏　摄

2014年8月22日，中共温州市委常委、鹿城区委书记王立彤在鹿城区全国文明城市创建工作推进大会上讲话　　采自鹿城新闻网

2014年2月14日，鹿城区人大常委会主任吴海燕在南汇街道指导河道建设工作　　　　区人大提供

2014年10月23日，鹿城区区委副书记、区长朱崇敏（右）做客温州网“温网议事厅”，以“活力时尚魅力鹿城”为主题，与网友展开在线交流　　　　采自温州网

2014年6月25日，鹿城区政协主席郑锦春（右一）和政协委员们实地查看双屿防洪排涝工程

采自鹿城政协网

2014年3月21—23日，由五马商业街经济发展促进会、五马街道办事处联合主办，为期三天的“3·21”五马街春季购物节暨五马街民俗文化SHOW在五马步行街开幕

李炎芳 摄

2014年3月5日，鹿城区举行志愿服务团成立仪式暨“雷锋在身边”志愿服务主题活动

吴　莹　摄

3月7日，中国移动温州分公司在街心公园开展学雷锋无偿献血活动　　中国移动温州分公司

2014年8月16日，鹿城区慈善总会等单位联合在松台广场开展“支援鲁甸、重建家园”赈灾义卖捐款活动

鹿城区慈善总会提供

2014年6月30日，瓯越大桥建成试通车

胡明金 摄

1

老人头尚品有限公司

“老人头”品牌是自20世纪80年代起风靡全中国的高端鞋类品牌。1989年，创始人陈光祖在上海南京路开设“老人头”手工制鞋店铺。1902年，产品刺绣鲁尼老人头像，“老人头”品牌正式创立。1926年，“老人头”为避战乱，迁址温州府前街。1932年与1948年，分别由老人头第二代传人陈味连和第三代传人翁世鸿接管产业。1992年起，老人头的第四代传人叶周松拜师受艺，并在1995年创办了“老人头”皮鞋厂，开始工厂化生产。“温州老人头鞋业有限公司”创办于2004年。2006年，企业注册“老人头”系列商标，开始多元化经营，并成功申请外观设计专利。2010年，建立连锁经营管理体系，导入了VI形象识别系统。企业名称在2011年升格为“浙江老人头鞋业有限公司”，注册资本增至5060万元。品牌以款式经典、做工精细而著称。蕴涵欧式经典与绚丽奢华品位，将欧洲手工传统、意大利的色彩配置和法国浪漫风格融为一体，注重每一个细节，精心打造每一道工序，卓尔不群、魅力四射。

“老人头” 品牌风格上属正装绅士鞋，穿着舒适。由知名设计师设计楦型，秉承欧洲典雅的优良传统，融入现代简洁风格的轮廓。老人头品牌凭借深厚的技术沉淀，开发并形成了经典系列、商务休闲系列、软皮系列、排气系列和防震系列。

2

3

4

现在，“老人头”品牌持有使用人老人头尚品有限公司，坚持以产品质量为保证、以服务客户为己任，深入实施品牌培育战略，现已发展成为一家集设计研发、生产、销售及服务为一体的综合性制鞋企业。“老人头”产品畅销全国各地，已在各省市、地区建立经销服务网点80多个，专卖店、商超专柜等销售网络遍布全国20多个省市。2012年起，公司成立了电商运营中心，并启动新一轮全国打假风暴，品牌得以快速、健康发展。

主要荣誉摘要

2013.1　浙江省知名商号

2013.10　鹿城区名牌商标

2013.12　温州市知名商标

2014.1　浙江老字号

5

6

1. 公司员工合影
2. 新品发布会
3. 温州市委常委、鹿城区委书记王立彤等莅临视察
4. 品牌形象图
5. 产品形象图
6. 手工鞋铺

此版照片由老人头尚品有限公司提供

五马街道

五马街道位于鹿城区核心位置，是鹿城区政府驻地，2011年按照“区街合一”的管理体制模式，成立了“五马街道”暨“五马中心商贸功能区”。

2014年，五马街道围绕中心商贸功能区核心定位，保增长促转型，重统筹优环境，惠民生重和谐，创首善争一流，加速推进“商贸五马、文化五马、美丽五马、幸福五马、活力五马”大建设，获“省春泥计划实施工作先进街道”“省民族团结进步工作模范集体”等2个省级荣誉，“市2004—2013年度平安创建工作先进”“温州市现代服务业集聚区”“市创建国家卫生城市工作先进单位”“市驻企服务工作先进单位”“市生态建设先进单位”“市信访工作先进集体”“市社会科学普及先进集体”“市关心下一代工作先进集体”“市优秀邻坊中心指导站”“市学习型领导班子”等10个市级先进荣誉。

1. 2月11日，五马街道原南门、江滨、五马三处办公旧址搬迁至辖区后仰巷89号合署办公，图为街道搬迁揭牌仪式
2. 11月12日，全市党建现场会在五马街道朔门街召开，温州市委书记陈一新等到民生问题处置中心观摩，专题听取街坊党建和民生问题处置工作汇报
3. 7月23日，省委常委、宣传部部长葛慧君率队到五马街道调研，参观了温州道德地标红日亭
4. 11月4日，温州市第一个街道主题微型史馆——“五马街史馆”正式开馆

此版照片由五马街道提供

1

2

温州市鹿城区市场监督管理局

温州市鹿城区市场监督管理局于2014年1月29日新成立，新组建的市场监督管理局由工商鹿城分局、区食品药品监管局、区食品安全委员会办公室整合而成。下设13个内设机构，19个工商所，现有在编干部职工348人，主要承担食品药品监管和市场监督职责。截至2014年底，辖区有专业市场24个，企业17692多家，个体工商户65194户。全年立案查处各类经济违法案件 721件，大要案 294件，罚没款1035万元。

2014年，新成立的市场监督管理局在全省工商系统大力推进开展“勇于担当、争创一流”创先争优活动，在个转企、放心农贸市场创建、食品安全方面取得突出成就。同时，工商系统上下以主动服务中心工作的大局意识，将2/3的精力投入到城区的创文、创卫建设中，作出了优秀成绩，区市场监督管理局被温州市委市政府评为创建全国文明城市工作先进集体。全局改革转型期的队伍建设迈出了新步伐、取得了新成效。

3

4

5

6

7

1. 4月2日，副区长伍挺检查指导温州市河通桥鞋料市场和温州市白马服装批发市场
2. 2月24日，市委书记陈一新到大南农贸市场实地督查创建国家卫生城市工作情况
3. 8月5日，局长柯志成走访调研南浦所南塘街辖区阳光厨房创建情况
4. 3月5日，区市场监督管理局召开食品安全百日严打暨创卫迎检工作会议
5. 3月19日，局长柯志成深入企业“走亲连心”为企业发展“解忧破难”
6. 4月23日，副局长魏生根赴鼓楼所指导墨池小学开展“小手拉大手”主题活动
7. 4月17日，区市场监督管理局人教科开展“红色助困·点亮微心愿”主题活动

此版照片由温州市鹿城区市场监督管理局提供

1

鹿城区总工会

2014年，鹿城区总工会走中国特色社会主义工会发展道路，打造务实型、文化型、温馨型、和谐型、活力型“五型”工会，弘扬劳动美，为谱写“中国梦”鹿城篇章作出新贡献。围绕中心工作，广泛开展劳动竞赛，推进岗位技术创新，做好劳模评选服务工作。举办流动“职工讲堂”、鹿城区工会干部技能提升系列课程和“鹿城梦、劳动美”系列活动，加强职工思想教育。开展阳光就业、金秋助学、高温慰问、元旦春节送温暖等品牌工作，深化服务中心标准化建设。职工维权站深入基层流动办公。促进劳动关系和谐创建，强化维权网络建设，推动企事业单位民主管理。扎实推进群众路线教育实践活动，努力实现工会组建提质拓面。

全年全区工会系统获2项全国先进和5项省级先进：鹿城区总工会获全国职工互助保障先进单位；康奈集团职工刘昌勇获全国五一劳动奖章；鹿城区工会女职委获浙江省先进女职工组织；柯长瑜、潘卧虎、李逸萱3名职工获浙江省劳动模范；鹿城农商银行营业部获浙江省工人先锋号。

2

3

4

5

6

7

1. 6月18日，职工征文大赛颁奖仪式在区总工会会议室举行
2. 7月21日，十佳书香企业表彰会召开
3. 5月15日，职工文艺秀鹿城专场在南塘印象舞台举行
4. 10月21日，安康杯安全生产知识竞赛在市图书馆举行
5. 6月16日，干部技能提升课程摄影培训班在松台街道会议室开班
6. 4月30日，区劳模表彰大会在区行政会议中心隆重举行
7. 8月1日，劳模创新工作室授牌仪式在区总工会会议室举行

此版照片由鹿城区总工会提供

温州市鹿城区疾病预防控制中心

温州市鹿城区疾病预防控制中心位于将军桥路17号，内设办公室、质量管理科、免疫规划管理科、传染病预防控制科、性病艾滋病防治科、结核病防治科、卫生科、健康教育促进科、检验科、健康监测科10个科室，共有事业编制人员65人。中心承担全区疾病预防与控制，突发公共卫生事件应急处置，疫情及健康相关因素信息管理，健康危害因素监测与控制，实验室检测分析与评价，健康教育与健康促进，疾病预防控制技术管理与应用研究指导等职能。

2014年，区疾控中心围绕重点传染病防控，推进创卫创强工作，完善慢性非传染性疾病综合防治体系，提高整体防病工作水平。全年创成省级慢性病综合防治示范区，推动第三轮全国艾滋病防治示范区创建，实现全区预防接种规范化门诊覆盖100%，深化食品安全风险监测工作，全年采集1323份样品，比2013年提升49%。

1. 5月23日，2014年度鹿城区卫生系统洪涝灾害卫生防疫应急演练活动在区疾控中心举行，图为应急演练总结表彰大会
2. 11月14日，区疾控中心联合多部门在市区翠微新村开展了以“健康饮食与糖尿病”为主题的糖尿病日宣传活动
3. 8月25日，鹿城区副区长伍挺到鹿城区疾控中心调研指导疾病防控工作
4. 2014年，鹿城区食品安全风险监测如期开展，全年采集监测1323份样本，涵盖16个大类40多个品种
5. 2014年，鼠疫监测开展，图为工作人员对家鼠进行血液采样

此版照片由温州市鹿城区疾病预防控制中心提供

1

七都街道

七都街道地处瓯江入海口，是瓯江四大岛屿之一。辖区有6个行政村，户籍人口13169人。街道共有在编干部44人，职能科室12个，社区1个。七都街道以建设高档商务休闲区、高品质居住区、高端人士集聚区的城市新区为定位，围绕“七彩之都、生态之岛、温商家园”的发展要求，深入实施“358”战略，以温州中心城市综合体、温商回归家园等项目为引擎，实现招商引资21.86亿元、完成全社会固定资产投资29.5亿元、形成岛内“两横、三纵”交通网络，全面建设一个市政功能健全、生态环境宜人、公共服务完善的魅力之岛。

2014年，街道考绩综合排名居全区街镇第一，两无三化全市第一，有效投资全区第一，平安建设全区第一，全区第一个创成了无违建街道。

2

3

4

5

1. 2014年，七都标准堤塘工程全线闭合
2. 1月10日，举行温州中心开工仪式
3. 生态建设工作成果
4. 七都大道一期全长1992米，总投资2.12亿元，已于11月通过预验收
5. 建成七都大道滨河绿地（一期）景观工程

此版照片由七都街道提供

1. 朝霞
2. 金山寺
3. 4月4日，西坑革命烈士纪念馆开馆
4. 藤桥农房集聚项目全部结顶，图为西都锦苑
5. 丁埠头村农家乐

此版照片由藤桥镇提供

藤桥镇

藤桥镇群山环抱，紧临瓯江，戍浦江穿境而过，环境优美，素有千年古镇的美誉。藤桥立足生态定位，打造鹿城西部后花园和幸福家园。突出让·平祖居、双潮华侨纪念馆、西坑革命烈士纪念馆等红色旅游资源，编制藤桥旅游总体规划，促进休闲观光旅游。坚持发展第一要务，引导农业转型，完成温州市种子种苗科技园一期建设。加快产业结构调整，形成鹿城轻工产业园、沙头产业园、藤桥服饰园等产业集群，并加快小微园建设，73家规上企业扎根藤桥。藤桥镇农房集聚项目拔地而起，农村D级危房拆建审批重新启动，500千伏温西变、天然气管道等重点工程呈现空间、地面、地下立体式发展。“五水共治”瓯江治理、戍浦江整治等环境整治工程建设步伐加快，石鼓山水厂、城镇污水处理设施和农村生活污水处理设施建设有序推进。陆续获得全国标准化气象服务镇、省级文明镇、生态镇等称号。

2014年，藤桥镇在上级党委、政府的指导下，依靠全镇人民，经济、社会持续发展，获全国重点镇称号。

鹿城区人民政府国内经济合作办公室

鹿城区人民政府国内经济合作办公室，是由鹿城区人民政府经济技术协作办公室更名而来，成立于2002年7月，是负责组织全区招商引资、开展国内经济合作交流工作的正科级事业单位。区经济合作办公室下设综合科、协作科、招商服务中心，现有机关、全额拨款事业编制共17人。在各项工作方面，成效显著，先后获得“省对口支援和国内合作交流先进单位”“全市选商引资金牌单位”“全市招商选资工作优质服务奖”“全市支持温商创业创新工作二等奖”等荣誉。

1. 4月23日，韩国KDC等七大集团到温州华侨饭店洽谈项目
2. 10月，在鹿城行政中心举办2014鹿泰山海协作签约仪式
3. 温州中心招商项目效果图
4. 2014年，帮扶四川阿坝州壤塘县改造村庄破旧房屋。图为改造前后的对比
5. 鹿城区委书记王立彤在新春茶话会上讲话

此版照片由鹿城区人民政府国内经济合作办公室提供

浙江温州鹿城轻工产业园区

浙江温州鹿城轻工产业园区总规划面积18.3平方公里，于2003年初正式启动一期6.65平方公里建设，2006年经国务院审批确定为省级经济开发区，2008年被省发改委确定为全省28个重点省级经济开发区之一，2011年经省发改委审批确定为省生态工业示范园区。园区是现代化产城融合工业园区，规划建设成园内生产总值超500亿元的浙江省一流高新技术园区。

2014年，园区本部规上企业累计工业总产值31.66亿元，有国家级高新技术企业15家，省级研发中心5家，初步形成机械装备、电子信息及高端传统产业三大产业集聚。通过三千行动、驻企服务员等活动，梳理并解决招工、融资、项目申报、产业转型升级等方面存在的问题。定期召开企业法人代表座谈会，引导企业克服困难和增加发展信心。园区被授予“装备制造省级特色产业科技园基地”“温州市市级低碳工业园区”等称号。

1

2

3

4

1. 园区企业浙江电器开关有限公司
2. 大闸安置房（二期）工程
3. 园区管委会开展“我为园区发展献计策”微宣讲活动
4. 园区吸取“8·2”昆山事件教训，召开会议、进行企业大检查

此版照片由浙江温州鹿城轻工产业园区提供

1

2

3

4

5

鹿城区人民法院

温州市鹿城区人民法院位于鹿城区温迪路东首，内设机构23个，另有东郊、西郊、藤桥3个人民法庭，现有在编干警198人。

2014年，鹿城区人民法院依法履职，持续提升司法服务水平，各项工作取得良好成效。共受理各类案件30181件，办结27960件，收、结案数均居全市法院第一位，分别居全省法院第二位和第三位。获全省优秀法院、全省法院文化建设示范单位、全市优秀法院等称号。鹿城区人民法院异地籍青少年犯帮教、无讼社区创建、金融审判、破产审判及司法网拍等司法品牌得到上级领导和广大群众的关注和认可，在全省乃至全国法院推广。

1. 12月4日，首个国家宪法日，鹿城法院11名新任法官向宪法宣誓任职
2. 8月8日，鹿城区机关党员警示教育基地启动仪式在鹿城法院举行
3. 7月18日，鹿城区府送感谢信至温州中院感谢鹿城法院执行工作
4. 10月21日，省高院院长齐奇一行到鹿城法院调研
5. 10月31日，鹿城法院举行群众路线教育总结大会

此版照片由鹿城区人民法院提供

鹿城区检察院

2014年，区检察院以首批全省检察文化建设示范院为新起点，主动融入工作大局，大力强化法律监督，着力推行专项检察监督保民生、惩防职务犯罪优环境、社会治理创新护保障、民事诉讼监督多元化、执法人权保障规范化、检务公开提升透明度等重点工作项目，为鹿城区加快“创首善之区、建幸福鹿城”、实现“赶超发展、再创辉煌”和全面深化改革提供了有力的司法保障。全年区检察院获全市检察系统先进集体6项，被评为全市政法系统先进集体、全市先进检察院，立集体三等功1次。全省年度检察业务考核成绩名列全市第一，侦查监督、监所检察两项工作排名全省第一。

1

2

3

4

1. 全省检察文化建设示范院
2. 5月至7月，区检察院联合区纪委开展“预防职务犯罪宣讲进乡村”活动，教育覆盖面涉及100余个乡村800余名基层干部
3. 2014年，区检察院深入开展党的群众路线教育实践活动，检察长张纯亮带头开展基层走亲连心活动
4. 2014年，区检察院完成温州市暨鹿城区预防职务犯罪教育基地建设，建成1200平方米的预防展厅

此版照片由鹿城区检察院提供

4

目 录

特 载

特 辑

大事记

地理·环境

机构及其负责人

中国共产党温州市鹿城区委员会

中国共产党温州市鹿城区纪律检查委员会

鹿城区人民代表大会

鹿城区人民政府

鹿城区人民政府——经济调节和市场监管事务

鹿城区人民政府
——社会管理和公共服务事务

政协温州市鹿城区委员会

鹿城区各民主党派·工商联

鹿城区人民团体

军 事

法治

农 业

水 利

工 业

城乡建设

建筑业

交通·邮政

信息化与信息产业

商 业

服务业

旅游业

金融业

房地产业

教　育

科 技

文 化

卫 生

体 育

社会事务

街道·镇

人 物

社情逸闻

附 录

Catalogue

Institution and Person in Charge

CPC Lucheng Committee

CPC Lucheng District Commission for Discipline Inspection Lucheng People's Congress

Lucheng People's Government

Lucheng People's Government ——Economic Regulation and Market Regulatory Affairs

Lucheng People' s Government ——Social Management and Public Service Affairs

CPPCC Lucheng District Committee

Democratic Parties and the Federation of Industry and Commerce

People' s Organization

Military Affairs

Rule of Law

Agriculture

Irrigation

Industry

Urban and Rural Construction

Construction Industry

Transportation and Postal Service

Informatization and Information Industry

Commerce

Service Industry

Tourist Industry

Finance

Real Estate

Education

Science and Technology

Culture

Public Health

Sports

Social Affairs

Sub-district Office and Town

Key Figures

Social Circumstance and Anecdote Appendix

特 载

中共鹿城区委工作报告

深入贯彻市委常委会专题会议精神
凝心聚力推进鹿城赶超发展

在中共鹿城区委八届七次全体（扩大）会议上的报告

（2014年7月30日）

王立彤

这次区委全会的主要任务是，按照中央和省、市委的重大决策部署，深入贯彻市委常委会专题研究鹿城工作会议精神，总结上半年工作，部署下半年任务，强化克难攻坚和狠抓落实，确保完成全年各项目标任务，凝心聚力推进赶超发展。同时，审议通过《中共温州市鹿城区委关于构筑大都市核心区建设美丽鹿城创造美好生活的实施意见》和《中共温州市鹿城区委关于发展时尚产业建设时尚城区的决定》。

下面，我代表区委常委会向全会作报告。

一、今年以来的工作回顾

今年以来，我们按照中央和省、市委的决策部署，认真学习贯彻落实市委常委会专题会议精神，紧紧围绕“四提”发展（指经济发展提速、城市建设提档、社会治理提升、精神状态提振），积极应对各种困难挑战，持之以恒地推进克难攻坚，各项工作取得了阶段性成效。

（一）保增长措施初见成效。实施赶超发展三年超千亿投资计划和工业项目投资百项示范计划，温州中心大厦等百亿工程有序推进，工业园、小微园、都市农业园等“五园”加快建设，工业性投资增速全市第二，技改投资占比全市第一。温商回归、招商引资和对台合作深入开展，设立全市首个常设招商引资绿色窗口，温商总部家园、极地海洋世界等重大项目加快招商。培育本地市场和拓展区外市场取得进展，综合整治白马、河通桥等传统市场，新建鞋都鞋革城、温州国际鞋城等专业市场，加快培育国际轻工淘宝城、电子信息城等新兴市场，一批总部楼宇项目投入运营；首次组织协会和企业赴境外抱团参展。深化驻企服务员、“三百”企业走访服务等活动，建立专门机构化解企业金融风险。上半年，实现地区生产总值363.8亿元，增长4.7%；财政总收入22.6亿元，增长1.4%，其中公共财政预算收入12.4亿元，增长1.7%；固定资产投资112.7亿元，增长20.8%；全社会消费品零售总额340亿元，增长8.5%；外贸出口总额16.7亿元，增长3.4%；城镇居民人均可支配收入24554元，农村居民人均可支配收入12631元，分别增长9.1%和10.9%。上半年29项经济指标中，有15项增速高于今年一季度，19项高于去年同期，11项高于全市平均水平，经济运行筑底企稳。

（二）经济转型取得新的进展。文化创意产业发展势头良好，重点文创园、重点文化企业数均居全市第一，温州广告产业园区列为国家广告产业试点园区并纳入国家现代服务业综合试点。休闲旅游业加快发展，江心屿智慧旅游成为全市首个国家级服务业标准化试点。推动环五马时尚商圈建设。网络经济强区加快建设，中国鞋都网络产业集聚区初具雏形，形成一批电子商务平台和龙头企业。传统产业加快改造提升，“四换三名”（省委、省政府推进经济转型升级提出的工作举措，“四换”指腾笼换鸟、机器换人、空间换地、电商换市，“三名”指名企、名品、名家）、“三转一市”（个体户转企业、规模以下工业企业转规模以上工业企业、有限责任公司转股份有限公司、推动企业上市）、工业用地二次开发、城市有机更新等工作有序推进，双屿列入省级“腾笼换鸟”综合整治试点区、低端落后块状行业整治提升试点，炬光园列入全市“腾笼换鸟”示范点，鹿城获全省“腾笼换鸟”先进区。战略新兴产业增加值增速全市第一。都市型农业稳步发展，第一产业增加值增速全市第一。

（三）城乡建设步伐不断加快。都市型功能区加快建设，旧城区、历史文化街区、旧片区改造和横渎河西、滨江西综合体等建设稳步推进。亮点区块建设和政策处理攻坚全面铺开，滨江商务区CBD地块30幢大楼进展顺利，历史遗难化解和杨府山垄村旧村改造、村级组织建设扎实推进；完成城市中央绿轴地籍调查及历史遗难问题梳理；双屿“减员增效”综合整治取得阶段性成效，得到省、市领导肯定，去年以来减少外来人口9.3万，下降26.8%。七都城市新区征地拆迁和基础配套建设稳步推进。林里山坡地开发一期完成土地征收。藤桥生态新区重大基础配套和农聚房建设加快。重大交通和市政项目建设顺利推进，率先完成市域铁路S1线土地报征，金温铁路扩能改造、甬台温铁路配套工程有序推进，绕城高速西南线、绕城高速公路北线配套工程加快建设，乐清湾港区铁路支线鹿城段前期工作顺利开展，仰义至双屿段公路改建、104国道温州西过境鹿城段公路建设稳步推进。水利、电力、能源等基础设施扎实推进。安置房建设提速增效。深化拔钉清障行动，温瑞大道一期等一批遗难问题有序化解。

（四）环境整治建设持续推进。推进“五水共治”，实施农村生活污水治理三年行动计划，黑臭河整治任务完成率64%，全面消除垃圾河，截污纳管加快推进。重污染行业整治有序推进。加大“三改一拆”（省委、省政府提出开展的旧住宅区、旧厂房、城中村改造和拆除违法建筑行动）力度，推进塘河沿岸城中村改造和城中村环境综合整治，创成一批无违建道路、无违建小区、无违建社区，创成全市首个无违建村，宗教和民间信仰场所违法建筑加快处置。扎实推进“六城联创”，通过国家卫生城市创建全国爱卫办暗访和国家森林城市验收。精品线、精品村和历史文化村落保护利用等美丽乡村建设加快推进。

（五）重点改革项目有序实施。成立深化改革领导小组，明确六大领域50项改革任务和责任。深化金融综合改革，贯彻实施《温州民间融资管理条例》，备案金额居全市第一；首家股改企业在浙交所成长板挂牌，首单城投债获批，发行首单政府平台企业债；鹿城农商银行跨区域设立的村镇银行业务互动进一步强化。推进“三位一体”（构建专业合作、供销合作、信用合作的联合服务平台）新型农村合作体系建设和农村金融改革。推进人事制度改革，实行机关事业特殊岗位雇员制。推进民政事业改革，成立全市首家专业社工机构。引导民资进入公共服务领域，推进养老、教育、卫生、医疗等民生领域市场化运作。深化行政审批制度改革，实施审批“首席代表制”，加快实施“三单一网”。

（六）民生事业得到切实改善。深化文化强区建设，深入践行社会主义核心价值观，持续弘扬崇善向上文化，2人入选“中国好人榜”；举办鹿城读书节；推进农村文化礼堂拓面提质。省级教育现代化区加快创建，通过全国义务教育发展基本均衡区省级评估。省级卫生强区建设持续推进，全省整顿医疗秩序打击非法行医专项行动现场会在鹿城召开。成功承办中华龙舟大赛暨温州龙舟文化节活动，广场舞等群众文体活动逐步规范有序。落实“单独两孩”政策，创成国家级计划生育优质服务先进单位。医疗保险、养老保险参保净增人数分列全市第一、第二。获评省级国防动员工作先进单位，创成省级双拥模范城区。残疾人自强创业做法得到中央领导肯定。D级危房排查、改建和三大进城口、交通拥堵、停车非法收费综合整治积极推进。4G网络实现街镇全覆盖。幸福社区、美丽街区创建纵深推进。人防（民防）、科协、社科联、档案、地方志、红十字会、慈善等工作得到加强。

（七）平安法治建设取得突破。法治工作获省委创建法治县（市、区）工作先进单位称号。构建立体化社会治安防控体系，深化“六防工程”（情报导防、综合人防、监控技防、管理强防、打击促防、全民心防等六大举措）、“警灯工程”，刑事接警数、“两抢一盗”案件数持续下降。完善信访处置机制，初信初访化解率不断提高。深化消防安全、无证照企业等综合整治，实施新居民积分制、出租房“两化一式”（对出租房进行品牌化改造、科技化支撑和公寓式管理）管理，安全事故数、人员死亡数和出水率全部下降。“平安大区”建设实现“五连创”。

（八）教育实践活动扎实开展。区委常委会作出“六坚持、六带头”公开承诺。深入开展松台广场舞噪音扰民处置警示教育活动，精心组织开展“加课”专题教育，3万名党员作出不信教承诺。扎实开展“基层走亲连心解忧”和“走企连心解难”活动，涌现出民情处置中心、住村夜访制度、服务居民十佳好做法等典型。建立即知即改领办制、督办制和销号制，全区共列出问题395个，其中已整改213个。认真撰写对照检查材料，高质量高水平地开好专题民主生活会。教育实践活动有声势有特色有实效，得到了省、市委督导组的肯定。

（九）党的建设得到有力加强。强化思想理论武装，推行“四堂办学”模式；拓展“三微”舆情引导系统功能，推出全省首个网上法律援助中心、隔壁邻居网上社区服务，管好用好“两大舆论场”。贯彻《干部选拔任用条例》，推行领导干部一线工作法和后备干部实战练兵法。全面实施“红色细胞工程”，开展两个“知名（民）度”试点，推行社区组团联系服务群众模式，树好一批优秀基层带头人、最美村（社区）干部、身边好党员等“群众贴心人”。推进村社组织规范化建设，软弱涣散党组织深入整治。“两新”党建实现有效覆盖。机关党建工作创新开展。认真履行党风廉政建设党委主体责任和纪委监督责任，完善惩治和预防腐败体系，深入开展正风肃纪专项行动，加大对不认真履职、执行不力等失职行为的问责力度。人大、政协认真履职、一线工作。爱国统一战线进一步壮大，承办省社区侨务现场观摩会，基层协商民主和社区侨务工作在全省交流推广，网络统战工作得到上级统战部门的肯定。党管武装工作得到新的加强。老干部、关心下一代、工青妇、对台、民族、宗教等工作得到强化。

这些成绩的取得，是省、市委正确领导的结果，是全区各级党组织、广大党员和人民群众团结拼搏的结果，是省市委督导组、广大老干部、各民主党派、工商联、无党派、新社会阶层、驻鹿部队、武警官兵和社会各界大力支持的结果。在此，我谨代表区委表示衷心的感谢和崇高的敬意！

在充分肯定成绩的同时，我们更要清醒地看到发展中还存在许多薄弱环节和突出问题：一是发展增速总体还是偏慢。实体经济基础依然薄弱，企业金融风险持续高悬，经济发展新的支撑作用仍不明显，地区生产总值、财政收入增速缓慢，保持经济平稳发展还面临很大压力。二是经济转型步伐不快。产业发展依赖传统路径，科技创新能力不强，城市有机更新进展不快，内外贸市场拓展和消费升级依然缓慢，产业结构低小散未有实质性改观。三是一些重点工程进展缓慢。政策处理迟滞不前，遗难问题落地化解成效不好，亮点区块建设难点突破力度还是不足，有效投资、项目开工和重点项目建设等没能实现时间过半、任务过半。四是保障和改善民生任务繁重。一些与群众切身利益相关的问题没有得到切实解决，“四边三化”（对公路边、铁路边、河边、山边等区域开展的洁化、绿化、美化行动）和背街小巷环境脏乱差依然突出，上好学难、出行难、食品安全隐患多等问题群众反映强烈。五是维稳压力仍然较大。消防安全和安全生产隐患仍然大量存在，进京赴省上访仍在高位运行，“三宗”潜在问题突出，影响社会稳定的各类矛盾隐患依然众多。六是干部担当精神还需提升。政治意识、政权意识、阵地意识和民生无小事理念还不牢固，机关作风效能问题仍然不少，破难攻坚存在畏难情绪，狠抓落实还未一贯到底，不担责、不作为问题在一些部门和领域还有发生。对于这些问题，我们务必采取更加有力的措施加以解决。

二、深入贯彻市委常委会专题会议精神，扎实推进克难攻坚，确保完成全年各项目标任务

今年，是鹿城建区30周年。市委常委会专题研究鹿城工作，市委陈一新书记在讲话中深刻阐述了鹿城在全市发展大局中的突出地位和重要作用，清晰指明了鹿城要当好温州赶超发展的排头兵、顶梁柱，努力在温州发展大局中发挥首善之区作用的努力方向，明确提出了要提升“五个力”（市委常委会专题研究鹿城工作时提出的要提升都市经济实力、都市核心区带动力、环境竞争力、基层治理能力、党的执政能力）的重要指示精神。我们一定要抓住机遇、乘势而上，振奋精神、鼓足干劲，加倍努力推进鹿城赶超发展。

做好下半年工作的总体要求：认真贯彻落实省委十三届五次全会、市委十一届七次全会、市委常委会专题会议和区委八届六次全会精神，深化贯彻“十大举措”，深入实施“创首善之区、建幸福鹿城”总目标和“三四五”总战略，紧紧围绕“保增长促转型、重统筹优环境、抓改革强统领、惠民生筑和谐、创首善争一流”主线，勇于负重拼搏，敢于克难攻坚，狠抓工作落实，确保完成全年各项目标任务。

（一）突出强基保稳，全力振兴实体经济。把稳增长作为贯彻市委常委会专题会议精神的首要政治任务，把振兴实体经济摆在全局工作的重中之重，着力挖掘潜力，切实缓解瓶颈，注重提速提效，努力实现经济指标全年红。

扩大有效投资。加快实体经济产业平台建设，推进工业园、小微园、文创园、电商园、都市农业园的提质增效升级，支持优质大项目优先落户到产业集聚区核心区块，加快中国鞋都形成现代产业集群，争取鹿城轻工产业园创成省级高新区，推进鹿城现代物流园区建设，新开工小微企业园3个。加大重大产业项目投资，实施工业项目投资百项示范计划，切实提高项目落地率、进场率、开工率、竣工率。切实把握好项目准入关和亩产关，抓紧谋划一批产业链长、带动性强的项目，谋划实施一批重大基础设施项目。全力做好市级项目在鹿落地服务工作。

推进温商回归。实施温商回归三年超三百亿计划，深化招商项目领导干部挂钩服务工作，加快温州中心大厦、鹿城广场、安邦金融广场等项目建设，加快推进温商总部家园、极地海洋公园、横渎河西城市综合体建设，深化藤桥养老养生休闲产业和西洲岛项目前期，切实提高招商履约率、资金到位率、项目落地率。发挥政府投资对民间投资的引导带动作用，坚持温商回归和对接央企、引进外资、激发民资齐头并进，抓紧推出一批面向民企、民资、民间投资的重大项目，开展民间投资市场准入试点，全力激发本土企业和在外温商的创业热情。

挖掘市场潜力。加大低效用地再开发和依法收回闲置土地使用力度，逐个抓好净地项目的开工建设，切实提高单位产出和亩均税收。抓好楼面资源整合和未安置店面综合利用，加快现有楼宇、拟开业楼宇、空置楼宇、建设中楼宇的招商运营和效益产出，抓好总部型经济、楼宇经济和都市经济，全力服务好世贸中心、置信广场等重点楼宇的招商。抓好传统市场改造、专业市场提升和新兴市场培育，加大市场向商场化改造提升力度，加快内贸和消费市场的繁荣发展。努力保持房地产市场的稳健运行。强化出口退税政策和自营出口退税政策落地，积极扩大外贸出口市场。

化解企业金融风险。深入实施分类处置，探索民间资本管理公司等机构参与资产处置机制，积极采取应急转贷、整合重组、破产清算等法制化市场化办法，加快实施资金链、担保链化解，确保实现不良贷款余额和不良贷款率双下降。坚决打击逃废债行为，加强信用体系建设。强化助企强工政策的宣传和落实，深化“三千”行动和企业走访制度，搭建同行业协会市场主体零距离的服务平台，建立企业分类综合评价体系，切实提升问题发现率、难题化解率、企业满意率、经营增效率，努力营造合力扶企的浓厚氛围，确保经济金融平稳运行。

（二）突出抓点促调，全力转变发展方式。运用科技创新、有机更新、减员增效、资源约束等手段，加快破解传统路径依赖。

改造提升传统产业。制定实施传统支柱产业集群提升发展实施意见，推进行业优化升级、企业梯队培育和产业科技创新，促进产业链整合、价值链提升。深入实施“四换三名”“三转一市”等组合拳，积极发展都市型工业、高科技工业和技术型产业，加快鞋服等传统产业改造。加大科技创新平台建设，推进鹿城科技文化融合基地建设，创建市级科技园，争取列入省级创新型城区创建单位。加快农业“两区”建设，构建“三位一体”新型农村合作体系建设，推进土地规模流转和农业小微园建设，加快农业企业龙头集聚发展，促进都市农业规模化产业化。

推进城市有机更新。采取机制倒逼、综合施策等举措，全面推进旧厂区“强三优二”有机更新，加快浙江创意园、“黎明·92”文创园拓容提质升级，鹿城工业区A378地块招商落地，吴桥工业区、新邦文创园等特色示范基地加快建设。充分发挥政府和市场“两只手”的作用，引导龙头企业和精英团队带动市场整体开发建设，加大公共服务配套建设和对市场规范健康运行的监管力度，加快创成一批现代化的产业集聚群。

大力实施减员增效。实施行业整治、产业改造、创新治理、淘汰落后产能等综合举措，加大以业控人、机器换人、制度管人推进力度，挤压低端产业空间，实现全员劳动生产率、优质产品率两提高。全力推进双屿综合整治，完善“政银企协园”联动机制，内育外引促进产业提质升级，建管并举推进园区功能转变，标本兼治促进外来人口减量，加快实现经济人口双优化双提升。

（三）突出合力育新，全力培育新的增长点。把握县域经济向大都市区经济转型的机遇，顺势推进城市经济的高端化集群化时尚化升级，培育壮大新的经济增长点。

大力发展时尚产业。把时尚产业发展作为产业转型升级和大都市核心区建设的战略方向，研究编制时尚城区发展计划，制订时尚智造、时尚消费、时尚文化、时尚要素配置等方案。规划整合以环五马街区为核心的各类资源，编制实施方案，探索试点民宅临时转商用政策，加快建设千亿级的时尚商圈。优化亮点区块的时尚产业布局，加快打造时尚标志型窗口。精心谋划发展平台、时尚产业等重大项目，培育壮大龙头企业和集聚品牌，着力打造温州时尚之都的示范区。

培育壮大网络经济。优化网络经济布局，形成网络经济产业集聚区、第三方电子商务平台、特色小微网络经济园等梯次格局，打造网络经济强区、电子商务示范城区。加快网络经济产业体系建设，实施重点产业基地、网络交易平台、网络领军企业、网络人才培训等系统工程，加速跨境电子商务发展，争创中国鞋都省级电子商务集聚区，网络交易额增长30%以上。加快免费wi-fi、无线移动、物联网等信息基础设施建设，加快创成智慧城区。

加快延伸产业链条。发挥生产性服务业对二、三产业的融合升级作用，鼓励发展现代金融、检验检测等生产性服务业，加快发展人力资源服务业。发展能够支撑未来发展的大产业，大力发展休闲旅游业，谋划一批商文旅、体旅、农旅结合的大项目，今年印象南塘创成AAAA级旅游景区，启动瓯江沿岸文化休闲旅游项目开发；积极培育教育文化、医疗健康、养生养老、社区服务等新增长点。积极发展生物医药、节能环保等战略性新兴产业。

（四）突出项目攻坚，全力加快城乡建设。以加快重大项目为带动，推进新型城市化和新农村建设，加快构建城乡一体化发展的大都市核心区。

加快亮点区块建设。加大滨江商务区和行政中心区域政策处理攻坚，推进重点区块的征地、拆迁、安置工作，基本落地化解历史遗留问题，依法恢复和保障重点项目建设，确保完成杨府山涂村和城市中央绿轴拆征任务。加快双屿城市新区建设，以鞋都改造启动区、中央涂片区改造、丰门河环境治理等重点区块建设为突破口，推进瓯江连线连片、重大基础设施、重大公共服务项目建设，加快打造一批牵引全局的亮点。

促进城乡统筹发展。按照温州大都市区空间布局，加快构建城乡规划和基础建设一体化发展格局。推进主城区功能改造提升，推进旧片区、传统街区、历史街区、滨江沿线等综合改造，实施精品街区打造工程，加快构建特色鲜明、功能互补、集成辐射的功能区块。加快七都全岛开发，全面推进拆征工作，重大基础设施建设和重要区块开发加快突破。加快仰义林里山坡地开发利用。加快城市公共服务向藤桥生态新区延伸，推进轻工产业园区的规模集聚发展，加快瓯江治理一期、戍浦江流域整治等省、市重点工程建设，扶持生态特色项目，推动城乡区域间的产业分工、功能互动和产城融合发展。

推进基础设施建设。加快市域铁路S1线、金温铁路扩能改造、绕城高速公路西南线、仰义至双屿段公路、104国道温州西过境改建工程、双屿至藤桥公路等重大交通项目建设，诸永高速公路温州段延伸工程鹿城段、温瑞大道一期实现通车，有序推进乐清湾港区铁路支线、缙云至苍南公路鹿城段工程项目前期。推进瓯江路西延伸、广化南路主干道等市政工程建设。加快电力能源、信息通讯、环境保护等重大基础设施建设。加大跑办力度，向上争取更多项目列入省、市重点和资金补助。

（五）突出环境整治，全力推进“两美”建设。以创建美丽浙江建设环境综合整治示范区为目标，把生态文明建设融入发展全过程，着力提升城区环境，建设美丽鹿城，创造美好生活。

全面推进“五水共治”。实施美丽浙南水乡六大工程。推进温瑞塘河治理、绕城高速至卧旗山段海塘工程等重大水利项目建设，建成黄龙北排、丰门河康城段整治工程。强化黑臭河整治和河道保洁长效管理，完成黑臭河整治目标，加快截污纳管和农村污水处理、生活垃圾集中处理基本覆盖。加快滨水公园和亲水绿道建设，推进河网水生态修复、防洪保安工程。开展企业结对、沿河共治、党派共建、五教同行和捐助建设等活动，推动全民参与。

深入开展环境整治。强化“三改一拆”攻坚态势，加快城中村改造与旧居民区整治，联动推进“四边三化”“两无三化”（无违建、无疮疤和洁化、绿化、美化）等行动，深化违建“地宫”、小区违法装修等专项整治，建立新建违建管控长效机制，加快创建“无违建城区”。完成三大进城口综合整治工作。打好“六城联创”攻坚战，确保年内创成国家卫生城市、国家森林城市，争创全国文明城市。强化重污染行业和“五小”行业整治。加强大气污染防治，深化节能减排，建设低碳城区。深化公共空间优化、城市家具维护保洁、道路平整等城市管理综合整治，提高城市管理的规范化和精细化水平。

加快建设美丽乡村。实施“百村示范、千村整治”工程，抓好公用设施和公用服务城乡对接，深化农村人居环境综合整治，加快完成历史文化村落保护利用，提升农村公路等级，推进交通绿道网建设，打造一批美丽乡村精品线路。

（六）突出改革创新，全力激发发展活力。增强改革自觉性和坚定性，突出试点先行和重点突破，全面推进50项改革项目。

承接重大改革项目。深化金融综合改革，创新拓展民间借贷中心服务功能，推动股改企业对接多层次资本市场，创新定向债和定向集合资金等方式缓解企业融资难题。推进农村综合改革，争取开展农民住房财产权抵押、担保、转让试点，探索城乡统一的农村集体资产产权登记，推进农村社区改革。深化民办教育综合改革试点。深化社会力量办医改革试点，推进鹿城人民医院等公立医院改革，引导民资举办高端亟须型医疗机构，推行集团化连锁办诊所模式。深化民政综合改革，提升民办公助、公办民营模式，完善民办养老体制机制，探索“医养融合”养老模式，争取全国养老服务业综合改革试点。

推进重点领域改革。深化行政审批制度改革，推进“三单一网”（政府权力清单、企业项目投资负面清单、政府部门专项资金管理清单以及行政审批和便民服务网）建设，进一步取消和下放行政审批事项，推进政务公开，实现政务服务一站式办理、行政权力全流程监督。加快政府机构改革，深化事业单位和中介机构改革，完善行政事业单位房产管理机制。完善城乡居民基本医疗保险制度，全面建立城乡居民大病保险制度。创新人才建设体制机制，鼓励和支持社会力量举办各类科技研究型平台，开展领军型团队人才招商，试行人才优待优供服务管理和贡献人才公共资源对等供给制度。同时，积极争取上级政策支持，把更多改革项目纳入上级改革试验试点，在体制机制改革创新上鼓励先行先试，主动为国家和省、市级层面的制度创新提供试验基地。鼓励各街镇和各部门开展改革试点，及时总结有模式成范式可推广的经验，激发体制机制新的活力。

（七）突出民生建设，全力优化公共服务。以民生需求为导向，统筹推进各项社会事业发展，切实解决群众反映强烈的问题。

推进文化强区建设。深化社会主义核心价值观实践活动，挖掘提炼红日亭等崇善向上文化，打响具有鹿城特色的志愿服务品牌，切实提升公民思想道德和精神文明水平。推进文化礼堂拓面提质，丰富群众精神生活。完成公共文化服务基础设施建设三年行动计划，打造城市社区15分钟文化圈和农村新社区30分钟文化圈，完善基层群众文体团队管理机制。争取创成全省文化产业十强县（市、区）。简朴而又隆重地开展建区三十周年纪念活动。

提升社会事业发展。推进省级教育现代化区和省级社区教育示范区建设，大胆创新、积极推进义务教育和学前教育均衡优质扩面。推进省级卫生应急示范区建设，创成省级卫生强区和省级慢性病综合防控示范区。推进人口计生工作转型发展，加强基层计生工作和网络队伍建设。完善城乡体育基础设施建设，开展省第二届全民体育节鹿城区系列活动。健全残疾人社会保障和服务体系。进一步加强双拥、救助、福利、优抚、红十字、慈善等事业，加强人防（民防）、科协、社科联、档案、地方志等工作。

办好民生实事工程。完善小区物业管理准入制度，探索无物业小区规范管理模式。逐步扩大市民卡便民消费服务功能。加快D级危房整改、安置提速和房屋产权办理。深入实施交通治堵工程，深化动态交通和静态交通综合整治，深化开展乱停车、停车非法收费等整治专项行动，加快打卡口、接断头、建环路和停车泊位服务体系建设，优化公交路网和公共自行车系统。解决教育实践活动中的民生问题，以实际成效让广大群众得到实惠。

（八）突出平安建设，全力维护和谐稳定。坚持法治、德治、技治、善治等综合举措，深化平安法治建设，提升社会治理水平，打造和谐美好的幸福家园。

提升社会治理水平。强化“三社”联动，培育发展专业社工机构，完善社会组织分类评估机制。推进城市社区和农村的治理体系建设，清理规范社区考核项目，加强社工队伍建设，强化村社组织规范高效运行；推进社区扁平化管理，推动党员干部和社会力量入网入格，健全社区事务网格化服务体系，实现组团服务最优化，加快创建一批星级幸福社区。完善“大调解”体系。

推进平安法治建设。大力弘扬法治精神，推进治理体系和治理能力现代化。加强社会治安综合防控体系建设，强化反恐维稳工作，深化除恶治乱、黄赌毒黑、治安乱点等专项整治，确保社会治安平稳有序。加强重大事项社会稳定风险评估，注重源头预防和治理社会矛盾。深化“信访攻坚年”活动，大力破解信访积案和历史遗难问题，遏制非正常上访。依法加强宗教事务管理，加大宗教场所违法建筑拆除力度，深化基督教私设聚会点和未登记民间宗教活动场所综合整治，加大反邪教警示教育力度。深化消防安全、安全生产、交通运输等整治和食品安全“强网清源”行动，坚决遏制重特大事故发生。加大平安宣传力度，切实提升平安“三率”，确保实现平安建设“二次夺鼎”。

三、切实提升党的建设科学化水平

认真贯彻落实习总书记在中央政治局第16次集体学习时的重要讲话精神，坚持党要管党、从严治党，扎实推进党的思想、组织、作风、制度和反腐倡廉建设。

（一）推进教育实践活动。坚持高标准严要求，抓紧抓好专题民主生活会和基层党组织专题组织生活会，让每一位党员接受一次“党性体检”，受到一次马克思主义群众观和党的群众路线教育。以“钉钉子”精神抓好问题整改，明确时间表，落实责任人，细化整改举措，逐一推动问题解决。强化建章立制，以管用有效的制度管事管权管人，巩固整改成果，形成长效机制。用好用灵批评与自我批评这一锐利武器，进一步探索完善，使之成为提高领导班子和党员干部解决自身问题能力的重要法宝。

（二）注重思想政治建设。创新区委理论中心组学习内容和方式，加强理想信念和区域发展形势教育，强化自觉推动赶超发展的政治担当、领导担当和层级担当，真正把党员干部的事业追求与鹿城发展的兴衰荣辱紧密联系起来。加强马克思主义宗教观教育，成立宣讲团，出台党员干部涉教信教问题处置相关规定，引导全体党员做无神论的捍卫者。管好用好“两大舆论场”，加强红色阵地建设，提高领导干部媒介素养，提升“三微”舆情引导系统（鹿鸣问政网络平台、鹿城微发布厅民生微博集聚平台、温州鹿城发布公共微信平台）功能，形成网络舆情快速反应处置机制。

（三）提升民主政治建设。落实党内民主生活制度，畅通思想交流渠道，经常开展谈心交心，自觉维护班子团结。发挥党委总揽全局、协调各方的作用，对集体议定的事项自觉服从、坚决执行。支持人大、政府、政协、司法机关开展工作，积极为“两代表一委员”行使职权和参政议政创造条件，召开全区人大、政协工作会议。巩固和发展最广泛的爱国统一战线，加强民主党派、工商联、无党派、新社会阶层人士及网络界人士统战工作，贯彻落实党的民族、宗教、对台和侨务政策。更加重视老干部、工青妇群团、党管武装、国防后备力量建设和关心下一代工作，最大限度地凝聚各方面的智慧和力量，形成齐心协力干大事的氛围。

（四）加强领导班子和干部队伍建设。健全基层干部关爱和激励机制，完善澄清保护和重点工作免责机制，加大在一线克难攻坚有实绩干部的提任力度，加大领导干部和中层干部跨单位交流力度，加大对不适宜担任现职领导干部的调整力度，做到能者上、平者让、庸者下，为敢于担当的干部鼓劲撑腰，不断激发全区干部的活力。深化干部人事制度改革，强化班子运行动态监管，规范干部选拔任用动议程序，改进民主推荐、民主测评办法。切实加强干部的储备，实施后备干部梯队成长工程，注重在基层一线和急难险重岗位培养锻炼干部。严格干部管理监督，完善日常管理和请示报告等制度。强化党管人才工作。

（五）提高基层组织建设水平。落实基层党建工作责任制，完善季度例会制度，开展书记督查基层党建工作，形成更加重视基层的鲜明导向。推进“红色细胞工程”，启动村民（居民）中心建设试点，实施入党积极分子和预备党员义工服务积分制，开展党员退出机制试点，健全党员联系服务群众长效机制。深化“五星争创”（指对基层党组织实行星级化管理，按二星以下、二星级、三星级、四星级、五星级等五个等级综合评定基层党组织等级）活动，拓展街区、邻里党建模式，完成软弱涣散党组织整治，抓好基层骨干队伍建设，加快形成一批“五星”党组织示范群。提升机关党的建设规范化制度化水平。推进“两新”组织拓面提质，探索异地商会党建工作机制。加强党员的日常教育监督管理，推行过党员政治生日等做法，规范党组织组织生活。

（六）深化党风廉政建设和反腐败斗争。认真执行党风廉政建设责任制，落实党委主体责任和纪委监督责任，加快纪律检查体制改革，推进纪检监察机关“转职能、转方式、转作风”，支持纪委调整内设机构和议事协调机构。深化机关作风效能建设，加大对“八项规定”实施后的穿“隐形衣”、变异违规行为的正风肃纪力度，建好全覆盖的立体式监管体系。完善党内权力运行监督机制，试行区管干部党风廉政谈话暂行办法，严格实行行政过错行为责任追究制。加强廉政风险防控，加强项目建设审批、村级组织运行等重点领域和关键环节的监管，出台党风廉政巡察工作制度，加大惩治和预防腐败力度。加强街镇纪检组织建设，切实治理农村基层腐败问题。

（七）讲究工作方法提高执行力。认真贯彻落实夏宝龙书记和李强省长在省委常委会扩大会议上的重要讲话精神，切实掌握“工作十法”（省委夏宝龙书记在省委常委扩大会议上提出的统筹兼顾法、重点突破法、底线思维法、因地制宜法、典型引路法、一抓到底法、循序渐进法、群众工作法、亲力亲为法、以上率下法），提高领导水平和领导艺术。对区委作出的重大决策部署，有令必行，有行必果。完善主要领导牵头抓总、分管领导分工负责的责任落实机制，分管领导对分管领域中的难题及遗难问题要敢于克难攻坚。强化街镇抓经济的主体责任和区直部门单位的推动责任，全面落实重大投资项目建设领导干部领衔责任制和一线工作指挥长制，切实形成上下各方合力抓经济的良好局面。完善目标责任考核体系，强化守土有责意识，强化舍我其谁意识，强化落实时效意识，身先士卒一线破难，心无旁骛一抓到底，以上率下争当表率，扎下马步推动鹿城赶超发展。

四、关于全会审议文件的说明

为深入贯彻省委十三届五次全会和市委十一届七次全会的重大战略部署，区委研究制定了《中共温州市鹿城区委关于构筑大都市核心区建设美丽鹿城创造美好生活的实施意见》（以下简称《实施意见》）和《中共温州市鹿城区委关于发展时尚产业建设时尚城区的决定》（以下简称《决定》）。现就这“两个文件”有关情况向全会作说明。

（一）起草“两个文件”的总体考虑。《实施意见》把握县域发展向大都市区发展转型的趋势，立足现实基础和区位条件，按照省、市委推进“两美”建设、新型城市化和建设温州大都市区的战略部署，在传承历届区委作出的战略部署和近期充分调研的基础上，作出了构筑大都市核心区，建设美丽鹿城、创造美好生活的总体要求、主要目标、主要任务和保障措施等重大决策。

《决定》把握经济转型升级的要求和前进方向，立足区位集聚辐射优势明显、轻工产业特色突出、现代商贸配套成熟、温商网络健全发达、时尚传承底蕴深厚，建设时尚城区具备得天独厚的比较优势和资源禀赋，传承历届区委建设“宜商宜居、活力时尚”城区等系列重大决策部署，提出了发展时尚产业、建设时尚城区的工作目标、主要任务、保障措施等重大决策。

（二）“两个文件”涉及的重点问题

关于大都市核心区建设的目标。以建设“宜商宜居、活力时尚”城区为定位，加快魅力商城、山水名城、创新智城、和谐鹿城建设，努力打造温州大都市核心区。

关于大都市核心区建设的特色。把时尚产业发展、时尚城区建设作为产业转型升级和大都市核心区建设的战略方向，以时尚城区建设为特色，加快建成温州时尚之都的示范区。

关于大都市核心区建设的布局。按照温州大都市区“一主两副三极多点”架构，依托现有网络型组团式发展格局，优化建设八大都市型功能区，加快形成城市组团化、城乡一体化格局。

关于大都市核心区建设的举措。以新型城市化为路径，以建设时尚城区为特色，以创造美好生活为归宿，构建现代都市、现代产业、生态文明、社会服务等体系，提升综合实力和竞争力。

关于大都市核心区建设的保障。建立领导体制和工作机制，加强对规划布局、项目建设、政策体系、资源配置等各方面保障，形成齐抓共管的工作合力。

（三）明确审议“两个文件”的要求。这次会上请大家同时紧扣“两个文件”，以对鹿城未来发展高度负责的精神，充分讨论，集思广益，提出有针对性的意见建议，区委常委会将认真做好借鉴吸收，努力把区委的重大决策转化为全区上下的共同意志和自觉行动。

同志们，深入贯彻市委常委会专题会议精神，推动鹿城赶超发展，需要我们凝心聚力、敢于担当，需要我们负重拼搏、敢于克难，需要我们坚定作为、敢于胜利。让我们更加紧密团结在以习近平同志为总书记的党中央周围，在省、市委的正确领导下，进一步聚精会神，破难前行，紧盯目标、狠抓落实，确保圆满完成今年的各项目标任务，为鹿城赶超发展而不懈奋斗！

贯彻实施“五化战略”深化落实“十大举措”努力构建新常态下鹿城赶超发展新优势（摘要）

在中共鹿城区委八届八次全体（扩大）会议上的报告

（2015年1月16日）

王立彤

这次区委全会的主要任务是：认真学习贯彻落实中央和省、市委系列决策部署，全面总结2014年工作，深刻分析当前形势，研究部署2015年任务，审议通过《中共温州市鹿城区委关于全面深化法治鹿城建设的意见》。

下面，我代表区委常委会向全会作报告。

一、去年以来的工作回顾

我们按照中央和省、市委的决策部署，全面贯彻落实市委常委会专题会议精神，深化“创首善、争一流”活动，团结奋进强攻坚，凝心聚力求赶超，经济社会各项事业取得了全新的进展。预计，全年实现地区生产总值762亿元，增长4.5%；公共财政预算收入23.6亿元，增长6%；固定资产投资331亿元，增长25%；社会消费品零售总额720亿元，增长8.5%；出口总额35.1亿美元，增长1%；城镇常住居民人均可支配收入46315元，农村常住居民人均可支配收入21446元，分别增长8.8%、10.6%。

（一）实体经济企稳向好。实施赶超发展三年超千亿投资计划，工业园、小微园、都市农业园等“五园”产业平台建设扎实推进，全市首批百亿重大工程集体开工，工业性投资、重点建设投资、列入省级重点、争取上级资金和用地指标数量均创历史新高，招商引资完成率“三区两市”第一，工业技改投资占比全省同类地区第一。鹿城轻工产业园区创成省级高新特色产业基地。温商回归、招商引资和对台合作成效明显，温州中心大厦开工建设，世贸中心大厦竣工验收，温商总部家园等重大项目加快招商，本地企业与在外温商形成内外互动格局。开展民间投资综合服务，民间投资占限上投资比重明显提升，建筑业增加值61亿元，房地产投资逐步回暖。深化开展“走企连心解难”系列活动，实现新增企业注册数和资本金“双上升”，银行不良贷款余额、不良贷款率“双下降”。

（二）转型升级步伐加快。编制实施发展时尚产业建设时尚城区规划和重大项目，启动环五马时尚商圈建设，鹿城工业区A378时尚产业园签约落地，核心商圈“串珠成链”工程启动建设，印象南塘列入国家级AAAA级景区公示名单。传统产业改造升级步伐加快，“四换三名”（省委省政府推进经济转型升级提出的工作举措，“四换”是指腾笼换鸟、机器换人、空间换地、电商换市，“三名”是指名企、名品、名家）、“强三优二”城市有机更新有序推进，国家广告产业试点园区落户鹿城，重点文化产业园区占全市一半。网上网下市场融合发展，传统市场加快改造，实现网络零售额136.8亿元，增长57.6%。成立中津先进科技研究院，科技进步全省排名位次大幅提升。减员增效综合整治成效显著，双屿2013年减员7.5万人、2014年5.2万人，两年累计减员超过三分之一，列入省级“腾笼换鸟”综合整治试点区、低端落后块状行业整治提升试点，荣获全省“腾笼换鸟”先进区。现代都市农业稳步发展，农业“两区”加快建设，创成国家级农民专业合作社示范点。

（三）城乡建设扎实推动。都市型功能区建设步伐加快，旧村、旧片区、历史文化街区改造稳步推进，七都城市新区征地拆迁和基础配套建设有序开展，仰义林里山坡地成功出让并加快开发建设，藤桥生态新区基础设施稳步推进，农房集聚加快建设，横渎河西低效土地利用做法全省交流推广。亮点区块建设取得突破，以塗村为重点的滨江商务区拆征建设攻坚取得新进展；城市中央绿轴重点区块完成拆征；中国鞋都产业平台扩容升级，重点区块改造全面推进，双屿综合整治六大工程取得重大进展。重点建设稳步推进，绕城高速公路北线鹿城段及配套工程通过验收，金温铁路扩能改造、市域铁路S1线、绕西南高速公路、104国道西过境公路等鹿城段工程和双屿至藤桥公路加快建设，缙云至苍南公路鹿城段、乐清湾港区铁路支线鹿城段等项目前期顺利开展，仰义至双屿公路改建工程双屿段基本贯通，广化路南延等市政道路建设扎实推进。水利、电力、信息等基础设施加快建设。安置提速、拔钉清障等深入开展，历史遗难化解不断取得突破。

（四）城乡面貌不断改善。实施系统治水“六大工程”（推进美丽浙南水乡建设的污染源治理工程、防洪保安工程、河网综合整治工程、市级瓯江引水工程、水乡文化提升工程、水源地保护工程），推进污水管网全域延伸，截污纳管考核全市第一，垃圾河和黑臭河整治任务超额完成。锲而不舍推进“三改一拆”（省委省政府提出开展的旧住宅区、旧厂房、城中村改造和拆除违法建筑行动）、“四边三化”（对公路边、铁路边、河边、山边等区域开展的洁化、绿化、美化行动）、“两无三化”（无违建、无疮疤和洁化、绿化、美化），城中村改造完成率350%、旧住宅区综合改造完成任务数10.5倍，创成一批“无违建”社区、“无违建”河道，城中村安全综合整治全市第一，旧厂房改造面积全市第一，“两无三化”考核全市第一，“三改一拆”三年总任务提前一年超额完成，获浙江省2014年“无违建”创建工作先进单位。强化“六城联创”攻坚，创成国家森林城市，国家卫生城市通过国家技术评估，顺利通过全国文明城市创建中央测评组的实地考察和测评工作。美丽乡村建设加快推进，“美丽街区”创建走在全市前列。全区全年环境空气优良天数307天，优良率提升15.3个百分点，生态环境质量公众满意度全省排名提升26位。

（五）改革发展稳步推进。深化金融改革发展，全国首个民间融资信息服务营业执照获批，全省首家股份制民间融资信息服务企业挂牌运营，民间借贷“三级便民”服务体系建设等工作全国领先。成功发行首单城投债和首单政府平台企业债。深化农村、民政等综合改革，基本完成村级集体经济组织股改、土地承包权到户；社区（村）“三多”（社区机构牌子多、考核评比多、创建达标多）清理全面完成；居家养老服务机构全覆盖。加快民营经济体制机制创新，“个转企”完成率202.8%，“小升规”完成率102%，“企转股”完成率200%，股改完成率“三区两市”第一。推进政府自身领域改革，组建市场监督管理局，“四单一网”（政府权力清单、责任清单、企业项目投资负面清单、政府部门专项资金管理清单以及政务服务网）建设和“不再审批”（“负面清单”外的投资项目不再进行审批）改革试点稳步推进，国有房产统一监管工作全省领先。

（六）民生事业切实加强。社会主义核心价值观深入践行，在全市率先推出“道德公益基金”，成立区艺术总团和市民艺术团，建成鹿城区史馆，文化礼堂等基层文化建设稳步发展，简朴而隆重地举办建区三十周年纪念系列活动。创成国家级社区教育实验区、计划生育优质服务先进区、第二轮全国艾滋病综合防控示范区和省级卫生强区、“双拥”模范城区，通过省级慢病综合防控示范区验收。全省整顿医疗秩序打击非法行医专项行动现场会在鹿召开。省运会奖牌总数和团体总分均居全省第一。残疾人维权等工作全省领先。人防（民防）、科协、社科联、档案、地方志、红十字会、慈善等工作全面加强。全面关停活禽交易市场，放心农贸市场创建全市第一。交通拥堵、停车非法收费等民生热点综合整治深入开展。推行民情处置系统，广场文化等群众活动走向健康规范，“幸福社区”创建走在全市前列。

（七）社会保持和谐稳定。扎实推进法治鹿城建设，荣获全国“六五”普法中期先进区、全省创建法治区工作先进单位。公共安全、信访秩序、网络舆情、宗教场所等综合整治深入开展，依法做好信访工作，宗教领域违法建筑处置处数全市第一，反邪教阵地创建全省领先，反邪教工作连续八年被评为全省先进，全省基层治理创新信息化现场会在鹿召开。刑事发案数、两抢发案数、入室盗窃发案数分别下降10.1%、48.7%、17.2%，命案发案数创20年最低，打击侵财、治安管控等公安13项绩效12项全市第一，被评为全国打击外汇违法犯罪先进集体，安全生产三项指标连续七年零增长，“平安三率”连续六年不断提升，安全感满意率创历史新高，平安大区实现“五连创”，全年舆情平静、社会平稳、人民平安。

（八）党建水平得到提升。扎实开展党的群众路线教育实践活动，区委常委会“六坚持、六带头”（第二批党的群众路线教育实践活动以来，区委常委会作出“坚持把理论武装摆在首位，带头参加学习；坚持深入基层群众，带头践行群众路线；坚持聚焦“四风”，带头查摆问题；坚持立说立行立改，带头制定和落实整改措施；坚持以整风精神开展批评与自我批评，带头开好民主生活会；坚持服务大局，带头破解难题的承诺），高质量、高水平地开好专题民主生活会，规定动作扎实到位，红色引领等自选动作有声有色，形成了先锋示范、政治生日、民情处置、夜学夜访、服务居民、藤桥金岙村专题组织生活会等特色做法，得到了省市委督导组的充分肯定。推行整改问题领办制、清单制和销号制，全区领办整改问题759个，已整改到位703个，整改率达92.6%。不断强化理论武装，全面推行“四堂办学”，加强马克思主义宗教观教育。加强“两大舆论场”的管理和运用，拓展“三微”舆情引导系统（鹿鸣问政网络平台、鹿城微发布厅民生微博集聚平台、温州鹿城发布公共微信平台）服务功能，网络问政平台在全市政府系统推广，被评为全国网络安全与信息化工作优秀单位。实行各级书记定期督查、例会和述职制度。全面实施“红色细胞工程”（以基层普通党员为主体，以党员干部为骨干，以入党积极分子为补充，实行每个普通党员直接联系服务若干户群众、每个党员干部直接联系若干名普通党员，实现服务党员和群众的全覆盖），深入开展“五星争创”（对基层党组织实行星级化管理，按二星以下、二星级、三星级、四星级、五星级等五个等级综合评定基层党组织等级）活动，扎实推进村民中心建设，软弱涣散基层党组织整顿任务完成率、基层党组织星级覆盖率、基层组织规范化建设达标率实现“三个100%”。“两新”党建实现有效覆盖，机关党建创新开展。加强干部队伍监督管理，建立班子运行分析制度，抓好“学、清、调、改、停”对照检查，开展“三超两乱”（超职数配备干部、超机构规格提拔干部、超审批权限设置机构，擅自提高干部职级待遇、擅自设置职务名称）专项整治。老干部“爱心服务队”连续两年荣获全省“最美老干部团队”和先进集体。关心下一代工作获全省先进集体。严格执行中央八项规定等作风建设有关规定，开展“三抓一带”（第二批党的群众路线教育实践活动以来，开展的以抓领导干部为重点，通过抓领导、抓班子来督促领导抓、带队伍的行动）正风肃纪专项行动，“文山会海”得到遏制，三公经费支出大幅下降，超标办公用房全部整改。认真履行党风廉政建设党委主体责任，推进纪律检查体制改革，创新推行巡察工作制度，强化同级监督实行廉政抄告制度和党员分级分责党风廉政教育制度，切实查处各类违纪违法行为。人大、政府、政协各司其职、各负其责、各展其才，一线作为，领导干部实行重点项目领衔制、一线工作指挥长制和疑难问题化解责任制，切实形成了心往一处想，劲往一处使，齐上一线干的良好工作格局。爱国统一战线进一步壮大，基层统战领域多项工作走在省市乃至全国前列。全面加强党管武装工作，获省级2009—2014年国防动员先进单位。工青妇、侨务、对台、民族、宗教等工作得到新的加强，“创首善、争一流”的氛围更加浓厚。

这些成绩的取得，是省委、市委正确领导的结果，是全区各级党组织、广大党员和全区人民群众团结奋斗的结果，是省市委督导组、广大老干部、各民主党派、工商联、无党派、新社会阶层、驻鹿部队、武警官兵和社会各界大力支持的结果。在此，我谨代表区委表示衷心的感谢和崇高的敬意！

与此同时，我们要清醒地看到鹿城发展中面临的困难和工作中存在的问题。主要有：一是企业金融风险尚未完全消除，不少企业生产经营仍然困难，房地产市场回暖还不稳定，保持经济平稳发展面临不少压力。二是产业低小散问题依然突出，传统产业改造升级依然缓慢，现代服务业占比不高，新的经济增长点培育依然缓慢。三是城中村量大面广，城市功能配套不完善，交通拥堵、停车难等城市问题更加突出，都市化服务功能仍不够。四是历史遗难问题依然不少，基础设施建设欠账很多，平安维稳形势依然严峻。五是机关作风效能还需提高，有些干部担当精神不够，主动服务、敢于克难的精神不足，“中梗阻”现象仍然存在，腐败现象在一些部门和领域还时有发生。对于这些问题，我们务必采取更加有力的措施加以解决。

二、深刻认识和全面把握新常态下的形势和要求

新常态是当前和今后一个时期把握鹿城发展的大背景。我们一定要深入学习贯彻习近平总书记关于经济新常态的重要论述，准确把握新常态下全国“九大趋势性变化”、全省发展“七个方面阶段性特征”和全市在新常态下逆势发展、超常规发展、统筹发展的科学判断，切实把思想和行动统一到中央和省、市委的认识和判断上来，认清新形势，切实做到头脑更清醒、认识更到位、信心更坚定、工作更有为。

新常态下，经济减速换挡，就要加快放大产业转型优势。经过建区30年来改革发展的砥砺前行，地区生产总值已经占到全市五分之一，经济总量全市第一。近年来，我们持续打出转型升级组合拳，三次产业结构优化为0.2∶28.4∶71.4，服务业增加值占全市27.4%，经济质量效益逐步显现。特别是时尚消费、文化创意、网络经济、休闲旅游、现代金融等新兴产业蓬勃兴起，完全符合全省七大重点产业导向，完全符合温州发展时尚产业、建设时尚之都的战略举措。只要我们坚定不移地加快调结构转方式，新常态下赶超发展就能走出一条康庄大道。

新常态下，区域经济升级，就要加快放大城市功能优势。中心城区地位突出。近年来，我们大力推动城市建设发展，拆除违法建筑739万平方米，拆除城中村旧房267万平方米、开工新建392.1万平方米，城市化率89%，新型城市化水平已经达到87.3%，城乡发展步伐加快，都市功能逐步健全，城区环境日益改善，大都市核心区建设日新月异。这些完全符合县域经济向大都市区经济升级的趋势，完全符合温州大都市区战略总体布局。只要我们坚定不移地推进城市转型发展，就能占领区域经济发展制高点。

新常态下，发展多轮驱动，就

要加快放大城区活力优势。近年来，我们全面扩大有效投资，五年工业投资增长2.7倍、固定资产投资增长3.3倍，投资动力引擎持续增强。大力推进改革发展，体制机制不断创新，发展活力不断竞现。充分发挥主城区政治、经济、文化中心和人才集聚优势，深入挖掘温商这一“富矿”，传承和弘扬鹿城人创业创新精神，形成了大众创业、万众创新的生动局面。这些举措使经济的增长动力更为充沛。只要我们坚定不移地推进多轮驱动发展，就会持续掀起创业创新热潮。

新常态下，发展行稳致远，就要加快放大社会建设优势。近年来，我们把保障和改善民生作为根本出发点和落脚点，三年创成国家级荣誉30余项、省级荣誉110多项，省级社会事业各类强区（示范区）全部创成，公共服务均等化水平大幅提高，民生保障总体水平省市领先。稳增长调结构惠民生防风险能力得到加强，平安法治建设系统推进，社会治理先行先试。精神风貌焕然一新，崇善向上文化和文明程度切实提升，群众幸福感不断增强。这些举措完全符合新常态各项综合指标匹配度考量的要求，完全顺应人民群众满意度衡量的导向。只要我们坚定不移地推进社会转型发展，就能牢固夯实新常态下实现赶超发展的根基。

新常态下，推进鹿城赶超发展，我们一定要保持定力，坚持不懈，切实肩负起赶超发展的责任担当，肩负起转型发展的历史使命。紧紧按照市委十一届八次全会实施“五化战略”、深化“十大举措”的重大部署，抓住机遇，放大优势，狠抓落实，加快构建新常态下鹿城赶超发展新优势。

全面贯彻实施生态化战略。按照温州打造生态文明先行区的总体部署，把生态文明理念融入发展的全过程，扎扎实实地将绿水青山和金山银山建设落实到底。以瓯江沿岸和塘河两岸综合整治为轴线，加快生态经济化、经济生态化进程，努力构筑经济生态、社会生态与自然生态和谐共融局面，加快创成富有都市花园、美丽田园、清洁家园特色的山水名城。

全面贯彻实施信息化战略。把握信息经济升级趋势，联动推进科技强区、创新型城区和智慧鹿城建设，加快打造创新智城。以网上网下融合推进市场转型，加快网络市场的建联融通和传统市场的迁改并转，创成省级电子商务集聚区，建设信息经济强区。构建现代信息网络，发展现代信息产业，推动产业融合发展，为经济社会转型发展注入新的动力。

全面贯彻实施时尚化战略。把时尚产业发展作为产业转型升级和大都市核心区建设的战略方向，以环五马时尚商圈建设引领消费升级，建设区域性的时尚消费中心。以中国鞋都时尚化改造引领传统产业转型，建设区域性的时尚智造中心。以商圈互联互通引领服务配套升级，推进时尚智造、时尚消费、时尚品牌、时尚文化集聚，打造温州时尚之都的示范区。

全面贯彻实施都市化战略。按照大都市区的总体布局，加快城区内外基础设施建设的互联互通，全幅拓宽城区内外通道，推进大都市核心区建设。推进主城区功能升级，加快东西两翼新区开发建设，加速城市重大基础设施延伸覆盖，促进城乡协同全域发展。大力推进有机更新、减员增效等产城融合综合举措，提高土地开发投资密度和单位产出强度，切实提升中心城区能级。

全面贯彻实施国际化战略。抓住温州积极扩大对外开放的机遇，加强与长三角、海西区和对台合作交流，扩大对重点领域的国家经贸往来。利用全球温商网络和人脉资源，推进国际招商和世界温商回归，实现鹿城经济与鹿城人经济互促共进。发挥国家级出口鞋类安全示范区等优势，加快外贸转型发展，以扩大对外开放开辟赶超发展新空间。

三、2015年工作的目标任务（略）

鹿城区人民代表大会常务委员会工作报告

在鹿城区第八届人民代表大会第三次会议上

（2014年1月8日）

鹿城区人大常委会主任　吴海燕

我受区八届人大常委会委托，向大会报告工作，请予审议。

过去一年的主要工作

2013年，区人大常委会在中共鹿城区委的领导下，坚持以邓小平理论、“三个代表”重要思想、科学发展观为指导，紧紧围绕“创首善之区、建幸福鹿城”的总目标，认真履行宪法和法律赋予的各项职责，召开常委会会议6次、主任会议17次，听取和审议工作报告39个，对3部法律法规开展执法检查，做出审议意见14项、决定决议16个，较好地发挥了地方国家权力机关作用。

一、强化工作监督，促进经济社会稳定发展

（一）坚持稳中求进，深化经济财政监督。一是监督规划、计划实施。调查、审查“十二五”规划纲要中期评估和1—8月份计划执行情况，对多项指标完成较好、达到“时间过半、任务过半”的要求表示肯定，督促政府认真分析落后指标的原因，积极应对经济下行和民间借贷风波带来的不利影响，优化策略，强化服务，创新举措，破解难题，力争重点指标、项目和任务如期完成，确保经济社会持续健康发展。二是监督财政预决算。首次以“全口径”的要求审查2012年财政决算、其他财政收支和政府性基金等情况，督促政府解决预算编制、预算执行、债务管理等方面的问题，压缩一般性支出，严控“三公”经费支出，将更多的财力用在加快发展和改善民生上。审查1—8月份预算执行和部门预决算，要求严控预算追加，加快推进部门预算公开化、阳光化。强化审计监督，促进政府加大对重点领域、重点部门、重大投资项目和专项资金的审计力度，健全财政预算管理体制和运行机制，审计“免疫系统”功能较好发挥。三是监督金融改革。调查金融改革和中小企业融资难情况，针对存在的问题提出健全金融体系、正确引导民资和改善中小企业融资环境等建议，督促构建支持实体经济发展的现代金融服务体系。常委会还关注有效投资、网络经济和“黎明·92”文创园建设等工作，跟踪监督总部经济园建设，要求完善配套设施，加强服务管理，妥善解决企业在产权办理、履约金退还等方面遇到的问题，不断优化发展环境。

（二）坚持统筹发展，深化城乡建设监督。一是监督三农工作。加强对“三农”项目、资金投入议案办理情况的监督，向政府提出加大财政支农力度、妥善解决D级危房批建难问题、加强农村基础设施建设、促进农民增收等意见，引起区政府对三农工作的重视，加快推进农村水利设施建设，加大对农业产业化和农民增收的扶持力度。二是监督“三改一拆”工作。肯定政府的工作成效和经验做法，督促认真解决拆迁征地难、城市有机更新难和专业人员缺乏等问题，积极有效整合资源，强化督查，不断深化“三改一拆”工作，着力提升城市形象。监督广场路旧片区改造提升议案办理，督促政府做好做细前期工作，积极稳妥推进改造。三是监督“六城联创”工作。着重跟踪监督国家园林城市、森林城市、环保模范城市创建工作，督促政府对照目标、倒排时间、分解责任、狠抓落实，不断夯实工作基础，进一步理顺工作机制，形成合力，发动全民参与创建。经政府及全社会的共同努力，我区顺利通过园林城市省级验收、森林城市省级预验收，环保模范城市创建工作扎实推进。主任会议听取城市环境整治提升情况报告，要求进一步巩固“两河”、交通拥堵、停车乱收费等整治成果，健全长效机制，防止反弹；听取国家卫生城市创建情况报告，要求不断深化创卫迎检专项整治活动；听取现代都市休闲观光农业发展情况报告，督促加大扶持力度，加快转变农业发展方式。

（三）坚持以人为本，深化社会建设监督。一是监督居家养老服务工作。结合执法检查和议案办理，连续三年跟踪监督，针对居家养老服务建设滞后于老龄化速度的现状，督促政府加大资金投入，加强服务管理队伍建设，完善养老服务网络，推进政府出台社会养老服务体系“1+5”系列文件，加快了社区居家养老服务照料中心建设。二是监督教育专项工作。要求合理配置教育资源，抓好教师队伍建设，加强校园周边安全管理，推进“早教进社区”工作。区政府结合督促整改意见，积极推进民办教育综合改革，采取建分校、增新校和集团化办学等措施，努力扩大优质教育资源覆盖面，同时创建省义务教育标准化学校11所，促进了教育的优质均衡发展。三是监督宗教场所拆迁安置工作。肯定政府在这方面采取的积极措施和工作成效，督促加强规划引导，出台补偿办法，全力破解宗教活动场所和民间信仰场所无序建设的难题，保障宗教领域和谐稳定。主任会议听取少数民族工作情况报告，要求落实少数民族帮扶工程，提高少数民族群众生产生活水平。跟踪区政府为民办实事项目，督促制定方案，明确责任，狠抓落实，以实际成效取信于民。

二、强化法律监督，促进社会主义法治建设

（一）加强执法检查，推动依法治区工作。一是开展科技进步“一法一条例”执法检查。肯定政府近年来加大科技专项投入和扶持企业创新、加强人才建设等方面的举措。针对执法检查中发现的问题，提出加大宣传服务力度、提高科技创新能力、设立科技发展专项资金、优化科技人才创新创业环境等意见，促进了创新驱动发展战略的实施。二是开展禁毒法执法检查。充分肯定政府在禁毒工作机制建设和社区禁毒预防帮教，公安机关在毒品管制、打击贩毒涉毒等方面做的有效工作，同时督促政府及公安机关进一步强化工作责任落实，深化禁毒宣传教育，保持打击涉毒的高压态势。三是开展执法检查跟踪监督。对食品安全“一法两规”、律师法、温瑞塘河保护管理条例执法检查审议意见落实情况进行监督，肯定政府在强化食品安全网格管理和创新监管手段、加强律师队伍建设和行业管理、建设塘河整治GIS系统和加快污水管网整治等方面所做的努力，督促将好的做法转化为长效机制，提升监管能力。主任会议听取“六五”普法实施中期督查情况报告，要求全面贯彻普法规划和区人大决议，增强普法效果。依法开展规范性文件备案审查工作，受理和登记政府报备的规范性文件36个，有效加强了依法行政的事前、事中监督。

（二）加强司法监督，维护社会公平正义。一是监督金融综合改革司法保障工作。充分肯定法院在创新金融专业审判模式、完善金改司法保障机制和维护经济金融秩序稳定方面取得的成绩，督促法院进一步强化金融债权保护，推进不良资产处置，提高金融审判质效，为金改提供有力的司法保障。二是监督打击虚假诉讼工作。充分肯定检察院在打击虚假诉讼方面采取的系列举措，督促进一步完善防范和打击虚假诉讼联动机制，加大对虚假诉讼犯罪的打击力度，切实维护经济秩序。三是保障公民依法参与审判活动。根据《全国人大常委会关于完善人民陪审员制度的决定》的精神，决定增加人民陪审员名额117名，规范人民陪审员任前审查流程，依法任免人民陪审员43人次。常委会还督促“两院”重视典型案件分析，加强前瞻性司法调研，为加强和创新社会管理提供决策支持。专题视察鹿城看守所，针对存在的问题提出整改意见，促进文明监所创建。

（三）加强信访工作，促进社会和谐稳定。把信访作为人大监督的重要方面，进一步完善人大信访工作制度，规范转办、督办和回复制度。重视涉法涉诉信访案件的处理，积极引导涉法涉诉信访在法制轨道内妥善解决。认真参与区领导信访接待和下访活动，共同推进信访积案有序化解，促进社会和谐。

三、强化履职作为，促进依法科学民主决策

（一）服务科学决策，发挥人大调研优势。一是调研减员增效工作。就减员方面，提出了以“证”减员、以“房”减员、以“业”减员、以“车”减员，以深化新居民积分制管理为重点，提升外来人口服务管理水平等意见；就增效方面提出了加大技改补助力度、推进产业集聚发展、发挥行业协会作用等建议，得到区委的高度肯定。二是调研中国鞋都改造提升工作。提出完善鞋业产业链、着力打造2.5产业、培育和引入总部型企业、积极构建跨区域产业协作体系、稳步推进鞋都有机更新等意见，为中国鞋都的扩容升级提供了有益参考。三是调研民间资本回归实体经济。提出加快民间金融集聚发展、引导民资发起设立中小银行、健全金融管理服务体系、推进投融资体系建设、加快企业股改上市步伐、多措并举改善投资环境等意见。常委会还就完善三大园区配套设施建设和优化产业布局、社区规范化建设、社会管理创新、“四小车”整治等课题开展调研，提出可操作性的意见建议。

（二）服务依法履职，严格会前调查审查。一是依法决定重大事项。为促进十八届三中全会提出的全面深化改革精神在我区的贯彻落实，根据区委的决策部署，提前开展调查研究，依法做出促进全面深化改革的决定，及时将党的主张转化为全区人民的共同意志。根据区政府的提请，经会前调查和常委会审查，依法做出同意将有关BT项目列入区级预算的决定。根据选举法的规定，做出补选区人大代表的决定，并按照决定的要求在12个选区补选了13名区人大代表。二是依法决定人事任免。坚持党管干部与人大依法任免的统一，加强对拟任干部的任前调查和审查，依法任免国家机关工作人员57人次。

（三）服务中心工作，努力发挥“一线”作用。围绕区委工作部署，以“一线”要求，积极参与“三千”、驻企服务员等活动，抽调经验丰富的干部参与城中村改造、历史疑难问题化解等破难攻坚行动，并在共同推进“四边三化”“两无三化”、美丽乡村建设、平安大区建设、社区扁平化管理、新居民综合服务管理、村（居）换届选举等工作中发挥积极作用。

四、强化服务保障，促进代表作用有效发挥

（一）重视学习培训，增强代表履职能力。以代表小组学习为依托，组织代表学习十八届三中全会及区委全会精神，学习代表法、禁毒法、科技进步法、水污染防治法等法律。组织代表170余人次，参加市人大培训班，学习预算法及审议财政预决算报告方面的知识，听取知名学者专题讲座和代表履职经验介绍。通过定期学法、主题学习、专题培训等多种形式，提升了代表依法履职的能力。

（二）重视机制建设，强化代表履职保障。完善代表参与常委会活动的机制，组织代表386人次参加视察、检查和调研活动，安排42位代表列席常委会会议并参与审议，部分代表意见被采纳为审议意见。完善政情通报、半年度工作报告和视察“两院”制度，增进代表对“一府两院”工作的了解。代表“双联”制度的活力进一步凸显，如五马街道人大工委积极发挥辖区各级人大代表联动作用，督促市、区两级部门解决拖延多年的温州世贸大厦验收问题。认真落实代表履职承诺和述职制度，市代表向区人大常委会、区代表向选区选民承诺和述职活动广泛深入开展。

（三）重视载体创新，丰富代表活动内容。认真部署代表会前视察、议案建议撰写及督办活动，为代表履职做好服务。组织省、市、区、镇四级代表418人次，参与“关心母亲河溪”主题活动，查看河流49条，发现问题76个，提出建议58条，为治水行动注入了正能量。代表小组活动形式多样、效果突出，如七都小组视察安置房建设、滨江小组听取部门站所专题工作报告、南汇小组调研宗教场所拆迁安置工作、五马小组开展结对帮困活动、松台小组组织市区两级代表联合接待选民、双屿小组督查辖区综合整治、仰义小组视察重点项目建设、藤桥小组开展“四边三化”工作督查等等，为代表发挥作用搭建了平台。

（四）重视跟踪督办，促进代表建议落实。出台《鹿城区人大代表优秀议案和建议评选表彰办法》，进一步调动代表履职积极性，提高议案建议质量。坚持政府领导领办制度，全面加强办中督查，实行建议“背靠背”答复机制，对10个承办单位进行集中评议，提高了问题解决率和代表满意率。区八届人大二次会议及闭会期间代表提出的160件建议都在规定时限内答复代表，其中已经解决或列入解决计划的140件，受条件限制暂时不能解决或留作参考的20件。

五、强化自身建设，促进工作水平持续提高

（一）着眼能力建设，注重理论业务学习。组织常委会组成人员及机关干部，加强对十八大、十八届三中全会精神的系统学习，深刻把握主要领导讲话和重要会议精神，确保人大工作的正确方向。积极参加省市培训班、市人大学习周，提升理论素养和业务水平。进一步健全机关、党支部及工委学习制度，营造了浓厚的学习氛围。

（二）着眼服务提升，加强组织作风建设。严格执行中央“八项规定”及省、市、区委有关规定，简化会议，改进作风。适应形势变化和工作需要，撤销教科文卫宗侨工委、城建与农村工委，设立教育科学文化卫生工委、民族宗教华侨外事工委、城乡建设环境保护工委、农村和资源保护工委，并调整充实了工委委员。成立区人大机关党总支，完成机关党支部和工会换届选举。重视干部提拔，增强人大机关活力。不断完善人大信息员网络，宣传工作进一步加强，被市级以上各类宣传平台录用稿件68篇。

（三）着眼职能延伸，夯实基层工作基础。坚持常委会领导联系街镇人大和例会制度，加强对基层工作的指导。街镇代表之家、社区联络站、联系点等平台建设稳步推进，功能有效发挥。各街镇人大围绕常委会监督计划，积极开展对街道办事处、镇政府及派驻站所的工作监督，力度和成效不断加强，如松台街道人大工委在全区率先对“三改一拆”工作进行专题询问，督促街道及相关部门改进作风，提高效能，科学规划，务实操作，推进“三改一拆”工作再上新台阶。区、街（镇）人大联动机制进一步形成，如双屿、仰义街道人大工委配合常委会开展“四小车”整治调研，提出许多建设性的建议。

各位代表，一年来，常委会各项工作所取得的成绩，是区委坚强领导，“一府两院”密切配合，全体人大代表和广大人民群众监督支持，常委会全体组成人员和机关工作人员、街镇人大工作人员、各工委委员共同努力的结果。在此，我谨代表区人大常委会，向大家致以衷心的感谢和崇高的敬意！

在肯定成绩的同时，我们也清醒地看到工作中还存在一些问题和不足，主要表现在：监督的方式和力度有待改进和加强；重大事项决策机制有待探索和完善；代表建议的数量和质量有待提高；部分单位对代表议案建议的办理还不够重视，办理质量有待提升；常委会自身建设有待进一步加强。对于这些问题，我们将高度重视，采取有效措施加以解决。

2014年主要工作任务

2014年是贯彻落实党的十八届三中全会精神、全面深化改革的开局之年，也是人民代表大会制度建立60周年。常委会全年工作的指导思想是：以邓小平理论、“三个代表”重要思想、科学发展观为指导，深入贯彻党的十八大、十八届三中全会和区委八届六次全会精神，坚持党的领导、人民当家做主和依法治国有机统一，进一步解放思想，深化改革，务实创新，强化监督，充分发挥地方国家权力机关作用，为全面加快“创首善之区、建幸福鹿城”做出新的更大贡献。概括起来，主要做好以下四个方面的工作：

一、以党的十八届三中全会精神为指引，促进全面深化改革

党的十八届三中全会就全面深化改革做出战略部署，区委八届六次全会通过了全面深化改革的实施意见。区人大常委会要将学习贯彻全会精神作为重要任务，深刻把握改革精神实质，并落实到依法履职的各个方面和全过程。要围绕金融综合、民政综合、农村综合、民办教育、社会资本办医五大国家级改革试点和区委的部署，找准结合点，加强监督，助推重大改革措施的落实。要监督和支持“一府两院”深化改革，督促落实区人大关于促进全面深化改革的决定。要健全人大讨论、决定重大事项制度，建立政府重大决策出台前向人大报告的制度。要创新监督方式，完善监督机制，深化预决算审查监督改革，运用专题询问、满意度测评、工作评议、代表约见等监督方式，提升监督实效。要提升人大调研和理论研究水平，为区委决策、人大监督、政府落实提供科学依据。支持街镇人大加强机构建设和工作机制建设，强化监督职能。积极探索人大监督与舆论监督、社会监督的有效结合，增强监督效果。贯彻全市人大工作会议精神，开好全区人大工作会议。

二、以实施科学有效监督为着力点，助推转型赶超发展

围绕区委部署，精心谋划监督，推动改革发展。一是围绕“保增长促转型”实施监督。围绕中央经济工作会议提出的稳中求进工作总基调，加强对经济运行情况的监督，促进省、市、区委有关创新驱动、振兴实体经济、产业转型提升、发展网络经济、城市有机更新、招商引资等举措的贯彻落实。监督计划执行，关注有效投资，督促政府做好BT项目建设的阶段评估和项目审查优化工作，进一步加强项目谋划，多渠道争取上级资金支持。关注中央财税制度改革精神在我区的落实，围绕财政节流增效，实施对政府公共财政、政府性基金、国有资本经营、社会保障等预决算的全口径审查，加强对政府性债务的监督，深化部门预算编制和执行情况监督。关注“三公”经费支出，强化审计监督。二是围绕“惠民生筑和谐”实施监督。继续跟踪提升居家养老服务工作议案的办理、食品安全和教育专项工作，视察检查全区游泳场馆安全卫生情况，提升市民幸福感。监督文化创意产业发展情况，加快培育文化产业龙头。三是围绕“重统筹优环境”实施监督。跟踪三农项目、资金投入议案的办理，督促建立西部可持续发展投入机制，按照全域同城发展理念，统筹城乡基础设施建设和社区建设，促进城乡基本公共服务均等化。督促做好国家卫生城市、环保模范城市、文明城市迎接验收工作。结合创建美丽浙南水乡，跟踪监督“三改一拆”工作和水环境治理，督促做好拆违建绿、改造提升等工作，落实治源控污、截污纳管等综合措施。全面关注双屿综合整治，找准实施监督的切入点，共同推进以双屿城市新区建设为突破口带动区域整体档次提升。四是围绕“强法治善治理”实施监督。开展出入境管理法执法检查，跟踪监督科技进步“一法一条例”、禁毒法执法检查审议意见落实情况。强化规范公正执法和司法监督，依法加强规范性文件备案审查，推进政务、司法公开，提高“一府两院”公信力，促进社会信用体系建设。开展检察院预防职务犯罪工作监督，跟踪监督金融改革司法保障工作，促进社会公平正义。跟踪监督宗教活动场所拆迁安置工作，重视群众来信来访，促进社会和谐。

三、以优化履职服务保障为突破口，激发代表履职活力

尊重代表主体地位，进一步加强和改进代表工作，激发代表履职积极性。一是拓展代表学习渠道。充分利用全省代表履职服务平台、人大网以及微信、微博等载体，丰富代表学习形式和内容，强化制度保障，促进学习常态化。二是丰富代表主题活动。深化“关心母亲河溪”主题活动，助推美丽浙南水乡建设。结合“民生大调研”主题活动，在代表中开展“我为鹿城改革发展献一计”活动，收集和梳理制约我区深化改革的重大问题以及群众关切的热点问题，提出有参考价值的建议。三是创新代表履职机制。深化代表“双联”制度，完善各级代表联动和联组活动机制，探索代表参与社区管理和网格共建机制。组织代表视察和评议“一府两院”及部门工作，约见政府及其部门负责人，促进代表作用有效发挥。四是提高代表议案建议落实率。为促进代表议案建议质量的提升，继续开展优秀议案建议评选活动，督促各街镇人大做好代表撰写议案建议的服务指导工作，并将各代表小组提出建议的总体质量作为评价街镇人大工作的内容。围绕议案建议办理质量的提升，加强办理过程督查，建立议案和重点建议办理定期沟通机制，进一步深化建议办理评议活动，将历年办理不力的单位纳入评议范围，进行满意度测评排名，结果向全区通报。

四、以开展教育实践活动为契机，提升工作能力和水平

适应新形势新任务的要求，结合党的群众路线教育实践活动，以队伍和机制建设为抓手，全面提升常委会工作水平。一是深入开展教育实践活动。坚持把“照镜子、正衣冠、洗洗澡、治治病”的总体要求贯穿始终，把反对“四风”贯穿始终，把领导带头贯穿始终，把制度建设贯穿始终。严格落实中央八项规定和区委相关规定，改进工作作风，提高联系群众能力。二是深化学习型机关创建。充分利用机关学习会、专题培训会、网络学堂等平台，开展对政治、经济、文化、法律和人大业务的系统学习，提高依法有效履职的水平。三是充分发挥工委作用。健全工委对口联系“一府两院”及工作部门的机制，完善日常监督机制。支持街道人大工委、镇人大加强规范化建设与工作创新，提升监督和服务中心的能力。四是提高人大宣传水平。要充分利用传统媒体和新媒体，加强对人大制度、常委会工作和代表履职情况的报道，努力拓展人大宣传工作的广度和深度，提高信息宣传质量和效果，不断扩大人大工作的社会影响力。

各位代表，鹿城的改革发展站在了新的历史起点上，光明的前景催人奋进。让我们在中共鹿城区委的领导下，以党的十八届三中全会精神为引领，坚定信心，抢抓机遇，勇于改革，锐意进取，不断开创人大工作新局面，为全面推进鹿城“赶超发展、再创辉煌”而努力奋斗！

在鹿城区第八届人民代表大会第四次会议上（摘要）

（2015年2月4日）

鹿城区人大常委会主任　吴海燕

我受区人大常委会的委托，向大会报告工作，请予审议，并请列席会议的同志提出意见。

过去一年的主要工作

2014年，是我区全面深化改革、推进赶超发展的重要一年，也是人民代表大会制度成立60周年和民主法治建设史上具有重大意义的一年。一年来，区人大常委会在区委的领导下，深入贯彻中央和省、市、区委重大决策部署，紧紧围绕“创首善之区、建幸福鹿城”总目标和“三四五”总战略，认真履行宪法和法律赋予的各项职责，顺利完成了区八届人大三次会议确定的各项工作任务。全年共召开常委会会议7次、主任会议15次，听取和审议工作报告29个，对4部法律法规实施情况开展检查或跟踪检查，做出审议意见6项、决定决议9个。

一、服务发展大局，努力推动全区中心工作落实

发展是第一要务。常委会围绕“保增长促转型”工作主线，调查1—8月份计划执行和经济运行情况，针对部分经济指标落后、企业金融风险持续、实体经济增长缓慢等问题，提出夯实经济工作基础、深化政银企联动、优化资源要素配置、加快培养新的增长点等意见。区政府认真研究，完善鼓励温商回归、企业技改和扶持网络经济、现代服务业、都市农业发展等系列政策，升级助企服务，优化投资环境，挖掘市场潜力，促进了经济企稳向好。监督BT项目建设，针对项目管理粗放、业主职责缺位、风险意识淡薄等问题，督促理顺监管体制，落实部门职责；强化风险意识，抓实项目前期、施工、安置各环节工作；加强政府性投资和BT项目评估，优化投资结构和建设模式，突出有效投资。调查文化创意产业，要求立足区位优势，深化招商引资，突出本地特色，推进多元发展。认真参与“走企连心解难”系列活动，发挥企业家代表资源优势，积极引导温商回归。

“五水共治”和“三改一拆”是党委的重大决策部署。常委会围绕美丽浙南水乡建设，从监督丰门河、戍浦江整治和七都标准堤、黄龙北排等水利设施建设切入，全面开展视察检查。针对发现的问题，提出治理建设并重、严控源头污染、拓宽筹资渠道、落实长效管理、引导社会参与等意见。区政府认真落实，进一步加大资金投入，扎实推进重大水利项目、污水管网建设和管理机制创新，取得了积极进展。常委会还配合上级人大，做好河长巡查、寻找可游泳河道等工作。对“三改一拆”工作开展“回头看”，结合审议意见落实，在政策扶持、部门合力、资金保障等方面提出整改意见。配合省政府、市人大督导“三改一拆”工作。跟踪监督宗教场所拆迁安置工作，常委会组成人员深入宗教点视察，督促依法拆除宗教场所违章建筑，完善长效管理机制，维护宗教场所建设秩序。

加大对“三农”投入，是加快城乡一体化发展的迫切要求。常委会结合生态补偿机制建设，跟踪督办关于加大对“三农”项目、资金投入的议案，努力为农民群众争取发展机会。推动政府进一步加大“三农”投入，增加河道整治资金投入，加快小流域综合治理，推进美丽乡村建设，改善农村生产生活条件。针对群众反映强烈的D级危房批建难问题开展专题调研和督查，推动政府出台D级危房改造实施方案及补充规定，加大政策配套力度，维护农民合法权益。

常委会还围绕各阶段中心工作任务，多次视察检查仰义至双屿段公路改建工程、七都重点项目等建设，参与“电视问政”，督促解决拆迁安置和建设中存在的问题，要求统筹管理、加强协作、规范施工、加快进度。督查和参与国家卫生城市、全国文明城市创建，跟踪亮点区块建设和双屿综合治理情况。

二、强化预算约束，努力促进财政管理绩效提升

健全预算监督制度体系是深化预算监督的内在要求。常委会成立调研组，先后四次听取各部门（单位）及会计、法律专家的意见，反复讨论，数易其稿，修订了《区人大常委会关于区级预算审查监督办法》，制定了《区人大常委会关于区级部门预算审查监督办法》和《区人大常委会关于加强全口径预算决算审查监督的实施意见》，建立起更加规范有序的预算审查监督机制。为促进预算监督从程序性审查到实质性审查的转变，举办预算监督知识讲座，邀请市人大预算委领导授课，提高常委会组成人员的预算审查能力。

部门预算审查是预算监督的基础和重点。常委会按照审查抓重点、部门全覆盖的要求，对2015年预算编制首次实行先审查部门预算再审查全区和区级预算。按照法定程序，要求各部门转变工作理念，提前编制2015年预算，按规定要求及时报审。常委会举行专题部署暨业务培训会，落实审查任务和责任。组成9个预算审查小组，对全区70个部门预算草案逐项审查，选取5个部门提交常委会重点审查。针对发现的个别预算项目立项依据不充分、项目名称重复等问题，及时反馈意见，要求政府出台加强部门预算编制和管理的实施意见，不断优化财力资源配置。通过审查，部门预算安排更加契合区委区政府重点工作和目标，更加符合“量入为出”“用多少要多少”的预算编制理念。

提高财政资金使用绩效是预算监督的出发点和落脚点。常委会审议了区级和部门预算执行、财政决算和审计报告，审查批准了2013年度财政决算，肯定区财政局推行预算单位公务卡强制结算目录等做法，肯定区审计局发挥“免疫系统”功能作用，督促整改审计中发现的问题，加强对专项资金、重点项目资金的监管，健全追责制度。督促做好预算执行分析，加强对预算资金拨付的监督和使用管理，推进清理部门结余资金1亿余元。针对部分预算变更未经人大常委会审批等问题，督促切实整改，增强刚性约束。要求压缩一般性财政支出和“三公”经费支出，加强支出需求分析，完善财政绩效考核评价机制，提高资金使用效益。

常委会还加强对政府性债务的监督，要求建立预警和监督防控机制，严控债务规模，优化债务结构，建立全过程监督机制，防范财政风险。要求制定BT项目一整套偿债计划，防止过度负债风险。

三、关注民生热点，努力推进各项社会事业发展

征收安置工作是人民群众最关心、最直接、最现实的利益问题。特别是大量原市属历史遗留问题随城建事权下放后，我区安置难问题更加突出。常委会结合教育实践活动，采取走访、视察、座谈、约见部门负责人等多种方式，奔走于市区两级部门、项目工地，先后召开座谈会、专题会15次，专题视察检查7次，广泛听取职能部门、业主单位、人大代表和拆迁户的意见，确保调研务实、全面、深入。针对调研中发现的问题，向区政府提出“以公平和谐征收为导向，完善政策体系；以理顺体制机制为着力点，强化要素保障；以强化统筹管理为抓手，形成工作合力；以创新方式方法为途径，加大攻坚力度”等意见建议。为促进调研成果转化为推动工作的动力，常委会会议增加议题，听取征收安置工作情况报告并进行专题询问。通过调研先行、监督并至、问中要害、答出承诺，促使政府及有关单位进一步提高思想认识，落实工作责任，加大工作力度，推动吴桥路A2地块、绕城高速鹿城段拆迁地块等一批安置项目提速提效。

“民以食为天，食以安为先”，食品安全问题从本届人大换届以来一直是监督的重点。为进一步扩大监督效果，常委会从食品源头、加工、餐饮、销售、餐具、餐厨垃圾处理等环节入手，连续三年专项监督，要求政府加强检验检测能力建设，健全信息共享和长效监管机制，为百姓守护舌尖上的安全。区政府认真落实意见，不断健全监管体系，推进社会共治机制建设，全面开展儿童食品、肉制品、非法添加和滥用食品添加剂、餐饮食品、城中村食品等18项食品安全专项整治，严打食品安全违法犯罪行为，深入开展省级食品安全示范区和餐饮服务食品安全示范区创建工作，不断提升群众对食品安全的满意度。

养老是十八大关注的重大民生问题之一。常委会以跟踪督办关于提升居家养老服务工作的议案为抓手，深入视察调研居家养老服务工作，肯定政府在扩面提质、齐抓共管、创新机制、强化保障等方面的新进展，提出“将提升居家养老服务工作的重心从硬件建设转移到完善提升社区照料中心服务功能，从政府投入转移到引导规范社会力量参与”等要求，督促加快推进居家养老服务向农村延伸的步伐，促进城乡基本养老服务均等化。

常委会还跟踪监督教育专项工作，肯定政府在推动教育优质均衡化发展方面所做的努力，要求进一步打造鹿城教育品牌，增强教育核心竞争力。调查全区游泳场馆安全卫生情况，督促建立长效监管机制，确保市民“游得放心”。

四、加强法律监督，努力助推平安法治鹿城建设

监督法律法规实施是人大的重要职责。常委会认真部署出入境管理法执法检查，邀请市公安局警官详细阐释法律条文，介绍出入境管理工作现状及专业知识，为执法检查奠定良好基础。在执法检查中，常委会肯定区政府及相关部门在出入境管理工作上取得的成绩，针对法律宣传力度不够、部门合力尚未形成、队伍建设相对滞后等问题，要求加大法律宣传力度、加强沟通协作、强化管理队伍建设。跟踪检查禁毒法、科技进步“一法一条例”执法检查审议意见落实情况，肯定政府在加强禁毒机制建设、戒毒康复、宣传教育、严打整治方面取得的新成效，要求继续加强打防管控、强化工作保障；肯定在促进企业自主创新、完善科技投入体系、优化人才创业环境方面采取的措施，要求更加注重科技投入的结构和效率。

司法的生命与价值在于公平正义。常委会根据区委反腐倡廉建设的部署，结合《浙江省预防职务犯罪条例》实施，专项调查职务犯罪查办和预防工作，肯定区检察院及相关部门所做的工作，要求惩防并举，健全预防机制，强化队伍建设，营造良好氛围，为改革发展提供有力的司法保障。关注金融案件的审理与执行，肯定区法院落实金融改革司法保障工作审议意见方面取得的新进展，督促创新工作举措，强化审判职能，切实维护信用生态环境；加强金融案件分析，积极提出司法建议，提高我区依法化解金融风险的能力。配合市人大开展社区矫正工作监督。支持人民陪审员队伍建设，依法任免人民陪审员50人次。

建设法治鹿城是区委的重大战略部署。常委会围绕提高普法效果，监督推进“六五”普法规划实施。对区政府报送的40件规范性文件依法备案审查，受理公民异议审查申请1件。组织人大代表参与“查找不适应全面深化改革要求的法律法规条文”主题活动，上报建议70条。协助省人大开展立法执法调研，提出有价值的建议。坚持以法治思维强化人大信访工作，制定《区人大常委会信访工作办法》，进一步规范了人大信访的受理范围、处理流程和信访秩序，提升了人大信访工作水平。

常委会坚持党管干部和依法任免的原则，共任免国家机关工作人员57人次。加强拟任人员法治意识教育，组织任前法律知识考试37人次。

五、践行群众路线，努力夯实人大履职工作基础

代表建议是民意民声的集中表达途径，办好代表建议是践行群众路线最直接的方式。常委会认真总结经验，采取多项措施提升建议办理质效。加强对代表撰写建议的指导，评选表彰优秀代表建议，激发代表提建议的积极性。坚持重点建议督办制度，发挥区长领办建议的示范作用，9件重点建议取得良好成效。如：关于要求尽快启动丰门河河道整治工作的建议，区政府将其列入重点整治河道和美丽浙南水乡建设项目，全面开展综合治理。目前，已完成丰门河滨水绿道工程一期和岩门旧村段治理工程；关于要求对松台街道老旧住宅进行修缮的建议，区政府认真调查摸底，研究制定工作方案，积极争取上级支持，安排1900万专项资金用于旧改工作，完成了包括松台街道桂柑、菱藕、双桥等在内的旧社区房屋修缮、外立面翻新和基础设施完善。规范转办督办流程，推行“三沟通一上门”制度，深化集中评议制度，规范建议办理答复路径，促进建议所涉问题得到解决。区八届人大三次会议及闭会期间代表提出的177件建议，都在规定时限内答复代表，其中已解决或列入解决计划的143件，受条件限制暂时不能解决或留作参考的34件。

保障和促进代表有效履职是发挥代表作用的关键。常委会在各街镇建立“代表之家”的基础上，出台《加强人大代表联络站建设的实施意见》，在社区建成17个代表联络站。

联络站运行以来，接待来访564人次，收集问题239个，解决116个，受到群众的好评。如松台街道金潮大厦南侧道路污水横流、翠微小区东片排水困难等民生问题，就是市、区两级代表通过联络站收集、积极为民代言，引起市、区两级部门的重视而推进解决。加强代表履职平台管理，发挥“网络活动室”的作用。邀请代表列席常委会会议45人次，参加视察、检查和调研活动405人次，扩大了代表对常委会工作的参与。分批组织代表80人次进驻区审批中心现场监督，19人次列席区政府常务会议和区长办公会议，166人次参加“评议机关中层和基层站所”活动。组织各街镇人大负责人和市人大代表鹿城团各代表小组负责人及联络员参加市人大统一培训。各代表小组结合常委会工作和辖区实际，开展了各具特色的学习活动。配合省、市人大做好各级代表活动的服务工作。听取9名市人大代表述职，组织58名区人大代表向选民或选民代表述职。接受6名区人大代表辞职，选举和补选了11名区人大代表。

基层人大是常委会工作的重要基础和组成部分。街镇人大积极承接常委会监督工作，围绕区委和街镇党（工）委中心工作，扎实开展视察、检查、调研、听取报告、工作评议和专题询问等活动，有力助推改革发展、民生改善和法治建设。如：七都街道人大全程跟踪，推进老涂北轮渡码头修缮工作。滨江街道人大视察拆迁安置项目，督查推进样板区块提升。南汇街道人大持续跟踪督查城中村改造和重点工程建设。五马街道人大跟踪参与执法部门对食药市场的检查整治，调研和督促人行道修复工作。松台街道人大不断深化“三改一拆”询问监督的成效，视察调研乱停车整治和小微企业发展。双屿街道人大围绕“减员增效、综合整治”充分发挥视察调研、检查评议等监督作用，有力助推中心工作。仰义街道人大视察督查重点项目建设，专题询问仰义至双屿公路改建工程仰义段建设。藤桥镇人大紧密关注辖区工业园区、双藤公路等重点基础设施建设，协助区人大监督“三农”议案落实和D级危房拆建工作。各街镇人大还主动建立健全代表学习、联系选民、述职、履职管理等制度，促进代表活动的规范化、常态化。

加强自身建设是常委会有效行使职权的保证。常委会以开展教育实践活动为契机，以一线标准加强自身建设，全面提升工作能力和水平。一是以学习教育提升思想境界。坚持把学习教育作为解放思想“总开关”问题的抓手，深入学习贯彻习近平总书记系列重要讲话精神，十八届四中全会以及省、市、区委全会，人大工作会议精神。明确政治方向，坚定制度自信，努力将中央和各级党委对人大工作提出的新思想、新要求、新论述，转化为改进工作的新动力、新思路、新方法。二是以整改落实促进建章立制。针对“四风”方面和工作中存在的突出问题，认真抓好整改落实和建章立制。制定了《区人大常委会专题询问办法》、《区人大代表约见国家机关负责人暂行办法》等6项制度，修订了3项制度。进一步规范人大车辆使用管理、机关公务接待等工作。扎实开展“基层走亲连心解忧”活动，解决民生问题27个。三是以强化服务保障提升工作水平。改进常委会审议方式，坚持提前7天向常委会组成人员寄发专项工作报告，确保审深审透。设立预算工委，保障预算监督职能发挥。借助各级人大网、今日鹿城报、鹿城新闻网等平台，加强对人大制度、常委会工作和代表履职情况的报道，进一步扩大影响力。

各位代表，一年来，常委会各项工作所取得的成绩，是区委坚强领导，常委会组成人员、全体代表、全区各级人大工作者、各工委委员共同努力的结果，是“一府两院”积极配合、全区人民及社会各界大力支持的结果。在此，我谨代表区人大常委会，表示衷心的感谢！

在肯定成绩的同时，我们也清醒地看到工作中还存在一些问题和不足，主要表现在：重大事项决定机制还需进一步健全；对人大任命干部履职情况的监督亟待加强；全口径预决算审查监督有待深化；代表履职活力和效果还需进一步提升；常委会组织建设、队伍建设、街镇人大建设还有待加强等等。对于这些问题，我们将高度重视，采取有效措施加以解决。

2015年主要工作任务（略）

鹿城区人民政府工作报告

在鹿城区第八届人民代表大会第三次会议上（摘要）

（2014年1月7日）

鹿城区区长　朱崇敏

一、2013年工作回顾（略）

二、2014年政府工作重点

2014年是贯彻落实十八届三中全会精神的开局年，也是“十二五”规划的攻坚年，更是全面深化改革的落实年。以改革破困局、以创新促发展已成为全国上下的共识。党中央在十八届三中全会上就全面深化改革做出总体部署，强调了市场在基础资源配置中的决定性作用，提出了“六个紧紧围绕”的改革路线图。省委十三届四次全会根据“八八战略”的丰富内涵和精神实质，将“六个紧紧围绕”具体化为“八个着眼于”，并从经济转型升级、实施改革试点、政府职能转变等八个方面排出一批改革项目，以确保改革举措落到实处。市委十一届五次全会对温州模式的丰富内涵进行了深刻阐述，并提出了“六大领域四十项改革”。区委八届六次全会结合区域实际情况，将全面深化改革的目标任务进一步深化细化，力求通过各领域体制机制优势再造再创辉煌。新形势下鹿城再次迎来赶超发展的有利契机，但也面临着转型升级难度增大、要素保障逐年趋紧、区域竞争不断加剧、民生需求日益提高、社会管理任务艰巨等多重压力，亟须依靠深化改革来破解发展中各类深层次矛盾和问题。今年，我们喜逢鹿城建区30周年，这30年是改革的30年、发展的30年，我们将坚持和巩固30年的改革发展成果，切实增强机遇意识和忧患意识，牢固树立舍我其谁的豪气、守土有责的志气、壮士断腕的勇气、功成不必在我的大气，凝聚各方力量，推动创新发展，力争在区委部署的“十大重点领域”改革取得新突破，推动鹿城“标杆示范、走在前列”。

2014年政府工作的总体要求是：坚持以邓小平理论、“三个代表”重要思想、科学发展观为指导，全面贯彻落实党的十八大及二中、三中全会、中央和全省经济工作会议、省委十三届四次全会和市委十一届五次全会精神，认真学习贯彻习近平总书记系列重要讲话精神，紧紧围绕“八八战略”和“干在实处、走在前列”的要求，紧盯“创首善之区、建幸福鹿城”总目标，深入实施“三四五”总战略，以深化改革创新为主线，以改善发展环境为保障，以增进民生福祉为根本，以保障平安和谐为底线，以强化执行力建设为突破口，积极应对改革发展稳定遇到的风险和挑战，齐心协力落实区委八届六次全会部署的各项目标任务，奋力推进鹿城“赶超发展、再创辉煌”。

综合分析发展趋势，建议2014年全区经济社会发展的主要预期指标为：地区生产总值增长6%左右；公共财政预算收入增长6%；外贸出口总额增长3%；社会消费品零售总额增长9%；城镇居民人均可支配收入和农村居民人均纯收入分别增长10%、11%；城镇登记失业率控制在4%以内；人口自然增长率控制在5‰以内。全面完成上级下达的节能减排目标任务。

为实现上述目标，重点抓好七方面工作：

（一）以深化改革创新为主线，全面落实改革各项举措。紧紧围绕市委市政府部署的“六大领域四十项改革”任务，贯彻落实区委关于全面深化改革的实施意见，力争在重点领域和关键环节改革取得实质性突破。

全面深化重点领域改革。以实施“五大国家级改革试点”为契机，落实深化改革项目责任制，明确重点突破改革项目的目标任务和时间节点，确保改革措施落到实处。深化金融综合改革，鼓励和支持民间资本投资金融业，建立民间融资征信系统，启动“两库一平台”建设，加快滨江商务区金融集聚区、车站大道金融服务街区和鹿城金融广场建设，推动鹿城农商银行改革创新，引导优质民资发起设立中小银行，重点扶持和培育藤桥禽业等6家拟上市企业，推动企业股改、挂牌和上市。推进民办教育综合改革，完善试点学校规范管理工作，引导高端民办教育资源有序进入，做好民办教育与义务教育的规划衔接，着力打造一批国际化、品牌化民办名校。加快社会资本办医综合改革，推进公立医院综合改革和街镇、村（居）一体化综合管理，深化社区医生和居民的契约服务，全面放开医疗市场，引进港台、外资等力量投资医疗机构。大力推进农村综合改革，加强土地确权工作，开展农村资金互助会、政策性农业保险、信用担保等金融体制改革，全面完成股份经济合作社组建，新增整村土地规模流转3个。建立健全社区扁平化管理体制机制，按照“三化三式”幸福社区创建要求，规范社区运行机制，实行“‘四位一体’+一中心+一张网”社区组织架构，统筹区域内政务和社会治理工作。

坚定推进行政体制改革。深化行政审批制度改革，加快审批事项、前置条件、自由裁量权和申报材料四大清理工作，探索建立部门权力清单、负面清单管理模式和审批“案例援引”制度，实行审批工作“全区域实时受理”，提升审批服务效能。深化“两集中、两到位”改革，确保审批事项集中度达95%以上，既受理又办理比例达90%以上，独立审批科室设置比例40%以上，真正把行政审批中心打造成“政府服务综合体”。建立健全向社会购买服务机制，深化中介服务改革，规范中介机构市场行为和市场秩序，确保中介服务提速30%以上，加快形成政府提供公共服务新机制。深化行政执法体制改革，整合行政执法主体，相对集中执法权，推进综合执法力量下沉。着力防控债务风险，把政府性债务纳入预算管理范畴，严格政府举债程序。规范政府民商合同，引入仲裁条款，推动仲裁工作有序开展。大力推进简政放权，深化街镇机构设置改革，探索“雇员制”引才机制，深化事业单位分类改革，落实食品药品安全监管机构改革方案。

着力提升科技创新水平。积极创建省级创新型城区，完善“五位一体”科技创新体系，着力解决科技创新“四不”问题。强化平台建设，以创建国家级文化和科技融合（双屿）示范基地为目标，加快推进藤桥省级高新园区、炬光园省级科技孵化器、科技创新大厦公共服务平台、浙江工贸学院创新创业基地等建设。加强扶持引导，鼓励企业与大院名校结成创新利益共同体，建立区机械自动化技术研究中心。建立科技型企业培育库，力争创成高新技术企业8家以上、技术研发中心12家以上。加大科研投入，确保R&D经费支出占GDP比重达1.2%以上。推进“智慧城区”建设，104个公共场所无线信号免费覆盖。深入实施“科教人才强区”战略，搭建高层次人才创业投资服务平台，完善人才分类评价体系、人才贡献积分制、人才绿卡等机制，争取实现国家“千人计划”零突破。

（二）以兴实体促转型为主攻方向，着力推进县域经济向都市经济转型。紧紧围绕稳中求进工作总基调，加快转方式调结构，大力发展都市经济，优化服务环境，努力打造鹿城经济“升级版”。

大力发展网络经济“一号新产业”。完善网络经济发展扶持政策，搭建政、企、行业协会互动平台，促进全方位交流与合作。依托中国鞋都鞋革城、温州（国际）鞋城、温州电子信息城等专业市场，推动线上线下市场良性互动。加快打造网络经济集聚平台，推进藤桥镇门前山等物流仓储基地、双屿省级电子商务产业园建设，促进新国光电子商务综合产业园、站前电子商务创业园等项目落地，争创省级电子商务示范城区。着力培育电子商务领军企业，支持绿森数码、苏宁云商等电商骨干企业做大做强。依托外贸电商联盟、外贸网商协会、阿里网商学院“三位一体”服务平台，着力打造温州首家跨境电子商务产业园。深化与工贸学院电子商务人才培训基地、温州淘宝大学等专业培训机构合作，力争形成多元化、多层次电商培训教育体系。加大企业电子商务应用力度，力争新增100家以上企业开展网上营销，实现规上限上企业电子商务应用率两年90%、三年95%以上，争取两年时间建成浙南首个网络经济销售额“百亿区”。

强化提升现代服务业。围绕打造服务群众生产生活的商贸休闲之城、服务产业转型升级的辐射示范之城的目标，实施服务业倍增计划，设立服务业专项扶持资金，建立服务业相关部门联席会议制度。加大重点行业、企业培育力度，确保新增一批新兴服务业重点企业，力争限上服务业企业达到550家以上，其中资产规模过亿企业超过50家。坚持以生产性服务业为主导，着力发展总部经济、楼宇经济、文化创意等都市经济业态，探索建立“12345”楼宇经济发展模式，力争生产性服务业占服务业比重提高到50%以上。着眼打造“四圈四化”，全面整合提升商圈经济，推进社区商业网点、“万村千乡市场工程”建设。全力推进旅游业“一号服务业”发展，加快五马AAAA级休闲旅游景区创建，整合提升都市旅游资源，着力打造“东部滨江旅游带、中部商贸文化片、西部生态农业与乡村风情片”的组团式都市休闲旅游业态。

转型升级都市工业。深化“三千”“服务保障实体经济发展”活动，完善驻企服务员制度和政企互动平台，全面对接政府服务企业的“最后一公里”。进一步加大风险企业帮扶和银行不良贷款化解工作力度，坚持分类帮扶原则，引导金融机构建立和完善债券银行会商帮扶机制，适当扩大政府应急周转金规模，积极组织出险企业自救。全面推进“三转一市”“四换三名”，加大工业用地二次开发力度，推动传统产业减员增效，力争工业总产值同比增长2%。完善小微企业园建设扶持、产业准入门槛等政策，确保完成4个计550亩以上小微企业园建设。加快传统产业的扩容升级和新兴产业平台规划建设，争取轻工产业园创成省级高新园、中国鞋都创成省级鞋业集聚群核心区，总部经济园申报省级现代服务业集聚区。加大城市有机更新力度，着力打造吴桥工业区车谷创意园、鹿城工业区A378产业园、“黎明·92”省级现代服务业集聚区，力争完成城市有机更新项目80个、旧厂房改造面积29万平方米，确保更新后旧厂区内土地亩均产出提高20%以上。

创新发展都市休闲农业。推进农业“两区”建设，加强农业经营主体培育，新增市级以上农业龙头企业3家，力争全区农业龙头企业实现产值16亿元。立足藤桥片丰富自然生态资源，以主导产业示范区、特色农业（林业）精品园和农业休闲观光园区建设为重点，突出抓好温州现代农业博览园、农产品小微园和省级特色农业园等项目建设，以点带面，形成西部都市农业产业链。

（三）以有效投资为抓手，加快城市亮点区块建设。抢抓市委市政府组织实施“赶超发展三年超万亿”系列投资工程的契机，适度扩大有效投资，推进亮点区块建设，提升中心城区能级。

优化投资结构。加大工业投资、实体投资、技改投资力度，鼓励发展都市型工业、高科技工业和技术密集型工业，力争工业技改投资占工业投资比重达到80%以上。扎实推进总投资70.4亿元的区级重点建设项目，承接做好市域铁路S1线、甬台温铁路配套、金温铁路扩能改造、乐清湾港区铁路支线、绕城高速公路西南线等鹿城段工程建设，推进双屿至藤桥公路等在建工程、吴滨巷地块安置房等新建工程建设，加快林里片区低丘缓坡开发，实现诸永高速公路温州段延伸工程鹿城段通车，横渎河西城市综合体等重大服务业项目开工。探索政府投资项目发包托管办法，大力引导民间资本有序参与政府投资项目，力争全社会固定资产投资增长15%，投资总量达到302亿元。

打造亮点区块。牢牢抓住温州打造“3+1”城市亮点区块的机遇，强力推进滨江商务区、城市中央绿轴建设，全面开展双屿综合整治，同时加快七都城市新区、藤桥生态新区等区块建设。协同推进滨江商务区重大项目的征地、拆迁、安置工作，杨府山垄村基本完成拆征工作。加快城市中央绿轴政策处理，主动参与沿侧高端项目招商洽谈。按照“一年打基础、两年求突破、三年见成效、争取八年完成整治”的进度要求，分年分步分项实施双屿转型发展“六大工程”，努力将双屿打造成为温州城市西部发展的新亮点。加快温州（七都）广场、未来温州、极地海洋公园等项目进展，着力打造七都温商核心片区商业亮点。加快藤桥新区基础配套和功能延伸，推动旅游综合体项目建设，着力引进水上乐园、裸心谷等项目，力争打造温州休闲养生旅游目的地。

强化要素保障。整合包装瓯江绕城高速卧旗山段海塘工程、戍浦江河道整治工程等项目，争取上级在资金、政策等方面支持。完善项目前期管理体系，探索运行“5+X”重大项目前期工作联席会议制度。加大重大政府性投资项目评估审查力度，探索建立政府投资项目后评价体系。完善项目绩效考核机制，制定人均投资考核办法。抢抓低效土地再开发试点的契机，探索开展高层建筑兴办都市工业试点，确保完成低效用地再开发3500亩以上、地下空间开发利用12万平方米以上、土地转而未供清理率和供而未用开工处置率均达到90%以上。鼓励引导区内企业保留总部税收，跨区域项目合作发展，探索建立中国鞋都—安徽巢湖产业转型升级生产基地。加大破难攻坚力度，完成温化生活区、江滨路鹿城段等重点区域疑难化解任务，确保历史遗留化解率达到90%以上。

（四）以温商回归为重点，深入实施招商引资“一号工程”。通过实施一系列促进温商回归的“组合拳”，掀起温商回归热潮，推动温州人经济和温州经济互动融合发展。

谋划招商项目。深化“资本鹿城、回家发展”，重点引进电子信息、总部、文化创意、文化旅游等产业项目，力争全年引进10个以上较大规模温商回归项目，完成招商引资项目投资50亿元。充分利用全国各地温州商会和在外企业家联合会等平台，加大在外温商信息采集力度，加快在外温商信息库建设，力争全年实现入库温商信息2.5万条。全面挖掘招商资源，做大做实招商项目库，确保每个街镇谋划3个以上较大规模、带动性强、增长潜力大的重点招商项目，并以项目化运作模式，由区领导包干负责每个项目从引进到落地直到建成的全过程。

健全招商制度。完善“三招一优”工作办法，发挥温商服务中心平台作用，制定温商回归奖励细则，开展温商回归功勋人物、典型人物评选表彰活动，切实营造尊商亲商安商的浓厚氛围。加大招商引资奖惩力度，对招商业绩突出、贡献巨大的单位及个人给予适当奖励。充分发挥温商经济网、信息网和人际网的优势，加强内外温商互动平台和机制建设，推动异地温州商会组团回温投资，注重加强与“温二代”的根脉维系，推动在外鹿城人资本、商机、智力、企业家精神“四回归”。

深化对台合作。整合在台温商、台湾人才工作站等资源和平台，全面实施对台开放战略。切实加强对台经贸交流合作，加大金融服务业、休闲旅游业、现代服务业、都市休闲农业、生态养老等领域的招商引资力度，推动台湾龙岩集团等投资项目落地，建立台商权益保障服务工作联席会议制度，确保台商引得进、留得住。

（五）以共建共享生态文明为导向，加快建设美丽鹿城。把生态文明理念贯穿于发展全过程，健全生态环境保护体制机制，深入开展国家环保模范城市和省级生态示范区创建，启动全国低碳示范城区创建，创成国家卫生城市，通过全国文明城市创建考核。

全面加快美丽浙南水乡建设。坚持标本兼治、治保并重、点面结合，做好“五水共治”文章，扎实推进美丽浙南水乡建设。大力实施污染源治理、防洪保安等六大工程，推进藤桥、七都等4个污水处理厂建设，完成27个截污纳管工程和11条黑臭河治理，确保城区污水处理率达100%、农村生活污水治理设施覆盖率达95%。加快推进瓯江治理一期工程等独流入海治理中央财政补助项目建设，重点做好主塘河生态景观带和水乡文化建设，建成划龙桥河、汇昌河生态景观带河道。加大双屿、仰义水环境治理力度，完善塘河地理信息系统，推进生态河道修复和活水畅江河及水乡信息化工程，建成美丽浙南水乡示范宜居社区（村）8个。

深入开展城乡环境大整治。重点以水系为脉络，强力推进“三改一拆”，率先启动沿河8个城中村改造，拆除旧房63.5万平方米、新建70万平方米，创成无违建河道18条、无违建街镇2个，积极创建“无违建区”。扎实推进“四边三化”，建成城区绿地140.4公顷、城区绿道23公里、人均公园绿地面积提高到11.7平方米。集中开展道路平整、排水设施改造、架空管线“上改下”、城市家具维护保洁、大气污染防治，着力实现建成区范围内“三不见”。通过引入市场化运作模式、加强基础设施建设等多管齐下，逐步解决“垃圾围城”现象。加大交通治堵力度，整治一批断头路、拥堵点，续建、新建市政道路工程项目20个，新增专用停车位2307个，建成停车位信息系统，公共自行车和服务网点再分别增加1000辆、30个。加快美丽乡村建设，建成美丽乡村精品线1条、精品村4个、历史文化村落保护利用点10个。

纵深推进双屿综合整治。以“人减水清”和“减员增效”为主线，扎实推进产业转型、水环境综合整治等七大行动。注重拆改、拆建、拆绿结合，拆征中央涂A—1地块等旧房共计45万平方米，开工76.7万平方米，建成14.9万平方米，完成30人以上群租房违法建筑拆除。推动产业转型升级，工业劳动生产率增长5%，规上工业万元产值能耗下降10%。加快推进瓯江路西延等9条市政道路建设，完成鞋都三期立交工程等10条城市道路项目。启动建设岩门滨江居住区和温化生活新区，推进9个农贸市场整治提升，打造丰门河西排至岩门段“万米清水绿道”。

加快构建生态文明体制机制。完善环境治理和保护体制机制。严格实行排污总量控制制度，建立噪音、大气污染防治机制和环境空气质量考核奖惩制度。完善发展生态经济的激励机制，建立生态补偿资金稳定增长机制，健全促进生态服务业、生态工业、生态农业发展的政策体系，大力推行绿色信贷、绿色税收、绿色贸易、绿色保险。健全环保信用等级评价制度，整合提效生态环保领域各种专项资金，支持和引导重点企业清洁生产和节能减排。

（六）以提升群众幸福指数为根本，促进公共服务优质均衡发展。坚持民生优先，着力解决群众关心的热点问题，全力抓好各项民生实事，确保今年新增财力70%用于民生事业，切实提升群众幸福感和满意度。

加快发展文化教育事业。推进省级文化先进区创建，大力发展新兴文化业态，加快建设一批重点文化产业园区，抓好华盖词场、南塘舞台、艺术总团、新居民群体、广场文化五条主线发展群众文化，实施公共文化服务基础设施建设三年行动计划，建成藤桥镇综合文化中心、市级规范社区文化服务中心25个。深化省级教育现代化区创建，完成温州市建设小学七都校区前期工作，竣工新桥头小学等5个项目，启动“教育智慧城”项目，全面实施名师培养工程，着力将“早教进社区”打造成我区教育新亮点。

切实提高全民健康水平。加快区人民医院、区精神卫生中心迁扩建工程建设，推动社区卫生特色服务，创成省级慢性病综合防治示范区，确保通过省级卫生强区验收。加强食品药品安全监管，落实监管网格责任，创新监管手段，及时准确发布不合格食品药品信息，落实黑名单制度管理办法和食品药品安全责任追究制。推进人口计生工作转型发展，做好计生政策衔接工作，推行“人口E通”网格化管理，加快打造“20分钟计生优质服务圈”。全力创建体育现代化城区，加快体育产业发展，挖掘体育优势项目资源，着力打造有影响力的体育品牌赛事。

逐步完善“大社保”体系。加快保障性住房建设，统筹全区安置房源，转变“就地安置”观念，确保如期推进安置房开工项目3个、续建项目10个、竣工项目9个，开工炬光园人才公寓。扎实推进社会保险扩面提质，加强定点医疗机构管理，完善市民卡窗口服务功能。健全农村居家养老服务体系，加大政府购买养老服务补贴工作力度，提供低保高龄老人群体基本养老服务，建成农村居家养老服务照料中心20个。健全残疾人社会保障服务体系，新建残疾人小康阳光庇护中心2家。

（七）以社会管理创新为着力点，全面推进平安鹿城建设。把握经济社会发展新特征，不断加强和创新社会管理，提高社会管理科学化水平，全力实现平安大区“五连创”。

加快三社互动发展。健全“四位一体”社区治理模式，严格社区工作准入制度。扩大政府在社区购买服务范围和事项，引入民营公助、公建民营、公建社办等模式，拓宽社区经费来源渠道。完善社区专职工作者聘任办法，建立工资待遇自然增长机制，实行定向事业单位招考。加强社工队伍建设，建立新录用行政人员到社区锻炼制度，大力培养社区志愿者，成立鹿城区社会工作者协会。完善社区运行机制，提升网格化管理服务水平，推行智能化管理和“综治一键通”，形成网格、社区、街镇（部门）、区级领导的四级问题快速处置机制。

深化平安大区创建。加强消防安全和安全生产隐患整治工作，“零容忍”态度推进重点领域隐患整治，全面推行网格化信息化运行格局，全力打好安全生产“打非治违”、重大事故隐患挂牌整治和“厂中厂”集中整治隐患攻坚战。强化出租房管理，加大重大火灾隐患政府挂牌督办力度，完善四色分类管理制度，基本实现居住意外险全覆盖。深化新居民服务管理，以积分制管理为抓手，推行新居民卡（IC卡）管理，落实梯度服务机制。加强企业法制宣传，强化非公企业工会建设，努力构建和谐劳资关系。深化大调解体系建设，拓展外地驻温商会、新经济组织等行业的调解领域，全力打造全域“一小时调解圈”。坚持和发扬“枫桥经验”，健全领导下访接访机制，切实解决一批信访积案。全力防控重特大安全事故发生，重点抓好重大突发公共事件的预防，切实保障公共安全，确保不发生“一票否决”事项。做好新形势下的人防、外事、侨务、民族、宗教、“双拥”、档案、地方志等工作，支持工会、共青团、妇联、科协、红十字会、慈善等群团组织开展工作。

三、努力打造务实高效清廉的法治政府和服务型政府

党的十八届三中全会首次提出了推进国家治理体系和治理能力现代化的新目标，我们一定加快理念革新和职能转变，深刻理解“温州模式”的丰富内涵和精神实质，着力推进政府管理向政府治理转变，着力提高公共服务和保障水平，努力打造人民群众满意的法治政府和服务型政府。

（一）整肃政风，提能提效。全体政府工作人员要切实增强事业心和责任感，以敢于负责的境界和勇气，敢于拼搏的激情和豪气，敢于奉献的品格和正气，始终保持奋发有为、干事创业的精神状态。坚持把整治“四风”问题作为加强政府自身建设的突破口，以深入开展党的群众路线教育实践活动为载体，实施目标推进、效能加速、群众满意“三大工程”，着力解决群众反映强烈的作风效能问题，奋力打造办事效率最高、服务质量最佳、投资环境最好的政务环境。

（二）善做善成，强化执行。大力倡导立说立行、雷厉风行的作风，在执行上比精神，在落实上比速度。按照“一切工作具体化”的要求，对已经确定的重大事项、重要决策和重点工作层层分解、明确责任，对看准的事紧抓不放，对定下的事一抓到底，高效率、快节奏推动各项工作落实，坚决克服不推不动、不催不办的“懒政”现象。建立项目化管理新机制，将区政府班子成员、部门街镇负责人、党员干部与重点企业、重点建设、温商回归项目等重点工作包干捆绑，并与年终考核相挂钩。强化督查考核，对于年初“两会”和区委区政府研究确定的重要事项，实时跟踪进度、严格完成时限、定期开展督查。凡工作落实不力的，以“落实事故”问责处理，克服执行衰减、执行偏差、执行缺位等问题。

（三）依法行政，科学施政。牢固树立依法行政观念，切实做到依法决策、依法管理经济和社会事务，确保政府的一切工作都在法律的框架下进行。深入推进科学民主依法决策，严格执行区政府议事规则，坚持重大问题集体讨论决定，坚持政府信息公开和新闻发布制度，提高政府工作透明度和公信力。完善听证制度和重大决策的调查研究、专家论证、群众评议制度，优化政府决策规则和程序。加强对政府行为的事中监督检查，确保及时发现问题、及时予以纠正。坚持民主集中制原则，自觉接受人大依法监督和政协民主监督，重视司法监督，积极接受舆论监督和社会监督，认真听取民主党派、工商联、无党派人士和各人民团体的意见。充分发挥政府门户网站、区长热线的作用，拓宽与社会各界的沟通联系渠道，让人民群众更好地了解政府、监督政府。

（四）克勤克俭，廉洁从政。区政府领导班子成员要带头落实中央和省市关于廉政建设的系列规定要求，严格履行“一岗双责”，切实做到廉政建设与业务工作同部署、同落实、同检查、同考核。完善工程招投标、土地招拍挂、产权交易、政府采购等制度，强化对重点领域、重大建设和关键岗位的监管，做到用制度管权、按制度办事、靠制度管人，从源头上杜绝腐败。牢固树立“过紧日子”的思想，大力弘扬艰苦奋斗的作风，坚持勤俭办事，加强节约型机关建设，从严控制公费支出，努力降低行政成本，将有限的财力更多地用于支持发展、服务项目和改善民生上。

各位代表，鹿城正处在转型提升、创新发展的关键时期，不进则倒退，慢进则掉队。让我们在市委、市政府和区委的坚强领导下，在区人大、区政协的监督支持下，以敢为人先、追求一流的精神抓发展，以踏石留印、抓铁有痕的劲头促落实，朝着“创首善之区、建幸福鹿城”的宏伟目标奋勇前进，为鹿城在“赶超发展、再创辉煌”新征程中走在前列而努力奋斗!

在鹿城区第八届人民代表大会第四次会议上（摘要）

（2015年2月3日）

鹿城区人民政府区长　朱崇敏

现在，我代表区人民政府向大会做政府工作报告，请予审议，并请区政协委员和其他列席人员提出意见。

一、2014年工作回顾

过去的一年，我们在市委、市政府和区委的坚强领导下，在区人大、区政协的监督支持下，认真贯彻市委常委会专题研究鹿城工作会议精神，全力以赴兴实体、强投入、优环境、攻改革、惠民生、促和谐，全区经济社会运行总体保持平稳发展，较好地完成了区八届人大三次会议确定的各项目标任务，获得了9项国家级、11项省级荣誉。2014年，全区实现地区生产总值762亿元，增长5%；公共财政预算收入23.6亿元，增长6%；社会消费品零售总额741.8亿元，增长9.1%；出口总额35.5亿美元，下降0.8%；城镇常住居民人均可支配收入45698元，农村常住居民人均可支配收入23434元，分别增长8.5%、10.6%；单位生产总值能耗削减4%；化学需氧量、氨氮、二氧化硫和氮氧化物排放量分别下降1.5%、1.5%、2%和4%。主要工作及成效如下：

（一）抓转型、促发展。坚持稳中求进、进中求好，推动都市经济跨越发展。产业转型升级加快。打好“四换三名”“三转一市”经济转型升级组合拳，入围省“机器换人”百项示范项目企业占全市四分之一，完成工业用地二次开发项目30个，荣获省级“腾笼换鸟”先进区，通过国家级出口鞋类质量安全示范区验收；区网络经济行业协会成立，温州国际鞋城、中国鞋都鞋革城顺利开业，网络经济零售额136.8亿元；个转企、小升规、企转股分别完成市下达任务的202.8%、102%、200%，新增企业注册数和资本金实现双上升。文创产业发展势头良好，浙江创意园、黎明·92文创园被认定为国家级广告产业试点园区，5个项目被列为市级文化产业重点项目。楼宇总部经济加快发展，建立商务楼宇信息网，世贸中心大厦竣工验收，税收“千万元楼”“亿元楼”数量稳步增长。时尚城区建设率先发力。谋划“一江一带两中心七板块多极点”时尚产业发展格局、“三圈四带”月光经济发展布局和58个重点实施项目，环五马时尚商圈建设列入全市时尚之都战略布局核心项目，A378时尚产业园项目顺利签约，旅游收入全市首位。创新驱动战略深入实施。挂牌成立中津先进科技研究院，创成专用设备制造业省级高新技术特色产业基地，科技进步综合评价在全省排名位次提升21位。企业帮扶有序推进。把防控和化解金融风险作为重中之重，深化“走企连心解难”系列活动，推行网格化服务模式，建立区领导联系银行机制，区处置办进入实体化运作，不良贷款余额、不良贷款率实现双下降。现代农业稳步发展。新增市级以上农业龙头企业3家，建成市级农业精品园1个，创成国家级农民专业合作社示范社1家，特色农产品直销中心投入运营。

（二）抓投资、强后劲。深入实施赶超发展三年超千亿投资计划，强化项目推进的要素、机制保障，完成固定资产投资306亿元、增长16.5%，其中区级投资154.2亿元、增长48.3%，重点建设投资和争取上级资金均创历史新高。投资结构更加优化。项目投资增速、民间投资增速分别高出全市平均2.3个、25.7个百分点，房地产投资企稳回暖，同比增长7.4%，工业投资完成率全市第一，工业技改投资占比全省同类地区第一。重大项目建设强力推进。全市首批百亿重大工程集体开工，仰义林里低丘缓坡利用项目开工建设，104国道西过境鹿城段、双屿至藤桥公路、瓯江治理一期、戍浦江河道整治等项目加快推进，绕城高速公路北线鹿城段及配套工程、鞋都三期出入口立交桥等项目竣工验收，仰义至双屿公路改建工程双屿段基本贯通，诸永高速公路温州段延伸工程鹿城段实现通车。“3+1”亮点区块持续攻坚。滨江商务区拆征建设取得新进展，城市中央绿轴重点区块拆征完成，双屿“一都两园三城”建设加速推进，中央涂等重点区块拆建全面铺开，双屿被列入省级“腾笼换鸟”、低端块状行业综合整治试点。产业平台加快搭建。“五园”建设扎实推进，国际轻工淘宝城、网络经济青年创业园、跨境电子商务产业园等电商产业平台和鹿翔小微园、嵇师小微园主体工程完工，科技创新小微园开工建设，创成市级以上服务业集聚区6个。深化“资本鹿城、回家发展”。建立温商服务中心和温商信息数据库，共引进招商引资项目83个，到位资金99.8亿元、居三区两市首位。要素保障积极有效。完成转而未供、供而未用土地清理6007亩、地下空间开发利用32.7万平方米、低效用地再开发项目193万平方米，落实村二三产规划用地指标507亩，永川路（二期）项目政策处理全面完成，39个城建类历史遗留问题得到化解。

（三）抓整治、美环境。围绕“两美”鹿城建设目标，加快城区品质提升。“五水共治”掀起热潮。深入实施系统治水“六大工程”，实行“四级河长制”“河道警长制”，建立全国首个区级环境监察重案组，强化涉水污染行为打击，重点河段水质实现常态化监测，“两河”整治任务超额完成，九山河（内河）、瓯江（郭公山至杨府山段）达到可游泳标准。七都、仰义、藤桥污水管网建设全面铺开，七都标准堤塘等一批重点工程建成出效，污水处理率全市第一，重金属污染防治、重污染高耗能行业整治提升分别通过省级、市级验收。“三改一拆”强势推进。拆除违建80.1万平方米，城中村改造、旧住宅区改造超额完成年度任务，旧厂区改造面积、城中村安全综合整治考核、宗教违建处置数全市第一，七都街道创成无违建街道，“三改一拆”三年总任务提前一年超额完成，荣获全省无违建创建工作先进单位。“六城联创”取得突破。深入开展环境治理工作，“两无三化”、智慧城管考核全市第一，新增城市绿地146.6公顷，建成滨水公园10个、城区绿道24.2公里、美丽乡村精品线1条、精品村3个、市级生态村16个，仰义街道创成省级生态街道，全区空气环境优良率不断提升。完成三大进城口综合整治，“印象南塘”被评为国家4A级旅游景区，全面完成国家森林城市、全国卫生城市创建任务，全国文明城市创建顺利通过中央测评组实地考察，精神文明建设考核连续三年全市第一。

（四）抓改革、增活力。落实六大领域50项改革部署，全力推进重点领域、关键环节改革。“四张清单一张网”建设加快推进。政务服务网上线运行，权力清单、负面清单、责任清单、财政专项资金管理清单对外公布，区级部门行政权力从7040项减少到3633项，区级行政审批事项从335项减少到282项。各类综合改革积极推进。深化金融综合改革“三个先行区”建设，建立金融服务“两库一网”和中小企业融资服务平台，全国首个民间融资信息服务企业挂牌运营，街镇民间借贷备案便民服务点实现全覆盖，鹿城农商银行发起设立的第一批21家村镇银行全部开业。深化农村综合改革，创新农民专业合作社信用合作模式，建成114个股份经济合作社、8个农村产权交易平台服务站，完成76个村的土地确权。深化社会事业领域综合改革，启动基层首诊、分级诊疗就医模式，引进2家投资超亿元民营医院；率全市之先推行城乡社区公共服务事项准入制，全面完成社区“三多”清理，建成全省首个由第三方社会组织承接的服务平台。

（五）抓保障、惠民生。强化公共服务保障，将新增财力的70%以上用于民生支出。全力办好民生实事。新建专用停车泊位4459个，新增公共自行车1000辆，建成自行车专用道8公里，完成学院路与车站大道交叉口等交通拥堵点改造。新增城镇就业2万人、城乡居民养老保险1.9万人，建成农村居家养老服务照料中心25个，社区居家养老服务体系实现全覆盖。新开工保障性安居房2782套，基本建成3196套，完成安置房产权办理4890套、交钥匙451户。城区54个公共场所实现免费无线网络覆盖。全力发展社会事业。推动教育优质均衡化发展，全面启动“智慧教育城”项目，建成百里路小学勤奋路校区、鞋都三小，顺利通过全国义务教育发展基本均衡区创建验收。卫计工作不断深化，启动卫生计生机构职能整合，出台失独家庭扶助办法，稳妥实施“单独两孩”政策，打击非法行医经验全省推广，被评为国家计划生育优质服务先进单位，创成第二轮全国艾滋病综合防治示范区、省级卫生强区、省级慢病综合防控示范区。文化体育事业发展步伐加快，成立市民艺术团和区艺术总团，建成街镇综合文化中心2个、社区文化服务中心25个，创成省级文化示范社区（村）、市文化强镇各1个，成功承办中华龙舟大赛（温州站）暨温州龙舟文化节，省运会奖牌总数和团体总分均居全省第一。在五年一次的全省国防动员工作评比中荣获先进，创成省级“双拥”模范城区。全力加强社会治理。加大食品安全监管力度，组建市场监督管理局，全面关停活禽交易市场，创成放心农贸市场5家、数量居全市第一。应急联动体系建设不断加强，台风洪涝等突发自然灾害有效处置，藤桥镇被评为国家级标准化气象灾害防御镇。消防安全“清剿火患”战役深入开展，安全生产“九打九治”行动扎实推进，“四位一体”巡控体系进一步完善，“1+8”基层综治网格化模式全面铺开，基层治理创新信息化工作全省推广，安全生产三项指标连续七年零增长，刑事发案数、两抢发案数、入室盗窃发案数分别下降10.1%、48.7%、17.2%，平安大区实现“五连创”。工青妇、老龄（老干部）、慈善、残疾人事业全面发展，科协、工商联、文联、红十字会、社科联等人民团体作用有效发挥，新居民服务管理、供销、人防、外事、侨务、档案、关心下一代、地方志等工作稳步推进。

（六）抓作风、提效能。深入开展党的群众路线教育实践活动，努力提升政府治理和服务管理水平。强化作风建设，严格执行中央八项规定等作风建设有关规定，全面聚焦“四风”问题，落实项目清单、整改销号、进度公示等机制，解决民情问题600多件，清理办公用房2.1万平方米，超标部分全部整改到位，三公经费支出下降37.7%，削减部分全部用于“五水共治”。强化依法履职，主动接受人大、政协监督，办理市区两级人大代表建议意见220件、政协提案196件，办理市（区）长专线7252件、网络问政223件。强化法治建设，清理不适宜规范性文件264件，改进不完善政策制度446件，荣获全国“六五”普法中期先进区、全省创建法治区工作先进单位。强化自身建设，加强廉政勤政教育，落实“一岗双责”，强化制度管事管人，建立行政事业单位存量房产管理系统，节约财政支出1200万元。创新机构编制管理，出台政府雇员制和临时辅助人员管理办法，严格事业单位空编集中管理调剂使用，实现财政供养人员零增长。大力推进政务信息公开，拓展“三微”舆情引导系统服务功能，网络问政平台在全市政府系统推广，被评为全国网络安全与信息化工作优秀单位。

各位代表，一分耕耘，一分收获。过去一年成绩的取得，是市委、市政府和区委科学决策、正确领导的结果，是区人大、区政协有效监督、鼎力支持的结果，是全区广大干部群众团结拼搏、务实苦干的结果。在此，我谨代表区人民政府，向全区积极有为、无私奉献的全体市民和外来建设者，向给予政府工作大力支持的各民主党派、工商联、人民团体、驻鹿部队、在鹿各直属单位，向各位人大代表、政协委员、老领导、老同志和参与、关心、支持鹿城建设的社会各界人士，致以衷心的感谢和崇高的敬意！

回顾成绩，我们也清醒地认识到，我区经济社会发展中还有许多问题和不足：一是经济增长的刚性要求与转型升级的滞后效应之间的矛盾仍然突出，“五个过多依赖”仍然存在，传统产业改造提升依然缓慢。二是换挡升级的阵痛与区域之间的竞争相互交织，金融风险尚未完全消除，部分企业生产经营比较困难，经济增速整体放缓，赶超发展压力加剧。三是民生改善的需求与公共财政的收支难以平衡，主城区人口基数庞大，社会事业支出逐年刚性增长，财政供给能力难以满足人民群众日益增长的公共服务需求。四是工作实绩与预期目标尚有较大差距。尽管面对复杂的经济形势，全区上下凝心聚力、克难奋进，主要经济指标逆势向好，多项指标居全市前列，但仍有部分指标没有达到年初确定的目标。五是整体环境与赶超发展的要求还不相适应，基础设施建设历史欠账较多，城市的精细化管理水平不高；一些干部责任意识、改革意识、主动服务意识不强，“只微笑不服务”和“中梗阻”现象依然时有发生，一些部门和领域“四风”问题、腐败现象仍然存在。对此，我们务必要采取更加有力的措施加以解决。

二、2015年工作总体安排（略）

政协鹿城区常委会工作报告

在政协第八届鹿城区委员会第三次会议上（摘要）

（2014年1月6日）

鹿城区政协主席　郑锦春

2013年工作回顾

一年来，区政协常委会在中共鹿城区委的坚强领导下，高举中国特色社会主义伟大旗帜，牢牢把握团结民主两大主题，组织和动员广大政协委员，紧紧围绕全区工作大局，以奋发有为的状态认真履职，以一心为民的情怀努力工作，以永不懈怠的精神开拓进取，政治协商、民主监督、参政议政和其他工作均取得了新的成效，为加快“创首善之区、建幸福鹿城”做出了积极贡献。

一、认真履行三大职能，助推发展有新贡献。

始终坚持把促进科学发展作为履行职能的第一要务，紧紧围绕区委、区政府重大决策部署，积极开展协商监督和咨政议政活动，全力助推我区经济社会科学协调发展。

（一）多层次协商谋发展。以各种会议和调研、视察、对口联系、提案督办等为平台载体，大力推进专题协商、对口协商、界别协商、提案办理协商，为促进党政决策科学化民主化提供民意支撑、民利协调、民智参考。八届二次全会期间，委员们通过大会发言、小组讨论、提交提案等方式，就我区经济、政治、文化、社会和生态文明建设中的重大问题，深入展开协商讨论，提出意见、建议涉及9个方面58条，得到了党政领导的高度重视。全年4次常委会议分别以强三优二城市有机更新、园林城市创建、党风廉政建设、人口计生工作、社区矫正工作、科技创新发展、水环境治理等为议题，会前组织开展视察调研，会中听取区政府及有关部门的情况通报并进行协商讨论，提出的意见、建议得到区委、区政府的积极采纳。各专委会、界别小组结合各自特点和优势，加强与对口联系单位的沟通协商，为促进有关重点工作落实献计出力。

（二）多形式监督建诤言。紧盯“十二五”规划、“六城联创”等持续性、系统性工作，经常组织委员深入开展专项民主监督，督促有关部门抓好工作落实。一年来，先后12次组织委员视察监督国家卫生城市、国家园林城市、国家历史文化名城创建工作。继续深化统一选派民主监督员工作，16个民主监督小组的116位民主监督员，经常到对口联系部门开展集体民主监督活动，就有关重点工作落实情况和委员提案办理情况进行沟通交流。围绕区委、区政府各个阶段的工作重点，不定期开展重点监督，区政协领导先后12次到滨江等街镇督查指导城中村改造工作，6次到双屿、仰义街镇督查指导山地公园建设，38次到联系街镇督查指导“四边三化”、重点项目建设、克难攻坚专项行动以及抗台防汛等重点工作。七都、五马、双屿、仰义等街道政协联络组多次组织辖区委员视察督查本辖区重点项目建设、“三改一拆”“两无三化”等工作。

（三）多方位议政献良策。充分利用政协“人才库”“智囊团”的特点和优势，积极组织和支持委员通过各种渠道参政议政，切实发挥咨政机构功能。区政协主席、副主席分别参加区委书记办公会议、区委常委会议、区政府常务会议和全区重点工作通报会等，积极参与事关全局的重大事项和重要工作的研究决策、协商沟通。各专委会（办公室）主任、各街镇联络组组长通过参加区委全体会议、区政府全体会议等，就区委、区政府重要工作部署进行协商讨论、建言献策。有关界别的40多位委员，通过受邀参加18次区委、区政府专题会议等，代表各自界别群众就自己熟悉的专业领域发表意见、建议，为党委政府科学决策提供智力支持。各街镇辖区委员通过参加各街镇党（工）委、政府（办事处）召开的工作通报会等，积极知情明政、参政议政。

二、深入开展调查研究，建言献策有新成果。

始终坚持把调查研究作为政协履行职能的基础性工作，积极动员和组织委员深入基层一线开展调查研究，认真撰写高质量的调研报告、提案、社情民意信息等，促使调研成果在党政决策和具体工作中被转化运用。

（一）精心组织专题调研。坚持自我选题与党委点题相结合，精心组织160多位委员，就“推广垃圾清洁直运经验”“水环境治理”“公立医院综合改革”“完善社区矫正工作”“创办黄金交易中心”等10个课题，通过学习考察、问卷调查、走访座谈等方式深入调查研究，撰写的调研报告得到了区党政主要领导的高度评价。区委王立彤书记专题听取水环境治理课题调研情况汇报，充分肯定了课题组提出的5个方面25条建议措施；并先后对其他4篇调研报告作了重要批示。我们在深入考察基础上提出的关于探索在外地建立产业园区合作新模式的建议，被区委、区政府采纳，并写入区委《关于认真学习贯彻党的十八届三中全会精神全面深化改革的实施意见》；《关于推广垃圾清洁直运经验的调研报告》所提建议，还得到了市领导和有关部门的积极采纳，并在我市创卫工作中发挥了积极作用。

（二）认真做好提案工作。八届二次会议以来，共收到委员以提案形式提出的意见、建议244件，经审查立案206件，提案数量和质量均比上年有较大提升。对于因事权超出范围而不予立案的26件建议、意见，一是通过我区的市政协委员以提案形式提交市政协，二是作为委员来信转市、区有关部门处理。对于已立案的206件提案，区委、区政府及时召开交办会交与49个部门单位进行办理落实，其中8位区领导共领衔办理194件提案。区政协切实加强提案督办，各位主席分工负责15件重点提案的督办工作，提案委负责跟踪协调面上的办理工作，其他专委会和民主监督小组负责监督对口联系部门的提案办理工作。由于领导重视、部门主动，全部提案均按时办理完毕，委员满意率较高。

（三）积极反映社情民意。全年共收到社情民意稿件68篇，向区委、区政府和市政协报送《社情民意》35期，市政协采用15篇并转报省政协及市委、市政府领导，受到有关领导的高度重视，其中1篇得到市委主要领导的批示，7篇得到市委常委、区委书记王立彤的批示。如：《加快审批提速，助推转型发展》《切实整合加强基层食品安全监管力量》《七都大桥通车后续管理亟须跟上》、《南塘河等河面夜间交通安全隐患亟待解决》《建筑渣土和泥浆处置“四乱”亟待解决》等信息上报后，得到了市领导和市有关部门的高度重视，并采取有力措施推进有关问题的解决。2013年市政府制订出台的《关于鼓励社会力量兴办养老机构的若干意见》《温州市区餐厨垃圾管理办法》《电梯安全监督管理办法》等，也采纳了许多我区政协委员提出的建设性意见。

三、牢牢把握两大主题，凝心聚力有新作为。

始终坚持团结民主两大主题，注重发挥联系广泛优势，主动加强与社会各界的联谊交流和团结协作，积极为鹿城发展凝聚共识、汇聚力量。

（一）真诚加强党派合作。高度重视加强与各民主党派、工商联的合作共事，积极为他们搭建参政议政平台。注重发挥各民主党派、工商联和无党派人士在政协履行职能中的骨干作用，在召开各类会议和开展履职活动时，邀请党派团体和无党派人士参加；积极支持和鼓励各党派团体提交集体提案和社情民意信息；高度重视、优先办理各党派团体、无党派人士的提案及其他意见建议。加强与港澳台同胞、海外侨胞的联谊交流，利用元旦、春节、端午节、中秋节、重阳节等传统节日，开展走访慰问侨胞侨眷、台胞台属活动，鼓励他们为促进祖国和平统一大业多做贡献。

（二）真情动员温商回归。深刻领会省、市、区委关于促进“两个回归”的部署精神，主动加强与在外温州人的沟通联系。利用会议、培训、考察等机会，先后走访广西、福建、云南、河南、安徽、四川、上海、天津等地温州商会，了解在外温商的发展状况，参观考察他们的企业和工程项目；并与在外企业家座谈，介绍温州和鹿城经济社会发展情况以及党委、政府对他们的重视和期待，真情动员在外温州人资本回归、人才回归、项目回归。

（三）真心服务企业发展。密切关注经济发展态势，认真开展驻企扶企活动。各位主席深入联系企业和委员企业，实地了解企业生产经营状况，听取企业家的愿望要求和对政府部门工作的意见建议，积极帮助协调解决有关问题，进一步坚定企业家创业守业的信心和转型发展的决心。如为帮助三箭集团混凝土公司落实拆迁安置用地、帮助鲲鹏集团落户鹿城解决所需办公用房、帮助崇高百货公司解决用房紧张和做好新大楼建设前期工作、帮助川耕鞋业公司转型建设中国鞋都鞋革城等，积极联系协调、奔走呼吁。区政协机关20位驻企服务员分别联系走访95家结对企业，千方百计为企业解决一些实际困难，其中一家企业还专门送来了锦旗表示感谢。

（四）真招助建文化名城。认真做好文史资料征集编撰工作，编撰完成《鹿城文史资料》第二十五辑——《鹿城文史集萃》（上、下两册），共计57.3万字，翔实、生动地记述了戊戌维新以来鹿城社会生活的各个方面。切实做好优秀传统文化传承工作，精心组织“兰亭奖”中小学生书法比赛活动，在少年儿童中大力营造“学书法、爱书法”的浓厚氛围；区政协书画院全年共组织3次书画创作笔会和联展活动，大力弘扬书画艺术。组织委员和专家、学者参与七都新区规划道路命名工作；组织专家就兴建鹿城博物馆开展调研，提出建议；在园林城市视察中提出公园建设主题化、丰富公园文化内涵的建议，为创建国家历史文化名城支招使力。

四、全心全意服务民生，促进和谐有新成效。

始终坚持“亲民协政、履职为民”工作宗旨，积极动员和组织委员多建顺民意之言，多献遂民愿之策，多办得民心之事，努力促进民生改善、社会和谐。

（一）高度关注民生民情。直面社会关注和群众反映强烈的热点、难点问题，组织委员深入基层，深入实际，真诚倾听群众呼声，真情关心群众疾苦，真实反映群众诉求。先后组织委员200多人次，就我区城中村改造、水环境治理、强三优二有机更新、养老服务体系建设、社会资本办医、民办教育改革、人口计生工作、社区矫正工作、山体公园建设、现代都市农业发展、农贸市场改造提升、非物质文化遗产保护、外来民工子女就学、学生社会实践基地建设以及重点工程建设等与民生利益息息相关的工作和问题，开展了28次视察考察活动，并以多种形式向区委、区政府反映情况、提出建议，为党委、政府发展民生事业、落实民生工程提供了民意支撑。

（二）热心服务惠民利民。各专委会、街镇联络组和界别小组利用自身特色和优势，积极开展为民服务活动，力所能及地帮助群众解决实际困难。如：医卫组的20位专家委员，分别于暑期到藤桥镇开展送医送药下乡义诊活动和重阳节到扬名老人公寓开展献爱心义诊活动，并慰问特困老人；2013年春运期间，双屿街道吴秀珍等委员牵头组织30多名志愿者，在双屿客运中心开展“关爱新居民，温暖归家”活动，免费送粥、姜糖水、冬衣和网上订票、理发服务；3月28日，区政协举办委员联谊活动，现场募集爱心善款近3万元。一年来，广大委员和委员企业共开展慈善捐赠、爱心助学、走访慰问、扶贫帮困、送医送药、法律服务等活动18次，捐款捐物价值逾百万元，获得了基层群众和社会各界的广泛好评。

（三）全力化解民忧民怨。切实发挥政协作为党委、政府联系人民群众的桥梁纽带作用，深入做好协调关系、化解矛盾、理顺情绪、汇聚力量的工作。各位主席经常带队到各自联系的村、企业、社区，开展大走访活动，积极帮助基层群众解决一些实际问题；同时认真做好群众来信来访接待工作，想方设法寻求解决问题的途径和办法，力求让群众带着幽怨而来、心情舒畅而归。七都、五马、松台等街道联络组通过开设“委员接待日”“委员社区工作室”等，开通收集民情民意和群众反映诉求的平台渠道，积极为社区群众提供法律帮助，全年共协助基层组织和有关部门调解邻里纠纷、执法纠纷30余起，对促进基层社会和谐稳定起到了一定作用。

五、内强素质外树形象，自身建设有新提升。

始终坚持“讲政治、做表率，强自身、带队伍”的要求，从学习教育、转变作风、完善机制、改善服务等方面入手，全面加强常委会自身建设、委员队伍建设和机关效能建设，进一步提升素质形象和工作水平。

（一）加强学习提素质。坚持把理论学习作为常委会议、党组会议、主席会议等各种例会的固定议题，坚持政协机关每两周学习会制度，要求各委组在举行会议和开展活动时安排一定的时间进行理论学习，不定期组织委员专题培训，积极参加区委理论中心组学习和各种学习会、报告会等，多层次、多形式地组织政协常委会组成人员、全体委员和机关干部，认真学习中共十八大和十八届三中会议精神、中央和上级党委重要会议精神以及人民政协理论和政协工作知识，自觉增强政治意识、大局意识、责任意识，不断坚定中国特色社会主义道路自信、理论自信、制度自信，全面巩固共同的思想政治基础，不断提高履行职能、服务发展的能力和水平。

（二）深化教育转作风。认真组织学习中央关于开展群众路线教育的指导思想、目的要求、方法步骤以及习近平总书记的系列重要讲话精神，引导广大委员进一步树立群众观点、站稳群众立场、增进群众感情。坚持人民政协的人民性本质，把密切联系群众、真情服务群众作为践行“亲民协政、为民履职”的自觉行动，切实转变工作作风、改进工作方式，自觉把工作重心下移，经常深入实际、深入基层、深入群众，多了解民情、反映民意、聚集民智，多做解民困、去民忧、暖民心的事，进一步密切了政协与基层群众的关系。

（三）密切联系促融合。坚持主席联系常委、常委（组长）联系委员制度，各位主席、常委和组长经常走访委员和委员企业，通过走访活动把18个界别的286名委员密切联系起来、组织起来、凝聚起来。建立“条条”“条块”联合联动机制，支持和鼓励各专委会、街镇联络组和界别小组，结合各自特点和优势，联合开展学习交流、调研考察、监督视察等活动，促进委员融合，丰富履职形式，提高履职实效。

（四）扩大宣传树形象。积极通过报纸、电视、网络、杂志、信息、简报等媒介，广泛宣传政协理论、政协工作、政协活动和委员风采，树立好形象，传播正能量。切实加强与新闻媒体的联系，做好重要会议和重大活动的宣传报道；及时做好履职活动信息的采编工作，全年共刊发《鹿城政协》杂志4期、收录稿件120多篇14万余字；认真做好鹿城政协网站的维护更新工作，共发布动态信息近200篇。加强与省、市政协的联系，配合省、市政协做好与鹿城有关的调研、视察活动。加强与兄弟县（市、区）政协的往来与交流，加深了解，增进友谊，相互学习，共同提高。

（五）全面建设强保障。按照创建“学习型、服务型、节约型、创新型、廉洁型”机关的目标要求，进一步加强政协机关的思想、组织、作风、效能和廉政建设，不断提升机关工作效能和服务水平，为政协履行职能、做好工作提供强有力保障。全面贯彻落实中央“八项规定”，坚持节约办会、低碳办公，会议和活动拒绝讲排场、比阔气，切实转变文风、会风和工作作风。

各位委员、同志们，过去一年区政协工作上取得的一些成绩，离不开区委的正确领导，离不开区政府及有关部门的大力支持，离不开广大委员、各参加单位和社会各界的共同努力。在此，我代表区政协常委会，向关心支持人民政协事业发展的各位领导、同志们和朋友们，表示衷心的感谢！

在肯定成绩的同时，我们也清醒地认识到，工作中还存在一些问题和不足，主要是：协商议政水平有待进一步提升；民主监督工作有待进一步深化；委员主体作用和政协基层组织作用有待进一步发挥；反映社情民意工作有待进一步加强，等等。这些问题需要我们在今后的工作实践中认真研究和大胆创新，逐步加以改进。

2014年工作意见

2014年，是贯彻落实中共十八届三中全会精神的开局之年，是深入实施“十二五”规划的攻坚之年，也是鹿城建区30周年。在新的一年里，区政协将继续高举中国特色社会主义伟大旗帜，在中共鹿城区委的坚强领导下，突出团结和民主两大主题，组织和动员广大政协委员和社会各界人士，解放思想、与时俱进，勇于创新、敢于担当，善谋实干、共促发展，为加快“创首善之区、建幸福鹿城”贡献智慧和力量。

一、深入学习贯彻十八届三中全会精神，做深化改革的坚定拥护者。

中共十八届三中全会，是在我国进入全面建成小康社会攻坚阶段、改革开放新的重要关头召开的一次重要会议。会议提出了全面深化改革的指导思想、总体思路、目标任务和重大举措，描绘了全面深化改革的新蓝图、新愿景、新目标，汇集了全面深化改革的新思想、新论断、新举措，反映了社会呼声、社会诉求、社会期盼，凝聚了全党全社会关于全面深化改革的思想共识和行动智慧，是全面深化改革的又一次总部署、总动员。我们要把学习宣传贯彻十八届三中全会精神作为当前及今后一个时期的首要政治任务，通过集中学习、分组讨论、听辅导报告、交流心得体会等形式，组织和引导政协委员原原本本地学、反反复复地学，着力在把握科学内涵、吃透精神实质、领会思想精髓上下功夫，切实把大家的思想和行动统一到中央的决策部署上来，坚决拥护和支持全面深化改革。

一要把学习贯彻十八届三中全会精神与学习贯彻《中共中央关于加强人民政协工作的意见》以及省、市、区政协工作会议精神结合起来，进一步提高加强人民政协工作重要性的认识，充分发挥人民政协的“六大机构功能”（协商机构、监督机构、咨政机构、民意机构、统战机构和群众工作机构），不断推进协商民主广泛多层制度化发展。二要把学习贯彻十八届三中全会精神与学习贯彻中央经济工作会议、全国“两会”精神等结合起来，切实用中央提出的宏伟目标和战略部署统一思想、增进共识、汇聚力量。三要把学习贯彻十八届三中全会精神与学习贯彻中共鹿城区委八届六次全会精神结合起来，树立“一线”意识，保持“一线”状态，追求“一线”作为，紧紧围绕区委全会的总体部署履行职能、开展工作，切实做到与区委、区政府同频共振、同轴运转、同向推进。

二、自觉围绕中心服务大局，做科学发展的有力助推者。

围绕中心、服务大局是政协履职的重要原则。党委、政府中心工作推进到哪里，政协履职就要跟进到哪里。政协组织和广大政协委员要牢固树立大局观念和责任意识，自觉把政协工作纳入党委、政府工作总体格局之中，把党政工作的取向作为政协履职的方向，紧扣党委、政府的重点工作开展同步履职服务，密切关注党委、政府决策部署的贯彻落实情况开展跟踪履职服务，瞄准党委、政府关注的事关本区域未来发展的重大问题开展超前履职服务，使政协履职始终服从和服务于党政工作中心，服从和服务于全区发展大局，为鹿城科学发展多谋助力之策，多使助推之劲。

一要选择一些事关鹿城发展全局、党委政府重视、人民群众关心、政协有条件做好的课题，如：实施五大国家级改革试点、以治水倒逼转型升级、现代都市产业发展、创新驱动发展、智慧城区建设、美丽乡村建设等，深入开展专题调研和协商论证，力求把情况摸清，把问题找准，把建议提精，切实为区委、区政府准确判断形势、做出科学决策提供民意支撑和智力参考。二要紧盯党委、政府的重大部署和重点工作，如："六城九市""两海两区""十大举措""三改一拆""四边三化""破难攻坚大行动"等，认真开展民主监督和专项视察，提出具有针对性和可行性的意见建议，为区委、区政府及有关部门改进工作、完成任务发挥积极作用。三要继续深化"驻企扶企"活动，经常深入企业走访调研，了解企业生产经营情况，引导企业准确把握宏观经济形势，理清发展思路，力所能及地帮助企业解决一些实际问题，积极营造合力扶工、合力助商、合力服务的良好发展氛围。

三、全面深化群众路线教育，做群众路线的忠实践行者。

政协工作是党的群众工作的具体体现。密切联系群众既是我们政协工作的实践特色，也是我们需要着重深化和拓展的重要课题。我们要按照区委的统一部署，深入开展群众路线教育实践活动，通过真学、真查、真改，进一步树立群众路线、站稳群众立场、增进群众感情。

一要牢固树立民本意识，始终坚持亲民协政、履职为民，真正把群众路线贯穿于政协履职的全过程，通过以辖区直接联系群众，以议题专项联系群众，以调研深入联系群众，以监督对口联系群众，以提案广泛联系群众，努力做群众的贴心人、知心人和代言人。二要时刻情牵民生、心系百姓，始终把实现和维护最广大人民群众的根本利益作为政协工作的出发点和落脚点，紧紧围绕老百姓最关心、最直接、最现实的物价、住房、劳动就业、收入分配、社会保障、教育、医疗、养老、食品安全、生态环境等民生问题，深入基层、深入群众，开展调研、视察和监督活动，倾听群众呼声，反映群众诉求，并及时将群众的愿望和要求，通过调研报告、提案、社情民意信息等形式反馈给党委、政府，推动群众关注的问题得到解决，促进民生改善。三要选择党政关心、群众需求、政协自身擅长的方面，采取务实有效的形式，不断深化"政协委员为民服务"活动，组织委员送慈善、送文化、送医疗、送科技、送法律下乡，积极服务群众。

四、牢牢把握团结民主主题，做和谐社会的合力构建者。

人民政协是爱国统一战线组织，具有团结联合的组织优势。积极为构建社会主义和谐社会发挥作用、贡献力量，是时代赋予人民政协的崇高使命，也是人民政协义不容辞的责任。我们要始终坚持团结和民主两大主题，充分发挥人民政协团结面广、联系面宽、包容性强的特点，把增进共识、凝聚人心、汇聚力量摆到政协工作更加重要的位置，多做协调关系、化解矛盾、理顺情绪的工作，多做减少阻力、增添助力、形成合力的工作，努力在凝聚社会各界智慧力量、促进社会和谐稳定方面有更大作为。

一要建立健全委员联系群众、服务群众的制度机制，开展委员"进社区、进企业、进乡村、进网格"活动，坚持和深化"委员接待日""委员联络室""委员工作室"等工作平台，引导委员走进基层、走进群众、走进矛盾，主动充当"信访接待员"、"民情信息员""矛盾调解员"的角色，积极协助党委政府作好沟通思想、化解矛盾、维护稳定的工作。二要积极发挥各民主党派、工商联、无党派人士在政协组织中的作用，积极为他们知情问政搭建平台、创造机会。三要进一步加强与港澳同胞、台湾同胞、海外侨胞的联谊，促进交流，增进团结，扩大合作。四要切实加强与在外鹿城人的沟通联系，动员和鼓励在外鹿城人资本回归、项目回归、人才回归。

五、大力加强自身建设，做政协事业的不懈开拓者。

新的历史时期，赋予了人民政协更重大的责任、更光荣的使命，也对政协工作提出了新的更高要求。我们要倍加珍惜全区已形成的党委重视、政府支持、社会关注、政协主动的良好格局，以高度的政治责任感和强烈的事业心，热爱政协岗位，珍惜委员荣誉，认真履行职能，勇于开拓创新，进一步提升我区政协工作科学化水平，不断谱写我区政协事业发展新篇章。

一要加强理论学习。学习关乎每个政协委员的修养和境界，关乎政协组织的责任和力量，关乎政协参政议政的能力和效果。广大政协委员要认真学习党的基本理论，进一步坚定政治方向，站稳政治立场；要切实加强政协理论知识学习，深刻认识政协的性质、地位和作用，牢固树立“五种意识”（政治意识、大局意识、民本意识、委员意识和改革创新意识），不断增强做好新形势下政协工作的责任感和使命感；要主动学习相关政策，熟悉和掌握区情，切实提高履职的针对性和实效性。二要重视调查研究。调查研究是委员履行职能的基础性工作，是政协建言立论的活水源头，是做好政协工作的重要手段。“勤思方能善谋”，只有深入调查研究，才能体察社情民意，才能实现上情下达，才能提高议政建言的水平和献计出力的成效。我们要紧紧围绕区委、区政府的中心工作和群众普遍关心的热点问题，深入开展调查研究，形成数据准确、内容完善、措施合理、理由充分的意见、建议，为党政决策提供参考依据。三要勇于探索创新。改革创新是各项工作不断发展和进步的动力源泉。我们要不断推进人民政协实践创新、制度创新、理论创新，积极探索专题协商、对口协商、界别协商、提案办理协商的方法方式、载体和机制，提高协商实效；要认真贯彻落实省、市、区委《关于加强人民政协民主监督的意见》，大力推进各种形式的民主监督；要继续探索政协工作向基层延伸的方法途径，不断拓宽工作领域，丰富履职渠道。四要切实转变作风。要继续深化“五型”机关建设，贯彻落实中央“八项规定”和反对“四风”的要求，不断提高机关办文、办会、办事水平，确保机关各项工作有序运转、务实高效，更好地为委员服务、为基层服务、为履职服务。

各位委员，同志们！改革宏伟蓝图催人奋进，人民政协事业前景光明。让我们高举中国特色社会主义伟大旗帜，在中共鹿城区委的领导下，深入贯彻十八大和十八届三中全会精神，同心同德，群策群力，锐意进取，奋发有为，为全面开创政协工作新局面，助推“赶超发展、再创辉煌”做出新的更大贡献！

在政协第八届鹿城区委员会第四次会议上（摘要）

（2015年2月2日）

鹿城区政协主席　郑锦春

2014年工作回顾

2014年是全面深化改革的开局之年，是人民政协成立65周年，也是鹿城建区30周年。一年来，区政协常委会认真学习贯彻中共十八大、十八届三中、四中全会和习近平总书记系列重要讲话精神，坚决贯彻落实省市区委重大决策部署，在中共鹿城区委的坚强领导下，始终坚持团结和民主两大主题，围绕核心、服务中心、凝聚人心、反映民心，以“一线”状态和作风，认真履行职能，注重工作创新，加强自身建设，顺利完成了区政协八届三次会议确定的各项任务，为加快“创首善之区、建幸福鹿城”做出了积极贡献。

（一）围绕党政中心和发展大局积极组织协商建言

认真组织专题协商。八届三次全会期间，委员们就政府工作报告及其他经济社会发展的重大问题，深入展开协商讨论，提出了许多前瞻性和建设性的意见，尤其是10位委员在大会发言中提出的10个方面52条建议措施，得到了与会领导的积极评价和充分肯定。今年4次常委会议，先后选择国家环保模范城市创建、“平安鹿城”创建、“五水共治”、楼宇经济发展、全国文明城市创建等为议题，分别通过会前组织视察调研、明察暗访，会议听取情况通报、进行集中商议的方式开展专题协商，协商意见以调研报告或社情民意信息的形式报送区委、区政府，得到了党政领导的高度重视和积极采纳。每次区委全会前夕，组织召开专题协商会，就区委工作报告和重大决策部署进行协商讨论，区委领导均到会听取意见建议。

广泛开展对口协商、界别协商。各专委会、界别小组结合各自特点和优势，分别就农村土地流转、青年创业就业、平安药房创建、塘河污染治理、城区防洪排涝、加强基础教育等内容，同有关部门单位进行对口协商，取得了较好的成效。有关界别的60多位委员，通过受邀参加区委、区政府重要会议等，代表各自界别群众就自己熟悉的专业领域发表意见、建议，有力地促进了党政科学决策和部门工作落实。

积极探索提案办理协商。探索建立提案办理面商制度，要求提案办理单位分别在办理前、办理中、办理后多次与提案人进行面对面沟通协商，全面了解提案人的真实想法和意图，及时通报提案办理情况，征求提案人对提案办理工作的意见建议。区政协领导、各专委会在提案督办过程中，也主动加强与提案办理单位的沟通、协商，及时反馈发现的问题并提出建议措施。提案办理面商率较往年有所提升。

（二）围绕重大部署和重点工作深入开展民主监督

认真组织专项监督。深入开展“三级政协联动、万名委员同行、助推五水共治”专项民主监督活动，做到每季有明察、每半月有暗访，全年共组织主席带队明察3次、暗访16次，“河长”带队督查26次，共发现龙舟残留码头影响航道、建筑企业乱排污水、路桥下住人、沿岸违章建筑、眼镜加工企业偷排污水等问题50多个，提出加强龙舟码头规范管理、加强“三无”船只联合执法、加强河岸污水直排整治等10多条整改意见；同时，积极倡导塘河传统文化发掘和保护工作，积极创建塘河文化亮点工程。开展“我为五水共治献一策”活动，共征集到委员意见和建议120条。

持续开展重点监督。一年来，先后36次组织委员视察监督国家文明城市、国家卫生城市、国家园林城市、国家环保模范城市创建及“三改一拆”“四边三化”等工作，就深化“六城九市”创建工作提出有针对性的意见和建议。区政协领导不定期到联系点进行明察暗访，对督查过程中发现的问题，及时向联系街道、村（居）和有关职能部门反映情况，提出相关措施和对策建议。

深入推进对口监督。继续深化统一选派民主监督员工作，派驻16个部门单位的16个民主监督小组的116位民主监督员，经常到对口联系部门开展集体民主监督活动，就部门重点工作进展情况、政协提案办理情况等提出监督意见，助推相关工作有效落实。

（三）围绕民生热点和社会热议广泛进行议政献策

精心组织专题调研。紧紧围绕区委、区政府关注的重点问题和群众关心的民生问题，精心选择农村土地流转、楼宇经济发展、青年创业就业、社区规范化建设和创新发展、全纳教育发展、平安药房创建、社区康复服务发展、侨情变化发展、规范地名管理、民办教育发展等10个课题，深入进行调查研究和分析论证，及时向区委、区政府报送调研报告，得到了区党政主要领导的高度评价，许多建议措施被有关部门积极采纳。

深入开展专项视察。密切关注群众反映强烈的热点、难点问题，先后组织委员200多人次，就我区全国环保模范城市创建、塘河水环境治理、城区防洪排涝、戍浦江河道治理、七都温州中心商业水街招商引资、轻工园区申报省级高新技术产业基地、体育健康产业发展、社会化办医试点、新居民管理工作、单独二孩政策落实情况、藤桥涉台工程及侨台资企业发展、“中央厨房”学生餐推广工作等进行专项视察，提出意见、建议，为党委、政府推进民生工程、发展民生事业提供了民意支撑。

积极督办委员提案。八届三次会议以来，共收到委员以建议、意见形式提出的提案 204 件，经提案委初审、复审后，立案163件。区委、区政府及时召开交办会交与41个部门单位进行办理落实。通过党政领导领衔办理、政协领导重点督办、专委会跟踪督办，承办单位积极主动，全部提案均按时办理完毕，委员满意率较高。2014年9月下旬，召开常委扩大会议，专题听取10个重点部门单位今年提案办理工作和往年提案落实情况，并进行现场评议打分，评议结果报有关部门作为考评依据。

及时反映社情民意。反映社情民意信息工作取得较大进步，质和量都较往年有大幅提升，全年共收集社情民意信息114篇，向区委、区政府和上级政协报送《社情民意》87期，其中：《实施海上丝绸之路战略应重视化解我国沿海商船渔船碰撞事故频发问题》、《单独二孩政策放开后应关注三类问题》等2篇社情民意被全国政协采用；《实施教育经费公平转移 促进义务教育均衡发展》等6篇社情民意被省政协采用；《借助温州教育特色 促进商贸经济发展》等26篇社情民意获得了市、区主要领导的批示。在各级领导和有关部门的高度重视下，这些信息反映的问题均得到不同程度的落实和解决。

（四）围绕促进社会和谐切实做好团结联合工作

着力营造合作共事氛围。高度重视加强与各民主党派、工商联的合作共事，充分发挥各民主党派、工商联和无党派人士在政协履行职能中的骨干作用。主动邀请各民主党派、工商联和无党派人士参加各类会议和调研视察活动，重点安排各民主党派、工商联和无党派人士在政协会议上发表意见，重点报送各民主党派、工商联和无党派人士反映的社情民意，重点督办各民主党派、工商联和无党派人士的提案。通过搭建平台，真诚合作，营造平等共事、求同存异的民主氛围，调动各民主党派、工商联和无党派人士服务发展、共促和谐的积极性和主动性。密切关注“三宗”动态，积极走访宗教界委员和宗教界人士，广泛宣传政策，深入交换意见，促使宗教界爱国人士与党委政府同心同行。

不断深化服务群众工作。深入开展“基层走亲连心解忧”活动，区政协班子成员共建立联系点28个，联系基层党员群众70户，到各自联系点开展活动至少4次以上，解决民生问题25个；机关全体党员赴居住地社区领取微心愿36个，参与志愿活动200余人次。不断健全政协委员联系群众、服务群众的工作机制，通过开设“委员接待日”“委员社区工作室”等，广泛收集民情民意，积极参与调处矛盾、化解纠纷工作，有力地促进了社会和谐稳定。继续深化“六下乡”活动，全年共组织委员开展慈善捐赠、爱心助学、走访慰问、扶贫帮困、送医送药、法律服务等活动16次，捐款捐物价值达1200多万元。如委员企业泰力实业有限公司捐款1000万元成立慈善专项基金；八届三次会议期间，群团组委员自发捐款慰问仰义后京村10户困难户，法制组委员到火车站开展施粥活动；医卫组委员于4月中旬赴藤桥上戍为当地群众开展义诊活动，又于重阳节前夕到滨江街道慰问8位孤寡老人和老党员；近来，广大政协委员积极响应区委区政府的号召，多次自发组织开展“鹿城情　温暖年”献爱心送温暖活动。这些善举获得了基层群众和社会各界的广泛好评。

高度重视文化传承发展。认真做好史料征集工作，切实发挥其“存史、资政、团结、育人”的作用，编撰完成《鹿城文史资料》第二十六辑——《激情岁月回眸——离退休老干部回忆录》，全书共收录文稿50多篇20余万字、珍贵历史照片54帧，再现了鹿城革命、建设、改革和发展的光辉岁月和风雨历程。精心组织“兰亭奖”中小学生书法比赛活动，遴选20名学生参加市里比赛，其中9人获一等奖，为历年最好成绩。积极组织“五水共治”摄影比赛活动，共征集到委员参赛作品259幅。区政协书画院经常开展书画创作交流和联展，并与区委统战部联合举办“五水共治”书画作品义卖活动。关注城市文脉和地名乡愁延续，组织委员和专家、学者就城区地名管理工作开展调研，并提出8个方面的意见、建议。切实加强政协新闻宣传工作，认真做好《鹿城政协》杂志和鹿城政协网站的编辑刊发和维护更新工作，及时全面地反映政协履职成效，全年共刊发《鹿城政协》杂志4期、收录稿件123篇、16万余字，鹿城政协网站共发布信息512篇。

（五）以深入开展党的群众路线教育实践活动为动力全面加强政协自身建设

加强思想作风建设。按照中央和省市区委的统一部署，深入扎实地开展党的群众路线教育实践活动。坚持科学谋划，领导示范，确保教育活动有条不紊、深入扎实，班子成员认真履行好“一岗三责”，带头学习理论，带头听取意见，带头开展批评，带头落实整改；坚持以知促行，知行合一，做到群众观点内化于心、外化于行，党组班子共开展集中学习18次11天，先后6次4天组织6个专题讨论会，班子成员共上党课15次；坚持广开言路，发扬民主，确保对照检查全面深刻、言之有物，通过群众提、自己找、上级点、互相帮、集体议等方式，深刻查找“四风”方面的问题，党组班子共查摆“四风”问题20条，6名班子成员共查摆“四风”问题95条；坚持问题导向，明确责任，确保整改工作有序推进、取得实效，对收集到的意见和查摆出的问题，及时进行梳理汇总、分类指导、区别对待，切实做到即知即改、边整边改、建章立制。

完善政协制度体系。修订完善政协《全体会议工作规则》《常委会议工作规则》《主席会议工作规则》《提案工作规则》《专委会通则》等工作规则，进一步提高政协履职的制度化、规范化、程序化水平。研究制定政协《调研视察规则》，规范视察调研的组织，提高视察调研质量，强化成果转化落实。完善《请销假制度》《财务管理制度》《公车管理制度》等，严肃工作纪律和财经纪律。完善机关办文办会制度，严格控制会议规模，减少会议数量，精简文件资料，不断改进文风会风。

强化委员服务管理。修订《委员履职暂行规定》，明确细化委员权利职责，完善委员履职考评细则，健全委员奖励惩戒机制，切实加强委员履职管理，进一步发挥委员的主体作用。加强委员走访联系，主席会议成员和各专委会负责人全年共走访委员（委员企业）近200人次，占委员总数的2/3，通过个别走访、座谈交流，较为全面地了解掌握委员的学习、工作、生活情况以及履职情况，尽其所能为委员（委员企业）解决一些实际困难，同时也征求委员对政协班子加强自身建设、推进工作创新方面的意见建议。

不断提高机关效能。认真贯彻执行中央“八项规定”、省委“28条办法”“六项禁令”以及市委作风建设“1+8”文件，进一步严格控制会议、公务接待、公车使用、外出考察等次数和规模，实行“三公”活动和经费在机关内部公开，定期公布公车行驶里程数、用油量、修理费等，并逐步实现制度化和规范化。进一步深化“五型”机关创建，不断提升机关工作效能和服务水平，为政协履行职能、做好工作提供强有力保障。

各位委员、同志们，过去一年区政协工作上取得的一些成绩，离不开区委的正确领导，离不开区政府及有关部门的大力支持，离不开广大委员、各参加单位和社会各界的共同努力。在此，我代表区政协常委会，向关心支持人民政协事业发展的各位领导、同志们和朋友们，表示衷心的感谢！

我们也清醒地认识到，对照中共中央和省市区委的新要求、各界群众的新期待，我们的一些工作还存在明显不足和较大差距。比如，政协作为协商民主重要渠道的作用还不够凸显，政治协商的实效性有待进一步提升；政协作为民主监督机构的功能发挥还不够充分，监督职能仍需进一步强化；政协的界别优势有待进一步发挥，民意机构和群众工作机构功能仍需进一步加强等。这些问题需要我们认真研究、着力改进，希望广大委员和列席同志提出宝贵意见。

2015年工作意见（略）

（编辑　王剑峰）

特 辑

2014年鹿城区国民经济和社会发展统计公报

2014年，面对错综复杂的外部环境和经济下行压力，全区上下认真贯彻市委、市政府和区委、区政府决策部署，突出转型升级，着力抓改革、促转型、治环境、惠民生，取得积极成效，全年经济运行平稳健康，主要经济指标增长处于合理区间，结构、效益持续向好，民生事业不断改善。

一、综合

国民经济稳步平缓发展。据初步核实，2014年，全区生产总值（GDP）761.96亿元，按可比价计算，同比增长5.0%，比上年回升0.5个百分点。分产业看，第一产业增加值1.68亿元，增长1.5%；第二产业增加值220.55亿元，增长9.0%，其中工业增加值160.12亿元，增长6.7%；第三产业增加值539.73亿元，增长3.3%。三次产业结构有所调整，由上年的0.2：28.4：71.4调整为0.2：28.9：70.9。第二、第三产业对全区经济的贡献率分别为52.5%和47.4%，依次拉动经济增长2.6个百分点和2.4个百分点。人均生产总值为103154元/人，首次突破十万元大关，比上年增长3.7%，按年平均汇率（1：6.1428）计算，合16793美元/人。

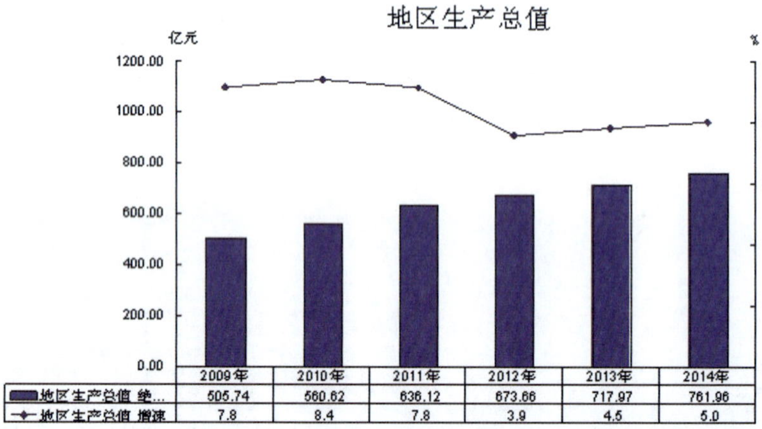

图1 地区生产总值

市场物价在调控中回落明显。2014年，居民消费价格指数（CPI）比上年上涨1.8%，涨幅较上年回落0.1个百分点；工业生产者出厂价格（PPI）和购进价格（IPI）均下降1.0%。

二、农业经济和新农村建设

农业生产结构继续调整。2014年，全区实现农林牧渔业总产值3.42亿元，按可比价计算，增长1.4%，增速较上年回落0.1个百分点。2014年，全区粮食作物播种面积45855亩，下降7.9%，亩产388公斤，增长12.5%，总产量17801吨，增长3.4%。

现代农业企业不断发展壮大。全区共有国家级农业龙头企业1家、省级3家、市级15家，2014年产值14.9亿元，税收2310.7万元，8家农业企业涉足电子商务，全年电子商务销售额8683.9万元，同比增长25%；同时拥有国家级专业合作社3家、省级3家、市级12家；扎实开展“三品一标”工作，已建成保障型蔬菜基地500亩，改造提升蔬菜基地2个，新申报无公害农产品3个、绿色食品1个，全区共有无公害农产品标志认证产品15个、中国绿色食品标志认证产品6个、浙江名牌农产品3个，浙江名牌商标产品1个；此外，全年耕、种、收农机化综合作业水平达69%，机耕作业面积3.45万亩，机耕率99%。

农村基础设施建设持续完善。全年完成绿化造林面积2042.4亩（不包括城市绿化），实施森林抚育6008亩，建设森林绿道13.95公里，江心屿景区创成市级森林生态科普教育基地，建成区绿化覆盖率达到40%以上；不断激发农村发展活力，全年新增土地流转面积2119亩、规模流转率为5%，土地流转整村（社）推进数9个。

三、工业和建筑业

2014年，全区工业企业总产值547.79亿元，同比增长4.7%，比上年回升9.1个百分点。其中规模以上工业总产值286.38亿元，同比增长3.8%，增速比上年同期回升11.8个百分点。分企业类型看，各类企业增长均反弹回升，全区规上大型企业实现工业总产值59.06亿元，增长2.0%，中型企业实现产值124.41亿元，增长4.8%，小微型企业实现产值102.92亿元，增长3.5%。规模以上工业销售产值282.12亿元，增长3.1%，其中完成出口交货值106.02亿元，增长4.7%，占销售产值比重为37.6%。分行业看，全区规上工业24个行业大类中12个行业总产值为负增长，12个行业总产值增速远低于全区平均水平。主导行业中，鞋革制品业和服装制造业工业总产值同比分别下降0.8%和6.8%。化学原料及化学制品制造业和装备制造业工业总产值同比分别增长10.1%和14.5%。工业结构调整步伐加快，战略性新兴产业增加值11.06亿元，同比增长14.7%，高新技术产业增加值17.22亿元，同比增长13.7%，装备制造业增加值14.47亿元，同比增长13.7%，增速比去年同期分别高16.9、20.6和12.9个百分点；实现新产品产值56.58亿元，增长40.6%，比规上工业总产值增速高36.8个百分点，全区新产品产值率为19.8%。

全年规模以上工业企业实现利润12.56亿元，下降5.0%。工业企业产品销售率98.5%，比上年下滑0.6个百分点。

2014年，建筑业企业保持平稳增长。全区拥有专业资质的建筑企业（不含劳务分包建筑业企业）161家，比上年减少6家，实现总产值337.65亿元，增长11.4%，其中在外省完成产值116.70亿元，增长5.7%，占总产值的34.6%，比上年下降1.8个百分点。签订合同总额618.21亿元，同比下降0.04%，其中本年新签订合同总额277.34亿元，同比下降14.3%。房屋施工面积2345.4万平方米，同比下降0.02%。

四、固定资产投资

固定资产投资结构不断优化。2014年，全区实现限额以上固定资产投资306.57亿元，同比增长16.5%，其中，限上项目投资完成207.79亿元，同比增长21.4%，投资结构进一步优化，2014年，全区工业性投资43.98亿元，增长38.9%，工业投资占投资总额比重为14.3%，较上年提高2.3个百分点。工业技术改造完成36.5亿元，同比增长35.9%，占工业投资额的83%。服务业投资255.91亿元，同比增长13.0%，占全部投资比重的83.5%。2014年，全年房地产投资呈现向好态势，完成投资98.78亿元，同比增长7.4%，占投资总额比重为32.2%，比重较上年下降2.8个百分点。

民间投资所占比重上升，政府性投资依旧是我区投资的主体力量。政府性投资完成199.73亿元，增长27.5%，占全区投资比重为75.9%，民间投资完成95.26亿元，

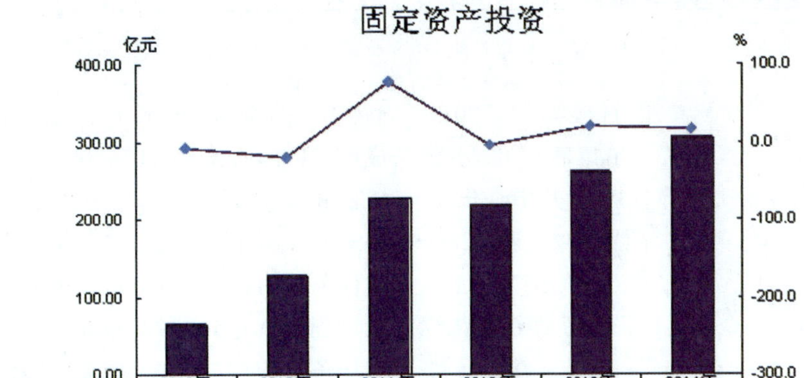

	2009年	2010年	2011年	2012年	2013年	2014年
完成额 绝…	66.52	129.26	228.90	218.81	263.08	306.67
完成额 增速	-7.9	-19.7	77.1	-4.4	20.2	16.5

图2 固定资产投资

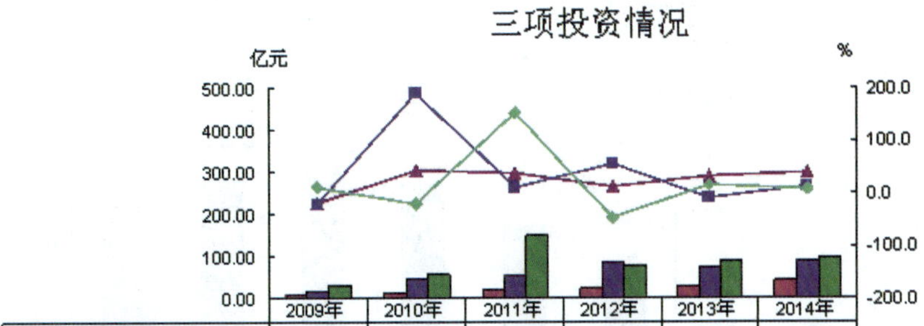

	2009年	2010年	2011年	2012年	2013年	2014年
工业性投资 绝对值	10.82	15.51	21.37	24.01	31.66	43.98
基础设施投资 绝对值	17.34	50.39	55.59	86.10	77.67	90.72
房地产开发完成投资绝…	33.83	59.91	151.21	80.17	91.94	98.78
工业性投资 增速	-18.6	43.3	37.8	12.3	31.8	38.9
基础设施投资 增速	-20.8	190.6	10.3	54.9	-9.8	12.5
房地产开发完成投资增速	10.6	-20.9	152.4	-47.0	14.7	7.4

图3 三项投资情况

同比增长51.1%，占限上投资比重为31.1%，较上年回升7.3个百分点，但仍低于全市平均31.6个百分点。

五、国内贸易、对外经济和旅游

2014年，全区社会消费品零售总额741.76亿元，增长9.1%。其中限额以上社会消费品零售总额193.42亿元，增长5.5%。

外贸出口压力依然较大。2014年，全区外贸进出口额38.07亿美元，同比下降1.3%。其中，出口35.54亿美元，下降0.8%，进口2.53亿美元，下降7.5%。从出口产品结构看，全区出口仍以劳动密集型产品为主。2014年，服装、纺织品类分别出口4.11亿美元和1.48亿美元，依次增长18.6%和12.8%，鞋类、箱包分别出口18.59亿美元和1.09亿美元，依次下降7.8%和2.9%，四类产品出口合计25.27亿美元，占总出口额的71.1%。

全年新批外商投资企业3家，实际利用外资11500万美元，增长189.5%；全区共引进项目83个，招商引资到位资金998115.64万元，完成市定目标任务数的126.34%，三区两市排名第一。其中省外回归引进到位资金490020.55万元，完成任务数的119.52%，市外房地产项目到位资金508095.09万元，完成任务数的133.71%。温商回归到位资金384137.57万元，同比增长159.43%。

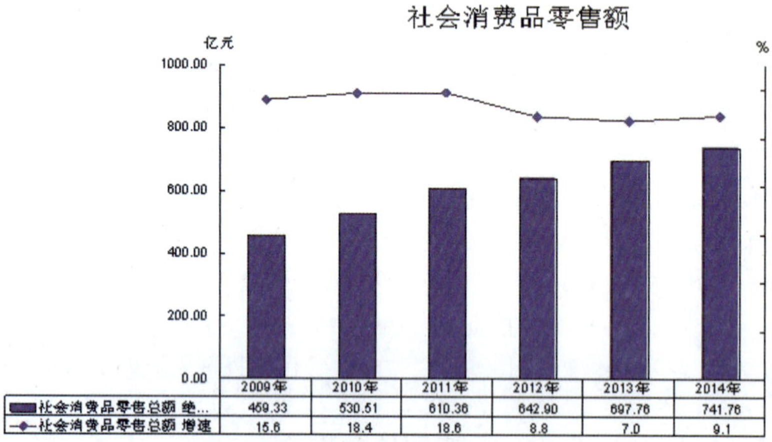

图4 社会消费品零售额

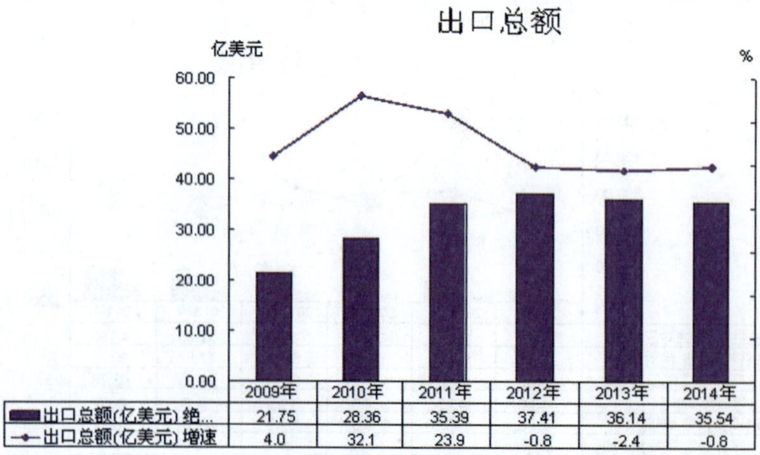

图5 出口总额

旅游业继续保持平稳发展。2014年，全区接待游客达1022.77万人次，实现旅游总收入108.50亿元。全区现有旅行社105家，比上年增加12家；星级饭店25家，与去年持平，客房数4657间，比上年下降1.3%；饭店客房出租率62.6%，比上年上升7.8个百分点。

六、财政和金融

财政状况平稳增长。2014年，全区财政总收入41.39亿元，同比增长2.8%，其中公共财政预算收入23.55亿元，同比增长6.0%。公共财政预算收入中，税收收入21.82亿元，同比增长4.2%。其中营改增工作成效显现，增值税5.44亿元，增长14.7%；营业税6.52亿元，下降5.3%；但企业所得税仍大幅下降，企业所得税实现2.16亿元，同比下滑19.1%。

财政支出结构不断优化。全年公共财政预算支出30.21亿元，同比增长4.8%。其中一般公共服务支出3.66亿元，同比下降22.6%，民生九大类支出总额22.27亿元，同比增长2.5%，占支出总额的77.3%，比上年下降3.3个百分点。民生类支出中，教育、医疗卫生、城乡社区事务、科学技术和节能环保等五类支出均呈现增长，分别增长5.5%、16.3%、17.2%、40.8%和66.9%。

金融存贷款运行较为稳健。2014年年末，全区银行业金融机构人民币存款余额2908.67亿元，增长2.3%，增幅比上年回落2.2个百分点；人民币贷款余额2378.41亿元，同比下降0.5%，其中个人贷款967.49亿元，同比下降0.8%，企业贷款1385.57亿元，同比下降1.5%。不良贷款余额116.14亿元，不良贷

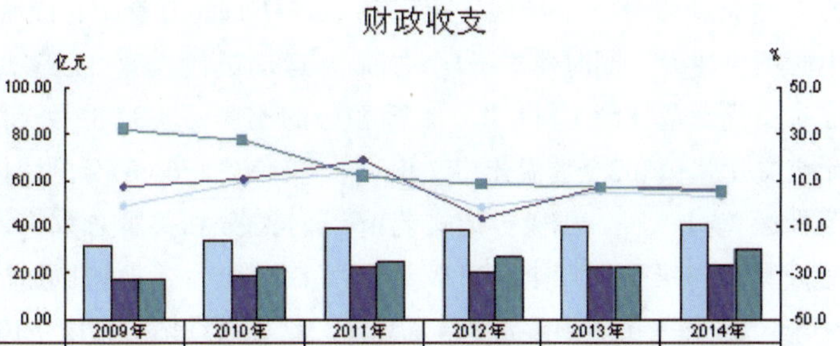

	2009年	2010年	2011年	2012年	2013年	2014年
财政总收入 绝对值	31.58	34.49	39.17	38.47	40.27	41.39
公共财政预算收入 绝...	16.96	18.75	22.25	20.76	22.21	23.55
公共财政预算支出 绝...	17.49	22.26	24.83	26.95	22.82	30.21
财政总收入 增速	-1.2	9.2	13.6	-1.8	4.7	2.8
公共财政预算收入 增速	7.2	10.6	18.7	-6.7	7.0	6
公共财政预算支出 增速	31.8	27.3	11.5	8.5	7.0	4.8

图6 财政收支

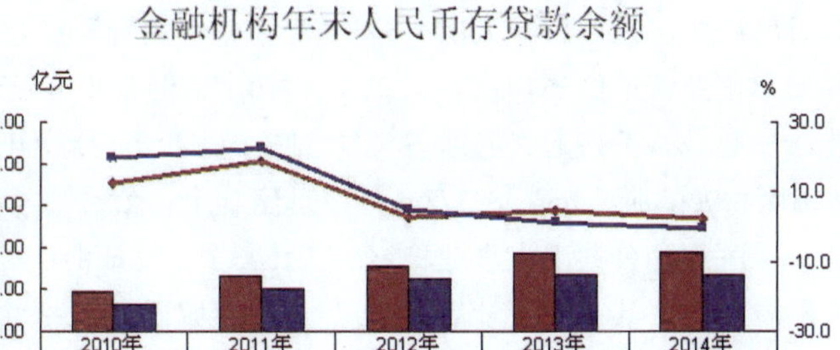

	2010年	2011年	2012年	2013年	2014年
存款余额 绝...	1955.18	2320.42	2584.54	2890.56	2908.67
贷款余额 绝...	1669.52	2045.80	2253.66	2355.28	2378.41
存款余额 增速	12.4	18.7	2.6	4.5	2.3
贷款余额 增速	19.7	22.5	4.8	1.0	-0.5

图7 金融机构年末人民币存款贷款余额

款率4.9%。

深化金融改革发展。温州民间借贷服务中心运行平稳，成交总额破29亿。2014年全年成交9170笔，金额19.11亿元，开业至今累计成交15243笔，金额29.19亿元。全区共有小额贷款公司3家，合计贷款余额15.46亿元，民间资本管理公司1家，注册资本金1亿元，已累计投资达1.52亿元；农村资金互助会2家，累计发放互助金171笔，金融8586.9万元。

七、城市管理和环境保护

“六城联创”取得突破。创成国家森林城市，国家卫生城市通过国家技术评估，顺利通过全国文明城市创建中央测评组的实地考察和测评工作。2014年新增公园绿地面积103公顷，建成区绿地率31.7%，人均公园绿地面积11.08平方米，建成滨水公园10个、城区绿道24.2公里。城市环境卫生不断优化，全年组织环境卫生整治活动3.5万次，处理垃圾死角83.44万方，清理小广告334.9万处，处理生活垃圾36.71万吨。城区实施机械化清扫作业道路总面积549.25万平方米、总长度146.34公里，主干道机械化清扫率100%。全年“数字城管”共受理各类案件13.0万多条，处置率 99.74%。市政建设得到维护保养，维修路面42.7万平方米；整治20条主次干道、68处农贸、车站等区域的架空管线；清除人行道非法停车泊位118个；新施划人行道临时停车泊位468个。加强公共自行车管理，现有公共自行车网点275个，投放公共自行车1.1万辆，全年总借车量1682.7万人次，日均借车量4.67万人次。

污染减排与治理深入推进。深化重污染行业整治，淘汰关停27重污染高耗能企业，规范提升10家企业。全面推进大气污染防治，全年环境空气优良天数307天，优良率为84.1%，生态环境质量公众满意度61.72分，升幅为18.1%，全省排名从第83名上升至第39名。“五水共治”掀起热潮，建立全国首个区级环境监察重案组，强化涉水污染行为打击，重点河段水质实现常态化监测，九山河（内河）、瓯江（郭公山至杨府山段）达到可游泳标准，七都、仰义、藤桥污水管网建设全面铺开。温州西片污水处理厂生活污水处理量达到11.3万吨/日，新增污水处理能力0.7万吨/日。城镇生活污水处理率达91.9%，生活垃圾无害化处理率达100%。各项减排指标取得预期效果，据初步测算，2014年全区化学需氧量（COD）削减率1.5%、氨氮（NH3—N）削减率1.5%、二氧化硫（SO_2）削减率2.0%、氮氧化物（NOX）削减率4.0%，单位工业增加值能耗降低率4.3%，单位GDP能耗降低率4.0%。

八、教育和科学技术

省级教育现代化区加快创建。全区现有初中9所，在校生0.45万人；小学43（含66区），在校生6.5万人。义务段入学率、三残儿童入学率均达100%，初中毕业生升入高中比率为99.0%。完成百里路小学勤奋路校区（新桥头小学）、鞋都三小、洪殿小学、新田园一小主体工程，同时，相继完成了少艺校综合楼、蒲鞋市小学桥儿头校区、南浦小学西校区、十八中综合楼、仰义一小综合楼等改扩建工程，年内均已投入使用。学前教育再创佳绩，现有幼儿园105所，在园幼儿3.3万人，幼儿入园率100.0%，2014年新创建1所一级幼儿园，12个公办园区参加一级复评；新创建4所二级幼儿园，新创建5所三级幼儿园，等级园占在园幼儿园86%。

科技创新能力持续增强。区顺利通过省知识产权示范区复核，创成鹿城专用设备制造业省级高新技术特色产业基地，新增1家市级科技企业孵化器和3个市级特色产业科技园，全区累计拥有省级科技企业孵化器1家，市级科技企业孵化器2家，市级特色产业科技园8个。全年新增高新技术企业9家，新增省级科技型企业81家，各级企业技术研发中心13家，科技企业数量实现大幅增长，累计拥有高新技术企业45家，科技型企业192家，企业研发中心68家。8项科技成果获省市科技进步奖，44项科技项目获国家创新基金、省重大科技专项、市激光光电专项等市级以上科技部门支持，网上技术市场征集技术难题27项，达成签约项目23项，全年交易额达2.964亿元，同比增长209.4%。发明专利申请415件，同比增长14.6%，发明专利授权156件，同比增长40.5%，培育新增国家企业知识产权管理规范贯标企业1家，新增省级专利示范企业2家、省流通领域知识产权保护示范（试点）单位3家、市级专利示范企业3家。

九、文化、卫生和体育

文化事业繁荣发展。积极开展文化下乡活动，组织文艺下基层演出133场，放映公益性数字电影1629场次，送书下乡4万余册。引导社会力量、社会资本参与公共文化服务体系建设，打造南塘“印象舞台”，全年累计送演出103场。开展区域间文化走亲活动8场。着力编织文化服务网络，全年建成2个街道（镇）（滨江街道、藤桥镇）综合文化中心、2个图书馆分馆、1个警营图书流通点、9个“百姓舞台”、21个文化礼堂及25个社区文化服务中心项目建设。同时建成了1个“浙江省文化示范社区（村）”、1个温州市文化强镇和2个“温州市文化示范社区（村）”。积极打造文艺精品，共获省级奖项12个、市级奖项30个。温州莲花《阿婆洗脚》获第八届中国曲艺牡丹奖提名奖，小品《非常病患》荣获第十二届“华东六省一市戏剧小品大赛”金奖。文化市场健康有序发展，全年文化主管部门出动执法人员1704人次，检查各类文化经营单位2614家次，立案查处78起，结案77起，收缴各类非法出版物9663册，光碟3821盘。

基本医疗和公共卫生事业稳定持续发展，全区共有22所社区卫生服务中心、37所社区卫生服务站、78所村卫生室、34个医疗服务点。创成国家卫生城市，创成第二轮全国艾滋病综合防控示范区，创成省级卫生强区，创成省级慢性病综合防控示范区。卫生应急决策指挥系统正式投入运行，7个街镇创成市级卫生应急示范街镇。创成1家省级示范社区卫生服务中心，1家省级甲等卫生院；创成5家“省三星级”、3家“省五星级预防接种门诊”，预防接种单位规范化建设全覆盖。村卫生室紧密型一体化管理率达到82.86%。全面开展全科医生签约服务，全年共签约74567人，其中重点人群签约51319人。着力推进社会资本办医，全年共引进总投资1亿元以上项目2个（深蓝医院、美生医院），5000万项目2个（拜耳口腔医院、叶同仁中医院）。区属民办医院床位占比达63.44%。区人民医院及区精神卫生中心主楼顺利结顶。

体育事业不断发展。在国际赛事上，鹿城区运动员共获金牌7枚，银牌5枚，铜牌2枚；在浙江省第十五届运动会上，鹿城区共有130名运动员代表鹿城区参加了25个大项的比赛，获87.37枚金牌，205.87枚奖牌，2564.87分的团体好成绩，团体总分和奖牌总数均为全省第一；制定出台《鹿城区加快发展体育产业实施意见》，设立100万元的体育产业发展专项引导资金。指导完成创建浙江省体育先进社区3个，浙江省村级体育俱乐部7个，体育示范幼儿园2个，省级职工体育俱乐部1个，新建健身苑点15个，小康体育村10个，健身步道5条，拆装式游泳池2个，沙土门球场改建4个，乒乓球室14个，公益性篮球场2个，健身公园3个；完成浙江省第二届全民体育节鹿城区19项赛事，参与人数达3万人，国民体质测试3800名，培训256名社会体育指导员，新注册运动员274名，新增训练点3个，向省、市优秀运动队输送38名运动员，引进优秀运动员1名。

十、社会保障和社会福利

社会保障体系逐步完善。2014年末，全区参加职工基本养老保险30.21万人，比上年增加3.1万人；职工基本医疗保险17.59万人，比上年增加0.75万人；工伤保险参保人数27.16万人，比上年增加1.4万人；生育保险参保人数12.94万人，比上年增加0.85万人；失业保险参保人数13.57万人，比上年增加0.88万人；城乡居民基本医疗保障参保人数23.0046万人，比上年增加1.0149万人。

就业帮扶体系进一步健全。2014年新增城镇新增就业人数2.42万人，城镇登记失业率1.37%，下岗失业人员再就业3542人。

社会救助体系建设日臻完善。全区新增养老床位数150张，累计4576张，每百位老人拥有床位数达到3.58张。农村“五保”和城镇“三无”对象全部实现集中供养。全年优待优抚对象2618户，低保对象1054户4869人，城镇低保对象月标准从每人580元提高到705元，农村低保对象月标准从每人450元提高到515元。全年共发放低保资金4719.24多万元；发放困难群众物价补贴160.76万元；发放医疗救助资金1119.38万元，惠及4709人次。办理结婚登记5675对，离婚登记1549对，办理事实收养57件。全年全区慈善总会共募集资金1131万元。

十一、人口和人民生活

2014年，全区辖7个街道、1个镇，80个社区、141行政村。全区土地面积294.38平方公里，年末户籍人口74.32万人，比上年增加0.9万人。其中男性人口36.86万人，女性人口37.46万人；非农业人口56.38万人；全年出生人口0.85万人，死亡人口0.41万人。年末暂住人口61.16万人。

全区当年出生人口计划生育率91.01%，当年含往年出生人口性别比107.82（女性为100），已婚育龄妇女综合节育率87.22%，累计有2307对单方独生父母领取二孩准生证。

城乡居民生活水平继续提高。全区城镇居民人均可支配收入45698元，增长8.5%；农村居民人均纯收入23434元，增长10.6%。城乡统筹建设稳步推进，城镇与农村居民收入比优化为1.95。城镇居民人均消费支出34872元，增长1.0%，恩格尔系数为29.2%，比上年下降了0.1个百分点；农村居民人均生活消费支出17290元，增长3.1%，恩格尔系数为35.5%，比上年上升了0.8个百分点。

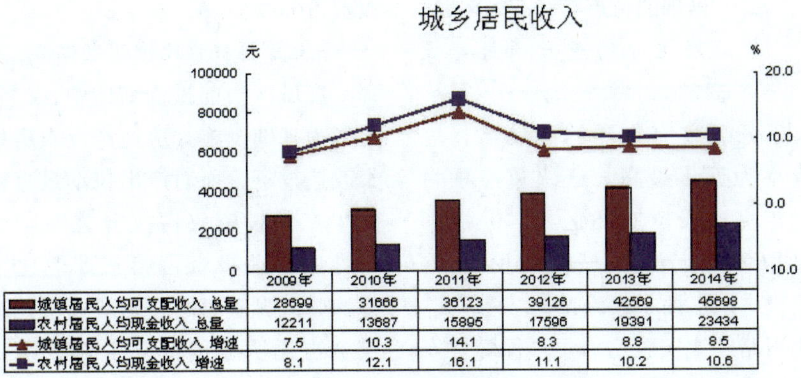

图8　城乡居民收入

说明：1.本公报所列部分数据为年度初步统计数据

2.全区生产总值和各产业增加值绝对数按现行价格计算，增长速度按可比价格计算

2014年鹿城区固定资产投资完成情况分析

一、固定资产投资完成情况

2014年，鹿城区全年完成固定资产投资306.6亿元，同比增长16.5%。全年任务完成率93.2%，完成率为近四年来最高。投资总量和增速居三区两市第三。

1.投资构成情况。

从资金来源主体来看：鹿城区固定资产投资以国有投资为主，民间投资为辅。国有投资占比69%，民间投资占比31.0%。国有投资中以政府为主导的投资完成173.4亿元，其中区级重点项目完成投资73.8亿元，完成率112.6%。市级政府项目完成投资99.6亿元，完成率64.5%。民间投资完成95.3亿元，同比增长51.1%。

从分行业来看：工业投资完成43.98亿元，同比增长38.9%，占全部投资比重为14.3%。服务业投资完成255.9亿元，同比增长13.0%，占全部投资比重为83.5%。生产性投资完成62.4亿元，占投资比重为36.9%。

2.投资增长轨迹。从全年增长轨迹来看，上半年增长20.8%。

全年增长16.5%，全年增长呈下降态势。从近两年增长轨迹来看，2013年增长20.5%，2014年增长16.5%，呈下降趋势。

3.三区两市投资比较。

2014鹿城区固定资产投资三区两市比较

表1

	累计（亿元）	位次	累计（±%）	位次
限上投资	306.57	3	16.50	3
民间投资	95.26	5	51.10	2
工业投资	43.98	4	38.90	5
工业技改投资	36.50	4	35.90	5
服务业投资	255.91	4	13.00	2
房地产开发投资	98.78	3	7.40	2
基础设施投资	90.72	3	12.50	2

二、呈现的特点与存在的问题

1.政府主导的重点项目建设“一快一慢”。

区级政府主导的建设项目完成率为近年最高。区级重点项目全年完成投资73.8亿元，完成率112.6%。安置房、城中村建设取得较快进展，西中央涂A—2安置房、永川路地块安置房、里垟保障性安居工程、洞桥片区改造B—9地块安置房一期工程、黎二村10号城中村改造等项目全年完成投资都在1.5亿元以上；交通建设项目完成率为167.8%。主要得益于双屿至藤桥公路工程2.6亿元，仰义至双屿段公路改建工程1.8亿元等；水利建设项目完成率101.8%。

市级政府主导的项目完成率较低。市级政府项目全年完成投资99.6亿元，完成率64.5%低于全区平均28.7个百分点。部分市级在鹿城的大型项目今年计划新开工，但因拆迁安置政策未明确、补偿问题未谈妥、缺乏投资方等原因，项目无法及时实施，影响鹿城区投资完成额。其中19个较大的项目本年度计划投资额约56亿元，占市级各单位在鹿城年度任务的36.7%，全年投资完成额为0。

2.民间投资占比少明显落后于兄弟县市。

在三区两市的比较中，鹿城区民间投资表现为“一高两低”。增速居第2，高于全市平均25.7个百分点；总量远低于其他地区；占比居三区两市末位，低于全市平均31.5个百分点。

从鹿城区民间投资的行业分布来看，主要集中于房地产业和工业。其中房地产开发投资占77.3%，工业厂房建设及工业技改投资占16.0%，商贸住宿餐饮业等投资占6.6%。

3.生产性投资比重明显偏低。

鹿城区当前投资结构中，三分之二为基础设施、房地产及农房集聚改造投资，而对产出拉动最直接的生产性投资仅占三分之一。生产性服务业投资占第三产业比重为24%，明显偏低。制造业中技改投资占比明显偏低。工业技改投资增速为35.9%居三区两市末位。112个制造业投资项目中，纯生产技改项目只有7个，全年完成投资1.1亿元，占制造业投资比重仅为5.9%，其余都是厂房建设和设备购置项目。

4.大项目支撑不足。

全年新开工项目158个，同比下降10.2%。其中大项目新开工减少。今年新开工亿元以上项目46个（不包括房地产），完成投资51.8亿元，投资额同比下降41%，占全部投资比重为24.9%。除电力等项目外，新开工大项目本年完成投资在亿元以上的仅江滨西路A、B线两侧地块控规B—2b地块建设工程、杨府山总部基地16—01—03地块、滨江商务区01—01—37—2地块办公安置房、桃花岛片区横向纵向道路市政工程、温州市第三十一中学建设工程等项目。

5.高位的投资并没有带来相应的经济增长。

2014年，鹿城区固定资产投资增速20.6%，GDP增速为5.0%，投资增速高于GDP增速，两者差距为15.6个百分点。同时反映单位固定资产投资所带来的GDP增加额的投资效果系数下降，鹿城区2009—2010年的投资效果系数在0.3—04之间，2012年下降到0.17，2013年为0.16，2014为0.14。可见目前鹿城区投资虽然总量居历史最高位，但投资效果系数下降幅度明显加大。

鹿城区作为较成熟的中心城区老城区，三产比重已占71%以上，投资建设主要以旧城的改造提升为主，可供进行招拍出让房地产项目已极其有限，计入固定资产投资额主要旧城区的建设成本投入为主，出让的地价款较少。2015年要保持14%的增速则总量要突破350亿元，不仅难度很大，其投资质量和效益也尚待研究。

三、进一步优化投资结构，加快我区有效投资建设

1.进一步聚焦政府主导性投资，突出抓好重大发展平台和战略性基础设施项目。年度推进市17个重点建设项目。以治污水为重点，进一步加大“五水共治”投入重点推进瓯江治理一期、戍浦江河道整治工程、瓯江绕城高速至卧旗山段海塘工程等项目；以综合交通为重点，切实加大战略性基础设施投入，重点推进104国道鹿城段、仰义至双屿段公路改建、双屿至藤桥公路工程等项目；加大城乡统筹建设投入，加大公共服务设施投入，重点推进竹桥养生养老健康城等、康宁医院扩建工程项目。同时切实压缩一般性、重复、低效的政府性项目。对建设时间在三年及以上的政府项目如对2008年、2009年开工的项目如江滨路鹿城段18#、19#地块安置房、杨府山北侧安置房一期、广化路改建工程等项目进行核实清理。

2.加大用地保障力度。把小微园与城镇化建设结合起来，用好城镇低效用地再开发试点，争取盘活低效土地。把用地保障与重点项目推进结合起来，积极争取省重点建设项目、省级重大产业项目用地支持。同时要加大内部挖潜力度，缓解土地要素制约。加大对闲置土地的清理力度，切实制止囤积土地行为，盘活存量建设用地；充分挖掘存量建设用地潜力，鼓励企业进行厂房、场地改造，提高投资强度和投资容积率。

3.进一步激发民间投资活力。要进一步放宽市场准入，激发民间投资活力，发挥民间投资主体作用。创新投融资体制改革，建立政府和社会资本合作（PPP）项目储备库，积极开展PPP项目试点。2014年《鹿城区瓯江绕城高速至卧旗山段海塘工程》被列为省级重点推介民间投资示范项目，要抓住全省全市金融综合改革试点契机，引导更多社会资本参与重大基础设施建设。

4.扩大实体经济投资。提高项目质量，全力破解“低小散同”问题。加大战略性投资，培育新的经济增长点。力促各类资本更多地进入物联网、新能源、新材料、节能环保及新一代信息技术、生物等战略性新兴产业投资，大力推广新技术新产品应用示范工程；加大产业投资，壮大实体经济。推进农业现代化，加快发展都市农业、休闲观光农业项目。大力发展现代工业，改造提升鞋服等特色优势产业；进一步完善技改项目贴息、补助等扶持政策。大力发展现代服务业，重点发展电子商务、文化创意、信息服务、科技服务等行业。

2014年鹿城区城镇常住居民收支情况分析

2014年鹿城区加快城乡统筹发展步伐，一系列民生工程密集上马，创造条件吸引温商回归，努力发展实体经济，优环境抓投入促经济平稳运行，全力改善和提高城镇常住居民生活水平。在经济逐步企稳回升的推动下，鹿城区城镇常住居民家庭收入继续保持稳步增长的势头，居民消费水平有所提高，生活质量不断改善。据鹿城区住户一体化抽样调查294户家庭收支统计资料显示，2014年城镇常住居民家庭人均可支配收入45698元，比上年增加3581元，同比增长8.5%；人均消费支出34872元，比上年增加751元，同比增长2.2%。

一、城镇常住居民收支的特点

（一）城镇常住居民收入持续增长

2014年，鹿城区城镇常住居民从收入构成分析，四大类收入来源呈现“四升”的特点，城镇常住居民增收是工资性收入、经营净收入、财产净收入、转移净收入共同拉动的结果。

1.工资性收入平稳增长，是城镇常住家庭增收的主力军。2014年全区城镇常住居民工资性收入为26444元，比上年同期增加1730元，增长7.0 %；占家庭总收入的57.9%，仍占据居民收入中的主体地位。工资性收入保持增长的主要原因：一是积极贯彻落实一系列稳定和促进就业的政策措施，努力促成就业面的总体平稳；二是近年来企业普遍逐步提高了工人的工资待遇，使企业在职职工的工资相应增加。

2.经营净收入平稳增长。全区城镇常住居民人均经营性收入5285元，比上年同期增加423元，增长8.7%，占城镇常住居民家庭总收入的11.6%。

3.财产净收入进一步增长。全年城镇常住居民人均财产性收入7902元，比上年同期增加853元，同比增长12.1%，占家庭总收入的17.3%。

4.转移净收入进一步增长。全年城镇常住居民人均转移性收入6066元，比上年同期增加574元，同比增长10.5%，占家庭总收入的13.3%。

（二）城镇常住居民消费支出小幅增长

全年城镇常住居民人均消费支出34872元，比上年同期增加751元，增长2.2%。从消费结构看，八大类消费支出呈现“七升一降”的态势，其中，食品同比增长2.5%，衣着同比增长0.8%，居住同比增长2.5%，生活用品及服务同比增长1.5%，交通和通信同比增长1.2%，教育文化娱乐同比增长4.1%，医疗保健同比减少1.3%，其他商品和服务同比增长2.2%。

1.食品消费支出稳步增长。全年城镇常住居民家庭人均食品消费支出10208元，比上年同期增加249元，上升2.5%。食品消费支出增长的主要原因是，今年食品价格持续上涨，从而带动食品消费支出增长。

2.衣着消费支出小幅增长。全年城镇常住居民人均衣着消费支出2522元，比上年同期增加21元，上升0.8%。

3.在居民可支配收入不断增加和改善居住条件需求的推动下，人均居住支出12098元，比上年同期增加293元，同比增长2.5%。

4.生活用品及服务支出1423元，比上年同期增加20元，同比增长1.5%。

5.交通和通信消费小幅上升。全年交通和通信消费支出3847元，比上年同期增加45元，同比增长1.2%。

6.教育文化娱乐服务小幅上升。全年城镇常住居民人均教育文化娱乐服务支出3099元，比上年同期增长123元，同比增长4.1%。

7.医疗保健支出小幅减少，保健消费日趋理性。全年城镇常住居民医疗保健支出1052元，同上年同期减少14元，同比减少1.3%。

8.杂项支出小幅度增长。全年城镇常住居民人均杂项商品和服务人均支出623元，比上年同期增加14元，同比增长2.2%。

二、建议

1.拓宽就业渠道，增加居民就业。一方面，一如既往地贯彻优环境抓投入促经济平稳运行，为实体经济生产发展排忧解难，克难攻坚帮助中小企业破解发展难题，稳定现有的就业岗位。另一方面，鼓励居民自谋职业，自主创业，帮助就业困难人员就业。同时，还要继续强化就业指导、劳动技能培训等工作，提高劳动者的综合素质，增强居民就业创收的能力。

2.全力以赴地扩大内需，充分挖掘居民有效消费需求。在居民可支配收入持续增长同时伴随着消费价格水平高位运行的情况下，需要引导居民合理消费，增强消费信心，提高消费预期，扩大内需，促进经济协调发展。

3.不断健全和完善社会保障体系。进一步推进和完善养老保险、医疗保险、失业保险等社会保险，不断扩大社会保障的覆盖面，适当提高保障标准，消除低收入群体居民消费顾虑。

2014年鹿城区农村常住居民收支情况分析

2014年，鹿城区以破难攻坚专项行动为举措，创造条件吸引温商回归，努力发展实体经济，优环境抓投入促经济平稳运行，以“三分三改”和农房集聚改造为抓手，加快推进城乡统筹发展，继续加快新农村常住建设步伐，加强农村常住基础设施和公共服务设施建设力度，全力提高和改善农村常住居民生活水平，全年全区农村常住居民可支配收入增速加快，呈现出快速增长的势头，收入增长也带动了农村常住居民生活消费支出稳步增长。全年全区农村常住居民人均可支配收入23434元，比上年增加2247元，同比增长10.6 %（“同比增长”以下简称“增长”），人均生活消费支出17290元，比上年增加521元，增长3.1%，其中食品消费支出6141元，比上年增加330元，增长5.7 %。

一、收入增长的主要特点

（一）工资性收入平稳增长。2014年，全区农村常住居民人均工资性收入16417元，同比增加1653元，增长11.2%，占可支配收入比重为70.1%。工资性收入高增长主要是由于今年企业普遍提高了员工的工资标准。

（二）经营净收入快速增长。2014年，全区农村常住居民经营净收入为4649元，同比增加693元，增长17.5%。经营净收入快速增长得益于创业环境的不断改善以及整体经济逐步企稳回升的推动。

（三）财产净收入呈现小幅增长。2014年，全区农村常住居民人均财产净收入3201元，同比增加10元，增长0.3%。

（四）转移净收入呈现下降。2014年，全区农村常住居民人均财产净收入同比减少108.7元，下降15.0%。

二、生活消费支出的主要特点

随着全区农村常住居民可支配收入持续增长，农村常住居民的消费水平也有所提高。全年农村常住居民人均生活消费支出17290元，增长3.1%。受物价上涨等因素影响，八大类支出呈现六升二降的态势。

（一）食品支出比重最大，支出略微增加。八大类消费支出中，占比重最大的是食品消费，人均食品消费支出6141元，较上年增加330元，增长5.7%。食品价格的大幅上涨是推动购买食品支出增长的重要因素。

（二）衣着消费支出小步增长。全年农村常住居民用于衣着的现金支出人均1320元，增加35元，增长2.7%。

（三）居住消费支出小幅增长。全年农村常住居民用于居住的现金支出人均4593元，增加17元，增长0.4%。

（四）生活用品及服务增长。生活用品及服务人均支出678元，较上年增加21元，增长3.2%。

（五）交通通讯消费稳步增长。交通和通讯消费支出2175元，较上年增加185元，增长9.3%。随着居民生活水平的提高，交通通讯消费稳步增长。

（六）文化教育娱乐消费小幅增长。文化娱乐教育服务费支出1730元，较上年增加9元，增长0.5%。

（七）医疗保健消费支出小幅减少。农村常住居民医疗保健人均支出261元，较上年减少5元，同比下降1.8%。

（八）其他商品和服务支出快速减少。全年农村常住居民用于其他商品和服务人均支出392元，较上年减少71元，下降15.3%。

三、当前农民增收中需关注的问题

全年全区农村常住居民增收形

势总体较好，但也存在着一些需要引起关注的问题：

（一）工资性收入增收存在一定风险。工资性收入是全区农民收入的主要来源，然而原材料涨价、资金不足、用工成本上升等问题一直困扰着全区中小企业。发展企业的生产经营成本增加，利润空间将进一步被压缩，最终会影响农民工资收入的稳定增长。

（二）家庭经营增收基础不稳固。家庭经营收入是全区农村常住居民收入的另一主要来源，但全区农户非农家庭经营结构单一、层次低，并以第三产业为主，受宏观经济影响较大。而偏紧的货币政策使中小企业普遍出现了“钱荒”，贷款难直接制约了农村常住家庭经营非农产业的发展，因此增收基础不稳固。

（三）趋高的消费价格增加了农村常住居民的生活成本。从全年的数据看，农村常住居民的消费支出呈现出一定的增幅，虽然这一方面反映了农村常住居民生活条件的有所改善，但另一方面也反映物价上涨而推高支出增长，较高的物价增加了农村常住居民的生活成本。食品支出、日用消费品支出等构成农村常住居民生活成本，具有生活刚需的支出项目出现明显的增幅，加大了农村常住居民的生活负担，影响了农村常住居民生活质量的提高。

2014年鹿城区农业经济形势分析

2014年，我区紧紧围绕“加快都市农业发展、推进新农村建设、促进农民增收”目标，认真落实支农惠农强农政策，优化农业产业结构，着力提升农业产业品质和效益，全区农村经济总体情况呈现回升态势。

一、农业生产基本情况

2014年，鹿城区农林牧渔业实现总产值34184万元，同比增长1.4%。其中：种植业产值14580万元，同比增长6.6%；林业产值99万元，同比增长25.0%；牧业产值18612万元，同比下降2.6%；渔业产值679万元，同比增长9.4%；农林牧渔服务业214万元，增长8.0%。全区农林牧渔业实现增加值16794万元，按可比价格计算，比上年增长1.5%。

（一）风调雨顺，种植业亩产上升

2014年，全区农作物播种面积5267公顷，比2013年5639公顷减少372公顷。由于2013年受夏季高温干旱和“菲特”台风影响，部分农作物亩产基数较低，导致2014年一些农作物亩产大幅上升。

1.粮食生产。2014年粮食作物播种面积3057公顷，粮食总产量17801吨，比上年增长3.6%。我区粮食生产以谷物为主，豆类、薯类为辅。2014年谷物播种面积2363公顷，豆类189公顷，薯类505公顷。从亩产上看，单季稻、连作晚稻、小麦产量上升较大，其他品种波动较小。单季稻亩产473公斤，比上年增加73公斤；连作晚稻亩产412公斤，比上年增加94公斤；小麦亩产169公斤，比上年增加19公斤。

2.经济作物。除果用瓜亩产下降、中草药材亩产持平外，其他各类经济作物亩产均有不同程度上升。油料播种面积246公顷，亩产140公斤，比上年增加14公斤；甘蔗播种面积4公顷，亩产1450公斤，比上年增加150公斤；中草药材播种面积130公顷，亩产368公斤，与上年持平；蔬菜播种面积1371公顷，亩产1191公斤，比上年增加8公斤。果用瓜播种面积73公顷，亩产2734公斤，比上年减少396公斤。

（二）林业高速增长

2014年，完成造林面积87公顷，成林抚育400公顷，封山育林278公顷，迹地更新26公顷。全年林业实现产值99万元，同比增长25.0%；实现增加值56万元，同比增长27.9%。

（三）畜禽生产全面收缩

1.生猪存出栏、出肉量呈三下降。2014年末全区生猪存栏36589头，比上年下降1.6%；出栏61333头，比上年下降9.8%；猪肉产量4600.7吨，比上年下降8.6%。

2、家禽存栏、出栏回落幅度较大。家禽养殖对环境影响严重，鹿城区进一步加大对环境整治的力度，藤桥镇有不少的家禽养殖场被取缔。2014年家禽年末存栏96.7万只，比上年下降29.6%；出栏444.65万只，比上年下降14.4%；禽肉4910.5吨，比上年下降4.0%；鸡鸭鹅蛋产量1183.6吨，则比上年下降4.9%。

3.食草畜生产大幅下降，由于经济总量占比较小，对全区畜牧业影响有限。2014年牛存栏274头，下降54.3%，出栏599头，下降24.3%；羊存栏680只，下降60.1%，出栏2662只，下降32.9%。

（四）渔业生产增长较快

2014年，渔业总产量677吨，增长9.0%，其中鱼类525吨，增长6.3%，虾蟹类152吨，增长19.7%。全年渔业增加值269万元，按可比价格计算，比上年增长9.5%。

二、建议

（一）加大耕地保护力度

稳定粮食播种面积，继续认真

落实国家粮食价格保护政策，加大扶持力度，进一步调动农民种粮积极性，推广新技术新品种，提高粮食产量与质量。

（二）做大做强农业龙头企业

加强对市场潜力大、科技含量高，初具规模的龙头企业给予支持，突出特色，做大做强龙头企业；努力发展农副产品的精深加工，打造龙头产品；坚持以提高农产品质量和增加科技含量来培育品牌、打响品牌、发挥品牌效应，充分发挥龙头企业的带动作用。

（三）发展规模养殖稳定畜禽生产能力

面对当前畜禽存出栏量下滑的现状，应加继续加强标准化、规模化养殖建设，认真落实生产补贴、保险等各项扶持政策，并从技术、资金上给予重点扶持，加快畜牧业培育步伐。定期发布市场信息，加强畜禽疫病防控工作，推广普及科学养殖技术，促进畜牧养殖的健康发展。

2014年鹿城区“个转企”工作简析

个体工商转型升级为企业（以下简称“个转企”）是省委、省政府部署的重要工作，是充分培育发展小微企业，进一步优化经济结构、促进转型升级的重要举措。2014年是温州市“个转企”三年目标规划的第二年。据区工商部门统计，截至11月底，全区“个转企”单位2042家（包括二次转型为公司），全年任务完成率达204.2%。但是“个转企”单位门槛偏低，规模较小；部分“个转企”单位转后即关、转后即停的现象仍有存在；部分“个转企”单位是实为产业单位，应不计为“个转企”数量等问题不同程度存在。

一、“个转企”工作的基本现状

1.“个转企”单位行业分布集中度高，主要集中在制造业、批发零售业和住宿餐饮业。制造业有615家、批发零售业有779家、住宿餐饮业有196家，分别占30.1%、38.1%、9.6%，三个行业合计1590家，占全部“个转企”单位77.9%。制造业、批发零售业、住宿餐饮业个体经营户成了“个转企”工作的主要对象。

2.“个转企”推进工作时间差异显著，6—7月完成全年任务数。从每个月“个转企”单位数量看，呈现前后月份数量较少，年中数量较多，尤其是6、7月“个转企”单位数量快速增长，这两个月合计“个转企”单位数量接近年度任务数，并从7月份开始“个转企”独立统计二次转型为公司的单位。

二、存在的问题

目前，鹿城区“个转企”工作仍存在一些问题，片面追求“个转企”单位完成数量，造成部分转后企业质量下滑，需要引起有关部门的高度重视。

1.“个转企”单位规模普遍较小，注册资本户均仅20.96万元。全区1—11月“个转企”单位合计注册资本4.15亿元，注册资本户均仅为20.3万元。注册资本10万元及以下的“个转企”单位1326家，占64.9%；有156家“个转企”单位的注册资本在1万元以下。注册资本在50万元及以上的“个转企”单位266家，仅占13.0%，其中100万元及以上79家，占3.9%。大量的“个转企”单位规模比较小。多数“个转企”单位都是由2—3人的加工场、小经营部、房屋中介机构等单位转型而来。

2.部分“个转企”单位经营稳定性差，存在“转后就停、转后就销”等现象。根据统计系统调查发现，一些“个转企”单位转后停业、关闭等现象都不同程度存在，尤其是“个转企”单位完成数量较大的月份。2014年1—9月“个转企”单位为1932家，其中已经注销或吊销达到288家。根据2014年3季度工商部门数据显示，3季度注销或吊销单位316家，其中“个转企”注销或吊销就达到127家，占40.2%。

3.部分“个转企”单位是分公司，也计为个转企任务数。根据根据统计系统调查发现，2014年1—9月“个转企”单位是分公司有59家。

鹿城区1—11月月度“个转企”单位数量

表2

月份	1	2	3	4	5	6	7	8	9	10	11	累计
“个转企”单位数量	83	19	67	108	142	463	532	267	251	68	42	2042

分公司不是独立的法人企业。如果个体户有多个经营点，将各个经营点都转为分公司，都计为个转企任务数，就会出现一家“个转企”单位任务数多次计算问题。

4.“个转企”单位领取组织机构代码证偏低。“个转企”单位组织机构代码证办理率远远低于新登记注册企业，个别月份“个转企”单位办理组织机构代码证不足六成，而组织机构代码是全国统计系统管理所有调查单位的唯一标识码，在一定程度上影响了企业进入基本单位名录库的速度。

三、建议

1.进一步优化“个转企”申领条件，切实提高“个转企”工作的质量。2015年是“个转企”三年目标规划的最后一年，是“个转企”工作的收官阶段。依据“个转企”任务要求和工作经验，进一步优化“个转企”申领条件，完善优先“个转企”单位标准，将工作重点提到质量上来。建议将规模大、收入高、从业人数多、经营状态稳定的个体户作为优先转型对象。

2.利用四证联办契机，积极引导“个转企”单位一次性办理有关证照。加强“个转企”各项政策宣传，优化办证流程，引导“个转企”单位办理组织机构代码证和统计证等相关证照，提高组织机构代码证办理率，便于“个转企”单位及时纳入统计名录库系统。

3.跟踪“个转企”单位经营状况，均衡“个转企”工作力度。加强“个转企”企业经营状况跟踪，全面了解个体户转企业后的生存状态，帮助指导其解决相关问题并规范经营。加强对“个转企”单位规模的监测，督促符合条件的单位要纳入统计“三上”联网直报范围。持续推进“个转企”工作，均衡各个季度工作力度，防止“个转企”单位月完成量大起大落。

2014年鹿城区建筑业经济情况浅析

一、建筑业企业基本情况

2014年，鹿城区施工总承包企业和专业承包企业161家，其中有工作量的154家（不含劳务分包企业，下同）。按行业分，房屋工程建筑业企业28家，土木工程建筑业企业28家，建筑安装业企业29家，建筑装饰和其他建筑业企业76家。总承包和专业承包建筑企业中，私营控股企业146家，占全部企业的90.7%，已经成为鹿城区建筑业中的主要力量。

（一）新签订合同额增速下滑，行业发展后劲受影响。2014年，鹿城区施工总承包企业和专业承包企业签订合同额为618.21 亿元，同比下降4.6%。其中，上年结转合同额340.84亿元，同比增长5.6%；本年新签订合同额277.34亿元，同比下降14.7%。

（二）建筑业总产值平稳增长，内部产值结构有待改善。2014年，鹿城区建筑企业完成建筑业总产值337.65亿元，同比增长11.0%。分行业看，建筑工程完成产值320.53亿元，同比增长10.8%，占全部建筑业总产值94.9% ；安装工程完成产值16.77亿元，同比增长16.1%；其他建筑工程完成建筑业总产值0.36亿元，同比下降33.3%在外省完成产值为110.91亿元，比去年同期增长5.2%，占全部建筑业总产值32.8%，主要集中在江苏、安徽、广东、四川。

（三）房屋施工面积相对减少，行业现状不景气。2014年，鹿城区建筑企业房屋施工面积2345.4万平方米，比上年减少55.3万平方米，同比下降2.3%。其中，本年新开工面积3978.5万平方米，比上年减少270.4万平方米，同比下降40.5%；实行投标承包面积2106.4万平方米，比上年增加128.0平方米，同比增长6.5%。房屋竣工面积574.1平方米，

（四）房屋建安造价小幅增长，住宅造价增幅略高于其他房屋。2014年，鹿城区建筑企业竣工房屋价值95.88亿元，房屋竣工面积535.6万平方米，每平方米建安造价1790.14元/平方米，与去年同期相比，每平方米造价增加81.38元，同比增长4.8%。其中，住宅房屋竣工价值72.40亿元，竣工面积374.1万平方米，竣工造价1935.31元/平方米，同比增加209.45元/平方米，同比12.1%。

（五）建筑业企业经营形势好转，利润总额小幅提高。2014年，鹿城区建筑业企业实现主营业务收入243.35亿元，同比增长7.8%；主营业务成本221.13亿元，同比增长8.1% ；主营业务税金及附加8.76亿元，同比增长0.3%；实现利润总额3.82亿元，同比增长7.3%。

二、存在的问题及对策。

（一）建筑行业整体资质水平不高，特级企业还是空白。鹿城区总承包和专业承包建筑业企业161家中，没有一家特级企业；只有一家企业年产值超过50亿元，年产值在10亿元以上的企业8家。一些规模较大的项目在招标阶段对企业的资质等级、注册资本等要求较高，建筑业企业资质的高低直接决定了企业所能承接建筑工程的规模、范

围等，是决定工程承包投标的基本条件和关键因素，鹿城区建筑业企业资质水平普遍不高。因此，要加大对我区建筑业企业的政策扶持力度，促进本土企业做大做强，增强我区建筑业企业在市场上的竞争能力。同时用足政策，着力鼓励和培育一批资质外企业转为资质内企业，以壮大我区建筑业企业队伍。

（二）支持建筑业企业发挥优势，向上下游产业延伸，形成“突出主业、适度多元”的产业发展格局。大力支持勘察、设计、施工、监理等企业实现多元化发展，形成大中小企业、综合型与专业型企业互相依存、协调发展的产业结构。优化产业结构，推动优质建筑企业平衡发展。调整建筑业企业产业结构，进一步优化行业结构，推动优质建筑企业转型升级，营造市政、水利、交通、装饰等行业新的优势。提高产业整体规模经营水平，解决发展不平衡的问题，鼓励并引导建筑业企业向专业化、技术创新驱动转型发展。

2014年鹿城区房地产运行简析

2014年，鹿城区房地产开发市场在调控政策和货币政策等多重因素的影响和作用下，开发投资增速回落，销售市场成交平淡，库存量不断加大，开发企业资金状况不容乐观。2015年全区房地产市场不确定性因素较多，需密切关注市场交易和预期变化与市场稳定之间的关系。

一、2014年房地产市场运行情况

（一）房地产开发投资增速放缓。受国家宏观调控影响，2014年鹿城区房地产开发投资呈现波动增长的态势，受市场暖销的影响一季度以36%速度开局；上半年增长6.1%，1—7月一度出现下降1.5%的拐点。下半年后，受房地产新政刺激，投资增速开始扭转降势连续3个月出现回升，但房地产投资难改弱势，全年累计完成投资98.78亿元，比上年增长7.4%，增速同比回落7.4个百分点。

（二）住宅类投资是开发投资的绝对主力。2014年，鹿城区住宅投资69.45亿元，同比增长10.4%，快于全区房地产投资增速3个百分点，占房地产开发投资的比重为70.3%，较2013年又提高1.9个百分点。住宅类投资对全区房地产开发投资增长贡献率为95.6%，依然是房地产投资增长的主要支撑因素。商务和商业两类非住宅投资趋势看淡，办公楼投资5.26亿元，同比下降28.9%，占全区房地产开发投资的5.3%；商业营业用房完成投资6.1亿元，同比增长5.3%，占全区房地产开发投资的6.2%。

（三）建安工程投资回升。从投资构成看，建筑工程为41.96亿元，同比增长20.4%，增速较上半年回升5.2个百分点；安装工程为1.93亿元，同比增长121.3%，增速较上半年回升98.4个百分点。建、安两项投资占房地产投资的比重为44.4%，拉动投资增长8.9个百分点。土地购置费为32.9亿元，同比下降16%，土地购置费的快速回落，对投资增长后劲影响较大。

（四）商品房销售市场低迷不振。2014年以来，全区商品房销售高开低走，一季度市场交易活跃销售面积增长56.7%，6月开始跌入负增长通道，前三季度商品房销售面积和销售额分别下降34.6%和43.9%，为全年最低谷。下半年随着“限贷”、“限购”政策的全面松绑，销售市场现回暖迹象，但仍未摆脱低迷状态。2014年，全区商品

2014年全市各县（市、区）房地产开发投资情况

表3

县（市、区）	房地产开发投资		
	累计	累计±%	占比%
温州市	808.88	10.10	26.50
鹿城区	98.78	7.40	32.20
龙湾区	73.04	12.90	27.80
瓯海区	131.07	3.70	43.40
瑞安市	114.00	6.60	26.20
乐清市	84.17	−25.7	17.30
开发区	7.13	328.50	5.90
瓯洞区	5.07	−22.10	4.20
永嘉县	78.06	8.80	32.40
平阳县	90.27	103.90	30.30
苍南县	96.28	17.50	27.20
文成县	11.08	31.90	19.60
泰顺县	19.91	20.70	33.40

房销售面积28.49万平方米，比上年下降11.3%，降幅比三季度收窄23.3个百分点，延续收窄态势。商品房销售额76.68亿元，下降14.2%，降幅比三季度收窄29.7个百分点。

二、与全市比较

（一）横向对比位次后移，占比下降。2014年，鹿城区房地产开发投资增速排名居三区两市第2位；占全市房地产开发投资总额的12.21%，比上年略低0.3个百分点；投资增速低于全市平均水平2.7个百分点，居全市12个县、市（区）第8位，较上年后退3位。

三、关注问题

（一）需要关注部分先行指标下降。2014年，全区房地产投资增速波动，同时受销售回落和资金趋紧等因素影响，开发企业开发意愿不强，房地产市新开工面积等先行指标同比负增长，且降幅有所扩大。2014年，全区房屋新开工面积63.97万平方米，下降20.2%，降幅比2013年扩大12.2个百分点，其中，住宅新开工面积39.8万平方米，下降20.3%。新开工面积持续下降，反映出各开发企业对新开工项目更为谨慎，部分房地产企业已无新开工项目，后续投资增长动力支撑不足的隐忧已经显现。

（二）需要关注开发企业资金压力。2014年，全区房地产开发企业本年到位资金156.63亿元，同比下降0.2%。从资金构成情况来看，大多数房地产企业融资渠道单一，2014年国内贷款36.89亿元，同比增长81.8%；自筹资金30.83亿元，同比下降48.9%；其他资金86.59亿元，同比增长13.6%。房地产企业用于开发项目的自筹资金下降，而国内贷款增长较大，如果不尽快拓宽融资渠道，地产商承担的资金风险压力将越来越大。

（三）需要关注开发企业库存压力。从2013年下半年开始，随着销售市场的逐步降温，商品房待售面积逐步增加，开发企业库存压力凸显。2014年末，全区商品房待售面积35.55万平方米，比2013年末增加9.22万平方米，同比增长35%。按类型分，住宅待售面积增长185.5%；办公楼待售面积增长98.8%；商业营业用房则下降1%。开发企业库存的大幅增长，既是社会资源的闲置浪费，又不利于开发企业销售资金的快速回笼，对企业资金流转形成巨大压力。

四、几点建议

（一）正确把握当前房地产市场形势，保持房地产投资理性增长。2014年我区房地产投资波动，从房地产投资的几个先行指标来看，未来一段时间房地产业发展面临宏观调控和不确定因素增加的严峻挑战。应正确把握房地产市场形势，建议把房地产投资的重点引导到结构调整上来，保障全区房地产投资的理性增长。

（二）合理开发，加速资金回流，保障资金来源稳定。开发商要根据市场供需关系把握好楼盘分期开发的节奏，不盲目建设，以免造成资金紧张的情况。对于已开工的楼盘，要做好质量监控、完善相关手续，争取早日取得预售许可证，进而加快资金回笼，缓解资金压力，巩固资金链条。

（三）多途径消化存量房屋，着力提高企业资金回笼率。针对库存高企的现状，一方面鼓励房地产企业审时度势，采取促销优惠等多种让利措施，低价入市消化库存，加速去化进程，盘活资金。另一方面需要政策引导，合理控制房地产开发规模和速度，加快改善城区软硬件环境，完善建设居住区的就学、购物、休闲等配套设施，提高楼盘竞争力，刺激消费者购买。

（编辑 王剑峰）

大事记

1月

2日　鹿城区新一轮“慈善一日捐”活动启动。在区四套班子领导带领下，全区机关工作人员捐款献爱心，共筹得善款93737元。

3日　温州市区最高气温达22.6℃，打破1994年1月3日以来已保持20年之久的历史当日最高纪录22.1℃。

4日　松台街道实行“六个工作日”制度，社区干部周六也上班，这在鹿城区属首创。

6日　鹿城区率全市之先推出《鹿城区国有土地上房屋征收与补偿若干规定》，将房屋征收部门由区住建局改为区征收办，对国有土地上房屋征收程序中相关部门出函以及出具未经登记建筑认定结果等进行了规范。

6日　近20名区政协第八届三次会议特邀委员参观“印象南塘”，聆听项目介绍，观看特色景致，对南塘街全新形象予以肯定。区委常委、统战部长胡慧雷陪同参观。

6日—8日　政协鹿城区八届三次会议在区文化中心举行，来自全区各条战线的264名政协委员参加会议。

7日　省政协副主席陈艳华率省级森林城市验收组成员考察白鹿洲公园、飞霞南路等地，肯定温州“创森”成果。

7日　鹿城区召开“促进有效学习”教学改革实验项目启动大会。全区中小学校长、幼儿园园长等300余人参加会议，一同学习、交流探讨教学理念。

7日—9日　鹿城区八届人大三次会议在鹿城区文化中心召开，270名人大代表出席会议。

8日　第三届全省人民满意的公务员和公务员集体表彰大会在省人民大会堂举行。鹿城区松台街道蓝友平获全省“人民满意的公务员”称号。

8日　省民政厅副厅长罗卫红在市民政局局长李爱燕、区民政局局长陈黎华的陪同下，参观了鹿城区松台街道庆年坊社区爱心驿站，听取了爱心驿站创建的初衷及服务构思。

10日　鹿城区2014年第一批百亿重大工程集中开工暨温州中心（筹）开工仪式在鹿城七都街道举行，标志着鹿城区新一轮大投资大建设序幕正式拉开。

10日　鹿城区慈善总会二届理事会第五次会议在浙江工贸学院多功能厅召开，会上，区慈善总会与浙江新邦建设公司签订协议，设立了“新邦慈善基金”。

13日　“新邦之爱”慈善晚会暨鹿城区首届残疾人十大自强模范颁奖典礼举行。温州市氟塑设备制造厂陈朝晖、温州现代电力成套设备有限公司王珊珊和温州市星际科技开发有限公司叶强丛等人选“十大自强模范”。

16日　鹿城区13个社区获“温州市幸福社区”称号，数量居全市首位，其中，松台街道桂柑社区获全市唯一“五星级幸福社区”称号。

20日　由区慈善总会主办的2014年“爱心鹿城慈善宴”在天一角美食街开宴，全区500多名困难低保户、孤寡老人、特困残疾人、环卫工人代表受邀参加。

21日　鹿城区多部门联合在松台广场启动“快乐健康、你我共享”广场“文明守约”倡议活动。96支文体团队联合启动《广场文化活动公约》倡议签名活动。该公约由鹿城区率先发布。

25日　市区气温23.6℃，打破市区历史同期最高气温的纪录。

28日　为进一步做好禽流感防控工作，有效阻断禽鸟与人的病原传播，市政府发出《关于主城区暂停活禽交易、暂时关闭活禽交易市场的通告》，鹿城区暂停活禽交易。

29日　鹿城区新春团拜会举

行，区四套班子领导与来自全区各条战线、各界人士代表共同参与。

29日　鹿城区改革完善食品药品监管体制动员会议暨区市场监督管理局授牌仪式在区会议中心举行。新组建的区市场监督管理局由工商鹿城分局、区食品药品监管局、区食品安全委员会办公室整合成立。

2月

6日　在外温州企业家联合会举行年会暨新春茶话会，会上联合会与区经合办（招商局）签订“以商招商”战略合作意向书。

7日　全区经济工作会议召开，回顾总结2013年全区经济工作，安排部署2014年经济工作任务。

11日　鹿城区召开全区群众路线教育实践活动筹备情况汇报会。会议听取了各街镇关于群众路线教育实践活动筹备情况的汇报，并对下阶段全区群众路线教育实践活动的开展作了部署。

12日　鹿城区人民法院“巾帼党员调解室”发出该院首份“人身安全保护令”，保护妇女人身安全。

14日　全区政法工作会议召开，传达贯彻中央、全省政法工作会议精神，回顾总结2013年全区政法工作，安排部署2014年工作任务。

18日　鹿城区飞鹏巷7号市儿童福利院旁的温州市首个“婴儿安全岛”开建，面积约7平方米。

19日　鹿城区商务局召开区外贸重点企业座谈会。巨一集团、东艺鞋业有限公司、康奈集团等30家区外贸重点企业负责人参加了座谈会。

25日　鹿城区委召开全区党的群众路线教育实践活动部署会议，对区群众路线教育实践活动进行动员部署。浙江省人大办公厅纪委书记、副巡视员、省委赴鹿城督导组组长蔡杭在会上讲话，市委常委、区委书记王立彤主持会议并代表区委常委会作动员部署。

25日　浙江省社区侨务工作现场观摩会在鹿城召开。国侨办国内司司长许玉明、国侨办国内司综合处处长张凌、浙江省侨办副主任计时华等到五马街道侨务工作站参观指导工作。

27日　浙江第四届“浙江慈善奖”颁奖活动在杭州举行，鹿城区的红日亭获志愿服务奖，鹿城援助社区居家养老服务照料中心项目获慈善项目奖。

28日　由市文广新局、温州日报报业集团、名城集团等主办的首届温州（国际）石头艺术博览会暨玉器、珠宝、根雕艺术品、古玩字画交易会在鹿城区白鹿洲艺术文化村举行。

3月

1日　鹿城区各街镇综合服务大厅或服务窗口设立新居民积分制管理申请窗口，负责统一受理新居民积分制管理申请、资料初审和资料录入等工作。

5日　鹿城区委宣传部、区文明办联合温州网爱心屋等组织在市区星河广场举行文明志愿服务团启动仪式暨“雷锋在身边”志愿服务主题活动。鹿城区100多支志愿服务队和市民代表、社区工作人员参与此次活动。

5日　2013感动温州十大人物颁奖典礼在市广电中心举行，鹿城籍“最美阿婆”沈小平（已故）获“最美温州人”称号。

6日　浙江省人大常委会副主任、省总工会主席、省委赴温督导组组长厉志海，台州市政协副主席、省委赴温督导组副组长马世宙率队到鹿城区督查和指导党的群众路线教育实践活动。

7日　鹿城区招商局和广东省中山市温州商会正式签订国际灯具总部大厦项目合作意向书。国际灯具总部大厦落户七都，是鹿城区“温商回归3年超300亿工程”中的大项目。

8日　由鹿城区体育总会主办、鹿城区足球协会承办的浙江省第二届全民体育节暨温州市鹿城区五人制足球邀请赛在绿茵青少年足球培训中心落幕，是历年来竞技水平最高的一届邀请赛。

11日　鹿城区获全国“六五”普法中期先进县（市、区）称号，是全市唯一一个获此殊荣的县（市、区）。

11日　十届全国人大常委会副委员长、国家关工委主任顾秀莲视察康奈集团，调研企业关工委工作开展情况，省、市关工委领导陪同调研。

13日　区直部门、企业、社会组织及水处理领域专家组共建鹿城区“五水共治”公益联盟，属温州市首创。

13日　“全国道德模范及身边好人”交流现场会在温州召开，中央文明办专职副主任徐令义、秘书局局长蒋希伟、省委宣传部副部长、省文明办副主任徐晓等视察五马街道“红日亭”。

15日　中央办公厅调研室副主

任鲍遂献等一行到鹿城区调研基层民主协商议事工作。市委常委、区委书记王立彤，市委常委、秘书长仇杨均等陪同调研。

16日 松台街道九山1号地块城中村改造工程项目开工。该项目东邻九山体育馆，南到鹿城路，西至广汇大厦，北接半腰桥，占地面积15200平方米，涉及拆迁户124户、384人。

19日 鹿鸣问政平台网上法律服务中心正式上线。该网上法律援助中心由区司法局联合区委宣传部、区广电新闻中心联合开设，是全市首个网上法律援助中心。

21日 由《温州晚报》、温州五马商业步行街管理办公室、温州市民俗学会举办的首届“五马步行街百店联动春季购物节暨五马街民俗文化SHOW”开幕。

25日 藤桥镇召开第十六届人民代表大会第四次会议，选举产生镇长郑乐斌，副镇长李策、杨建勇、严求真。

26日 省政协副主席、省委统战部部长孙文友等一行到鹿城区调研基层统战工作，并对鹿城工作表示肯定。市委常委、统战部部长陈浩，区政协主席郑锦春，区委常委、统战部长胡慧雷等陪同调研。

27日 鹿城区召开2014年全区党派工作暨党外知识分子坚持和发展中国特色社会主义学习实践活动部署动员会议，160多位民主党派、知联会、新联会和网联会人士参加了会议。2013年度优秀调研文章获得者、党外人士“双岗建功”和“服务社会”先进个人在会上获表彰。

27日 鹿城区推进“两化”深度融合，促进经济转型升级暨鹿城区企业信息化云平台发布会召开。鹿城区人民政府和中国电信温州分公司签署了《关于共同推进智慧城市云建设促进两化融合战略合作框架协议》。

28日 国家防汛抗旱总指挥部副总指挥、水利部部长陈雷率队到鹿城区检查防汛防台工作，并实地走访察看了七都标准堤塘工程。

28日 政协八届鹿城区委员会常委会议第十一次会议召开，区政协主席郑锦春，副主席陈国琴、庄建中、胡小萍、王丽丽、邵豪哲，秘书长卜红升及常务委员共31人出席会议。

30日 温州市文物部门在对广化南路鹿城段道路工程隧道工地（景山）勘探过程中，发现10来座明清古墓及一座宋代古墓。

4月

1日 省委副书记、省长李强对鹿城区南塘风貌街、横渎河西城中村改造现场进行考察，详细了解低效用地再开发情况。

1日 中国侨联副主席康晓萍率队到温调研鹿城侨联工作，了解基层侨务工作开展情况。

3日 鹿城“五水共治”投诉受理中心、区城管与行政执法局服务热线“96310”实现整合对接并开通，这是温州市首创的区级“五水共治”投诉受理中心。

4日 西坑革命纪念馆在泽临游击根据地的红色堡垒村——藤桥镇西坑村开馆。

10日 中国环境工程专家、中国工程院院士刘鸿亮，中国环境监测总站研究员、噪声监测专家刘砚华到松台广场调研、指导“中央音控系统”安装事宜，并对音控工程提出了一些意见及建议。

11日 鹿城区档案局举办全区街道、镇档案工作会议，各街镇办公室主任和档案员参加会议。

12日 由浙江省体育局、温州市人民政府等主办，鹿城区人民政府、温州市登山协会等协办的2014中国·温州国际山地户外运动挑战赛在体育中心揭开战幕。

15日 鹿城县前头24小时自助图书馆对外试开放，这是市图书馆在主城区设立的24小时自助图书馆。

17日 鹿城区政府和区爱卫办联合开展爱国卫生月暨“创国家卫生城市，你我共同参与”活动。共发放宣传材料2.5万份，为800余人提供免费咨询服务。

19日 省委宣传部副部长、省文明办主任龚吟怡一行在市委常委、宣传部长胡剑谨陪同下，到七都街道调研“春泥计划”实施情况。区委常委、宣传部部长徐强参加调研。

21日 鹿城区妇联和高雄市冈山妇女会结对合作，搭建交流互动平台，促进两地妇女儿童事业共同发展。区妇联成为全市首个与台湾基层妇女社团结对交流的妇联组织。

22日 浙江省司法厅副厅长吉永根一行在温州市司法局副局长朱进龙、鹿城区司法局局长张维忠等陪同下到南汇司法所开展调研工作。

23日 由区委区政府主办的鹿城区市民文化节暨读书节在南塘街“印象舞台”举行。其间，举办各类活动40多项。

23日　由鹿城文广新局、鹿城民宗局联合举行的明首辅黄淮少保牌坊重建落成揭幕典礼在郭公山最胜寺举行。

24日　鹿城区企业联合会、企业家协会、工业经济联合会第七届三次会员大会召开。

25日　第十三届“温州市十大杰出青年”评选结果揭晓，鹿城区人民法院党组成员、西郊法庭庭长吴将斌获“温州市十大杰出青年”荣誉称号。

26日　英国牛津大学博士团应邀到鹿城区，与区有关单位、重点企业进行交流研讨，除了为鹿城经济发展献计献策，其中有6位博士还与鹿城有关企业现场签订合作意向。

28日　区瑞兴大厦物业管理处保安陈明德因千里返乡归还他人50万元错汇款，被授予“鹿城好人”荣誉称号。

29日　康奈集团有限公司副总、生产中心总经理刘昌勇获全国“五一劳动奖章”，应邀参加浙江省庆祝“五一”国际劳动节暨劳模先进表彰大会，并在会前和其他劳模一道受到浙江省委书记夏宝龙接见。

30日　鹿城区举行庆祝五一国际劳动节暨劳模、先进表彰大会。叶周松等30人被授予“鹿城区劳动模范”称号，梁财等227人被授予“鹿城区先进生产（工作）者”称号，温州鑫泰包装有限公司等74个单位被授予“鹿城区先进单位”称号，七都街道七都社区等27个社区（村委会）被授予“鹿城区先进社区（村委会）”称号。

30日　鹿城区首个侨警共建的七都出入境管理服务站在七都街道举行授牌仪式。

5月

1日　鹿城区风景旅游管理局官方微信公众平台正式上线。

6日　由温州市规划局、市城市建设档案馆主办的“古城旧影——老温州照片档案展”在鹿城南塘风貌街1号楼展出。现场共展出了苏慧廉、邵度、孙守庄等摄影名家作品147幅，反映了温州城近百年的时代变迁。

8日　温州市委宣传部授予鹿城区物业管理总公司瑞兴公寓管理处保安陈明德“最美温州人”称号，并从“最美温州人公益基金”中拨出2万元对他进行奖励。

9日　鹿城区城中村安全综合整治推进会在区行政中心召开，会议就城中村安全综合整治工作作了全面部署。

12日　鹿城籍游泳运动员徐嘉余在全国游泳冠军赛暨亚运会选拔赛的男子100米仰泳决赛中夺冠，并打破百米仰泳全国纪录。

14日　鹿城籍小将李朱濠以52秒79的成绩摘得男子100米蝶泳金牌，成为温州有史以来最年轻的游泳全国冠军。

15日　鹿城区举行“五水共治建设美丽浙南水乡”专家聘任会，邀请专家为鹿城“五水共治”出谋划策。

17日　2014年温州市暨鹿城区科技活动周主题广场活动在白鹿洲公园北门口开幕。此次活动周以“科学生活·创新圆梦”为主题。

18日　鹿城区委老干部局、区残疾人联合会、中国电信温州分公司企政部联合举办“吾老爱吾幼，连心护成长”主题公益活动，向100名精神智力残疾人赠送100台“阳光守护”定位终端。

20日　“5·20”世界计量日计量公益广场活动在松台广场举行，活动免费为市民提供验光、血压计检定调校等计量检测服务。

21日　“依法信访”主题广场宣传活动在松台广场举行。市直和鹿城区近30家单位现场接受市民咨询。

22日　“温州鹿城农商银行富民公益基金”正式成立。在首批善款达630万元的基础上，该公益基金于成立仪式现场分别向区慈善总会、区民政局居家养老项目捐赠50万元和20万元，以支持全区慈善公益事业发展。

23日　由市农投集团所属的温州市农业农村综合开发投资有限公司投资开发的温州市印刷物资综合市场正式开工。该市场位于鹿城区双屿街道岩门村，其市场用房体量比老印刷物资市场大5倍多。

26日　鹿城区志愿服务助力行动启动仪式在鹿城区行政会议中心举行，来自鹿城区的6支志愿者服务团队代表领取了助力行动任务书，并和即将入驻的6个对接社区进行签约。

27日　鹿城区群众文体团队联合会成立并获授牌，金文平当选为鹿城区群众文体团队联合会第一届理事会主席。此次入会883支团队，人员超2万。

28日　市委常委、常务副市长陈作荣赴鹿城区南汇街道开展城中村安全综合整治调研。

29日　由鹿城区委宣传部、区文明办共同主办，五马街道协办的鹿城区“我们的节日端午——红日暖鹿城，端午筑文明”主题文化活动在红日亭举行。

30日　鹿城区“群众贴心人”

颁奖典礼在温州广电中心一楼演播厅举行。来自松台街道的施青松、五马街道的王阿娟、七都街道的夏金圆等12名获奖代表到场接受颁奖。

6月

1日　2014年中华龙舟大赛（温州站）暨温州龙舟文化节举行开幕式，该赛事是2014年唯一在地级市的市中心举办的中华龙舟大赛。

5日　鹿城区纪念“6·5”世界环境日暨“五水共治”誓师大会在江滨路星河广场举行，来自社区、部队、青年志愿者、民主党派组成的一百支志愿护河队，共千余人参与大会。

5日　位于人民西路的白马服装市场被依法关停，并策划启动相关拆违工作。

8日　浙江省第二届全民体育节暨温州市“太阳神杯”水上马拉松比赛在九山河举行，共有17名选手参赛，鹿城籍选手陈侠豪以3小时16分38秒成绩夺得冠军。

10日　鹿城区政府组织区质监局与区市场监督管理局进行生产加工环节食品安全监管划转交接仪式，确保食品安全监管职能划转有序推进。

11日　三位德国SES专家组织的污水处理专家受邀到温州，对鹿城后京电镀基地、市区山下河，以及浙江竞成环保科技有限公司进行了实地考察。

13日　“爱心鹿城·拯救新生命”慈善救助项目在温州市中心医院正式启动。该项目由区慈善总会出资100万元，与温州市中心医院合作发起。

14日　双屿街道机关人员、社区代表、河长及助理、护河队员、志愿者队伍等在双岙村卧旗河畔参加双屿街道“五水共治”誓师大会。双屿街道全面消除垃圾河进入最后冲刺。

15日　温州市创建“国家森林城市”公益宣传暨森林产品进社区活动在鹿城区南塘风貌街1号楼广场举行，活动现场分为展位区、宣传服务区和访谈展演区。

16日　鹿城区“安全生产月”启动仪式暨安全生产集中咨询日活动在松台广场举行。以“强化红线意识、促进安全发展”为主题，旨在普及安全知识，提高安全素养，有效防范和遏制重特大事故发生。

16日　区红十字会系统业务培训班在红太阳宾馆召开，来自全区各街镇红十字会的86余名一线工作人员参加培训。

16日　鹿城籍射击运动员朱启南在2014年射击世界杯斯洛文尼亚站的男子10米气步枪决赛中发挥出色，以207.6环夺冠。

20日　鹿城区文明办、区教育局等单位联合在温州市蒲鞋市小学共同主办了2014年童心向党——“我的中国梦”歌咏活动。全区各中小学的学生代表500人参加了此次活动。

26日　市政协召开十届十三次常务会议，对鹿城区“六城联创”工作进行视察。市政协主席包哲东，副主席余梅生、章方璋、黄兆鸽、戴祝水、夏克栋、潘长旺、王振滔，以及市政协常委会成员先后走访了谯楼西侧地块、滨江街道青园社区、上陡门浦滨水公园等地。

27日　“聚焦美丽温州——2014年海外华文媒体采风活动”在温州市举行，来自美国、加拿大、意大利等23个国家62家海外主要华文媒体的70位代表考察了松台街道桂柑社区全国侨务工作。

27日　温州市“节俭养德全民节约行动”经验交流会在五马街道八仙楼社区举行，来自全市15个社区的代表分享各自社区居民“变废为宝”经验。

29日　松台街道在市区工人文化宫开展“红七月·邻里风尚季”主题活动，现场开设党员义工便民服务区、群众微心愿认领区、非遗文化互动区等板块，同时集中展示了“宅巷话民生”“爱行走的长桌”“慈孝生日会”等邻里互助成功范例。

30日　温州市“红七月·服务月”活动在松台广场正式拉开序幕，纪念中国共产党成立93周年。

30日　位于人才市场的东瓯影城正式开业，影院占地3000多平方米，总投资近千万元，设计座位600多座。这也是鹿城区东向区域较大规模的首家现代化影院。

7月

1日　市区开始上调公积金月缴存额度，职工最低月缴存上下限分别调整为2784元和557元。

1日　双屿街道中国鞋都三期出入口立交工程实现通车，该立交工程以“S”形延伸，连接了鞋都一期到三期，全长1267米。

2日　省妇联副主席方颖一行来到鹿城区，就反家暴、平安家庭创建工作进行专题调研。调研组一行对全市首个家暴投诉规范化操作试点工作进行调研，并参观了全省首个反家暴宣传的主题公园以及全市首个婚姻家庭人民调解委员会。

7日　“温州企业成长板集体挂牌仪式”在浙江股权交易中心举行，浙江帝杰曼信息科技股份有限公司成为鹿城区首家成功挂牌浙交所成长板的企业。

7日　鹿城区社会组织发展基金会首届公益创投研讨会在鹿城区民政局举行，两个来自温州市高校志愿者团队的公益项目通过初审，这是全市范围内政府部门首次通过公益创投形式为学生义工团体提供资金支持。

9日　市区气温37.2℃，创下历史同期新高。

10日　鹿城区人民法院“胡佳颖法官工作室”揭牌成立。该工作室系鹿城法院首个以女法官个人名字命名成立的，审理范围包括婚姻家庭、邻里纠纷、借贷纠纷、买卖合同纠纷等。

12日　五马街道办事处在十八家文化礼堂举行暑期未成年人教育实践活动启动仪式，同时揭牌成立浙江东方职业技术学院大学生实践基地。

15日—16日　鹿城区委常委召开专题民主生活会，会上，市委常委、区委书记王立彤从27个问题剖析“四风”问题。省委赴温州督导组副组长马世宙全程参加指导专题民主生活会并讲话。省委、市委赴鹿城区督导组组长蔡杭作点评。

17日　来自国家卫计委、浙江省打非领导小组成员单位、全省11个地级市打非领导小组成员单位及部分重点（县市区）相关部门领导在鹿城各地参观医疗市场。当日，全省整顿医疗秩序打击非法行医专项行动现场会在鹿城区举行。

18日　市政协督察组赴鹿城专题视察“五水共治”工作，实地视察了鹿城区双屿污水管网建设现场。

22日　鹿城区鞋料商会成立妇委会，詹笑萍当选第一届妇委会主任。该商会共有会员单位650家左右，其中女性企业主约有270名。

22日—23日　省委常委、宣传部长葛慧君对鹿城区宣传思想文化工作进行调研，并走访了“红日亭”和浙江创意园工业设计馆。市委书记陈一新，市委副书记、市长陈金彪，市委常委、宣传部部长胡剑谨，市委常委、区委书记王立彤，市委常委、秘书长仇杨均参加调研。

24日　鹿城区召开第七次台胞台属代表大会。会议听取了鹿城区台联会第六届理事会工作报告，选举洪婵担任区台联会第七届理事会会长。

24日　藤桥镇金岙村党支部召开专题组织生活会，开展党员批评和自我批评。省人大常委会副主任、省总工会主席、省委赴温州市督导组组长厉志海全程参加本次专题组织生活会。

26日　2014江心屿金秋文化节开幕暨纪念建军87周年军民鱼水情文艺晚会在温州大剧院广场举行，拉开了2014江心屿金秋文化节的帷幕。

29日　温州市社区心理康复救助项目启动仪式在鹿城南浦社区卫生服务中心举行，这是全市精神卫生服务康复机构在社区设立的第一家试点，为期一年。

30日　中共鹿城区委召开八届七次全体（扩大）会议，深入贯彻市委常委会专题研究鹿城工作会议精神。

30日　鹿城区青年创业家联盟正式成立，21名来自鹿城餐饮、鞋服、文创及电子商务等多个领域的创业青年代表作为首批成员加入联盟。

31日　由鹿城区卫生局历时近三个月制作的微电影《社区医生》正式进行网络首播。这是一部反映鹿城卫生人的微电影，也是全国首部反映社区医生题材的微电影。

31日　浙江省纪念建军87周年暨双拥模范城（县、区）命名表彰大会在杭州举行，鹿城区获评为浙江省双拥模范城（县、区）。

8月

2日　世界旅游小姐浙江赛区决赛暨颁奖仪式在鹿城文化中心举行，鹿城籍选手邵超颖夺得冠军。

3日　“文明鹿城精彩有我”诚信日主题文化活动在温州大剧院上演，以此纪念第十三个“8·8”诚信日。

5日　鹿城区人民法院首次适用轻微刑事案件速裁程序，于40分钟内集中审理7起刑事案件，当庭宣判并送达判决书。

5日　区委副书记、区长朱崇敏率区安监、消防、市场监管、行政执法等部门负责人实地检查藤桥吴友五金加工厂、温州市博宇锁业有限公司、温州市震洲五金有限公司等三家涉可燃爆金属粉尘场所。

7日　鹿城区推出首批1000把公益“诚信伞”，在8个区级公共办事机构、8个街道（镇）的便民服务大厅设置网点，方便市民借用。

8日　“鹿城区机关党员警示教育基地”揭牌仪式在区人民法院举行。该教育基地由区纪委、区直机关工委、区人民法院共同创建。

9日　2014温州市龙舟俱乐部联赛第三站在市区会昌湖水上公园龙舟基地开赛，共27支队伍展开激烈角逐，精彩比赛吸引了数千名市民围观。

13日　七都街道举行2014“七都最美人物”颁奖典礼，对辖区翁益德、翁洪存、林德玉、王秀兰等13名助人为乐、见义勇为、诚实守信、敬业奉献、孝老爱亲等方面表现突出的“七都最美人物”进行表彰。

15日　区政协工作会议在区行政会议中心召开。市委常委、区委书记王立彤在会上强调，要认真贯彻省、市政协工作会议精神，充分发挥政协作用，切实为鹿城赶超发展凝聚智慧和力量。

16日　鹿城区慈善总会联合温州市超市经济促进会、温州旅游度假联合会、温州天爱公益协会、温州人杂志社在松台广场开展了“支援鲁甸，重建家园”的赈灾义卖捐款活动。共筹集善款41507.5元。

18日　“鹿城农商银行杯”首届音乐大赛首场初赛在南塘街拉开帷幕，该大赛由中共鹿城区委宣传部、区文化广电新闻出版局、区文学艺术界联合会主办，大赛分为表演类与创作类。

18日　市区河网水质提升专项治理工作会议召开。鹿城、龙湾、瓯海三区及市级功能区和市环保局、市住建委、市城管与执法局等相关部门代表参加了会议。

19日　省“治堵工程”项目—惠民北路主车道完成沥青铺设、路面交通标志线设置等工作，实现主车道通车。

21日　全市“幸福社区”创建工作现场推进会召开，鹿城作“幸福社区”创建经验介绍。会后，各县（市、区）相关负责人参观视察桂柑社区。

22日　鹿城区在市人民大会堂主会场召开创建全国文明城市千人推进大会，会上，区委、区政府与8个街镇44个文明委成员单位签订创建目标工作责任书。同时，25个市直部门分别与联系挂钩的80个社区签订全国文明城市创建工作责任书。

28日　温州国旅旅游有限公司等5家鹿城区旅行社入选“2013年度全省百强旅行社”。

30日　省重点工程——戍浦江河道整治（藤桥至河口段）工程I标开工仪式在戍浦江沿岸举行。戍浦江整治工程总投资10.4亿元，整治戍浦江干流河道7.8公里，新建加固堤防16.3公里。

9月

2日　位于双屿街道“中国鞋都”产业园区鞋都路79号的温州国际鞋城开业，企业负责人现场向鹿城区慈善总会捐赠500万元，成立“温州国际鞋城慈善基金”。

2日—8日　鹿城区老干部局局长、区老年大学校长陈丽蓉率团赴台湾冈山进行交流访问，签订老干部活动中心与高雄市舞蹈运动协会结对交流协议书。

5日　“温州金秋购物节暨五马商圈时尚周”活动在五马街正式开幕，活动为期5天，市委常委、区委书记王立彤宣布开幕，市商务局局长陈向东等领导出席开幕式。

5日　南汇街道侨务工作站与火车站社区侨务工作分站在市区锦江家园组织了一场“我们的节日——中秋月 侨台情 欢度佳节”文艺演出，邀请当地侨胞、台胞以及侨台亲属共度中秋节。

6日　位于市区汤家桥南路的温州蓝登图书“崇贤馆”正式开馆营业。当天，国学学者、中央电视台书画频道主讲专家任德山受邀作了《国学经典文化对今人的价值》和《谈国学、讲历史、聊书法》两场主题讲座。

8日　由市委宣传部、市文明办以及鹿城区委区政府主办的甲午中秋市民赏月会在松台街道庆年坊社区举行，市委书记陈一新与社区居民共度中秋节。

9日　百里路小学勤奋校区开学，学校位于涌金花园西南首，占地1.2万平方米，总建筑面积为1万平方米，工程总投资3000多万元。办学规模为24个班级，全日制小学在校生810人。

13日　朱启南在西班牙世锦赛男子50米步枪三姿决赛中夺冠，这也是朱启南复出后第一次摘得世锦赛50米步枪三姿个人桂冠。

17日　浙江省第二届全民体育节暨温州市健身排舞、广播体操比赛在市体育中心体育馆举行，300多名选手参赛。鹿城区代表队获青年组规定曲目一等奖。

17日　“我和我的祖国”2014浙江省群众合唱大赛结果正式揭晓，鹿城区女教师合唱团获大赛金奖。

18日　鹿城区“道德公益基金”成立，专门用于表彰奖励先进道德典型，以及百姓身边的凡人善举。鹿城农商银行为该基金注入了200万元的项目专款。

21日　由鹿城区曲艺作者叶海琴、陈向明创作，省级非遗传承人林彩琴和敖芳敏演唱的温州莲花

《阿婆洗脚》首次登上了北京民族文化宫大舞台，向首都人民演出。

22日 鹿城区公布了首批10名“社区好人”，红日亭爱心老人、刘凤香、吴守德、周筱秋、何毅、陈云彩、张长法、章建胜、施青松、黄加桂获选。

23日 鹿城区八届人大常委会第十八次会议召开，会议听取和审议了区政府关于2014年1—8月份国民经济和社会发展计划执行情况的报告。

24日 省政法委副书记、平安办主任朱贤良率队到鹿城区对平安综治工作情况开展调研。

24日 鹿城区检察院第一期“善本讲坛”开课，全国关心下一代先进工作者林荣为40余名被帮教对象及其监护人授课。

26日 鹿城区慈善总会、区残联、区民宗局成立关爱“蓝色星星”专项慈善基金，该基金是区首个专项用于救助自闭症儿童的基金，也是市首个为特殊儿童设立的专项基金。

27日 “祖国在我心中”鹿城区各界群众庆祝新中国成立65周年广场千人表演活动在市区世纪广场南广场举行，来自鹿城区群众文体团队联合会的两千多名成员参与活动。

28日 位于五马街街口的老字号五味和副食品商场重装后开业，不再卖温州老百姓熟悉的南北果品土特产，而是时尚男装品牌——联邦欧诗兰。

30日 由鹿城区主办的时尚产业发展研讨会在杭州举行。省委宣传部常务副部长胡坚主持研讨会，十位与会的各行各业专家学者对鹿城区发展时尚产业、建设时尚城区提出建议。

10月

1日 位于鹿城区人民路金台大厦二楼的温州金马服装商场开业，商场面积计5000平方米，内设168个商铺。

9日 温州市首家“E邮局”在市区南站邮政营业厅内正式开业，市民可在该营业厅体验多种新式电子业务。

10日 温州市创建“全国质量强市示范城市”鹿城示范点汇报会举行，国务院参事、专家组组长张纲率队现场验收并听取汇报。

13日 区委召开全区党的群众路线教育实践活动总结大会，全面总结鹿城区实践教育活动的成效和经验，并对在新形势下巩固和拓展教育实践活动成果、全面落实从严治党“八项要求”作出部署。

14日 “鹿城社科文化丛书”举行首发仪式，该书由鹿城区委宣传部和区社会科学界联合会共同主编，首发的丛书第一辑包括《鹿城人文景观》和《温州民俗百图》，以图文并茂的形式展现了鹿城的历史文化遗存。

15日 2014年浙江省“村歌”创作演唱大赛颁奖晚会在桐庐县江南镇深澳村举行，藤桥镇选送的《千年驿头在心头》获创作金奖、演唱金奖两项大奖。鹿城大自然社区的《大自然社区之歌》获创作银奖、演唱银奖等六个银奖。

17日—19日 温州（鹿城）·台湾青年文化节在市区白鹿洲公园文化村举行，该活动以“传承、创新、时尚”为主题，为期3天，吸引了30多名台湾友人前来交流、互动。

18日 第八届中国曲艺牡丹奖颁奖仪式在南京举行，鹿城区曲艺家协会主席陈忠达凭借温州鼓词《武松醉打蒋门神》获牡丹奖表演奖，并成为温州首位获此殊荣的曲艺家。

18日 鹿城区老年大学与到访的台湾高雄市冈山社区大学交流团举行座谈，交流各自的办学特色、教学内容以及下一步合作的内容。

18日—19日 鹿城区教育局机关干部、鹿城各校及直属单位开展“三万师生进社区”大型校外创卫实践活动。

19日 2014年两岸（鹿城）青少年围棋交流赛在市区顺生大酒店闭幕。来自台湾、浙江和鹿城的12支代表队共60名青少年棋手参加角逐，最终鹿城一队和台中市队获得一等奖，代表鹿城一队的温州棋王陈翰祺六战全胜，获最佳棋手奖。

20日 区委宣传部举行“曲艺表演艺术家陈忠达获第八届中国曲艺牡丹奖”汇报演出，并通报表彰他为传承温州鼓词所作出的贡献。

20日 鹿城区党史办副研究员李岳松撰写的论文《中共创建时期温籍留苏先进分子档案研究》一文，入选中央党史研究室科研管理部等单位联合主办的“中共创建史档案与文献学术研讨会”，并作为优秀论文在研讨会上做交流。

22日 鹿城区首个面向中小学生的反邪教教育基地在七都中学成立。鹿城区委副书记、政法委书记洪文滨为该基地成立揭牌。

24日 市委副书记马晓晖率队到五马街道，走访社区居家养老服务照料中心，看望困难老人和百岁老人。

25日 鹿城区“红馨园”党群服务中心运营，该服务中心是市首个城市社区社会组织党群服务中心。

28日　市区南塘街人行过街天桥正式开工建设，位于锦绣路、茶院寺路与南塘街北入口三条路交叉口处，投资额997万元。

28日　温州市农信农民专业合作社联合社成立大会暨联合社信用部授信揭牌仪式在藤桥后垟村举行，这也是鹿城区首家农民专业合作社联合社。

30日　浙江省舞台舞蹈决赛第一场在鹿城文化中心举行，17个来自浙江省的作品参与角逐，鹿城区文化馆选送《城市乐章》参赛。

30日　区档案局联合松台街道在松台广场开展“鹿城建区30周年图片展”暨民生档案进社区服务宣传活动。

31日　鹿城区委召开常委（扩大）会议，分析第三季度经济与维稳形势，动员全区上下进一步振奋精神，确保全面完成本年各项目标任务。

11月

4日　区政协组织民主监督组参观“中央厨房”的承办企业——百珍堂，实地查看全区15所中小学学生营养午餐制作过程。

4日　温州市首个街道主题微型史馆——“五马街史馆”开馆，该馆位于五马街道办事处二楼，馆藏有85件展品，以及上百张历史照片。

11日—17日　温州时尚文化创意博览会在鹿城举行，成为进一步打造温州时尚之都的重要平台。

12日　市委书记陈一新率各县（市、区）委、市有关部门负责人等实地察看鹿城区党群服务中心，总结交流各地基层党建信息化和民情处置平台建设经验，研究部署下步任务和举措。

13日　鹿城区慈善总会获“浙江现代慈善20年优秀机构奖”。

18日　区第七次归侨侨眷代表大会举行。省侨联副主席张维仁，市委常委、区委书记王立彤，市政协副主席、市侨联主席余梅生出席会议。大会听取并审议了区侨联第六届委员会工作报告，选举产生了区侨联第七届委员会及领导班子。

19日　区商务局主办的温州首届移动互联网本地化发展高峰论坛暨微生活平台发布会在市人民大会堂召开。

19日　位于藤桥镇岙底社区的田塘头爱国主义教育基地重新开馆，由纪念园、革命陈列馆、红十三军活动旧址、陈文杰办公旧址、原永嘉县委办公旧址等组成。

20日　鹿城区金融办公布数据：截至11月20日，鹿城区民间借贷登记备案量1340笔，金额突破10亿元大关，达到10.02亿元，占全市备案金额17.48%，备案金额居全市首位。

21日　双潮社区反邪教警示园启动仪式暨“依法治理邪教，共建平安家园”宣传活动在藤桥镇双潮社区拉开帷幕，标志着鹿城全区街镇反邪教警示教育阵地实现了全面覆盖。

25日　区八届人大常委会第十九次会议召开，会议听取和审议了区政府关于贯彻实施出入境管理法情况的报告和区人大常委会执法检查组关于检查出入境管理法贯彻实施情况的报告。

27日　省委宣传部副部长黄明辉在市委常委、宣传部部长胡剑谨陪同下到鹿城考察，调研全区基层宣讲工作情况。

27日　鹿城“社区好人”名单公布。陈秋霞、吴瑶琴、王光明等8名群众入选鹿城“社区好人”。

28日　“百年城南、扬梦起航”城南小学建校100周年校庆大会召开，市委常委、区委书记王立彤出席大会，并代表区四套班子对城南小学百年校庆表示祝贺。

30日　为期两天的“诗词名家走鹿城”采风活动在“诗之岛”江心屿落下帷幕。其间，百余位诗词名家先后走访了藤桥驿头、墨池公园、朱自清故居等处，为鹿城创作了一批诗词佳作。

12月

1日　鹿城牛山北路的温州化工市场发生火灾，造成3人受伤。事故发生后，市委市政府、区委区政府高度重视，市委书记陈一新，市委副书记、市长陈金彪，市委常委、鹿城区委书记王立彤等市、区领导第一时间赶赴现场，指挥部署现场扑救、伤员救治和善后处置等各项工作。

2日　鹿城区网络经济行业协会举行成立仪式，温州聚商盟电商园董事长胡俊当选会长。

3日　温州市、鹿城区两级人大代表、党代表、政协委员和党外人士近60人，视察调研了鹿城区滨江街道近期包括蒋家桥地块、过江通道等重点工作项目开展情况。

4日　以“弘扬宪法精神，建设法治中国”为主题的首个国家宪法日和全国法制宣传日大型广场活动在松台广场举行，现场首次组织120名执业律师“向宪法宣誓”。

4日　鹿城区召开“机器换人、减员增效”工作现场会，会上，鹿城区鞋业“机器换人”产业发展联盟授牌成立。该联盟首批成员由研发机构、服务平台、核心应用企业等18家鹿城鞋业单位组成。

6日　浙江省第二届全民体育节暨鹿城区有氧操（舞）与瑜伽体位比赛在鹿城文化中心举行。此次比赛由省体育局等主办，鹿城区体育事业发展局等承办。

8日　“影响鹿城30事”“鹿城骄傲30人”及鹿城骄傲杰出人物揭晓仪式在市广电中心演播大厅举行。“全国首张个体工商户营业执照诞生”等30件事入选“影响鹿城30事”；谷超豪等5人入选“鹿城骄傲杰出人物”；作家叶永烈等30人入选“鹿城骄傲30人”。

8日　温州五金电子商务市场暨鹿城仰新移民五金创业园正式开园，这是市首家以移民作为创业主体的五金电子市场。

9日　国家质检总局考核专家组到鹿城对国家级出口鞋类质量安全示范区进行现场考核验收。浙江检验检疫局副局长俞一江、鹿城区区长朱崇敏陪同考核验收。

10日　鹿城区举行温州市创建“全国质量强市示范城市”鹿城示范点汇报会，国务院参事、专家组组长张纲率队现场验收并听取汇报。

11日　朔门文化礼堂正式开馆。该文化礼堂以“古坊新韵源起朔门”为主题，将永宁巷、七枫巷、朔门街等历史街区的人、物、地打造成“瓯源文化磁场”。

12日　双屿街道纪工委主办、黄龙社区承办的康园廉政文化园开园暨双屿街道反腐倡廉教育活动在康园公园举行。该园尚属首个鹿城区廉政文化园。

12日　鹿城区召开2014年度街镇党（工）委书记抓基层党建工作述职评议会。市委常委、区委书记王立彤强调，抓好基层党建是顺应时代的必然要求。

15日　省委政法委副书记、省平安办主任朱贤良，省委政法委副书记、省综治办主任巫波伦率队对鹿城区的基层社会治理信息化建设工作进行实地考察。

16日　全省基层社会治理信息化建设现场会在温州召开。会前，与会人员一行实地参观了市综治信息中心，观摩了鹿城区五马街道、青园社区推进社会治理信息化的做法。

17日　省委意识形态专题督查调研组组长胡坚一行到温州调研，并实地考察了红日亭、朔门文化街区等地，深入了解鹿城的意识形态工作建设情况。

20日　温州中津先进科技研究院在鹿城区科技与文化融合示范基地双屿园区正式挂牌成立，成为区首家民营科技研究院。

22日　鹿城区率全市之先成立“鹿城温商党员活动之家”，服务温商创新创业，助力温商回归联系。

23日　鹿城区委宣传部、文明办联合主办“中华经典诵读”比赛。区教育局选送的《黄菊花开》、区国税局的《满江红》等串联朗诵及区卫生局报送的《相信未来》等三个节目获一等奖。

23日　长达5年之久的兴文里早市临时疏导点撤销，同时，五马街道及相关部门开展联合巡查管理，查处取缔违规占道摊点。

25日　鹿城区人大常委会召开专题询问会，以一问一答的形式直击鹿城安置征收工作进展情况。这也是区人大常委会首次试水召开专题询问会。

26日　政协第八届温州市鹿城区委员会常务委员会召开第十四次会议，会议学习贯彻了中共十八届四中全会精神，听取和协商讨论了区创建全国文明城市工作情况。

29日　鹿城区举行2014年度首场工作展示汇报会。与会的8个街镇分别用12分钟的时间汇报了2014年度重点工作指标完成情况，并提出了2015年工作思路、重点目标和推进举措。

31日　市委常委、区委书记王立彤率区委办、区文明办、公安局鹿城分局等单位主要负责人实地督查全国文明城市创建工作。

（编辑　王　超）

地理·环境

综 述

2014年，鹿城区总面积为294.38平方公里。耕地资源7.581万亩（其中水田4.863万亩、旱地2.718万亩）。全年最高气温出现在7月9日，为37.2摄氏度，最低气温出现在1月23日，为-0.6摄氏度。年内受10号台风“麦德姆”、“8·19”暴雨和16号台风“凤凰”影响。年平均降水量为2002毫米，总日照时数1512.8小时。全区环境空气质量优良率为84.1%。全年霾天气有所减少，全年霾日数为102天，大雾天气达到66天。霾天气对交通造成的影响相对较小，大雾天气影响较大。

2014年，鹿城区的环境保护工作围绕“五水共治”、污染减排、行业整治、生态创建、环境执法等中心工作，以解决影响可持续发展和损害群众健康的突出环境问题为重点。全区水环境略有改善，部分河段水质污染仍然严重。全区声环境质量有所改善，生态环境质量较好，固体废物处置及监管力度加强，生态创模表现突出。

自然地理

【地理位置】 鹿城区地处浙江省东南沿海，瓯江下游内陆南岸。全境介于地理坐标北纬27°58′～28°09′、东经120°42′～120°47′。东西长约41.43公里，南北宽约20.65公里。东接龙湾区，西南与瓯海区毗邻，最西与青田县相连，北濒瓯江与永嘉县隔江相望。

【地形地貌】 境内地貌由于地质构造的影响，地势从西往东显梯形状倾斜。东部濒临瓯江，属冲积与海积平原，城区系瓯江下游平原，并分散着郭公、海坛、华盖、积谷、松台、巽吉、杨府等孤山与孤丘，多数在100米以下。海岸边是基石质和淤泥两种，有七都冲积沙洲，位于瓯江口。而西部系低山丘陵盆地区，占大部面积。

【郭公山】 别名西郭山，位于松台街道北部，突兀瓯江南岸，东西走向。长约0.08公里，均宽0.05

郭公山　　　　晨 宇摄

公里，面积0.08平方公里，海拔17.20米。表土黄壤，旧时城跨其上，有岭名金锁岭。

【翠微山】 别名担水山，位于松台街道西部，东西走向。长约1.20公里，宽0.25公里，面积0.28平方公里。山麓有太平禅寺，因又称为太平山。该山系蚀余山丘，孤峙江岸，原与黄龙山相连，太平岭开为公路后，遂截然分开。表土黄壤。自然植被以茅草为主。绿化树木有樟、松、黑荆和喜树之类。

松台山　　胡明金 摄

【积谷山】 别名飞霞山，位于五马街道东部。面积0.01平方公里，海拔38.7米。系蚀余山丘，表土黄壤。平面图呈谷囤形，故名。

【松台山】 又名净光山，位于松台街道东部。长0.45公里，最宽处0.25公里，东西走向。面积0.09平方公里，最高点海拔39米。系蚀余山丘。盛栽黑松、雪松、金钱松等，梅、菊、紫薇等花木四时争艳。上有净光塔及亭台多所。

华盖山　　神 韵摄

巽山　　明 金摄

【海坛山】 其支阜称慈山，位于五马街道东北部。长约0.50公里，宽0.27公里，面积0.14平方公里。最高点54米。系蚀余山丘，表土黄壤。东麓地段在昔日为护城河上岸处，因而又名上岸山。该山濒临瓯江，树林茂密。

【华盖山】 别名资福山，亦作东山。位于五马街道东部，呈东南——西北走向。长约0.60公里，最宽处0.30公里，面积0.13平方公里，海拔56.80米。系蚀余山丘，表土黄壤。

【巽山】 又名巽吉山，位于滨江街道南北部。面积0.02平方公里，最高点海拔38米。山原名“巽山”，以地处“巽”位取义“吉祥”，因名。表土黄壤。植被有苦楝树、桉树、夹竹桃等。原旁有一小山，旧志称为“黄土”，为郡城“九山”之一。1952年运其土石填塞百里坊（今称百里东、西路）河，夷为平地。

【杨府山】 别名瞿屿山，位于滨江街道北部。面积0.37平方公里，最高点海拔139.80米，系一蚀余山丘。表土黄壤。清乾隆《温州府志》载："瞿屿山在城东二十里，独峙江滨。相传吴列女瞿素所居。"瞿屿之名缘此。北麓有杨府庙，背山面江，故山以庙名。

【西山】 位于松台街道南部，山之西南坡属瓯海区。面积约1.40平方公里；东部及北坡分属松台街道、双屿街道和瓯海区景山街道，面积约1.50平方公里。最高点海拔173米，旧称外营盘山。西山以位踞原永嘉郡城之西得名。东西走向，逶迤起伏，拥有10多个山头，各有名称。

【大球山】 位于南汇街道境内。平面图上似圆形，半径0.13公里。面积0.05平方公里，最高点海拔59米，系孤耸于平原之中的蚀余山丘，外形像半个大球覆扣地上，故名。20世纪90年代因市政建设需要被炸去大半，仅剩残山，现为绣山公园。

【黄龙山】 又名白楼山，位于双屿街道西部，西南——东北走向。总面积0.29平方公里，海拔60米。山两侧各为黄龙、白楼等村庄，山名源此。表土黄壤。树木有松、桉、杨梅等。

【君子峰】 位于双屿街道南部，略呈东西走向。总面积2.33平方公里，海拔188米。表土黄壤。主峰突兀，高出诸山头，超俗拔群，故美称为君子峰，山以峰名。又习惯上沿山麓各处分别称作瓯浦山、马坑山、岭头山及渚浦山等。树木有松、杉、桉、水竹、毛竹和水果类的柑橘、杨梅等。山麓与太平山之间有梅屿岭，与西山之间有渚浦岭。

【卧旗山】 别名营盘背，位于双屿街道中部，濒临瓯江。面积0.12平方公里，海拔56米。表土黄壤。自然植被以松树为主。

【牛岭山】 位于双屿街道中部。面积0.16平方公里，海拔66米。表覆黄壤。东麓与卧旗山之间有一坡度很小的石路，名牛岭，山以岭名。植被以桉树、松树为主。

【下岭山】 位于双屿街道中部。面积0.06平方公里，海拔30多米。系崛起于平原中一座小山。东北隔温州——金华公路与牛岭山相对，下岭村坐落于北，山以村名。植被有水竹、松树等。

【屿头山】 位于双屿街道北部。面积0.05平方公里，濒临瓯江，海拔48米。以西麓屿头（自然村）得名。山上有多种种植园地。植被以桉、松树为主。

【大平山】 位于双屿街道南部。总面积1.24平方公里，海拔100米左右。表土黄壤。该山顶部地势平坦，故名大平山。山的两侧松树、水竹甚为茂密；梅屿岭、潦岭穿过山的东南、西北两侧，旧时皆为地方上交通要道。

【戴宅山】 位于双屿街道中部，东西走向。面积0.46平方公里，最高峰海拔96米。表土黄壤。南麓村庄名戴宅，山以村名。东端突出尖角山咀，群众习称戴宅纂儿。周围山麓大多辟为种植地。植被有松、杉、桉及毛竹等。

【石鼓山】 位于藤桥镇，东西走向。面积 0.46平方公里，最高峰海拔152米。表层黄壤。石鼓岭过东北侧达仰义街道文武村。山以岭名，以其上有石形如鼓之故。植被以松树为主，间有农作物园地。

石鼓山　　采自 温州·鹿城网

【嵇师尖】 位于双屿街道南部，西南坡属瓯海区郭溪乡。总面积1.27平方公里，海拔364米。表土黄壤。以东麓嵇师村庄得名。植被有松、杉、毛竹等。

【大岩山】 位于双屿街道西部。面积1.17平方公里，最高点海拔181.90米。表土黄壤。以山上巨石得名。植被有松、杉、毛竹等。

【官山】 位于双屿街道西部。面积2.13平方公里，最高峰海拔397米。该山许多地片在旧时属官家所有（意即政府所有），故名。表层黄壤，主峰周围土层较厚，颇多种园地。树林以松、杉、桉、毛竹等为主。

【白虎岩头】 山跨仰义、双屿两街道。面积0.41平方公里，最高峰海拔126.90米。山上巨石峥嵘，白岩似虎，故俗称白虎岩。表土黄壤，植被有松、枫、竹类等。

【洞桥山】 位于双屿街道中部。面积0.25平方公里。最高点海拔136米。表土黄壤，多裸露岩石。上多松树。洞桥原系东麓跨溪河的一座单孔拱形石桥的名称。1951年改建为公路桥，桥名沿用。山以桥名。

【太山】 位于仰义街道中部。面积

0.02平方公里，最高点海拔30米。表土黄壤。该山在瓯江之滨。屏障西侧诸村，故名泰山。省笔写成太山。植被以农作物为主。山麓桉树、水竹较多。东麓太山渡口、通永嘉县礁下村。

【黄山】 别名凤凰山，位于仰义街道中部。面积0.10平方公里，最高点85.40米。此山孤立平原之中。堪舆家谓系凤凰穴地，故美称为凤凰山，后省称作凰山，复由谐音演变成今名。山的南坡多岩石，可垦地少，上多松树；西北坡多种植园地。四周山麓植有水竹、桉树、杨梅。温金公路经过东麓。

【大茅平】 山跨仰义街道和藤桥镇上戍。总面积0.77平方公里，最高峰海拔297米。表层土为黄壤。相传山坪上多长茅草，故山以坪名。后省笔写成今名。山的西南、东北两侧有岭，名塘岭头（或塘岙岭）和官岭，通上戍。山上（仰义境内）有大笼川（自然村）。植被有松、杂树、竹类等。

【花尖山】 位于仰义街道中部。南北走向。面积 0.18平方公里，最高峰海拔227米。该山岩石嶙峋，土层浅薄，多灌木丛如杜鹃等。每逢早春，山花烂漫，花尖山之名源此。南麓辟为园地，种有番薯、茶叶等作物。

【五垄山】 位于仰义街道南部，南坡部分属瓯海区郭溪乡。面积1.01平方公里，主峰海拔475米。该山由五条山垄延伸布列而成，故名。表土黄壤，少量垦为种植园地。植被有松、灌木丛、毛竹等。西、南两侧各有岭通瓯海区郭溪乡的天长岭（山口）和宋岙底（自然村）。

【垟山】 位于仰义街道西部。面积1.03平方公里，最高峰海拔249米。表层覆盖黄壤土。山坡平缓处辟有梯田，种植水稻。俗称成片水稻田为田垟，故名垟山。山表土层较厚，多处辟为种植园地。植被有松、杉、毛竹等。

【大毛山】 别名长蛇山，位于仰义街道北部。南北走向。以山脊为界，西坡属瓯海区。总面积2.64平方公里，最高峰海拔242.3米。以山坡盛长茅草，得名大茅山。“茅”与“毛”普通话音近，遂于图上标为大毛山。又以山垄蜿蜒延伸似蛇行，故名长蛇山。山西北滨瓯江处又名石钟山，因一列巨石突起高达数十米，外形似钟而得名。石钟山翻水站即建于此。山之东南部昔有龙娘宫，曾是一方祷雨之所，故此处又名龙娘山。表土瘠薄，属黄壤。植被以松树、阔叶杂木、水竹、毛竹及杨梅等。亦有地块辟为种植园地。

【乌平山】 别名刀鹰岩山，位于仰义街道南部，面积0.82平方公里，最高峰378米。山顶巨石表面乌黑，平坦，故名乌平山。又以一扇岩石外形酷似老鹰（老鹰，温州方言称刀鹰）而称为刀鹰岩山。表土黄壤。山坡多种植番薯、茶叶等作物，亦有少数梯田种植水稻。植被有常绿叶树、阔叶树等。

【刀湾脑】 位于仰义街道南部，西北部属瓯海区。总面积1.63平方公里，最高峰海拔416米。表土黄壤。当地人以山峰形似斫柴刀头，俗称为刀弯脑，今名系谐音写法。山坡种植园地有番薯、茶叶等作物。自然植被有松、杂树等。东麓有竹类、柳杉和桉树等植物。

【崎风脑】 位于藤桥镇双潮西南部，与青田县交界，是凌云山向东北延伸的一支。主峰坡有师姑基、西坑两个自然村。有林业基地33.33公顷。

【夏家山】 位于藤桥镇双潮西北部。东连下冯山，西接青田县界，北临瓯江。为低丘陵，最高处海拔348米。

【下冯山】 位于藤桥镇双潮北部，因村得名。东至下冯村，西接夏家山，南至黄茅坪，北达瓯江江岸。主峰海拔393米。

【尖头脑】 位于藤桥镇双潮东岙、荫溪潮埠两村之南。以山顶尖削得名。海拔327米。山南有龙泉头岗，东坡有芭蕉坑自然村，西坡有大坞自然村。植有松、杉等林木。

【龙娘山】 位于藤桥镇西部，石城门村西北面。相传山上原有龙娘殿，山以殿得名。海拔858米，为鹿城区最高峰。西北坡植被茂密，东南坡垦有番薯园地6.67公顷。南谷建有龙娘山水库。

【白脚坳山】 位于藤桥镇岙底西部，系凌云山迤东的一支，西南至东北走向，海拔400米—600米，主峰海拔834米。

【岙头坪】 位于藤桥镇临江西南部，南坡属岙底。又山巅有小坪得名。海拔468米。山势较为平坦，植有松、杉等林木。

【大山头】 位于藤桥镇东北部。南坡属上戍，北坡属临江。以山巅有较大的平缓地得名。海拔457米。山上有松、杉及杂木，部分山地种植番薯、花生等作物。

【门前山】 位于藤桥镇临江东部江南上村与庄岩村之间。北濒瓯江，江南上村村民开门见山，故名。海拔200米。植被有林木柴草。

【科甲岭】 位于藤桥镇临江中偏东部，江南上村西侧。西南与门前山相连。山势平缓，仅高70米。北麓有渡口，对岸为永嘉县白垟下村。山以岭名。

【曹湾山】 位于藤桥镇坎上村北面。东南西三面沿戍浦江，北面是平原。以北麓有曹湾自然村得名；又因形似老鼠而俗称老鼠山。海拔57米。表层为黄土，种植蜜柑、番薯等作物。公路环绕山麓。

【上单山】 位于藤桥镇上戍北部。以山峰峭立得名，俗称上单尖。南起上桥村，北枕临江。海拔507.6米。山体多花岗岩，表层为黄土，植被有松树、柴草等。

【倒潭岩】 位于藤桥镇临江东部。北临瓯江，南连上单山。山中有一石岩，挺立在一深潭旁，岩影倒立潭中，故名。海拔465米。土质肥沃，植被有松木、杂树等。

【仙人头尖】 位于藤桥镇临江东部的沙头村西南侧，西接倒潭岩。山尖状似人头，故名。海拔364.30米。

【瓯江（鹿城段）】 浙江第二大河，发源于丽水市庆元县锅帽尖，干流长388公里，流域面积17958平方公里，流经鹿城区境内长度为53公里。从青田县石溪纳小溪流经温州的干流称瓯江，历史上曾名永宁江、永嘉江、温江、蜃江。梅岙以下河床才逐渐增大，江宽500米—3000米，近海口区形成三角港，并纳楠溪江入海口。从源头到入海口，落差1250米。流经鹿城区的江面上，有西洲岛、江心屿和七都岛。瓯江年径流量195.5亿立方米，年平均含沙量在0.1公斤/立方米—0.2公斤/立方米之间。瓯江属强潮河，感潮河段长约90公里，平均潮差3.92米，最大潮差5.7米。最大表层涨潮流速2.59米/秒，落潮流速2.37米/秒（1959年5月龙湾断面实测）。

【戍浦江（鹿城段）】 瓯江下游主要支流之一，处于区境西北部，因下游段古称上戍浦而得名，又因系藤桥的主要河流，故别名藤桥江。发源于青田、瑞安、瓯海交界的奇云山北麓，经林垟乡过泽雅镇，称龙溪；东流至源口汇梅溪，转东北经戈恬、雅漾、藤桥垟岸汇葵溪，再经上戍在外垟埔口注入瓯江，全长44公里，流域面积247平方公里。上中游为山区，面积为225平方公里。占流域总面积91%，源口处集瀑、潭、泉、涧、滩、泷等景观，为瓯海西雁荡风景区。下游流域22平方公里，属境内。河道曲折蜿蜒，又受瓯江洪潮顶托、倒灌，洪水期常泛滥成灾。从外垟浦口至上游雅漾为感潮河，全长147公里，江面宽40米—70米，水深1.2米—3米，江底宽8米—40米，水域现有10处小型水电站，容量为1525千瓦。

【温瑞塘河（鹿城段）】 聚瞿溪、雄溪、郭溪三溪之水，汇桐岭、岷岗、白云、大罗、吹台诸山溪流，至鹿城区南部的会昌湖，俗称上河厢，会昌湖至帆游桥称下河厢。鹿城段南郊十里亭村至南汇街道上田村，主干道长约4120千米，河床宽15米—100米，水深1.5米—6米，为境内至瑞安水路运输主干道。

温瑞塘河　　采自鹿城政协网

九山内河　　胡明金 摄

【九山内河】 河自松台山脚落霞潭起，依九山南北路，东经胜昔桥、九山桥至百里西路，主道为南北走向。河长1050米，宽10米—132米。原为海迹湖。历年来一直是温州人喜爱的天然游泳场所。

【九山外河】 河自任宅前的瞒鼓桥，往北流经清明桥、房管桥、农机桥、少年宫桥、游泳桥、体育馆桥、河通桥，到大桥头上游与勤奋河汇集，从勤奋水闸进瓯江。此河系古城区西向护城河。长1750米，宽15米—27米，最窄处为1.5米。

【葡萄棚河】 位于境内西南部，从东南向西北延伸，东南连各渎河，往十里亭、里垟殿、甲里桥、葡萄棚村、前黄村、台州桥，进西山河，全长2650米。过去西山河大部分洪水经葡萄棚河至各渎河从划龙桥过蒲州水闸进瓯江，勤奋水闸建成与勤奋河拓宽后，现葡萄棚河如遇洪水改为西北流向，往勤奋河南从勤奋水闸流入瓯江。河面宽35米—70米，最窄处15米，河高约为1米，跨河桥梁5座。

【小南门河】 自解放南路广化桥始，往西向小南门跃进桥、内河公共码头，到温茶大桥与水心河连接，系古城南护城河。河长1300米，河宽15米—60米，大部为30米，河高约2.50米，跨河桥梁3座，是航运、排涝相结合的河道。此河有东、西两端出口，东端经广利桥入花柳塘河，西端经水心河分别通往九山外河与勤奋河入瓯江。原小南门北岸建有内河客运公共码头，往西通三溪，往南通梧田、塘下、莘塍和瑞安城关，往东至龙湾，是区内主要内河运输码头。20世纪80年代出，随着公路发展，内河运输逐渐消失。

【勤奋河】 1964年7月，勤奋水闸建成并同时将勤奋河上游河道拓宽，并裁弯为直。上游从西山大河、往北过西山桥、新将军桥、将军桥、勤奋桥、涌金桥、半腰桥、粗糠桥、大桥头，经勤奋水闸入瓯江，全长3350米，河宽一般为42米，河高（吴淞）1.5米—2米左右，过河桥梁8座。系境内主要泄洪主干河道。

【龟湖】 从南至北流向，区内主要排污河道，全长2300米，河宽20米，最窄处10米，河高（吴淞）25米—3米，并建有单孔3.5米宽排污控制闸1座，定期将境内的各河段污水汇集至拉屁龟河后进瓯江。

龟湖　　亭　亭摄

【山前河】 从大南门（旧称瑞安门）广利桥从北向南，经解放南路西侧，通虞师里桥、南蝉桥、电化厂桥、洞桥、汇车桥，折东又过河屿桥、飞霞南路公路桥、经茶院寺入南塘河，河长为1400米，河面宽是10米—12米。广利桥至南蝉桥420米的河段与洞桥上下100米河段处，现已填塞，其他一些河段亦有填堵，跨河桥梁7座。

【吕浦河】 自温瑞塘河米筛桥，从西向东，过吕浦桥、小坝接桥、医学院路咸与桥、洪殿河至黎明水闸排入瓯江。全长2800米，河面宽40米，最宽处50米，最狭26米，河高（吴淞）一般为1米—2.5米，跨河桥5座。吕浦河是排洪、灌溉的主要骨干河道，又是三溪、小南门、梧田、瑞安到上陡门河入江的水运航道。供应区内市民饮用水的东向自来水厂，就设在左岸吕浦桥附近，水源取自吕浦河。

【双井头河】 河自医学院路支农桥起，和龟湖相通，自北向南，折东依学院路到双井头，转南过温州市气象台桥，东向自来水厂，入吕浦河，全长2450米。该河道从吕浦河到双井头河段宽约为25米，最宽为35米，沿医学院路一段仅7米，河底高程（吴淞）1.5米，跨河桥仅横渎桥1座。

【杨府山涂河】 坐落于杨府山西北麓，涂河纵横联网，不仅有南流向北，又有以西向东，起于西端黎明水闸外浦东面，向东流往上涂、下涂到上新田止，全长7200米，河宽约3米左右，跨河大小桥19座，中涂河段由黎二村水闸排入瓯江，其余由涵洞分别排入蒲州河与瓯江。

【划龙桥河】 自西往东流向，自温瑞塘河的丽田桥（原金龙桥）向东经划龙桥、上田大桥、老上堡、旺增桥、温强公路、中蒲州，从蒲州水闸流入瓯江，全长6150米。河宽40—45米，最窄处16米，河高（吴淞）2米左右，跨河桥梁6座。系温瑞塘河通龙湾状元镇瓯江水运航道。

【广化河】 从日陶厂南勤奋河（原横河）由南至北，经广化桥、烈士路浦桥，到广化水闸流入瓯江，全长1600米，河宽17.5米。最窄处13.5米，一般为15米，河高（吴淞）2米，跨河桥3座。

【会昌湖】 区内古城西南河流总称。唐会昌四年，太守韦庸重浚治之而名。源自瞿溪、雄溪、郭溪三溪之水。会昌湖河道为二。一称西湖，自瓯海区旸岙，下西山，往净水、将军桥，折北至勤奋水闸，湖长10.7公里。旸岙到新桥河段为新桥河；向东北至温瑞塘河，向北绕西山以下是西山大河；至将军桥到勤奋水闸称勤奋河，河宽50—150米，最宽为230米，水深2—6米。另一称南湖，以温瑞塘河北段为主。会昌湖地质上称之海迹湖，经历代人工围垦开拓而成。

【七都湖泊渠】 七都是瓯江下游泥沙淤积而成的中央涂，1300年—1000年前形成上沙、老涂，吟州的古沙群，200年—150年前而成的东江沙、前沙的沙洲，因沙洲的发育成长，汊道淤塞。《永嘉县志》载：清顺治十八年（1661）迁弃，清康熙九年（1670）后复迁回。旧属膺符乡第七都，俗称七都涂。

1956年岛民把前沙、吟州、老涂界港汊筑坝堵浦，形成长2700米、宽150米七都湖（中心湖），可蓄水50万立方米。又疏浚旧河道，与七都湖沟相连，形成七都岛河渠水网，河道长22475米，一般水深2米，总蓄水量为64.84万立方米。其中主河长2375米，平均宽度127米，支河长20200米，平均宽度15.20米。

其支河老涂有：秧子河、龙船河、江儿河、陡门河；上沙有：樟里河、高殿河、深水河、板桥河、涨浦河、水湫河；吟州有：东江河、横塘河、浦西河；前沙有：大段河、百三河、单百河、水流河、浮沙段河。

【葵溪】 俗称岙底溪。位于藤桥镇岙底中部、藤桥镇北部。清光绪《永嘉县志·叙水》载：“葵溪，在泰清乡二十五都，水出夏岙。”夏岙即今小岙。葵溪源出白脚坳、田脚、黄连坑等山地，至丁埠头与林路、底坦、吊降等溪汇合，向东流经小岙、玉林、呈岸等地，东出藤桥镇的樟树，经垟岸注入戍浦江。长9公里，中下游最宽处50米，最窄处30米。受益农田1000多亩。

【南溪】 别名潮埠溪。位于藤桥镇双潮中部。明万历《温州府志》，清乾隆、光绪《永嘉县志》均作殷溪。主源西坑溪，源出双潮、五凤垟交界处，北流至茅垟村南部，汇合东坑溪，至潮埠北入瓯江。长8公里，最宽处约15米，茅垟村利用东坑溪水，灌溉农田约100亩，并建有胜利水电站。

【风门河】 风门河又名双屿河。位于双屿街道境内。东起南汇街道瓯浦垟村，西向延伸经营楼桥、垟田等村辖境，复折向北，沿温金公路西侧至岩门村入仰义街道境内，全长6公里，系常流淡水河。

河以东段经过双屿、南汇两街道接壤处的风门坳得名。又以流贯双屿街道平原全境被称为双屿河。风门河绝大部分系1949年后依靠人力挖成。1950年冬，温金公路双屿段动工建造，应群众要求，路基所需土方由两侧挖掘改为一侧挖掘，成为一段新河道。现在的风门河中南北向河段就是当时完成，其后仅稍予加宽加深。1952年春，风门坳河段动工挖成。1955年冬，最后完成垟田村境内一段。施工标准是面宽15米，底宽3米，深3米。正常水位深1.5米左右，宽4米—6米。

风门河南通会昌湖，西接仰义水库与石钟山翻水站，沿途沟通纵横河道，构成一个完整的水利网系。

【双桥河】 位于南汇街道双桥村附近，故名。往北与浦桥河连接河道称为十八湾河，黄龙村附近岔道称为黄龙浃。长约2公里，宽约10米。

【水井】 相传晋时郭璞营造白鹿城时，为应着天上二十八颗宿星，曾开凿了28口井，素称“二十八宿井”。由于社会的发展和历史的变迁，部分水井的水质受到污染，有的水井已经废圮。

据2004年调查，二十八宿井中水质较好或尚可饮用的有15口，污染的7口，已废的6口。

二十八宿井现状

表4

井 名	地 址	保存现状	井 名	地 址	保存现状
县前头井	原法院后面	污染	海坛山下井	七枫巷东端	水质清冽
角井	康乐坊东头	可饮用	三牌坊井	三牌坊西头	水质污染
双墙井	康乐坊173弄内	污染	桂井	桂井巷东头	污染
简讼井	小简巷东面	水质清冽	屯前街井	屯前街中段	井内已填塞
永宁坊井	永宁巷内	可饮用	三港殿井	百里西路172弄	可饮用
华盖山炼丹井	县前头1号东首	可饮用	下岩石井	郭公山下	污染
奎壁井	县学前军分区内	可饮用	白鹿庵井	水门底	水质清冽
八轮井	瓦市殿巷东头	可饮用	积谷山下冽井	中山公园春草池边	可饮用
天宿井	横井巷中段	可饮用	应仙井	应道观巷40号	已废
义井	谢池巷东头	井内已填塞	施水寮井	施水寮巷内	已废
金沙井	松台山东麓	已废	仙人井	松台上巅	污染
甜井	甜井巷中段	污染	铁栏井	铁井栏7号	可饮用
府署井	东公廨巷中	可饮用	八角井	松台广场	污染
道署井	原市政府大院内	已废	墨池	墨池坊	可饮用

【七都岛】 位于区内东部江中，系瓯江下游呈椭圆形的冲积岛。东西长6公里，南北宽3.10公里，江岸总长度18.40公里，总面积12.70平方公里。岛周围水深2米—11米，东南浅，西北深。地势平坦，海拔平均3米，最高不超过4米。耕地1.13万亩，属淡涂泥田。植物区系丰富，维管束植物84科239属347种。河渠密布，主干河道21条，老涂、吟州、樟里、板桥、上沙与前沙中间隔一条浦，1956年，岛上居民筑坝堵浦进行合围，成为淡水湖。岛受瓯江径潮、潮水双重作用，潮汐属不规则半日潮，农历八月十五日左右潮最高，极限纪录为6.33米。遇台风暴雨，极易造成全岛淹水、交通隔绝。七都大桥建成后，使岛陆贯通。

【江心屿】 位于瓯江下游，城区北面江中。据古书载：江心孤屿系两个小岛，中贯川流，中川有小山，称孤屿，岛因此而名。宋绍兴间蜀僧青了奉诏填塞中川，将两岛连一体，建中川寺于其上。屿上有东、西两山，东山海拔高25米，西山海拔高20.30米。屿的南侧江中有象岩、狮岩两礁石，上设灯桩。西部滩涂属河海混合相的淤泥、亚黏土组成。由于瓯江河流变迁，港口治理，西北部泥沙不断淤积延伸。1979年后，有关部分进行扩建，屿东西长2780米，南北宽200米—370米，总面积达0.71平方公里。

【西洲岛】 位于瓯江中游藤桥镇，岛形椭圆形，岸线长4200米，东西长2000米，南北宽1000米，面积

江心屿　　胡明金 摄

1.90平方公里。西部一山丘临江兀立，名鹤楼山，海拔74米。岛上有3座小山，有烽火台、龙王寺、天王寺、湖中亭。山植有松林，坡辟有梯田。东部系江流泥沙冲积平原，沙质土壤。

自然资源

【土地】 2014年，鹿城区总面积为294.38平方公里。有耕地资源7.58万亩（其中水田4.86万亩、旱地2.72万亩）、园地0.43万亩、林地15.54万亩、草地1.44万亩、城镇村及工矿用地10.16万亩、交通运输用地1.44万亩、水域及水利设施用地6.15万亩、其他土地0.83万亩。年内，减少耕地592.65亩，其中城镇村及工矿用地378.75亩，交通运输用地135.15亩、水域及水利设施用地14.55亩、其他土地64.20亩。

【矿产】 2014年，鹿城区境地处环西太平洋东南沿海中生代火山岩带，广泛出露中生代次山——侵入岩。区内矿产资源有铅锌矿、多金属矿、镜铁矿、金矿、伊利石矿、钾长石矿、高岭土、花岗石、泥炭、气点等。矿产地19处，以伊利石为优势矿种，主要在藤桥镇双潮渡船头村。曹平——丘山铅锌矿可供少量开采，主要在藤桥镇和仰义街道。

【水文】 2014年，境内河道属瓯江流域，流域面积3649平方千米。鹿城区内共有长为74.86千米省级河道一条（瓯江）；市级河道28条，长为36.18千米；县级河道31条，长为73.25千米；县级以下河道298条，长为347.56千米；河流总长度531.9千米，河网密度5.50千米/平方千米，径流总量8.20亿立方米。主要支流有戍浦江等。

【森林】 2014年，全区森林面积1.11公顷，活立木蓄积35.46万立方米，森林覆盖率39.33%。全年完成人工造林面积87公顷，平原片林（苗圃）绿化210亩，村庄绿化200亩，山地造林550亩。新建绿地146.6公顷，新建山地公园87.53公顷，新建防护绿地35.07公顷，新建附属绿地5.11公顷，立体绿化完成4.566公顷，栽植2636株开花色叶乔木和5191平方米色叶灌木，城区绿道完成24.15公里。森林树种有乔灌木1016种，隶属112科。其中，被子植物972种，隶属103科；裸子植物44种，隶属9科。主要经济作物有杨梅、瓯柑、茶树、乌桕、板栗、山鸡椒、柿、枇杷等13种。主要造林绿化树种有松木、柳树、樟树、鹅掌楸、枫树、木荷、枫杨、白花泡桐、红豆杉等16科、23种。现有珍稀树种有国家一级保护的世界濒危树种红豆杉、国家二级保护的濒危树种鹅掌楸、国家二级保护的濒危树种香果树和湿地树种红树林等。

【海洋生物】 境内水产资源有鱼类111种，隶属13目33科83属，主要有鲥鱼、中华鲟、香鱼、凤鲚、短尾鲚、鳜鱼、棘头梅头鱼、黄姑鱼、弹涂鱼、脊尾白虾、刀额新对虾（蚕虾）、中华鳖、大鲵（娃娃鱼）等。而淡水养殖有草鱼、鲢鱼、鳙鱼、鲫鱼、鲤鱼等，水产养殖面积1155亩、稻田养殖1200亩。全年渔业总产量610吨。另据河口段型水生生物洄游性特征，瓯江水域有鳗鱼汛（冬春）、蟹苗汛（春夏）、子鲚汛（夏）、香鱼汛（秋冬）、青蟹汛等。

气　候

【概况】 2014年，鹿城区的气候特点是：平均气温略偏高，降水量较多，日照时数偏多。年初多冷空气，气温较低。春季后期出现阶段性阴雨天气，日照减少。初夏梅雨降水量较大，梅雨结束后出现一段晴热高温天气。夏季及初秋多台风外围影响，7月下旬受“麦德姆”台风影响，出现较为明显的降水和大风过程，9月下旬受“凤凰”台风影响，出现大风及降雨天气。初秋气温略偏高，降水偏多。11月出现明显过程性降水，年末初冬受冷空气影响，气温持续下降，并伴有大风天气。

【气温】 2014年，全区平均气温为19摄氏度，较历年平均值偏高0.1摄氏度。最高气温为37.2摄氏度，出现在7月9日，高温天气（日最高气温≥35摄氏度）日数为15天，未出现超过40摄氏度的高温天气。最低气温为-0.6摄氏度，出现在1月23日，低温天气（日最低气温≤0摄氏度）日数为1天。

【降水】 2014年，鹿城区平均降水量为2002毫米，其中最大日降水量出现在8月19日上戍站194.5毫米（遥测站数据）。与2013年相比，1月、10月、12月降水明显偏少，3月、5月、6月降水偏多，7月—9月降水显著偏多，2月、4月、11月降水变化幅度较小。与2013年相比，降水增加10%。汛期鹿城区共遭受10号台风“麦德姆”“8·19”暴雨和16号台风“凤凰”影响，降水1527毫米。全区的各月降水量及其与历年同期平均值的比较情况见下表：

2014年鹿城区各月降水量与历年同期平均值比较

表5

	2014年降水量（毫米）	2013年降水量（毫米）	常年同期（毫米）
1月	7	22.70	53.90
2月	117	91.00	84.30
3月	161	82.00	135.90
4月	102	114.40	154.60
5月	271	205.20	206.80
6月	303	237.20	246.70
7月	216	64.13	185.60
8月	412	203.10	253.80
9月	307	81.50	241.20
10月	15	298.90	94.80
11月	65	63.40	60.80
12月	26	88.80	43.70
全年	2002	1552.33	1762.10
多年平均	1818	1818	1818
增减比例	增加10%	减少14.6%	减少3.1%

【日照】 2014年，鹿城区总日照时数1512.8小时，较2013年总日照时数偏少。全区1月、3月、10月日照明显偏多，5月、8月、9月、11月日照明显偏少，5月达全年最低，其他月份基本接近历年同期平均值。全年日照总时数在地域上的分布大致呈海岛多大陆少、平原多山区少、南部多北部少的分布趋势。

【冷空气】 2014年，年初受北方冷空气影响，出现降温天气，降温较快，降幅较大，鹿城最低日平均气温为3.6摄氏度。2月9日或10日早晨出现过程最低气温，鹿城为1.9摄氏度。11月30日傍晚至12月上旬前期，开始受强冷空气影响，出现明显的降温、大风和降水过程。日平均气温从11月30日20.2摄氏度下降至12月2日10摄氏度左右，过程平均气温降温幅度大于10摄氏度，12月2日早晨平原地区最低温度普遍在5摄氏度—7摄氏度。12月中旬受冷空气影响，出现降温和大风天气，沿海海面、高山地区和内陆平原分别有8级—9级和5级—7级偏北大风。

【梅雨】 2014年，鹿城区6月17日入梅，7月7日出梅，梅雨期降雨332毫米，6月中旬后期，进入多雨期，全区持续降雨。降水范围较大，强度较强，期间普遍出现大雨，局部暴雨，造成局部低洼地区积水。6月下旬，副热带高压边缘影响温州市，大范围强降水减少，梅雨带减弱北抬，以短时阵性降水为主，具有时间短、局地差异大的特点。

【台风】 2014年，第10号台风“麦德姆”于7月23日0时15分前后在台湾省台东县长滨乡沿海登陆，并再次于23日15时30分前后在福建省福清市高山镇沿海登陆，登陆时减弱为强热带风暴，中心附近最大风力有11级（30米/秒），中心最低气压为980百帕，然后进入江西，一路北上风雨影响至山东辽宁。受“麦德姆”影响，全区出现较为明显的降水和大风过程。该台风7级风圈半径300公里左右，降雨时间相对较短，对鹿城总体影响较小。第16号台风“凤凰”于9月21日上午10时前后在台湾恒春半岛南部沿海登陆，并于19时35分前后在浙江象山县鹤浦镇沿海登陆，登陆时中心附近最大风力有10级（28米/秒），中心最低气压为985百帕，然后沿海北上于23日10时45分前后在上海市奉贤区海湾镇沿海登陆，减弱为热带风暴级，登陆时中心附近最大风力有9级（23米/秒），中心最低气压为990百帕。受“凤凰”影响，期间全区降水量较大，鹿城累积雨量139.0毫米，比常年同期（41.4毫米）显著偏多。新城汽车站往杭州、洞头、嘉兴、平湖、慈溪、临海、奉化、玉环等地的车次部分停开，局部地区出现山体滑坡、石块掉落事故，无人员伤亡。

物　候

【概况】 物候是生物的周期性现象（植物的发芽、开花、结果、候鸟的迁徙，某些动物的冬眠等）与季节气候的关系。过去人们借以物候现象开始农事活动，如梨始花，就作为早稻播种时节的标志；朴树始花，即可进行早稻浸种催芽；柑橘开花，就进行大田插秧；海桐盛花，种麻时间到了等等。物候还可以预测一些害虫活动，并对养蜂、林业、医学、运输业也有一定的参考价值。同时它也受纬度、海拔、地形等地理因素的影响，所以在物候的观察、应用上，也就有一定的局限性。

【鹿城主要农时】 四月下旬，早稻插秧，播种黄麻，割油菜籽。五月上旬，早稻插秧后期，中旬，甘薯作垄压藤。五月下旬至六月上旬，早稻分蘖盛期。五月底至六月中旬，二季茶采收。六月中旬，早稻扬花。七月下旬至中旬，早稻开始收割，荸荠下种。七月中旬，收获席草。七月底到八月下旬，种植黄豆，菱角上市。八月上旬至下旬，晚稻分蘖盛期，薯块膨大。八月底至九月初，种白菜。九月上旬至下旬，甘薯始收。九月上旬至十月上旬，收芋艿。十月上旬，播种冬菜，中下旬播种油菜，菱角盛收。十月上旬至十一月下旬，摘蜜柑。十月下旬至十一月下旬，晚稻收割。十一月初至十二月，冬种麦。十一月中旬至十二月底，种大麦。

物候历

物候历

表6

物候季	月份	物候现象	平均日期（日/月）	最早日期（日/月）	最晚日期（日/月）	多年变幅（天）	主要农事
初春	二月	桧柏发芽	17/2	9/2	26/2	17	—
		侧柏盛花	24/2	10/2	5/3	17	—
		山桃始花	25/2	10/2	11/3	29	—
		终霜	25/2	19/2	3/3	11	—
		垂柳发芽	28/2	14/2	14/3	28	—
	三月	梅盛花	1/3	20/2	9/3	25	平整秧田
		玉兰盛花	2/3	21/2	11/3	18	—
		白蚁出飞	4/3	17/2	20/3	31	—
		樱桃始花	4/3	18/2	15/3	25	—
		枫杨发芽	5/3	28/2	13/3	18	—
		雷电始动	5/3	14/2	29/3	43	—
		粉蝶始见	13/3	1/3	25/3	25	—
		水蜜桃始花	14/3	5/3	23/3	18	—
		垂柳始花	15/3	3/3	27/3	24	—
仲春	三月	樟叶落	17/3	11/3	1/4	21	早稻浸种催芽
		朴树始花	21/3	18/3	25/3	7	—
		梨始花	25/3	21/3	29/3	8	早稻播种
		榆发芽	25/3	11/3	10/4	30	—
		碧桃始花	27/3	14/3	1/4	18	—
	四月	法国梧桐展叶	3/4	27/3	10/4	14	早茶采收
		荠菜始花	4/4	30/3	8/4	9	—
		紫藤始花	6/4	1/4	12/4	11	—
		枫杨始花	8/4	1/4	15/4	14	—
		蛙始鸣	12/4	6/4	23/4	17	—
		紫燕始见	13/4	5/4	20/4	15	油菜终花
季春	四月	樟叶盛	16/4	1/4	1/5	30	冬小麦扬花
		柳絮飞	16/4	4/4	28/4	24	—
		鸢尾始花	19/4	12/4	26/4	14	—
		蔷薇盛花	20/4	17/4	22/4	5	—
		梧桐放叶	21/4	16/4	26/4	10	—
		荷叶生	25/4	17/4	4/5	17	—

续表6

物候季	月份	物候现象	平均日期（日/月）	最早日期（日/月）	最晚日期（日/月）	多年变幅（天）	主要农事
季　春	五月	柑橘盛花	26/4	22/4	30/4	8	早稻插秧
		海桐盛花	27/4	18/4	7/5	19	播种黄麻割油
		黄檀发芽	2/5	22/4	12/5	20	菜籽
		苦楝始花	2/5	25/4	12/5	17	—
		石榴始花	4/5	27/4	10/5	13	—
		枇杷果黄	9/5	1/5	18/5	17	—
		苦楝花残	10/5	7/5	13/5	6	—
		黄瓜上市	10/5	1/5	19/5	18	—
		百合始花	11/5	2/5	20/5	18	—
		夹竹桃始花	19/5	11/5	26/5	15	—
		杏实熟	20/5	17/5	22/5	5	—
		大山朴盛花	24/5	16/5	1/6	10	早稻插秧后期
		山桃果熟	31/5	23/5	8/6	15	甘薯作垄压藤
初　夏	六月	女贞始花	7/6	29/5	15/6	17	早稻分蘖盛期
		紫李实熟	7/6	5/6	11/6	8	二季茶采收
		杨梅成熟	8/6	30/5	17/6	18	—
		玉瓯始花	8/6	1/6	14/6	13	—
		蜀葵花到顶	15/6	10/6	19/6	9	—
仲　夏	六月	蝉初鸣	17/6	10/6	23/6	13	—
		梧桐始花	20/6	15/6	25/6	10	—
		黄檀始花	25/6	17/6	2/7	15	早稻扬花
		梧桐盛花	16/6	23/6	28/6	5	—
	七月	葡萄成熟	6/7	1/7	12/7	12	早稻开始收割
		甜瓜成熟	12/7	7/7	15/7	8	荸荠下种
		莲始花	20/7	29/6	5/8	36	收获席草
		茭白拔节	22/7	15/7	29/7	14	—
	八月	紫薇始花	11/8	28/7	25/8	28	种植黄豆，
		枫杨落果	15/8	8/8	21/8	13	菱角上市
		梧桐实熟	18/8	8/8	21/8	13	—
		鸡冠出顶	18/8	5/8	1/9	25	晚稻分蘖盛期
		木槿始花	20/8	2/8	1/9	35	薯块膨大
季　夏	九月	木槿盛花	7/9	24/8	1/9	7	种白菜
		鸣蝉绝响	15/9	5/9	24/9	19	甘薯始收
		木芙蓉始花	30/9	20/9	10/10	20	收芋艿
初　秋	十月	丹桂始花	7/10	4/10	9/10	5	播种冬菜
		黄檀叶落	7/10	2/10	12/10	10	—
		榔榆始花	9/10	3/10	14/10	11	播种油菜
		黄檀实熟	15/10	10/10	20/10	10	菱角盛收
		橘实黄	17/10	10/10	23/10	13	—
		燕南飞	17/10	14/10	20/10	6	—
		梧桐叶落	30/10	6/10	23/11	48	摘蜜柑
仲　秋	十一月	菊始花	4/11	22/10	17/11	26	—
		水杉叶全变色	5/11	11/10	1/12	50	—

续表6

物候季	月份	物候现象	平均日期（日/月）	最早日期（日/月）	最晚日期（日/月）	多年变幅（天）	主要农事
仲　秋	十一月	苦楝叶落	8/11	24/10	22/11	29	晚稻收割
		榔榆实落	18/11	1/11	4/12	32	—
		槭叶变红	19/11	2/11	1/12	22	种冬麦
季　秋	十二月	女贞实熟	7/12	30/11	14/12	14	种大麦
		垂柳叶黄	7/12	7/11	2/1	16	
冬　季	十二月	樟树果熟	9/12	6/12	12/12	6	—
		枫叶全红	12/12	4/12	20/12	16	—
		金钱松叶全变色	12/12	28/11	24/12	27	—
		枇杷盛花	15/12	6/12	22/12	17	—
		初霜	18/12	9/12	26/12	17	—
		初雪	20/12	13/12	26/12	13	—
	一月	山茶始花	1/12	24/12	12/1	19	—
		腊梅始花	2/1	9/12	26/1	48	—
		池塘有时有冰	7/1	29/12	16/1	18	—
		垂柳叶落尽	9/1	18/12	30/1	43	—
		腊梅盛花	10/1	2/1	17/1	15	—
		玉兰始花	13/1	2/1	25/2	24	—
	二月	终雪	14/2	4/2	24/2	20	—
		梅始花	20/1	10/2	1/3	20	—

说明：记录年份为1961—1978年（资料来源：1998版《温州市志》

水环境

【概况】 2014年，全区地表水质量有所好转，温州市三大入海河流之一的瓯江（鹿城段）水质为优；平原河网主要污染物浓度下降较明显，但水质类别仍以劣Ⅴ类水质为主；集中饮用水源水源地水质达标率为100%。地表水主要污染物为氨氮和总磷，内河水体溶解氧含量普遍偏低，生活型有机污染特征明显，说明大部分河流受生活污水和三产废水的污染，但局部河道也受到工业、农业废水的污染。另外，平原河网水体流动性差，自净能力弱，河网上游和水库的水质较好，流经城市中下游河段，水质较差，部分河段水质污染严重。

【饮用水源】 鹿城区饮用水源来自赵山渡、泽雅水库和山根，其中山根水源地作为备用水源。赵山渡、泽雅水库水源地水质达标率为100%，山根水源地全年未取水，12次监测有2次超标，超标指标为粪大肠菌群。

【入海河流——瓯江（鹿城段）】 瓯江（鹿城段）长53公里，水质为优，其中小旦断面为Ⅰ类，比2013年提高一个类别；杨府山断面为Ⅱ类，各断面水质均能满足功能要求。

【城区内河】 全区内河平原河网水环境质量为劣Ⅴ类，其中九山站位为Ⅲ类（已满足功能要求），外垟站位为Ⅴ类，分别比2013年提高一个类别；光明、灰桥、东向水厂和勤奋站位为劣Ⅴ类。在3项主要污染指标中，高锰酸盐指数为4.37毫克/升，氨氮为3.61毫克/升，总磷为0.383毫克/升；与2013年同期相比，高锰酸盐指数上升了9.50%，但仍保持Ⅲ类水质，氨氮和总磷分别下降了23.30%和19.10%，其中总磷已达到Ⅴ类水质。

大气环境

【概况】 2014年，鹿城区环境空气质量优良率有大幅上升，主要污染物（可吸入颗粒物、细颗粒物）浓度与2013年相比，有所下降。

【环境空气质量】 2014年，环境空气质量达到优良的天数为307天，优良率为84.10%，其中优的天数为64天，良的天数为243天，轻度污染天数为52天，中度污染天数为4天，重度污染天数为2天。

【可吸入颗粒物（PM10）】 2014年，鹿城区环境空气可吸入颗粒物日均值浓度范围为0.014—0.270毫克/立方米，日均值浓度超标率为3.30%；年均浓度为0.073毫克/立方米，超出标准，低于2013年的0.09毫克/立方米。

【细颗粒物（PM2.5）】 2014年，鹿城区细颗粒物（PM2.5）日均值浓度范围为0.008—0.218 毫克/立方米，日均值浓度超标率为9.30%；年均浓度为0.046毫克/立方米，超出标准，低于2013年的0.057毫克/立方米。

环境监管和污染整治

【声环境】 2014年，鹿城区声环境质量较2013年略有改善。其中，区域环境噪声平均值为54.5分贝，比2013年下降了0.3分贝；城市道路交通噪声平均值为67.9分贝，比2013年下降了0.2分贝，达到2014年市对区声环境质量考核目标（要求区域环境噪声小于55分贝，城市道路交通噪声小于68分贝）。在区域环境噪声中，生活噪声源占48.1%，交通噪声源占26.6%，工业噪声源占10.1%，建筑施工噪声源占15.2%。

【固体废物治理】 2014年，鹿城区加大对工业固废处置的监管和执法力度。加强对工业固废的产生、贮存、利用及转移处置管理，督促企业落实危废、一般工业固废的合法处置和管理工作。根据2013年完成的危废“双达标”创建工作，继续巩固后京基地、禾本农药、益科医疗和嘉力化工、化学用料厂等单位的日常危废管理。全年监察大队共检查危废产生企业25家，一般固废产生企业45家，医疗废物处理单位1家，生活垃圾处理单位1家，电镀污水处理单位1家，废矿物油处置单位1家。审核益科医疗等3家危废处置单位申报的危险废物交换，转移计划报批表204份，申报数量为10386.5吨，出具转移联单1644份，实际转移数量为7896.55吨。

【生态创模】 2014年，鹿城区完成创建国家级生态街道1个（七都街道）；创成省级生态街道1个（仰义街道），累计创成省级生态街道（镇）7个，创成率87.5%；创成市级生态村11个，省级绿色学校2所，绿色家庭1800户。

（编辑　王　超）

机构及其负责人

中共温州市鹿城区第八届委员会

书　记：王立彤
副书记：朱崇敏　洪文滨
常　委：王立彤　朱崇敏
　　洪文滨
　　林时进（—2014.7）
　　李道骥（—2014.7）
　　王　丹（女，—2014.3）
　　徐　强　项伟胜　伍　挺
　　金国平
　　曾恩伟（2014.3—）
　　陈志坚　胡慧雷　张　敏
　　邱向真（女）
　　黄专途（女，挂）

中共温州市鹿城区纪律检查委员会

书　记：王　丹（女，—2014.3）
　　曾恩伟（2014.3—）
副书记：郑建西
　　胡希求（—2014.5）
　　吴祝凡（2014.6—）
常　委：方新云　张　胜
　　陈　立（—2014.6）
　　金　靖
　　吴宏志（2014.8—）
　　吴恺娃（女）
　　林仕德（—2014.4）
　　李成献
办公室主任：麻剑玲（—2014.12）
　　姜善义（2014.12—）
干部管理室主任：
　　林　克（—2014.12）
干部室：麻剑玲（2014.12—）
宣传教育室主任：江　增
党风廉政建设室主任：
　　詹小红（女，—2014.12）
党风政风监督室主任：
　　詹小红（女，2014.12—）
信访室主任：潘云良（—2014.12）
执法监察室主任：
　　张映雪（女，—2014.12）
纪检监察室主任：
　　吴宏志（—2014.12）
行政效能监察室主任：
　　姜善义（—2014.12）
第一纪检监察室：
　　潘云良（2014.12—）
第四纪检监察室：
　　张映雪（女，2014.12—）

中共温州市鹿城区委工作部门

办公室

主　任：夏理勇
副主任：卢更生（2014.2—）
　　黄浩宇（兼）　张　靖
　　吴祝凡（—2014.6）
　　贾钧钬（2014.8—）

组织部

部　长：张　敏
常务副部长：林建华
副部长：王建中（兼，—2014.1）
　　周　园（女，兼）
　　陈丽蓉（女，兼）
　　王秀娟
　　（女，兼，—2014.1）
　　戴海波
　　吴晓贵（兼，2014.1—）
　　林巧荣（兼，2014.1—）
　　陈胜利

鹿城区委非公有制经济组织和社会组织工作委员会

书　记：戴海波
副书记：马绍兴

宣传部

部　长：徐　强
常务副部长：金龙伟
副部长：吴　昊　吴东来（兼）
　　王剑波（兼）

统战部

部　长：胡慧雷
常务副部长：胡胜发
副部长：陈颖萍（女，兼）

徐向阳（兼）
何学标（兼，—2014.12）
施文明（兼）
伍丽燕（女）

政法委员会
书　记：洪文滨（兼）
副书记：项伟胜（兼）
金国平（兼）
谢成龙　杜建设　余国仁
滕　淼（2014.8—）

综合治理委员会办公室
主　任：滕　淼（2014.8—）
副主任：夏怀明

维稳办公室
主　任：杜建设
副主任：张小庆

政治处
主　任：蔡丽萍（女，2014.4—）

农　办
主　任：罗静方
副主任：姜锦谷　郭文明　金松琴
谷建勇　叶俊杰

直属机关工作委员会
书　记：周　园（女）
副书记：章　国
毛德好（—2014.1）
纪工委书记：
章　国（—2014.12）
林　敏（—2014.12）

老干部局
局　长：陈丽蓉（女）
副局长：苏銮安

区委台湾工作办公室（政府台湾事务办公室）
主　任：陈颖萍（女）

党史研究室
主　任：张　靖

保密局
局　长：陈　遗（女）

机要局
局　长：罗　起

区委督考办
主　任：吴恺娃（女）
副主任：林盈盈（女）

信访局
局　长：黄浩宇
副局长：曾奇凡
张乘燕（女，—2014.12）
董一凡
党组书记：黄浩宇
纪检组长：蔡精国（2014.1—）

区编办
主　任：王秀娟（女，—2014.1）
林巧荣（2014.1—）
副主任：李大都　叶正茂（女）

精神文明建设指导委员会办公室
主　任：吴东来
副主任：虞林新　凌建飞　厉　震

档案局（档案馆）
局　长：单秀理（—2014.11）
马成钢（2014.12—）
副局长：王剑峰

区关心下一代工作委员会（办公室）
常务副主任：石笑茹（女）
办公室主任：石笑茹（女）

鹿城区第八届人民代表大会常务委员会

主　任：吴海燕（女）
副主任：陈　洁（女）　肖石龙
林瑞荣　王长青　项旭光
朱启龙
委　员：王　敏（女）　叶　青
叶云森　叶必庆　叶晓挺
庄建华　孙国勇　李跃胜
应　真（女）
张　勇（—2014.3）
陈月玲（女）
陈宏强　陈金敏　陈　钜
陈　辉
陈增斌（—2014.3）
林秀春　林建华
胡美珠（女）　柳晓忠
诸葛要武（女）
黄金鹏
黄品寿（—2014.3）
葛成福　谢　伟
谢云周（—2014.11）
党组书记：
吴海燕（女）

人大常委会工作部门

办公室
主　任：叶必庆
副主任：潘小琴（女）

法制工作委员会
主　任：谢　伟

财经工作委员会
主　任：黄金鹏

教科文卫工作委员会
主　任：林秀春

民宗侨外工作委员会
主　任：陈金敏

城乡建设环境保护工作委员会
主　任：陈康亮（2014.1—）
副主任：李利法

农村和资源保护工作委员会
主　任：柳晓忠

代表工作委员会
主　任：葛成福

预算工作委员会
主　任：林宣富（2014.1—）

鹿城区人民政府

区　长：朱崇敏
常务副区长：项伟胜
副区长：项伟胜　伍　挺
黄专途（女，挂）
郑晓东（—2014.11）
章月影（女）　杨德听
胡明亮　林世南
邓小林（挂，2014.7—）
党组书记：朱崇敏
副书记：项伟胜

政协第八届鹿城区委员会

主　席：郑锦春
副主席：陈国琴（女）　庄建中
胡小萍（女）
王丽丽（女）胡海峰
邵豪哲（兼）
常务委员：王　要　王璋弟（—2014.12）
厉自强　叶　亮
叶建华　叶剑秋（女）
朱　海　孙宏建
杜丽丽（女）　何学标
李祥水　汪筱萍（女）
杨淑清（女）　张　炜
张　斌　张俊杰
张海猛　陈　静（女）
陈云烽　陈世尧
陈淑萍（—2014.12）
陈晓丰（女）
林章平　周建春
郑莱毅　项德光
胡胜发　柯　苗（女）
徐国明　翁学院
黄爱月（女）
黄旋旋（女）（—2014.12）
蒋　晖（女）
蒋　樨（女）
蒋剑锋　褚　坚　戴冶明
秘书长：卜红升（—2014.12）
陈世尧（2014.12—）
党组书记：郑锦春

政协工作部门

办公室
主　任：朱谧娜（女，2014.4—）
副主任：朱谧娜（女，—2014.4）
李亦君（女，2014.4—）

学习文史委员会
主　任：黄克敌（女，—2014.1）
朱国榜（2014.1—）

提案委员会
主　任：李祥水

文教卫体委员会
主　任：陈晓丰（女）

社会法制委员会
主　任：陈淑萍（女）

港澳台侨委员会
主　任：徐国明

经济科技委员会
主　任：张俊杰

人口资源环境委
主　任：褚　坚

鹿城区人民法院

院　长：周　丰
副院长：戴　巧　孙　宏
金献华　方旭东
党组书记：周　丰
党组副书记：戴　巧
纪检组组长：刘　俊
政治处主任：蔡谢群（女）
执行局局长：赵雄伟

鹿城区人民检察院

检察长：张纯亮
副检察长：林景龙　吴金飞（女）
连昕鸣　林　芹（女）
党组书记：张纯亮
党组副书记：林景龙
纪检组长：陈朝晖
政治处主任：程坚毅
反贪污贿赂局局长：谷旭东
反渎职侵权局局长：周红雨（女）

区人民政府工作部门

办公室（法制办、人防办、外事办）
主　任：苏爱光
副主任：林巧荣（—2014.1）
林　毅（—2014.12）
赵小松

叶正化（—2014.12）
王　俊（—2014.12）
金长康（2014.1—）
叶光华（2014.12—）
项巨澜（女）　陈幼彦
刘玉东（—2014.1）
周　鹏（—2014.8）
吴旭东（2014.8—）
陈　立（2014.6—）
章富华（兼）
陈康亮（兼，—2014.1）
全一凡（兼、—2014.1）
党组书记：苏爱光
纪检组组长：陈幼彦

法制办公室
主　任：林巧荣（—2014.1）
副主任：胡栩（女）

人民防空办公室（民防局）
主　任：赵小松
副主任：樊忠良

外事办
主　任：林　毅

应急办
主　任：王　俊

发展和改革局（物价局）
局　长：滕美华（女）
副局长：王　毅　王小恩　吴金林
叶光华（—2014.12）
王烨（2014.12—）
党组书记：滕美华（女）
纪检组组长：
沈红艳（女、—2014.12）
林　克（2014.12—）

重点办
主　任：叶光华（—2014.12）

经济与信息化局
局　长：王庆顺
副局长：陈晓梅（女）　王镇彪
杨明明（女，—2014.12）
林一俭（2014.12—）
党组书记：王庆顺
纪组组长：马建峰

教育局
局　长：林宣富（—2014.1）
全一凡（2014.1—）
副局长：白劲松　周文林　林如辉
党委书记：林宣富（—2014.1）、
全一凡（2014.1—）
党委副书记：成小华
纪委书记：成小华

科学技术局
局　长：黄凌萍
副局长：陈丹舟
柴一峰（—2014.12）
徐无为（2014.12—）
党组书记：黄凌萍
党组副书记：陈丹舟
纪检组组长：刘起南

民族宗教事务局
局　长：施文明
副局长：何志权
谢忠祥（2014.12—）
党组书记：施文明
纪检组长：陈晓乐（—2014.9）

监察局
局　长：郑建西
副局长：方新云（2014.12—）
张　胜（2014.12—）
张　忠

民政局（移民办、老龄委办、社工办）
局　长：陈黎华
副局长：陈　敏
郑光亮（—2014.1）
胡小洁（女，—2014.12）
黄坚靖
党组书记：陈黎华
党组副书记：陈　敏
纪检组长：伊晓岳

移民办
副主任：施苏程

老龄委办
主　任：陈荣光

社工办
副主任：黄坚靖

公安分局
局　长：金国平
政　委：刘国珍
常务副局长：周晓之
副局长：杨乃亢（—2014.6）
王　强　夏晓峰　张　皓
徐知竑（—2014.11）
徐怡骅　徐向东
曾仁海（挂）
党委书记：金国平
副书记：刘国珍、周晓之
纪委书记：欧永元

司法局
局　长：张维忠
副局长：严良明、叶志升
党组书记：张维忠
纪检组组长：陈朔霄（女）
政治处主任：孙　彤

财政局
局　长：胡向阳
副局长：陈宇开（—2014.1）
渠　奕　陈　辉
总会计师：徐　丹（女）
党组书记：胡向阳

纪检组组长：孙丽娟（女）

人力资源和社保局

局　长：王建中（—2014.1）
　　　　吴晓贵（2014.1—）
副局长：唐晨曦（—2014.1）
　　　　毛显华　陈　煦（女）
　　　　刘玉和（2014.12—）
党组书记：吴晓贵
党组副书记：
　　　　唐晨曦（—2014.1）
　　　　毛显华（2014.01—）
纪检组组长：朱　若

住房和城乡建设局

局　长：朱国榜（—2014.1）
　　　　周伟斌（2014.1—）
副局长：吴柏松　周海龙
　　　　丁云准（—2014.5）
　　　　全国栋　徐建斌
　　　　张品珠（女）
　　　　周驰（—2014.1）
党委书记：朱国榜（—2014.1）
党委副书记：吴柏松
纪委书记：祝海潮
总工程师：周　驰（—2014.1）

城市管理与行政执法局（环卫处、市政公用管理处、园林绿化管理处）

局　长：姜益祥
副局长：郑向远　俞照华
　　　　刘玉和（—2014.12）
　　　　徐怡骅
　　　　戴雄飞（2014.12—）
党组书记：姜益祥
党组副书记：郑向远
纪检组组长：黄金武

环卫处

主　任：袁　松
副主任：陈传烨

市政公用管理处

主　任：谷文彤

园林绿化管理处

主　任：李鲁琥

交通运输局

局　长：王　炯
副局长：金长康（—2014.1）
　　　　曹小川（2014.12—）
　　　　胡玉飞　陈高珊（女）
党组书记：王　炯
总工程师：范大军
纪检组组长：林　剑

农林水利局

局　长：罗静方
副局长：姜锦谷　郭文明　金松琴
　　　　谷建勇　方学优（女）
　　　　叶俊杰
党组书记：罗静方
副书记：姜锦谷
纪检组组长：叶俊杰

商务局

局　长：陈国光（—2014.12）
　　　　杨明明（2014.12—）
副局长：陈跃龙（2014.8—）
　　　　王　烨（—2014.12）
　　　　郑小野（女）
　　　　陈维新（—2014.5）
党组书记：陈国光（—2014.12）
　　　　陈跃龙（2014.12—）
党组副书记：陈跃龙
　　　　（2014.8—2014.12）
纪检组组长：韩春晨

文化广电新闻出版局

局　长：季新扬
副局长：陶玉燕（女）
　　　　侯捍文　王正良
党组书记：季新扬
纪检组组长：叶如金（女）

卫生局

局　长：潘一凡
副局长：林卫卫（女，—2014.1）
　　　　王璋弟
党委书记：潘一凡
纪委书记：叶善新

人口和计划生育局

局　长：滕　森（—2014.8）
副局长：陈禾禾（女，2014.8—）
　　　　焦丽珍（女）
党组书记：滕　森（—2014.8）
　　　　潘一凡（2014.8—）
党组副书记：陈禾禾
　　　　（女，2014.8—）
纪检组组长：陈文斌

审计局

局　长：吴雷雨
副局长：甘卫康　柴一蝉（女）
党组书记：吴雷雨
党组副书记：甘卫康
总审计师：戚于挺
区经济责任审计联席会议办公室主任：
　　　　郑　霞（女，2014.12—）

统计局

局　长：李江涛
副局长：叶连敏（女）
党组书记：李江涛
总统计师：李臣庚

环境保护局

局　长：徐一峰
副局长：范小微（女）　贝苏临
　　　　池　滨
党组书记：徐一峰
党组副书记：范小微（女）
纪检组组长：陈加进（—2014.12）
　　　　杨雄文（2014.12—）

人民政府侨务办公室

主　任：徐向阳

安全生产监督管理局

局　长：张海云

副局长：张青松

张于进（—2014.12）

柴一峰（2014.12—）

党组书记：张海云

纪检组长：蔡丽云

食品与药品监督管理局

局　长：仝一凡（—2014.1）

副局长：叶洪康（—2014.5）

胡　谦（—2014.5）

党组书记：仝一凡（—2014.1）

市场监督管理局

局　长：柯志成（2014.5—）

副局长：赵晓敏（2014.5—）

陈光力（2014.5—）

魏生根（2014.5—）

叶洪康（2014.5—）

胡　谦（2014.5—）

林光明（2014.5—）

陈　滨（2014.5—）

总工程师：黄春荣（2014.5—）

党委书记：柯志成（2014.5—）

党委副书记：赵晓敏（2014.5—）

纪委书记：邵觐俐（女，2014.5—）

质量技术监督局

局　长：梁　红（女，2014.5—）

副局长：徐　宇（2014.5—）

党组书记：梁　红（女，2014.5—）

纪检组组长：连　衍（2014.5—）

体育事业发展局

局　长：张德跃

副局长：王维荣　徐永华

党组书记：张德跃

纪检组组长：徐永华

机关事务管理局

局　长：陈建光

副局长：李云鹏

詹里勋（—2014.12）

党组书记：陈建光

党组副书记：李云鹏

纪检组组长：程苏胜

风景旅游管理局

局　长：吴法照

副局长：毛群希（女，—2014.1）

林明武（2014.1—）

陈加进（2014.12—）

党组书记：吴法照

党组副书记：林明武（2014.1—）

国内经济合作办公室

主　任：姜扬烽

副主任：戴红红（女，—2014.1）

徐无为（—2014.12）

毛群希（女，2014.1—）

黄锦辉（2014.12—）

党组书记：姜扬烽

党组副书记：

戴红红（女，—2014.1）

毛群希（女，2014.1—）

纪检组组长：

戴红红（女，—2014.1）

毛群希（女，2014.1—）

行政审批管理办公室

主　任：陈康亮（—2014.1）

周国强（2014.1—）

副主任：李和忠

沈红艳（女，2014.12—）

张于进（2014.12—）

陈滨海

党组书记：陈康亮（—2014.1）

纪检组组长：

郑　霞（女，—2014.12）

新居民服务管理局

局　长：章富华

副局长：郭乐平　夏晓峰

纪检组组长：于　敏（—2014.1）

供销合作社

主　任：王朝光

副主任：陈伯聪　胡建华

纪委书记：李建中

农村合作经济组织联合会

主　任：王朝光

副主任：李建中　陈伯聪　胡建华

金松琴　李　俊

金融办

主　任：张香梅（女）

副主任：姜　辉　林祝波

党组书记：张香梅（女）

轻工产业园区管理委员会

主　任：郑乐斌

常务副主任：许卫疆（—2014.1）

周　驰（2014.1—）

副主任：陈　峰　蔡金榜　南鹏程

陈德彬（2014.5—）

党委书记：张维凯

党委副书记：郑乐斌

许卫疆（—2014.1）

周　驰（2014.1—）

纪委书记：陈　峰

温瑞塘河保护管理委员会

主　任：周伟斌（—2014.1）

顾武军（2014.01—2014.11）

谢云周（2014.11—）

副主任：郑爱珍（女）　虞友洪

曹小川（—2014.12）

何国华（2014.12—）

朱海滨

总工程师：林　喆

党组书记：周伟斌（—2014.1）

顾武军（2014.1—2014.11）
谢云周（2014.11—）
纪检组长：虞友洪

广播电视新闻中心

主　任：吴　昊（—2014.12）
曾荷绿（女，2014.12—）
副主任：曾荷绿（女，—2014.12）
陈瓯莉（女）
党组书记：吴　昊（2014.12—）

土地储备中心

主　任：陈　峰

市公用事业开发公司

总经理：丁云准（—2014.5）
陈维新（2014.5—）

物业管理总公司

总经理：全国栋

鹿城区人民武装部

政　委：陈志坚
部　长：徐道友
副部长：凌王兴（—2014.3）
陈　锋（2014.3—）
第一书记：王立彤
书　记：陈志坚
副书记：凌王兴（—2014.3）
陈　锋（2014.3—）

鹿城区各民主党派工商联

中国国民党革命委员会温州市鹿城区总支部委员会

主　委：庄建华
副主委：周丽峰　郑蓓蕊（女）
陈云烽

中国民主同盟温州市鹿城区总支部委员会

主　委：应　真（女）
副主委：杜丽丽（女）
林　珊（女）
陈兴良　张晓海（女）

中国民主建国会温州市鹿城区基层委员会

主　委：邵豪哲
副主委：蒋　晖（女）
杨明明（女）　朱小顺

中国民主促进会温州市鹿城区总支部委员会

主　委：蒋　樨（女）
副主委：周建春　蔡妙妙（女）
金晓群（女）

中国农工民主党温州市鹿城区总支部委员会

主　委：褚　坚
副主委：杨淑清（女）　胡方金

中国致公党温州市鹿城区总支部委员会

主　委：王璋弟
副主委：蔡喜莲（女）　刘明达

九三学社温州市鹿城区基层委员会

主　委：孙国勇
副主委：蒋剑峰　叶连敏（女）
舒蓓蕾（女）

党外知识分子联谊会

会　长：陈国琴（女）
常务副会长：胡胜发
副会长：谢　伟
周锦春（—2014.8）
陈　静（女）　单晓雷
张雪梅（女，2014.8—）
季杜宇（2014.8—）

新的社会阶层人士联谊会

会　长：陈时升
副会长：王小伦　翁学院
潘秀萍（女）　卓予拉
金国达　林其勉
潘东兰（女）　林　挺

网络界人士联谊会

会　长：高　雷
副会长：黄学敏　欧阳厚增
白炳卫　王青山
胡　亮　朱　武

工商联合会（总商会）

主　席：李跃胜
副主席：何学标（—2014.12）
陈　洁　陈光力（兼）
潘建中（兼）
奚德驹（兼）
廖　跃（兼）
庞　健（兼）
叶　亮（兼）
叶建林（兼）
孙宏建（兼）
朱爱武（女，兼）
张周芳（女，兼）
李艾黎（兼）
杨小理（兼）
杨剑平（兼）
陈　锵（兼）
陈宏强（兼）
陈时升（兼）
郑秀东（兼）
郑莱毅（兼）
黄伟胜（兼）
蔡春潮（兼）
会　长：李跃胜
副会长：周赛珍（女，兼）
谢卫国（兼）
赵景温（兼）
田志胜（兼）
张俊晖（兼）

陈寿清（兼）
奚德平（兼）
陈　骞（兼）
王真云（兼）
陈建生（兼）
黄秀曼（兼）
单忠节（兼）
徐承东（兼）
严章章（女，兼）
黄　晨（兼）
范小青（兼）
朱永光（兼）
徐礼渊（兼）
党组书记：何学标（—2014.12）

鹿城区人民团体

总工会
主　席：胡海峰（兼）
副主席：叶　青　林章平
　　卢小敏（女，—2014.1）
　　张乘燕（女，2014.12—）
党组书记：叶　青

共青团鹿城区委员会
书　记：陈　钷
副书记：黄旋旋（女，—2014.12）
　　陈滢冰（女，2014.12—）

妇女联合会
主　席：陈月玲（女）
副主席：汪筱萍（女）
　　郑　佳（女）
党组书记：陈月玲（女）

归国华侨联合会
主　席：蒋　晖（女）
副主席：陈光建（兼，—2014.11）
　　邵　武（兼，—2014.11）
　　朱志群（兼）
　　吴晓斌（兼，—2014.11）
　　王湘信（兼，—2014.11）
　　周祥薇（兼）
　　陈志远（兼，2014.11—）
　　金晓华
　　（女，兼，2014.11—）
　　王绍础（兼，2014.11—）
　　叶建男（兼，2014.11—）
　　秘书长：陈　嫣（女）

文学艺术界联合会
主　席：陈世尧（—2014.12）
　　叶正化（2014.12—）
副主席：陈　杰
　　卢桂芳（女，兼）
　　吴　广（兼）
　　马胜凯（兼）
　　吕相国（兼）
　　应　真（女，兼）
　　周建树（兼）

残疾人联合会
理事长：谢云周（—2014.11）
　　胡小洁（女，2014.12—）
副理事长：刘速勇、叶　琍（女）

科学技术协会
科协主席：黄凌萍
党组书记：黄凌萍
副主席：何国华（—2014.12）
　　董小华
　　陈苾怀（女，2014.12—）
　　王小恩（兼）
　　王璋弟（兼）
　　谷建勇（兼）
　　周文林（兼）

红十字会
会　长：吴文玲（女，兼）
常务副会长：周国强（—2014.1）
副会长：杨静雯（女）
　　林仕德（兼）
　　陈幼彦（兼）
　　陈胜利（兼）
　　吴　昊（兼）
　　池春燕（女，兼）
　　陈　杰（兼）
　　渠　奕（兼）
　　王璋弟（兼）
　　叶建林（兼）
　　杨立忠（兼）
　　林永森（兼）
　　谢仁兴（兼）

社会科学联合会
主　席：王剑波
副主席：甘卫康（兼）
　　陈胜利（兼）
　　周文林（兼）
　　陈宏强（兼）
　　李岳松（兼）

街道·镇

五马街道（鹿城五马中心商贸区）
书　记：陈胜军
副书记：胡俊武　南胜国
　　马成钢（—2014.12）
　　林建勇　王赛娜（女）
纪工委书记：张　凯
党工委委员：张　凯　章生良
　　叶学理（—2014.4）
　　金飞漫（女）
　　陈迎芳（女）
　　戴光斌
　　赵春安（2014.4—）
　　夏阵雨　殷旭方
　　林孟闯　李忠洁
　　李宓隆
主　任：胡俊武
副主任：章生良　刘益铭　周　密
　　朱丽丽（女）
　　邵　舟（女）
　　王永标　毛新奇　卞苏贵

夏阵雨　殷旭方　左　亮
建工委主任：南胜国
社工委主任：马成钢（—2014.12）
人大工委主任：诸葛要武（女）
政协联络组组长：章　军
政协联络组副组长：刘世华
人武部部长：戴光斌

七都街道（鹿城七都城市新区）
书　记：贾志文
副书记：叶恒坚
王文君（—2014.1）
李常春　叶庆国　向　东
纪工委书记：谢　炬
党工委委员：谢　炬　吴照林
龚占山
朱小秋（女）
滕自立
主　任：叶恒坚
副主任：吴照林
许振辉（—2014.12）
吴　浩（—2014.10）
张崇波　陈小微（女）
陈滢冰（女，—2014.12）
社工委主任：李常春
建工委主任：王文君（—2014.1）
人大工委主任：张琳玮
政协联络组组长：朱　克
人武部部长：龚占山

滨江街道（鹿城滨江商务区）
书　记：卢更生（—2014.2）
朱建光（2014.2—）
副书记：朱建光（—2014.2）
贾钧钬（—2014.8）
安建光（2014.8—）
金　生（2014.4—）
陈禾禾（女，—2014.8）
李良俊　苏士永
纪工委书记：苏士永
党工委委员：王宜旺
谢　璇（女）
叶笑敏（女）
林昌旭（2014.4—）
倪祖平（2014.11—）
陈可浩　端木敏克
主　任：朱建光（—2014.4）
贾钧钬（2014.4—2014.8）
安建光（2014.8—）
副主任：林昌旭（2014.4—）
倪祖平（2014.11—）
黄丽丽（女）
杨　力（—2014.1）
吴进洪
黄锦辉（—2014.12）
陈旭忠　张青锋
何栩栩（女）
陈仁俊　季克杰　陈良福
建工委主任：贾钧钬（—2014.4）
金　生（2014.4—）
社工委主任：陈禾禾
（女，—2014.8）
人大工委主任：李　跃
人大工委副主任：谢雪莲（女）
（—2014.1）
政协联络组组长：李嘉昌
政协联络组副组长：
丁敬洪（—2014.1）
人武部部长：王宜旺
人武部副部长：陈　志

南汇街道（鹿城南汇现代商贸区）
书　记：周基斌
副书记：叶浪克（—2014.4）
林仕德（2014.4—）
安建光（—2014.8）
邹海鹏
周　鹏（2014.8—）
黄飞达
纪工委书记：林　敏（—2014.12）
黄旋旋（女）
（2014.12—）
党工委委员：
林　敏（—2014.12）
黄旋旋（女）
（2014.12—）
蔡精国（—2014.1）
黄甘宏　张鹏程　贾　嘉
陈苾怀（女，—2014.12）
覃春燕（女）　王　磊
陈宏余　吴　坚
陈忠建　施一斌　张方晨
街道党工委委员：郭文明（兼）
（—2014.12）
主　任：叶浪克（—2014.4）
林仕德（2014.4—）
副主任：蔡精国（—2014.1）
黄甘宏　贾　嘉　陈宏余
占鹏程　叶佩玲（女）
谢　芳（女）　陈先进
傅云云（女）　詹　强
池恩章（2014.11—）
社工委主任：邹海鹏
建工委主任：安建光（—2014.8）
周　鹏（2014.8—）
人大工委主任：
洪　静（女）（—2014.1）
王文君（2014.1—）
人大工委副主任：胡小和
政协联络组组长：周金清
人武部部长：王　磊

松台街道（鹿城松台休闲文化区）
书　记：项晓晓（女）
副书记：陈翔俊　肖忠格
董晓来
戴雄飞（—2014.12）
余　骋
纪工委书记：张　博
党工委委员：张　博　周增兴
杨　文　周晓晨
赵金銮
徐淑淑（女）
潘小雷　陈向军
钱　军
主　任：陈翔俊

副主任：周晓晨　赵金銮
　　占志清　蔡　洋
　　支圣宪（—2014.6）
　　杨丽霞（女）
　　石月林
　　陆　博（2014.11—）
社工委主任：肖忠格
建工委主任：董晓来
人大工委主任：王　敏（女）
人大工委副主任：胡　谦
政协联络组副组长：丁　龙
人武部部长：周增兴
人武部副部长：金忠胜

双屿街道（鹿城双屿都市经济区）

书　记：邱向真（女）
副书记：章　胤
　　顾武军（—2014.1）
　　周松平
　　刘玉东（2014.1—）
　　金　生（—2014.4）
　　韦龙成　黄建双
　　叶学理（2014.4—）
纪工委书记：
　　杨雄文（—2014.12）
党工委委员：
　　杨雄文（—2014.12）
　　徐海文
　　蔡丽萍（女，—2014.4）
　　郭炳长　蔡海波　陈　龙
　　戴志光
　　陈明毅（2014.4—）
　　李长康　庄志丹
街道党工委委员：陈　铣（兼）
主　任：章　胤
副主任：徐海文　戴志光
　　周笑美（女）　陈　策
　　黄　静（女）　卢　克
　　邵新城　金怡然（女）
　　温　和　林建永　陈祥武
社工委主任：周松平
建工委主任：顾武军（—2014.1）
　　刘玉东（2014.1—）
人大工委主任：叶晓挺
人大工委副主任：
　　黄丽容（女，—2014.1）

仰义街道（鹿城仰义都市休闲区）

书　记：周　岷
副书记：金浙瓯
　　林明武（—2014.1）
　　陈跃龙（—2014.8）
　　吴荣华　狄登云
纪工委书记：卞晓明
党工委委员：卞晓明
　　李　东（女）
　　谢忠祥（—2014.12）
　　李一平　吴志平
　　张　甲　张　正
街道党工委委员：侯超万（兼）
主　任：金浙瓯
副主任：谢忠祥（—2014.12）
　　夏海燕（女）
　　彭琦瑜（女）
　　林　晓（女）　葛光凡
　　林　慧（女）
　　何素丰（女）
建工委主任：林明武（—2014.1）
社工委主任：陈跃龙（—2014.8）
人大工委主任：邹安宁
政协联络组组长：谢剑光
政协联络组副组长：阮金平
人武部部长：吴志平

藤桥镇（鹿城藤桥生态新区）

书　记：张维凯
副书记：郑乐斌
　　许卫疆（—2014.1）
　　周　驰（2014.1—）
　　肖达统　邹本笃
　　李爱国　陈　众
纪工委书记：叶玉峰
党工委委员：
　　叶玉峰
　　李亦君（女，—2014.4）
　　丁淑慧（女）
　　黄建勇
　　林一俭（—2014.12）
　　蔡云云（女）
　　杨　菠（女，2014.4—）
　　陈　峰　南鹏程　徐松华
　　林丐孟
功能区党工委委员：
　　蔡金榜
　　陈德彬（2014.5—）
人大主席：许卫疆（2014.1—）
人大副主席：程晓敏
镇长（主任）：郑乐斌
副镇长（副主任）：
　　林一俭（—2014.12）
　　邵小林　王军霞（女）
　　诸建鹏　夏甘平
　　武连春　李　策
　　杨建勇　严求真
功能区副主任：
　　蔡金榜
　　陈德彬（2014.5—）
建工委主任：肖达统
社工委主任：邹本笃
政协联络组副组长：陈　众（兼）
人武部部长：黄建勇

（编辑　王剑峰）

中国共产党温州市鹿城区委员会

综 述

2014年，鹿城区全面贯彻落实市委常委会专题会议精神，深化“创首善、争一流”活动，经济社会各项事业取得了全新的进展。全年实现地区生产总值761.96亿元，增长5%；全区财政总收入41.39亿元，增长2.8%，其中公共财政预算收入23.55亿元，增长6%；固定资产投资306.57亿元，增长16.5%；全区社会消费品零售总额741.76亿元，增长9.1%；全区外贸进出口额38.07亿美元，同比下降1.3%；全区城镇居民人均可支配收入45698元，农村居民人均纯收入23434元，分别增长8.5%和10.6%。获2014中国（浙江）全面小康十大社会治理创新奖、十大民生决策奖，新增国家知识产权强县工程示范区、国家级社区教育实验区、全国计划生育优质服务先进区、全国“六五”普法中期先进区、全国艾滋病综合防治示范区、全国打击外汇违法犯罪先进区、全国网络安全与信息化工作先进区等国家级荣誉。新增腾笼换鸟、知识产权、高新技术、卫生强区、慢病防控、妇女儿童、双拥模范、法治创建、依法行政、国防动员、反邪教等省级先进区，实现平安大区建设“六连创”“二次夺鼎”目标。

【经济发展企稳向好】 实施赶超发展三年超千亿投资计划，首批百亿重大工程集体开工，完成固定资产投资306.57亿元、增长16.5%，其中区级投资154.2亿元、增长48.3%，工业性投资、重点建设投资、争取上级资金和用地指标数量均创历史新高。“五园”产业平台建设扎实推进，国际轻工淘宝城、网络经济青年创业园、跨境电子商务产业园等电商产业平台和鹿翔小微园、嵇师小微园主体工程完工，科技创新小微园开工建设，创成市级以上服务业集聚区6个。鹿城轻工产业园区创成省级高新特色产业基地。温商回归、招商引资和对台合作成效明显，共引进招商引资项目83个，到位资金99.8亿元，温州中心大厦开工建设，世贸中心大厦竣工验收。深化开展“走企连心解难”系列活动，实现新增企业注册数和资本金“双上升”，银行不良贷款余额、不良贷款率“双下降”。

【转型升级步伐加快】 编制实施发展时尚产业建设时尚城区规划，谋划“一江一带两中心七板块多极点”时尚产业发展格局、“三圈四带”月光经济发展布局和58个重点实施项目，启动环五马时尚商圈建设，鹿城工业区A378时尚产业园签约落地，印象南塘被评为国家AAAA级景区，旅游收入全市首位。“四换三名”“强三优二”和城市有机更新有序推进，2家企业入围省“机器换人”百项示范项目，完成工业用地二次开发项目30个，获省级“腾笼换鸟”先进区，通过国家级出口鞋类质量安全示范区验收。文创产业发展势头良好，浙江创意园、黎明·92文创园被认定为国家级广告产业试点园区，5个项目被列为市级文化产业重点项目。楼宇总部经济加快发展，建立商务楼宇信息网，世贸中心大厦竣工验收，新增税收“千万元楼”4幢、“亿元楼”2幢，分别达到27幢、6幢。网上网下市场融合发展，传统市场加快改造，温州国际鞋城、中国鞋都鞋革城顺利开业，实现网络零售额136.8亿元，增长57.6%。成立中津先进科技研究院，创成专用设备制造业省级高新技术特色产业基地，科技进步综合评价全省排名提升21位。双屿减员增效综合整治成效显著，2014年减员5.2万人，列入省级“腾笼换鸟”综合整治试点区、低端落后块状行业整治提升试点。农业“两区”加快建设，新增市级以上农业龙头企业3家，建成市级农业精品园1个，创成国家级农民专业合作社示范社1家，特色农产品直销中心投入运营。

【城市建设扎实推进】 都市型功能区建设步伐加快，旧村、旧片区、历史文化街区改造稳步推进，七都城市新区征地拆迁和基础配套建设有序开展，仰义林里山坡地成功出让并加快开发建设，藤桥生态新区基础设施稳步推进，农房集聚加快建设，横渎河西低效土地利用做法在全省交流推广。亮点区块建设取得突破，以涂村为重点的滨江商务区拆征建设攻坚取得新进展；城市中央绿轴重点区块完成拆征；中国鞋都产业平台扩容升级，双屿综合整治六大工程取得重大进展。重点建设稳步推进，绕城高速公路北线鹿城段及配套工程通过验收，金温铁路扩能改造、市域铁路S1线、绕西南高速公路、104国道西过境公路等鹿城段工程和双屿至藤桥公路加快建设，缙云至苍南公路鹿城段、乐清湾港区铁路支线鹿城段等项目前期顺利开展，仰义至双屿公路改建工程双屿段基本贯通，广化路南延等市政道路建设扎实推进。

【城乡面貌不断改善】 强化“六城联创”攻坚，协力创成全国文明城市、国家森林城市、国家卫生城市。实施治水“六大工程”，完成所有垃圾河和21条黑臭河整治，城镇生活污水处理率达91.9%，生活垃圾无害化处理率达100%，农村生活污水治理开工建设23个村、竣工3个村。扎实推进“三改一拆”，完成城中村改造199.52万平方米，旧厂房改造面积258.32万平方米，旧住宅区综合整治133.77万平方米，累计拆除违法建筑面积80.10万平方米，创成1个无违建街道、25个无违建社区（行政村）和41条“无违建城市河道”，获浙江省2014年“无违建”创建工作先进单位。深化“四边三化”“两无三化”，完成三大进城口综合整治，2014年新增公园绿地面积103公顷，建成区绿地率31.7%，人均公园绿地面积11.08平方米，建成滨水公园10个、城区绿道24.2公里。全面推进大气污染防治，全年环境空气优良天数307天，优良率为84.1%，生态环境质量公众满意度全省排名提升26位。

【改革发展稳步推进】 深化金融改革发展，建立金融服务“两库一网”和中小企业融资服务平台，全国首个民间融资信息服务营业执照获批，全国首个民间融资信息服务企业挂牌运营，街镇民间借贷备案便民服务点实现全覆盖，21家村镇银行全部开业。深化农村综合改革，创新农民专业合作社信用合作模式，建成114个股份经济合作社、8个农村产权交易平台服务站，完成76个村的土地确权。深化社会事业领域综合改革，启动基层首诊、分级诊疗就医模式，引进2家投资超亿元民营医院。率全市之先推行城乡社区公共服务事项准入制，全面完成社区“三多”清理，建成全省首个由第三方社会组织承接的服务平台，居家养老服务机构全覆盖。加快民营经济创新发展，完成“个转企”2052户，“小升规”68家，“企转股”34家。推进政府自身领域改革，组建市场监督管理局，稳步推进“不再审批”改革试点，深化权力清单、负面清单、责任清单、财政专项资金管理清单“四张清单一张网”建设，政务服务网上线运行，区级部门行政权力从7040项减少到3633项，区级行政审批事项从335项减少到282项。

【民生事业切实加强】 在全市率先推出“道德公益基金”，成立区艺术总团和市民艺术团，建成鹿城区史馆，新建20家文化礼堂，建成街镇综合文化中心2个、社区文化服务中心25个，创成省级文化示范社区（村）、市文化强镇各1个，举办建区三十周年纪念系列活动，成功承办中华龙舟大赛（温州站）暨温州龙舟文化节，省运会奖牌总数和团体总分均居全省第一。全面启动“智慧教育城”项目，建成百里路小学勤奋路校区、鞋都三小，顺利通过全国义务教育发展基本均衡区创建验收。创成国家卫生城市、省级卫生强区、省级慢性非传染性疾病综合防控示范区、第二轮全国艾滋病综合防控示范区、省级卫生应急示范区，创成4家省示范社区卫生服务中心，建设流动社区卫生服务站5个，预防接种单位规范化创建全覆盖。新增城镇就业2万人、城乡居民养老保险1.9万人，建成农村居家养老服务照料中心25个，社区居家养老服务体系实现全覆盖。安置提速深入开展，新开工保障性安居房2782套，基本建成3196套，完成安置房产权办理4890套、交钥匙451户。

【社会保持和谐稳定】 扎实推进法治鹿城建设，获全国“六五”普法中期先进区、全省创建法治区工作先进单位。加大食品安全监管力度，全面关停活禽交易市场，创成放心农贸市场5家。消防安全“清剿火患”战役深入开展，安全生产“九打九治”行动扎实推进，安全生产三项指标零增长，“平安三率”不断提升。“四位一体”巡控体系进一步完善，“1+8”基层综治网格化模式全面铺开，基层治理创新信息化工作全省推广，刑事发案数、两抢发案数、入室盗窃发案数分别下降10.1%、48.7%、17.2%，安全感满意率创历史新高，省级平安大区实现“六连创”。

【党建水平得到提升】 扎实开展党的群众路线教育实践活动，创新红色引领活动，形成了先锋示范、政治生日、民情处置、夜学夜访、服务居民、藤桥金岙村专题组织生活会等特色做法。推行整改问题领办制、清单制和销号制，全区领办整改问题759个，已整改到位703个，整改率达92.6%。不断强化理论武装，全面推行“四堂办学”，加强马克思主义宗教观教育。加强“两大舆论场”的管理和运用，拓展“三微”舆情引导系统服务功能，网络问政平台在全市政府系统推广，被评为全国网络安全与信息化工作优秀单位。实行各级书记定期督查、例会和述职制度。全面实施“红色细胞工程”，深入开展“五星争创”活动，扎实推进村民中心建设，软弱涣散基层党组织整顿、基层组织规范化建设全面展开。加强干部队伍监督管理，建立班子运行分析制度，抓好“学、清、调、改、停”对照检查，开展“三超两乱”专项整治。老干部“爱心服务队”连续两年获全省“最美老干部团队”和先进集体称号。关心下一代工作获全省先进集体称号。严格执行中央八项规定等作风建设有关规定，开展“三抓一带”正风肃纪专项行动，“文山会海”得到遏制，“三公”经费支出大幅下降，超标办公用房全部整改。认真履行党风廉政建设党委主体责任，创新推行巡察工作制度，强化同级监督实行廉政抄告制度和党员分级分责党风廉政教育制度，严肃查处各类违纪违法行为。

区委重要会议

【区委八届七次全体（扩大）会议】 7月30日召开。会议深入贯彻市委常委会专题研究鹿城工作会议精神，总结上半年工作，部署下半年任务。审议通过了《中共温州市鹿城区委关于构筑大都市核心区建设美丽鹿城创造美好生活的实施意见》和《中共温州市鹿城区委关于发展时尚产业建设时尚城区的决定》。全会由区委常委会主持。区委委员、候补委员；区纪委委员；区人大常委会主任、党员副主任；区政府党员副区长、区长助理；区政协主席、党员副主席；区直各单位主要负责人；各街镇书记、主任（镇长）、社工委主任、建工委主任、人大常委会主任（主席）、政协派出联络组组长、纪（工）委书记；市直驻鹿机构主要负责人；部分离退休老干部；部分党代表参加会议。

政策研究

【课题调研】 组织开展党政领导重点调研课题、党政系统调研课题征集调研活动，共征集到党政领导重点调研成果12篇，党政系统调研成果118篇。推荐课题参加评选，获温州市党政系统优秀调研成果三等奖、优秀奖各1篇，温州发展研究奖二等奖、三等奖各1篇。组织2013年度鹿城区党政系统优秀调研成果评选，评选出优秀调研成果35篇。

【编印刊物】 2014年，选准事关区域发展的重大课题、典型经验以及外地经验的比较分析材料，编辑《决策参考》15期、《时政参考》23期，为领导从不同角度掌握上情、了解外情、知晓内情，做好决策发挥了重要作用。

组织工作

【概况】 2014年，鹿城区有基层党委99个，地方党委派出工委9个，党总支51个，党支部1786个，党员31045名。其中，行政村党委2个，党总支4个，党支部135个，农村党员6099名；非公企业党委6个，党总支5个，党支部713个，企业党员5154名。

【常态化工作推动模式】 2014年，区委书记每周安排半天时间走访村（社区），一线督查基层党建工作。通过实地走访、干部群众座谈、入户访问的形式，一线听取街镇书记、村（居）书记抓基层党建工作汇报，一线化解基层党建工作难点问题。在区委书记的示范带动下，各街镇党（工）委书记每周至少一次到村（社区）调研和督促基层党建工作，真正做到领导带头、以上率下、上下联动抓党建。全年区委书记对全区8个街镇已实现了两轮次的一线督查，深入走访村（社区）61个。同时坚持问题导向，以制约鹿城全局工作的薄弱环节和群众呼声强烈的问题为着力点，每月开展一次专题研究。区委书记每月定期听取街镇书记党建工作专题汇报。如9月份专题听取历史遗留问题化解汇报，10月份听取各街镇书记关于队伍管理建设的汇报。每季度召开一次党建工作例会，总结工作，分析问题，研究对策，制定措施。结合当前基层党建工作重点、难点，每季例会确定一个主题。2014年前三季度例会主题分别为“红色细胞工程”建设、“干部队伍管理”“民生问题处置机制建设”。

【“红色细胞工程”建设】 2014年，深化“百个支部结对、千名党员牵手”活动，推行机关结对服务基层，517名科级以上领导干部共建立联系点1371个，深入基层、走进群众；206个机关党支部与269个村（社区）支部结对共建，共过组织生活、共谋发展思路、共办为民实事。建立周二的“村社工作日”“住村夜访”制度，街镇干部深入群众，开展“相约星期二，有话大家谈”活动，由街镇干部到困难家庭、到信访户等村（居）民户家里夜访，了解最真实的民情民意。如藤桥镇160名干部按每周不得少于1晚住村、1年内走遍所有农户的量化要求，自带铺盖和被褥，到所驻村与农户同吃同住、交心谈心。滨江街道通过包队联户、党员干部身入心入做好群众工作，攻克了杨府山涂村换届选举这个难题。提升党员服务群众意识，以村民小组、网格、街坊、楼栋为单元，建立全覆盖、全天候的党员联系服务网，并在村（社区）公开栏、楼栋等场所，公布党员家庭户及联系服务群众示意图。同时，全面推行“一卡一栏一箱一热线”，共计发放32万份党员联系服务卡，让群众随时可以找到身边的党员。构建民情收集和处置的快速渠道，依托微信平台，建立1个区四套班子工作群、129个区级专项工作群、151个条线工作群和600多个机关社区邻里微群，通过公众号串联微群打造“多群链接、一网指挥”的“微工作”格局。整合民情E通、综治社管E通、社区服务中心、民情工作室等12个线下平台，探索推行民情信息共享、警示预警数字系统，实现所有民情信息归口入网。成立区、街两级民情处置中心，提升层级办理，快速收集处置民情问题。2014年全区收集民情问题3678个，整改率80%。

【软弱涣散党组织整顿】 2014年，落实“一位挂钩联系区领导+一支整顿工作组+一个联系帮扶部门”的模式组团，15个软弱涣散村（社区）均落实1名区领导包干负责，每半月由区委书记召开专题会议。落实每个软弱涣散村社2万元的专项工作经费。街镇整顿工作组蹲点驻村，每个成员每周住村不少于2天、每月走访全部村民1轮以上，重大事项全程介入、重点对象全力引导、群众交心全面覆盖，同时结对部门主动跟进落实帮扶。建立区级整顿工作微信群，专人负责，一日一发布，滚动播报整顿动态、整顿案例。加强培训、夯实基础，通过领导干部讲课、优秀基层带头人授课、先进村交流观摩、集体讨论等形式，区级先后组织了2次为期4天的专题培训。对不胜任、不上心的15名村两委干部落实组织措施，进行调整。逐村建立问题台账，按照“解决一个、销号一个”的方式动态管理，目前梳理出的89个历史遗留问题已化解30个。软弱涣散基层党组织整顿工作取得阶段性成果，历史遗留问题仍在继续化解。

【“三支队伍”建设】 2014年，加强党员队伍建设。开展党员亮相亮诺亮星“三亮”行动，通过亮身份接受群众监督，倒逼党员创先争优。今年5月，举办“群众贴心人”颁奖典礼，对35名身边好党员进行表彰。推行入党积极分子志愿服务社区制度，规定入党积极分子在考察期内需到社区志愿服务满50个小时。积极探索处置不合格党员有效途径，共处置不合格党员72人，其中除名25人、劝退4人、限期改正43人；党员信教处置总数为98人，其中劝退7人、限期改正91人。加强党内互帮互助，对249名年老体弱、行动不便的党员长期开展“送学上门”活动。扎实推进在职党员进社区志愿服务和“点亮微心愿 共筑中国梦”活动，全年共收集“微心愿”6427个，由市区两级在职党员认领完成了4971个。建立政治生日制度，在党员入党生日，开展短信祝福、谈心谈话、组织集体过入党生日等活动，切实增强基层党员凝聚力。坚持以支部组织生活为抓手，探索实施《组织生活会风纪律》，实行逐月发文指导、逐月开展督查、逐月进行通报，进一步规范基层党组织组织生活，切实强化党员的思想政治教育。抓好党员远程教育工作。完成《群众贴心人》等5部专题电教片的拍摄制作工作。承接全省远教进企业试点工作，完成31家双管企业远教工作有效覆盖。组织开展智慧党建云平台趣味知识竞赛，推广应用党建信息化平台，推进党建信息化工作。基层组织带头人建设。开展基层组织带头人队伍专题培训班，邀请区领导、街镇书记、经验丰富的村（社区）书记以及专家担任讲师向全区村（社区）带头人授课，现已有1

位区领导和2位街镇书记开讲。坚持每1至2周开设一期书记论坛，以“书记说给书记听，书记跟着书记学”的方式，每期确定一个最困扰村（社区）书记的问题在论坛开展研讨。目前，区级层面共举办6期书记论坛，共90余人次参加研讨交流，滨江、五马、松台等街道也分别在街道层面开设了书记论坛。同时，与华东理工大学郭圣莉教授建立长期合作关系，从2014年5月份起，每月开设一期社区书记培训班。同时，进一步强化基层带头人的关心关爱工作。全面落实基层带头人工作报酬，并下拨专项慰问经费。提高离任村主要干部定补标准，每人每月补助金额涨幅达到30%。党代表队伍建设。抓好党代表培训工作，提升党代表履职能力建设。11月3日，组织全区47名党代表赴浙大培训。拓展履职平台，邀请党代表参与街镇书记抓党建述职会评分、“群众贴心人”评选推荐、“五水共治”视察等活动载体，充分发挥党代表作用。

【基层组织阵地建设】 2014年，村民中心试点建设。制定了《鹿城区村民中心建设工作规划》，配套制定三年建设任务表。计划完成23个村（含试点村）的村民中心建设，其中2000人以上的14个。3个试点村中，板桥村、荫溪潮埠村已完成建设并投入使用，前京村预计12月中旬完成建设。已完成18个村的村民中心建设或标志安装工作，剩余5个村预计于12月上旬全部完成。无活动场所村整改。针对排摸出的2个无活动场所和5个人口1000以上且活动场所小于100平方米的村，逐村制定整改方案。5个面积不达标村已于8月底前全部完成整顿，2个无活动场所村制定了新建计划，目前租用场所均超过100平方米，新建场所预计完成建设。顺利完成区党群服务中心建设。区党群服务中心于11月建设完成并投入使用，共3层，建筑面积1200平方米。党群服务中心兼具信息交互中心、民情处置枢纽、教育培训基地、服务居民平台、形象展示出口等功能。中心由温州市和乐社工机构负责日常的管理维护，培育社会志愿者和党员义工队，并为居民群众解决提供活动场地、微心愿收集、民生问题处置等多样化的服务。11月12日，区党群服务中心作为全市第四季度基层党建例会现场观摩点，向全市展示了全区在信息化党建方面的成果。

【两新党建工作】 2014年，主抓“双强好书记”队伍。成立区级两新党建讲师团，建立分层培训机制，总结推广“分组帮带”“双强红茶馆”等经验模式，构建常态化学习交流平台；全区选聘12名党建经验丰富、具有组织影响力的社会各界人士到两新组织担任党建工作指导师；开展两新组织党组织“覆盖检修”工作，实现“有效管理、动态巩固”。夯实两新党建基础，打造“一企（社）一品、一域一群”示范品牌29个，其中申报市级示范品牌10个，同时以各类园区、专业市场、商务楼宇等两新组织集聚区为重点，有效探索了集群化、链条化、行业化党建模式。抓好驻企服务与非公党建融合，扎实助推全市“百组破百难”活动和温商回归重点帮扶项目工作。推动两新党建创新。在黎明92·东瓯智库创意产业园探索“创意党建”新模式，秉承“创意党建与企业发展相融合，与员工成长相融合，与群众生活相融合”的“三融合”理念，拍摄的微视频获得全省组织系统一等奖。深化“青春党建”工作，紧密贴近两新组织党员兴趣爱好，个性化设置党小组，开展创意组织生活，如以703公益联合会和703网有限公司为试点，探索互联网社会公益组织和互联网非公企业党建模式，立足公益、双线互动，目前已成立柒零叁公益联合会虚拟支部（拓展型），开设先锋“1+1”专属板块，开展线下活动3次，打造了网络党建前沿阵地。紧扣中心发挥两新组织实质作用，动员整合水领域相关企业党支部、党员环保先锋人物和人才专家资源，组建“五水共治”公益联盟，带动民间力量治水，沿河20家非公企业结对20条重点河道，募捐护河款项12万元，这一做法得到省委组织部的肯定推广，成为全区密切党群关系、助推中心工作的鲜活样本。

宣传工作

【概况】 2014年，区委宣传部紧紧围绕区委总体部署，积极有为，主动担当，为鹿城“赶超发展、再创辉煌”提供有力的思想保证、精神动力、舆论支持和文化条件。一年来，区委宣传部共获得国家、省级奖项9项，市级奖项56项，尤其是承接市里宣传思想文化工作考核的四项内容，宣传思想工作、精神文明建设和文明城市创建工作、文化体育产业发展、文化体育事业发展均取得全市第一。

【鹿城建区30周年活动】 举办建区30周年“影响鹿城”30事和“鹿

鹿城建区30周年纪念晚会　　区委宣传部提供

城骄傲”30人评选活动，建设鹿城“区史馆”，与《温州日报》联合印发《纪念建区30周年特刊》，全面总结回顾建区30年来鹿城建设发展的奋斗历程，展示全区人民和衷共济、意气风发的时代精神，为鹿城“赶超发展、再创辉煌”注入新的动力。评选活动共收到推荐人物236人次，事件126件次，谷超豪、戴金星、李启虎等5位院士入选“鹿城骄傲”杰出人物，郑秀康、黄豆豆、诸宸以及红日亭爱心老人等入选“鹿城骄傲”30人；1984年鹿城建区、全国首张个体工商户营业执照诞生、鹿城首创民间借贷服务中心、鹿城率先建成全面小康社会等入选“影响鹿城”30事。策划推出“鹿城情·天下行”大型新闻报道活动，聚焦在外鹿城人创业创新精神，努力推出一批叫得响、立得住的鹿城新形象，感召更多在外鹿城人回报家乡。

【广场舞治理建成鹿城样板】 针对“以噪制噪”事件，区委宣传部牵头组织开展广场舞噪音扰民难题整治，率先推出《广场文化活动公约》，首创运用“中央音控系统”，出台《户外文体活动音响器材噪声污染防治试行办法》，成立区群众文体团队联合会，以德治、技治、法治、自治多管齐下综合治理这一全国性难题，取得了“善治”的良好效果。《人民日报》时评专门刊发《靠共治舞出“广场”的和谐》文章给予肯定，中央电视台《中国新闻》《新闻直播间》以及《光明日报》等媒体也给予了刊播肯定，广场舞治理鹿城样板走向全国。

【文化产业发展】 编制文化产业发展规划，出台文化产业发展扶持奖励办法，编写鹿城文化产业项目库，制定了“一带五区多园”的整体方案，推进文化产业发展。深化招商引资，通过项目对接、政策扶持、跟踪指导，进一步做大做强作响文化产业园区和企业的品牌效应。2014年，浙江创意园、黎明·92被认定国家广告产业（试点）园区，智慧谷等三家文化产业园入选市级重点文化产业园区，总数占全市一半；新邦创意园、白鹿洲文化村、“A378”都市时尚产业园等5个项目被列为市级文化产业重点项目；奥美立传媒、正栩影视、金牛工贸等7家企业入选首批市级重点文化企业，入选的园区、项目和企业数均居全市首位。此外，承办首届温州时尚文博会六大展区，推出两岸民间传统工艺与文化创意市集等活动，“创意鹿城、时尚城区”品牌进一步打响。

【文艺精品打造】 2014年，全力打造传统文艺精品，曲艺家陈忠达获新中国成立以来全市首例中国曲艺牡丹奖，温州莲花《阿婆洗脚》获牡丹奖提名奖，公益广告片《孝悌忠信礼义廉耻》获2014年第24届浙江省电视牡丹奖一等奖，鹿城女教师合

国家广告产业（试点）园区落户鹿城　　区委宣传部提供

唱团获全省群众合唱大赛金奖，《千年驿头在心中》获浙江省“村歌”创作演唱大赛、创作表演两个金奖。

【全面落实全国文明城市创建工作】 充分发挥鹿城区“创建全国文明城市”主阵地、主战场的特性，成立由区委书记为组长的创建领导小组，设立9个创建攻坚专项工作组。制定《鹿城区创建全国文明城市职能任务分解表（修订版）》《鹿城区迎接全国未成年人思想道德建设工作测评职能任务分解表（修订版）》和《鹿城区创建全国文明城市工作问责制》，区委、区政府与街镇、文明委成员单位签订了创建责任书，市直25个部门与各社区签订结对挂钩工作责任书，形成了全区发动、全员参与、全民投入的创建氛围，确保了规定动作不折不扣、自选动作亮点纷呈，为温州成功夺取“全国文明城市”金桂冠做出努力和贡献。

【群众文化品牌建设】 举办2014江心屿金秋文化节活动，推出群文展演、文创系列、民俗传承等五大主题活动，深入打造“江心屿”金秋文化节群众文化品牌。依托鹿城优秀传统文化资源，先后举办七夕专场演出、“喜迎中秋”、重阳主题活动、“情暖冬至”等传统民俗文化展演和鹿城区首届民间文艺精品展，让市民零距离感受传统文化魅力。

【宣传报道工作】 充分发挥主流媒体鼓劲造势作用，组织开展教育实践活动、文明城市创建、建区三十周年、振兴实体经济、“五水共治”、“三改一拆”等重大主题宣传，深入挖掘选树先进事迹和典型，全面营造干事创业、主动担当氛围。做大做强主流舆论声势，策划举办新闻发布会149场，组织开展市民督查23次，有效促进区委重点工作落实。2014年，累计刊发鹿城正面新闻达480余篇，央视、《浙江日报》、浙江卫视、《温州日报》等媒体报道数量再创新高。联合温州日报开展“美丽鹿城”新闻摄影大赛，联合区旅游局制作《心动鹿城》微电影，策划推出“时尚温州美丽鹿城”动漫彩绘公益行动，进一步提升鹿城美丽形象。

【公民道德建设】 2014年，深化“正能量”传播工程，深入挖掘“红日亭”伏茶文化，组织开展红日亭精神宣讲进文化礼堂活动，并依托红日亭平台，策划推出市民宣讲、市民读报活动，大力宣扬主流价值，提升红日亭道德高地的精神内涵和品牌影响。深入挖掘选树身边“最美人物”，率先建立“道德公益基金”，完善“最美人物”关爱机制，推出“社区好人”推选活动，组织开展“十佳道德模范”“最美社区（村）干部”“身边好党员”评选，全年共有15人（次）获“中国好人”“浙江好人”“最美温州人”“鹿城好人”等荣誉称号，37位市民荣登“社区好人榜”，涌现出“中国好人”陈明德、“最美浙江人”赵章惠等最美典型，其事迹在央视《新闻联播》等重点栏目播出。由国家广播电影电视总局电影卫星频道出品，鹿城区委宣传部、温州一心智业传播有限公司联合摄制的电影《给我一双慧眼》在央视电影频道首播。

【未成年人思想道德建设】 稳步推进“春泥计划”，全力打造七都留守儿童“快乐之家”、藤桥“快乐星期天”、未成年人主题文化公园等“春泥计划”示范阵地。全年共开展各类暑期公益课堂130余场次，举办公益讲座450余场次，受教人数达5万余人。组织开展“优秀童谣”征集活动，共征集童谣200余首，13首优秀童谣获市级奖项，2首获省级二等奖。为加强爱国主义教育基地建设，2014年，田塘头革命纪念馆的改扩建和华侨爱国主义教育基地装修提升工程相继完工；全年共开展爱国主义教育活动230余场次，接待参观人员1.8万余人次。

【建立网络治理绿色疏导模式】 上线全省首个网上法律援助中心，全国首个网络小作家协会，成立“隔壁邻舍”网上社区，鹿鸣问政模式在全市推广，成功探索建立网络治理绿色疏导模式，获得全国网络安全和信息化建设优秀单位、2014中国（浙江）全面小康十大社会治理创新奖。深化“让网络空间清朗起来”学习实践活动，开展“区长对话网民”活动，拉近与网民距离。完善网络舆情引导机制，成立网络安全领导小组，编辑出版《鹿城区网络舆情引导案例分析》一书籍，开展网络评论员队伍大轮训、大练兵，网络舆论引导能力进一步提升。

【党员干部理论学习】 以党的群众路线教育实践活动为契机，积极开展十八届三中、四中全会精神、习近平总书记系列重要讲话、马克思主义宗教观等学习，制定理论中心组学习计划，进一步完善党委理论中心组学习制度，2014年，已开展区委理论中心组集中学习59次。推出“鹿城理论微

瓯江讲坛　　区委宣传部提供

刊”微信学习平台，设置政策解读、理论时评、经典品读等理论学习专栏，推送最新理论资讯216期428篇。做大做强“瓯江讲坛”高端讲座，邀请吴敬琏、祝灵君、余斌、赵国秋、傅思明等知名专家学者讲学，提升领导干部理论素养。编印分发《党员无神论读本》3万余本。2014年，区委理论中心组获全市先进。

【基层宣讲】 创新推广“华盖时政轩”“市民读报点”“温州话宣讲”“巷弄大讲坛”“巷弄时事会”“鼓词唱鹿城”等宣讲方式，开展“面对面”“零距离”宣讲1025场，不断扩大基层宣讲覆盖面，提升宣讲实效性。“华盖时政轩”“市民读报点”等创新做法得到上级宣传部门领导高度肯定。深入开展马克思主义宗教观专题宣讲，成立区委马克思主义宗教观宣讲团，召开宣讲骨干培训会，邀请省委赴鹿城督导组组长蔡杭作《马克思主义宗教观》专题辅导，并制作《马克思主义宗教观》光盘200份和《党员无神论读本》3万本供党员干部学习，基本实现了马克思主义宗教观学习宣讲全覆盖，引导党员干部群众树立了正确的宗教观。

【社科普及工作】 出台社科研究课题、社科出版资助、社科普及示范基地建设等管理办法，进一步完善社科工作机制，提升社科课题管理科学化、规范化、制度化水平。叶同仁中医药博物馆、十八家文化礼堂、中加友谊馆等3家被评为市级社科普及示范基地。2014年，共立项课题14项，其中被市级立项课题3项；获市级社科征文比赛特等奖1篇，二等奖3篇；编辑出版《鹿城人文景观》《温州民俗百图》等社科丛书，从不同角度凸现鹿城文化个性和文化内涵。编印《贝螺》社科普及通俗读物，结合文化礼堂建设，开展社科普及周活动，推出大型主题活动、科普基地活动、社科知识进文化礼堂等活动108项，受到市民群众的广泛欢迎。

【文化礼堂建设】 制定出台鹿城区文化礼堂建设五年规划，完成全区23家文化礼堂建设，扎实开展文化礼堂提质拓面增量工程，率全市之先将文化礼堂向学校延伸。率先出台文化礼堂管理办法，建立“总干事驻堂制”“文化大使联系制”“志愿服务联盟制”等系列制度，组建一支448人的文化礼堂干事团、76人的文化大使队伍和330支群众文体团队，公开招募32名志愿驻堂员，确保了文化礼堂“门常开、人常在、活动常新”。建立文化礼堂服务配送制度，以“群众点菜”形式全面开展政策宣讲、文艺演出、培训辅导、展示展览、主题宣传等37项送服务活动，促使各类服务资源向文化礼堂全面集聚，实现配送服务效益最大化、服务品质最优化。全年共开展各类政策宣讲、文艺演出、培训辅导活动1440场，参与群众达17余万人次，很好地发挥了文化礼堂精神家园作用。2014年，鹿城区成为全市文化礼堂建设两个先进县（市、区）之一。

【文化人才培育】 加大文化领域领军人物和各类高层次专门人才的培养和引进，建立区优秀文化人才信息档案，推进社科理论、新闻出版、文学艺术和文化经营管理等“四个一批”人才工程建设，培养和储备一批素质高、能力强的优秀文化人才，陈忠达、金纬等入选第九批温州市宣传文化系统“四个一批”人才。

统战工作

【概况】 2014年，鹿城区统一战线工作围绕区委、区政府中心工作，取得了显著成效，在全市考核中统战工作再次蝉联第一名，对台开放并列第一，民宗工作排名第二。基层民主协商、网络统战、基层侨务、城市民族、对台交流等多项工作分别在全国、全省相关会议上作典型发言，工商联工作获全省先进集体称号。

【开展党外人士学习实践活动】 2014年，深入开展党外人士坚持和发展中国特色社会主义学习实践活动，协助区委、区政府等组织召开各类协商会、座谈会、通报会等9次，党外代表人士围绕中心工作、热点难点问题开展议政建言，共提出意见建议52项、提案议案147件，完成调研课题35个。开展党外人士民主监督工作提质行动，组织召开区特约人员工作会议，进一步落实鹿城区特约人员工作。全面实施党外代表人士“321”工程，建立健全党外人士人才库（领军人物35人、骨干人物187人、后备人物 87人），并实施分级动态管理。全面落实党外人士政治安排和实职安排工作政策，安排正科（局）级实职领导干部2名。指导部分区属民主党派、联谊会完成届中调整和换届工作，切实加强自身建设。2014年，鹿城区各党派基层组织分获省、市级先进基层组织称号，知联会、网联会被评为省级优秀联谊会。

【深化城市民族宗教工作】 2014年，提升4处模范服务站，联手打造少数民族实时动态管理平台，并妥善解决伊斯兰教临时聚会点安置问题。以“文明敬香”为主题开展取缔大蜡烛行动，深化和谐寺观教堂创建活动。依法加强宗教管理，稳妥推进“三改一拆”涉宗处置工作。开展宗教界“同心同行·共建和谐”专项宣教活动，在成功试点基础上再选定22个宗教场所进行拓面，以“五个注重”有效推进“五进场所、十项举措”，建立三项联系交心制度，开展政策法规与专题宣讲56场次，谈心交心1498人次，积极引导宗教与社会主义相适应。开展非公有制人士“四信”（信念、信任、信心、信誉）教育活动，在全市率先建立“四信教育基地”，在企业、基层商会建立5个“四信教育”示范点，组织320余名非公人士参加学习教育。指导建立4家应急转贷资金管委会，助力中小企业融资。深化基层行业协会“三化”建设，出台了基层商会管理和调解机制，完成省级五好商会创建工作，两家街道商会获“温州市基层商会示范点”称号。加强与异地商会联系，接待了内蒙古赤峰、深圳罗湖区工商联等考察团11批次。引导企业参与“光彩事业”，成立“富民公益基金”和“新邦慈善基金”，共捐助善款1223余万元。

【顺利完成全区基本侨情台情调查】 2014年，完善四个数据库，进一步涵养港澳台及其海外资源。举办“聚焦美丽温州—2014年华文媒体采风活动”鹿城点观摩活动。接待高雄市基层参访团一行，区妇联与冈山区妇女会、南塘社区与冈山区仁义里进行了结对。举办2014“中国寻根之旅”夏令营活动，来自9个国家或地区的70多名华裔青少年参加了活动。做好侨界留守儿童、留守老人关爱工作，鹿城区侨界留守儿童心理辅导站落户温州大学幸福工坊。提早受理“三侨生”身份认定工作，办理中高考155件。优化华侨回国定居办理工作，实现“一网式”服务，缩短办理时限，开通微信查询服务，全年共受理1623件，办结1569件。开展“侨商大走亲”和侨台资企业服务月活动，累计走访侨台资企业60余家，侨领、台商80余人，共同研究分析企业碰到的困难和问题。组织7个交流团和1个民间探亲团赴台交流，并率先启动“百名温商看台湾”活动，组织35名鹿城籍温商赴台考察。

【稳步推进协商民主制度建设】 10月10日，区委印发《关于进一步规范同民主党派、无党派人士政治协商的意见（试行）》（鹿委发〔2014〕42号），这是鹿城区继2013年11月率先出台《关于推进基层民主协商议事工作的指导意见（试行）》（鹿委发〔2013〕76号）之后，推进协商民主建设的又一具体举措。7月18日，区委统战部联合区政协党组、区委组织部出台《关于辞去、撤销和增补区政协常委、委员的有关规定（试行）》（温鹿统〔2014〕17号），力推政治协商的制度化、规范化、程序化。

【深化党外人士社会服务品牌】 2014年，深入开展“帮村扶企助社区”和社会服务月活动，各党派、联谊会及其成员组织开展大小服务社会活动269场次，直接得到捐资救助的群众和学生362人，累计捐助爱心款376.82万元。深化“一党派一品牌”活动，民建鹿城会员企业泰力实业有限公司捐赠1000万元设立“泰力思源圆梦慈善基金”，饮水思源，回报社会。2014年，“帮村扶企助社区”被区委、区政府评为“鹿城区机关十大服务品牌”。

【继续推进网络界人士统战工作】 2014年，在组建鹿城区网联会的基础上，切实加强指导，搭建学习提升、互动共赢、服务奉献、议政建言等“四大平台”，充分调动网络界人士的积极性和能动性。组织网络经济会员沙龙等活动，12名会员参加中央、省、市委统战部组织的有关的学习培训。充分发挥网络优势，推出微信订阅号20期。加强政治引导，鼓励建言献策，提交提案28个、调研课题8个。12月份，鹿城区在全国网络界人士统战工作研讨会上做了典型发言，为全国树立了典范。

【基层侨务工作成效显著】 2014年，在街镇社区侨务工作分站全覆盖的基础上，全面深化社区侨务工作，进一步拓展外延，扩充内涵，提升为侨服务的能力和水平。2月，鹿城区在全省社区侨务工作推进会上做典型发言，并承办全省社区侨务工作现场观摩会，参观了松台街道“侨之家”、桂柑社区侨务工作分站、五马街道侨务工作站等几个国家级的示范点，得到上级领导的充分肯定。

【积极打造对台交流品牌】 2014年，以“传承、创新、时尚”为主题，举办为期一周的鹿城台湾·青年文化节活动，主要包括两岸文化创意产业合作对接会、两岸传统民间工艺与青年时尚文创市集和两岸（鹿城）青少年围棋交流赛等三大版块，约135名台胞参加。率全市之先在台北和高雄两地分别设立工作联络站，区广电新闻出版局与台北簪缨国乐团、区鼓楼绘迹光年动漫文化工作室与台湾默剧团文化工作室签订了合作意向书，共同组建“两岸青年乐团”和“两岸青年文创工作室”。该年还成功承办了全市对台工作现场会。

【助推“五水共治”成效显著】 2014年，成立了统战系统“五水共治”工作领导小组，制定了《鹿城区统战系统“四大行动”，助推“五水共治”的实施方案》，积极动员统一战线成员开展“五水共治·侨界同行”“五水共治·五教同行”“百企联百村·合力治污水”“五水共治·e行动”等系列活动。如：举办慈善捐款、书画拍卖、誓师大会、成立护河队、视察监督等活动。建立区统战团体结对联系市、区级重点河道治理机制，各统战团体与26处市、区重点河道进行结对，配合各级河长参与河道治理。2014年，全区统战系统开展宣传、视察、实践等相关活动100余次，提出建议125条。

【助推“温商回归”成效显著】 2014年，牵线搭桥，促使全美温州博士协会办事处落户鹿城。开展“名媛故乡行”“侨商家乡行”等系列活动，邀请并接待法国、德国等海外华侨回乡创业考察团8批次，做好项目招商推介工作。落实区领导联系侨团、侨领、侨资企业制度，定期走访并协调解决回归投资问题。召开对台暨海峡西岸经济区工作会，协同举办百名台商会长看温州暨温台产业合作对接会。在全省率先建立在外温商服务联络处6个，为在外鹿城籍温商提供本地政策、信息服务。

（编辑　王剑峰）

机构编委办工作

【概况】 2014年，鹿城区机构编制委员会办公室以“创首善、争一流”为目标，以办实事为抓手，以党的群众路线教育实践活动、文明单位及五型机关创建工作为动力，完成权力清单工作、谋划综合执法体制改革、控制机构编制总量、加强编外用工管理、协调推进食药监管体制改革等机构改革工作。

【食药监管体制改革】 2014年，深入改革工作涉及的工商、食药、质监、农林等部门进行调研，了解其机构设置、人员编制和主要职责运行情况，特别是基层监管网络运行情况，掌握第一手资料。多方协调，将食品药品监管、工商部门机构和职责整合，划入质监部门的生产环节食品安全监管职责，组建区市场监督管理局，拟定区市场监管局、区质监局组建建议方案，对市监管局基层站所设置作了安排，提交区编委会议、区委常委会研究通过。对生产、流通、消费环节的食品安全实施统一监督管理，提高食品安全监管整体效能。

【推行权力清单制度工作】 2014年，开展职权清理推行权力清单工作。3月，鹿城区开始开展政府部门职权清理推行权力清单制度。区编委办组成6个审核组开展审核工作，经过“三报三审”，通过工作交流、问题分析、集中办公、现场解疑、专家论证等方式，于10月初试公布权力清单。最终列入公布权力清单的32家部门共保留行政权力3407项，精简比例达52%。同时，区编委办制定行政权力动态管理办法和责任清单编制工作，深化权力清单制度常态化运行监管。该项工作的开展得到上级领导的肯定，《今日鹿城》《温州日报》《温州都市报》《浙江日报》及人民网等

9月20日，邀请区法律顾问组专家召开专家会审会议，对推行权力清单制度工作中涉及的18类难点问题予以研讨解决 区编委办提供

多家报纸媒体对鹿城区推行权力清单制度工作予以报道。省市机构编制简报及门户网站介绍鹿城做法和经验。

【综合行政执法改革】 2014年，区编委办多次组织人员到双屿街道开展行政执法体制调研，针对街镇行政执法长期存在的多头执法、多层执法、执法力量分散、难以形成合力等问题，撰写《鹿城区双屿街道综合执法现状调查与思考》，分析问题，总结经验。研究提出调整综合行政执法机构、延伸综合行政执法领域、调整归并相关机构和人员编制、调整管理体制和完善运行机制等意见。10月，根据省、市统一部署，结合鹿城实际，提出将处罚权与审批权分离，将环卫、市政、园林从城管执法分出等举措，拟定上报《鹿城区开展综合执法工作方案（初稿）》。

【控编用编】 2014年，控制机构编制总量。把握“财政供养人员只减不增”底线，确保机构编制总量零增长。健全空编使用管理制度，按空编使用操作流程办事。创新机构编制管理，率先实行全区事业单位空编集中管理调剂使用，在现有编制总量内建立调控机制，促进有限的编制资源利用，解决严格控制编制与满足事业发展需要的矛盾，提高空余编制管理质量和使用效能。

3月31日，区编委办一行人赴双屿街道开展行政执法体制调研 区编委办提供

【规范机构规格与职数】 2014年，做好超职数配备领导职数整改工作，对鹿城区街镇（功能区）撤扩并后领导职数大量减少、街镇（功能区）“三定”表述理解分歧、机构规格、领导职数核定程序不到位等原因造成的超职数配备领导情况进行全面梳理，根据不同原因分类予以整改，实现机构规格、领导职数的合法化。

【实名制度管理】 2014年，规范机构编制人员动态管理。以原有机构编制台账为基础，扩大信息量，完善主要职责、内设机构、人员编制、实有人员等基本信息，健全机构编制管理体系，及时更新系统信息，提高出入编办理效率。实行新增人员实名制公示制度，接受群众监督，加强核查工作，依托机构编制实名制管理系统，与各相关的人事任免文件、花名册、工资发放明细表、通讯录等资料进行比对，对全区行政事业单位的机构设置、人员编制和领导职数配备等信息的真实性、完整性进行核对检查。10月22日至10月30日，组织人员集中进行实地核查，全面核准查实单位机构编制情况，确保数据信息的真实性、完整性和及时更新。

【管理编外用工】 2014年，对全区机关事业单位和工程建设单位编外用工情况进行核查摸底，梳理汇总，掌握全区编外用工基本情况，出台《鹿城区机关事业单位编外用工管理办法（试行）》，对编外用工的总量控制、经费使用、招聘管理、工资标准、制约措施等进行规范。从源头上加强管理，有效控制编外用工总量。重点对编外用工数量大、进人渠道多、用工方式多样、情况较复杂的区教育局、区人社局、区城市管理与行政执法局、区卫生局、区新居民服务管理局和8个街道（镇）等单位进行实地走访调查。制发《关于进一步加强机关事业单位编外用工管理的通知》，核准下发各部门编外用工2014年度核定数，确保全区编外用工数核减10%。

【规范网站标识管理】 2014年，加强党政机关网站安全管理，与区委网络安全和信息化领导小组办公室对接，会同区委网信办提出具体工作方案，明确工作任务，建立党政机关网站的开办审核，建立党政机关网站标识制度。

【事业单位管理】 2014年，坚持管理和服务两手抓，一方面强化监督管理，把事业单位年度检验作为对事业单位进行监督管理手段。全年年检事业单位178家，新设立登记3家，变更53家。推进行政职能事业单位“还政于政”改革，开展事业单位法人治理结构试点工作“回头看”，对试点工作进行评估，完善法人治理体制机制建设。以同意增挂牌子的形式在国内经济合作办公室下属事业单位增挂鹿城区温商服务中心牌子，成立全市首家温商服务中心，为温商回乡创业开通绿色通道。以创建机关服务品牌为抓手，践行“有效沟通，主动服务”品牌理念。优化服务品牌，开展“亮岗位职责、亮责任人员、亮工作流程、亮服务标准、亮办事承诺”五亮活动。开展“四上门”即“上门调查研究、上门宣讲政策、上门征求意见、上门解决难题”服务活动，为部门和全区发展提供服务。拓宽服务渠道，利用门户网站、登记管理交流群及时公告、回复相关信息，提高回复信息时效性，提高服务满意率。

党史研究工作

【概况】 2014年，鹿城区委党史研究室贯彻落实全省第八次党史工作会议精神，完成全年工作任务。编纂出版与刊发《历程——鹿城建区30周年》《鹿城革命烈士集》和《中共鹿城区委文件选编》（第三辑）等书籍、论文与图片，其中40多篇论文、文章被中央省市级书报刊录用，征集上报习近平等中共领导在鹿城考察的图片55幅。7则信息分别被中央、省、市党史部门录用。协助做好鹿城区史馆和西坑革命纪念馆、田塘头革命陈列馆的布展工作。配合温州电视台拍摄纪念抗战胜利70周年宣传纪录片。继续做好鹿城革命文物、史料、图片等征集工作。区委党史研究室被市委党史研究室评为2014年度先进集体。

【《鹿城革命烈士集》出版】 该书主编李岳松，46.9万字，2014年12月由中国文史出版社出版。全书共6篇，第一篇至第三篇选入123名革命烈士生平事迹，其中鹿城籍54名，外籍在鹿城牺牲的34名，其他著名烈士35名；第四至第六篇选入467名革命烈士简介，其中鹿城籍231名。该书纠正了已出版书籍中部分烈士姓名、出生年月、牺牲时间和事迹上的差错，是建区以来第一本较全面翔实反映鹿城革命烈士生平事迹的纪念文集，也是一本具有一定研究价值的革命史料集。

【《中共鹿城区委文件选编》（第三辑）内部出版】 该书36万多字，选辑了1990年至1992年区委重要文件。在附录一收入部分区政府的主要文件，附录二收入区政府领导的主要报告和讲话等。

【编成《历程——鹿城建区30周年》】 该书为大型画册，张靖主编。全书七个部分，以城市建设、经济社会发展的新旧摄影对比和重要事件、主要人物事迹等为题材，以图文并茂的形式全面展示建区30年来的巨大变化。征选了建区以来各部门单位、摄影作者数百幅摄影图片及部分档案史料。

【协助做好“温独支”纪念文集编纂】 为纪念中共温州独立支部成立90周年，参与中共温州市委党史研究室和温州市中共党史学会组织的纪念中共温州独立支部成立90周年党史学术研讨会征文活动。4篇论文入选征文并获奖，其中2篇论文和搜集整理的28位温独支主要成员人物传略入编《丰碑——纪念中共温州独立支部成立90周年》文集。

【党史研究成果被全国省市书报刊录用】 2014年，张靖的论文《论“温州模式”的二次创新》分别被浙江《足迹》《温州决策科学》《温州日报》刊发。李岳松的论文《中共创建时期温籍留苏先进分子代表人物档案研究》入选中央党史研究室等举办的“中共创建史档案与文献学术研讨会”论文集；提交《邓小平中国特色社会主义理论在温州实践的启示》，参加7月16日召开的“浙江省党史系统纪念邓小平同志诞辰110周年学术研讨会”，并刊发在《温州史志》（总第109期）；提交《温州特色农村文化礼堂建设路径探讨》，11月8日参加“浙江省社会科学界联合会第二届学术年会——温州改革与发展论坛”，12月入编《中国领导干部论坛》文集。《温独支在国民革命运动中的历史地位和作用》获温州市“纪念温独支成立90周年学术研讨会”征文二等奖，并入编《丰碑——纪念“温独支”成立90周年》文集。《温籍早期先进分子对地方建党的贡献》刊《温州史志》。李岳松的《梦的滋味》《砻糖桥“晒人干”惨案》《保卫新政权——藤桥战斗》《国宝之地曹湾山》等40多篇文章分别被《党史信息报·镜周刊》《日军侵略浙江罪行惨案集》《温州百年风云》《鹿城人文景观》等书籍与报刊录用。多幅党史题材的摄影作品被《温州日报》刊发录用。

【协助筹建鹿城区史馆开馆】 2014年，积极协助区委宣传部做好“鹿城区史馆”筹建工作，参与布展方案设计研讨、筛选建区30年以来150多条大事记，提供了大部分的重大事件和主要人物的图片史料。

【协助建设的西坑革命纪念馆开馆】 由原浙江省政协主席刘枫题写馆名，区党史研究室参与策划设计布展的西坑革命纪念馆，4月4日在泽临游击根据地的红色堡垒村——藤桥镇西坑村开馆。西坑村是土地革命战争时期的革命根据村，省委书记刘英到村里指导开展革命活动，全村有烈士9名。纪念馆占地面积850多平方米，总投资220万元，收藏展出了枪支大炮、烈士遗物、史料和西坑革命斗争场景国画等。纪念馆成为西坑革命纪念园的重要组成部分，开馆当天被授予温州市爱国主义教育基地和鹿城区群众路线教育实践基地称号。

【协助兴建田塘头革命陈列馆开馆】 改扩建的藤桥镇田塘头革命陈列馆11月19日竣工开馆。田塘头是红十三军第八连诞生地。2014年1月对革命纪念园予以改造，修建了纪念园道路；同时，投资170多万元对原陈列馆予以改扩建。扩建后的陈列馆占地1800平方米，建筑面积550平方米，其中展区380平方米，以革命文物、人物国画和摄影图文等形式，展示了田塘头等村在革命岁月里的英勇事迹。

【配合区委开展“学党史、学先辈、学焦裕禄”学习讨论活动】 3月，区委党史研究室与区委宣传部到市区十多处革命遗址现场考察，选择落实了中共温州独立支部纪念亭、永嘉战时青年服务团成立筹备处旧址、浙南党组织庆年坊交通站旧址等作为区路线教育实践学习活动场所。为配合教育活动，党史室撰写了《温州鹿城革命历史概览》，选辑了鹿城18处主要革命遗址的文字简介与图片，供区委宣传部制作宣传折页，发放给区四套领导和部门单位，并制作了宣传牌。4月8日下午，陪同温州市委常委、鹿城区委书记王立彤等区四套班子成员，参观“温独支”纪念亭等3处革命遗址，邀请市革命历史纪念馆的任武给区四套班子领导讲解；邀请当时的中共地下交通员黄世寅到庆年坊17号交通站旧址现场讲解当年革命地下活动事迹，缅怀革命先烈。随后，党史研究室人员和区四套领导、区“两办”人员认真听取了温州大学教授张小燕作的《红色文明在鹿城》的专题讲座。为配合路线教育实践活动，先后组织赴温州大学瓯江学院、区部门、街道、镇、社区和企业等单位，多层次地开展中共十八届三、四中全会精神、党史党建等宣传教育讲座16次；撰写了《学习鹿城党的历

4月8日，温州市委常委、鹿城区委书记王立彤等区四套班子成员，参观了“温独支”纪念亭

区党史研究室提供

史、践行党的群众路线》等地方党史教育宣讲稿，分别在区委办公室和基层单位宣讲。

老干部工作

【概况】 2014年，鹿城区共计离休干部143人，其中易地安置离休干部73人，约占全区离休干部总数的51.05%。离休干部平均年龄达86岁，其中85岁以上有64人，90岁以上20人，原四套班子退休干部22人。

【开展慰问及文化活动】 春节期间，区委、区政府四套班子领导分9组走访慰问了35位享副县级待遇退休干部及副厅级待遇离休干部。区老干部局分区域走访慰问了全区167位离休干部及老干部遗孀。“七一”期间，对长期卧病在床、行动不便的老干部党员开展了专题慰问。“十一”期间，根据《中组部关于在中华人民共和国成立65周年之际开展走访慰问老干部、老党员活动的通知》的精神，开展“65周年”主题慰问走访活动，市委常委、区委书记王立彤、区四套班子领导分4组带队走访慰问新中国成立前参加革命工作的老干部，全区各街道、部门也对本单位管辖的离休干部进行了慰问。组织老干部开展群众路线征文活动，3篇征文获温州市委老干部局“践行党的群众路线”主题二等奖；开展“三亲史料”①征文活动，与鹿城区政协学习文史委员会共同选编出版《回眸激情岁月——离退休干部回忆录选编》一书；举办形势报告会、温州党史学习会等活动；全年共开展4次全区重要情况通报会，2期离退休支部书记理论学习班，组织老干部到温州国际鞋城、中国鞋都鞋革城、交运国际淘宝城、鹿城商务局、温瑞塘河、永嘉乌牛三江原野苗圃等地开展“走基层、看变化、促发展”主题活动和“观本察源促发展”活动，开展4次节庆活动和为期一周的老干部健康休养活动。

【提供生活服务】 2014年，以服务老干部工作的两个“最后一公里”②为准则，鹿城继续深入开展“四就近”③服务工作，利用社会资源为老干部服务。全年共召开4次社区“四就近”经验交流会，拨出10万元专项资金，全面落实离退休干部每人500元的“四就近”工作经费；实行“单身离休干部互助”机制，及时帮助单身离休干部解决困难；巧用志愿者力量服务离休干部，在重阳节期间，联合民间志愿者团队“爱心屋”无偿为老干部拍摄照片；开展“老干部身边人”评选、培训活动，加强对老干部身边家政服务人员管理；建立老干部子女信息库，每周定期向老干部子女发送“孝心短信”。全面开展对全区各街镇、部门单位老干部工资待遇情况的督察活动，确保每位老干部工资待遇得到落实。

【进行结对交流活动】 9月2日—8日，区老干部局前往台湾冈山进行交流，签订老干部活动中心与高雄市舞蹈运动协会结对交流协议书。

9月28日重阳节，联合民间志愿者团体“爱心屋”为老干部集体祝寿

区老干部局提供

①指区老干部局联合鹿城区政协学习文史资料委员会开展的关于纪念全区建区三十周年活动。向全区离退休干部征集建区三十周年以来或建区之前，各个时期发生的亲身经历、亲眼所见、亲耳所闻的重要事件、重要活动、重要人物以及个人成长，工作经历中某一精彩片断、精彩事迹等内容的文章。

②两个“最后一公里”，是区老干部局2014年针对区委服务工作“最后一公里”概念提出的新时期老干部工作理念。第一个“最后一公里”，即在服务老干部过程中，要做到善始善终、重视服务末端、重视服务细节、重视工作衔接、重视老干部满意度，以拉近与老干部之间的“最后一公里”；第二个“最后一公里”，即在服务老干部过程中，要注重老干部群体的特殊性，注重老干部的临终服务，提升老干部病床幸福感，服务工作陪伴老干部走完人生的“最后一公里”。

③“四就近”，是指老干部就近获得学习，就近参加活动，就近得到关心照顾，就近发挥作用。中组部在《关于进一步加强新形势下离退休干部工作的意见》（中组发〔2008〕10号）文件中提出。

9月2日—8日，局长陈丽蓉赴台湾与冈山结对交流　区老干部局提供

"绚霞"团获"浙江省离退休干部先进集体"授牌现场　区老干部局提供

10月18日上午，台湾高雄市冈山社区大学教师交流团回访区老年大学，副区长黄专途全程陪同交流。

【设立乐为基地】2014年，为搭建老干部"老有所为""老有所乐"的平台，开辟了岙底社区爱心驿站乐为基地、墨池社区书画摄影乐为基地、白鹿洲绿地认养基地等老干部"乐为"平台，并开展岙底社区"安老怀少"慈善活动、墨池社区"凝聚银色力量·共筑中国梦想"书画摄影展、白鹿洲绿色家园建设等活动，使老干部的各项优势得到充分发挥。

【老干部品牌团队助力建设工作】2014年，充分利用"老干部绚霞团""老干部政经团""吾老在线""老干部艺术团"这四个老干部平台，助力全区党和政府中心工作，助力"两美浙江"建设。"绚霞团"共筹集"五水共治"建设资金30180元，并前往藤桥戍浦江、温瑞塘河、松台街道水心亭等地开展公益活动。"吾老在线"充分发挥老干部的经验优势，在基层社区开设了20余场"两美"专题讲座，15场群众路线主题讲座，受益人数达1000余人。"政经团"5位老干部担任党的群众路线教育实践活动督导组组长，助力党风建设。"艺术团"利用节假日进社区、下基层，开展"走亲连心"活动宣传，积极传扬党政方针。"老干部绚霞团"获"2014年浙江省离退休干部先进集体"称号。

【调整老干部护理费用】2014年，根据浙江省委组织部、老干部局、财政厅、人力资源和社会保障厅《关于调整我省离休干部护理补贴费标准的通知》（浙组〔2014〕7号）文件精神，鹿城区离休干部护理费标准调整如下：一、红军时期离休干部护理费标准提高到每人每月1800元；二、抗日战争前期、抗日战争后期离休干部护理费标准统一提高到每人每月1200元；三、解放战争时期离休干部护理费标准提高到每人每月600元；四、因瘫痪等原因生活长期完全不能自理的离休干部护理费标准提高到每人每月1000元。

精神文明建设

【概况】2014年，鹿城区精神文明建设工作在区委、区政府和区文明委领导下，将精神文明建设和全国文明城市创建工作作为城市可持续发展支撑，助推中国梦和"两美"鹿城建设，助推鹿城经济社会发展。开展全国文明城市创建攻坚行动，发挥主阵地、主力军、排头兵作用；精神文明建设工作考核连续三年全市第一、党风廉政建设责任制工作连续三年获全区先进单位称号、"两无三化"考核全市第一、"幸福社区"创建工作全市第一、"美丽街区"创建工作全市第一，规定动作全部到位并在全市领先。

【全国文明城市创建】2014年，鹿城区作为全国文明城市创建主阵地和主战场，区委、区政府高度重视，召开全国文明城市创建万人动员大会，将全国文明城市创建工作列入全区每月工作重点，区委常委会专题提出"为民、惠民、靠民、便民、利民"的创建理念和"民生优先"的战略部署；区长办公会议专门研究，从人力、物力和财力等各方面给予全力保障；区文明委协调抓总，区文明办具体落实，各机关部门、街镇、社区开展"万人攻坚月"活动。成立由区委书记为组长的全国文明城市创建领导小组，下设9大创建攻坚专项工作组，制定

8月22日，温州市鹿城区召开全国文明城市创建工作推进大会　　吴　莹摄

《鹿城区创建全国文明城市职能任务分解表（修订版）》《鹿城区迎接全国未成年人思想道德建设工作测评职能任务分解表（修订版）》和《鹿城区创建全国文明城市工作问责制》，区委、区政府与8个街镇、区直44个文明委成员单位签订创建目标工作责任书，市直25个部门与全区80个社区签订结对挂钩工作责任书。夯实以“市区联动、社区为单元、街镇为主体、部门为网格”的文明城市创建体系，完善督查、考评、问责、奖罚为一体的监督机制。以“八大环境”整治为重点，对照文明城市创建“软”指标，注重提升市民素质，深入开展“文明出行”“文明旅游”“文明餐桌”“勤俭节约”“爱心公益”等主题活动，连续12年推出江心屿金秋文化节活动，基层群众性公益文化事业发展加快。对照文明城市创建“硬”指标，全面开展环境整治、市容美化、市场规范、交通治堵等攻坚行动；加快基础设施建设，完成道路大修18.97万平方米、盲道整改2000余米，累计处置数字城管派遣件10.28万余件，清理乱粘贴广告纸约304.77万张，覆盖乱涂写面积216.67万平方米，查处占道经营8137处。推行“文明礼让斑马线”，开展酒驾集中整治、“纠违治危”等专项整治行动，全年共查处交通违法行为27.2万余起，查处人行道车辆违停19.8万起，纠正各类不文明行为2.57万起；组织2.4万名志愿者开展“文明出行”志愿劝导活动。开展“抓消毒·保健康”系列活动、“百家卫生示范店”创建活动，进行“清单式”督查、背街小巷“四小行业”专项督查等系列行动，共检查“五小行业”19775户、责令限期整改1612户，“五病”调离率达到100%，公共用品、用具消毒制度全面落实。区文明办（整治办）牵头组织4个街道和公安、城管、交警等部门联合开展城区停车非法收费专项整治行动，全年计13人被依法行政拘留、132人被公安机关进行警告性谈话。实施美丽浙南水乡“六大工程”，实行“河长制”，“垃圾河”整治率达100%，“黑臭河”整治有效推进；以“两无三化”“三改一拆”“四边三化”“美丽街区”创建等工作为载体，推进城市绿化彩化美化，增加城市道路、公园、小游园绿化量，提升城市“外”在形象。

【道德模范选树宣传工作】 2014年，鹿城区深入开展“我推荐、我评议身边好人”活动。区文明办联合区委宣传部通过开展“鹿城好人”“社区好人”“十佳道德模范”“十佳慈善之星”等系列评选活动，推荐“助人为乐”代表周绍文、赵章惠入选“最美浙江人——浙江好人榜”，推荐千里送还50万元巨款的陈明德入选“中国好人”榜。截至12月底，全区共有15人获“中国好人”“浙江好人”“最美温州人”“鹿城好人”等称号，37位市民登上“社区好人榜”。引入社会资源，与鹿城农商银行合作，在全市率先设立200万元的“道德公益基金”，对好人好事进行奖励和帮扶，节日期间对各类“好人”开展慰问活动，联系企业帮助拾金不昧好人刘永敢安排工作。深化具有鹿城特色的慈善救助品牌，出版《伏茶——温州大爱的坐标》一书，以“温州伏茶”引导民间慈善行为。“红日亭”现象得到中央文明委关注和认可，中央文明办专职副主任徐令义，省委常委、省委宣传部部长葛慧君等专程到温州调研“红日亭”现象，新华社、《人民日报》等国内主流媒体多次聚焦，吸引“全国网络媒体温州行”，中央电视台《道德观察》栏目播出“红日亭”专辑，提升弘扬了“红日亭”崇善向上文化。

【学雷锋志愿服务】 2014年，鹿城区启动“志愿服务助力行动”项目，举行行动对接交流会，来自8个街镇的22个社区和温州星火义工之家等14支志愿服务团队就社区志愿服务需求进行结对交流。举办鹿城区志愿服务团成立仪式暨“雷锋在身边”志愿服务主题活动，万余名志愿服务人员参加活动，各路志愿者以“雷锋在身边”为主题的六大志愿服务板块举办公益市集及志愿服务项目结对签约活动，100多支志愿服务团队结对80个社区。在全国文明城市创建期间，鹿城区文明办组织2.4万名志愿者开展“文明城市·从我做起”系列主题志愿宣传服务活动，活动包括骑行宣传“礼让斑马线”、清理公园垃圾、微接力传递文明细节、文明礼让“大拇指行动”等。截至年底，鹿城区注册志愿者总人数达7.3万人，占常住人口10%。全年约5万名志愿者为社会提供各类志愿服务，全年服务对象达10万余人。

举办“新闻惠万家 文明进社区”活动　　吴　莹摄

【核心价值观宣传教育】 2014年，为推动核心价值观在全社会的传播和实践，全区设立城市大型LED广告显示屏14处，在市区300多个主要商务楼宇的电子屏幕、4000多辆出租车和540多家沿街店面以LED形式全天候发布核心价值观、“讲文明 树新风”公益宣传广告。在80个社区设立2万多个“遵德守礼”提示牌，84所中小学2000个教室、200个住宅小区灯箱广告栏张贴24字核心价值观及公益宣传牌，设计“讲文明树新风”——《做一个文明有礼的浙江人》《这些细节你做到了吗》《这些陋习你改了吗》等宣传册，印发5万余册。全区150个社区宣传栏做到月月有更新、有主题、有亮点。搭建形式多样的信息化沟通平台和社情民意收集反馈体系，在多家市级媒体开设“文明创建曝光台”“文明观察室”“民生圆桌会——对话文明”“文明大家谈”“新闻惠万家、文明进社区”等栏目。制作拍摄了《文明行车赤兔马篇》《孝悌忠信礼义廉耻》《节俭养德——节约一粒米一滴水》《百善孝为先》等公益广告，在温州广播电视传媒集团新闻综合频道和经济科教频道黄金时段播出，其中《孝悌忠信 礼义廉耻》获第24届浙江省电视牡丹奖一等奖。全年区文明办在鹿城文明网发稿4212篇，向中央、省、市文明办上报信息777条，其中被中央文明办采用信息46条，省文明办采用信息256条，市文明办采用信息521条，信息工作居全省前列。在市级以上各大新闻媒体共刊登由文明办采写的新闻报道92篇（次），刊《浙江日报》等主流媒体专题报道48篇，10篇新闻报道上了《温州日报》头版。《温州市鹿城区全面推进“讲文明 树新风”公益宣传工作》和《温州市鹿城区“六大创建”为载体，全面推进“幸福社区”创建工作》被中央《精神文明导刊》采用。报送《从“最美精神”探索社会主义核心价值观的群众践行》等36篇调研论文参与各类比赛，康奈集团有限公司“情感交流站”案例获温州市第四届“非公企业十佳精神文明活动创新奖”，《构建“幸福社区”新型服务体系研究》获年度鹿城区党政系统优秀调研课题一等奖。

【“美丽街区”创建工作】 2014年，鹿城区根据市委市政府关于开展“美丽街区”创建的部署要求，以“走读”和“坐享”为创建理念，按照“一街一品、一路一特色”创建思路，结合“美丽浙南水乡”和“靓丽山水智城”建设要求，开展美化整治、人文培育、特色打造、常态管理等整治提升工作。全年共申报“美丽街区”10个，其中滨江街道杨府山公园——“黎明·92”创意休闲街区、双屿街道康兴路红色街区、五马街道红日亭美丽街区、松台街道望江东路咖啡美食休闲街区、南汇街道锦绣路（南汇桥儿头社区段）塘河文化走廊5个街区入围，并按要求完成各项工程建设任务，通过2014年度“美丽街区”验收，创成量居全市第一。研究制定《鹿城区2014年“两无三

滨江街道“黎明·92”创意休闲街区　　区文明办提供

化”评比考核奖惩实施办法》，通过奖优罚劣，促进全区“两无三化”考评工作整体提升，全年鹿城区“两无三化”考核工作全市第一。

【“幸福社区”创建工作】　全区将“幸福社区”创建作为推进民生幸福的重点工程，设专项资金500万元，纳入财政预算。以社区居民服务需求为根本，以“五型五感”为创建内容，通过探索与实践同行，精品与特色同建，打造了一批各具特色的社区。区文明办牵头组织五个部门（区委组织部、区委宣传部、区委政法委、民政局、城管与执法局）通过听取汇报、审核材料、实地察看、问卷调查等方式，分别对52个申报社区进行测评。截至年底，全区80个社区共创成幸福社区65个（其中五星级6个，四星级15个，三星级11个，二星级23个，一星级10个）。全年全区“幸福社区”创建工作全市第一。

【未成年人思想道德建设】　2014年，全区把未成年人思想道德建设内容纳入鹿城区“十二五”规划。市区两级文明办共下拨“春泥计划”专项经费280余万元，将七都街道留守儿童“快乐之家”、藤桥呈岸村“快乐星期天”活动基地、藤桥临江未成年人主题文化公园和城区特色社区打造成“春泥计划”示范阵地。鹿城区“春泥计划”工作在全省现场会作经验交流。4月12日、18日，省委宣传部副部长、省文明办主任龚吟怡，省文明办未成年人处处长叶彤分别到七都街道留守儿童快乐之家“春泥计划”阵地和藤桥临江未成年人主题文化公园调研指导，实地参观考察“春泥计划”实施开展情况。以“公益课堂”为载体，全年共举办各类公益课堂讲座450多场次，受教育人数达5万多人，其中，邀请文化馆、图书馆等专业艺术人员、社区业余艺术爱好者、文艺志愿者、在温大学生组成暑期公益培训队伍，开展爱国课堂、传统文化、安全教育等各类暑期公益课堂130余场次，惠及6100多人次。组织全区开展“优秀童谣”征集活动，共征集“优秀童谣”200多首，其中13首优秀童谣分获市级一、二、三等奖，两首优秀童谣获省级二等奖。举办全区践行核心价值观“童心向党”歌咏比赛，10所中小学校500名学生代表参加活动，区“童心向党”歌咏活动和第五届未成年人思想道德建设工作创新案例获温州市组织奖。未成年人思想道德建设实践活动基地已被命名有18个，由“五老人员”参与的4点钟学校达12所，8个街镇实现少年宫学校全覆盖，11所“乡村学校少年宫”暑期正常使用。做好未成年人成长环境优化净化工作，区文明办牵头组织文化、公安、市场

6月20日，鹿城区举行“童心向党”大型歌咏活动　　区文明办提供

监管等职能部门，对全区83所中小学校园周边环境开展“净屏”“净网”“净边”“净刊”集中整治行动，实行定岗定员定责包干制度，共检查校园及周边经营户200多家，取缔无证照经营户5家，规范食品经营户12家，取缔黑网吧5家、学校周边流动摊贩259个，检查文化经营场所1876家次，对全区152家网吧率先进行分级管理试点。关爱特殊群体未成年人，开展“童梦守望”公益行动，全年共送出校服2700套，援助资金约18万元。创建全国首家异地籍青少年犯帮教基地，截至12月底已发展19家企业和1所学校，已接纳帮教对象64人。

【基层文明创建】 以2014年度文明单位测评体系为导向，按照“五个一”的主要内容和十三项重点工作的要求，全年共创成省级文明单位3家、省级文明街道1家、省级文明社区2个、省级文明村1个；新命名表彰区级文明单位8家、文明服务示范点5个、文明村2个；10月份对全区194家文明单位实施了文明单位社会责任报告制度。将“双百结对·共建文明”活动作为文明单位创建考核的重要依据，全区194家文明单位与141个行政村结对共建，结对率达100%，全年各级文明单位共投入资金250多万元。将“道德讲堂”建设工作纳入文明单位测评体系，全年全区共开展530余场“道德讲堂”活动，参加人员达6.5万多人次，共组织开展各类文化活动3147场，放映公益性数字电影1512场。完善农村精神文明建设机制，在80个城乡社区建立道德讲堂、农家书屋和文化礼堂。开展“文明村”“文明家庭”“十星级文明户”“身边好人”“好媳妇”“好婆婆”等评选活动，全年共评出766户“十星级文明户”，截至年底全区已创成文明家庭12.97万户，创建率达52.74%。

8月3日，“文明鹿城·精彩有我”温州市第十三个诚信日文化活动在温州大剧院举行
区文明办提供

区直机关党工委工作

【概况】 2014年，区直机关工委围绕加强党的执政能力建设主线，以党的群众路线教育实践活动为总抓手，进一步加强思想、组织、作风、反腐倡廉和制度建设，推进机关党建工作创新发展。截至年底，区直机关党工委下属机关党组织399个，其中：机关党委10个、机关党总支部27个、机关党支部362个，共有党员6526名。

【思想政治建设】 2014年，制定下发《关于2014年区直机关党委（党组）中心组和机关干部理论学习的意见》，发挥中心组理论学习示范引领作用。开展机关党建调研课题征集活动，收到各机关党组织党建论文58篇，向市直机关选送6篇

4月25日，区直机关工委承办鹿城区机关党员干部“心系群众，助推发展，当鹿城好干部”演讲比赛
区直机关党工委提供

优秀论文参加评选活动，其中，《鹿城区机关党员思想状况和机关党建工作调研报告》获浙江省机关党的建设理论研究三等奖（温州市机关党的建设理论研究成果一等奖）。深化学习型党组织创建，组织开展“悦读启智，书香机关”读书节活动，举办鹿城区机关党员干部“心系群众，助推发展，当鹿城好干部”演讲比赛，10家机关党组织获2014年度“书香机关”称号。

【党的组织建设】 2014年，优化机关基层党组织设置，全年完成24家直属机关基层党组织换届和调整，换届率达100%，调整充实81名机关党组织班子成员。规范党组织制度建设，下发《关于进一步规范和加强基层党组织“三会一课”制度的通知》，确保党的组织生活正常有序开展。建立区直部门、街镇机关党建联运机制，将206个机关基层党组织与269个社区（农村）党组织结对，推进部门党建资源向基层延伸。

【党的队伍建设】 2014年，严把党员发展入口关，规范入党程序，制定下发《关于进一步规范区直机关发展党员工作的意见》《区直机关入党积极分子志愿服务制度实施意见（试行）的通知》等文件，对入党积极分子、发展对象、预备党员做到严格教育、管理、考察，全年发展党员64名，较上年度下降13.5%。健全党内激励机制，对在工作中有优秀表现的30名党务工作者、30名党支部书记、606名机关党员进行表彰。开展“寻找身边最美共产党员，展示机关最美精神”活动，宣传优秀机关党员29人，推广基层好做法30个，形成机关党员学习先进良好风气。

【党的作风建设】 2014年，贯彻落实党风廉政建设责任制，打造“五型”机关创建，突出示范导向，开展“十佳服务品牌”评选，推进机关服务意识，促进党员干部作风转变。加强党组织党风廉政教育，启用机关党员警示教育基地，组织街镇、机关党员参观学习，39批次2046名党员接受教育。开展正风肃纪活动，全年配合区纪委开展公共服务查询11次，机关效能督查23次，被问责人25人，促进机关效能提高和违规问题整改。

【群众路线教育活动】 2014年，推动教育实践活动深入开展，制定《关于在群众路线教育实践活动中充分发挥机关党组织作用的通知》《区直机关基层党组织专题组织生活会工作流程的通知》等文件，指导实践活动在区直机关有序开展，全区机关342个基层党组织全部召开专题组织生活会。编印并发放《党员无神论教育读本》，全区6000多名机关党员做出不信教承诺。推行“党员政治生日”制度，全区机关6000多名党员建立了“政治生日”档案，《紫光阁》、人民网等媒体进行专题报道，该项工作被评为温州市十大亮点工作之一。

【群团组织建设】 2014年，以党组织为核心，推进机关群团组织建设。机关工会组织评选推荐鹿城区劳模2名、先进单位5个、先进工作者19名，安排19名机关职工参加疗休养活动。机关团工委新建下属机关团组织3家，换届1家，举办“点亮微心愿 共筑中国梦”之“童心守望”图书微心愿活动，200个图书微心愿被党员认领。机关妇委会选举产生新一届委员会，在妇女节期间开展系列庆祝活动，并举办妇女法律知识讲座增强妇女维权意识。

【党务培训工作】 2014年，进一步加强执政能力建设，提高党务干部思想政治素质，与市委党校联合举办党支部书记轮训班二期，80多名党支部书记参加了培训。与温州市人才干部学校联合举办入党积极

5月21日，鹿城区直机关入党积极分子培训班开班仪式　　区直机关党工委提供

8月8日，鹿城区"全民健身日"活动开幕式　　区直机关党工委提供

分子培训班，共有100多人参加入党前的知识培训。

【群众文体、关爱活动】 2014年，以浙江省第二届全民体育节为平台，开展群众文化体育活动，全年组织开办太极拳培训、广场健身操培训、登山比赛、象棋比赛等群众文体活动8次，参加活动计3000多人次。开展职工关爱活动，组织400名机关职工参加国民体质监测活动，掌握职工健康状况，在重大节假日走访慰问困难党员群众，全年走访慰问57人次，组织各机关部门职工参加慈善活动月开幕式活动并现场进行募捐。

信访工作

【概况】 2014年，鹿城区信访总体平稳有序，信访总量4103件（人）次，其中：进京上访17批84人次（上年同期40批92人次）；进京非正常上访49批80人次，占全年非正常上访指标控制数（86人）的93%；赴省上访99批249人次（上年同期148批427人次）；到市上访101批828人次（上年同期360批1483人次）；来信（网信）555件（上年同期679件）。

【区领导领衔责任制】 2014年，创新群众工作方法，完善信访工作制度，更加注重源头预防、渠道畅通，及时就地解决群众合理诉求，对进京赴省上访及非正常上访的重点群体信访案件实行区领导领衔责任制度，区领导领衔包案，全面落责、全力攻坚、全程跟踪，化解重点群体信访案件，尽力做到使群众满意。

【信访特色工程】 2014年，实施"365信访工程"，建立"畅通、有序、务实、高效"的信访工作新秩序。"3"为"三级责任"，即强化区、街镇部门、社区（网格）三级信访工作责任，坚持一级一层落实；"6"为"六项机制"，即建立完善领导干部大接访机制、街镇信访联席会议机制、信访信息分析研判预警机制、信访化解稳控落责机制、群体性信访联动应急机制、社会组织参与信访工作机制；"5"为"五大行动"，即开展信访秩序整治行动、信访积案攻坚行动、信访办理提质行动、信访和谐阳光行动、信访渠道畅通行动。实施"暖心工程"，保障特殊利益群体合法权益。通过思想工作及实际行动，保证特殊利益群体总体上保持稳定，使信访工作更加规范化、人性化，助力政府与群众之间的良性互动。

【信访秩序专项整治】 2014年，着力破难攻坚，整治进京非正常上访秩序。通过依法信访主题宣传活动引导信访人依法、理性、有序上访；实行重点人员落责稳控和信息预警机制；建立由综治办、维稳办、联席办、公安分局及街镇参加的例会制度，每月研究分析非正常上访形势和制定工作方案；将解决进京非正常上访突出问题纳入平安、综治考核重点；完善专案经营机制；建立非正常上访依法处置机制。全年全区非正常上访人次同比下降60.40%。

【信访事项办理】 2014年，推动"事要解决"，认真办理初信初访，推动初信初访从注重办结到注重化解的转变，防止变成重信重访，继而变成新的积案。1—12月，共受理初信初访324件，化解301件，化解率92.9%；结合全区重复越级上访及进京非正常上访情况，共梳理出区级信访积案（事权区属）14件，继续实行领导督导制度，开展积案攻坚，对每个案件做到信访程序穷尽、司法程序穷尽、帮扶救助、教育训诫到位，14件区级信访积案中已化解或程序终结12件，2件已启动终结程序；在党的群众路线教育实践活动期间开展信访积案专项排查整治活动，梳理出历年未化解的重复信访，或涉及民生、群众要求强烈的37件积案挂牌交办，现已化解34件，化解率为91.9%。

【完善信访工作格局】 2014年，强化规范建设，完善信访工作大格局。经区委区政府研究决定，建立完善重大决策风险评估机制、信息预警机制、专案经营机制、劝返机制、联动机制、市区行政中心门口群访案件应急处置机制、第三方参与机制、考核机制、追责机制等10项机制，优化与当前信访形势任务相适应的制度环境。通过“信访宣传月”“红七月”服务月及“12·4”全国法制宣传日等活动，围绕“依法信访、理性维权”主题，以广场宣传、分发资料、培训座谈、设置宣传栏等方式，开展信访制度和法规政策的宣传。

档案工作

【概况】 2014年，区档案局以提升档案工作水平、服务鹿城经济社会发展为主线，将深化改革要求和档案工作实际结合，破解鹿城档案难题，依法履行档案收集、保管、利用职责，促进全区档案事业持续健康发展，保证全年工作目标的完成。

【档案资源建设】 2014年年底，鹿城区档案馆现有112个全宗，馆藏档案数26480卷、186698件。依法对全区各机关事业单位保管满十年的档案进行接收进馆，全年接收档案共4985卷、21332件，其中文书档案502卷、10865件，民生业务档案4520卷、10696件，并接收了一些反映鹿城区以及全省、全市文化活动、历史变化的重要书籍和资料。

【档案开发利用】 2014年，共接待查阅2212人次，调阅案卷500卷次、2180余件，提供机关单位以及民众查阅工资、保险、婚姻等方面相关档案之需要。开展午休期间预约接待查档服务，为社会各界提供优质的档案查阅服务。为群众出凭证、为机关单位编研修史工作参考提供便利。

【机关档案室创建认定】 2014年，开展机关省市级档案目标管理认定。仰义街道通过省一级达标，区旅游局通过省三级达标，五马街道、区总工会、区城市管理与行政执法局、区交通运输局通过市级达标。开展省级示范数字档案室和市级规范化数字档案室创建活动，区总工会、区旅游局、区机关事务管理局、区金融办、区文广新局、区妇联、区交通局等7家单位通过市级规范化数字档案室认定。

【档案业务知识培训】 2014年，为提高全区档案人员整体素质和业务水平，举办一系列档案业务知识培训。4月11日，举办全区街道、镇档案工作会议，会议主要内容为街镇文件材料归档范围、保管期限、街镇档案分类方案、各门类档案整理方法等，各街镇办公室主任和档案员共12人参加了会议。4月24日，举办全区档案共建共享平台培训会议，全区部门、街镇共85人参加培训，培训的主要内容是介绍档案共建共享平台操作、档案登记备份流程、档案登记备份法律法规，以及档案年检和档案考核新要求。6月27日，举办基层档案查阅服务点培训会，学习“新农村（社区）档案信息共建共享平台”的操作演示，档案查阅流程、查阅制度等项目，13个民生档案查阅服务点的档案员参加了培训。

【档案工作业务指导】 2014年，加大对重大活动、重点工程和珍贵档案的收集。对“三改一拆”“五水共治”与党的群众路线教育实践活动档案进行指导。与区“三改一拆”办、治水办、路教办加强联系沟通，联合发文，加强对全区“三改一拆”、“五水共治”、群众路线教育实践活动档案收集、整理的指导，确定文件材料归档范围和保管期限，确保档案齐全、完整。对

10月30日，在松台广场举办鹿城建区30周年档案图片展　　区档案局提供

七都堤塘和鹿城区人民医院等重大工程档案开展多次上门指导、电话联系，与市档案局联合对七都堤塘工程第一标段项目档案进行验收。

【档案文化建设】 2014年，为庆祝鹿城建区30周年，编写出版《鹿城建区30年纪事（1984—2014）》，该书反映了30年来鹿城区政治、经济、文化、民生和社会生活等方面的大事、要事、新事。协助区史馆筹建工作，提供展品、资料。参与编写《纪念建区30周年特刊》。编写出版《记忆鹿城·2013》，以图文并茂的形式呈现2013年鹿城经济社会发展轨迹。10月30日，在松台广场开展《白鹿腾飞》鹿城建区30周年图片展，将鹿城30年来在经济发展、城市建设、民本民生、文明文化、党建成果等方面的变化进行展示。开展省级企业记忆之窗建设申报，协助创建巨一集团企业文化记忆之窗。

【档案登记备份工作】 根据省市要求，2014年全区共完成72家单位的登记备份工作，其中企业1家、电子业务系统3个。根据平安创建要求，为备份数据安全，由区档案局登备中心牵头，基于原有“在线重要档案数据异地备份系统”建成“备份数据仓库系统”，确保数据安全。

【档案信息化建设】 2014年，完成基于政务网的档案共建共享平台验收及培训工作。4月28日，档案共建共享平台正式上线，该平台整合了登记备份、数字档案室、电子文件中心、在线年检、跨全宗查询等功能，覆盖了档案信息资源收集、管理、存储与利用、备份的全过程，实现档案信息资源的“一站式”管理。制定基层档案查阅服务点方案，依托“新农村（社区）档案信息共建共享平台”，利用档案数字化、网络化技术，以群众对民生档案查询需求为导向，以服务群众、便民利民为重点，群众通过该平台不出社区就可查询馆藏民生婚姻档案。依托鹿城档案方志网，建成“在线档案查调审批系统”，4月29日，该系统试运行，通过该系统能在线完成身份审核，当事人可足不出户完成档案查调。完成区馆藏档案与市档案局馆际一体化平台对接工程，10月20日，完成数据接口开发，通过电子政务网实现全局的档案综合管理系统与市档案局馆际一体化平台无缝对接，同步民生档案条目16余万条，实现民生档案机读目录的自动、实时上传。6月9日，由区档案局承担的省级科研课题——《基于政务网的档案信息资源共建共享平台的研究》通过省档案局的验收。

【馆藏档案数字化及其安全建设】 2014年，根据省局相关要求，计划在两年内分批完成馆藏所有纸质档案的数字化扫描工作，截至年底完成扫描130万页，满足档案异质备份和存用分离安全需要。区档案局形成三大平台五大应用，基本完成了数字档案馆建设。根据《档案信息系统安全等级保护定级工作指南》及平安创建要求，购置防火墙、防病墙等网络安全设备，完成信息系统安全改造升级，并通过安全等级保护二级测评。全年完成馆内所有档案信息系统安全等级保护测评。

（编辑　王　超）

中国共产党温州市鹿城区纪律检查委员会

【概况】 2014年，全区各纪检监察组织围绕“转职能、转方式、转作风”要求，聚焦主业，认真履职，反腐倡廉各项工作取得新进展、新成效，得到广大干部群众的充分肯定，获市级以上媒体报道81篇，省市领导批示肯定8次。通过纪检监察工作考核，区纪检委获全市纪检监察工作先进集体称号。

【落实“两个责任”】 2014年，落实主体责任，改革完善全区党风廉政建设责任制考核体系，实行“两个责任”分项考核，党委主体责任考核权重占80%。全面建立下级党委（党组）履行党风廉政建设主体责任情况报告制度，各街镇党（工）委和区直部门党委（党组）“一把手”作专题汇报，逐步形成党委主抓直管新机制。加大党风廉政建设责任制检查、考核和追究力度，区党政领导分别带队对全区76家单位进行专项检查。强化“一案双查”，对15名区管领导干部履职不到位进行追责。推进纪检体制改革，强化监督职能，针对当前同级监督中存在的问题进行大胆探索，率全市之先强化同级监督，实行“廉政抄告”制度，向5名区领导抄告其本人或分管（联系）单位存在的违法违纪问题，《中国纪检监察报》等媒体作专题报道，外省市纷纷来电来函学习借鉴。率先出台《区委巡察工作实施办法》，对2家单位实行首轮巡察。优化重组区纪委内设机构，从事监督执纪问责的一线在编人员数占总人数比例由原先的23%提高到66.70%。清理区纪委（监察局）参与的议事协调机构，从108个精简到19个。制定出台《街镇纪（工）委工作目标量化考核办法》，定期听取工作落实情况，聚焦主责主业。

全区街镇纪（工）委书记例会　　区纪委提供

【推动作风建设】 2014年，紧扣“四风”问题，高标准严要求落实中央、省、市、区各项规定，全年出动督查人员达600多人次，问责63人，对其中3名科级干部予以免职或撤职。创新作风效能建设工作理念，首次推行抓领导、抓班子、领导抓、带队伍的“三抓一带”正风肃纪专项行动，对467名区管干部和400多名站所负责人开展作风效能专题督查，对7名科级干部进行追责并予以媒体曝光，其中1名予以免职。多次开展“三公”经费专项督查，全区“三公”费用同比下降

37.65%。关停江心屿风景旅游区内2家会所，这也是全市唯一关停的会所。督促职能部门落实超标办公用房整改工作。深入开展教育、涉农等领域专项治理，查处损害群众利益案件7起，纠正违纪款近200万元。严肃追究违反党纪和失职渎职行为，依纪依法对“三改一拆”执行不力、凯裕花园小区“地宫”违建、行政败诉、安全生产事故等一批案件进行调查处理，特别对藤桥镇辖区现行违建查处不力的4家单位、13名干部予以追责（5名中层干部予以免职），其中涉及科级干部7名。

【保障重点工作】 2014年，坚持围绕中心、服务大局方针，创新出台重点工作项目化管理办法，让部门纪检组长担任重点工程项目建设、“五水共治”等12项中心工作督查长，负责日常监督。区纪委做好约谈等事后问绩、问效、问责工作。全年开展督查200多次，下发通报10期，问责44人，助推工程项目建设进度。制定完善重点工作免责、党员干部澄清机制，给32名党员干部免责或澄清事实，营造了良好的政治生态。组织召开全区作风效能建设大会，扎实开展“模拟办事”“效能示范岗”和“勤廉标兵”评选及专项助企等活动，督促落实审批首席代表、公共服务窗口无休日等制度，取消3家单位5个无依据审批前置条件，审批事项集中度和授权度均达到90%以上，审批时限再压缩30%，极大改善了发展软环境。创新机关中层和基层站所评议方式，全区244个单位接受2万多名群众评议，有效倒逼机关干部作风转变和服务质量提升。

【加大惩治腐败力度】 2014年，积极转变办案理念，严肃查办违纪违法案件，全区纪检监察组织共受理信访举报551件，初核217件，立案67件，处分55人，涉及乡科级干部5人，移送司法机关16人，为国家和集体挽回经济损失近3000万元。区本级重点查办了仰义街道原征收办副主任林恩胜贪腐案、区质监站原站长黄浩等人集体私分国有资产案。改革完善案件线索收集、管理、处置、排查机制，建立信访举报统一归口管理、信访考核“一票否决”和责任倒查制度，加大领导包案化解力度，按期办结中央巡视组交办件108个，化解赴省进京疑难信访件20个，特别查结了历时7年之久的双屿街道瓯浦垟村村干部集体侵占45套安置房信访积案，移送司法机关7人，挽回直接经济损失约2000万元，维护了农村社会稳定，提高了党和政府的公信力。

【加快治本抓源步伐】 2014年，制定出台《鹿城区建立健全惩治和预防腐败体系2013—2017年实施意见》，督促推动落实。加强权力监督制约，严格执行领导干部经济责任审计、报告个人有关事项等规定，进一步完善领导干部廉洁从政信息平台建设。加强关爱提醒和日常监督，创新出台《区管领导干部党风廉政谈话暂行办法》，对102名区管干部进行约谈提醒，取得了良好的教育监督预防效果。改进宣传教育方式，建立区机关党员警示教育基地、“清廉鹿城”微信平台等有效途径。创新出台《全区党员干部分级分责党风廉政教育工作意见》，对区管干部、重要岗位和一般岗位党员干部，实行分级分责教育，实现全区党员干部党风廉政教育全覆盖。强化建章立制，推进全区公有房产规范管理，每年节约财政支出约800万元，公开招租收入达3400多万元。建立村级议事规则、“三资”管理、工程项目招投标和村干部责任追究等六方面的村居治理体系，推进村级组织规范化建设。以典型案例编发《“村官”职务犯罪案例选编》，对村居干部起到了良好的预防教育作用。全面完成村（居）务监督委员会换届选举工作，探索开展村监会“123”提质工程和农村集体“三资”公开试点，强化农村基层党风廉政建设。

（编辑　王　超）

8月8日，区纪委、区人民法院等领导参观警示教育基地的展览　区纪委提供

鹿城区人民代表大会

区人民代表大会及其常委会会议

【区八届人大三次会议】 2014年，1月7日至1月9日举行。出席大会代表270名，列席会议人员230名。区八届人大三次会议共举行4次全体会议，5次主席团会议，1次计划和预算审查委员会会议，1次议案审查委员会会议。会议主要议程：1.听取和审查温州市鹿城区人民政府工作报告；2.听取和审查温州市鹿城区2013年国民经济和社会发展计划执行情况及2014年国民经济和社会发展计划草案的报告，审查、批准温州市鹿城区2013年国民经济和社会发展计划执行情况的报告及2014年国民经济和社会发展计划；3.听取和审查温州市鹿城区2013年全区和区级预算执行情况及2014年全区和区级预算草案的报告，审查、批准温州市鹿城区2013年区级预算执行情况的报告及2014年区级预算；4.听取和审查温州市鹿城区人民代表大会常务委员会工作报告；5.听取和审查温州市鹿城区人民法院工作报告；6.听取和审查温州市鹿城区人民检察院工作报告；7.补选温州市鹿城区第八届人民代表大会常务委员会委员。区八届人大三次会议共收到代表议案14件，建议191件。

【区八届人大常委会第十五次会议】 3月19日举行会议，主要议程：1.听取和审议区政府关于2013年政府债务执行情况和2014年政府债务计划草案的报告；2.听取和审议区政府关于2013年本级部门预算执行和2014年本级部门预算编制情况的报告；3.听取和审议区政府关于科技进步“一法一条例”执法检查审议意见落实情况的报告；4.审议通过关于提请设立温州市鹿城区人大常委会预算工作委员会的议案；5.审议通过温州市鹿城区人大常委会2014年工作要点；6.审议通过温州市鹿城区人民代表大会代表约见国家机关负责人暂行办法；7.人事任免。

【区八届人大常委会第十六次会议】 5月28日举行会议，主要议程：1.听取和审议区检察院关于职务犯罪查办和预防工作情况的报告；2.听取和审议区政府关于教育专项工作审议意见落实情况的报告；3.听取和审议区政府关于“三改一拆”工作审议意见落实情况的报告；4.听取市人大代表述职；5.人事任免。

【区八届人大常委会第十七次会议】 7月30日举行会议，主要议程：1.听取和审议区政府关于2013年财政决算的报告；2.听取和审议区政府关于2013年区级预算执行和其他财政收支情况的审计工作报告；3.听取和审议区政府关于提升居家养老服务工作议案办理工作审议意见落实情况的报告；4.听取和审议区政府关于宗教活动场所拆迁安置工作审议意见落实情况的报告；5.听取和审议区人大常委会关于深化财政预算审查监督的实施意见（草案）；6.听取和审议区人大常委会关于区级预算审查监督办法修订稿（草案）、区人大常委会关于区级部门预算审查监督办法（草案）以及关于区级预算审查监督办法修订稿（草案）和区级部门预算审查监督办法（草案）的说明；7.听取市人大代表述职；8.人事任免。

【区八届人大常委会第十八次会议】 9月23日举行会议，主要议程：1.听取和审议区政府关于2014年1—8月份国民经济和社会发展计划执行情况的报告；2.听取和审议区政府关于2014年1—8月份预算执行情况的报告；3.听取和审议区政府关于食品安全专项工作情况的报告；4.听取和审议区政府关于“五水共治”暨丰门河治理工作情况的报告；5.听取和审议区政府关于区八届人大三次会议代表建议、批评和意见办理情况的报告；6.听取和审议区法院关于地方金融综合改革司法保障工作审议意见落实情况的报告；7.审议徐道友等辞去温州市鹿城区第八届人民代表大会代表职务的议案；8.人事任免；9.审议通过温州市鹿城区第八届人民代表大会代表资格审查的报告；10.审议通过《关于选举与补选温州市鹿城区第八届人民代表大会代表的决定（草案）》；11.审议通过《温州市鹿城区第八届人民代表大会代表选举办法（草案）》；12.审议通过《温州市鹿城区第八届人民代表大会代表补选办法（草案）》。

【区八届人大常委会第十九次会议】 11月25日举行会议，主要议程：1.听取和审议区政府关于贯彻实施出入境管理法情况的报告和区人大常委会执法检查组关于检查出入境管理法贯彻实施情况的报告；2.听取和审议区政府关于2013年区级预算执行和其他财政收支审计处理意见落实情况的报告；3.听取和审议区政府关于禁毒法执法检查审议意见落实情况的报告；4.听取和审议区政府关于加大对"三农"项目、资金投入议案办理工作审议意见落实情况的报告；5.审议通过关于召开区八届人大四次会议的决定（草案）；6.审议通过《区人大常委会专题询问暂行办法（草案）》和《区人大常委会信访工作办法（草案）》；7.听取市人大代表述职；8.人事任免。

【区八届人大常委会第二十次会议】 12月25日举行会议，主要议程：1.听取和审议区政府关于2014年区级部门预算执行情况与2015年区级部门预算草案的报告；2.听取和审议区政府关于征收安置工作情况的报告并进行专题询问；3.审议区八届人大四次会议议程及日程（草案）、主席团成员和秘书长名单（草案）、计划和预算审查委员会名单（草案）、议案审查委员会名单（草案）；4.审议通过区八届人大四次会议列席人员名单（草案）；5.审议通过代表资格审查委员会关于区八届人大四次会议代表资格审查的报告；6.审议通过区八届人大三次会议代表建议、批评和意见办理情况的报告；7.审议通过区人大常委会工作报告（审议稿）；8.人事任免。

监督工作

【法制监督】 2014年，专项调查职务犯罪查办和预防工作，要求惩防并举，健全预防机制，强化队伍建设，营造良好氛围，为改革发展提供有力的司法保障。跟踪督办关于提升居家养老服务工作的议案，视察调研居家养老服务工作，督促政府加快推进居家养老服务向农村延伸的步伐，促进城乡基本养老服务均等化。跟踪检查禁毒法执法检查审议意见落实情况，要求继续加强打防管控、强化工作保障。关注金融案件的审理与执行，督促法院创新工作举措，强化审判职能，切实维护信用生态环境；加强金融案件分析，积极提出司法建议，提高全区依法化解金融风险的能力。配合市人大开展社区矫正工作监督。监督推进"六五"普法规划实施。对区政府报送的40件规范性文件依法备案审查，受理公民异议审查申请1件。加强拟任干部法治意识教育，组织任前法律知识考试37人次。协助省人大开展立法执法调研。协助人大常委会做好有关建议意见的交办督办工作。重视工委理论武装，加强能力建设。

【财经监督】 2014年，调查、审查1—8月份计划执行和经济运行情况，督促政府夯实经济工作基础、深化政银企联动、优化资源要素配置、加快培养新的增长点。督查政府投资重点项目，要求严防债务风险。关注BT项目建设，要求合理安排BT项目，提高财政资金使用效益。协助人大常委会做好有关建议意见的交办督办工作。重视工委理论武装，加强能力建设。

【预算监督】 2014年，修订《区人大常委会关于区级预算审查监督办法》，制定《区人大常委会关于区级部门预算审查监督办法》和《区人大常委会关于加强全口径预算决算审查监督的实施意见》，建立更加规范有序的预算审查监督机制。审议区级和部门预算执行、财政决算和审计报告，审查批准2013年度财政决算，督促整改审计中发现的问题，加强对专项资金、重点项目资金的监管，健全追责制度。首次按"先审查部门预算再审查全区和区级预算"的方式对2015年预算编制进行审查监督。对全区70个部门预算草案逐项审查，选取5个部门提交常委会重点审查。督促做好预算执行分析，加强对预算资金拨付的监督和使用管理，推进清理部门结余资金1亿余元。加强对政府性债务的监督，要求建立预警和监督防控机制，严控债务规模，优化债务结构，建立全过程监督机制，防范财政风险。举办预算监督知识讲座，提高常委会组成人员的预算审查能力。协助人大常委会做好有关建议意见的交办督办工作。重视工委理论武装，加强能力建设。

【教科文卫监督】 2014年，连续三年专项监督食品安全工作，要求政府加强检验检测能力建设，健全信息共享和长效监管机制。跟踪监督教育专项工作，要求进一步打造鹿城教育品牌，增强教育核心竞争力。跟踪科技进步“一法一条例”执法检查审议意见落实情况，要求更加注重科技投入的结构和效率。调查文化创意产业，要求立足区位优势，深化招商引资，突出本地特色，推进多元发展。跟踪监督教育专项工作，要求进一步打造鹿城教育品牌，增强教育核心竞争力。调查文化创意产业，要求立足区位优势，深化招商引资，突出本地特色，推进多元发展。调查全区游泳场馆安全卫生情况，督促建立长效监管机制。协助人大常委会做好有关建议意见的交办督办工作。重视工委理论武装，加强能力建设。

【民宗侨外监督】 2014年，组织出入境管理工作专题讲座，开展出入境管理法执法检查，要求加大法律宣传力度、加强沟通协作、强化管理队伍建设。跟踪监督宗教场所拆迁安置工作，督促依法拆除宗教场所违章建筑，完善长效管理机制，维护宗教场所建设秩序。协助人大常委会做好有关建议意见的交办督办工作。重视工委理论武装，加强能力建设。

【城建环保监督】 2014年，首次以专题询问的方式开展监督：结合教育实践活动，监督征收安置工作情况，通过调研先行、监督并至，促使政府对调研中发现的问题及时开展自查整改，部分问题在会前得到解决；听取和审议专项工作报告，在专题询问会上针对突出问题准确发问，督促政府及有关单位当面做出承诺，并结合常委会审议意见，进一步推进鹿城征收安置工作提速提效。监督“五水共治”，督促政府治理建设并重、严控源头污染、拓宽筹资渠道、落实长效管理、引导社会参与，推进“治水”工作。对“三改一拆”工作开展“回头看”，结合审议意见落实，在政策扶持、部门合力、资金保障等方面提出整改意见。配合省政府、市人大督导“三改一拆”工作。监督BT项目建设，督促理顺监管体制，抓实项目前期、施工、安置各环节工作，突出有效投资。针对群众反映强烈的D级危房批建难问题开展专题调研和督查，推动政府出台D级危房改造实施方案及补充规定，加大政策配套力度，维护农民合法权益。多次视察检查仰义至双屿段公路改建工程、七都重点项目等建设，参与“电视问政”，督促解决拆迁安置和建设中存在的问题。督查和参与国家卫生城市、全国文明城市创建，跟踪亮点区块建设和双屿综合治理情况。协助人大常委会做好有关建议意见的交办督办工作。重视工委理论武装，加强能力建设。

【农资监督】 2014年，结合“五水共治”专项监督开展审议，视察调查丰门河治理工作，共同形成审议意见。跟踪督办关于加大对“三农”项目、资金投入的议案，推动政府进一步加大“三农”投入，增加河道整治资金投入，加快小流域综合治理，推进美丽乡村建设，改善农村生产生活条件。配合上级人大，做好河长巡查、寻找可游泳河道等工作。协助人大常委会做好有关建议意见的交办督办工作。重视工委理论武装，加强能力建设。

代表工作

【代表活动】 2014年，在各街镇建立“代表之家”的基础上，出台《加强人大代表联络站建设的实施意见》，在社区建成17个代表联络站。联络站运行以来，接待来访564人次，收集问题239个，解决116个。邀请代表列席常委会会议45人次，参加视察、检查和调研活动405人次。分批组织代表80人次进驻区审批中心现场监督，19人次列席区政府常务会议和区长办公会议，166人次参加“评议机关中层和基层站所”活动。组织代表参与“查找不适应全面深化改革要求的法律法规条文”主题活动，上报建议70条。组织各街镇人大负责人和市人大代表鹿城团各代表小组负责人及联络员参加市人大统一培训。各代表小组结合常委会工作和辖区实际，开展各具特色的学习活动。配合省、市人大做好各级代表活动的服务工作。听取9名市人大代表述职，组织58名区人大代表向选民或选民代表述职。接受6名区人大代表辞职，选举和补选了11名区人大代表。街镇人大积极承接常委会监督工作。如七都街道人大全程跟踪，推进老涂北轮渡码头修缮工作。滨江街道人大视察拆迁安置项目，督查推进样板区块提升。南汇街道人大持续跟踪督查城中村改造和重点工程建设。五马街道人大跟踪参与执法部门对食药市场的检查整治。松台街道人大视察调研乱停车整治和小微企业发展。双屿街道人大围绕“减员增效、综合整治”开展视察调研、检查评议。仰义街道人大专题询问仰义至双屿公路改建工程仰义段建设。藤桥镇人大紧密关注辖区重点基础设施建设，协助区人大监督“三农”议案落实和D级危房拆建工作。

【代表议案建议办理】 2014年，加强对代表撰写建议的指导，评选表彰优秀代表建议，激发代表提建议的积极性。坚持重点建议督办制度，发挥区长领办建议的示范作用，9件重点建议取得良好成效。规范转办督办流程，推行“三沟通一上门”制度，深化集中评议制度，规范建议办理答复路径，促进建议所涉问题得到解决。区八届人大三次会议及闭会期间代表提出的177件建议，都在规定时限内答复代表，其中已解决或列入解决计划的143件，受条件限制暂时不能解决或留作参考的34件。

人事任免及常委会日常工作

【人大人事任免】 2014年，坚持党管干部与人大依法任免的统一，加强对拟任干部的任前调查和审查，接受区人大常委会组成人员辞职4人，接受区人大代表辞职6人次，补选了11名区人大代表，任免常委会工作机构负责人5人次，决定任免区政府组成人员14人次，任免区法院、区检察院审判和检察人员38人次，支持人民陪审员队伍建设，依法任免人民陪审员50人次。

【人大信访工作】 2014年，坚持以法治思维强化人大信访工作，制定《区人大常委会信访工作办法》，进一步规范了人大信访的受理范围、处理流程和信访秩序，提升了人大信访工作水平。

（编辑　王剑峰）

鹿城区人民政府

综 述

2014年，在市委、市政府和区委的领导下，在区人大、区政协的监督支持下，认真贯彻市委常委会专题研究鹿城工作会议精神，兴实体、强投入、优环境、攻改革、惠民生、促和谐，全区经济社会运行总体保持平稳发展，完成了区八届人大三次会议确定的各项目标任务，获得了9项国家级、11项省级荣誉[①]。2014年，全区实现地区生产总值762亿元，增长5%；公共财政预算收入23.6亿元，增长6%；社会消费品零售总额741.8亿元，增长9.1%；出口总额35.5亿美元，下降0.8%；城镇常住居民人均可支配收入45698元，农村常住居民人均可支配收入23434元，分别增长8.5%、10.6%；单位生产总值能耗削减4%；化学需氧量、氨氮、二氧化硫和氮氧化物排放量分别下降1.5%、1.5%、2%和4%。

【抓转型、促发展】 2014年，推动都市经济跨越发展。打好“四换三名”“三转一市”经济转型升级组合拳，入围省“机器换人”百项示范项目企业占全市四分之一，完成工业用地二次开发项目30个，获省级“腾笼换鸟”先进区，通过国家级出口鞋类质量安全示范区验收；区网络经济行业协会成立，温州国际鞋城、中国鞋都鞋革城顺利开业，网络经济零售额136.8亿元；个转企、小升规、企转股分别完成市下达任务的202.8%、102%、200%，新增企业注册数和资本金实现双上升。文创产业发展势头良好，浙江创意园、黎明·92文创园被认定为国家级广告产业试点园区，5个项目被列为市级文化产业重点项目。楼宇总部经济加快发展，建立商务楼宇信息网，世贸中心大厦竣工验收，税收“千万元楼”“亿元楼”数量稳步增长。谋划“一江一带两中心七板块多极点”[②]时尚产业发展格局、“三圈四带”[③]月光经济发展布局和58个重点实施项目，环五马时尚商圈建设列入全市时尚之都战略布局核心项目，A378时尚产业园项目顺利签约，旅游收入全市首位。挂牌成立中津先进科技研究院，创成专用设备制造业省级高新技术特色产业基地，科技进步综合评价在全省排名位次提升21位。把防控和化解金融风险作为重中之重，深化“走企

①9项国家级、11项省级荣誉：国家级荣誉指中国（浙江）全面小康十大社会治理创新奖、十大民生决策奖、国家知识产权强县工程示范区、国家级社区教育实验区、全国计划生育优质服务先进区、全国“六五”普法中期先进区、全国艾滋病综合防治示范区、全国打击外汇违法犯罪先进区、全国网络安全与信息化工作先进区；省级荣誉指省“腾笼换鸟”考核先进区、省知识产权示范区、鹿城专用设备制造省级高新技术特色产业基地、省级卫生强区、省慢病非传染性疾病综合防控示范区、省实施妇女儿童发展“十二五”规划示范县（市、区）、省双拥模范城（县、区）、全省法治县（市、区）创建工作先进单位、省级依法行政先进区、省国防动员工作先进单位、省级反邪教先进单位。

②“一江一带两中心七板块多极点”时尚产业发展格局：“一江”指瓯江南岸旅游休闲产业带；“一带”指塘河文化休闲带；“两中心”指五马时尚消费中心和中国鞋都、鹿城轻工产业园“智造中心”；“七板块”指与功能区特色与产业特点相对应的七个板块，即七都时尚风情岛屿板块、滨江都市时尚创意板块、南汇都市时尚商务板块、五马中心商贸区板块、松台时尚休闲文化板块、双屿都市经济板块、藤桥仰义休闲运动板块；“多极点”指区域内每个具体的项目。

③“三圈四带”月光经济发展布局：“三圈”指五马商圈、大南商圈、环九山湖文化休闲区；“四带”指1号五马核心商贸带、2号山湖文化休闲带、3号瓯江南岸旅游休闲带、4号塘河沿岸文化休闲带。

连心解难”系列活动，推行网格化服务模式，建立区领导联系银行机制，区处置办进入实体化运作，不良贷款余额、不良贷款率实现双下降。新增市级以上农业龙头企业3家，建成市级农业精品园1个，创成国家级农民专业合作社示范社1家，特色农产品直销中心投入运营。

【抓投资、强后劲】 2014年，深入实施赶超发展三年超千亿投资计划，强化项目推进的要素、机制保障，完成固定资产投资306亿元、增长16.5%，其中区级投资154.2亿元、增长48.3%，重点建设投资和争取上级资金均创历史新高。项目投资增速、民间投资增速分别高出全市平均2.3个、25.7个百分点，房地产投资企稳回暖，同比增长7.4%，工业投资完成率全市第一，工业技改投资占比全省同类地区第一。全市首批百亿重大工程集体开工，仰义林里低丘缓坡利用项目开工建设，104国道西过境鹿城段、双屿至藤桥公路、瓯江治理一期、戍浦江河道整治等项目加快推进，绕城高速公路北线鹿城段及配套工程、鞋都三期出入口立交桥等项目竣工验收，仰义至双屿公路改建工程双屿段基本贯通，诸永高速公路温州段延伸工程鹿城段实现通车。滨江商务区拆征建设取得新进展，城市中央绿轴重点区块拆征完成，双屿“一都两园三城”④建设加速推进，中央涂等重点区块拆建全面铺开，双屿被列入省级“腾笼换鸟”、低端块状行业综合整治试点。“五园”⑤建设扎实推进，国际轻工淘宝城、网络经济青年创业园、跨境电子商务产业园等电商产业平台和鹿翔小微园、嵇师小微园主体工程完工，科技创新小微园开工建设，创成市级以上服务业集聚区6个。建立温商服务中心和温商信息数据库，共引进招商引资项目83个，到位资金99.8亿元、居三区两市首位。完成转而未供、供而未用土地清理6007亩、地下空间开发利用32.7万平方米、低效用地再开发项目193万平方米，落实村二三产规划用地指标507亩，永川路（二期）项目政策处理全面完成，39个城建类历史遗留问题得到化解。

【抓整治、美环境】 深入实施系统治水“六大工程”，实行“四级河长制”“河道警长制”，建立全国首个区级环境监察重案组，强化涉水污染行为打击，重点河段水质实现常态化监测，“两河”整治任务超额完成，九山河（内河）、瓯江（郭公山至杨府山段）达到可游泳标准。七都、仰义、藤桥污水管网建设全面铺开，七都标准堤塘等一批重点工程建成出效，污水处理率全市第一，重金属污染防治、重污染高耗能行业整治提升分别通过省级、市级验收。拆除违建80.1万平方米，城中村改造、旧住宅区改造超额完成年度任务，旧厂区改造面积、城中村安全综合整治考核、宗教违建处置数全市第一，七都街道创成无违建街道，“三改一拆”三年总任务提前一年超额完成，获全省无违建创建工作先进单位。深入开展环境治理工作，“两无三化”、智慧城管考核全市第一，新增城市绿地146.6公顷，建成滨水公园10个、城区绿道24.2公里、美丽乡村精品线1条、精品村3个、市级生态村16个，仰义街道创成省级生态街道，全区空气环境优良率不断提升。完成三大进城口综合整治，“印象南塘”被评为国家AAAA级旅游景区，全面完成国家森林城市、全国卫生城市创建任务，全国文明城市创建顺利通过中央测评组实地考察，精神文明建设考核连续三年全市第一。

【抓改革、增活力】 2014年，落实六大领域50项改革部署，全力推进重点领域、关键环节改革。“四张清单一张网”建设加快推进。政务服务网上线运行，权力清单、负面清单、责任清单、财政专项资金管理清单对外公布，区级部门行政权力从7040项减少到3633项，区级行政审批事项从335项减少到282项。深化金融综合改革“三个先行区”建设，建立金融服务“两库一网”和中小企业融资服务平台，全国首个民间融资信息服务企业挂牌运营，街镇民间借贷备案便民服务点实现全覆盖，鹿城农商银行发起设立的第一批21家村镇银行全部开业。深化农村综合改革，创新农民专业合作社信用合作模式，建成114个股份经济合作社、8个农村产权交易平台服务站，完成76个村的土地确权。深化社会事业领域综合改革，启动基层首诊、分级诊疗就医模式，引进2家投资超亿元民营医院；率全市之先推行城乡社区公共服务事项准入制，全面完成社区

④双屿“一都两园三城”：“一都”指中国鞋都，“两园”指鹿城总部经济园、A378时尚产业园，“三城”指温州国际鞋城、中国鞋都鞋革城、国际轻工淘宝城。

⑤“五园”：指工业园、小微园、电商园、文创园、都市农业园。

"三多"清理，建成全省首个由第三方社会组织承接的服务平台。

【抓保障、惠民生】 2014年，强化公共服务保障，将新增财力的70%以上用于民生支出。新建专用停车泊位4459个，新增公共自行车1000辆，建成自行车专用道8公里，完成学院路与车站大道交叉口等交通拥堵点改造。新增城镇就业2万人、城乡居民养老保险1.9万人，建成农村居家养老服务照料中心25个，社区居家养老服务体系实现全覆盖。新开工保障性安居房2782套，基本建成3196套，完成安置房产权办理4890套、交钥匙451户。城区54个公共场所实现免费无线网络覆盖。推动教育优质均衡化发展，全面启动"智慧教育城"项目，建成百里路小学勤奋路校区、鞋都三小，顺利通过全国义务教育发展基本均衡区创建验收。启动卫生计生机构职能整合，出台失独家庭扶助办法，稳妥实施"单独两孩"政策，打击非法行医经验全省推广，被评为国家计划生育优质服务先进单位，创成第二轮全国艾滋病综合防治示范区、省级卫生强区、省级慢病综合防控示范区。文化体育事业发展步伐加快，成立市民艺术团和区艺术总团，建成街镇综合文化中心2个、社区文化服务中心25个，创成省级文化示范社区（村）、市文化强镇各1个，成功承办中华龙舟大赛（温州站）暨温州龙舟文化节，省运会奖牌总数和团体总分均居全省第一。在五年一次的全省国防动员工作评比中荣获先进，创成省级"双拥"模范城区。加大食品安全监管力度，组建市场监督管理局，全面关停活禽交易市场，创成放心农贸市场5家、数量居全市第一。应急联动体系建设不断加强，台风洪涝等突发自然灾害有效处置，藤桥镇被评为国家级标准化气象灾害防御镇。消防安全"清剿火患"战役深入开展，安全生产行动扎实推进，"四位一体"巡控体系进一步完善，"1+8"基层综治网格化模式全面铺开，基层治理创新信息化工作全省推广，安全生产三项指标连续七年零增长，刑事发案数、两抢发案数、入室盗窃发案数分别下降10.1%、48.7%、17.2%，平安大区实现"五连创"。工青妇、老龄（老干部）、慈善、残疾人事业全面发展，科协、工商联、文联、红十字会、社科联等人民团体作用有效发挥，新居民服务管理、供销、人防、外事、侨务、档案、关心下一代、地方志等工作稳步推进。

【抓作风、提效能】 深入开展党的群众路线教育实践活动，严格执行中央"八项规定"等作风建设有关规定，全面聚焦"四风"问题，落实项目清单、整改销号、进度公示等机制，解决民情问题600多件，清理办公用房2.1万平方米，超标部分全部整改到位，三公经费支出下降37.7%，削减部分全部用于"五水共治"。主动接受人大、政协监督，办理市区两级人大代表建议意见220件、政协提案196件，办理市（区）长专线7252件、网络问政223件。清理不适宜规范性文件264件，改进不完善政策制度446件，获全国"六五"普法中期先进区、全省创建法治区工作先进单位。强化自身建设，加强廉政勤政教育，落实"一岗双责"，强化制度管事管人，建立行政事业单位存量房产管理系统，节约财政支出1200万元。创新机构编制管理，出台政府雇员制和临时辅助人员管理办法，严格事业单位空编集中管理调剂使用，实现财政供养人员零增长。大力推进政务信息公开，拓展"三微"舆情引导系统服务功能，网络问政平台在全市政府系统推广，被评为全国网络安全与信息化工作优秀单位。

区政府常务会议

【八届区政府第二十一次常务会议】 1月13日召开，会议研究了完善区食品药品监管体制相关事宜、仰双片区林里单元控规修编相关事宜。

【八届区政府第二十二次常务会议】 3月4日召开，会议审议并原则通过《鹿城区黎二村5号地块（温州市核心片区洪殿单元E—04地块）城中村改造建设工程范围内国有土地上房屋实施征收的决定》《温州市滨江广场二期A—1地块改建范围内国有土地上房屋实施征收的决定》《鹿城区房屋征收与补偿档案管理暂行办法》。会议听取了关于鹿城区行政规范性文件清理工作情况的汇报。

【八届区政府第二十三次常务会议】 3月27日召开，会议审议并原则通过了《温州市鹿城区新居民随迁子女积分制入学办法（试行）》（审议稿）《鹿城区规范城中村改造范围内餐饮、住宿、娱乐服务等经营活动实施方案（送审稿）》《鹿城区大气重污染应急预案（试行）》。

【八届区政府第二十四次常务会议】 5月6日召开，会议审议并原则通过了《鹿城区防震减灾应急预案》、《关于鼓励社会力量参与居家养老服务的实施意见》（1+5）文件。

【八届区政府第二十五次常务会议】 7月1日召开，会议审议并原则通过了《温州市鹿城区人民政府关于印发2014年度行政规范性文件制定计划和“十二五”行政规范性文件制定项目库的通知》《关于加快发展体育产业的实施意见》《关于进一步加快鹿城区服务业发展若干意见》《鹿城区服务业发展引导资金管理办法》《温州市鹿城区广场文化活动音响器材噪声污染防治试行办法》《温州市鹿城区社会公共服务事项准入制度（试行）》《鹿城区房屋征收（置换）人口认定若干意见》《鹿城区房屋征收（置换）相关政策》《鹿城区打击非法行医综合治理若干意见》《鹿城区水功能区水环境功能区划分方案（修编）》《鹿城区大气污染防治实施方案（2014—2017年）》。

【八届区政府第二十六次常务会议】 9月17日召开，会议审议并原则通过了《鹿城区农业龙头企业申报认定及监测管理办法（试行）》《鹿城区加快推进农业发展若干扶持政策》《“农村私人建房宅基地呈报表”拟定办法》。

【八届区政府第二十七次常务会议】 9月28日召开，会议听取了区政府部门职权清理推行权力清单制度工作情况汇报，审议并原则通过了《鹿城区健康服务业发展规划（2014—2020年）》，研究了鹿城轻工产业园工业投资项目“负面清单”。

【八届区政府第二十八次常务会议】 11月20日召开，会议研究并原则通过了《关于推进鹿城区红十字事业发展的意见》，审议并原则通过了《鹿城区人民政府职能转变和机构改革方案》。

【八届区政府第二十九次常务会议】 12月17日召开，会议研究并原则通过了《关于鹿城区非行政许可审批事项清理工作汇报》《鹿城区“十三五”规划编制工作方案及领导小组名单》《双屿街道社区调整方案》，审议并原则通过了《鹿城区进一步加强“三社”联动 完善基层社会治理的实施意见》《鹿城区国土资源非诉行政案件审查执行办法（试行）》。

区府办工作

【概况】 2014年，鹿城区人民政府办公室围绕全区中心工作，突出服务主题，以“五型”机关创建为引领，全面落实“十大项目”，突出抓好四个统筹：一是立足全局、高点站位，统筹推动区政府重大决策部署落实；二是强化沟通、凝聚合力，全力提升区政府行政运行效率，协助区政府领导统筹解决部门街镇重大困难问题；三是政府参谋、连心百姓，发挥区长信箱、政务热线、政务服务网三大民情直通平台作用，统筹运用全区资源牵头办好民生实事；四是主动靠前、兜底领办，对边界不清、职能交叉、线多面广、社会关注的热点难点问题，敢于担当、统筹协调。

【谋划时尚城区建设】 落实市委市政府、区委区政府发展时尚产业和月光经济决策部署，牵头谋划时尚（月光）经济发展暨环五马商圈建设，在杭州邀请资深专家开展研讨，深入分析58个重点项目，制定三年行动计划，为领导决策发挥重要参谋作用。

【打造高效政务网络】 统筹全区各类信息资源，开发社会管理服务工作平台，目前已导入各类信息200余万条，与平安、综治、社区综合管理等系统完成对接，实现数据共享。电子政务新增入网社区68个，接入外网单位196个，客户端使用超过5000个，提速至少30%；浙江政务服务网鹿城分厅提供便民服务栏目245项，访问量居全省前列。

【强化综合服务效能】 拓展党的群众路线教育实践活动成果，深化“五个坚持”理念，打造高效的办公室服务团队。率先实施党员政治生日制度，设立党员爱心基金，成立党员先锋队，实行亮牌上岗。特别是结对仰新社区，与仰义街道共同抓好社区环境整治，75路公交线、社区巴士开通，温州五金市场开业，原有的低小散产业格局、消防隐患得到根本改变，产业转型、移民就业、收入增加，“软弱涣散党组织”成功转换。

（编辑　王剑峰）

鹿城区人民政府
——经济调节和市场监管事务

综 述

2014年，在错综复杂的外部环境和经济下行压力下，鹿城区经济发展面临着一系列难题。鹿城区从事经济调节和市场监管事务的12个经济行政管理部门坚持贯彻全市和区委、区政府决策部署，抓重点、破难点、创亮点，发展“温州模式”，深入实施“十大举措”，全面落实“三十项发展重点”和“四十项改革项目”，攻坚克难，维护社会和谐稳定，各项事业取得新进展。全区生产总值（GDP）761.96亿元，按可比价计算，同比增长5%；人均生产总值为103154元/人，比2013年增长3.7%；居民消费价格指数（CPI）比2013年上涨1.8%，涨幅回落0.1个百分点。2014年，全区社会消费品零售总额741.76亿元，同比增长9.1%。全年实现进出口总额38.07亿美元，同比下降1.29%，其中出口32.20亿美元，同比增长0.96%，进口2.28 亿美元，同比下降9.6%。2014年，全区财政一般公共预算收入23.55亿元，同比增长6%。鹿城区国税局共组织区级计划口径税收33.49亿元，同比增长2.44%。鹿城地税分局全年共组织各项收入55.23亿元，同比增长5.67%。

2014年，国内经济合作方面，全年共引进项目83个，到位资金99.81亿元，同比增长189.8%；其中，新引进亿元以上项目19个，温商回归引进到位资金49亿元，市外房地产投资到位资金50.81亿元。全年市场主体18032家。全区企业、个体工商户分别为17692户、65194户；共疏导无照登记4620户，关闭取缔2883户，查处无照案件221件；新增品牌商标46枚，驰名商标1枚，省著名商标3枚，市知名商标10枚，区名牌商标32枚。全区立案查处各类违法违规案件721件，罚没款1035万元，查处大要案294件。物价管理方面，完成对全区32家行政事业性收费验审，年审率100%，涉及收费项目33项，收费总额2.02亿元。区审计局开展各项审计工作，共完成审计项目16个，查出违规金额564万元。

2014年，区统计局牢牢把握“四条主线、四个提高”，依法普查、科学普查，按时高质量开展第三次全国经济普查，完成了2.5万家法人单位及产业活动单位、6.5万家个体户的现场登记数据采集工作，开创统计事业发展新方向。

2014年，鹿城区质量技术监督局围绕“抓质量、保安全、促发展、强质监”的总体要求，以创建“全国质量强市示范城市”为契机，以推进新一轮“十件实事”为抓手，推进鹿城“质量强区、品牌强区、标准强区”建设，为“创首善之区、建幸福鹿城”做出贡献。新增浙江名牌产品9个，温州名牌产品11个，鹿城名牌产品21个，3家企业获区政府质量奖。2014年，鹿城区安全生产监督管理局紧抓“以人为本、安全发展”理念，开展十大重点行业领域专项整治等隐患排查治理工作，保持全区安全生产形势总体稳定。区安监局审批窗口获鹿城区“十大效能示范岗”“群众满意审批窗口”称号。2014年，鹿城区工商行政管理局和鹿城区食品药品监督局合并成鹿城区市场监督管理局，整合工商、食品药品监管职能，完成了机构合并、人员整合等工作，提出

“合心、合拍、合力”的要求，抢抓改革机遇期，争取完善基层监管机构，19个基层市场监管所设置到位，结合80个社区和1043个综治网格，形成基层监管新格局。

经济和社会发展

【概况】 2014年，全区突出转型升级主线，抓改革、促转型、治环境、惠民生，全年经济运行平稳，主要经济指标增长处于合理区间，结构、效益持续向好，民生不断改善。全区生产总值（GDP）761.96亿元，按可比价计算，同比增长5.0%，比2013年回升0.5个百分点。人均生产总值为103154元/人，首次突破十万元大关，比2013年增长3.7%，按年平均汇率（1：6.1428）计算，合16793美元/人。居民消费价格指数（CPI）比2013年上涨1.8%，涨幅较2013年回落0.1个百分点；工业生产者出厂价格指数（PPI）和购进价格指数（IPI）均下降1.0%。

【固定资产投资】 2014年，全区继续扩大有效投资，实现限额以上固定资产投资306.57亿元，同比增长16.5%，总量和增速分别居全市第四和第七。其中，限上项目投资完成207.79亿元，同比增长21.4%。投资结构进一步优化，工业性投资比重上升，房地产开发投资比重继续下降。全区工业性投资43.98亿元，增长38.9%，工业投资占投资总额比重为14.3%，较2013年提高2.3个百分点。工业技术改造完成36.5亿元，同比增长35.9%，占工业投资额的83%。服务业投资255.91亿元，同比增长13%，占全部投资比重的83.5%。全区大力发展民间投资，创造并优化投资环境，全年实现民间投资95.26亿元，同比增长51.1%，占投资总额比重为31.3%，较2013年上升了7.3个百分点。

【产业转型】 2014年，产业转型稳步推进，三次产业结构有所调整，由上年的0.2：28.4：71.4调整为0.2：28.9：70.9。全区社会消费品零售总额741.76亿元，增长9.1%。其中，限额以上社会消费品零售总额193.42亿元，增长5.5%。突出发展时尚产业，启动环五马时尚商圈改造，实施月光经济（又称夜市经济，是以服务业为主体的城区经济在第二时空的延伸）“三圈四带”建设，打造时尚城区。加快产业集聚，创成省市现代服务业集聚区6个。加快电商平台建设，国际轻工淘宝城、跨境电子商务产业园等完成主体建设，温州国际鞋城、中国鞋都鞋革城开业。文化产业快速发展，浙江创意园、黎明92文创园列入国家广告产业园试点。“四换三名”“三转一市”扎实推进，康奈集团等两家企业入选省“机器换人”示范项目，鹿城鞋业等12个产业（企业）入选省市“腾笼换鸟”试点，新增工业用地二次开发40万平方米。新增国家级高新技术企业43家、省科技型企业192家。创成市级装备制造特色产业科技园。实现高新技术产值79.75亿元，同比增长15.2%。新增市级以上农业龙头企业3家、市级农业精品园1个，特色农产品直销中心投入运营。培育小升规企业69家，完成个转企2028家，股改34家，创新板、成长板挂牌16家。

【城市建设】 2014年，深化“六城联创”“三改一拆”“四边三化”“两无三化”“五水共治”等工作取得阶段性成效。创成国家森林城市，国家卫生城市通过国家技术评估，通过全国文明城市创建中央测评组的实地考察和测评工作。新增公园绿地面积103公顷，建成区绿地率31.7%，人均公园绿地面积11.08平方米，建成滨水公园10个、城区绿道24.2公里。数字城管全面覆盖，全年数字城管共受理各类案件13万多条，处置率 99.74%。城乡环境卫生加大整治，全年环境卫生整治活动3.5万次，处理垃圾死角83.44万方，清理小广告334.9万处，处理生活垃圾36.71万吨。深化重污染行业整治，淘汰关停27家重污染高耗能企业，规范提升10家企业。施行“五水共治”，建立全国首个区级环境监察重案组，九山河（内河）、瓯江（郭公山至杨府山段）达到可游泳标准，七都、仰义、藤桥污水管网建设全面铺开。各项减排指标取得预期

区发改局在便民服务大厅设置28个网点，推出3000把公益“诚信伞”，免费供市民循环使用　区发改局提供

效果，完成市下达的氧化硫、化学需氧量、氨氮等主要污染物减排工作任务。加强公共自行车管理，现有公共自行车网点275个，投放公共自行车1.1万辆，全年总借车量1682.7万人次，日均借车量4.67万人次。在公共办事机构、便民服务大厅设置28个网点，推出3000把公益“诚信伞”，免费供市民循环使用。成立全市首个企业低碳发展联合会，创成2个低碳试点社区和1个“以物换绿”示范社区。

【社会保障】 2014年，加快推进保障房建设，竣工验收鞋都总部二期人才公寓。拓宽就业渠道，新增城镇就业2.42万人，城镇登记失业率1.37%，实现失业人员再就业3542人。社保覆盖面继续扩大，养老、医疗目标完成率在三区两市名列第一。全年优待优抚对象2618户，低保对象1054户4869人，共发放低保资金4719.24多万元；发放困难群众物价补贴160.76万元；发放医疗救助资金1119.38万元，惠及4709人次。新增养老床位数150张，累计4576张，每百位老人拥有床位数达到3.58张。农村“五保”和城镇“三无”对象全部实现集中供养。

【重点领域改革】 2014年，深化农村经济体制改革，组建股份经济合作社114个，建成农村产权交易平台服务站8个。创新“惠农贷”金融服务，成立全市首家联合社信用部。开通“两库一网”金融服务平台，发行首个政府平台企业债，全省首家股份制“民间融资信息服务”企业“温商贷”获批。启动基层首诊、分级诊疗就医模式。加快审批制度改革，全面推行“四单一网”，实行公共服务窗口无休日制度。

经济和信息化

【概况】 2014年，国家宏观经济环境趋紧，鹿城区地处温州中心城区，工业用地瓶颈突出，新增工业项目少，增量不足，随着城市有机更新逐步推进，很多工业企业转到第三产业发展，工业存量进一步下降。面对一系列困难，区经济和信息化局对照市里要求，抓重点、破难点、创亮点，围绕经济转型发展主线，加大扶工兴贸力度。

总部二期F—2地块公租房（人才公寓）项目　　区发改局提供

【城市有机更新】 2014年，完成城市有机更新项目61个，旧厂房改造面积258.32万平方米，列全市第一（市考核任务为29万平方米）。“黎明·92”文化创意产业园创成市级重点文化产业园、国家级广告产业试点园。鹿城工业区A378项目已签约启动，目标打造集时尚、电商、研发、文化、休闲、购物贸易于一体的全市最大创意产业园。全区8家企业和单位获评市级工业设计企业和市级工业设计中心（全市仅10家）。

【工业性建设】 2014年，完成工业性投资43.98亿元，工业性技改投入36.5亿元，技改占工业性投资总额的83%，位列全省同类地区第一位，三区两市第一位。加强工业供地保障，完成工业供地2293公顷。加快工业项目推进，每月开展项目走访和进度督查，督促已供地未开工项目早开工、在建项目早竣工、竣工项目早投产，6个已供地未开工项目均已开工。加快“空间换地”，出台《关于印发鹿城区进一步推进工业用地二次开发补充实施细则的通知》，设立土地二次开发绿色通道，优化工业用地二次开发流程，实时跟踪项目进度，协调解决企业困难。累计实施土地二次开发项目66个，可新增建筑面积48.8万平方米，实现工业性投资7.5亿元。

【“机器换人”】 2014年，进一步加大对企业“机器换人”支持力度。出台《鹿城区进一步加大企业技术改造力度促进机器换人实施意见补充规定》，降低补助门槛。印发《鹿城区“机器换人”优秀案例汇编》，在全市率先召开“机器换人”现场会，首个组建产业发展联盟，评选10家区级“机器换人”示范企业，共奖励30万元。累计备案技改项目47个，项目总投资5.6亿元，其中设备投资3亿元，申报省、市“机器换人”示范工程项目14家，其中省级2家（全市共8家），新增2家市级企业技术中心。

【小微园建设】 2014年，按照“产镇联动、科学规划、优先供地、保本微利”的要求，强化小微园建设的用地、资金和服务保障。仰义渔渡轻工产业小微园、藤桥门前山物流小微园和轻工园区鹿城科技创新小微园列入市重点示范小微园。建立示范小微园建设情况月通报制度，督促各街镇落实项目推进工作责任制和联席会议制度。完成小微园供地43.31公顷（仰义渔渡轻工产业小微园3.13公顷、轻工园区鹿城科技创新小微园1.20公顷），已开工建设。门前山物流小微园进入土地招拍挂程序。区级小微园鹿翔小微园主体竣工，吉尔达小微园完成产权分割方案，进入招商阶段，新温化丽龙小微园、嵇师小微园已开工建设。

【企业培育】 2014年，扶持小微企业上规模，明确“小升规”企业每家10万元奖励政策，并向上级政府争取到2013年转为规上的51家企业的奖励资金510万元。年初确定134家“小升规”企业的培育库入库任务数，区经济和信息化局培育了169家。做好月度监测平台的动态监测跟踪，根据用电量抓好企业产值报送，加快“小升规”潜力企业入统。召开全区“规下转规上”动员大会、协调推进会、专题研讨会等，同时由部门一把手牵头，深入重点街镇、企业进行走访指导68次，向小微企业宣传相关优惠政策、介绍申报流程。截至年底，完成“小升规”企业69家，完成率101.3%。培养名企、名品、名家，打造行业龙头。制定《“三名”工程实施方案》，修订《鹿城区功勋企业和50强企业评选办法》，巨一集团、浙江电器、金牛工贸、双屿实业等5家企业入选市“三名”培育试点企业。

【节能降耗工作】 2014年，全区节能降耗双控指标目标任务是万元GDP能耗下降2.3%，总能耗消费总量增长控制在6.4%以内。全年万元GDP能耗预计超额完成下降3.5%左右，全社会用电量下降1.94%。全区有6家企业列入国家、省、市级淘汰落后产能项目，腾出用能空间2.4万吨标煤，超额完成市下达的淘汰指标。双屿街道被评为浙江省第一批传统块状行业“腾笼换鸟”省级试点单位，炬光园被评为市级“腾笼换鸟”示范园区，全区的10家企业获评市级“腾笼换鸟”示范试点企业，鹿城区获评省级“腾笼换鸟”先进区。全年全区工业废水排放量510.99万吨，同比下降5.01%，排名全市前列。

【企业风险稳控】 2014年，全区就重点帮扶类企业召集协调会议50次，涉及企业102家，协调金额达36.77亿元。发出相关协调会议纪要11份，发出相关工作联系函60份。联合街镇、银行开展排摸工作，每月汇总银行不良贷款动态及企业排查信息，防范潜在风险。经帮扶取得成效的企业有18家，确定2家市级重点帮扶企业，5家区级重点帮扶企业，建立市、区领导联系督办制。用政府政策帮助解决吉尔达企业实际困难，使企业帮扶方案取得突破性进展，有效防止金融风波在全区进一步扩大和蔓延。

【楼宇经济发展】 2014年，鹿城税收“千万元楼”从2013年的23幢增加为27幢，税收“亿元楼”从2013年的4幢增加为6幢，完成年度考核任务。新增世贸中心大厦、尚品商务楼等5幢商务楼。

【信息化发展】 2014年，扶持区软件信息类企业，浙江索思科技有限公司等2家获温州市行业公共服务平台认定，获补助资金共计90万元。浙江怡联网络科技有限公司等3家企业获浙江省信息服务业发展专项资金、补助资金共计135万元。浙江腾腾电气有限公司等3家信息化项目经评定被纳入浙江省电子信息产业重点项目库。承接市级“无线城市”（公共场所wi-fi）建设项目，完成一期54个热点建设，实现主要公共场所的免费无线覆盖。推进“两化”深度融合发展，联合中国电信温州分公司启动鹿城区企业信息化云平台，先后组织辖区企业参观温州市云计算中心并开展云计算技术应用相关培训工作。出台鹿城时尚信息产业园企业入园实施方案，引进鹏博士电信传媒集团、温州瓷爵士餐具修复有限公司等8家优质软件信息类企业。

对外经济贸易和商贸

【概况】 2014年，全区社会消费品零售总额741.76亿元，同比增长9.10%。其中，全区限上社会消费品零售总额193.42亿元，同比增长5.50%；实现进出口总额38.07亿美元，同比下降1.29%，其中出口32.20亿美元，同比增长0.96%，进口2.28亿美元，同比下降9.60%；新批外资项目6个，完成实际利用外资达11520万美元，完成全年任务的213.33%；完成外经新批项目5个，中方投资额2277万美元，完成全年任务的112.2%。

2月19日，区商务局召开鹿城区外贸重点企业座谈会　　区商务局提供

【贸易流通】 2014年，鹿城区制定《鹿城区打造时尚消费中心三年行动计划》，重点突出环五马时尚商圈建设，商务局主办了金秋购物节、时尚购物周等活动。推进世贸中心大厦竣工、招商，推进欧洲城有序优化商圈业态并实施主题景观化改造；改造升级传统商贸业。中国鞋都鞋革城、国际鞋城于9月开业；启动南塘街、闻宅巷、米房时尚创意园等项目改造与创建；在全市率先设立生鲜农产品“放心柜”，投入建设资金102万元，培训员工1395人次；加强集中连片推进农产品流通体系建设，在全区签约建设65个E邮柜。

【出口名牌创建工作】 2014年，获浙江省出口名牌10个、温州市出口名牌30个，分别占全市的15.38%和18.63%，名列全市第一。全年，出口名牌企业出口总额6.4亿美元，同比增长3.14%，高于全市平均增速0.91个百分点，占全区出口总额的18.02%。出台出口品牌创建扶持政策，对首次获浙江省、温州市出口名牌企业，一次性奖励6万元、3万元。对于参展广交会企业在“网上广交会”开展电子商务年费的给予50%补助，对获温州“出口名牌”以上企业再增加20%补助。鼓励相关企业以品牌为纽带配置资源，加快出口名牌的成长。建立出口名牌企业信息库，完成出口基地建设及自主品牌出口的调研，其中涉及鹿城区拥有自主品牌出口企业128家，省级出口基地2家，公共服务平台10个。

10月24日，“2014年鹿城时尚消费周”活动在温州国际会展中心举办　　区商务局提供

【加强会展工作】 2014年，区商务局开拓国内外展览业务，共组织264家企业参加国内外展会20余次，被评为2014年度“浙江贸促展览工作先进单位”。组织企业参加第115届德国杜塞尔多夫、意大利加答、美国拉斯维加斯国际鞋展、日本大阪、越南“浙江出口商品展”。在德国GDS展会中，首次组织企业以“抱团”形式参加，参展企业23家，占全市66%，共接待客户1万多人次，意向订单1000多万美元，打样样品500多款，取得明显成效。帮助99家企业申报12个展览项目资金补助，共申请补助资金247.30万元。对重点展会项目为出展企业提供全程服务，解决企业参展期间的各种问题。

【招商引资】 2014年，区商务局根据鹿城区重点发展方向，筛选项目，加大宣传推介，强化项目前期建设。推行重大项目审批区、市、省“一条龙”服务。协助海嘉建设和安实业投资顺利进展。组团参加中国浙江投资贸易洽谈会、中国国际投资贸易洽谈、北京全球投资峰会等大型投洽活动。为中纽、青荷两个项目提供“保姆式”服务，创新机制，首次引进专业管理团队模式，促成中纽投资美国自地自建项目成功投产。首次实现文化产业项目的境外并购，促成《温州日报》报业集团与意大利华侨合作，并购意大利《欧华联合时报》。全年，共有6家企业获得了总计达841.25万元的“走出去”专项资金补助，并完成349家企业的开拓资金补贴申报工作，兑现354家企业，总共补贴960.75万元。

【推进网络经济发展】 2014年，举办跨境电商峰会、移动互联网本地化发展高峰论坛等活动，推进电子商务进万村建设。在全区布局330个服务网点，推动实体企业利用电子商务，新建B2C、B2B、P2P2等平台47个，完成培训26135人次。加大网络经济企业租金补助力度，全区9家企业上报网络经济企业专项资金补助30万元；编制《中国鞋都电子商务产业集聚区发展规划（2014—2018）》，打造交运国际淘宝城、站前电子商务创业园等电商产业园，汇集联欣科技、绿森数码等省电子商务龙头企业；推动全区外贸网商协会、外贸电商联盟、阿里网商学院“三位一体”平台入驻总部经济园，指导坚士锁业有限公司申办温州市跨境电子商务产业园。

财 政

【概况】 2014年，温州市鹿城区实现国内生产总值761.96亿元，按可比价格计算，同比增长5%。其中：第一产业增加值1.68亿元，同比增长1.50%；第二产业增加值220.55亿元，同比增长9%；第三产业增加值539.73亿元，同比增长3.30%。按户籍人口计算，人均生产总值103154元，同比增长3.70%。国民经济三次产业结构比调整为0.2：28.9：70.9。与2013年相比，全年实现外贸进出口总额38.07亿美元，下降1.30%，其中进口总额2.53亿美元，下降7.50%；出口总额35.54亿美元，下降0.80%。全区完成固定资产投资306.57亿元，同比增长16.50%。全年全区一般公共预算收入23.55亿元，同比增长6%。区本级一般公共预算收入22.55亿元，同比增长6%。全区一般公共预算支出30.21亿元，较前期增长4.80%。区本级一般公共预算支出29.78亿元，较前期增长5.20%。九大类民生支出24.11亿元，占一般公共预算支出的比重达79.80%。全年财政运行情况良好，财政收支保持平衡。

【支持企业发展】 2014年，安排企业扶持专项资金3457万元，优化楼宇经济和总部经济的规划布局，实施“温商回归”工程，加快“电商换市”步伐，鼓励优质企业实行股份制改造，激发企业发展活力。安排科技经费7080万元，鼓励企业实现专利产业化，引导企业进行“机器换人”技术改造。全年争取上级资金5937万元，用于扶持企业开拓国际市场，促进企业外向型经济发展。

【繁荣市场消费】 2014年，加大财政对旅游开发的投入力度，安排旅游宣传专项资金300万元，支持旅游公共服务体系建设、旅游资源开发、智慧旅游建设等工作。

【完善财政收入与支出工作】 全年税收收入21.82亿元，同比增长4.20%，占一般公共预算收入的比重达93.7%。完善收入预测分析机制，加强财政、国税、地税部门联动机制，强化收入分析和预测，重点做好宏观经济监测和重点行业税源分析。完成全区基本性支出及其他刚性支出情况测算，主动应对新一轮市区财政体制调整。

【开展非税收入征管】 2014年，正式启用新版非税征管系统，继续规范票据管理，确保政府非税收入按规定缴入国库或财政专户。全年实现非税收入1.73亿元，同比增长36.30%。

【支持“三农”建设】 2014年，安排“农林水”资金1.27亿元用于农业农村经济发展建设。重点开展“五水共治”工作，安排专项经费6000万元，并通过融资方式筹集资金2亿元，争取上级资金1.96亿元，用于丰门河、戍浦江河道整治工程、瓯江治理一期工程、西向排洪（鹿城段）建设工程等项目。

【支持教育发展】 2014年，安排教育经费6.97亿元，完善财政教育投入政策和机制，开展农村义务教育阶段薄弱学校改造计划、中小学校舍安全工程，推动教育综合改革。

【支持医疗卫生与社会保障工作】 2014年，安排经费3.29亿元，支持

“国家卫生城市”和“省级卫生强区”创建工作。继续落实公共卫生财政补助政策和服务机构建设，支持社会资本办医工程。安排经费1.81亿元，及时调整社保对象待遇标准，完善城乡大病医疗救助和居家养老服务体系，支持殡葬基本服务免费政策。

【支持重点项目建设】 2014年，安排资金16.35亿元用于重点项目建设。新增BT融资建设合同金额27.84亿元，新增银行贷款合同金额25.12亿元，新增“鹿城城发债”融资12亿元，保障全区重点工程项目推进。

【促进其他社会事务发展】 2014年，建立文化投入稳定增长机制，安排1500万元用于文化大繁荣建设。落实专项资金促进平安鹿城、人才强区、城建维护等事业发展。

【完善部门预算改革】 2014年，进一步完善政府全口径收支预算，打造“阳光财政”。推进预决算信息公开，将本级政府预决算与“三公”经费预算、经人大常委会审查的35个部门预算全部进行公开。早编2015年部门预算，细化预算定额编制标准，提高预算编制的准确性。

【推进国库集中支付改革】 2014年，全区全额拨款行政事业单位及街镇全部完成国库集中支付改革，优化街镇支付流程，提高支付效率。印发《鹿城区预算单位公务卡强制结算目录》，规范公务支出行为和标准，全年国库集中支付改革资金量22.40亿元，公务卡共开卡7232张。

【完成财政专项资金梳理审核】 2014年，财政专项资金分工贸、社会事业、“三农”、人才科技旅游四大类，共16个单位19项，金额共计3.42亿元，形成《鹿城区2014区级财政专项资金清单》，并在互联网上予以公布。

【规范国有资产管理】 2014年，开展行政事业单位资产信息化管理，出台《鹿城区行政事业单位国有资产配置标准》，完成全区事业单位和国企产权登记。全年共处置固定资产2662万元。完成国有企业数据采集、报表编制和上报，加强国企监管，严防国有资产流失。

【加强政府采购管理】 2014年，完成政府采购统计报表的报送和采购项目归档，探索建立大额政府采购项目招标文件专家论证制度，加强对部门集中采购项目的监管。全年实现政府采购支出7.40亿元，节约资金8798万元，节约率达11.90%。

【加强工程结算审价工作管理】 2014年，完成申报绩效目标项目236个，涉及项目单位53家，涉及财政资金9.08亿元。共确定48个财政专项支出绩效评价项目，其中单位自评项目40个，财政部门重点评价项目8个。

【开展会计事务管理】 2014年，完成全区医药卫生行业会计监督检查工作，进一步规范预算单位会计基础工作。办理各类会计服务事项2748项，举办会计继续教育面授培训班20班次，受训2400人，新设立代理记账机构4家。

【加强党员思想理论与党风廉政建设】 2014年，党组理论中心组制定党员学习计划，规范学习篇目和学习要求。学习了党章廉政准则、习近平总书记系列重要讲话等内容，开展“三思三观”“三严三实”专题教育，开展学习焦裕禄精神、马克思主义宗教观教育等。继续贯彻中央“八项规定”，开展新一轮的廉政风险点排查，落实风险监控机制。细化廉政责任目标分工，建立党风廉政建设党组主体责任制，落实廉政建设责任。开展正风肃纪行动，实行作风动态督查。

【开展群众路线教育实践活动】 2014年，加强“四风”问题查摆，列出整改方案。建立整改时间点，健全完善并严格执行各项规章制度。党组成员带头深入一线基层“走亲连心解忧”，定期对基层进行调研，为民办实事办好事。

国税

【概况】 2014年，鹿城区国税局共组织区级计划口径税收33.49亿元，同比增长2.44%。全年，办理生产企业出口退（免）税6.05亿元，外贸企业出口退（免）税39.17亿元，增值税退税额1284.81万元，免税销售额47.57亿元，免税税额2.74亿元，减征增值税税额161.82万元。2014年，区国税局被评为温州市依法行政示范单位，办税服务厅被评为鹿城区“十大效能示范岗”，连续13年被评为省级“青年文明号”。

【纳税服务持续优化】 2014年，开展“便民办税春风行动”，按照“六个提速、三个减负”的要求，公开行政审批目录和税收执法权力清单，实行免填单系统，全面落实首问责任制，实行受理“双告知”制度。认真开展纳税人信用等级评定工作，深化信用等级的分类管理，营造依法诚信纳税的良好社会氛围。设立阳光税务咨询工作室，面向纳税人举办“春风税务课堂”4期。切实抓好《浙江国税县级纳税服务规范》的实施工作。

【依法治税规范有效】 2014年，制定实施《关于规范进户执法工作的意见》，取消12项进户执法内容。加强税收执法风险防控，税收执法管理信息系统考核正确率达99.99%。在办税服务厅和网上公布《行政审批事项公开目录》。

【转型升级深入开展】 2014年，全程助力“三转一市”，圆满完成“个转企”2000户、“小升规”77户的工作目标。主动融入招商引资工作，加强与相关部门的信息沟通，及时提供企业涉税数据。进一步规范涉企检查行为，对同一纳税人的纳税评估一年不得超过1次，营造宽松环境。

【实施信息化管税】 2014年，增值税一般纳税人网上申报率达97%，网上认证率达92%，网上抄报税率达92%，信息化水平居全市前列。全年，开具网络版通用机打印发票578万份，金额922亿元，查验发票5.40万份，金额11.60亿元。构建部门协税护税网络，向相关部门送达报备56份，提供涉税信息12133条。

【数据分析不断优化】 2014年，每月根据收入分析编制进度表，提供分级次、分税种、分征收单位等多口径的数据资料。全年，累计报送税收小册子800余份，为经济决策提供数据支撑。

【税源管理成效明显】 2014年，重点税源专业化管理试点覆盖面达100%，重点税源入库税额25.40亿元，同比增长9.53%，占全局区级税收的75.60%。实施以风险管理为导向的分类分级管理，全年风险应对83户次，累计补缴税款940万元。

地 税

【概况】 2014年，鹿城地税共组织各项收入55.23亿元，同比增长5.67%。其中：税收（不含契耕两税）入库26.46亿元，同比下降1%；契耕两税入库3.83亿元，同比增长8.66%；地方规费入库24.93亿元，同比增长13.28%。

【税源管理】 2014年，鹿城地税以精细化税源管理为目标，创新管理方式方法。对732户重点企业实行集中管理，重点税源企业税收收入12.60亿元，同比增长19.83%，占全局企业税收收入的60.32%；对建筑业、金融业等产业加强行业管理，建筑业税收收入同比增长41.66%，金融业税收收入同比增长25.58%；对汇算清缴工作实行“自主申报、集中受理、重点辅导、后续管理”新模式，共对14399户企业进行税费结算，结算率达98.26%，入库企业所得税1.77亿元，同比增长11.6%。

【依法行政】 2014年，鹿城地税以“明确职责，提速增效”为目标，实施机构岗位调整，组建专项管理科室，实行“属地管理、分类管理和专业化管理相结合”的征管模式，实现7个管理科与街道一一对应；积极推进个人出租房税收社会化征管，选定藤桥镇作为个人出租房税收社会化征管试点单位；实现与工商全覆盖式联合办证，全年共清理漏征漏管户12341户，存量压缩比达41.04%；核销非正常户5273户，存量压缩比达42.68%；依法处理计税价格争议件6个，维护纳税人权益。

【助企强工】 2014年，鹿城地税继续加大税收优惠政策宣传，编写《税收优惠政策汇编》并印发3000余册；简化审批手续，推进涉税事项“先批后审”审批制度改革，推出“以报代备”举措，共减免各类税费7952万元，惠及2608户辖区企业；促成分局干部职工同147户辖区重点税源企业结对，深入辖区温商回归企业开展“走亲连心解忧”主题活动，共走访企业256户，协调解决企业难题25个；组织邀请局内外相关专家学者，实施“纳税人学校”和“万人大培训”两大工程，为4300余名纳税人开设“税收风险管理与分析”等一系列实务课程24场。

【纳税服务】 2014年，鹿城地税推出“鹿城地税”微信公众号，并组织开展了“微网问政”等一系列“微信税宣”活动，出品自编自演微电影《平凡税月》，得到社会公众及《温州日报》《浙江税务》和人民网等多家媒体关注；在办税窗口配置高拍仪，实现资料报送无纸化，解决资料重复送、多头送现象；推出“纳税服务五大套餐”，创设管理员值班制度，满足纳税人多元化需求；落实“公共服务窗口

4月25日，举办“微网问政”税收宣传活动　　鹿城税务分局提供

办事无休日”工作要求，实现地税业务“同城通办”，促成房地产税收交易一体化运行，全年共受理各类涉税业务18.23万件，占市区总业务量的42.8%；接待各类纳税人91698人，占市区总接待量的42.7%。金河办税服务厅连续两年蝉联“五星级大厅”称号。

【党建工作】 2014年，鹿城地税以作风建设为重点，在党的群众路线教育实践活动中实施正风肃纪等六大工程，组织各类专题学习会11场，征求并落实群众意见85条；整改腾退办公用房达1100余平方米；协助化解双屿街道垟田村、双岙村和箬笠岙村安置房“办证难”等问题，共7次收到社会各界送的感谢信、锦旗等；承办市直机关“五星争创”现场推进会，获温州市首批“五星党支部”称号，作为温州市开展基层党组织专题组织生活会的4个试点单位之一，向全市做示范展示。

国内经济合作

【概况】 2014年，区国内经济合作共引进项目83个（其中新引进亿元以上项目共19个），到位资金99.81亿元（其中温商回归引进到位资金49亿元，市外房地产投资到位资金50.81亿元），完成全年任务的126.30%，同比增长189.80%；全市排名第二，三区两市排名第一。全年，共落实山海协作、双对口支援资金共534万元，促成合作项目4个，到位资金3.20亿元；帮助泰顺落实增收项目19个，转移劳动力就业1696人次。

【体制机制建设】 2014年，区国内经济合作率全市之先成立鹿城“温商党员活动之家”，深化品牌建设，以党建引领服务，加强同温商之间的联系，力促温商回归，服务经济大局。开设温商项目审批服务绿色通道，强化“一条龙”服务。完善服务温商制度建设，制定执行温商项目代办制等诸多制度，开展温商服务满意度调查，满意度达100%。全面实施“微笑、用心、亲情”三大服务，运行尊商爱商卡系统，开展温商“领头雁”、温商回归功勋（先进）人物表彰等活动，让温商经济上有实惠、社会上有地位、政治上有荣誉。

【项目库建设】 2014年，落实项目领衔制和定期回访制，梳理招商项目78个，落地64个。引进一批带动性强的重点大项目，包括总投资约60亿元的超高层温州中心项目、总投资金约170亿元的仰义林里低

5月下旬，举办“五星争创”现场推进会　　鹿城税务分局提供

温商服务手册　　区国内经济合作办公室提供

丘缓坡项目、面粉厂创意园项目和“A378”时尚产业园项目等。

【国内区域交流】 2014年，区国内经济合作组织参加中国东西部合作与投资贸易洽谈会、中国哈尔滨国际经济贸易洽谈会等重大经贸活动。全年，共走访北京、上海、广州等20余家温州商会，开展项目洽谈153次、接待约1620人次。

【山海协作】 10月，鹿城区委书记王立彤、区长朱崇敏、区人大常委会主任吴海燕、区政协主席郑锦春等四套班子领导与泰顺县开展高层互访。全年，帮助泰顺县低收入农户发展增收项目和实施社会事业、新农村建设项目19个，到位资金189万元；促成鹿城区企业与泰顺结对合作项目4个、到位资金3.2亿元；落实劳动力培训资金20万元，帮助培训转移劳动力1696人次，平均每月完成142人次。

【双对口支援】 落实省级对口支援重庆市涪陵区三峡库区移民经费28万元、四川阿坝州壤塘县帮扶资金300万元；筹措社会资金100万元，帮助帮扶四川省阿坝藏族羌族自治州壤塘县改造村庄破旧房屋48户，5个农村敬老院提升改造，加快药材示范基地建设及造村路、桥等基础设施；帮助壤塘县人才培训624人次。

【温商服务绿色通道建设】 2014年，开展温商服务窗口“效能示范岗”创建活动，为车站大道地下空间等5大重点项目提速30%以上。全年，窗口共接待人员109人次、咨询项目26个，帮助企业注册或变更13家，帮助企业协调、办理审批事项27件。

【内外温州人互动】 2014年，邀请24名优秀在外企业家列席鹿城区“人大”和“政协”两会；开展“温商之春”活动，走访温商50多位、走访温商家庭50多户；建立区四套班子领导与在外企业家挂钩联系制度，走访在外温州商会、温商企业85次，走访132家在外鹿城籍温商家庭；组织2014年在外温州企业家联合会片区活动，73名温州商会会长、在外鹿城籍企业家积极参与；开展温二代2014年度论坛·慈善之夜活动，邀请200余名温州籍青年企业家、新锐创业家参加。

（编辑 胡亭亭）

市场监督管理

【概况】 2014年，区工商行政管理局和区食品药品监督局合并为鹿城区市场监督管理局，推进体制调整和机构改革，整合工商、食品药品监管职能，完成机构合并、人员整合等工作。鹿城区全年新增市场主体18032家，总量突破8万户。全区企业、个体工商户分别达到17692家、65194户。全年完成“阳光厨房”创建单位123家，数量全市第一，学校食堂量化分级A、B 等级达到56.7%。规范提升小餐饮单位1620家、取缔关闭365家，餐饮服务单位持证率达到96.97%。新增品牌商标46枚，其中驰名商标1枚，省著名商标3枚，市知名商标10枚，区名牌商标32枚。全年共立案查办各类违法违规案件721件，罚没款1035万元，大要案294件。共处置各类投诉举报、群访群诉及突发性维稳事件6586件，挽回经济损失639.06万元，消费者满意率达99.9%。

【机构改革和体制调整】 2014年，按照中央和省、市、区党委政府的统一部署，以优化机构职能、集约执法资源、释放改革红利为目标，充分调研，主动对接，协调出台机构改革定职责、机构、人员“三定”方案，完成机构合并改革工作。提出“合心、合拍、合力”要求，通过人员、岗位、基建、职能、考核“五个交叉”，促进机构整合、人员融合和基础建设，充分体现“1+1＞2”的改革效应。抢抓改革机遇期，完善基层监管机构，配齐配强监管力量，19个基层市场

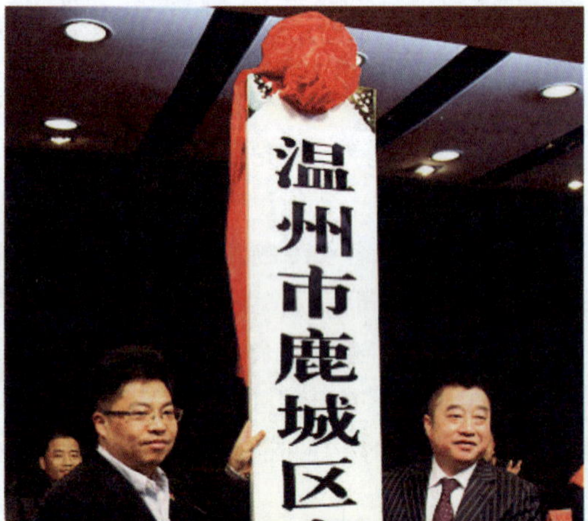

1月29日，鹿城区改革完善食品药品监管体制动员会议暨区市场监督管理局授牌仪式举行

区市场监督管理局提供

监管所设置到位，实现工作职能的无缝对接；全区所有街（镇）建成食品安全委员会，街镇主要负责人担任办公室主任，配备基层协管员，按现有80个社区和1043个综治网格建立了一支专兼职市场监管协管员队伍，初步形成“以属地政府管理为主、相关部门各负其责、全社会共同参与”的基层食品安全监管新格局。

【商事制度改革推进】 2014年，全面落实“实缴改认缴”“前置改后置”等商事制度改革举措，清理规范审批事项113项。放宽住所登记条件，登记“一址多照”“一照多址”企业4355家。启动登记注册便利化工程，工商、食药审批办证窗口“二合一”，率先在全区实现审批服务“两集中、两到位”。创新推出“网上办事大厅”，将面对面审批改为键对键网上预审服务，审批提速30%以上，回访满意率达98%。实施改革新政，创优发展环境，探索实施“严管”路径和方法，宣传贯彻《企业信息公示暂行条例》，启动企业年报工作。

【餐饮行业安全管理】 2014年，推行餐饮服务食品安全“提升工程”。在大中型餐馆、学校食堂开展“阳光厨房”创建，推动“千万学生饮食放心工程”发展；对小餐饮行业开展百日整规行动，通过规范一批、提升一批、淘汰一批的管理方式，全面提升小餐饮行业总体水平。

【食品定性检测】 2014年，开展食品安全快速定性检测、定量抽样检测和药械不良反应监测，完成定量检测1625批次、定性检测85973批次、处理不合格食品2308.37公斤，发布不合格食品监测信息6期100批次、黑名单3期12家。全区食品安全综合指数考评成绩全市第一。

【推进“个转企”工作】 2014年，将“个转企”工作作为打造鹿城经济升级版的重要举措，通过创新推出双向抄告机制、行业指导目录、工作指导一本通等有效举措，强力推进“个转企”工作提质扩面。全年完成“个转企”单位2028家，2013—2014年累计完成“个转企”4178 家。

【企业信用体系建设和信用修复】 2014年，完成“区企业信用联合征信服务平台”建设，帮扶33家企业修复信用，27家企业获评省、市、区级信用管理示范企业等称号，获副市长陈作荣、区长朱崇敏批示肯定。

【专业市场安全综合整治】 2014年，根据区政府的统一部署，区市场监督管理局利用牵头部门的有利地位，召开城管、消防等部门参加的协调会议，研究部署专业市场安全整治工作，进行专业市场违章建筑与消防隐患排查，制订专业市场“一场一策”方案，全面开展专业市场安全整治工作。依法关停白马服装市场、河通桥鞋料市场。

【加大民生案件查办力度】 2014年，以食品安全“百日严打”为重点，进行市场农产品质量安全、医疗器械“五整治”等食品药品安全系列专项整治。共立案查办食药类案件280 件，罚没款394.32万元，移送司法机关10件30人，同比分别增长64.70 %、113.50 %。其中“赵某等销售有毒有害保健食品案”入编国家总局保健食品打“四非”典型案例，“3·14”波立维假药案被评为市级食品药品领域十大经典案例，馒头等面制品铝超标、假羊肉等系列大要案得以查处，打击了食品违法犯罪行为。

【推进无照整治】 2014年，依托“见底归零”载体（“见底归零”创建活动的“归零”是指在全区条件具备的地域，开业1个月以上的经营户持照率100%、亮照率100%，辖区内“零无照示范街”18条以上、“零无照示范村”12个以上的创建目标），借力“三改一拆”“五水共治”，加大查无力度。推进城中村安全综合整治，以市区两级8个重点整治的城中村为重点，对危害人体健康、存在重大安全隐患、威胁公共安全、破坏环境资源的经营者予以打击取缔。共疏导登记4620户，关闭取缔2883户，查办无照案件221件，完成城中村无照整治全年三大目标任务，以全市第一的成绩通过考核验收。全区无照存量、无照率较年初分别下降39.90%、45.20%。

【打击行业假冒伪劣】 2014年，查办家装服务和家居建材商品行业假冒伪劣系列案件17件。开展“铁网9号”、红盾网剑、打击医疗机构违法广告等专项行动，重点监测、打击危害群众健康的食品、药品、医疗器械、化妆品等虚假违法广告，查办网络案件24件、广告案件27件。以新《中华人民共和国商标法》修订实施为契机，加大保护知识产权力度，查办商标违法案件86件。

【打击传销行动】 2014年，破获一起利用网络平台上市认购原始股的传销大要案，涉及20级组织层次、

3月15日，鹿城区市场监督管理局开展“3·15”主题活动　　区市场监督管理局提供

39名人员，涉案金额高达119万元。启动无传销社区创建活动，以区政府名义出台《无传销社区（村）创建活动实施方案》，初步建立起传销立体化防控机制，获副区长伍挺批示肯定。

【农贸市场整治】 2014年，启动农贸市场改造提升“新三年计划”，完成农贸市场改造提升11家，超额完成任务数220%；创建省放心农贸市场5家，数量全市第一。开展农贸市场“创卫”整治，推广长效管理机制，助推“创卫”国考通过。

【消费维权】 2014年，将工商“12315”、食药监“96317”投诉举报热线整合，一并植入公共民生服务平台。联合《温州晚报》推出“合力维权”栏目，持续放大公共民生服务平台一体化维权、一站式服务综合效应，提高对信访、市长（区长）热线、鹿鸣问政、群体性维权的风险把控能力。

【打造高效团队】 2014年，及时理顺整合机构的党风廉政建设格局，建立新的完善责任制度和责任体系。创新推出“廉政效能12分制”，建设电子监察平台，打造“制度+科技”的风险防控管理模式。同时，将队伍能力素质建设和运转高效有序作为改革转型的基础工程。加强依法行政建设，编制部门责任清单，完成权力清单“三报”工作，涉及行政权力572项。制定《中华人民共和国新商标法》《中华人民共和国食品安全法》自由裁量权标准，严格依法行政。全局在“五型”机关创建考评中获满分，大南所、藤桥所被评为区级满意基层站所。在全省工商系统开展“勇于担当、争创一流”创先争优活动，全局“推动市场主体提档升级”“创建放心市场及提升商品市场发展”“构建消费维权机制”三项工作获“县级局专项工作业绩突出优胜单位”称号；在市对区的考核中，个转企、放心农贸市场创建、食品安全综合指数等多项指标位居全市首位；连续三年被评为区直单位考绩优秀单位。

物价管理

【概况】 2014年，区物价局坚持求真务实，开拓创新，充分发挥物价工作职能，紧抓群众关注、社会反映强烈的价格、收费等热点问题，维护价格收费秩序，提高价格监督监管能力。全年共受理举报123件，办结123件，办结率达到100%；查处价格违法案件10起，退还消费者12.40万元，没收违法所得15.7万元，罚款13.7万元。查处未按规定明码标价行为8件，罚款4300元。

【明码实价】 2014年，“诚信经营，明码实价”服务品牌被区五型

12月12日，鹿城区举行以美发行业为主的第五批17家“明码实价示范店”命名暨授牌仪式
区发改局提供

机关创建活动领导小组办公室评为区第一届十佳机关服务品牌之一。开展明码实价示范店复评，保留43家，并于12月发展了第五批以美发行业为主的17家明码实价示范店。区物价局加强对明码实价示范店的监督和指导，共落实回访500余人次，指导示范店纠正不规范标价行为30起，上门分发价格法律政策宣传材料700多份，投入专项资金为社区价格宣传屏、公交站牌等进行专题宣传，提升影响力。

【市场价格检查】 2014年，根据全市统一部署，开展涉农涉企价格和收费专项检查、清费减负政策落实情况专项督查、农贸市场价格政策落实情况专项督查、药品和医疗服务价格专项检查，共检查单位46家。

【行政收费管理】 2014年，完成对全区32家行政事业性单位收费验审，年审率100%，涉及收费项目33项，收费总额2.02亿元（其中行政性收费1.28亿元，事业性收费0.74亿元），占财政收入5.02%，比2013年增长27.16%。全年定期成本监审3个，定调价成本监审3个，监审金额11979.64万元，核减金额1885.43万元。全年发放价格调节基金（困难群众生活补助）160.76万元。调整全区居民公共卫生服务收费标准（物业管理区域除外），常住居民由5元/月·户调整为8元/月·户，暂住人口2元/人·月。

【价格认证服务】 2014年，以涉案财物价格鉴定为重点，开展各项价格认证工作。全年，共受理涉案物品鉴证881件，涉及标的额3000多万元。

审 计

【概况】 2014年，区审计局共完成审计项目16个，查出违规金额564万元，管理不规范金额43459万元，经审计处理上缴财政14万元，提交审计专题、综合性报告和信息共36篇，提出审计建议38条，被采纳23条。

【预算执行审计】 2014年，按照“全口径”的要求，区审计局开展预算执行情况审计，揭示出预算执行中存在的问题，并提出切实可行的审计建议。根据审计意见，区地税部门完善了地方水利基金减免的审批程序，补征相关税费30万元；区财政部门冲销土地折抵指标挂账款1.82亿元，上缴行政事业性收费6250万元；收回土地垦造款结余163万元；进一步规范部门预算，出台《加强区级部门预算编制和管理的实施意见》等制度，当好公共财政的“卫士”。

【政府投资审计】 2014年，围绕区政府重点建设项目，进一步加强BT项目建设（指建设—移交，是一种国际上较为通行的建设方式）中跟踪审计，强化协审中介的监管考核。开展全区BT项目建设管理专项调查，同时走访南汇街道、滨江街道等业主单位和中建、中铝等融资单位，帮助业主单位协调解决遇到的问题，通过跟踪审计发现解决各类问题20多个，促进了投资项目规范管理，提高工程质量，节约了政府投资。2014年已实施跟踪审计BT融资建设项目32个，其中6个BT跟踪审计项目开始月报，总共上报43期，已送审造价累计9007.6万元，审定造价累计7859.9万元，净核减累计1147.6万元，核减率达到12.74%。

【专项审计】 2014年，安排城镇保障房、“三公”经费、基础设施建设等专项审计项目。重点关注民生安居工程。开展保障房安居工程跟踪审计调查，发现个别保障性安居工程未享受优惠减免政策、项目性质改变未及时在统计报表中予以调整等问题，同时对2013年保障房跟踪审计中发现的问题的整改落实情况进行了核实，提出2条审计建议；重点关注“五水共治”。在审计中，重点关注职能部门贯彻落实“五水共治”、环境保护等重大决策的执行和绩效情况。对黄龙片区北排工程、丰门河（康城段）治理工程两个治水工程进行全过程跟踪审计，全年已对两个工程的24期月报进行审计，送审工程造价7297万元，审定工程造价6210万元，净核减工程造价1086.9万元，核减率为14.9%；重点关注“三公”经费。根据中央“八项规定”和省委“六个严禁”“28条办法”的要求，组织开展全区公务支出公款消费审计，发现存在“公务用车方面不规范”“疗休养报销超标准”“大额现金支付”等问题。通过督促相关部门整改，全区三公经费同比下降明显。

【经济责任审计】 2014年，按照《浙江省党政主要领导干部和国有企业领导人员经济责任审计办法》的要求，以提高审计质量为立足点，深化经济责任审计，加强对领导干部权力运行的监督。区审计局共开展区住建局、区编办、区教育局等6个单位离任人员经济责任审计工作，共查出主要问题金额86万元。通过审计揭露“权力失控、决策失误、行为失范”方面的突出问题，推进权力运行公开化、资源配置市场化和操作行为规范化，在促进善政良治中发挥建设性作用，不断提高地方党委政府科学执政、民主执政和依法执政水平。

统　计

【概况】 2014年，区统计局着眼打造现代化学习型服务型统计，在优化决策服务、夯实基层基础、狠抓数据质量、强化依法统计等方面取得新成效，充分发挥统计数据在管理决策中的重要基础性作用。围绕中心、服务大局，牢牢把握“四条主线、四个提高”，扎实做好各项重点工作。全年区统计局先后被评为温州市第三次经济普查省级先进单位、鹿城区第十六批文明单位，获鹿城区“中华经典诵读”比赛优秀奖、温州市统计工作绩效考核三等奖。

【统计优质服务】 2014年，统计局坚持“贴近热点、贴近实际、贴近政策”的原则，为考绩建言献策，预测全区经济发展年度各项指标和各街镇分解指标，同时制作全区29项主要经济指标纵横向对比汇总表。全年开展11次专题分析，提出37条建议。为各街镇定制统计服务产品，定期或不定期为各街镇详细分析主要经济指标完成情况，着重对辖区的工业、商贸业、服务业和投资运行情况把脉，按街镇的经济发展特色分不同侧重面提出应对工作措施建议。全年撰写统计分析、调查报告和信息分别为68篇、11篇、148篇，其中省级以上报刊、杂志刊登7篇，区府办、区委办采用3篇，其中《调结构提质量以有效投资推动经济发展》获区领导批示。利用微信、统计数据月报、简报、网络等数据发布平台，及时提供各项经济指标数据，逐步实现数据统计、信息共享。

【统计法制建设】 2014年，推行说理式统计执法，建立健全《鹿城区统计局行政处罚自由裁量权指导标准》《鹿城区统计局行政处罚自由裁量权实施办法》《行政处罚结果网上公开表》等相关制度，不断规范执法办案行为，提高说理性统计执法工作水平。制订“六五”统计普法计划，明确统计普法重点对象、内容和范围。把《统计违法违纪行为处分规定》列入全区领导干部、公务员普查考试内容；利用业务教育培训班，宣传统计法律法规，发放《中华人民共和国统计法》《统计违法违纪行为处分规定》宣传手册200多份，通过报刊、网络平台面向社会开展统计知识竞赛。全年共执法稽查78家，立案查处30家，并与207家企业签订《企业诚信统计承诺书》、215名统计员签订《统计从业人员诚信统计承诺书》，进一步深化统计信用建设，营造良好的统计诚信环境。

【统计基层基础建设】 2014年，通过强化统计基础建设，提升统计队伍素质、加大统计数据质量评估核查力度、开展诚信统计建设等手段，为统计数据质量提升提供全面保障。在8个街道经济发展办增挂统计信息中心牌子，安排2名以上统计专职编制人员。制定并落实《2014年鹿城区统计基层基础建设实施意见》，全年完成企业统计规范化创建达标372家、复评验收合格316家。实施全区统计系统教育培训计划，全年共举办各类培训班14期，受训3000人以上，要求各街镇辖区企业进行“点对点”业务培训，由局专业人员组成“讲师团”进行授课指导。深入一线变被动统计为主动统计，共排查规模以上工业285家、规模以上服务业397家、限额以上贸易业574家、固定资产投资项目518个，排查逐步实现逼近真实、应

9月22日，开展全区统计工作培训会　　区统计局提供

统尽统。全年完成个转企单位入库1964家。分别组织210人、224人参加统计从业资格考试和统计继续教育，有效改善了全区的统计环境。

【固定资产投资统计】 2014年，全区固定资产投资总额306.57亿元，同比增长16.5%，增速连续4个月位居三区两市前三。为此，全年新入库项目282个，开展全区固定资产数据排查，在全区所有投资项目单位自查的基础上，对12个项目单位实施统计稽查，对38个项目进行重点检查。共召开三场全区建设领域统计年报会议，参会人员达500人，是局里所有专业唯一的并由区局面对项目单位直接组织的年报培训。对16家房地产企业、12家建筑业进行统计规范化验收，全年提供数据认证工作150余次，提供投资统计优质服务，使固定资产投资统计信息及时、全面、准确反映全区的固定资产投资进展情况。

【统计节能降耗预警工作】 2014年，加强能源数据质量的审核，重点围绕用电量、产值及产品产量等数据，确保能耗源头数据的准确性。全年对300家规模以上工业企业能耗进行月度监测，对256家规模以下工业企业和538家规模以下个体企业进行抽样调查，并开展27家重点用能企业能源统计数据质量专项检查，选择规模以下部分瞒报严重的企业进行执法稽查。全年共查处35家样本企业，其中立案14家，督促企业真实上报统计报表。全年完成新增和复评的规范化验收工业企业69家，规模以上工业企业业务培训300家，强化统计人员对能源统计的艰巨性认识，使其真正掌握统计工作方法和要领。

【统计普查工作】 2014年，坚持依法普查、科学普查，按时高质量完成第三次全国经济普查数据采集、审核验收及后继各项工作。全区投入1000名普查员，严格执行普查方案，按照规定步骤和程序实施，完成了2.5万家法人单位及产业活动单位、6.5万家个体户的现场登记数据采集工作。事后组织质量抽查工作，8个街镇各抽取1个普查小区的200家单位和210家个体户，防止漏登、重登。通过第三次经济普查业务技术探讨和交流，完成业务技术文章21篇，其中市经普办采用10篇，省经普办采用4篇，《中国信息报》《统计科学与实践》各录用刊登一篇，加强了对普查过程中创新做法和先进经验的总结、提炼。

【制度建设工作】 2014年，进一步强化统计信息、咨询和监督职能，延伸服务领域、提升服务水平，逐步实现统计数据、信息资源共享。建立GDP核算部门联席会议制度，牵头召集召开联席会议，编印《鹿城区生产总值核算部门联席会议资料汇编》，加强部门间信息沟通共享。首次将经济指标纳入区直部门条线工作考核，实现部门联动、共抓经济发展格局，出台《2014年度区直单位经济指标考核细则》，按季对经济指标进展情况进行通报。继续落实统计巡查制度，督促区直部门贯彻落实统计法律法规，规范部门统计工作流程，提高监测质量。

质量技术监督管理

【概况】 2014年，温州市鹿城区质量技术监督局以“抓质量、保安全、促发展、强质监”为目标，实施创新驱动发展战略。结合党的群众路线教育实践活动，以创建“全国质量强市示范城市”为契机、“十件实事”为抓手，推进质量强区、品牌强区、标准强区“三强”战略。强化安全监管，继续深化基层基础建设，推动鹿城区“赶超发展、再创辉煌”。获市质监系统“先进集体”、区“尊师重教先进集体”“安全生产目标管理责任制考核优秀单位”“消防安全目标管理责任制考核优秀单位”和“消防工作先进单位”等称号，局城中质监所获“区委创建法治基层站所（庭、队）工作示范单位”“温州市质监系统文明规范基层质监站所”称号。

【质量与品牌建设】 2014年，制订质量强区建设行动计划，分解工作责任，推进城市辖区示范点和服务业示范点建设，通过省政府预验收和国家正式验收。建立三级名牌梯度培育目标和计划，新增浙江名牌产品9个，温州名牌产品11个，鹿城名牌产品21个，3家企业获区政府质量奖。开展服务业标准化工作，推进旅游、电子商务、中介服务等领域服务业标准化试点项目建设，获国家级立项1个、省级立项1个、市级立项3个，江心屿景区智慧旅游国家级服务标准化试点项目的成功立项，实现了温州市国家级服务业标准化试点项目零的突破。3个项目通过市级验收，获优秀项目1个，良好项目2个。开展“崇质尚新、笃志近思”服务品牌创建活动。以服务大局、服务基层、服务群众、服务发展为宗旨，全面推进“五心”工作方法，建立“五好”服务标准，在信河街星河广场等地

10月10日，温州市创建“全国质量强市示范城市”鹿城示范点汇报会举行，国务院参事、专家组组长张纲率队现场验收并听取汇报　区质监局提供

开展“质量月”质监为民服务进社区活动9场次。

【质量安全工作】 2014年，以《中华人民共和国特种设备安全法》实施为契机，与温州电视台经济科教频道联合拍摄制作“关爱生命·关注特种设备安全”专题宣传片，制作平安视频，在全区银行、车站、码头、医院等400多个公共场所滚动宣传，宣传特种设备安全知识。深化特种设备执法检查，全年发现隐患设备1440台，完成治理1429台，综合实际隐患治理率达到99%。严格监督抽查，全年共完成国家、省、市、区级监督抽查618批次，其中定期监督抽查163批次，合格率为95.7%，高于全市平均水平。加大监督抽查后处理力度，收到不合格产品报告87起，全部按规定完成处理。加强食品及相关产品安全监管，将食品相关产品列为安全监管重点关注产品，针对全区9家获证企业，全年巡查19家次，抽查18批次。强化稽查执法力度。开展“蓝剑系列”“火炼系列”等专项执法行动，全局共立案74起，结案74起，罚没款98.3万元。加大举报投诉处置力度，完成“12365”系统反馈的案件及各类举报投诉案件，累计受理各类投诉举报案件130起，查结130起，挽回经济损失9.2万元，不再致使重复投诉举报。

【计量监管工作】 2014年，开展农贸市场计量器具“四统一”试点工作，在全区8家省文明示范农贸市场推行计量器具“四统一”管理。加强基层医疗计量器具管理，对辖区内221家基层医疗单位（含个体）539台（件）计量器具开展免费检定。加强定量包装商品计量监督管理，对100批次商品开展定量包装计量专项监督检查。加强强制性认证产品监管，全年开展巡查30家次，查处“3C”违法案件 2起。加强检验机构监管，检验机构自查自纠，21家检验机构全部递交自查报告。开展建筑工程、消防检测、食品行业检验机构的现场监督检查，共出动30人次，检查检验机构10家，检查完成率为100%。加强有机产品认证监管，对辖区沃尔玛超市体育场店和人本超市白鹿洲店销售的有机产品进行检查。

【行政审批制度改革】 2014年，深入推行“全域受理”审批新方式，出台《温州市质量技术监督局鹿城区分局审批事项“全域受理”实施方案》，将特种设备使用登记等6项审批事项下放至基层质监所。做好行政审批及便民服务事项信息梳理，编制《行政许可、非行政许可审批事项信息表》，完成特种设备作业人员考核等10项行政许可、非行政许可审批事项梳理工作。推进行政审批“两集中两到位”改革，甄选并任命两名行政审批首席代表。强化审批服务，全年受理办结各类行政审批事项10449件，审批事项按时办结率100%。落实优惠政策，全年免征6586家小微企业工本费共计11.85余万元。

【干部队伍建设】 2014年，落实“照镜子、正衣冠、洗洗澡、治治病”的总体要求，开展群众路线教育实践活动。通过每周一夜学、集中学习、专题讨论和现场学习教育等形式开展集中学习13次，共计11天，其中连续2天集中学习两次，撰写心得体会6篇。征求各方面意见及建议81条，召开班子会议集体讨论研究对策，提出整改意见，分工到人，全部完成整改。加强党风廉政建设，强化日常监督，每月一督查，定期不定期检查相结合开展“五查五看”，未发现违纪现象。进一步健全完善《工作制度汇编》，实现用制度管人，按制度办事。创新活动载体，开展“转方式、正作风、提效能”活动，通过抓认识、抓学习、抓制度、抓结合、抓奖惩等“五抓”，强化依法行政，转变工作作风，规范工作机

3月18日，召开作风效能建设大会　　区质监局提供

制，提升队伍素质，提高机关效能。理清职责制定权力清单，把握“法定必写、应放则放”原则，全面梳理干部职责，梳理出行政权力事项总计346项，其中区级保留行政权力324项，属地管理11项，审核转报类 4项，共性权力7项。

【食品安全监管职能划转】 2014年，根据区政府的总体部署，区质监局主动配合，服从安排，做好承担食品安全监管职责人员编制的划转工作。6月10日，区政府组织区质监局与区市场监督管理局进行生产加工环节食品安全监管划转交接仪式，确保食品安全监管职能划转有序推进。

安全生产监督管理

【概况】 2014年，鹿城区安全生产监督管理局牢固树立“以人为本、安全发展”理念，深化“打非治违”行动，突出抓好十大重点行业领域专项整治等隐患排查治理。全年全区未发生较大及以上事故，连续7年实现各类事故总量和直接经济损失两项主要指标零增长，保持了全区安全生产形势总体稳定。鹿城区在市安全生产目标管理责任制考核中被评定为优秀等次，区安监局审批窗口获鹿城区“十大效能示范岗”“群众满意审批窗口”等称号。

【城中村安全综合整治】 2014年，全市开展城中村安全综合整治。区安监局作为区城中村安全综合整治办公室所在单位，负责全区整治的参谋协调工作。与市安办对接，草拟区域城中村安全综合整治实施方案，初步提出城中村安全综合整治具体工作思路和要求。按照“先行一步”的要求，帮助筹备5月9日鹿城区城中村安全综合整治推进会。与各有关部门、街镇协调对接，明确整治工作相关单位分管领导和联系人，并设立微信群、通讯录，建立畅通的工作交流和沟通联系渠道。实行“半月一分析、一月一总结”制度，召集全区相关街镇及部门定期会晤沟通讨论整治疑点难题。完善督考问责机制，与区考绩办对接，制定城中村整治绩效考核办法，促进整治得到整体及时有效推进。落实上级及本级领导督查工作，据统计，2014年共组织协调安排15次领导现场督查及座谈会议，按时完成市级4个重点村、12个非重点村以及区级8个重点村、14个非重点村的整治工作，第一阶段整治工作在全市各县市区中排名第一。抓好生产经营单位安全隐患集中整治，按照区城中村安全隐患集中整治的部署，制定并出台《鹿城区城中村生产经营单位安全隐患专项整治实施方案》等文件，积极开展城中村生产经营单位安全隐患排查治理工作。

【涉可燃爆粉尘专项整治】 2014年，鹿城区涉尘作业场所457家，其

8月5日，鹿城区区委副书记、区长朱崇敏开展辖区涉尘企业安全生产检查工作
区安监局提供

中铝镁型材加工18家，锌材加工417家，其他非金属粉尘加工22家。江苏省昆山“8·2”事故之后，区安监局开展专项排查整治，责令存有安全隐患的67家单位限期整改或停产整顿，对有营业执照但未通过安评擅自恢复生产的103家单位采取停产整顿，对无营业执照反弹的53家单位采取打击取缔措施。截至年底，辖区已经通过安评或专家验收的正常生产单位329家。

【危化品罐区专项整治】 2014年，区安监局通过专题研究并制定整治方案及检查计划，对企业进行调查摸底、建立台账，并督促涉及整治的企业严格开展自查自纠工作，推进危化品罐区专项整治工作。截至12月31日，37家涉及罐区整治的企业全部按时完成自查自纠工作，其中危险化学品生产企业12家，危险化学品经营带储存企业25家，共发放限期整改指令书7份，消除隐患28处，发放现场强制措施决定书1份，责令暂时停产1家。

【未经正规设计在役化工装置安全设计诊断】 2014年，区安监局通过加大检查力度，增加监管频次，利用不定期短信温馨提示、帮助指导等人性化管理开展监管工作，共完成11家涉及未经正规设计在役化工装置（设施）的生产性企业的设计诊断。提高化工装置（设施）安全合规性，有效治理因设计不到位而产生的隐患，预防事故发生。

【重大事故隐患挂牌整治】 2014年，鹿城区进一步加大挂牌整治工作力度，除了市、区级挂牌外，突出街道、镇一级挂牌整治，计划完成各级挂牌整治单位110家，其中，区级以上挂牌单位20家，街道（镇）级挂牌单位90家。全年实际共完成116家企业的整治及摘牌工作，提前超额完成年度目标。

【企业安全生产标准化创建】 2014年，通过调查摸底，统计出全区2014年创建任务：规模以上企业117家，小微企业120家。4月，组织238家企业负责人和联系人召开专题宣传培训会议。通过宣传推动，全年全区发文通过标准化创建的规上企业131家，完成率111.90%；小微企业创建通过评审146家，完成率121.60%，完成市级下达的规上企业完成率90%和小微企业30%的创建工作任务。

【安全生产“两网一化”工作】 2014年，依托综治平安网格“全区一张网”，落实安全生产“两化一网”工作。全年辖区完成安全生产网格排查系统内企业隐患排查24187家，检查率100%，发现隐患6461处，隐患整改率91.60%；督促19893家企业进行自查自报，自报率97.26%。6月，开展网格人员工作证制作工作，收集整理网格员信息1890条，照片1585张。网格员手机配备率100%，初步建立“网格员排查信息、驻格员督改隐患、安监中队检查推进”的安全生产网格工作机制。

【危化行业应急救援体系建设】 5月，组织区危化品应急救援队赴洞头开展集训，提升专业知识水平和业务技能。邀请省、市级专家讲授救援基础知识、培训技能；邀请民兵连教官进行军姿、队列、体能等训

5月上旬，鹿城区安监局组织区危化应急救援队赴洞头先锋女子民兵连开展集训

区安监局提供

练。6月，集中组织69家相关单位开展应急预案演练活动。区安监局持续督促各街镇、各有关部门积极组织开展应急预案演练，督促矿山、危化、省部属企业进行应急预案备案。9月29日，在仰义街道浙江禾本科技有限公司厂区内开展氯化氢储罐泄漏事故应急救援演练，邀请区环保局、区公安消防分局、仰义街道等单位联合参与，进一步提高辖区危化应急救援队与各相关部门联合处置危险化学品生产场所发生火灾的救援能力，完善各部门之间的应急联动机制，对区域应急处置和抢险救灾实战能力进行检验。

【安全生产执法行动】 突出提前谋划，年初，制定《安全监管执法工作计划》，明确监管执法工作标准、执法范围、重点执法检查事项、执法检查时间安排、执法工作要求，确保执法工作有序开展。突出重点时段，对重大节日、重大活动、特殊季节等重点时段适时开展专项执法检查。据统计，全年区安监局共开展6次专项执法检查活动，共执法检查辖区内各类企业220家（次），出动执法人员235人（次），排查整改各类安全隐患118条，开出现场处理措施决定书、责令限期整改指令、整改复查意见书等执法文书90份。春节期间，针对31个季节性烟花爆竹销售点和菜市场、花店、杂货铺等，组织相关部门共同执法13次，各街道办事处自行组织执法检查40余次，参与执法人员达750余人，取缔非法烟花爆竹经营点29处，收缴查获烟花爆竹357箱。突出问题导向，严厉查处重点行业领域违法违规生产作业行为，促使企业主体责任得到有效落实。全年区安监局共查处非法违法生产、经营危险化学品及烟花爆竹单位21家，查获各种危险化学品约78吨、汽车漆960升、烟花爆竹625箱及散装爆竹63件，共立案41起，处罚金额124.42万元。

4月24日，鹿城区安监局局长张海云率队对辖区危化企业开展专项检查

区安监局提供

【安全生产许可】 2014年，强化源头管理，狠抓“三同时”制度，加强对危化企业安全生产条件的审查，共核发本级发证的危险化学品经营许可证90份，“三同时”审查5家，完成试生产备案1家，重大危险源企业备案2家，安评报告备案9家，应急预案备案37家，易制毒备案4家。

【安全生产服务】 2014年，区安监局继续组织全员做好驻企服务和干部联系街镇工作，帮助双屿五金电镀厂解决了在搬迁中办理工商、环保、安监手续的困难问题。区安监窗口推行行政审批“首席代表制”，实现鹿城区危险化学品经营许可证丙证的审批，从受理到现场审查再到发证由原先15个工作日缩短至12个工作日。全年收到锦旗2枚、感谢信1封。

【“安全生产月”主题宣传活动】 6月16日，组织区15家单位在松台广场开展“安全生产月”集中宣传咨询活动，并借助“出租车顶灯公益广告”“百万安全短信”等开展宣教活动，调动全区参与安全生产工作的积极性。据不完全统计，“安全生产月”期间，全区各单位共悬挂标语、横幅536条，张贴宣传画1885张，参观图片展览4000人，发放宣传资料25000份，开展安全宣传咨询活动20场，发送安全公益短信20万条。

6月16日，鹿城区2014年“安全生产月”集中咨询日活动在松台广场举行

区安监局提供

【企业安全文化创建】 2014年，继续实行管、帮、教，助推全区12家企业创建安全文化，提前超额完成年度目标，其中3家获评市级安全文化建设示范企业。继续做好对企业主要负责人、安全生产管理人员和特种作业人员三类人员的安全生产培训工作。全年全区共培训各类人员152161人。

（编辑　王　超）

鹿城区人民政府
——社会管理和公共服务事务

综 述

2014年，鹿城区人民政府的社会管理和公共服务各职能部门以“服务发展、保障民生”为宗旨，以“创首善之区、建幸福鹿城”为目标，主动适应新形势，奋力开创新局面，管理和服务各项工作落到实处。2014年，鹿城区因公出国（境）团组共33批次67人次，其中县级以上领导干部出访10个批次，企业因公出国（境）20批次32人次。侨务工作围绕重点工作，本着“以人为本，服务优先”的原则，落实侨务工作会议精神，务实创新，完成任务指标。区侨联发出“五水共治 侨界同行”倡议，组织活动18次，1258人参加，共募集治水资金128.83万元。2014年，区台办、台联会以两岸关系和平发展为主题，凝聚组织力量，团结台胞、台属，完成各项涉台工作，全区对台工作呈现向前持续发展良好势头。

2014年，区法制办根据法治政府建设工作“十二五”规划的总体部署，明确了2014年度全区法治政府建设工作的六大目标十六项任务，通过全区政府法治建设工作会议，对43家单位8000余项职权进行合法性审核工作，通过开展政府常务会议学法、“鹿城干部双休学堂”专题法律讲座等形式，推进法治学习进程。2014年，区方志办编辑出版了《鹿城年鉴（2013）》，协同区档案局完成《记忆鹿城·2013》《鹿城建区30年纪事（1984—2014）》的编写。全区有公务员（含参公）3385名，其中区级机关（含街镇机关）2737人，参照公务员管理事业单位（包括群团机关）工作人员648人。全区有事业单位管理人员和专业技术人员6984人，其中专业技术人员5478人，具有高级职称404人、中级职称2188人；新增“省千人才”创新计划人才1名，新增“580海外精英计划人才” 2名。2014年，城镇新增就业24226人，下岗人员再就业3542人，其中就业困难人员再就业1865人。城镇登记失业率为1.37%，保持城镇“零就业家庭”基数动态归零。

2014年，国土资源鹿城分局以可持续发展为目的，服务人民群众，构建完善、严格、规范的资源保护体系及基础管理体系，完成年度工作目标任务，获2014年度“区服务重点建设先进单位”称号。2014年，区行政审批中心围绕“深化改革创新、改善发展环境”工作主线，深化行政审批制度改革，完善工作制度，优化流程，提升服务，为全区实体经济振兴提供有力保障。办件业务量为75000件，区公共资源交易总金额为26.62亿元，节减资金2.83亿元，节减率10.63%，获“2014年度温州市行政审批和公共资源交易服务工作先进单位”称号。

2014年，区城市管理与行政执法局在“三改一拆”“四边三化”“两无三化”以及创建国家卫生城市和创建全国文明城市工作中表现突出，先后获浙江省“三改一拆”“无违建县（市、区）”创建工作先进单位、温州市创建国家卫生城市工作先进单位等称号。2014年，鹿城区机关事务管理局以“提升机关事务管理水平，打造满意后勤品牌”为目标，推进重点工作，着力打造机关房产管理“鹿城模式”。2014年，鹿城区民政工作以创建全国民政综合改革示范区为契机，移民安置工作坚持“以人为本”的工作理念，创新社会管理，各项工作平稳推进。2014年，鹿城区新居民登记在册55.28万人，比2013年底减少15.48万人，新居民服务管理工作切实保障新居民合法权益，成效显著。

外事

【概况】 2014年，鹿城区因公出国（境）团组共33批次67人次，其中县级以上领导干部出访10个批次，企业因公出国（境）20批次32人次。企业申办APEC商务旅行卡共17批次41人次。接待使领馆官员3批次8人次。

【经贸合作重点推进】 2014年，鹿城区县级以上领导组团出国（境）共10批次，出访美国、加拿大、巴西、秘鲁、德国、意大利等国家，主要开展进行经贸洽谈活动，引进、推动温商回归、推介招商引资项目。7月，副区长胡明亮等一行率28家鹿城制鞋企业赴德国、意大利参加2014年第115届杜塞尔多夫秋季国际鞋展，并举办“温州·中国鞋都”提升发展系列活动，助推鹿城区鞋业转型升级，帮助支持制鞋企业加大力度走向国际市场，促进“中国鞋都”提升发展。区外办加大APEC商务旅行卡宣传力度，深化为企业服务活动。全年共审核上报因公出国（境）团组（企业）20批次32人次。申办APEC商务旅行卡共17批次41人次。4月28日，市外办副主任陈瓯平等一行到访区外办进行工作调研，重点了解企业申办和使用APEC旅行卡情况，陈瓯平就如何更好地利用因公出国（境）工作对鹿城区经贸交流、招商引资、友城交往等重点工作给予业务指导。10月，市外办副主任朱玉贵等一行赴浙江腾腾电气有限公司调研，了解企业的运营情况以及当前存在的主要问题。朱玉贵就企业人员的出国签证、领事认证等方面问题提出了针对性的解决方案。

【对外交流取得新进展】 2014年，鹿城区友城结好工作取得新进展。鹿城在2013年已与巴西亚马孙州依太可亚太拉市签订结好意向书。为进一步推动鹿城区的社会经济发展，11月，区委常委、常务副区长项伟胜等一行赴巴西拜访依太可亚太拉市政府，洽谈两地结好事宜，具体探讨开展多领域交流与合作。同年，美国洛杉矶柔斯密市与鹿城区通过信函的方式完成两地建立友好交流关系意向书的签订。11月，区委常委、双屿街道党工委书记邱向真一行赴柔斯密市访问，就两地开展全方位的交流进行深入洽谈。两地希望在贸易、科研、文化、教育、城市管理和旅游等各个领域开展交流合作。鹿城区按照全省“千校结好”行动计划，继续有序开展实质性交流互访活动。4月，意大利保罗茨落中等学校教育代表团第三次到温州市第五幼儿园进行学术访问。双方举行中意教育学术座谈会，希望长期拓展交流方式，进一步推动双方办学水平的不断提高。7月，温州市十七中学代表团赴德国开展中德学生联合夏令营活动。

【管理涉外事务】 2014年，区外办增强涉外事务协调能力，为“在鹿外国人”和“在外鹿城人”做好服务。一是增设三处基层海外领事保护联络处。全年分别在七都街道、滨江街道、五马街道设立了基层海外领事保护联络处。2月，一名在西班牙马德里经营食品店的藤桥镇人遭抢劫身亡。获知消息后，区外办联系藤桥镇海外领事保护联络处，并将此事汇报市外办及区委、区政府有关领导。联络处即启动海外领事保护事件处置预案：做好当事人员基本信息调查，协同区外办与温州籍侨团联系，通过侨团与中

11月，鹿城区委常委、双屿街道党工委书记邱向真一行赴美国洛杉矶柔斯密市访问
区外事办提供

国驻西班牙大使馆保持紧密沟通；紧急联系遇害者国内家属，做好家属思想安抚工作；协助家属做好善后工作，协助解决遇害者子女回鹿城就学等问题。二是妥善处理涉外事件和领事保护事件4起。黎明街道上蒲州村公民李勇于24日在马来西亚沙巴旅游时潜水意外身亡后，1月25日，区外办发函向中国驻古晋总领馆求助，同时将此事汇报市外办及区委、区政府有关领导，积极做好家属安抚、领馆联系及协办公证等工作，促使事件得到妥善处理。6月9日，在鹿城区水心经营清真餐馆的哈萨克斯坦公民Dauiova Jamilya一家和鹿城区城市管理与行政执法局及房东纠纷一事发生后，区外办向鹿城区城管与执法局了解情况，多次走访该餐馆，约见Dauiova Jamilya本人。同时，将情况向区委政法委、区委宣传部外宣办、区民宗局通报，促使纠纷得到有效化解。

【举办翻译大赛】 11月，温州市外事办公室、温州市人民对外友好协会共同举办“温州市第四届青年翻译大赛”。初赛由各县（市）区外办承办，鹿城区共有76名选手报名参赛。区外办全力完成初赛的宣传、报名、组织等各项工作，并获“优秀组织奖”称号。11月23日下午，青年翻译大赛落幕，鹿城选手姚佳成、叶舟分获英语组二、三等奖，柯乐乐、季弘超获优胜奖，叶凝碧、叶子、朱显昊获日语组优胜奖。

侨务

【概况】 2014年，区侨务工作围绕中心工作、认真贯彻落实全国及省市侨务工作会议精神，发挥优势，务实创新，以人为本，为侨服务，完成各项目标任务，推进鹿城区侨务工作迈上新台阶。

2月，召开省社区侨务工作现场会，国侨办司长许玉明赴鹿城社区侨务工作站考察
区侨办提供

【省社区侨务工作现场会】 2月，浙江省社区侨务工作现场观摩会在鹿城召开。国侨办国内司司长许玉明，国侨办国内司综合处处长张凌等领导及全省各地级市侨办主任、侨务干部60多人参加现场观摩会。与会人员实地参观松台街道“侨文化长廊”“侨之家”，并观摩了由松台街道侨眷现场表演的米塑制作、欧窑展示、书法表演、侨界人士大合唱等节目。考察团走访了五马街道社区侨务工作站展厅、办公场所，翻阅工作台账、观看侨法宣传展板与“侨眷留守老人之家”活动阵地。国侨办、市侨办领导参观后充分肯定了鹿城社区侨务工作所取得的成绩。

【鹿城区第七次归侨侨眷代表大会】 11月18日，鹿城区第七次归侨侨眷代表大会在市人民大会堂召开。省侨联副主席张维仁，市委常委、区委书记王立彤，省侨联副主席、市政协副主席、市侨联余梅生等领导出席会议，海外知名侨领、侨胞及全区归侨侨眷代表250多人参加了大会。大会选举产生了第七届委员会，蒋晖当选为主席，朱志群、周祥微、陈志远、金晓华、王绍础、叶建南为副主席，陈嫣为秘书长。大会聘请来自世界各国和地区的59名海外侨领、知名侨胞为海外顾问。对五年的侨联工作历程加以总结提炼，出版《足迹》一书。

【“三侨生”身份认定工作】 3月，鹿城区侨办在区行政审批中心侨办窗口开始受理“三侨生”身份认定工作。与历年办理“三侨生”手续相比，时间提早一个月，更方便群众办理。全年共办理高考75件，中考80件。

【华侨回国定居受理工作】 2014年，区侨办本着“以人为本，服务优先”的原则，开展华侨回国定居工作。1月21日，国侨办副主任何亚非赴鹿城调研华侨回国定居工作，对该项工作给予了高度的评价和肯

2014年，鹿城区开展侨情调查，调查员入户对侨眷进行侨情调查　　区侨办提供

定。对审核材料中的居留时间、出入境记录、公安复核证明、亲属关系证明等事项予以审查，截至10月30日，共受理华侨回国定居1467件，审批并办结1450件。

【侨情调查工作】 2014年，为全面了解和掌握全区新侨情，深入分析海内外侨情新变化，摸清侨务资源，掌握重点侨情，鹿城区成立专门的侨情调查办公室，开展在全区范围内的侨情调查活动，本次列入调查的归侨侨眷、华侨、出国留学人员及其家属总计20622户，共139878人。其中侨眷53264人，华侨86614人。重点人士730人，侨资企业636家，侨团7个。

【招商招贤工作】 4月，全美温州博士协会办事处落户鹿城。11月，区侨联与全美温州博士协会合作，在美国设立驻北美地区联络站，为全区与北美地区经济文化、教育卫生等领域交流搭建平台。7月，邀请美国最大华人律师事务所合伙人博士周健举办美国法律制度及投资移民公益讲座，邀请来自英美的鹿城籍留学生举办访谈分享会等。

【温商回归工作】 2014年，围绕区委、区政府中心工作，实施温商回归、招商引资一号工程，依托海外工作联络站平台，深化内外温州人互动战略。6月，组织鹿城籍著名侨领参加在南汇街道召开的鹿城区招商引资推介会。向侨领们解读当前鹿城区最新招商政策，并重点推介6个招商项目，南汇街道也介绍了辖区内的2个商业项目。区侨办做好招商项目后期跟踪服务工作。7月，组织匈牙利温州商会会长季平一行到七都进行投资考察，七都街道办事处副主任陈小微向匈牙利温州商会介绍七都总体规划及重点招商项目，解答政策优惠等问题，与来宾探讨项目招商进程。匈牙利温州商会一行参观了七都规划沙盘，并实地走访了温州中心和全球温商家园现场。8月，结合“8月，侨资企业服务月”等活动，实地走访温州加纳侨领黄永滔的云光废油处理有限公司、法国侨领胡宝洲企业——道和酒道馆等企业，了解企业经营状况及企业面临困难。为侨企侨商在温投资创业发展提供优质服务，发挥侨商资源优势，动员、鼓励、引导侨资回归家乡建设，推动实体经济和温商“两个回归”。

【“五水共治”专项服务活动】 2014年，区侨办、侨联开展“五水共治”专项活动。3月，鹿城区侨联发出“五水共治·侨界同行”倡议，全区各基层侨联及侨界名媛会、留联会等侨界人士通过建立河长制，成立文艺宣传队、治水巡逻队、水环境保护监督站，采用爱心捐款、爱心义卖等各种形式，组织活动18次，1258人参加，共募集治水资金128.83万元。区侨办特地建立侨团，以结对联系重点河道治理助推“五水共治”工作。围绕“五水共治”开展联合调研，深入调查研究，反映社情民意。同时，通过网站、QQ群、微信群、宣传栏、媒体等多种途径，向侨团、侨领宣传“五水共治”的重要性，让治水、护水的理念深入人心。6月，组织部分侨领到南汇街道现场察看牛桥底河“五水共治”实际情况，听取南汇街道牛桥底河“五水共治”方案。3月，松台街道举行“五水共治”捐款活动，侨界为街道辖区水心河治理捐助10000元。6月，五马街道侨务工作站与花柳塘社区共同开展“五水共治”护河活动，辖区30多名侨胞、侨眷志愿者佩戴手套、使用工具对花柳塘河道废弃物、沿岸垃圾进行清理，并募集公益捐款11200元。

【侨务工作】 2014年，建立“区侨联委员密切联系群众制度”，全区各级侨联委员联系832户归侨侨眷、139位海外重点人士，及时反馈、帮助解决侨界群众反映问题。

五马街道侨联浙江老年电视大学分校每周开班，开设环保、养生、家电清洁、民俗、旅游、文化等课程，共举办64期，计3200余次。鹿城区侨声艺术团、华侨越剧团及街镇侨联文艺团体自编自演戏曲、魔术、歌舞等节目，开展演出近50场。组织广场大型侨法咨询、送法下基层等活动，发挥区侨联归侨侨眷服务中心、法律服务中心为侨服务作用。指导基层侨联成立法律调解小组、在当地派出所及出入境服务站开设服务窗口，配合相关部门做好协调处理及政策法规宣传工作。全年共接受各类法律咨询、来信来访30余起，解决10余起涉侨问题。

【加强海外华文媒体联系】 6月27日，“聚焦美丽温州——2014年海外华文媒体采风活动”在温州市举行，来自美国、加拿大、意大利等23个国家62家海外主要华文媒体的70位代表考察松台街道桂柑社区全国侨务工作。松台街道桂柑社区以“为侨服务、凝聚侨心”为工作重点，以社区侨务工作分站为依托，推进组织建设、阵地建设和载体建设，开设“爱心餐厅”“晴雨工作室”，设立侨政咨询台，为侨界人士搭建双向服务平台。活动参与人员参观了松台街道桂柑社区文化家园、文化礼堂、侨艺苑、爱心餐厅，与侨界人士交流侨情问题，并对松台街道侨务工作给予了肯定和赞赏。考察团参观了滨江街道工艺美术研究所、工业设计园、红酒展示馆等，体味了瓯塑、瓯绣等温州传统工艺蕴含的温州独有文化。此次活动扩大并提高了温州鹿城在海外的知名度和美誉度，加强了与海外华文媒体的合作交流。

【侨界慈善工作】 2月，在区侨联的引导组织下，温州市华商会向松台街道水心、桂柑、菱藕3个社区居家养老服务照料中心捐赠20万元。松台街道庆年坊社区侨联主席林锦夫，侨眷黄大中、池云川各自捐款1万元成立小额冠名基金。鹿城侨界名媛会开展助学、扶贫、解难、救灾等各项公益事业，先后两次走进藤桥老人院，为生活老人送去棉被、枕头、轮椅、沙发、电视、空调等生活必需品及慰问金计4万元。

6月7日，海外华文媒体代表莅临考察鹿城社区侨务工作站　　区侨办提供

涉台事务

【概况】 2014年，鹿城区台办、台联会把握两岸关系和平发展主题，围绕服务鹿城经济社会发展和全区对台工作大局，发挥台界组织自身优势，团结凝聚广大台胞、台属，完成各项工作目标，全区对台工作呈现向前持续发展良好势头。

【鹿城台湾青年文化节活动】 10月14日至20日，鹿城区以“传承、创新、时尚”为主题，举办鹿城台湾青年文化节活动。活动主要包括三大版块内容，即两岸文化创意产业合作对接会、两岸传统民间工艺与青年时尚文创市集、两岸（鹿城）青少年围棋交流赛。活动邀请台胞135人参加，旨在传承与弘扬两地传统文化和民间工艺技能，推动两地青年在时尚创意领域的交流与合作。

【组织建设】 7月24日，组织召开温州市鹿城区第七次台胞台属联谊会代表大会。向各与会代表发放《奋进中的鹿城台联》一书，宣读“鹿城区台界助推‘五水共治’倡议书”，并就“五水共治”工作向南汇街道捐款人民币2万元。大会选举产生新一届区台联会领导班子成员，洪婵当选新一届区台联会理事会会长。聘请洪文滨、胡慧雷、黄专途、朱启龙、王丽丽、何纪豪、柳池、吕人博等8人担任名誉会长。

【涉台活动】 3月14日，组织台界骨干赴瓯海区琦君纪念馆开展涉台教育活动。3月27日，协助举办由厦门大学台湾研究院院长刘国深所做的《两岸关系和平发展新思路》专题报告会。4月20日，组织鹿城民间赴台探亲团组共23人，赴台开展为期8天的探亲考察。5月15日，举办台海形势报告会。6月19日，完成“百名台商会长看温州”鹿城站活动。

【对台接待联络】 4月21日，接待以高雄市方信渊议员服务处秘书长陈勇志为团长的台湾高雄市基层参访团一行36人。8月26日，接待国民党大陆事务部主任桂宏诚一行。9月4日，接待台湾南投县陈志清参访团一行。10月13日，接待台湾海贸会最高顾问高孔廉一行。11月13日，接待台湾南投县农业参访团陈玉玲一行。

【服务台胞台属台企】 2014年，开展包括座谈交流、深入走访台商台企、法规辅导讲座等为一体的“台商台胞台属服务月”活动。召开台商座谈会10次，重点集中走访调研8次，走访台资台属企业40家，走访台胞台商60人次。全年累计协助解决台胞台属反映的房产纠纷、籍贯更正、家庭矛盾、台湾寻亲、台属身份证明、台胞子女入学等各类生活问题10多起。

【参政议政】 2014年，区台联界政协委员围绕区委、区政府的中心工作，深入基层调查研究，撰写提案，反映社情民意和台胞台属心声，发挥台联界政协委员参政议政的作用。全年台界政协委员参政议政共提交各类提案10件。

法制政府建设

【概况】 2014年，根据法治政府建设工作“十二五”规划的总体部署，鹿城区印发《2014年温州市鹿城区法治政府建设工作要点》，明确全年全区法治政府建设工作的六大目标十六项任务，区法制办结合重点开展中心工作。加强政府法制机构建设，建立法制工作联络员制度，涵盖47个部门、街（镇）。推进2014年度温州市依法行政示范单位创建活动。通过政府常务会议学法、“鹿城干部双休学堂”专题法律讲座等多种形式进一步加强领导干部学法用法。

【建设法治政府】 4月，召开全区政府法治建设工作会议，要求着力营造公开、公平、公正、可预期的法治环境。开展职权清理、推进权力清单工作，完成对43家单位8000余项职权的合法性审核工作，最终列入公布的32家部门共保留行政权力3407项，精简比例达52%。11月，发布温州市首部政府依法行政白皮书——《鹿城区法治政府建设状况报告（2013）》。

【制定管理与审核规范性文件】 2014年，提高规范性文件制定质量，共审核涉法文件109件，其中行政规范性文件75件，其他涉法文件34件，出具审查意见41份，编发行政规范性文件统一编号41个。创新规范性文件制定公开机制，在鹿城区政府门户网站及各部门门户网站意见征求板块发布规范性文件意见征求通知30件，收集到不少有价值的意见建议。进一步规范行政机关合同管理，全年共审查合同43件，出具合法性审查意见书32份，涉及合同金额67亿元。10月，组织印发《温州市鹿城区行政机关合同备案审查试行办法》，要求各行政机关将本机关本年度签订的一般合同和重大合同分别报送区法制办备案，完成行政机关民事合同备案299件，涉及合同金额1127万元。提供法律服务，致力于区政府重大决策实施，共对11次区政府常务会议的48项议题内容进行法律审核。参与全区广场文化活动噪声扰民问题专题研究会议、凯裕花园地宫案件协调会议等各类会议243个，切实保障政府决策的合法性。

【强化行政复议与应诉工作】 2014年，强化行政复议，将行政复议提升工作作为全年区政府办公室“十大项目”之一。全区共收到行政复议申请42件，受理42件，受案率为100%。审结41件（含上期结转9件），其中维持33件，撤销3件，责令履行1件，驳回1件，终止3件（均为申请人自愿撤回），纠正率为19.5%。采取听证方式审理11件，听证率达26.8%，比2013年同期提升了172%。严管行政机关负责人出庭应诉工作，应诉案件13件，应复2件，均做到积极出庭应诉。府院联合制发《关于开展府院联动三项考核工作的通知》，对全区行政机关负责人出庭应诉、司法建议反馈落实、行政诉讼败诉案件整改落实三项工作的考核情况进行分析、通报。

【规范金融仲裁工作】 2014年，依托借贷中心平台，规范中心出具的借款合同，将仲裁条款列入合同双方当事人选择范围，为合同争议纠纷提供“经济、便捷、快速”的仲裁法律服务，推动民间借贷阳光化、规范化。此外，明确具体仲裁法律服务内容，制作宣传单，并向社会公众进行宣传。全年共受理仲裁案件15起，办结仲裁案件13起，争议标的达875万元。

【开展行政执法监督】 2014年，开展行政许可和行政处罚统计工作，全区行政处罚案件271207件，申请法院强制执行471件，受理行政许可59781件。组织开展区直部门行政执法案卷评查工作，对14家执法单位的88件案卷进行评查，分别发函通报评查结果。全面推进行政指导工作，完成对全区各部门的行政指导检查验收工作。开展非行政许可审批事项清理工作，全区面向公民、法人和其他组织的非行政许可审批事项131项，建议取消98项（其中89项调整为行政确认、行政征收或其他行政权力事项及内部审批事项），建议依法纳入行政许可26项，建议提请省级立法机关调整为行政许可7项；面向基层政府等方面的非行政许可审批事项1项，并建议调整为内部审批事项。

【推进行政执法主体资格管理】 2014年，加大审核办证力度，做好行政执法人员资格确认工作。全区街镇执法单位106人参加专业法律知识培训及考试，区执法单位134人参加综合法律知识培训考试。注销过期无效执法证件33个，其中法定职权证件14个，授权证件5个，受委托证件5个，其他过期证件9个。截至12月，全区有效执法证件共1096个。全年具有行政处罚罚没资格的行政执法单位共23家。

地方志工作

【概况】 2014年，鹿城区人民政府地方志办公室（简称区方志办）认真开展《鹿城年鉴》编纂工作。编辑出版了《鹿城年鉴（2013）》，同时协同区档案局（馆）编写《记忆鹿城·2013》《鹿城建区30年纪事（1984—2014）》。指导《双屿街道志》的编写工作。全年较好地完成了志办工作信息报送及其他各项任务。

2014年，区方志办在完成年鉴编纂的同时，按照《温州市志》建置部分“鹿城篇”一节的分工（含大事记、人物编内容和配套的图片），召开志稿评审工作专题会议，按时完成了“鹿城篇”的初稿报送工作。

2014年，区地方志和区档案局共同编辑的编研书籍　　古　月　摄

【《鹿城年鉴》获奖】 2014年，鹿城区方志办参加了中国出版协会主办、年鉴工作委员会承办的第五届年鉴编纂出版质量评比，《鹿城年鉴》（2011年卷）获综合三等奖，框架设计二等奖，条目编写三等奖，装帧设计三等奖（中版协鉴字〔2015〕2号）。

【《鹿城年鉴》编纂工作会议召开】 3月27日，区方志办组织召开鹿城年鉴（2013年版）编纂工作专题会议。会议总结年鉴编纂经验，表彰年度先进个人及布置2014年年鉴编纂任务，进行年鉴业务培训。

【年鉴采编工作】 2014年，调整区方志办年鉴彩页采编小组，继续做好相关采编工作。全年计有23家企事业单位参与。

【年鉴的出版与发放】 12月，《鹿城年鉴（2013）》按时由方志出版社出版发行，印刷800本。全书设类目37个，共87.10万字，较2012年版增加4.50万字。其中，插刊图片资料300余幅。在完成年鉴出版的同时，抓好发放工作，及时将最新的年鉴分发到区直、街镇、村居等各单位和省内有关方志部门图书馆等。9月，在白鹿洲公园南塘文化村，温州市2014年社科普及周暨区社科志愿服务拉开序幕。鹿城区方志办协同温州市史志办，以温州市地方志学会的名义参与活动，当日分发《鹿城年鉴（2012）》100本，《鹿城区志》近20套，以实际行动诠释“修志编鉴、服务社会”的宗旨。

【《记忆鹿城·2013》的编辑与发放】 2014年，区方志办与区档案局合作编写《记忆鹿城·2013》，并于8月份成书，印刷500本，及时分发到区直、街镇、村居等单位。该画册共收集到2013年鹿城境内生态环境、人文景观、经济社会发展、人民生活和时政重要活动等图片资料近千幅，经精心筛选，最后选入200余张图片。

【《鹿城建区30年纪事（1984—2014）》的编辑与出版】 2014年，为配合鹿城建区30周年纪念活动，区方志办与区档案局合作编写《鹿城建区30年纪事（1984—2014）》，并于11月成书出版，印刷1000本。全书以历次鹿城行政区划调整和辖区范围为界限，采用编年体、条目式的简略记述，内容主要包括1984年至2014年间辖区政治、经济、文化、民生和社会生活等方面的大事、要事、新事，亦作时政回溯（1977—1983）。共39万字。

【年鉴编纂数字化建设】 2014年，《鹿城年鉴》撰稿人的文稿全部实现数字化操作，以电子文稿形式传送编辑部。全年继续加大方志办QQ群宣传，让撰稿人加群，在编纂过程中充分互动，快速准确地解决问题，加速编纂进程，提高工作效率。

（编辑　金传坚）

人事

【概况】 2014年，全区公务员（含参公）3385名，其中区级机关（含街镇机关）2737人，参照公务员管理事业单位（包括群团机关）工作人员648人；男性公务员2535人，女性公务员850人，女性公务员占25%；大专以上学历3282人，占97%。全区事业单位管理人员和专业技术人员6984人，其中专业技术人员5478人，具有高级职称404人、中级职称2188人；按学历分，研究生35人，大学本科4073人，大专1096人，中专153人，高中及以下153人。全区新增“省千人才”创新计划人才1名，“151”工程人才累计3名，“580海外精英计划人才”新增2名，累计3名，“551”工程人才新增3名，累计25名；市级创新团队新增1家，累计3家，区级创新团队10家；国家级博士后科研工作站1家，省级博士后科研工作站1家，市级1家。

【人才队伍建设】 组织全区64家企业参加2014年温州国际民营企业海外高层次人才洽谈会，浙江星际集团成功引进瑞典籍华人博士刘彤；推荐长城减速机公司参加5月由省委组织部、省人社厅组织的赴英国、法国海外高层次人才洽谈会；引进外国专家引智合作项目2个，海外工程师3名；全美温州博士协会温州办事处落户鹿城，于4月25日挂牌；配合区委人才办，会同区商务局、科技局引进英国牛津大学博士王振宇，成立温州中津先进科技研究院，为区高新技术企业转型升级服务。研究完善行业协会企业自主评价体系，全年组织开展区鞋类企业高技能人才（技师）直接认定工作2期，认定技师107名。向市里申报技能大师工作室1家，新增高技能人才1350人，完成率193%。校企合作引进人才，全年组织138家企业参加市和省内外各类人才招聘会，提供招聘岗位3271个，接收简历3956份，现场达成招聘意向1312人，部分企业同武汉当地高校签署长期人才合作协议。与浙江工贸学院校企合作面向温州市2015年高校毕业生推出3690个就业岗位，118家企业进场设摊招聘，达成意向300人。配合区委人才办出台《关于实施“白鹿引才计划”，加强创新创业领军人才和团队引进培养工作的意见》，调整提高引才留才奖励优惠政策，为6名在鹿城工作的中高级专业技术人员办理人才居住证，使其以不改变户籍、不转接人事关系的形式在择业就业、职称评审、子女入托入学等方面与本区当地居民享有同等待遇。

【公务员管理】 2014年，公开考录公务员85名，开展公务员培训并做好网络学堂建设和学分管理工作，组织公务员初任培训38人，开展增强公务员骨干力量改革意识、舆情应对能力的系列讲座2期，350人参与。开展公务员记功嘉奖和健康休养工作，全年共记三等功100人，授予嘉奖462人，安排70名区级优秀公务员健康休养。推荐8人参评温州市第三届模范公务员评选，金春等8人获“模范公务员”称号。抓好军转企政策落实，安置营职以下转业干部4名。

【事业单位人事管理】 2014年，完成事业单位工作人员公开招考5批次，录用314人，其中公开招考录用303人，公开选调11人。制定区机关事业单位特殊岗位雇员制度，聘用政府高级雇员1名，临时聘用专业技术人员2名。制定政府雇员工资标准和《雇员合同》样本。完成全区事业单位7338名工作人员（含机关工勤人员）年度考核。区机关事业单位在职工作人员新增375人，调动267人，职务变动642人，八级职员聘任94人，退休149

人。开通温州市首个县（市、区）级的人事考试专题网站“温州鹿城人事考试网”，实现网上报名、注册、缴费、录用“一站式”服务。

【工资福利和退休管理】 2014年，8个街镇事业单位全面实施绩效工资。提高护士相关待遇，对满足领取临床护理津贴的人员发放相应津贴，对护龄满30年的退休人员按原基本工资100%计发退休费。全年共办理退休167人，其中包括区管干部9人。办理连续工龄认定410人。完成精减人员调查7人。统一管理区机关、教育在职人员统发工资数据的生成、接收、审核、维护、报送。审核3643名公务员和机关工勤人员年终考核奖、7665名事业单位人员目标考核奖，1119名离退休人员春节一次性慰问金。

【职称评审】 2014年，组织开展各系列专业技术资格评审的审核推荐工作，共审核推荐514人参加温州市教师、社会工作、工程、卫生、律师、专利管理等专业技术资格的评审、考试，其中高级84人，中级176人，初级254人。

劳 动

【概况】 2014年，鹿城区劳动关系和谐指数全市第一。设立专人24小时接听“96309”举报投诉电话和“110”社会应急联动电话。完成区“110”社会应急联动平台交办的应急联动案件307起。全年城镇新增就业24226人，下岗人员再就业3542人，其中就业困难人员再就业1865人。城镇登记失业率为1.37%，保持城镇“零就业家庭”基数动态归零。全年完成特殊工时行政许可5家，劳务派遣行政许可7家，劳务派遣年度备案10家。

【高校毕业生就业推进行动】 2014年，深化高校毕业生就业推进行动，落实政策引导、搭建平台、职业培训见习实践、优化服务等举措，促进就业创业。全区申报高校毕业生就业见习单位21家，见习申报人数138人；签订2014年毕业生就业协议书2247人；全年共收档案3487份，转出770份，新增各类人事代理666人次，人事档案累计达16130份，比2013年增加2717个。开展服务进校园活动，在温大、温职院等高校设立就业服务办公、政策咨询台，为509人办理就业协议书签证、现场盖章服务。开展与浙江工贸学院《关于校企合作、人才培养与交流合作协议》的全方位合作。在8个街镇建立大学生就业指导室，确保本区籍毕业生初次就业率保持在87%以上。

【就业管理服务】 2014年，发放失业保险待遇10559人次，其中领取失业保险待遇新增1333人。为123家中小微企业办理稳定就业失业保险补贴，发放金额171.83万元。量化基层就业平台考核标准，实行社区考核结果与工作经费拨付相挂钩，提升人力社保基层就业平台建设。加大就业援助力度，已建立全区就业援助基地9个，保持零就业家庭动态归零。全年为外来劳动力进行职业介绍计85734人次，其中符合劳动力市场职业介绍补贴计63831人次，为47598人次外来劳动者提供免费职业指导及市民教育培训。

【技能培训】 2014年，组织4897名劳动者参加技能提升培训，发放补贴72.33万元，完成电子商务培训215人，完成农村劳动力转移就业培训210人，培养技师1350人、技师直接认定107人。与教育局联合举办幼儿园中级育婴师、保育员培训，发放中级育婴师资格证书129本、初级保育员资格证书92本。

【劳动监察】 2014年，规范区劳动用工，对全区用人单位的劳动合同签订、工资支付、违法用工等情况进行全面检查。全年完成书面审查14657家。检查用人单位4871家，出动工作人员6821人次，发出《劳动保障监察限期改正指令书》142份，对19家使用童工、未按期整改行为的违法用人单位进行行政处罚，处罚金额28.77万元。向法院申请强制执行未自觉履行行政处罚决定的案件11件。全年受理举报投诉案件1842件，涉及人数10258人，涉及劳动报酬金额6195.35万元，结案率100%，其中群体性案件198起，涉及人数7286人，涉及金额4807万元，欠薪逃匿案件19起，涉及人数562人，涉及金额316.04万元。欠薪逃逸和重大疑难劳资纠纷案件处置率达100%。在全市率先推行劳动监察举报投诉“全域受理”，全年通过劳动监察举报投诉案件全域受理案件984件，为5576名劳动者追回劳动报酬。

【劳动仲裁】 2014年，全年受理立案583件，在法定时限内结案率97%，调解率75%，不予受理58件。受理的案件中，结案447件，未结案136件（其中法定受理期间的437件，案件复杂延期或出现法定中止情况的10件），结案率98%。开展“仲裁巡回庭”制度，将一些有共性、易发生的劳动仲裁案件在案发地开庭，全年已在双屿、五马开庭2次。《温州日报》等主流媒体肯定该做法。

【工伤认定】 2014年，共受理工伤案件1166件，认定1010件，调解152件，不予受理10件，撤诉5件，结案率98.79%。应诉行政复议7件、行政诉讼13件。召开2014年协调劳动关系三方第一次（扩大）会议。在全市率先试行“远程工伤调查”，通过配备远程系统设备为行动不便员工进行案件调查，截至年底共办结2件。加强工伤保险宣传，开展《工伤保险条例》实施10周年系列宣传活动，进行工伤认定、工伤赔偿、待遇支付、劳动监察、劳动仲裁等政策法规宣传。活动共分发相关资料1000余份，发放奖品200余份，接受咨询300余人次。

社会保险

【概况】 2014年，鹿城区征缴企业基本养老保险基金12.91亿元，支出6.47亿元；征缴事业养老保险基金1.83亿元，支出2.50亿元；征缴城乡居民社会养老保险496万元，支出5982万元；征缴被征地农民社会保障基金3.55亿元，支出6463万元；征缴基本医疗保险基金8.72亿元，支出3.32亿元；征缴城乡居民医疗保险基金2.30亿元，支出2.34亿元；征缴子女统筹基金522万元，支出511万元；征缴工伤保险基金3955万元，支出1920万元；征缴生育保险基金2864万元，支出2683万元。

【扩面工作】 2014年，全区养老保险参保企业1.62万家，事业单位383家，养老保险参保人数30.21万人，新增4.18万人，目标任务完成率达398.3%；参加职工基本医疗保险企业1.51万家，医疗参保人数41.04万人，新增1.79万人，医疗保险目标任务完成率达292.64%；参加生育保险12.94万人，新增8496人，目标考核任务完成率212.4%；参加工伤保险27.16万人，增加1.41万人，目标考核任务完成率148.14%；参加失业保险13.57万人。养老、医疗、工伤、生育保险目标完成率在三区两市中全部排名第一，其中养老、医疗保险扩面任务列入全年市对区重点目标考核指标。

【养老保险】 2014年底，鹿城区企事业单位离退休人员36281人（不包括市本级、瓯海及龙湾参保的鹿城区户籍退休老人），企业退休人员基本养老保险待遇连续12年逐年提高，平均月养老金2067元。城镇老年居民养老金待遇450元/月，发放人数1709人；从4月起，被征地农民基本生活保障金标准从一档340元/月、二档300元/月、三档260元/月，调整为一档500元/月、二档440元/月、三档340元/月，被征地农民生活补助金标准从75元/月调整为110元/月。截至年底，被征地农民社会保障待遇发放人数12608人，其中享受生活补贴金5315人，参加基本生活保障7293人；同时，将已过法定参保年龄的被征地农全面纳入职工基本养老保险参保范畴。全年共办理被征地农民参加企业职工养老保险6834人，提高城乡居民社会养老金30元/月，发放人数28947人。

【医疗保险】 2014年，加强“两定”医疗机构监管服务，指导并完善《医保定点药店自律工作实施细则》《医保定点药店自律工作检查考评标准》，建立企业自律抵押机制，采取分类缴纳押金、分区域开展相互监督检查等形式，强化“两定机构”自律。全年鹿城区医保定点医疗机构总计78家，其中医院34家（社区站点44家），药店49家。开展医疗保险反欺诈“亮剑”专项活动，核查5万元以上大额报销发票31份，开展集中行动8次，实地稽核医保定点单位32家，约谈参保人、医保定点单位工作人员125人次，累计追回违规医保基金16.4万元。对46名社区专职工作退休人员进行医疗参保缴费补助。

【工伤保险】 2014年，在抓好基金征缴的基础上加强待遇支付审核，依法核定待遇资格，维护工伤职工合法权益。全年办理工伤保险待遇支付业务988笔，支付金额1777万元。

【生育保险】 2014年，完善生育保险办事制度，加强待遇审核，严把支付关，保障女职工切身利益。全年办理生育保险待遇支付业务3191笔，支付金额2688万元。

【社会化管理服务】 2014年，全区共有13.23万名企业退休人员和城镇老年居民纳入社区管理，管理服务率达98.42%以上，养老服务针对性强，拨付2014年度管理服务专项经费1624.31万元。开展企事业退休人员、供养人员、城乡居民养老待遇享有人员资格认证工作，全年企业退休人员认证率达96.77%；事业退休人员认证率100%；城乡居民认证率100%，并停止未及时进行资格认证人员享有待遇，杜绝养老保险基金的流失。

国土资源管理

【概况】 2014年，国土资源鹿城分局实施可持续发展，以人民群众满意为根本，构建更加完善的发展保障体系、资源保护体系以及基础管理体系，完成年度工作目标任务，并获2014年度“区服务重点建设先进单位”称号。

【耕地保护】 2014年，完成49.18公顷补充耕地验收入库工作，新增耕地38.70公顷，满足全区城市批次用地和重点项目征地报批需求，耕地占补平衡落实到位。完成藤桥镇埭马村标准农田建设项目和藤桥镇金马村、樟村村标准农田建设项目的施工和验收入库工作，面积71.29公顷，计划加大投入，继续提升金马村、樟村村标准农田质量，将其改造升级成高标准农田。

【土地储备】 2014年，收储土地3宗，分别位于仰义街道后京村，藤桥镇渡头村和营上村，支岙村和戴宅村，面积12.40公顷。截至年底，在储土地29宗，面积73.79公顷，在库土地的数量、质量和利用率得到提高。

【用地报批和土地出让】 2014年，市级向全区下达年度新增建设用地24.67公顷，农用地22.46公顷（耕地18.40公顷）指标，实际全年上报土地征收和农转用15个批次，涉及土地面积123.23公顷，其中新增建设用地88.92公顷（农用地69.81公顷，其中耕地53.18公顷），涉及市域铁路S1线、中央绿轴、“两路两河”、双藤公路、门前山物流小微园等市级和区级重点建设项目，超额完成年度计划指标上报工作，满足全区经济社会和民生事业发展用地需求。全年划拨建设用地62宗，面积161.93公顷，出让70宗，面积84.27公顷，出让金总计64.96亿元，其中挂牌出让工业用地4宗，面积3.77公顷，出让金总计4442万元，挂牌出让经营性用地6宗，面积24.60公顷，出让金总计14.18亿元，推进各类各级建设项目落地开建。

【土地利用总体规划修编】 2014年，申请土地利用总规修改（落实）5个批次，涉及5个项目，面积100.32公顷。完成区级及各个乡级土地利用总规中期评估工作，根据评估结果开展中期修改完善工作，目前已确定“三线”（生态保护红线，城镇扩展边界，建设用地规模边界）“四区”（允许建设区，有条件建设区，限制建设区，禁止建设区），下一步将把重心放在调整各重点开发地区规划指标布局上。

【土地开发】 2014年，共清理转而未供土地306.67公顷，清理供而未用土地152.47公顷，盘活存量建设用地54.89公顷，工业供地23公顷，村二、三产返回地指标落地选址33.80公顷。在盘活利用闲置土地工作方面，共办理“退二进三”用地审批4宗，面积1.35公顷，收取出让金3682.21万元。办理“强三优二”审批61宗，面积45.88公顷，收取收益金741.45万元。全年共完成低效用地再开发项目面积256.85公顷（其中当年启动的项目面积159.49公顷），年度实施计划项目中涉及低效用地区块总面积541.90公顷，实际开发总面积253.59公顷。完成低效用地调查摸底和上图入库成果调整工作，形成城镇低效用地区块236个，面积2804.02公顷，数据通过省国土资源厅审核并录入系统。《鹿城区城镇低效用地再开发试点工作的实施细则》在10月正式出台实施，使再开发工作步入有规章可循、有守则可依的新阶段。

【低丘缓坡综合开发利用】 2014年，用足用好全省低丘缓坡综合开发利用工作试点政策红利，支援仰义街道林里项目建设，在本年度只有370亩新增建设用地指标情况下，

4月1日，由浙江省委副书记、省长李强（中）带队的全省各地260多名代表，实地考察南塘片区低效用地再开发工作　　区国土资源局提供

优先保障用地指标，并额外争取到17.84公顷指标，完成42.51公顷集体土地征收工作。做好林里单元出让工作，与市局、区府和林里办进行“无缝对接”，确保流程环环相扣，用一天时间走完前期资料准备到委托挂牌的工作流程，出让林里单元（0577—WZ—YS—08）A—02、A—05、A—11三个地块，面积332亩，出让金总计9.31亿元。

【土地执法监察】 2014年，坚持“预防和查处相结合”工作方针，强化日常动态巡查，全年共出动人员2300余人次，次数780余次，发现和制止土地违法行为为170起，涉及违法面积5.62万平方米，及时向当地政府报告，全力配合街镇拆违。强化案件查处机制，全年立案查处违法用地50宗，处罚面积298602.03平方米（耕地5691.02平方米），罚没款143.03万元，配合全区“三改一拆”“五水共治”“六城联创”等工作开展。通过加大土地违法查处力度，确保巡查台账日报周清月结，违占违建宗宗有记录、件件有结果，维护全区正常用地秩序。

7月17日，国土资源鹿城分局对藤桥镇潮济村的一处违法用地实施强制复耕
区国土资源局提供

【土地矿产卫片执法检查】 2014年，开展卫片检查，鹿城区共涉及疑似违法用地图斑（拆分合并后）142个，面积90.56万平方米（其中耕地面积50.72万平方米），

9月21日，“凤凰”台风登陆前夕，国土资源鹿城分局工作人员巡查辖区范围内的地质灾害隐患点
区国土资源局提供

经核查，涉及违法用地24宗，面积20.81万平方米（其中耕地1.01万平方米），另有矿产卫片1宗，“违占比”为1.57%。违法行为基本处置到位，实现零约谈零问责。通过检查，倒逼执法工作做实到位。

【地籍管理】 2014年，共办理各类土地登记1355宗，办结建设用地项目复核验收61宗，其中补办登记市、区两级机关事业单位遗留疑难宗地6宗，复核验收3宗。农村宅基地登记率达94.5%。受理土地登记公开查询481人次。根据区政府出台的《温州市鹿城区藤桥镇D级危房改造建设实施方案》和《温州市鹿城区D级危房改造建设补充规定》要求，在8月份启动藤桥镇及七都街道、双屿街道、仰义街道的农村D级危房改建工作，截至年底，办结危房改建申请198件，破解农民建房难题。完成与市土地登记交易中心的登记职能调整衔接工作，做好双屿、藤桥两所商品房分割登记数据库整理和国有地籍档案移交和查封、抵押登记的业务衔接指导以及宣传告知工作。

【地质灾害防治】 2014年，按照《鹿城区2014年地质灾害防治年度方案》，进一步健全和完善三级地质灾害群测群防体：汛前更新监测人，发放明白卡，落实责任人，补齐警示牌，指导和配合街镇开展汛期地灾演练。汛期加强值班值守，加密巡查，及时发布信息，督导监测情况，赶赴险情一线做好应急处理。汛后及时总结经验和不足，对隐患点展开“回头看”，掌握变化情况，做好全区93个隐患点的汛前排查、汛中检查和汛后复查工作，确保平安度汛，实现零伤亡。地灾治理方面，完成滨江街道北山杨府山殿南侧的整体治理工作，对藤桥镇呈岸村黄秋华屋后、朱下村茅垟下徐锦林屋后等3处地灾点进行勘察设计和预案编制，对藤桥镇双溪村等7处隐患点突发险情出动应急勘测，配合街镇做好搬迁避让动员工作，初步消除8户25人面临的地灾威胁。

【矿政管理和“四边三化”】 2014年，鹿城区矿山出让所得收入112.95万元，矿产资源补偿费收入27.81万元，生态备用金105.22万元。全区现有持证在采矿山4家，分别是岙底乡金鸡潭、临江镇前盈和临江镇沙头普通建筑石料矿区以及新设的金丽温输气管道工程武义——温州段（鹿城段）隧道工程建筑用石料（凝灰岩）矿。通过年检、定期巡查、突击检查等方式，加强对矿产资源开发利用管理，掌握动态，制止越界开采、超范围开采等非法开采行为，共组织矿产执法专项行动5次，发现矿产违法行为8宗，抓获盗采挖掘3台，整顿和规范区域内矿产资源开发秩序。全年区级“四边三化”矿山生态环境修复工作任务为2处，其中沙头矿区完成“绿色矿山”创建，藤桥镇门前山废弃矿山治理采用矿地综合开发利用的形式，结合小微企业园建设实施，治理方案通过编审。废弃矿山生态环境治理率达到91.67%。

【简政放权】 2014年，国土资源鹿城分局深化改革，加强建章立制，明确压缩供地审核和建设用地预审的办理时限，下放临时用地、用地简易补办、设施农用地三项审批事项权限，建立起设施农用地审批和临时用地审批全域受理“1+5”模式，共完成设施农业用地审批和补办手续9宗，面积1.38万平方米，完成临时用地审批手续30宗，面积13.96万平方米。

【服务民生】 2014年，全力推行服务“零距离”，实行首问负责制、服务承诺制、限时办结制和一次性告知制，坚持上门服务、预约服务、代办服务，打造各种“绿色通道”，优化流程，实现便民利民惠民。主动对接涉土涉农难题，解决浙江贝贝依依服饰有限公司企业用地落实问题、仰义街道林里片区项目问题、市成功集团办公楼历史遗留问题、南汇街道前网村0.87公顷规划已选址的三产留地功能变更问题、原中心城区指挥部有偿收回尚未签订正式协议的0.06公顷三产留地返还台账录入问题、原金州房开地块未征先供的0.06公顷征地的补办信访处置问题，市域铁路S1线征地及原市中心区征用南汇街道上田村土地的照顾解决留地问题等，为企业发展，村二、三产建设和社会稳定做出贡献。

行政审批管理

【概况】 2014年，鹿城区行政审批改革管理和公共资源市场化配置管理工作围绕“深化改革创新、改善发展环境”主线，深化行政审批制度改革，提升审批服务效能，优化招投标交易流程，完善招投标交易制度。落实中介服务行政主管部门的监管职责，破解中介机构办件时间缺乏保障、影响企业项目整体办理进度难题，实现中介服务提速30%以上的目标，为振兴鹿城区实体经济提供有力的服务保障。全年，区行政审批服务中心办件业务量为7.50万件，区公共资源交易总金额为26.62亿元，节减资金2.83亿元，节减率10.63%。区行政审批服务中心（区公共资源交易管理中心）（以下简称中心）获“2014年度温州市行政审批和公共资源交易服务工作先进单位”称号，受到温州市人民政府的表彰。

【推行“负面清单”外项目不再审批制度】 2014年，中心组织发改、环保、消防、安监等部门，根据国家产业政策及有关规定，结合鹿城实际，梳理涉及国家安全、公共安全、生态安全、落后产能、过剩产能、高能耗高污染产业等领域企业项目投资“禁区”，制定《鹿城轻工产业园区工业投资项目“负面清单”（2014版）》（温鹿政发〔2014〕68号）和《鹿城轻工产业园区推行“负面清单”外企业投资项目不再审批改革试点工作方案》（温鹿政办〔2014〕105号），建立责任明确的流程图，推行“负面清

10月17日，区住建局、区环保局等9个部门与海特克液压有限公司现场签订“不再审批试点项目合同”
区行政审批服务中心提供

单”外项目政府不再审批制度，选取海特克液压有限公司二期厂房项目在各县（市区）中率先进行“不再审批”试点。

【梳理行政权力清单】 2014年，根据区行政权力清单的制定要求，中心对所有行政许可、非许可、行政确认、年检、备案、审核转报、其他审批权等七类项目进行梳理审核。最终列入公布的32家部门共保留行政权力3407项，与部门总上报行政权力7040项比较共减少3633项，精简比例达52%，明确事项目录，厘清了权力边界。鹿城区权力清单于2014年正式在浙江政务服务网向社会公布。

【“两集中两到位”工作】 2014年，鹿城区制发《温州市鹿城区行政审批首席代表制实施方案》（温鹿政办〔2014〕94号），要求除“法律、法规有明确规定不能授权外”，其余部门事项全部向区审批中心行政审批首席代表授权到位，上报授权书和授权事项目录，进一步提高中心审批事项集中度和授权度，真正实现“一站式”审批，审批中心现有部门入驻率达到100%，事项集中度达到97%，事项授权度达到93%，16个部门单设审批科。

【市场准入类项目联合审批工作】 2014年，中心对医疗机构设立、娱乐机构设立和餐饮行业设立等申请量多的项目进行联合办理，实现分项目类别由主管部门分别牵头，从项目前期联合勘查、存在问题协调、后期证照联合审批三个方面推进项目快速办理。解决申请人项目选点的不确定性问题，及多部门审批流程的重新整合，提高审批效率。

【开展网络联合审查】 2014年，中心完善区审批系统内的联审功能，并同相关部门对接，开展网络联审工作，以发改的立项审查和住建的施工图联合审查为试点，探索网络联审流程。

【实行部门审批与中介服务捆绑承诺和考核】 2014年，鹿城区制发《鹿城区部门审批和中介服务捆绑考核实施方案（试行）》（温鹿政办〔2014〕122号），按照“谁审批谁主管”原则，建立行政主管部门和中介机构捆绑考核机制，由13个行政主管部门审批时限扩展至从业主委托中介机构至部门审批结束的全程考核，限时在捆绑承诺时限内完成，一旦超时进行责任倒查。

【清理规范中介服务项目】 2014年，中心按照市里提出的“四统一、四规范”的规范化建设要求，全面清理规范中介服务项目，做到统一事项名称、编码管理、承诺时限、办理材料，规范适用范围、服务流程、收费行为、市场准入，并按照“一事一表”制定中介服务事项规范表。

【搭建信息共享互动平台】 2014年，中心门户网平台公布鹿城区中介机构网络平台预选库，针对涉批中介服务工作建立中介机构企业库、中介服务事项目录、中介服务事项规范表等栏目，公开办理依据、办理材料、承诺时限、服务流程、收费依据和标准等信息。72家在鹿城执业的中介机构纳入该库，按照“一事一评”的要求，由各主管部门对在本部门执业的中介服务成果质量进行综合考核与信用评分，业主对中介机构履行合约合同情况进行评价，供当事人公平预选并接受监督。

【政务服务网建设】 2014年，鹿城区利用覆盖全区的三级便民服务网，结合政务服务网和实体服务中心的优势，开展行政审批网上跨层级联动审批，初步实现了群众在家门口就可办理行政审批事项的目标。截至12月31日，首批25项多级联动审批事项，受理136件群众办件，办结102件。同时，网上审批平台将全区自行开发的审批系统进行数据并网，将其行政审批业务编号、用户登录、网上

9月25日，鹿城区网上审批多级联动业务培训会　　区行政审批服务中心提供

申办、进度查询、结果反馈统一纳入鹿城区电子监察系统。

【建立驻企代办平台】 2014年，中心设立了代办机构并在审批大厅开设代办服务窗口，对温商“两大回归”项目、网络经济项目、小微企业等实体经济均实行全程无偿代办，严格执行代办项目派单制度；加强社区、街镇、区三级代办员队伍建设，实施上下级接力代办；建立代办项目库，实施定期动态跟进，共完成372项代办项目；并在全区推行“强三优二”城市有机更新项目全程代办，创新项目代办工作新模式，将代办工作和联合审批工作相结合，由区审管办牵头组织经信、规划、环保、城管、消防等部门进行联合勘查，并出具勘查纪要。对疑难问题进行会议协调，出具会议纪要，全力推进鹿城城市有机更新，共代办退二进三项目46个。

【创建“多证联办”服务模式】 2014年，中心推出企业设立和企业变更“多证联办”制度，设立营业执照、组织机构代码证、刻章备案和统计登记证等事项“多证联办”窗口，办件时间由原来的12个工作日缩短到最快6个工作日，时间压缩50%。现场所需提供的材料，则从原来的19份，减少到14份，材料减少26%，实现群众办事“一次受理，多证办结”，提高了行政审批效率，共受理“多证联办”事项60余件。

【设立疑难审批服务窗口】 2014年，中心针对无部门受理项目、部门不受理项目，设立疑难审批服务窗口。对于确实无须办理项目，依据相关规定做好解释，需要部门办理的，明确项目办理职责，督促相关部门办理。通过设置“疑难审批服务窗口”，一方面督促部门规范办件，另一方面减轻部门压力。全年，疑难件窗口接受咨询24件，正式受理件为4件。

【落实预登记和双告知制度】 2014年，中心共受理预登记41219条，有效加强审批办件的监管，保障维护办件申请人的合法权益。同时，为贯彻落实该项制度，鹿城区制发《关于做好不予受理和不予行政审批“双告知”工作的通知》（温鹿审改办〔2014〕1号），做好“告知申请者不予受理的原因和告知如何改进才能通过审批”工作。

【落实日常监督考核】 2014年，中心加强对中心窗口日常监督考核工作。首先，针对在岗情况、着装亮牌、工作纪律、服务态度、环境卫生等，利用明察暗访、办件回访等手段开展定期巡查，发现问题及时纠正；其次，加大硬件设施投入，在审批大厅、各受理窗口均配置视频监控、语音监听设备，督促窗口人员文明服务；再次，针对群众投诉，在鹿城行政审批网和审批大厅里开辟公布监督电话、现场来人接诉、网络（鹿鸣问政）投诉等渠道为办事群众排忧解难。

【落实窗口审批服务考核细则】 2014年，中心完善细化窗口审批服务考核评比细则，以督查方面、业务方面、案卷内审质量、满意度调查情况、窗口互评情况、审改推进成效等方面为主要依据，对窗口单位进行考核，根据考核结果按季度、年度对中心窗口进行考核赋分排名，激发审批工作人员争先意识，提高审批服务效率。

【公共资源交易项目拓展】 2014年，中心拟定《鹿城区公共资源交易清单（征求意见稿）》，积极开展交易清单中拓展项目的业务工作。完成鹿城区2014—2016年农村生活污水治理工程管材管件材料预选供应商，以及鹿城区中小学校大米、食用油采购等项目公开招投标，同时对部分街（镇）小额工程进中心开评标提供技术支持。

【电子招投标平台建设】 2014年，中心启动电子招投标平台和远程异地评标建设工作，提高评标效率和评标质量，网上电子招投标系统建设取得进展。完成对交易平台进行升级改造。建设工程招投标项目和政府采购项目在新交易平台上模拟测试成功。

【制定远程异地评标实施方案】 2014年，中心研究制定了鹿城区远程异地电子评标规划及具体实施方案，对远程异地评标流程、专家管理、监管进行明确规定，并完成建设工程远程异地评标模拟测试。

【加强采购与档案管理】 2014年，中心针对目前政府集中采购备案尚不完善的情况，制定《鹿城区政府集中采购文件备案实施细则》（温鹿审资中心〔2014〕8号），进一步规范政府集中采购流程。加强档案管理数字化进程，对公共资源交易档案进行梳理，将项目重要的纸质文档通过电子设备进行数字化加工，在档案信息资源共建共享平台上进行电子归档，全面提高档案管理水平。

【交易监管联动机制落实】 2014年，中心为控制和预防招投标市场的职务犯罪，组建区检察、公共资源管理工作协调小组，建立案件联动检查机制，实现资源和信息共享，从源头上预防腐败，促进全区招投标市场规范有序。同时，建立诚信互动机制，通过协同工商征信平台，对鹿城区政府采购供应商实行诚信管理，与各行业主管部门形成联动，促进诚信体系建设。

（编辑　胡亭亭）

鹿城区城市管理与行政执法

【概况】 2014年，区城市管理与行政执法局各项工作取得显著成绩，尤其在“三改一拆”“四边三化”“两无三化”以及创建国家卫生城市和创建全国文明城市工作中表现突出。先后获得浙江省“三改一拆”“无违建县（市、区）”创建工作先进单位、温州市创建国家卫生城市工作先进单位、温州市园林绿化先进单位、温州市城管与执法工作先进集体、档案工作目标管理市级单位、鹿城区第十五批文明单位、鹿城区尊师重教先进集体等荣誉称号。

【拆违攻坚】 2014年，全区累计拆除违法建筑面积80.10万平方米，任务完成率106.8%，其中拆除新建违法建筑361处3.58万平方米。全年有25个无违建社区（行政村）通过验收，藤桥镇利八坑村成为全市首个“无违建社区（行政村）”；拆除城市河道两侧违法建筑2.05万平方米，基本完成广化河等31条河道沿线违法建筑拆除工作；推进“十大违建王”和重点工程拔钉清障工作，完成拆除区十大典型违法建筑119处9.78万平方米，拆除街镇十大典型违法建筑959处20.59万平方米；拆除妨碍牛山北路道路拓宽工程的温州市李春兰拉链厂违法建筑4000平方米；拆除十大重点领域安全生产违法建筑547处7.59万平方米；拆除城中村范围内各类违法建筑1180处34.10万平方米。

【环境卫生治理】 开展城区环境卫生大整治工作，全年共投入8969万元，组织环境卫生整治活动34981次，出动37.68万余人次，累计处理死角垃圾83.44万立方米，清理小广告334.9万处，抽运粪便4.9万吨，处理生活垃圾36.71万吨。加快环卫基础设施改造提升，完成城区335座公厕改建提升，完成2251座垃圾坞改建换桶，更新新型果壳箱2957只，更换保洁车395辆，密闭三轮保洁车1843辆。全方位实施城区道路机械化清扫保洁工作，城区实施机械化清扫作业道路总面积达549.25万平方米、总长度达146.34公里，全区主干道机械化清扫率达100%。对78条道路实施洒水降尘，洒水道路总面积达442.06万平方米、长度达126.26公里。推进“四边三化”工作，共拆除“四边”区域违法建（构）筑物942处，共计27.40万平方米；拆除广告设施（违法无序非公路标志）318处，共计4174平方米；清理垃圾、废弃物2.96万处，共计8.13万立方米；绿化建设4.97万平方米；补植绿化面积3.71万平方米；清洗城市家具4.36万平方米。

2014年，在国家卫生城市、全国文明城市创建工作中，执法队员起早摸黑、辛勤工作

区城市管理与行政执法局提供

【园林绿化】 2014年，全区完成新建绿地146.6公顷，面积完成率104.4%。其中，新建山地公园87.53公顷，完成率106%；新建滨水公园10.4公顷，完成率83.9%；新建滨水小游园8.52公顷，完成率112%；新建防护绿地35.07公顷，完成率106.6%；新建附属绿地5.11公顷，完成率102.2%。另外，全年立体绿化完成4.566公顷，完成率130.4%；绿地彩化共改造提升市区25条道路、15个节点、14处金角银边总计54处绿地彩化，栽植2636株开花色叶乔木和5191平方米色叶灌木，总完

成率183.7%；城区绿道完成24.15公里；浙南美丽水乡十大滨水公园全部按计划准时完工。

【市政公用】 2014年，完成50条道路（桥梁）整治提升，路面维修面积42.7万平方米，完成率达142%。加快架空管线整治，牵头完成20条主次干道、68处农贸、车站等区域的架空管线整治。开展停车泊位施划工作，对城区非法设置的、原交警设置的不符合规划的停车泊位进行清除，共清除人行道非法停车泊位118个，新施划人行道临时停车泊位468个。加强公共自行车管理，新建公共自行车站点15个，新增自行车1000辆（公共自行车网点已共计275个，投放公共自行车1.1万辆）。全年总借车辆1682.7万人次，日均借车量4.67万人次，占整个系统（瓯海/龙湾/开发区）80%左右。

【执法为民】 2014年，继续加大查案办案力度，全年共办理简易案件254074件，一般案件2136件，共计256210件，累计罚款额合计3666.14万元。完成国家卫生城市、全国文明城市创建迎检任务，迎检期间共出动人员19661人次，落实占道整改22742处，不文明施工及其他违章51565次。重点开展五水共治专项整治行动，持续开展洗车点整治工作，停业整顿10家洗车营业点。强化涉水单位监管力度，办理962家排水许可，立案149件。持续深化人行道违停执法管理，明确严管区管理标准，错时安排勤务，杜绝上下班时间段管理空档，全年共查处车辆违停行为228063起，同时与温州电信合作开发出“翼行温州”手机软件，方便群众达到“足不出户”处理人行道违章。开展建筑垃圾整治及工地监管，落实全区建筑工地在线监控安装率达100%，全区45个房屋建筑工地落实扬尘防治措施，所有渣土运输车加装GPS定位设施，落实在建工地标化工程325家。重拳出击处置建筑垃圾违法行为，立案424起，暂扣违规运输车辆131辆，查明15个典型案件，并予以重罚。加强燃气、排水、二次供水监管，取缔40处无证瓶装燃气经营点，暂扣1521个瓶装燃气，治理管道燃气设施被占压封埋行为。整治占道经营、占道乱堆放，加强噪声日常监管，取缔马路市场38家，整改提升7家；整治提升不规范空调外机1222台；拆除户外广告及设施9945平方米。强化“96310热线”平台提升，2014年“96310热线”话务量4.15万起，受理1.49万余起，回复率100%；“数字城管”共受理市级平台各类案件13万多条，处置率99.74%。行政审批受理8158件。

【执法与管理的改革创新】 2014年，面对鹿城区城市管理中存在的各个焦点、难点，区城市管理与行政执法局创新了一系列的工作新方法：健全体制机制，层层落实责任，集中推进百名城管执法进社区活动和全局网格化责任制工作，共设立四级网格268个；讲求执法策略，树立法律权威，配备了295台执法记录仪，确保执法公平公正；加强协调

2014年7月份完工的牛山北路滨水公园　　区城市管理与行政执法局提供

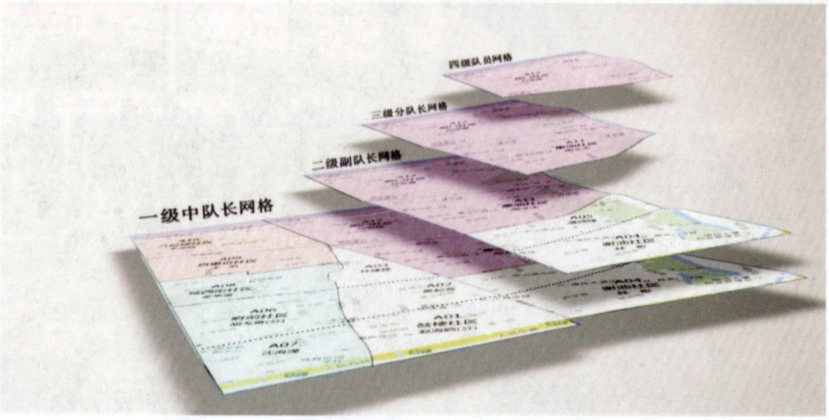

2014年，集中推进全局网格化责任制工作，共设立四级网格268个
区城市管理与行政执法局提供

沟通，杜绝简单执法，贯彻落实管理处罚“四步法”，建立执法“首次温馨提醒”制度，贴心群众；注重服务疏导，解决实际问题，探索中水回用（将居民生活废水、河水等集中处理后，回用于绿化浇灌、车辆、道路冲洗等，达到节约用水的目的），用过滤的塘河水来洗路面；深化行政审批改革，实行“全域受理”工作模式，通过局审批网内部流转，实现高效便民；加大正面宣传，与温州电视台、温州广播电台、温州晚报等媒体共办栏目，增进与市民互动，强化市民认同感。

（编辑　金传坚）

机关事务管理

【概况】 2014年，鹿城区机关事务管理局以党的群众路线教育实践活动为契机，以“提升机关事务管理水平，打造满意后勤品牌”为目标，强化“管理、保障、服务”三大职能，求真务实，开拓创新，突出重点，扎实工作。打造机关房产管理“鹿城模式”，办公用房清理居全市前列。推进平安机关创建，建立信息化后勤服务平台。25家归口单位财务服务高效及时；2380余次全区性会议服务有序，会议经费同比下降51%。

【房产管理打造“鹿城模式”】 2014年，严格执行《鹿城区存量房产出租管理细则（试行）》，以市场化定价、公开化招租、规范化管理为中心，开展国有存量房出租工作，提高国有房产利用效益。全年租金收入达3403万元，同比增长12.6%。中国新闻网、《浙江日报》、温州电视台专题报道该项工作成效。

【办公用房清理居全市前列】 2014年，办公用房清理整改是党的群众路线教育实践活动的重要整改项目，2月中旬制定并确定了区四套班子领导办公用房整改初步方案。4月初，对区四套班子领导办公室进行具体整改工作。通过以上带下，推动全区办公用房清理整改，拟制办公用房清理整改操作性政策，以鹿委办〔2014〕81号文件形式下发，明确了以大换小、增加人员、减少隔断、清理腾退的整改要求与时限。5月份，组织相关单位对全区各单位的办公用房整改进行全面检查，向整改不到位的39家单位发出限期整改函，确保整改规范。共腾退办公用房面积18812平方米，腾退面积居全市前列。通过政策调整，为财政节约租金200多万元。

【机关安全保卫有效提升】 2014年，引进智能门禁技术，改造区行政中心大门，利用门禁系统智能识别、统计功能，分区域设置车位标志线、交通标识牌，强化安保引导管理，实现人车有序分流，解决大院停车秩序混乱、消防安全通道被占用、车辆时常刮擦及经常性堵车的现象，改善大院秩序和环境。建立安保人员定期集训制度，邀请区公安特警教员对大院安保人员进行防暴恐专项训练，提升安保人员业务素质，强化大院的安全保障。该做法得到了省局的肯定，防暴恐训练摄影在《浙江后勤》2014年第四期封面刊发。

民政工作

【概况】 2014年，鹿城区民政局以践行党的群众路线教育实践活动精神为指导，以创建全国民政综合改革示范区为契机，创新社会管理，推进养老服务体系建设，各项民政工作平稳推进。鹿城区通过省级双拥模范区考核，被省委、省政府、省军区正式命名为“浙江省双拥模范区”。出台《社区专职工作者退休后享受住院、门诊医疗保险补助办法政策》，解决了社区干部最关心、多年未解决问题。出台《鹿城区城乡社区公共服务事项准入制度（试行）》和《进一步完善业主委员会运行的实施意见》，明确社区（村）公共服务准入事项目录与依法自治类事项目录。出台《鼓励社会力量参与居家养老服务的实施意见》， 10月，鹿城区被评为全国“救急难”试点单位。

【社会救助工作】 2014年，加强低保工作静动态管理，新增低保对象287户500人，取消低保对象822户1337人，低保对象计4060户6654人，共发放低保资金2946.03万元。12月份，城镇低保对象月标准从每人640元提高到705元，农村低保对象月标准从每人450元提高到515元。城镇低保平均补差达到当地低保标准的76.8%，农村低保平均补差达到当地低保标准的86.9%。做好困难家庭审批工作，为804户家庭1823人合法办理了困难家庭救助证，使困难家庭享受政策优待。开展困难群众临时救助，为110户因灾、就医、就学等情况造成困难的家庭予以不同救助，共

1月8日，省民政厅副厅长罗卫洪参观鹿城区松台街道庆年坊社区爱心驿站
区民政局提供

发放临时救助金45.55万元。在春节期间开展困难群众慰问，区四套班子领导带队走访慰问20类困难对象，共投入资金739.15万元。完成10个社区爱心驿站建设工作，得到民政部部长李立国充分肯定。开展“夏送清凉”爱心慰问活动，给低保对象、困难对象、重点优抚对象、福利企业残疾困难职工等6603人赠送人均100元左右的夏令用品。10月，鹿城区被评为全国“救急难”试点单位。12月底，在8个街镇服务窗口已建立一门受理、协同办理的救助机制。

【城乡社会医疗救助工作】 2014年，全区筹集医疗救助资金，常住户籍人口人均13元，共有5695人次困难群众得到医疗救助，合计发放医疗救助资金1119.37万元。开展重特大疾病医疗救助工作，得到重特大疾病救助患者累计354人次，救助金额201.41万元，切实解决重特大疾病贫困患者的医疗困难。

【救灾救济工作】 2014年，与各部门各街镇一起开展“5·12”防灾减灾日宣传演练活动。与区供销社、快鹿集团、水务集团、金饭碗等单位签订协议，健全物资供应网络。全区现有避灾中心、避灾点共计89个，建筑面积28.54平方米，可安置60285人。完成修订《鹿城区自然灾害救助应急预案》《鹿城区突发公共事件人员基本生活应急保障行动方案》工作。

【社区减负工作】 2014年，下发《关于切实减轻社区工作负担的通知》，规范社区参加的各类会议、精简对社区的各类检查评比活动、压缩社区组织工作台账、停止向社区乱摊派报刊征订任务等。组织开展村（社）“三多”（基层组织机构牌子多、考核评比多、创建达标多）事项清理整治工作，全区涉及村（社）机构牌子80个，保留4个，取消32个，考核评比23个，保留7个，清理取消16个，创建达标60个，保留10个，清理取消42个。

【社区专职工作者管理】 2014年，出台《鹿城区城乡社区服务中心工作人员管理暂行办法》，对社区专职工作者的聘任、职责、考核等工作进行规范；4月，举办社区工作实务培训班，邀请华东理工大学教授郭圣莉作专题授课。出台《社区专职工作者退休后享受住院、门诊医疗保险补助办法政策》，第一批惠及46人，落实资金82万元。专设2名事业编制的社区专职工作者，在全市首次落实社区专职工作人员事业单位定向考录政策。

【社会组织服务平台建设】 2014年，通过政府购买服务实现职能转移，建立全省首家由政府委托第三方社会组织——温州市惠民社会组织发展服务中心承接运营的社会组织服务平台，此模式平台效率更高、资源更整合。新建的鹿城区社会组织服务中心以“孵化培育、公益展示、服务发展”为功能定位，内设社会组织服务活动、培育孵化、公益展示和创投对接等4个功能区域。

【公益社会组织建设】 2014年，举办区首届公益节活动暨社会组织助推“五水共治”启动仪式。确定全区19个机构的22个全年公益项目，包括红日亭、爱心顺风车、“小鱼治水”等。通过公益组织引领，公益活动得到更多企业、社会组织及志愿者的支持参与。正式启动2014年社会组织公益项目创投活动，面向鹿城区所有公益社会组织，计划投入200万元资金，共有12个公益创投项目开展实施。

【社会组织参与社会管理】 2014年，以治水为平台，组织成立全市首家两新组织“五水共治”公益联盟。以绿色水网社会组织、水领域相关企业党支部、党员环保先锋人物和人才专家组成五水共治公益联盟，参与社会共治。在五马街道试行“政社分开”管理新模式，试点社区将部

温州市鹿城区民政局

1983年9月5日，温州城区人民政府建立，同时组建了城区民政局。1984年12月6日，温州市城区改名为温州市鹿城区，原城区民政局改名为鹿城区民政局。区民政局是区政府主管社会行政事务的职能部门，履行着“上为政府分忧，下为政府解愁”的重要职能，主管救灾救济、双拥优抚安置、民族间组织管理、基层政权建设、社工人才队伍建设、城市农村居民最低生活保障、社会福利和社会事务、区划地名等工作。

1

2

3

1. 4月19日，鹿城区首届公益节暨社会组织助推“五水共治”启动仪式
2. 5月16日，鹿城区民政局局长陈黎华到七都街道板桥村开展“微心愿”征集座谈活动
3. 2014年，鹿城区民政局开展“夏日送清凉”慰问困难群众活动

此版照片由温州市鹿城区民政局提供

分事务委托社会组织承接。

【完善社区管理体制】 2014年，出台《鹿城区关于进一步完善社区运行若干意见》，确定社区治理模式、工作准入、经费核拨管理、考核评价等建议，解决社区建设存在的突出问题；出台《鹿城区城乡社区公共服务事项准入制度（试行）》和《进一步完善业主委员会运行的实施意见》，明确社区（村）公共服务准入事项目录与依法自治类事项目录；确定五马街道创建省级街道示范社区服务中心，组织人员赴杭州、宁波等地学习社区服务中心建设。桂柑社区获全市唯一的五星级幸福社区称号。

【村级组织运行工作】 2014年，制定完成《鹿城区关于健全和完善村级组织运行的若干意见》，同时制定《鹿城区村（居）自治制度参考文本》《农村集体资金、资产、资源管理办法》《村集体经济组织财务规范化管理制度》等相关配套文件，对“五议两公开”制度、村级“三资”管理、村建设工程招标管理、村级组织工作督查指导等事项做了明确要求与规定。

【社会工作人才队伍建设】 2014年，以“社工节”宣传周活动为契机，专门制发《鹿城区第二届“社工节”宣传周活动方案》，确定鹿城区宣传主题“幸福鹿城·魅力社工”，各街镇、社区开展 “一条街服务”等形式多样活动。以开展市级社工中、初级专业技术资格评审工作和动员相关人员报考国家社会工作者职业水平考试为手段，加强全区社会工作人才储备。截至年底，鹿城区取得国家级中级社会工作师职称30人，初级职称116人。组织人员参加市“十佳社工”表彰会，松台街道水心社区翁冠敏被评为十佳社工之一。组织社区符合条件的10名社工师参加由市局举办的社工实务提升培训班，先后在杭州和上海进行学习实训。邀请社工专家、浙江工商大学公共管理学院社工系主任马良以及华东理工大学社工系姜妙屹等4位教授开展社工专题讲座。

【丧事扰民行为整治】 2014年，通过加强与殡仪馆、街镇殡改信息员的联系、收集报纸刊登讣告、接受群众举报等方式，在第一时间掌握丧户信息。做好24小时值班制，做到全年无漏接信息。及时上门对丧户进行殡改政策和有关规定宣传。加强对凌晨丧户出殡的现场管理，及时制止吹打乐器、燃放烟花爆竹等丧事扰民违法行为。全年共上门巡查2069户，凌晨现场管理出殡508户，要求整改24户、书面检讨3户，登报检讨1户。

【青山白化治理和惠民殡葬】 2014年，强化“青山白化”治理巡查，开展坟墓“禁新”、生态化改造验收和坟墓迁移工作，共进行36次巡查，多次现场阻止村民违法建私坟行为，查处私坟70座。加大“禁新改旧”宣传工作。全区对三沿五区视线内坟墓尤其是椅子坟按规定进行改造，治理私坟1217座，超额完成任务。通过宣传引导，清明节报名参加骨灰海葬13例，树葬2例。

【双拥工作】 2014年，召开鹿城区双拥服务小组代表会议两次。慰问困难优抚对象200人次，送去慰问品计5万元，提供困难补助金6.6万元、医疗补助17万元。清明节期间开展祭扫翠微山烈士陵园和西坑烈士陵园活动，经费2万元。全年刊印《鹿城双拥》简报六期，在《今日鹿城》设两期民政增刊，专门宣传双拥工作。8月，鹿城顺利通过省级双拥模范区考核，被省委、省政府、省军区正式命名为“浙江省双拥模范区”。全区共慰问100户烈属，慰问金额4.6万元，慰问新中国成立前老领导人计2.3万元。在社区建立学雷锋护帮小组、老妈妈服务队等321个拥军优属服务组织。

【优抚工作】 2014年，区四套班子领导带队走访15个驻鹿城部队，发放慰问金41万元。全区2800余名优抚对象全部领到政府慰问品共计33万元；给全区501位重点优抚对象发放“送温暖”慰问金32.99万元；给烈属和残疾军人等504人发放市政府副食品慰问品计27.2万元；给所有优抚对象发放春联、挂历2900份，报纸120份，共计8万元。

【退役士兵安置工作】 2014年，开展退役士兵职业技能教育培训工作，共168人次参加各种技能培训，为15位就读高职的退伍兵支付学费和提供生活费补助共计329550元。完成退役士兵安置任务，为171人发放自谋职业和自主就业地方的补助金366.9万元，安排5位满12年退役士官到街镇工作，完成重点安置工作。

【信访维稳和法制工作】 2014年，按照“12345”维稳机制要求，做好信访回复和接待工作，及时化解矛盾、上报信息，确保不发生大规模越级群体性上访事件，将信访解决在本区内。自4月开展权利清单工作以来，区民政局行政权力清单区级保留事项64项、属地管理类事项1项、审核转报类事项1项，合计66项，比最初梳理时96项减少30项，清理掉事项占总数比例的34.4%。做好行政审批及便民服务事项信息梳理上报、清理非行政许可审批事项、构建政府公共服务网等相互关联工作。

【社会福利企业】 2014年，鹿城区的福利企业残疾职工的劳动报酬进一步提高，残疾职工月平均工资达2420元，并享有养老保险、医疗保险、工伤保险、失业保险，参保率达100%，人均投保额970元。

【福利企业管理】 2014年，规范福利企业资质管理，遵照福利企业资格认定条件，杜绝违规录用残疾人，进一步加强对福利企业的日常监管，加大检查监督力度，完善检查监督措施和违规处置办法。拓宽福利企业发展渠道，鼓励兴办福利企业，优化福利企业发展环境。加强安全生产管理教育，督促福利企业进行安全生产自查，要求福利企业做好安全生产管理台账，下企业进行安全生产宣传排查，向企业发放安全生产资料70余份。

【区划地名工作】 2014年，鹿城区共命名新建道路47条，命名大型建筑物22 个，建筑物预登记2个，新编道路门牌号51条。开展历时半年的第二次全国地名普查，共收集11大类36小类地名信息数据4000多条，入选国家数据库3556条，普查成果经省厅验收合格，并利用地名普查成果资料编制鹿城区社区图册。加强平安边界创建宣传，建立行政区域界线毗邻市县级民政部门定期走访联系制度和边界纠纷应急处理制度，落实界线联合检查制度。6月，乐清、鹿城和永嘉联合开展鹿永乐县级界线交会点联合检查工作。

【婚姻、收养登记工作】 2014年，合计办理婚姻登记8663对，其中办理结婚登记5675对，离婚登记1549对，补办结婚证1306件，补办离婚证133件，开具单身证明39070份，办理收养登记57人，为当事人和公检法机关提供档案查询5625件。

【福彩公益事业】“中福在线”营业厅通过抓安全、强管理、促效益措施，2014年全年筹集福利彩票公益金达5900万元。11月20日，鹿城区马鞍池销售厅被省福利彩票中心评为优胜销售厅。

【社会团体工作】2014年，实施“公益引领、能力提升、创先评优、规范建设”四大工程，推进全区社会组织发展。截至年底，全区登记注册社会团体366家。实行了全省首家由政府委托第三方社会组织承接运营的社会组织服务平台。举办鹿城区首届公益节，发挥公益社会组织引领展示。

截至2014年底鹿城区民政局审批成立的协会团体名单

表7

批准日期	社团名称	会　长
1991.5.14	温州市鹿城区企业联合会	虞培清
1991.5.14	鹿城区印刷行业协会	叶建华
1991.6.3	鹿城区外商投资企业协会	谢卫国
1991.8.20	鹿城区教育离退休工作者协会	邹有林
1991.12.8	鹿城区打火机行业协会	黄发静
1992.1.11	鹿城区法学会	陈　洁
1992.8.10	鹿城区鞋业协会	陈国荣
1992.11.20	交通运输业协会	董超然
1994.2.6	鹿城区社会医疗行业协会	叶选虎
1995.1.10	鹿城区机动车驾驶员协会	施明杭
1995.2.14	鹿城区体育总会	张德跃
1995.12.18	鹿城区金属商会	杨立忠
1996.4.4	鹿城区鞋材行业协会	林永光
1998.4.1	鹿城区养老机构行业协会	董　琦
1998.12.4	鹿城区慈善总会	林瑞荣
1998.12.4	温州市鹿城区电镀行业协会	郑中万
1998.12.7	温州市鹿城区民营经济发展联合会	柯志成
1999.6.9	鹿城区青年企业家协会	娄剑峰
1999.7.19	鹿城区物业管理行业协会	李一文
1999.8.4	鹿城区女企业家协会	郑茉莉
1999.9.2	温州市鹿城区教育学会	全一凡
1999.9.6	鹿城区陶行知研究会	周文林
1999.9.6	鹿城区学前教育研究会	周建春
1999.11.2	鹿城区教联业余京剧研究社	杨以付
1999.11.16	鹿城区制革协会	谢光明
2000.1.6	鹿城区剃须刀行业协会	周国新
2000.1.26	鹿城区服装行业协会	林高平
2000.2.28	鹿城区书法家协会	朱　海
2000.4.5	鹿城区药业协会	张惠敏

续表7

批准日期	社团名称	会　长
2000.5.16	鹿城区化工行业协会	田志胜
2000.5.18	鹿城区娱乐业协会	白　克
2000.5.25	鹿城区餐饮业协会	宣　杰
2000.9.21	鹿城区眼镜行业协会	吴建敏
2000.9.21	鹿城区秘书学会	胡海峰
2000.9.21	鹿城区道教协会	陈高乐
2000.12.10	温州市鹿城区鹿城诗社	赵章武
2000.12.16	鹿城区佛教协会	释万如
2001.3.14	中国国际商会鹿城区商会	潘建中
2001.4.6	温州市鹿城区留学人员和家属联合会	蒋　晖
2001.4.6	鹿城区饭店旅馆业协会	方信东
2001.9.5	鹿城区舞蹈家协会	张惠芳
2001.10.26	鹿城区民间文艺家协会	叶萌春
2002.1.15	鹿城区戏剧家协会	柯海燕
2002.1.17	鹿城区音乐家协会	陈　泳
2002.2.1	温州市鹿城区民政福利企业协会	李一川
2002.2.7	鹿城区天主教爱国会	胡龙建
2003.3.26	鹿城区机械联合会	陈建生
2003.4.3	鹿城区农业产业协会	林宪忠
2003.7.21	鹿城区基督教协会	叶春和
2003.7.31	在外温州企业家联合会	林文俊
2003.9.1	鹿城区社会治安综合治理协会	陈旭珍
2003.9.27	鹿城区网吧行业协会	徐　浩
2003.12.10	鹿城区摄影家协会	周建树
2003.12.15	鹿城区作家协会	吕相国
2004.4.6	鹿城区民办教育行业协会	倪　静
2004.5.25	鹿城区工商行政管理学会	凌晓东
2005.8.5	鹿城区七都镇西瓜专业协会	瞿成德
2005.8.26	鹿城区统计学会	李江涛
2005.9.20	温州市鹿城区经济合作促进会	金卓尔
2005.10.11	温州市鹿城区基督教三自爱国运动委员会	项德光
2006.4.30	温州市鹿城区古玩商会	欧阳德康
2006.9.19	鹿城区美术家协会	侯传芳
2006.11.16	鹿城区电子信息行业协会	蔡春潮
2006.12.12	鹿城区七都镇果蔬协会	林九林
2007.1.31	鹿城区公安民警互助协会	刘国珍

续表7

批准日期	社团名称	会　长
2007.6.20	鹿城区动画漫画协会	蒋　健
2007.7.4	温州市鹿城区医疗器械行业协会	范庆富
2007.8.18	鹿城区果品行业协会	黄小兰
2007.12.20	鹿城区双潮杨梅专业协会	陈光兴
2007.12.24	鹿城区八卦掌（拳）协会	李增云
2008.5.5	鹿城区缙云商会	楼志坚
2008.5.20	鹿城区武术协会	刘建平
2008.6.13	鹿城区航空航海运动协会	朱松斌
2009.1.9	温州市鹿城区易制毒化学品协会	王炳豹
2009.1.20	温州市鹿城区建设行业协会	奚德驹
2009.2.23	温州市鹿城区安全生产协会	赵景温
2009.3.9	鹿城区羽毛球协会	邱　伟
2009.3.9	鹿城区五金行业商会	包建中
2009.4.1	鹿城区志愿者协会	钱素文
2009.4.3	鹿城区乒乓球协会	李　炎
2009.7.27	鹿城区网球协会	戴卫东
2009.8.17	鹿城区影视家协会	王　鹏
2009.9.27	温州市鹿城区党外知识分子联谊会	陈国琴
2009.9.30	温州市鹿城区游泳协会	陈世华
2009.12.29	温州市鹿城区台球协会	朱寿清
2010.5.25	温州市鹿城区汽车运动联合会	吴　虚
2010.5.25	温州市鹿城区曲艺家协会	陈忠达
2010.7.1	温州市鹿城区商业零售业协会	张福康
2010.11.5	温州市鹿城区金融协会	陈宏强
2010.11.5	温州市鹿城区瑜伽协会	郑宏洲
2010.11.8	温州市鹿城区足球协会	李一鸣
2011.1.25	温州市鹿城区户外运动协会	何崇国
2011.1.27	温州市鹿城区反邪教协会	许德忠
2011.8.9	温州市鹿城区龙舟协会	章国森
2011.10.12	温州市鹿城区跆拳道运动协会	袁　坚
2012.1.18	温州市鹿城区围棋协会	范茂水
2012.5.21	温州市鹿城区业主委员会联合会	陈琴省
2012.6.25	温州市鹿城区路跑协会	王兴勇
2012.7.16	温州市鹿城区物流行业协会	钟一鸣
2012.7.16	温州市鹿城区双屿街道商会	李坚戈
2012.8.28	温州市鹿城区女知识分子联谊会	陈月玲

续表7

批准日期	社团名称	会 长
2012.9.14	温州市鹿城区新的社会阶层人士联谊会	陈时升
2012.9.20	温州市鹿城区瓦市小学教育发展促进会	杨素琴
2012.10.9	温州市鹿城区松台街道商会	曾 莞
2012.10.9	温州市鹿城区药学会	全一凡
2012.10.10	鹿城区仰义街道沿江社区社会组织发展与服务协会	朱爱英
2012.10.10	鹿城区仰义街道临湖社区社会组织发展与服务协会	吴文均
2012.10.10	温州市鹿城区五马中心商贸区（五马街道）商会	黄素武
2012.10.29	温州市鹿城区瑞安商会	郑康余
2012.11.1	鹿城区藤桥镇新的社会阶层人士联谊会	张海川
2012.11.26	温州市鹿城区滨江街道商会	朱 龙
2012.11.27	鹿城区藤桥镇健身舞协会	章爱光
2012.11.27	鹿城区藤桥镇慈善协会	邱贤庆
2012.11.27	鹿城区藤桥镇计生工作者协会	叶建兄
2012.11.27	鹿城区藤桥镇党员志愿者协会	叶强忠
2012.11.27	鹿城区藤桥镇残疾人工作者协会	尤愈灿
2012.11.27	鹿城区南汇街道助残协会	蒋思思
2012.11.27	鹿城区南汇街道妇女工作者协会	郑 涵
2012.11.27	鹿城区南汇街道反邪教协会	胡 萍
2012.11.27	鹿城区南汇街道计生工作者协会	何志凌
2012.11.27	鹿城区南汇街道志愿者协会	刘 广
2012.11.27	鹿城区五马街道花柳塘社区社会组织发展与服务协会	刘荷苗
2012.11.27	鹿城区五马街道八仙楼社区社会组织发展与服务协会	王阿娟
2012.11.27	鹿城区五马街道虞师里社区社会组织发展与服务协会	王炳玉
2012.11.27	鹿城区五马街道安澜社区社会组织发展与服务协会	金月霞
2012.11.27	鹿城区双屿街道社工志愿者协会	余水平
2012.11.27	鹿城区双屿街道扶残助残志愿者协会	林臣林
2012.11.27	鹿城区双屿街道妇女工作者协会	吴秀珍
2012.11.27	鹿城区双屿街道党员志愿者协会	余水平
2012.11.27	鹿城区双屿街道计划生育工作者协会	吴秀珍
2012.11.27	鹿城区滨江街道志愿者协会	陈 聪
2012.11.27	鹿城区滨江街道妇女工作者协会	林小洁
2012.11.27	鹿城区滨江街道计划生育工作者协会	孙晨阳
2012.11.27	鹿城区滨江街道残疾人工作者协会	吕 俊
2012.12.3	温州市鹿城区南汇街道商会	陈时升
2012.12.3	鹿城区七都街道镇健身舞协会	梁惠冰
2012.12.3	鹿城区七都街道妇女工作者协会	郭 超

续表7

批准日期	社团名称	会　长
2012.12.3	鹿城区七都街道计生工作者协会	王挺菊
2012.12.3	鹿城区七都街道慈善工作者协会	金　铭
2012.12.3	鹿城区七都街道残疾人工作者协会	陈玉芬
2012.12.3	鹿城区七都街道志愿者工作者协会	王宝龙
2012.12.3	鹿城区仰义街道计划生育工作者协会	陈雪峰
2012.12.3	鹿城区仰义街道扶残助残协会	黄巧姐
2012.12.3	鹿城区仰义街道仰新社区社会组织发展与服务协会	徐龙甫
2012.12.3	鹿城区松台街道扶残助残志愿者协会	徐利华
2012.12.28	鹿城区松台街道为老志愿者协会	孙　晓
2012.12.28	鹿城区松台街道社工志愿者协会	孙　晓
2012.12.28	鹿城区松台街道红十字志愿者协会	鲁海曼
2012.12.28	鹿城区滨江街道慈善工作者协会	章　艳
2013.1.15	鹿城区藤桥镇体育联合会	许卫疆
2013.1.16	温州市鹿城区创意设计行业协会	张　健
2013.2.25	温州市鹿城区农产品经纪人协会	陈伯聪
2013.3.18	温州市鹿城区南塘5组团小区业主大会	金巧姆
2013.3.22	温州市鹿城区五金行业协会	赵康和
2013.3.25	温州市鹿城区嘉鸿花园业主大会	王茂友
2013.3.29	温州市鹿城区仰义街道滴水公益义工联盟	周选慈
2013.4.23	温州市鹿城区高级经理人协会	潘　领
2013.4.25	温州市鹿城区体育舞蹈协会	黄文静
2013.5.8	仰义街道沿江社区“五老”护苗志愿者协会	朱金松
2013.5.8	仰义街道沿江社区花木兰腰鼓协会	蔡良翠
2013.5.8	仰义街道沿江社区极限登山协会	叶云森
2013.5.8	仰义街道沿江社区54义工团	刘旭光
2013.5.8	仰义街道沿江社区爱绿护绿义工队	林彤彤
2013.5.8	仰义街道沿江社区老龄志愿者协会	方昌寿
2013.5.8	仰义街道沿江社区朗诵协会	黄　雷
2013.5.8	仰义街道沿江社区楚汉象棋协会	张仁善
2013.5.8	仰义街道沿江社区书法协会	黄海漫
2013.5.8	仰义街道沿江社区老园丁志愿者队	周保罗
2013.5.8	仰义街道沿江社区幸福号志愿者队	林杨开
2013.5.8	仰义街道沿江社区老协志愿者队	叶海光
2013.5.8	仰义街道沿江社区文体活动后勤志愿者队	潘马可
2013.5.8	仰义街道沿江社区学雷锋愿者队	谢清霞
2013.5.8	仰义街道沿江社区婆娑舞蹈队	胡云香

续表7

批准日期	社团名称	会　长
2013.5.8	仰义街道沿江社区太极晨练队	朱江海
2013.5.8	仰义街道沿江社区悦耳声乐队	毛必芬
2013.5.8	仰义街道沿江社区幸福驿站义工队	申　雄
2013.5.8	仰义街道沿江社区群防群治志愿者队	陈伟人
2013.5.8	仰义街道沿江社区新温州人志愿者队	李倪蔚
2013.6.6	鹿城区仰义临湖社区王老伯调解室	王来浓
2013.6.6	鹿城区仰义临湖社区学雷锋志愿者队	高忠豪
2013.6.6	鹿城区仰义临湖社区帮困服务队	孙胜丹
2013.7.5	鹿城区仰义临湖社区合唱团	应雪虎
2013.7.22	鹿城区青年企业家公益事业促进会	周克力
2013.8.5	温州市鹿城区文化演出协会	潘永祥
2013.8.5	鹿城区农业企业协会	张卢克
2013.8.16	鹿城区鞋料商会	留承昌
2013.9.25	鹿城五马府前社区社会组织发展与服务协会	郑多华
2013.9.25	鹿城五马白鹿洲社区社会组织发展与服务协会	付爱芬
2013.9.25	鹿城五马十八家社区社会组织发展与服务协会	郑所洁
2013.9.25	鹿城五马谢池社区社会组织发展与服务协会	吕　英
2013.9.25	鹿城五马黎明西路社区社会组织发展与服务协会	项美钗
2013.9.25	鹿城五马鼓楼社区社会组织发展与服务协会	黄丽霞
2013.9.25	鹿城五马双莲桥社区社会组织发展与服务协会	陈　蓓
2013.9.25	鹿城五马马鞍池社区社会组织发展与服务协会	林　红
2013.9.25	鹿城五马朔门社区社会组织发展与服务协会	郑少敏
2013.9.25	鹿城五马墨池社区社会组织发展与服务协会	周彩琴
2013.9.25	鹿城五马百里坊社区社会组织发展与服务协会	林伟
2013.9.25	鹿城五马城西街社区社会组织发展与服务协会	陈　珠
2013.9.25	鹿城五马鼓楼社区环境保护协会	张松妹
2013.9.25	鹿城五马城西街社区环境保洁社	胡春兰
2013.9.25	鹿城五马矮凳桥社区环保义务监督队	吴云月
2013.9.25	鹿城五马谢池社区绿化环保协会	周爱芬
2013.9.25	鹿城五马黎明西路社区调解社	娄沛棠
2013.9.25	鹿城五马八仙楼社区巾帼志工社	陈乐园
2013.9.25	鹿城五马墨池社区卫生义务监督队	王蝶蝶
2013.9.25	鹿城五马矮凳桥社区太极拳协会	刘珍玮
2013.9.25	鹿城五马十八家社区百花越剧队	黄宁钗
2013.9.25	鹿城五马虞师里社区同心合唱队	徐爱芬
2013.9.25	鹿城五马府前社区文艺合唱协会	周元辉

续表7

批准日期	社团名称	会　长
2013.9.25	鹿城五马花柳塘社区志愿者队	杨华兰
2013.9.25	鹿城五马鼓楼社区侨之声艺术协会	陈大冈
2013.9.25	鹿城五马百里坊社区百帮环保社	郑兰芳
2013.9.25	鹿城五马马鞍池社区居民和谐生活协会	林　红
2013.9.25	鹿城五马朔门社区爱心服务社	陈宽进
2013.9.25	鹿城五马八仙楼社区夕阳红服务社	李素心
2013.9.25	鹿城五马八仙楼社区红心服务社	黄国铭
2013.9.25	鹿城五马安澜社区军乐队协会	任建华
2013.9.25	鹿城五马虞师里社区巾帼志愿者协会	方芙雪
2013.9.25	鹿城仰义沿江社区冬泳协会	陈文斌
2013.9.25	鹿城五马矮凳桥社区社会组织发展与服务协会	倪申荷
2013.9.28	鹿城五马谢池社区睦邻协会	夏良萍
2013.9.28	鹿城五马墨池社区志愿者协会	李阿珍
2013.9.28	鹿城五马城西街社区慈善义工队	叶蓓莘
2013.9.28	鹿城五马朔门社区计划生育协会	伊素芳
2013.9.28	鹿城五马黎明西路社区甲田象棋协会	黄如衍
2013.9.28	鹿城五马白鹿洲社区计划生育协会	伊素梅
2013.9.28	鹿城五马安澜社区自行车协会	金玲香
2013.9.28	鹿城五马双莲桥社区健身协会	孙舞舞
2013.9.28	鹿城五马百里坊社区标准舞协会	叶炳金
2013.9.28	鹿城五马白鹿洲社区太极拳协会	林汉龙
2013.9.28	鹿城五马十八家社区风采太极柔力球健身队	邓龙妹
2013.9.28	鹿城五马马鞍池社区健身舞协会	李连珍
2013.9.28	鹿城五马双莲桥社区武术社	陈锡丰
2013.9.28	鹿城滨江杨府山社区社会组织发展与服务协会	陈一菲
2013.9.28	鹿城五马安澜社区瓯江情缘缘社	陈秋霞
2013.9.28	鹿城五马虞师里社区党员志愿者协会	吴海珍
2013.9.28	鹿城五马花柳塘社区武术协会	陈秋华
2013.10.31	鹿城松台菱藕社区唱歌班	黄　菲
2013.10.31	鹿城松台菱藕社区社会组织服务与发展协会	陈秀英
2013.10.31	鹿城松台菱藕社区书法班	朱　虹
2013.10.31	鹿城松台桂柑社区护绿服务队	黄荐琼
2013.10.31	鹿城松台桂柑社区社会组织服务与发展协会	柯建华
2013.10.31	鹿城松台桂柑社区舞蹈队	单薇子
2013.10.31	鹿城松台昌明社区社会组织服务与发展协会	林小珍
2013.10.31	鹿城松台昌明社区舞蹈队	朱媛媛

续表7

批准日期	社团名称	会长
2013.10.31	鹿城松台广化社区扶残助残协会	潘 晔
2013.10.31	鹿城滨江杨府山社区雷锋志愿者队	张 鸥
2013.10.31	鹿城松台广化社区社会组织服务与发展协会	陈俏容
2013.10.31	鹿城松台双桥社区党员志愿者协会	叶圣福
2013.10.31	鹿城松台双桥社区居家养老志愿者协会	王 莹
2013.10.31	鹿城松台双桥社区社会织组服务与发展协会	张尤荣
2013.10.31	鹿城松台庆年坊社区社会组织服务与发展协会	乐素贞
2013.10.31	鹿城松台庆年坊社区合唱团	陈忠贞
2013.10.31	鹿城松台庆年坊社区爱心伏茶服务队	郑巧琴
2013.10.31	鹿城松台锦花社区社会组织服务与发展协会	郑雪华
2013.10.31	鹿城松台锦花社区亲邻守望家政服务协会	梁小碧
2013.10.31	鹿城松台锦花社区牵手驿站服务协会	叶正冕
2013.10.31	鹿城松台水心社区居家养老志愿者协会	林露捷
2013.10.31	鹿城松台水心社区居家烧伏茶协会	陈万龙
2013.10.31	鹿城松台水心社区社会组织服务与发展协会	林文花
2013.10.31	鹿城松台来福门社区文体志愿者服务队	马兰花
2013.10.31	鹿城松台来福门社区社会组织服务与发展协会	董淑云
2013.10.31	鹿城松台来福门社区在编党员志愿者服务队	薛爱平
2013.10.31	鹿城滨江杨府山社区宣传教育志愿者队	胡 英
2013.10.31	鹿城松台翠微社区社会组织发展与服务协会	王美凤
2013.10.31	鹿城松台翠微社区太极拳、剑协会	陈秀霞
2013.10.31	鹿城五马府前社区舞蹈协会	潘永钗
2013.10.31	鹿城松台郭公山社区社会组织发展与服务协会	周飞雪
2013.10.31	鹿城滨江灰桥社区社会组织发展与服务协会	徐燕鸣
2013.10.31	鹿城松台月湖社区党员志愿者协会	陈素芬
2013.10.31	鹿城松台月湖社区妇女协会	林彩秋
2013.10.31	鹿城松台月湖社区社会组织服务与发展协会	方晓敏
2013.10.31	鹿城南汇桥儿头社区社会组织发展与服务协会	蒋文宇
2013.10.31	鹿城南汇桥儿头社区绿色环保志愿者队	陈琼瑶
2013.10.31	鹿城南汇桥儿头社区巾帼志愿者协会	陈育培
2013.10.31	鹿城南汇三板桥社区平安协会	罗蓉蓉
2013.10.31	鹿城南汇三板桥社区志愿者协会	郑巧云
2013.10.31	鹿城南汇三板桥社区残疾人协会	卢晓敏
2013.10.31	鹿城南汇南塘社区乒乓球协会	张金华
2013.10.31	鹿城南汇南塘社区羽毛球协会	徐百鸣
2013.10.31	鹿城南汇南塘社区社会组织发展与服务协会	徐佩兰

续表7

批准日期	社团名称	会 长
2013.10.31	鹿城南汇大自然社区合唱协会	武艳萍
2013.10.31	鹿城南汇大自然社区社会组织发展与服务协会	黄小芊
2013.10.31	鹿城南汇大自然社区妇女联合协会	林少微
2013.10.31	鹿城南汇十里亭社区社会组织发展与服务协会	徐桂丹
2013.10.31	鹿城南汇十里亭社区残疾人协会	郑诗瑶
2013.10.31	鹿城南汇十里亭社区计划生育协会	诸葛洁
2013.10.31	鹿城南汇开源社区社会组织发展与服务协会	何腊丽
2013.10.31	鹿城南汇开源社区计生协会	陈微微
2013.10.31	鹿城南汇开源社区时代广场健身舞协会	芦晓薇
2013.10.31	鹿城南汇吕浦社区残疾人协会	吴倩倩
2013.10.31	鹿城南汇吕浦社区计划生育协会	李 密
2013.10.31	鹿城南汇吕浦社区社会组织发展与服务协会	李玉莲
2013.10.31	鹿城南汇西屿社区瑜伽协会	霍妍瑶
2013.10.31	鹿城南汇西屿社区社会组织发展与服务协会	徐仁勇
2013.10.31	鹿城南汇西屿社区健身协会	胡笑琴
2013.10.31	鹿城南汇清风社区社会组织发展与服务协会	陈蕴茹
2013.10.31	鹿城南汇清风社区环保志愿者协会	李春梅
2013.10.31	鹿城南汇清风社区便民服务协会	张海燕
2013.10.31	鹿城南汇火车站社区社会组织发展社团	黄仁錨
2013.10.31	鹿城滨江丰汇社区社会组织发展与服务协会	林柳叶
2013.10.31	鹿城滨江蒋家桥社区在职党员志愿队	俞惠华
2013.10.31	鹿城滨江蒋家桥社区社会组织发展与服务协会	叶兴华
2013.10.31	鹿城滨江蒋家桥社区卫生志愿者队	陈建平
2013.10.31	鹿城滨江浦东社区社会组织发展与服务协会	王玲玲
2013.10.31	鹿城滨江浦东社区科普协会	吴海霞
2013.10.31	鹿城滨江浦东社区青年志愿者队	王晓静
2013.10.31	鹿城滨江新田园社区舞蹈志愿者队	夏爱华
2013.10.31	鹿城滨江新田园社区社会组织发展与服务协会	谷巧秋
2013.10.31	鹿城滨江新田园社区越剧协会	郑孟忠
2013.10.31	鹿城滨江青园社区社会组织发展与服务协会	王 林
2013.10.31	鹿城滨江青园社区青少年志愿者协会	邓和英
2013.10.31	鹿城滨江青园社区洁化绿化志愿者队	孙紫萍
2013.10.31	鹿城仰义仰新社区广场舞蹈队	潘理镇
2013.10.31	鹿城仰义仰新社区银发互助协会	郑明智
2013.10.31	鹿城双屿营楼桥社区社会组织发展与服务协会	胡明玖
2013.10.31	鹿城双屿金竹社区社会组织发展与服务协会	朱 易

续表7

批准日期	社团名称	会　长
2013.10.31	鹿城双屿鞋都社区社会组织发展与服务协会	黄刘芳
2013.10.31	鹿城双屿丁桥社区社会组织发展与服务协会	黄敏乐
2013.10.31	鹿城双屿黄龙社区社会组织发展与服务协会	翁玲玲
2013.10.31	鹿城双屿瓯浦垟社区社会组织发展与服务协会	蔡爱珲
2013.10.31	鹿城双屿垟田社区社会组织发展与服务协会	林　姿
2013.10.31	鹿城双屿牛岭社区社会组织发展与服务协会	徐温和
2013.10.31	鹿城双屿康龙社区社会组织发展与服务协会	周爱琼
2013.10.31	温州市鹿城区总商会	李跃胜
2013.10.31	鹿城松台昌明社区环保护绿志愿者服务队	林方方
2013.10.31	鹿城七都社区健身舞协会	王菊挺
2013.10.31	鹿城七都社区巾帼志愿者服务队	金潜娴
2013.10.31	鹿城七都社区志愿者工作协会	吴爱飞
2013.10.31	鹿城双屿鞋都社区新居民服务协会	郑伟俊
2013.10.31	鹿城双屿瓯浦垟社区慈善协会	舒　剑
2013.10.31	鹿城双屿瓯浦垟社区环保志愿者协会	黄本娟
2013.10.31	鹿城双屿牛岭社区助残志愿者服务协会	徐林立
2013.10.31	鹿城双屿牛岭社区啊辉调解室	林　海
2013.10.31	鹿城双屿营楼社区环保志愿者协会	康圣聪
2013.10.31	鹿城双屿营楼社区健身舞服务协会	李治人
2013.10.31	鹿城双屿金竹社区计划生育协会	傅一心
2013.10.31	鹿城双屿金竹社区妇女联合会	李胜利
2013.10.31	鹿城双屿垟田社区志愿者服务协会	严碧职
2013.10.31	鹿城双屿垟田社区计划生育协会	陈茜茜
2013.10.31	鹿城双屿黄龙社区计生协会	欧若曼
2013.10.31	鹿城双屿黄龙社区残疾人服务协会	李爱英
2013.10.31	温州市鹿城区自行车运动协会	李　勇
2013.10.31	鹿城南汇春秋社区青年志愿者协会	李蕊晶
2013.12.27	温州市鹿城区风景旅游协会	吴法照
2014.1.6	温州市鹿城区网络界人士联谊会	高　雷
2014.1.6	温州市鹿城区双屿街道新居民志愿者协会	金　生
2014.1.10	温州市鹿城区七都双源公益协会	金育林
2014.1.10	温州市鹿城区中华韵健康艺术协会	柯一壮
2014.2.26	温州市鹿城区公安文学艺术爱好者联合会	柯藐敌
2014.3.24	温州市鹿城区柒零叁公益联合会	黄学敏
2014.4.9	温州市鹿城区藤桥镇文学艺术界联合会	陈　众
2014.4.22	温州市鹿城区外贸网商协会	胡佩勋

续表7

批准日期	社团名称	会长
2014.5.21	温州市鹿城区五马街道思贤社会工作服务协会	林逸浩
2014.6.24	温州市鹿城区城南小学教育发展促进会	孙焊生
2014.6.24	温州市鹿城区藤桥镇商会	易建东
2014.7.04	温州市鹿城区养生协会	胡　静
2014.9.4	温州市鹿城区电动车行业协会	胡居石
2014.10.9	温州市鹿城区之星义工协会	曾献怀
2014.11.7	温州市鹿城区都市一家人家庭教育互助协会	包之易
2014.11.10	温州市鹿城区群众文体团队联合会	金文平
2014.11.17	温州市鹿城区城市家园公益协会	王国权
2014.12.18	温州市鹿城区钓鱼运动协会	姜　盖
2014.12.18	温州市鹿城区网络经济行业协会	胡　君
2014.12.23	温州市鹿城区体育产业联合会	徐永华

移民安置

【概况】 2014年，鹿城区移民安置工作坚持“以人为本”工作理念，以解决移民实际困难和信访维稳工作为重心，全区移民各项工作稳步推进。至年底，全区有大中型水库移民后期扶持人口1550户，共6343人，涉及水库13座，其中珊溪水库移民945户，共3366人，因区域划分而安置在鹿城区的原泽雅水库移民491户，共2288人。仰义水库及外地10座水库移民，主要分布在双屿街道新屿社区、新泽社区、仰义街道仰新社区等3个移民安置点，共发放大中型水库移民后扶直补资金386万元。

【移民培训就业】 2014年，在仰义街道仰新社区建设商贸（电子商务）、仓储、企业办公等功能为一体的移民创业园——温州五金移民创业园（五金电子商务市场），为水库移民搭建一个创业就业平台。为强化移民创业技术培训，鹿城区移民办根据五金行业从业技术要求、结合移民自身条件，有针对性地对各入驻商户进行技术培训。特别是针对电子商务平台的构建以及网络营销技术进行强化培训，如建立定期沟通的网络营销沙龙等，促进五金产业的聚集发展和网络营销水平。

【移民基础设施建设】 2014年，投入135万元用于移民基础设施建设，其中，投入65.3万元建设仰新社区环境绿化建设项目、产房补漏项目与全球眼视频监控建设项目，投入29.7万元建设双屿新泽绿化项目，投入15万元完成新泽农贸市场改造项目，投入14万元建设信誉社区美化项目和地名标志项目，投入所有移民社区5万元和6万元用于移民培训项目和产业开发补助项目。改善移民社区的生产生活环境，受

4月8日—11日，鹿城区移民办在温州科技职业技术学院开展移民创业致富培训

区移民办提供

到当地群众赞誉。

【热点难题排查化解】 2014年，以做好移民信访稳定为前提，定期组织、开展热点及难题排查，加强力量做好解释疏导，多方协调沟通，化解难题。成功协调解决移民因林地少征多用、出嫁女没有劳力安置、社会养老保险买断问题，解决仰义街道澄沙桥村因移民安置地建设后引起的30多亩农田无法耕种且征用返回地不足、多结算2亩返回地的资金问题。通过移民办交流协调，热点难题排查化解工作基本稳定。

【信访维稳工作】 2014年，把维护移民群体稳定作为重要政治任务，进一步健全信访信息员制度，完善三级联动综治信访维稳网络，了解社情民意，做到有情况第一时间反应，有信息第一时间上报，有问题第一时间处理。解决移民上访问题，接待来访移民户76批次共197人次。与区政府对接，阻止60余户未享受一户一宅政策移民越级上访。

新居民服务管理

【概况】 2014年，鹿城区新居民服务管理工作立足社会管理创新，强化服务管理措施，切实保障新居民合法权益，着力提升新居民服务管理工作水平。

【完善三级服务管理体系】 2014年，全区建立完善区、街道（镇）、社区（村居、企业）三级新居民服务管理体系。全区形成上下联动、组织完善的服务管理格局。根据市、区社会管理创新工作部署及社区“三多”事项清理整改要求，社区新居民服务管理工作纳入村级（社区）便民服务中心统一管理。

【创新流动人口管理】 2014年，根据《中共浙江省委办公厅 浙江省人民政府办公厅关于完善和创新流动人口管理服务的指导意见》和《市委办公室 市政府办公室关于完善和创新新居民管理服务工作的意见》，出台鹿城区实施意见。由区委常委、常务副区长牵头，公安、人力社保、城管、文化、卫生、安监、工商、消防、计生、各街镇分管负责人落实具体工作，积极推进人口规模调控和管理。截至年底，全区新居民登记在册55.28万人，比2013年年底减少15.48万人，其中双屿新居民登记在册22.07万人，相较2013年年底减少5.25万人。

【积分制管理制度】 为完善《鹿城区新居民积分制管理实施细则》，5月出台《新居民随迁子女积分制入学办法》，施行全员居住证积分管理，把实施积分制公共服务政策作为新居民管理服务的基本举措，使新居民子女入学、医疗保障、住房保障等公共服务资源通过积分管理实现。促进构建和谐劳动关系，逐步实现新居民从“被动接受管理”到“主动接受管理”的转变，带动区有关部门工作，提高区新居民社保参保率、劳动合同签订率及公益活动参与度。2014年，全区受理积分申报4782份。4753人参与积分申报入学，有4396人子女实际入学，其中积分前20名随迁子女安排入读区优质公办小学。

【所站规范化建设】 2014年，继续开展创建新居民服务管理所标准化建设示范点工作，其中双屿、松台街道新居民所通过温州市市级规范化建设达标验收，继仰义新居民所后成为第二批市级规范化所。通过所站示范点建设，以点带面，把规范化服务和管理延伸到住宅小区、居民院落、用工单位。

【基础信息采集】 2014年，严格按照“以证管人、以房管人、以业管人”工作措施，规范源头登记管理，提升信息采集效能，巩固新居民“五率”水平，全区实现流动人口信息登记率、流动人口注销率、出租房屋信息登记率、人户一致率、出租房治安管理责任保证书签

5月7日，鹿城区教育局联合区新居民服务管理局召开鹿城区新居民随迁子女积分入学办法解读暨新闻发布会
区新居民服务管理局提供

订率分别达到90%、90%、95%、80%和100%。

【综合信息共享】 2014年，鹿城区依托市新居民综合信息平台，进一步开展平台延伸工作，全区形成区（部门）、街镇、社区三级新居民综合信息服务管理平台。延伸并应用101个平台，其中区直部门12个，街镇和社区88个，试点企业1个。新居民基础信息在全区各级特别是基层社区得到共享和利用，实现新居民基础信息（由公安协警）统一采集、统一录入、统一维护和部门、街镇、社区、村实时共享。同时，与中国移动鹿城分公司建立新居民信息共享机制，以现有新居民手机号码为依托，与移动公司数据库内的新居民信息实现互通互联。

【出租房居住意外保险】 2014年，全区7个街道1个镇与6家保险公司合作，开展新居民出租房居住意外险推广工作，在各街镇服务大厅设置意外险办理窗口，由新居民服务管理所工作人员及保险公司人员入驻，实现意外险实时受理。由企业主或房东购买10元—20元一份的保险，新居民可享受最高10万元的人身意外赔偿和最高2000元的意外伤害医疗保障。此举有利于降低用工企业管理、居住出租房安全风险和社会管理成本。截至年底，全区累计参保人数达4.12万人，参与规上企业320家，其中双屿街道132家。

【招募志愿者活动】 2014年，鹿城区新居民志愿者服务大队及其下属八个中队累计招募新居民志愿者4000余名，开展新居民“学雷锋月”“红七月服务月”“五水共治”等志愿活动38场，引导新居民投身志愿服务，并将志愿活动纳入新居民积分制管理。据区居住证积分管理系统统计，鹿城区新居民累计参与志愿服务9175小时、参与社区巡逻等行动926人次、献血43.5万毫升、捐献骨髓6人次。

【鹿城品牌创建】 2014年，加大“鹿城区新居民服务信息网”和“56573123”爱心服务热线的建设力度，不断丰富“海纳百川、大气大爱、多元和谐”的鹿城品牌内涵，搭建多种关爱新居民载体，动员社会各领域、各层次广泛参与以“春送服务、夏送清凉、秋送助学、冬送温暖”为中心的关爱新居民活动。1月，开展“春送服务”系列活动，免费为社区新老居民供应腊八粥、发放爱心方便面。7月—8月，组织各所开展“夏送清凉”活动12场。8月，举办“阅读有爱”公益助学活动，与仰义街道73名优秀新居民学生结对，向学生发放读书卡。9月，在滨江、南汇街道开展温州话公益课堂活动，为100多名新居民提供温州话免费教学服务。10月，组织松台街道入读公办小学的100名新居民子女和家长共同参与第二期新居民“爱心接力”活动，帮助新居民患病学童。

（编辑　王　超）

8月1日，区新居民服务管理局联合双屿街道新居民服务管理所为冒高温酷暑、坚守岗位的60名新居民清洁工送上生活用品及防暑降温礼包

区新居民服务管理局提供

政协温州市鹿城区委员会

区政协全体会议及常委会议

【区政协八届三次会议】 2014年，1月6日，政协第八届温州市鹿城区委员会第三次会议在鹿城区文化中心开幕。副主席陈国琴主持开幕式。主席郑锦春代表区政协八届常委会向大会作了工作报告，副主席胡小萍向大会作了提案工作情况报告。会上市委常委、区委书记王立彤代表区委对区政协八届三次会议的召开表示祝贺，并充分肯定了区政协2013年取得的成绩，同时对政协今后的工作提出希望。在为期3天的会期里，委员们还列席区八届人大三次会议，听取一府两院工作报告及相关报告，围绕鹿城区经济社会发展的重大问题及群众关注的热点、难点问题积极建言献策。

【区政协八届十一次常委会议】 3月28日，政协八届温州市鹿城区委员会常委会议第十一次会议召开，区政协主席郑锦春，副主席陈国琴、庄建中、胡小萍、王丽丽、邵豪哲，秘书长卜红升及常务委员共31人出席会议；会议由副主席胡海峰主持。会议学习贯彻全国和省、市"两会"精神；听取和协商讨论平安鹿城创建工作情况；听取和协商讨论鹿城区创建国家环保模范城市工作情况。

【区政协八届十二次常委会议】6月30日，政协第八届温州市鹿城区委员会常务委员会召开第十二次会议。区政协主席郑锦春，副主席陈国琴、胡小萍、王丽丽、胡海峰、邵豪哲，秘书长卜红升及常务委员共37人出席会议；会议由副主席庄建中主持。会议听取和协商讨论了鹿城区楼宇经济发展情况。会议听取和协商讨论了鹿城区"五水共治"工作情况。会议还审议通过了有关人事任免事项。

【区政协八届十三次常委（扩大）会议】 9月26日，政协第八届鹿城区委员会常务委员会召开第十三次（扩大）会议。区政协主席郑锦春，副主席陈国琴、庄建中、王丽丽、胡海峰、邵豪哲，秘书长卜红升及常务委员共36人出席会议；区委常委、副区长黄专途参加会议；会议由副主席胡小萍主持。会议学习贯彻了习近平总书记在庆祝人民政协成立65周年大会上的重要讲话精神。会议听取和评议了今年提案办理工作情况。会议审议通过了《关于委员履行职责的若干规定（试行）》的修订意见。

【区政协八届十四次常委会议】 12月26日，政协第八届温州市鹿城区委员会常务委员会召开第十四次会议。区政协主席郑锦春，副主席庄建中、胡小萍、王丽丽、胡海峰、邵豪哲，及常务委员共31人出席会议；会议由陈国琴副主席主持。会议学习贯彻了中共十八届四中全会精神。会议听取和协商讨论了鹿城区创建全国文明城市工作情况。会议审议通过了有关委员调整和人事安排事项。会议审议通过了召开区政协八届四次会议的有关事项。

常委会日常工作

【政治协商】 八届三次会议期间，委员们就政府工作报告及其他经济社会发展的重大问题，展开协商讨论，提出了许多前瞻性和建设性的意见，得到了与会领导的积极评价和充分肯定。4次常委会议分别组织委员视察调研、明察暗访，会议听取情况通报、进行集中商议的方式开展专题协商，协商意见以调研报告或社情民意信息的形式报送区委、区政府，得到了党政领导的高度重视和积极采纳。区委全会前夕，组织召开专题协商会，就区委工作报告和重大决策部署进行协商讨论，区委领导到会听取意见建议。

各专委会、界别小组结合各自特点和优势，分别就农村土地流转、青年创业就业等内容，同有关部门单位进行对口协商，取得了较好的成效。

【民主监督】 深入开展“三级政协联动、万名委员同行、助推五水共治”专项民主监督活动，做到每季有明察、每半月有暗访，共发现龙舟残留码头影响航道、建筑企业乱排污水等50多个问题，提出了10多条整改意见。一年来，先后36次组织委员视察监督国家文明城市、国家卫生城市、国家园林城市、国家环保模范城市创建及“三改一拆”“四边三化”等工作，就深化“六城九市”创建工作提出有针对性的意见和建议。派驻16个部门单位的16个民主监督小组，经常到对口联系部门开展集体民主监督活动，就部门重点工作进展情况、政协提案办理情况等提出监督意见，助推相关工作有效落实。

【参政议政】 围绕区委、区政府关注的重点问题和群众关心的民生问题，精心选择农村土地流转、楼宇经济发展等10个课题，深入进行调查研究和分析论证，及时向区委、区政府报送调研报告，得到了区党政主要领导的高度评价，许多建议措施被有关部门积极采纳。密切关注群众反映强烈的热点、难点问题，先后组织委员200多人次，就鹿城区全国环保模范城市创建、塘河水环境治理等进行专项视察，提出意见、建议，为党委、政府推进民生工程、发展民生事业提供了民意支撑。2014年，共收集社情民意信息114篇，向区委、区政府和上级政协报送《社情民意》87期，其中：《实施海上丝绸之路战略应重视化解我国沿海商船渔船碰撞事故频发问题》《单独二孩政策放开后应关注三类问题》等2篇社情民意被全国政协采用，在各级领导和有关部门的高度重视下，这些信息反映的问题均得到不同程度的落实和解决。

【提案工作】 区政协八届三次会议以来，共收到委员以提案形式提出的意见、建议204件。经审查立案163件，立案率为80%。其中，委员个人提案162件，集体提案1件。在立案的163件提案中，经济类16件，占立案总数的10%；科技文教卫体类43件，占立案总数的26%；综合类105件，占立案总数的64%。2014年4月15日召开提案交办会，将163件提案分别送交41家承办单位办理。163件提案中，已经解决的A类提案68件，占42%；正在解决的B类提案74件，占45%；计划解决和留作参考的21件，占13%。根据“背靠背”方式收回的委员满意度数字统计，满意率为98%，其中非常满意45%、满意42%、基本满意11%。为办好提案，区政协定期组织委员参加视察全区中心工作、重点工程、走访社区、农村、企业，不定期邀请区委、区政府领导通报区情、政情，为委员知情明政创造条件，实行主席领衔督办、会议专题督办、走访跟踪督办，提高了提案人的积极性和承办单位的责任心，带动了整改提案办理工作。为了杜绝提案办理单位敷衍应付的现象，区政协建立了提案办理多层面协商机制、联合督办机制和“背靠背”反馈机制，更加准确地体现了提案人的想法和建议，更加真实地掌握了委员对提案办理情况的实际满意程度，更加有力地促进了提案办理工作的按时办结，有效改变了“重答复、轻落实”的现象。

【文史书画】 2014年，编撰完成《鹿城文史资料》第二十六辑——《激情岁月回眸——离退休老干部回忆录》，全书共收录文稿50多篇20余万字、珍贵历史照片54帧，再现了鹿城革命、建设、改革和发展的光辉岁月和风雨历程。精心组织“兰亭奖”中小学生书法比赛活动，遴选20名学生参加市里比赛，其中9人获一等奖，为历年最好成绩。积极组织“五水共治”摄影比赛活动，共征集到委员参赛作品259幅。区政协书画院经常开展书画创作交流和联展，并与区委统战部联合举办“五水共治”书画作品义卖活动。关注城市文脉和地名乡愁延续，组织委员和专家、学者就城区地名管理工作开展调研，并提出8个方面的意见、建议。切实加强政协新闻宣传工作，认真做好《鹿城政协》杂志和鹿城政协网站的编辑刊发和维护更新工作，及时全面地反映政协履职成效，全年共刊发《鹿城政协》杂志4期、收录稿件123篇、16万余字，鹿城政协网站共发布信息512篇。

（编辑　王剑峰）

鹿城区各民主党派·工商联

中国国民党革命委员会鹿城区总支部委员会

【概况】 2014年，中国国民党革命委员会鹿城区总支部委员会（简称民革鹿城总支）以邓小平理论、“三个代表”重要思想、科学发展观和中共中央总书记习近平一系列重要讲话精神为指导，围绕鹿城区委、区府中心工作，积极践行建言献策、努力服务社会等各项工作，均取得较好成绩，有了更大的进步。

【自身建设】 2014年，民革鹿城总支在总支委员、支部主委和委员、基层党员三个层面，分别以学习会、报告会、座谈会等形式，开展学习贯彻中共十八大和十八届三中、四中全会精神，学习贯彻总书记习近平系列重要讲话精神和中共中央《关于加强新形势下党外代表人士队伍建设的意见》及《民革党章》。根据民革中央的统一部署，开展坚持和发展中国特色社会主义道路学习实践活动。选送4名党员参加鹿城区党外人士培训班学习、总支骨干党员参加民革市委会的学习实践活动报告会、部分党员参加民革市委会举办的《甲午一场影响中国百年国运的战争》讲座、部分党员参加市委统战部举办的中共十八届四中全会精神辅导报告会。另外，民革总支召开扩大会议、专题讨论开展学习实践活动的具体工作和要求。通过系列学习实践活动，进一步提高了民革党员接受中国共产党领导的自觉性和坚定跟着共产党走中国特色社会主义道路的信念。

【参政议政】 2014年，民革鹿城总支党员针对环境保护、产业转型升级、基层医疗、小学教育等尚须改善的问题，撰写提案、建议多件（个），其中周雪海的提案《加强整治住宅电梯安全隐患》，得到市长陈金彪的批示。其他的有：庄建华提交省人大的《关于开展土壤污染普查整治的建议》等建议6件；周丽峰提交市人大的《关于加强打通“黎明92”文化创意园内万源路、花源路的建议》等建议2件；周湘妤等提交区人大的《用法制构建社会诚信体系的建议》等建议4件；庄建华提交市政协的《关于为一线环卫工人提供免费早餐的建议》等提案5件；郑蓓蕊、李小静、杜晞、陈云烽、李小永、董小秋提交区政协的《关于推介临终关怀的建议》《关于仰义林里片区山坡地开发利用的建议》《关于进一步深化行政审批制度改革的建议》《关于温州市公共自行车的现状和管理的建议》《推进行政审批应尽快改革组织机构代码证审批》《关于推进鹿城区养老事业发展的建议》等提案6件。该年，在鹿城区民主党派联谊会组织调研文章评比中，陈冠廷的调研文章《抢占先机，大力发展鹿城健康服务业》《推动江河联动、实现鹿城区通江过海》获得一等奖和二等奖；周雪海的《关于加快发展我区楼宇经济的调查》获二等奖；徐策、郑蓓蕊、邓秀燕《建议开展公私合作（PPP）融资建设模式试点、推进我区安置房建议》《多途径多方位推进和健全养老事业发展》《关于我市宗教事务管理情况的调查》均获得三等奖。

【双岗建功】 2014年，民革鹿城总支党员包锦莹获鹿城区征兵工作先进工作者称号，并任鹿城区人民医院副院长；党员李小静获鹿城区中小学教师教育论文评比一等奖，并任鹿城区第二实验小学副校长；党员郑大庆任省医学会内科青年委员；党员陈天聪分别在《中国物理医学与康复杂志》《中国康复医学杂志》发表论著（被温州科技项目立项一个），并当选中国康复医学会儿童康复专委会康复治疗组委员和中国残疾人康复协会小儿脑瘫康复专委会治疗组委员。

综合支部党员陈冠廷立足区情实际，牵头谋划一批重大项目并得到市、区政府领导重要批示；党员徐策牵头、参与一批项目融资谈判和落实工作，并完成区地方政府债务统计、清理、甄别及上报工作。

2014年，党员包锦莹、周雪海、胡巍获2014年区党外人士“双岗建功”先进个人称号。

【服务社会】 10月18日，民革鹿城总支在松台广场举办的“鹿城区党外人士‘关爱奉献，幸福鹿城’主题实践暨社会服务日”活动中，党员包锦莹、郑大庆、林志坚3位中高级医师现场开展咨询、诊疗、送医送药送健康活动；歌手陈宏雷表演独唱节目；书法家唐陈汉等人为群众现场书写对联；庄建华主委代表总支现场慰问困难群众。

2014年，医卫支部党员赴结对帮扶的洞头县元角乡沙角村、鹿城区双屿街道新屿村开展义诊活动，免费义诊166人次，检测血压208人次、血糖78人次，检查心电图58人次，发放健康教育资料400份，赠送药品5600元。教育支部党员郑蓓蕊以“名师工作室”为平台，在七都中心小学、瓯越教育集团开展帮扶结对活动。党员李小静为鹿城区小学新教师培训，开办《课堂中的有效管理》专题讲座。经济支部林伟为孤寡老人、残疾人、环卫工人、贫困学生、灾区群众、“五水共治”等捐款11.82万元，冯荣林捐款10万元；陈云烽捐资助学和帮助困难群众6.6万元；李海城为云南昭通地震捐款0.8万元、衣物400件；总计捐款28.42万元，捐衣物400件。党员何畏带领温州市流行音乐乐团送文化下乡、举办诚信日主题文艺晚会等，总计在温州、深圳、台州等地巡回演出20多场。其中，歌曲《守望温州》《温州是个好地方》《家在温州》等引起社会和在外温州人的共鸣。2月27日，综合支部周湘妤律师到市妇联作免费法律咨询；3月30日，到信访局陪同区人大常委会主任吴海燕接待信访群众；4月13日，到松台、南汇街道商会作企业合同法律知识讲座；4月18日，到星河广场参加公益法律咨询服务群众活动。

2014年，民革鹿城总支党员林伟、林满钗、周湘妤获得2014年区党外人士“服务社会”先进个人称号。

【关爱黄埔老人和抗战老兵】 9月9日，根据民革市委会民革鹿城总支实施博爱·牵手工程的要求，积极开展关爱帮扶黄埔老人、抗战老兵活动。该次活动关爱对象共有18人，分住在城区、双屿街道、仰义街道、藤桥镇等地，年龄最小89岁，年龄最大104岁。关爱活动实行一对一帮扶，建立健康档案，定期看望，定期发放生活补助金等。

中国民主同盟温州市鹿城区总支部委员会

【概况】 2014年，民盟鹿城总支在“基层组织建设年”之际，认真学习中共十八届四中全会精神，开展坚持和发展中国特色社会主义学习实践活动以及“学盟章、读盟史”等活动，提高盟员思想素质和参政议政能力，为促进鹿城经济社会发展贡献智慧和力量。

【自身建设】 2014年，民盟鹿城总支新发展盟员7人，盟员总数已达132人，盟员总体年龄有所降低。通过信息员队伍参政议政、服务社会活动实践、政府部门特约人员民主监督等平台，锻炼了年轻盟员。制定“联络员工作制度”与“正副主委办公制度”，设专职党派联络员负责与区统战部衔接各项任务，及党派信息上报、资料汇总工作。

积极参加区委统战部和盟市委组织的培训学习活动。坚持每月一次总支委员工作例会，每季一次支部学习会，每年一次新盟员见面会。

盟员李晓阳、林纾怀参加盟市委“学盟章、读盟史”知识竞赛活动分别获得二等奖和三等奖。

为增强民盟组织凝聚力，总支为每位退休老盟员征订“每周文摘”，给每位盟员送生日蛋糕，积极帮助解决盟员生活中的困难、疾病等问题。

【双岗建功】 2014年，民盟鹿城总支盟员冯茜编排的舞蹈《让我多玩会儿》获省中小学生艺术节舞蹈比赛一等奖；盟员陈独秀编排的歌舞剧《甜甜的蛋糕》，获温州市中小学艺术节一等奖；盟员陈兴良被评为执业信用优良的AAA级律师，被任为鹿城区人民政府、《温州都市报》常年法律顾问；郑玮入选2014年度温州市“551人才工程”。该年，盟员杜丽丽、陈兴良、邹小玲、陈晶晶、詹海霞、顾书华、杨伟燕、郑玮等共有20篇论文、课题获奖或刊出。

【参政议政】 2014年，民盟鹿城总支秉承“立盟为公 参政为民”的民盟精神，在市、区“两会”召开期间提交提案与建议共20件。其中盟员应真提交的《关于义务教育阶段艺术特色类学校发展问题的提案》，得到时任省政协副主席盛昌黎的关注；盟员叶慧的提案《关于引导市民对房屋进行立体绿化》，被评为区政协八届三次会议优秀提案；盟员詹海霞在区政协八届三次会议上做的《建设一支专业化行政执法队伍》大会发言，获得好评。年内，尚有20多位盟员作为党派代表或政府部门特约人士，参加市、区政府组织的各种协商会、征求意见会、座谈会等，亦提出许多有益的意见和建议，并得到上级领导的好评。另有各支部完成盟市委“一支部一建议”的要求，提交社情民意10篇，4篇课题与2份调研报告。

【服务社会】 2014年，民盟鹿城总支盟员杨伟燕、顾书华、唐小挺、单颂华、夏玲玲、陈雯、林海津带队送教至临江、藤桥、泰顺、文成、永嘉和苍南等贫困乡小学，并慰问乡里的贫困户和山村小学。盟员杜丽丽、邹小玲、陈绚、邱晓君、陈晶晶等送教下乡，同时帮助创建全国卫生城市和文明城市，参与“五水共治”等活动。开展扶贫结对，为文成县桂山乡中心学校送去500多册课外图书，为弱势群体捐助善款共计8500元。盟员陈兴良在中共温州市委组织部举办的“温州市高层次人才联谊会服务社会活动日”，解答法律咨询共20余人次，并接受温州电视台和《温州日报》社的采访。盟员陈独秀为鹿城区党外人士“幸福鹿城·同心同行”主题活动主持文艺演出，盟员冯茜与王茜分别担任舞台总监与剧务管理，副主委陈兴良、盟员陈久新为市民提供 法律咨询，盟员邓明慧、华清为市民提供教育咨询，得到区统战部的好评；盟员李靓、金伟、陈节、胡建娥等参加区统战部举办党外人士书画艺术拍卖会，赞助“五水共治”活动。开展“帮村扶企”活动中为八甲村解答法律咨询5次。

“六一”儿童节前夕，民盟鹿城总支联合温州市少年艺术学校开展系列义演活动：到温州市益民小学（民工子弟学校），为1500名小学生举行文艺演出（已连续3年），鹿城总支科技经济支部为民工子弟赠送“六一”节礼物；到少艺校小剧场举行“送给好邻居”文艺专场演出，邀请学校所在地的社区居民、武警、交警、公安派出所警员以及学校扩建工地施工人员观看演出。

5月21日，民盟鹿城总支联合市少艺校到市益民小学举行文艺演出　民盟鹿城总支提供

中国民主建国会温州市鹿城区基层委员会

【概况】 2014年，中国民主建国会温州市鹿城区基层委员会（民建鹿城区基层委员会），认真学习中共十八届四中全会精神和贯彻《坚持和发展中国特色社会主义学习实践活动》内容，围绕鹿城区委区政府中心任务，积极参政议政服务社会。全年，各项工作取得较好成绩。

2014年，民建鹿城区基层委员会有会员81名（非公经济人士会员占66%）。其中：市人大常委1人、市人大代表1人、市政协委员2人、区人大代表4人、区政协副主席1人、区政协委员10人、担任政府部门特约监督员有20人。基层委正副主委参加区委区府各类征求意见通报会、座谈会等5次，累计20人次。

上半年，鹿城区基层委员会第五届十一次扩大会召开，增补吴建敏为鹿城区基层委员会副主委；审议通过成立基层委第五支部事宜及会员组成名单。5月中旬，朱小顺等6位会员参加中共区委统战部在市委党校（瑶溪新校区）举办为期2天的区党外人士学习培训班。

2014年，会员虞友义获得市委统战部2014年度“百名党外人士建功工程”示范典型称号，会员江衔妙入选2014年度温州市“551人才工程”，会员肖恩杰被评为2014年度鹿城区地方志编纂工作先进个人。

1月18日，会员陈会师首次参加在香港（首站）举行的2014全球超级越野跑世界巡回赛，并以23小时47分的成绩获得首站100公里越野跑比赛铜奖。

【参政议政】 2014年，民建鹿城区基层委17位人大代表、政协委员参加市、区“两会”期间，提交议案、提案、建议和大会发言稿共23件。市级提案、议案中该基层委市政协委员蒋晖的《关于鞋业实体经济转型发展的建议》大会发言稿，市长陈金彪作了批示；其他的有：虞友义的《关于优化本土企业政策发展环境的建议》；黄虹的《关于政府银行企业合力，化解企业贷款难题的建议》《关于加快传统产业高端化发展，打造“温州模式”升级版的建议》《关于对七都街道开通公交车的建议》《关于要求降低温州大桥（七都至温州段）收费标准的建议》《关于温州市西片污水处理厂二期工程提标改造工程的建议》《关于加强光污染防治的建议》；杨明明的《关于加快发展我市养老服务业态的建议》《关于规范建筑智能化招投标市场管理的建议》《促进生产性服务业和先进制造业融合互动发展的建议》《关于在市区七座山的入口处设置山名标牌的建议》《关于加强网络与信息安全保障工作的提案》《温州市电子信息产业发展现状与建议》《关于进一步完善政府采购制度的建议》；朱小顺的《健全城市外来务工人员培训教育市场体系的建议》；刘志的《提倡“儿童读经”—弘扬中华传统文化，做有道德的人》；蔡西濛的《关于文化创新平台建设的建议》；袁大同的《关于切实加强政府服务企业 振兴实体经济的建议》；周晖的《激发创业活力 振兴民营经济》；秦臻的《鼓励“侨二代”回归创业 为鹿城经济注添活力》；王沁的《关于出台停车乱收费管理办法的建议》；张长缨的《关于鹿城区游泳设施管理若干细节提案》等。

2014年，参加市、区二级统战部2014年度“诤友建言”调研课题活动中，获调研文章一等奖2篇、二等奖3篇。会员江衍妙有8篇信息与课题被中央统战部、全国政协单篇采用，4篇被省政协、省委统战部采用。江衍妙获得“民建浙江省优秀信息员”荣誉称号。

【社会服务】 2014年，民建鹿城区基层委积极参加鹿城区慈善一日捐活动。该基层委会员所属的企业泰力实业有限公司捐款10万元，浙江奥乐智能系统工程有限公司捐款4万元、钱仕新捐款2万元。邵豪哲主委带领基层委骨干赴藤桥镇底坦、吊降、林路等3个挂钩结对贫困自然村，走访慰问25人（户）。其中：中共老党员5户，孤寡老人7户，瘫痪、残疾人6位以及10多位特困群众，并为每人送上慰问金500元，共计1.5万元。

2014年，民建鹿城区基层委参加区政协携手区党外人士助推“五水共治”书画专场拍卖会。出资5000元义卖5幅书画；参加在星河广场举行的鹿城区首届以公益节为载体的社会组织助推“五水共治”活动。10月，民建鹿城区基层委参加区委统战部在松台广场举行的“幸福鹿城·同心同行”社会服务月大型活动，为区特困低保户、残疾户、因病致贫户、空巢老人共56人每人赠送慰问金500元及棉被、食用油等慰问品；同时，开展送医送药、宣传咨询及其他服务工作。该次活动中基层委选送演出的节目小组诗朗诵《中国梦，我的梦》受到群众的欢迎。12月21日，会员企业泰力实业有限公司在三十周年庆典之际，不忘回报社会，捐赠1000万元成立“泰力思源圆梦慈善基金”，用于扶贫帮困慈善事业。

【会务活动】 年初，民建鹿城基层委第三支部在雄溪山庄会议室举行传达贯彻《坚持和发展中国特色社会主义学习实践活动实施意见》和全国“两会”精神学习会。3月，鹿城基层委第二、第四支部组织会员在江心屿积极参与“五水共治”捐款活动和钓鱼比赛。5月，民建鹿城区基层委组织35名会员赴重庆、宜昌察看长江三峡移民情况和三峡水库大坝。6月，9月，第三、第四支部对负责的吕浦河道两岸卫生清洁工作进行巡视调查、拟写材料、提出建议。11月，第一支部举行“行思理财·守望财富”活动，到申银万国证券温州分公司作“细说2015年温州资本市场发展趋势讲座”。该年，民建鹿城第五支部组织开展不同形式的活动10次，为老有所学、老有所乐者服务。

【联谊交流】 2014年4月，民建鹿城区基层委员会和宁波市海曙区民建综合总支委员会一行20多人，在温共同探讨基层组织会务建设，并签订“海曙鹿城结对交流协议”意见书。10月，民建衢州龙游县基层委员会一行5人到鹿城与民建鹿城区基层委员会举行经验交流活动。11月，民建永嘉县支部委员会到鹿城同民建鹿城区基层委员会举行经验交流活动。

中国民主促进会温州市鹿城区总支部委员会

【概况】 2014年，中国民主促进会温州市鹿城区总支部委员会（简称民进鹿城总支）在各项工作中均取得较好成绩。总支被评为民进温州市委会先进支部和民进温州市委会参政议政先进集体、社会服务先进集体。2014年，总支有会员118名，其中文化教育界占86.4%，市、区人大代表、政协委员计18名。

【参政议政】 2014年，总支会员提交人大建议案6份：郑秀东的《关于出租车经营权公有化的建议》《关于取消企业股权变更纳税的建议》；金晓群的《关于减免小区配套幼儿园物业管理费的建议》《关于我区妇女化妆品消费安全问题及其对策的建议》；陈忠和的《关于加快开启矮凳桥路与东明路交叉口红绿灯的建议》和《关于滨江花苑小区增设公共自行车点的建议》。政协提案13份：赵海燕的《关于提倡在校小学生禁用智能手机的建议》；吴奇红的《要求将帕金森病作为特殊病种的建议》；蒋樨的《关于创新人才的早期培养，为加快建设创新型城区奠基》《提升市民素质，助推文明城市创建》；季杜宇的《关于提高鹿城区公共自行车服务档次提升城市品位的建议》；吕晓的《关于进一步加快城中村建设步伐的提案》《关于改建水心住宅区停车场的建议》；陈慧娟的《关于公交优先，减少小车使用的建议》；柳墨林的《墨斗小区安置房二楼空置房如何合理安排使用的建议》；陈晨的《关于在我区机关事业单位全面实行禁烟，率先打造无烟政府的建议》《关于我区公检法机关不应参与政府招商引资活动的建议》《关于为政协委员参政议政创造良好履职环境的建议》；潘静娜的《关于公交优先，减少小车使用的建议》。

2014年，总支会员递交的调研报告共有7份：季杜宇的《关于鹿城民办教育的调查与思考》；夏可仁的《关于鹿城区基层工会组织建设情况的调研》；潘静娜、蒋樨的《推进全纳教育，实现教育共赢——鹿城区有效发展全纳教育的调查与思考》；蒋樨的《鹿城区创建“浙江省教育现代化区”的对策研究》。调研文章《温州市鹿城区0—3岁婴幼儿早教机构发展情况调研报告》《关于创新人才的早期培养，为加快建设创新性城区奠基》分别获区党外人士调研文章评比一等奖和三等奖；《鹿城区学前教育现状的调查报告》获市一等奖。

2014年，总支参加各级各类会议发言共计16次，反映社情民意信息13条。陈晨的《进一步鼓励和规范爱国宗教团体举办非营利性养老机构的建议》被民进省委会和区政协采用，并获得市委常委、区委书记王立彤批示；《网吧超时营业现象普遍，建议由电信运营商在0时至8时对网吧强制关闭互联网接入服务》被民进省委会和区政协采用，获得市委常委、区委书记王立彤批示；《我国应出台规定，未经风险评估的存在污染风险的土地不得推向土地市场，更不能规划进行民用住宅的开发建设》被民进省委会和区政协采用；《关于对改变城市建筑物外立面原有色彩进行有效管理的建议》被民进省委会采用；《对推动法官职业化的几点建议》被区政协采用；《建议对温瑞塘河沿线大吨位运输船只和泥浆水路运输项目实施严管》被区政协采用；《电影院不应在电影片尾字幕、片尾曲未播完时就场内亮灯逐客》被区政协采用；蒋樨的《关于加快城区标准化学校建设，尽快建好松台小学新校舍的建议》获市长陈金彪批示，被市政协采用；《建立安全防范机制，关注校园安全》获区委领导批示，被区政协采用，《切实加大限塑令执行力度，助推国家环保模范城市创建工作》《关注校园周边安全，护卫鞋都学子健康成长》《提高幼儿教师持证率的对策建议》等均被民进市委会和区政协采用；吴奇红的《建立长效管理机制，避免营运电动车泛滥》被区政协采用。

【社会服务】 2014年，民进鹿城总支将原“二进社区”服务平台拓展为“入企进社区”服务平台。组织考察会员刘建亮的企业——浙江卡韦德新能源科技有限公司和会员叶萌春的企业——双屿木雕厂，并予以扶持。

1月，与区属温州市第十五幼儿园岙底园区进行结对帮扶，开展“同心·圆梦”教育活动。为该园捐赠幼儿用书3000余套、棉被10余套以及会员制作的发夹50余个，6位企业家志愿者与6位小朋友结对帮扶。5月28日，总支为幼儿园捐赠“六一”节礼物价值3000余元。另外，借力温州华侨饭店慈善晚宴为该园捐赠价值22000元的幼儿户外活动器械一套；借力东经纸品有限公司为该园捐赠两套大型幼儿活动器械，总价值54000元。4月17日，总支志愿者15人赴瓯海实验小学送教下乡，受益群众数1000人；9月12日，总支30人参加瓯越小学“六一”节爱心助学活动，捐助30000元；10月18日，总支7人赴瓯越小学慰问，捐助4000元；6月15日，总支志愿者吴继升、陈忠和、刘建亮等10位会员参加区党外人士助推“五水共治”书画公益拍卖会，捐资5000元；10月18日，蒋樨、周建春、蔡妙妙、吴奇红、柳墨林、胡爱平、潘静娜、吕晓、胡景兰、陈晨等代表总支参加鹿城区党外人士社会实践暨社会服务月活动，捐资3000元；12月5日，会员吕晓、刘慧、陈晓武、张秀丽送教瓯海艺术学校，200余师生受益。另有5人赴岙底中心小学支教。

【双岗建功】 2014年，总支主委蒋樨被民进中央评为民进全国组织建设先进个人、温州市优秀教育工作者、民进温州市委会参政议政先进个人。会员周建春、吴奇红、何丹被中共鹿城区委统战部评为“双岗建功”先进个人；吴继升、陈忠和、孙国锦被评为鹿城区服务社会先进个人。金晓群获“温州市十大杰出青年”“区劳动模范”“浙江省特级教师”称号和“宋庆龄幼儿教育奖”；蔡妙妙获“瓯海区民办教育先进个人”称号。吴奇红撰写“爱在金秋”活动案例获民进省委会“金点子奖”；叶萌春获“中国工艺美术大师”称号；郑秀东担任第六届浙江省服装行业协会副会长；刘建亮被列入“温州市经济十大年度人物”；何丹被评为“温州市教坛新秀”；夏可仁被评为“温州市优秀工会积极分子”；潘静娜获“鹿城区残疾人工作先进个人”称号。

2014年，总支主委蒋樨助力学校成功承办多场全国自主作业研讨会：《唤醒·润泽·守护》；会员周建春（区教育工会负责人）组织的鹿城区女教师合唱团，参加浙江省群众合唱比赛获金奖；组织发动的“爱心烛光基金”和“慈善一日捐”活动，筹得善款计52万多元（为历年之最），并全年为72名困难教职工进行帮扶、救助和慰问；吴奇红为区民办教育协会大型公益活动撰写朗诵稿《和教育一起手拉手》，为温州市诚信文艺晚会撰写节目主持稿；吕晓撰写专项课题《基于优化学校管理的网络平台建设》，参评温州市精品百课获市三等奖；叶萌春多件木雕作品获第十五届中国美术大师作品暨国际艺术精品金奖、中国工艺美术精品博览会“国艺杯”金奖；郑秀东的企业获“第三届中国十大童装品牌”称号；刘建亮的公司获2014年国家级高新技术企业、浙江省科技型企业称号；陈慧娟被委任“温州市第七届作家协会理事”，《我的秘密之花》文章相继在《江南》《墨池》等刊物发表；陈文跃的课题《基于美术教师分层培训实践与研究》，获得省级立项；刘慧作曲的儿歌《花房子》，获2014年全国少儿歌曲创作大赛银奖；赵海燕的课题《小学生音乐欣赏有效性实践和研究》获温州市课题评比二等奖；季杜宇获“2014年度温州市民办学校优秀举办者”称号；王碧在市级开课，成为周晓林名师工作室导师助理，其学生作品发表于省级刊物；陈晓武的论文《生本理念下小学生英语有效学习的研究》获区三等奖，作品“千人舞龙”获上海世界吉尼斯申报奖；陈晨词作《爷爷奶奶的微生活》获温州市第五届音乐新作大赛金奖；王虹执教区公开课并参加温州市教师教学教育技术应用能力大赛获三等奖；詹赛丹论文获区三等奖；另有总支会员三篇口述会史文章入选民进省委会《口述历史》文案。

中国农工民主党温州市鹿城区总支部委员会

【概况】 2014年，中国农工民主党温州市鹿城区总支部委员会（简称农工鹿城总支），认真学习中共十八大和十八届三中、四中全会精神，更加自觉接受和执行中国共产党领导的多党合作和政治协商制度，全年各项工作成绩较好。

2014年，成立农工党鹿城区总支退休支部，总支从原3个支部增加到4个支部，即农工鹿城疾控中心支部、农工鹿城综合支部、农工鹿城人民医院支部和农工鹿城退休支部。全年增加高学历新党员6名。总支为在岗党员征订《前进论坛》杂志，组织党员集中学习或安排自学，以提高每位党员政治素质。

农工总支注重理论与实践相结合，主委褚坚的论文《关于发挥没有政治安排党员参政议政工作积极性的思考》在农工省委会理论年会上发言，并被《浙江农工》采用，获得较高评价。拨出专项资金，定时举办“农工鹿城总支社情民意沙龙”。2月28日晚，总支创新举办社情民意“微信沙龙”活动，农工市委会办公室副主任曹力应邀参加。

【参政议政】 2014年，农工鹿城区总支提交调查研究报告5篇：主委褚坚等撰写的《鹿城区农村土地流转工作报告》《关于发展瓯江旅游文化产业带的建议》；褚坚、严求真、郑范琦等共同撰写的《关于鹿城区城镇低效用地再开发利用的调研报告》；副主委杨淑青、叶海油、薛芳辉等撰写的《发展老年产业提高老年人生活质量的调研报告》；李炎伦等撰写的《鹿城区以创业带动就业情况的调研报告》。

提交社情民意的有10多篇：江丁库撰写的《完善我国人民监督员选人机制的建议》《关于规制银行滥用连带担保责任的建议》被市政

协采用并报省政协；委员张秋莲撰写的《关于缓解我市“看病难”建议医疗机构实行分级诊疗制度》《医院候诊室院内交叉感染问题医院亟待解决》被区政协采用，并报市政协；李午撰写的《建立医疗废弃物处置中心并按市场经济规律实现产业化的建议》《关注中小学生午餐问题聚焦“中央食堂”》被区政协采用，并报市政协；李炎轮撰写的《关于加强城管执法重树队伍形象的建议》被区政协采用并报市政协；主委褚坚撰写的《学校中央厨房餐饮安全需要更高要求》被区政协采用并报市政协，《高龄产妇扎堆，优生及待把关》被农工党中央、省委统战部、全国政协采用，《土地征用后二、三产用地返还四乱问题突出亟待重视》被市政协采用报省协政，《政策交汇期，计生抚养费征收应当缓行》被农工党中央采用，《关于建设城市地下污水管网存在诸多问题亟待解决》被市政协专报省政协，其中3篇得到市委、市政府主要领导批示。

2014年，总支各级领导积极参政议政，撰写提案10多个，其中《关于道路开挖后续管理的提案》《关于进一步推进现代农业发展的提案》《关于推广垃圾清洁直运工作的建议》《关于加强九山湖公园管理的提案》为市政协提案。副主委杨淑清的《关于私房菜馆监督的几点建议》提案；支部委员李午的《关于配置卫生应急用车》的提案；总支委员张秋莲的《关于要求加强重疾精神病患者的建议》；王丽撰写的《关于加快双屿水环境治理的建议》提案等，都得到相关单位的重视和落实。

主委褚坚等撰写的《塘河水环境治理调查研究报告》获得区委统战部2013年度“净友建言”文章评比一等奖和省政协调查研究报告文章评比三等奖，撰写的《另辟蹊径，提升空间，大力发展瓯江沿岸旅游产业带》被评为2014年度温州市政协系统优秀社情民意信息；薛芳辉等撰写的《关于流动人口艾滋病防控的调查研究报告》，获得区委统战部2013年度“净友建言”文章评比三等奖。

【助医济困】 2014年，农工鹿城总支参加社会服务21场60余人次，为社会服务捐资43080元，受益人数2000余人。

11月23日，总支与温州市中医院第二支部合作，到藤桥渡船头村开展“关爱留守老人义诊慰问活动”，新党员、企业家黄玮出资2000多元购买大米、食用油等日用品，慰问留守老人和贫困户。为群众免费送药3000元，受益人数150余人，受到农村留守老人的欢迎。10月17日，总支组织骨干医师参加区委统战部在松台广场举办的“幸福鹿城、同心同行”社会服务活动，现场开展内外科、口腔科、疾病预防、健康教育等多科目义诊咨询活动。医疗义诊200余人，发放资料400余份，量血压400余人，受到群众的欢迎。该次活动总支拨出专项资金3000元，慰问特困低保户，因病致残户及空巢老人。

总支党员积极投身慈善事业。如综合支部主委邵奇文助学2名大学生6000元；参加松台商会赴江西于都县罗坳镇法瑞一阳光希望小学开展慈善活动，为500名学生捐款送物。党员王赛杰为鹿城第二实验小学新田园校区庆“六一”捐款10000元，为鹿城“五水共治”捐款8000元，慰问泰顺困难职工捐款2000元。人民医院农工党员为患病护士捐款1200元，为“五水共治”捐款900元。4月，农工党员李午、杨淑清在区政协委员组织的“践行党政群众路线教育真情服务百姓”送医送药下乡公益活动中，为上成小学捐资捐物1500余元；10月，总支党员共8人参加五马街道黎明西路社区、滨江街道夏屋社区困难群众

农工党鹿城总支到藤桥镇开展为民义诊活动　　农工党鹿城总支提供

慰问活动，并捐资捐物4680元。党员薛芳辉为娱乐场所业主、经理、新上岗服务人员作禁毒、艾滋病讲座5次。

【敬岗爱业】 2014年，农工党员江丁库获得“浙江省优秀律师”称号；李炎轮、雷鸣、叶赛银获区委统战部“双岗建功”表彰；党员薛芳辉、叶绣油、张艳华、邵奇文、虞绣萍获区委统战部“社会服务先进个人”称号；总支主委褚坚被中共鹿城区委授予“优秀公务员”称号，受到鹿城区委嘉奖，获温州市政协“2014年度温州市政协系统优秀特邀信息员”荣誉称号；薛芳辉被鹿城区政府授予“鹿城区第八轮专业技术优秀人才”称号；总支委员张秋莲、党员李午被鹿城区政协授予“优秀委员”称号；张秋莲被评为鹿城区卫生监督所2013年先进个人。周正萍被评为2013年度鹿城区社区法律顾问先进个人。韩翰、朱煜被评为鹿城区卫生系统2013年度先进个人。朱煜、李炎轮被授予“最美双屿人”称号；2013年度农工党总支委员王丽被评为“创建国家森林城市”先进个人；党员王赛杰被授予2013年“温州经济年度人物创世奖”和“温州首届旅游休闲行业十大青年新锐人物”称号；周波玲被评为区卫生系统“信息宣传”先进个人；潘烁剑被评为2013年度温州市“行政审批工作”先进个人。虞海萍被浙江省康复学会睡眠障碍专业委员会聘为青年委员。

中国致公党温州市鹿城区总支部委员会

【概况】 2014年，中国致公党温州市鹿城区总支部委员会（简称致公党鹿城总支）加强自身建设，深入调研、建言献策、参政议政、认真开展各类组织生活，主动关注民生了解民情，2014年被中国致公党温州市委员会评为先进集体。

2014年，致公党鹿城总支坚持以邓小平理论、“三个代表”重要思想、科学发展观、中共十八大及十八届三中、四中全会精神为指导，坚持理论与实践相结合，并发挥该党联系侨界的特色，在年初召开的两会期间，积极为鹿城区的经济建设、社会发展建言献策。该年，致公党反映社情民意工作有新的拓展和深化。

2014年5月15日，鹿城区党外人士培训班在市委党校（瑶溪新校区）开班，总支党员林姬、陈向东参加培训；6月15日，总支组织党员积极参与学习十八大精神，加深对十八大确定的重大理论观点、战略思想及工作部署的理解和把握，并努力将智慧和力量凝聚到加快发展、创新实干的实践中。12月13日，总支组织党员积极学习十八届四中全会精神，并认真落实到参政议政工作中。

【参政议政】 2014年，致公党鹿城总支有全国政协委员1人，市人大代表2人，区政协委员4人，其中常委2人，区人大代表2人。在两会期间，围绕区经济发展、城市建设和改善民生等，呈写议案、提案12篇。另外，总支班子成员积极参加区委、区政府召开的各种协商会、征求意见会、座谈会5次，就区经济工作、党风廉政建设和反腐败工作等，提出意见、建议、社情民意10余条，得到区委、区政府领导的好评；总支4位党员发挥个人专业优势，深入调研并形成3个调研报告。如：涂鑫森、王璋弟的《健全分级诊疗体系 有效缓解“看病难”》，林姬的《关于对鹿城区现行生育政策调整的思考》，朱龙的《关于加强金融司法保障的建议》，分别获得2014年度区党派调研文章评比二等奖2个和三等奖1个。

【调研工作】 2014年初，致公党鹿城总支召开“五水共治”专题工作会议，将水污染的成因与整治对策等作为调研课题。调研报告有王璋弟的《水污染治理的反映和建议》《预防埃博拉病毒的建议》；刘宇平的《关于对公园不文明行为加强管理的建议》等。

【双岗建功】 2014年，鹿城总支被中国致公党温州市委员会授予“2014年度先进集体”荣誉称号。总支主委王璋弟获致公党“省委会先进个人”称号，党员陈向东获“市级优秀党员”称号，李建江获“市参政议政先进个人”称号，涂鑫森获“市社会服务先进个人”称号；李建江创办的浙江特灵轻工有限公司获国家高新技术企业称号、浙江省科技型企业称号、瓯海区研发中心称号、海关A类企业称号、连续10年获得“瓯海区国际贸易信用企业”称号，同年还获得9项知识产权专利。林姬、黄伊丹获鹿城区委统战部颁发的双岗建功先进个人称号；杨骥坚、肖伟获鹿城区委统战部颁发的服务社会先进个人称号。

【服务社会】 2014年4月12日，由致公党鹿城总支联合区政协医卫组、区知联会组成的义诊团队30余人，在区政协副主席陈国琴、致公党鹿城总支主委、区政协医药组组长王璋弟带领下，到藤桥镇上成东村村开展“践行群众路线，真情服务百姓”送医送药下乡义诊活动。该次活动为村民赠送药品价值5000余元，并为村民作健康义诊。6月5日，中共鹿城区委、区政府在市区星河广场举办纪念世界环境日暨“五水共治”誓师大会，由党外人士、环保部门、共青团、预备役团、街道社区等代表组成的千人志愿者团队进行集体宣誓，致公党鹿城总支副主委刘明达代表鹿城总支参加誓师大会和授旗仪式。6月15日下午，鹿城总支在市工人文化宫开展“五水共治”书画专场义卖活动，并出资5000元拍得五幅字画，将所得钱款捐赠区“五水共治”办公室作为公益基金。8月5日下午，主委王璋弟带领班子部分成员和南汇街道“五水共治”分管领导到横渎河，对与鹿城总支结对的横渎河进行实地视察调研。10月15日，主委王璋弟在该党党员徐哲、潘舞戈陪同下，到泰顺罗阳二中，就扶贫帮困学生进行前期调研核实。10月18日上午，中共鹿城区委统战部在松台广场举办党外人士“幸福鹿城·同心同行”为主题的实践暨社会服务月活动，总支5名党员参加义诊服务。参加活动的有关领导与各党派主委、会长为特困低保户、残疾户、因病致贫户、空巢老人等共56人，每人分发慰问金500元及棉被、食用油等慰问品。11月27日上午，致公党鹿城总支联合南浦社区卫生服务中心、市人民医院，在下吕浦春秋社区公园文化礼堂举办“爱心义诊进社区，送医送药送健康”大型义诊活动。该次活动共有20名医护人员，为在场群众进行神经内科、内分泌科、心血管科、骨科、中医内科、全科、中医推拿，以及免费测血压测血糖测血脂等咨询和义诊。同时，免费为社区老人提供价值5000元的慢性病药品。

九三学社温州市鹿城区基层委员会

【概况】 2014年，九三学社鹿城区基层委（简称“基层委”），认真学习中共十八届三中、四中全会精神，贯彻落实科学发展观和中共中央总书记习近平一系列重要讲话精神。围绕区委区府中心工作，发挥九三学社科技人才多的优势，积极参政议政、服务社会，全年各项工作成绩显著。

2014年，发展新社员8名，平均年龄39.13岁，其中女社员2名（占25%），拥有高级职称社员4名（占50%），依界别分：医药卫生1名（占12.5%），工程技术人员4名（占50%），政府机关人员3名（占37.5%）。

至年底，九三学社鹿城区基层委员会社员总数为54名，平均年龄49.28岁，其中女性19名（占35.2%），拥有高级职称24名（占44.4%）。依界别分：医药卫生16名（占29.6%），工程技术19名（占35.2%），政府机关人员10名（占18.05%），法律人员2名，公有制经济人士2名、普通教师1名、新社会阶层人士4名。

该年6月，鹿城基层委被社省委评为“2012—2013年度全省社会服务工作先进集体”。

【参政议政】 2014年，基层委的人大代表和政协委员参加市、区政协会议期间共提交大会发言稿1篇、政协提案6件、人大议案4件；另外，向社市委提供社情民意信息13篇，其中被社中央采用6篇、被中共省委统战部采用2篇，全国政协采用1篇，省政协采用4篇，市政协采用7篇，鹿城区政协采用6篇，受到中央以及省、市、区中共“党政”的重视。其中有3篇社情民意信息得到中共浙江省委、温州市委主要领导批示。12月底，提案议案涉及的重大问题和难题均已解决或正在解决。社情民意信息《南塘景区游船夜游项目存诸多安全隐患亟待重视》和《永嘉县至市区车渡安全隐患多 建议适时取消》，分别由浙江省委常委、温州市委书记陈一新和温州市市长陈金彪批示列为督办件，引起社会各界关注。

8月19日，基层委主委孙国勇率社员和水利专家赴仰义河澄沙桥河段展开“五水共治”水环境综合治理情况调研活动，就理顺“五水共治”工作体制、加快仰义河整治进度建言献策。

10月22日，基层委领导到区农林水利局进行座谈协商，就“五水共治”监督工作和品牌活动共建达成合作共识；10月31日，到区科技局开展对口协商工作。就产、学、研结合，中小企业科技创新及金融服务支撑体系建设、科技服务合作等与该局达成共识。

年内，基层委主要领导积极参加区委区府召开的各种民主协商会、通报会及各类座谈会计10余次，为鹿城区科技进步和经济改革等大政方针，建言献策。基层委班子成员分别被聘任为区国土局、重点办、法院、行政执法局、安监局行风监督员。基层委的人大代表与政协委员受邀担任市信访局信访评议会评议员，促进了部分久拖未决信访案件的结案进度，社会效应良好。

2014年6月，鹿城基层委获社省委颁发的“2009—2013年度省先进基层组织”荣誉称号。12月，基层委主委孙国勇被社中央组织部授予“2014年优秀组工干部”荣誉称号。

【双岗建功】 2014年，社员邱忠虎、周蓉蓉、叶胜获鹿城区委统战部“双岗建功”称号；周星炬、陈静、陈中怀获“社会服务先进个人”称号；连露锋获“2012—2013年度九三学社全省社会服务先进个人”称号；方胜浩获“2013—2014年度中国园林景观设计行业杰出贡献奖”“2014年全国人居经典方案竞赛环境金奖”，并在中国国际建筑装饰设计博览会上演讲《倡议强化中国特色景观—共筑中国梦》；邱忠虎设计的“温州和平整形医院”等多个项目获浙江省政府重点项目奖，并获温州市政府第三轮“名师名家”称号；周蓉蓉获温州市公共卫生事件应急演练二等奖；陈中怀和叶胜的摄影作品在社市委举办的“五水共治”摄影比赛中均获三等奖；叶胜撰写的社情民意信息《实施海上丝绸之路经济带战略应先重视我国沿海商船渔船碰撞事故频发问题》，被全国政协采用并获温州市政协2014年度“优秀社情民意信息”奖。

【助医扶贫】 2014年，鹿城基层委按照社省委2012—2016年社会服务工作发展规划，以“九三科技服务月”“国际科学与和平周”“少数民族低收入群众增收帮扶计划”等活动形式，积极参与区医疗卫生、新农村建设、支边扶贫、抢险救灾以及灾后重建等各项社会服务活动。5月、6月、10月、11月，10余位从事医务的社员先后到滨江街道芳园社区等多个街镇、社区开展义诊、送医送药，服务对象1000人。10月18日，基层委主委孙国勇和6名社员参加中共区委统战部在松台广场举办的党外人士“幸福鹿城·同心同行”实践暨社会服务月活动。当日，共为200余人进行送医送药、医疗咨询服务，义诊60余人；社员方胜浩书写赠送100余幅对联。11月14日，基层委派医师社员参加社市委组织的以“科学引领创新 发展促进和平”为主题的第26届“国际科学与和平周”活动，并到滨江街道芳园社区为130余名患者开展义诊、咨询、测量血压血糖等服务。

【服务社会】 5月8日，响应社省委关于在全省社组织开展“九三科技服务月”的号召，基层委社员、中医院急诊科主任医师刘晓等10几位社员到瓯越小学府东校区开展《外伤的紧急自救》讲座。5月27日上午，联合温州市科协与鹿城区科协到瓯越小学双岙校区开展“科普大篷车进民工子弟校园”活动。5月31日，基层委联合区委统战部、区绣山社区卫生服务中心到瓯越小学丁字桥校区举行“关爱相伴 健康成长”——鹿城九三科技、医疗公益活动暨庆祝“六一”儿童节进校区活动，邀请区委统战部常务副部长胡胜发、九三市委会秘书长胡晓霞出席，基层委副主委蒋剑锋等领导及基层委社员共20余人参加活动。为学生上食品安全知识课，并发放宣传材料500多份；帮扶结对学生20位，共资助学费32000元。社员陈中怀创办的浙江三点水童装有限公司为学生捐赠200套品牌童装。6月15日，鹿城区政协、区委统战部联合举办“五水共治”书画专场义卖活动，基层委主委孙国勇率社员参加该次书画义卖活动。基层委为该活动捐赠5000元，支持“五水共治”工作。方胜浩、叶胜等社员共拍下价格16200元的义卖书画作品。12月6日，基层委组织30多名社员赴大罗山景区开展“关爱大罗山，共创文明城”的环保公益活动。

鹿城区工商业联合会（总商会）

【概况】 2014年，区工商联有8家基层商会、7家直属行业协会和商会。是年，区工商联获省工商联工作（创新）先进单位、系统先进单位、全省“五好”县级工商联等荣誉称号。南汇街道商会和五马街道商会获温州市示范化基层商会称号，松台街道商会获“百会联百村，合力治污水”活动先进单位称号。

2014年，区工商联积极配合全国工商联副主席林毅夫到温州作“金融改革”调研、省工商联副书记黄正强到温“走基层”调研、省委第三巡视组到温州民间借贷服务中心调研和全国工商联到温州上规模民营企业调研及民营企业社会责任调研等。

2014年，区工商联在30家中小企业设立动态监测点。

2014年，区工商联涉及的事务尚有：1月，完成指导藤桥镇商会整合工作，并在民政部门社团登记注册，完善法人治理结构；3月12日，推荐的两家企业——长城减速机、天地人科技获省民营企业科技创新奖；3月28日，指导成立的“在外温州企业家联合会应急转贷资金管理委员会”，在温州金融综合改革两周年之日正式挂牌；4月11日，与区人力社保局、总工会联合在工业区设摊，开展《工伤保险条例》《中华人民共和国劳动法》等现场咨询服务；5月16日，区工商联副主席陈洁带队赴苏州吴中区商会考察茶市场；5月30日，松台商会在瓯越小学丁字桥校区举办庆“六一”节爱心慰问活动，共为30位少数民族学生送去15000元爱心基金；5月底，鹿城区南汇商会35位会员企业代表组成的商会考察团前往台湾开展为期6天的经贸交流活动；6月6日，举办“安全生产和消防安全知识培训会”，30多家企业代表参加；6月14日，与《温州商报》合作开展法律讲座，解读温州民间融资管理条例；6月17日，区工商联“鹿城区非公有制经济人士理想信念教育培训基地”挂牌；7月12日，举办专题讲座——《金融改革与商会机遇》，40多家会员企业负责人出席；7月17日上午，七都商会组织企业在参加街道“五水共治”推进会仪式上，企业及侨联共捐款51.8万元；8月，指导成立第三家应急转贷资金委员会——总商会2号应急转贷资金委员会；9月，总商会五年工作回顾画册刊印；11月3日和24日，两度被国家级媒体《中华工商时报》分别以“鹿城工商联成为民间友好使者”和“鹿城区工商联服务经济真抓实干”作为标题专题报道；11月12日，到结对的葡萄村委会，对困难老党员开展慰问活动；11月27日，联合举办彼得·德鲁克高层管理论坛；12月8日，牵头首创的温州民间借贷服务中心在鹿城区成立30周年仪式上，入选“影响鹿城30事”。

5月22日，副主席单位——鹿城农商银行“富民公益基金会”成立仪式 区工商联提供

6月，南汇商会赴台考察 区工商联提供

【参政议政】 2014年，区政协会议召开之前，区工商联组织区政协委员工商联组就民生大计、社会热点问题进行调研。“两会”期间，叶亮、唐博两位企业家委员代表作大会发言，向区人大反映妨碍企业生产经营的法律法规3条。区工商联调研文章《大力扶持文化创意产业发展》获全市工商联系统参政议政成果奖。做好企业界代表参加“区党风廉政建设和反腐败工作通报会”“区党外代表人士座谈会”“全区经济工作会议”等工作。

【教育引导】 2014年，区工商联举办“解读温州民间融资管理条例”“企业合同基本法律常识”“安全生产和消防安全知识”等讲座共7次，200多位企业代表参加。开展“学党史、感党恩”活动，组织非公人士赴衢州“浙江革命烈士纪念馆”“藤桥西坑革命纪念馆”等地学习参观。与教育机构合作建立“区工商联四信教育基地”，在康奈集团、巨一集团、星际控股集团及区金属商会、五马街道商会建立示范点，为推进理想信念教育实践活动搭建平台。组织120余名企业家分别参加“全省非公人士理想信念教育实践活动电视电话会议”“经济活动中行政责任风险防范”“党的十八届三中全会精神讲座”“新三板”知识培训会等。

【内引外联】 2014年，区工商联共接待赤峰市工商联、罗湖区工商联等考察团队11批，就两地经济、行业优势、民营企业发展态势、两地经贸合作行业互补等进行交流和座谈。随区经贸考察团及商会组团赴台湾访问3次，并与高雄市狮子会等商会组织开展商会交流，推介鹿城招商引资投资环境。组织企业赴苏州市吴中区、宁夏宝丰能源基地等多地，交流商会建设经验，考察当地经贸、产业运作管理等。率先创新发起在全国友好商会中共建服务温商联络处，为在外温商提供温州投资政策、投资环境及信息服务，年底已与成都武侯区等六地商会达成合作协议。

【合作服务】 2014年，区工商联与相关职能部门联合开展助企服务活动，在100家企业推广建立“企业劳动争议调解委员会”；在工业区设摊宣传企业安全生产、工伤保险等法律法规。与区房管局合作，在10家企业试点建立服务联系机制和提供专业服务。与区司法局合作，在基层商会、行业商会建立法律顾问制度及商会调解组织，年内基层商会调解组织已实现全区覆盖，法律顾问制度建立已达65%以上。联合攀援律师事务所开展免费法律咨询、投融资风险分析、企业危机破解等服务，并从5月份开始，设定每月第一周最后一天为企业法律咨询服务日。

【助力“金改”】 2014年，区工商联根据市、区行业协会（商会）应急转贷资金规范运作指导意见，指导成立的“在外温州企业家联合会应急转贷资金管理委员会”（一期到位资金规模3000万元），在3月28日（温州金融综合改革两周年之日）正式挂牌。同时“鹿城区企业联合会应急转贷资金”等3家应急转贷资金管理委员会的组建也已完成并开始运作，助力中小企业融资。

【回报社会】 2014年，区商会系统筹集善款56万元组织企业参与“光彩事业筱村镇挂钩帮扶”“藤桥30户困难家庭和孤寡老人慰问”“六一爱心慰问”等活动。引导全区非公经济人士及商会系统积极响应区委区政府号召，成立“护河志愿队”，开展“携手节能低碳，共建碧水蓝天”等活动，助力“五水共治”工作。13家基层商会、行业协会（商会）捐款100余万元，分别与周边河道村居结对共建美丽鹿城水乡。会员企业积极开展慈善活动：鹿城农商行成立“富民公益基金”，首批善款630万元；浙江新邦建设公司成立500万“慈善基金”；藤桥禽业有限公司捐资30万元建松台广场“中央音控系统”等。

鹿城区党外知识分子联谊会

【概况】 2014年，鹿城区党外知识分子联谊会（简称知联会），围绕中共鹿城区委、区政府的中心工作，践行同心思想、服务大局、服务社会，推进鹿城科学发展与和谐发展做出了积极贡献。该会注重自身建设，多次组织成员参加由区委统战部举办的党外人士理论培训班与十八大精神学习活动。8月，该会举行二届一次大会，选举产生了新一届常务理事会。选举陈国琴继续担任会长，胡胜发任常务副会长，谢伟、陈静、单晓雷、方学优、张雪梅、季杜宇任副会长，陈晨任秘书长。该年，该会原会员的称呼统一改称理事。至年底，共有理事 62人，其中32位理事担任市、区人大代表和政协委员。

【双岗建功】 2014年，知联会成员获奖建功的有：蒋成富获全国先进社科工作者称号；侯传芳获浙江省知联先进个人称号；周赛珍获浙江省杰出青年企业家称号；陈静获温州市十大优秀女律师称号；吴敏、杨秀清获2013—2014年度鹿城区劳动模范称号；季杜宇被评为温州市民办教育优秀举办者；张德华辅导的舞蹈《梅子和她的男人》，获得浙江省舞台舞蹈创作金奖、表演金奖；辅导的舞蹈《踩花蛤》和《快乐拍拍怕》分获浙江省少儿舞蹈比赛金奖、银奖；柯苗、张惠芳共同辅导的男女二重唱《追梦路上》获2014浙江省第十三届音乐新作比赛表演金奖，辅导的男声小组唱《龙之舟》，获2014浙江省“群星奖”；张惠芳辅导的男女声组合《好邻居》，获2014浙江省第十三届音乐新作比赛创作表演银奖。另外尚有6人被区委统战部授予“双岗建功”和“服务社会”先进个人称号。

【参政议政】 2014年，在人大、政协两会期间共提交议案、提案29个，调研报告5篇，大会发言1篇。报送社情民意信息11篇，被市政协采用2篇，其中陈晨的《进一步鼓励和规范爱国宗教团体举办非营利性养老机构的建议》《网吧超时营业现象普遍 建议由电信运营商在0时至8时对网吧强制关闭互联网接入服务》《为防止不合格海砂流入建筑市场，在建设工程验收中必须将检测氯离子含量列为常规检测项目》3篇信息得到了市委常委、区委书记王立彤的批示；叶剑秋、陈晨的理论文章获市政协理论研究会第六次理论研讨会文章评比三等奖；叶剑秋的《建立婚姻危机疏导机制的建议》，季杜宇的《关于“提高鹿城区公共自行车服务档次，提升城市品位”的建议》提案，被评为区政协优秀提案。季杜宇、周锦春、陈晨获区优秀政协委员称号。另外，知联会班子成员参加由区委、区政府组织召开的协商会、座谈会、通报会9次，就区委全会报告、政府工作报告、经济工作、党风廉政建设和反腐败工作等提出的诚恳意见，受到区委、区政府的重视和采纳。

【课题调研】 2014年，知联会课题调研完成共6个：方学优的《推动鹿城区农村产权制度改革的思考研究》，季杜宇的《关于鹿城区民办教育的调查与思考》，蒋成富的《社会组织参与社区管理的实践与思考》，刘琼珍的《深化平安建设促进社会和谐稳定对策研究》《关于鹿城区综合网格化建设的调查与思考》《鹿城区社区网格化工作蹲点调研报告》。其中，《推动鹿城区农村产权制度改革的思考研究》和《关于鹿城区民办教育的调查与思考》获2014年度鹿城区党派联谊会组织的调研文章二等奖。另外，陈巧姑的研究论文《怎样唱出最美童声》在中国音乐周刊“名家讲坛”中连载，论文《童声合唱的作用》发表在儿童音乐刊物。

【服务社会】 2014年，践行同心思想、服务社会工作成绩优异。全年，知联会及成员共向社会慈善公益事业捐款 81.8万元，如：在纱帽河社区、黎明西路社区、十八家社区、夏屋社区、上戍社区等开展资助慰问特困户、义诊送药等活动，捐款捐物共计8.9万元；参加区党外人士助推“五水共治”书画公益拍卖会，捐资5000元；10月18日，组织部分理事在松台广场参加区委统战部统一组织的“同心同行 幸福鹿城”主题实践服务社会大型活动；赵娇蓉为云南地震灾区群众共捐款捐物合价5万元；季杜宇捐款12万元（其中用于关爱环卫工人子女成长行动1万元，救助困难儿童1万元，青少年成长事业10万元）；张惠敏在多个社区开展捐赠药品、健身品计8万元，受益群众达1000多人；蒋成富从事业主委员会工作，多次在各个社区以及业委会开展筹款慰问特困户和维权等活动，共捐筹款13.8万元；张惠芳、柯苗、张德华多次开展文艺进社区、进企业活动，受到社区居民和企业员工的好评；陈晨参与温州市建设工程材料造价信息编审工作，并为全市在建工程提供准确合理的材料造价信息做出贡献。

温州市鹿城区新的社会阶层人士联谊会

【概况】 2014年，温州市鹿城区新的社会阶层人士联谊会（简称鹿城区新联会），坚持和发展中国特色社会主义学习实践活动，认真履行参政议政、民主监督的职能，致力学习型组织建设，并将会员整体素质的提高放在工作首位。

5月15日，鹿城区新联会班子成员共5人参加鹿城区党外人士培训班；7月1日，该新联会2名理事参加全市党外知识分子骨干培训班。7月12日下午，鹿城区新联会联合滨江街道商会，邀请法律专家、律师颜贻潘在区新联会活动中心举办《金融改革与机遇》讲座，30名会员参加听讲。2014年，鹿城区新联会先后与乐清新联会、苍南新联会、丽水莲都区新联会缔结为友好新联会。10月29日下午，区新联会邀请区商务局召开对口联系工作座谈会，与会的有区商务局局长陈国光及局班子成员、区新联会会长陈时升及副会长、理事等。

【参政议政】2014年，鹿城区新联会领导班子积极参加区委、区政府召开的各类通报会、座谈会5次，就区经济工作、党风廉政建设和反腐败工作等，共提交有针对性的提案、议案、建议、发言材料、调研课题、社情民意等25个（篇）。

【调研工作】 2014年，鹿城区新联会两位会员发挥个人专业优势，深入调研，完成2个课题调研报告，并获区课题调研奖。分别是：卓予拉的《历史遗留问题化解机制建设的

5月15日，鹿城区新联会班子成员共5人参加鹿城区党外人士培训班
区新联会提供

10月29日下午，鹿城区新联会主动邀请区商务局召开对口联系工作座谈会
区新联会提供

6月24日上午，鹿城区新联会赴苍南新联会开展友好交流互动活动
区新联会提供

思考与建议》，获得鹿城区课题调研一等奖；翁学院的《温州民办教育改革的深层思考》，获得鹿城区课题调研三等奖。

【双岗建功】 2014年，鹿城区新联会副会长卓予拉被评为2014年度浙江省“新联行业之星”“温州市最美律师”称号；会员王晓静的歆艺培训学校获“温州市民办教育综合改革试点优秀单位”称号；李震瓯的温州汇丰拍卖行有限公司获“浙江省拍卖企业30强”“温州市百强企业”称号；林超的浙江红欣园林艺术有限公司获“省级林业龙头企业浙江省信用管理示范企业”“全国城市园林绿化企业50强”称号；方小和的优优吉的堡少儿英语获“五星级办学单位”称号；浙江小伦制药机械有限公司董事长王小伦获“功勋企业家”“明星企业家”称号；侯世栋的东方健身俱乐部有限公司获“浙江省体育龙头企业”“温州市体育服务业先进单位”“温州市体育服务业示范企业”称号；潘秀萍的扬业电器获“浙江省专利示范企业”“浙江名牌产品”称号，扬业商标被延续为浙江省著名商标；邱忠虎的方大建筑设计有限公司获温州市政府第三轮“名师名家”称号；多美丽幼儿园园长应显梅参加区民办幼儿园优质课评比获得二等奖；林德生的浙江双屿实业有限公司获温州市科学技术奖科技进步二等奖。

【服务社会】 2014年，鹿城区新联会以“帮村扶企助社区”活动为载体，积极投身社会慈善公益事业，全年捐资捐物共计126.8万元。该年新联会参加举办各类服务社会活动有：1月4日，区新联会为松台街道辖区各社区捐赠《温州日报》30份；4月19日，区新联会班子成员参加在星河广场举行的区首届以公益节为载体的社会组织助力“五水共治”活动；5月1日，区新联会会长陈时升和卓予拉、副会长金国达看望慰问市、区离退休老干部并致以祝福。5月12日，区新联会向贫困病人李细炳捐助3万元；6月15日下午，鹿城区政协联合区委统战部在市工人文化宫开展“五水共治”书画专场义卖活动，区新联会参与此次公益活动，并出资5000元拍下五幅字画。7月25日下午，鹿城区新联会班子成员代表与双屿街道“五水共治”分管领导对区新联会结对的卧旗大河进行视察和调研；10月18日上午，中共鹿城区委统战部在松台广场举办党外人士“幸福鹿城·同心同行”主题实践暨社会服务月活动，区新联会参与义务法律咨询服务。另外，与各党派主委、会长共同为区特困低保户、残疾户、因病致贫户、空巢老人等共计56人，每人赠送慰问金500元及棉被、食用油等慰问品。

（编辑　戴增荣）

5月12日，鹿城区新联会向贫困病人李细炳捐助3万元　　区新联会提供

6月15日下午，鹿城区新联会参加在市工人文化宫开展的“五水共治”书画专场义卖活动　　区新联会提供

鹿城区人民团体

综 述

2014年，鹿城区人民团体在区委、区政府领导下，各项工作均取得较好的成绩，为鹿城区经济转型赶超发展做出积极贡献。区总工会响应区委区政府“五水共治”建设美丽浙南水乡的号召，开展“五水共治·劳动建功”主题竞赛活动，11个项目被评为省级、市级和区级重点项目；发动职工为“五水共治”提合理化建议、为企业节能减排出好点子，努力加快经济转型发展。全年职工技能培训基地共培训职工3000多人；创成区级高技能（劳模）创新工作室10家、市级2家；完成5项新攻关项目，组建5支职工技术服务队。全区工会系统获2项全国先进称号、5项省级先进称号。共青团鹿城区委员会（简称团区委）开展“奋斗的青春最美丽”“红领巾相约中国梦”“我为核心价值观代言”主旨教育活动和“微团课”评比活动，引领社会主流价值观。举办“五四青年季”系列团日活动，以风尚月、创业月、关爱月为内容，开展“爱在鹿城”青年联谊、“创卫公益骑行”“治水青春潮跑”“点亮微心愿”“阳光体育节”“青春嘉年华”等主题活动。上演“讲给孩子们听的故事”公益儿童剧；打造5期“真人图书馆”，建设11个青少年微舞台，其中“印象南塘”被评为温州市十佳微舞台。开辟微信公众号平台和微博聚合页，吸引青年粉丝10100人；组建200人的青春网宣队伍，把握网络舆情；利用新媒体平台开展微公益、微旅行、微课堂、微榜样、微电影等活动。以8个特色团建项目为抓手，实施基层团建服务项目化管理，其中，五马、仰义城乡团建项目被评为温州市级A类项目。建立鹿城青年创业家联盟、鹿城区网络创业协会。全年，开展网络创业培训13场次，培训青年1280人次。区妇联建立的“半边天”服务团、8个街（镇）服务站、80个社区服务点，已拥有志愿者服务队244支，志愿者8811人。全年开展践行文明礼仪、法律宣传咨询、情感关怀抚慰、家庭关系调适、社区环境美化、群众文化、体育健身等服务32687人次，受到群众好评，被列入鹿城区首届“十大机关服务品牌”和“鹿城区年度考绩优秀单位”称号。区文联举办大型文艺比赛、展览、交流活动30多场，编印出版文艺著作《温州十四家书画作品选》《工艺美术大师作品选》等共20部。组织文艺家创作的200多件文艺作品获得市级以上奖项。组织8个文艺家协会结对8个街道、乡镇，80名文艺志愿者结对80个社区。所属的12个文艺家协会通过送春联、书画创作、走访采风、演唱演出、展览比赛、文艺辅导、摄影服务等多种形式的“送文艺”“种文艺”活动达660多场次。区社科联着力理论宣传研究、决策咨询服务、社会科学普及、社科团体管理服务、社科队伍建设等工作，并取得较好成绩，为鹿城区“赶超发展、再创辉煌”提供了理论佐证和舆论支持。2014年，区社科联有下属社会团体（学会、协会、研究会）13个，市级、区级社科普及示范基地16个。选送的19篇优秀社科理论文章参加温州市社科征文评选，获特等奖1篇，二等奖3篇，三等奖2篇。

鹿城区总工会

【概况】 2014年，区总工会围绕“创首善之区、建幸福鹿城”总目标，着力责任型、效率型、服务型、学习型、廉洁型工会打造，各项工作取得较好成绩。

2014年，积极响应区委区政府“五水共治”建设美丽浙南水乡的号召，开展“五水共治·劳动建功”主题竞赛活动，11个项目被评为省级、市级和区级重点项目；发动职工为“五水共治”提合理化建议、为企业节能减排出好点子，努力加快经济转型发展。

2014年，职工技能培训基地共培训职工3000多人；创成区级高技能（劳模）创新工作室10家、市级2家；完成5项新攻关项目，组建5支职工技术服务队。

2014年，全区工会系统获2项全国先进称号、5项省级先进称号。

【职工素质教育】 2014年，区总工会建立的流动“职工讲堂”，邀请专家、教授在8个街道（镇）、区直部门、企业开展12场巡回讲座。讲座内容有政治经济、社会热点、劳动关系调解、人生励志、心理健康、形象礼仪等，2540名职工受到教育。另外，举办鹿城区工会干部技能提升和女职工素质提升及职工书法、羽毛球、烘焙、瑜伽、太极拳、摄影等培训，全区66家单位共368名干部职工参加。

10月15日，干部技能提升课程之烘焙培训班在温州技师学院开课　区总工会提供

4月21日，干部技能提升课程之书法培训班在松台街道六楼会议室开课　区总工会提供

4月17日，“职工讲堂”走进五马街道　区总工会提供

【“鹿城梦、劳动美”系列活动举办】 2014年，区总工会举办“鹿城梦、劳动美”系列活动。其中征文大赛，收到全区45家单位90名职工投稿，并编写成《鹿城区职工“劳动美”征文大赛优秀作品选编》。举办“劳动者之歌”职工演讲比赛，共22名选手参赛。举办“寻找最美劳动者”职工微博大赛，29家单位103名职工投稿。承接省第二届全民体育节子项目；承办温州市职工文艺秀歌手大赛鹿城海选专场2场。

【困难帮扶行动】 2014年，区总工会开展元旦春节送温暖活动，为447名困难职工发放53.85万元慰问救助金；为27家企业40名川、渝、贵籍优秀外来员工赠送温州飞往成都、重庆、贵阳等地的飞机票；开展“春风行动”在各大工业区举办多场就业招聘会；“送清凉”高温慰问活动，为高温作业的5000名职工发放15万元的防暑慰问品。

【职工维权中心流动站】 2014年，区总工会推出“职工服务中心流动站”。从7月始，每月1天准时到双屿、南汇、轻工产业园等工业区巡回设点办公并开展法律宣传、咨询、援助活动。该“流动站”已累计接受法律咨询32人次，劳资纠纷案6件，工伤案1件，发放宣传资料12000份。

区总工会职工维权中心流动站开展咨询活动　区总工会提供

【关爱职工】 2014年，区总工会强化基层站规范化建设，122家非公企业基层站累计接待职工2343人次，调解疏导2291人次；为80个社区工会主席赠送3项职工互助保险；为基层单位2889名职工投保。

【迎春健步走活动举办】 1月26日上午，鹿城区总工会联合区体育局、区老干部局、区直属机关工委、区妇联、团区委、区关工委、区体育总会等8家单位，举办浙江省第二届全民体育节鹿城启动仪式暨迎春健步走活动，全区1000余名机关事业单位职工参加。

【主题招聘会举办】 2月17日，鹿城区总工会联合仰义街道总工会举办“四方心力，共创第二故乡”主题招聘会。该次招聘会共组织仰义辖区30家企业参与，推出800多个岗位（普工、操作工、设计师、财务管理和销售等）。吸引1500多人次应聘。

【“春风行动”招聘会举办】 2月21日，区总工会联合南汇街道总工会举办2014年度鹿城区“春风行动”招聘会。20余家企业参与招聘，提供岗位1200个，应聘者1500多人次。

【太极拳木兰拳比赛举办】 3月1日，由鹿城区体育局、鹿城区总工会等多家单位联合举办的“浙江省第二届全民体育节暨鹿城区太极拳、木兰拳比赛”宣告结束，全区8个街道社区、基层单位共33支

4月30日，区劳模表彰大会在区行政会议中心隆重举行　　区总工会提供

代表队423人参加比赛。鹿城武协第二分会队、南汇街道火车站社区队、松台街道队分获集体前三名。

【中华全国总工会副主任到鹿城考察】 3月12日，中华全国总工会办公室副主任王科等人到鹿城区康奈集团，实地考察企业工会组织建设情况。市总工会党组书记、常务副主席程龙凤，副主席李云中，区总工会党组书记、副主席叶青等陪同。

【组织职工学书法】 4月21日，由区总工会组织举办的鹿城区职工书法课程在松台街道6楼会议室开课。邀请中国书法家协会会员朱海、杨小贺、潘秀益授课，全区机关企事业单位40余名工会干部、职工参加学习。

【普法暨禁毒宣传活动】 4月29日，区总工会联合区人社局、区工商联、区企业家协会在双屿街道新屿农贸市场开展鹿城区“六五”普法暨禁毒知识宣传活动。活动共提供法律咨询服务53人（件），内容有加班工资标准、社会保险法律法规、劳动合同法等。

【劳动模范表彰大会举行】 4月30日，鹿城区劳动模范表彰大会在区行政会议中心举行。区四套班子领导、各街镇书记、总工会主席和专职副主席、受表彰的劳动模范、先进单位与个人代表160余人参加。

【省总工会副主席到鹿城调研】 5月22日，省总工会副主席李锦平带队到温州鹿城开元集团开展基层工会工作调研并召开座谈会。市总工会副主席李云中，区总工会副主席叶青陪同调研。

【传统文化和现代文明讲座举办】 5月22日，鹿城区总工会联合松台街道总工会举办“传统文化和现代文明”专题讲座。邀请国家一级作家戈悟觉授课。温州市总工会干部学校副校长刘宏到会，区总工会干部、街道干部、社区及非公企业职工代表共80余人参加听课。

【“开元集团”获省厂务公开民主管理示范创建单位称号】 6月11日，鹿城区开元集团有限公司获“浙江省厂务公开民主管理示范创建单位”荣誉称号。市总工会组织部长朱为帆，区总工会党组书记、副主席叶青代表浙江省厂务公开领导小组到开元集团有限公司祝贺并授匾。

【社会体育指导员培训班开班】 6月19日，2014年健身排舞社会体育指导员培训班在温州市少年宫开班。全区22个单位共93名职工参加。该培训班由鹿城区总工会、鹿城区体育事业发展局联合举办。

【十佳书香企业表彰会召开】 7月21日，由区总工会、区经信局举办的鹿城区“十佳书香企业”表彰会召开。区属国药控股、王朝大酒店等10家企业被授予鹿城区“十佳书香企业”称号，并获赠1万多元书籍。

【高温作业职工慰问活动】 8月5日，鹿城区总工会开展高温作业职工慰问活动。对区属部分建筑工地、企业车间（班组）、基层社区等30多家单位4600名高温作业的职工，发放

7月21日，“十佳书香企业”表彰会在区经信局会议室召开　　区总工会提供

8月5日，区总工会领导到基层工地慰问高温作业的职工　　区总工会提供

价值15万元的矿泉水、清凉油、毛巾、肥皂等夏令防暑用品。

【金秋助学金发放仪式举行】 8月27日，2014年金秋助学金发放仪式在区总工会会议室举行。区总工会党组书记、副主席叶青和副主席林章平为全区61名困难职工子女发放助学金，其中大学生（含大专）37名，高中生24名，共发放助学金9.8万元。

10月21日，"安康杯"安全生产知识竞赛在市图书馆举行　　区总工会提供

【"腾腾杯"篮球赛举办】 9月19日，区总工会和鹿城轻工产业园区管委会在鹿城轻工产业园区举办第二届"腾腾杯"篮球赛。轻工产业园和各部门站所共14支代表队300余人参加比赛。成浦社区和园区消防中队分获冠军和亚军。

【建德市总工会副主席到鹿城考察】 10月17日上午，建德市总工会副主席汪为骏率队的建德市基层工会主席20多人到鹿城康奈集团考察，市、区总工会领导陪同。

【安全生产知识竞赛活动】 10月21日下午，区总工会联合区安监局在温州市图书馆举办鹿城区"安康杯"安全生产知识竞赛。南汇街道选送的温州克伦宝锁业有限公司代表队获一等奖。

共青团鹿城区委员会

【概况】 2014年，共青团鹿城区委员会（简称团区委）开展"奋斗的青春最美丽""红领巾相约中国梦""我为核心价值观代言"主旨教育活动和"微团课"评比活动，引领社会主流价值观。举办"五四青年季"系列团日活动，以风尚月、创业月、关爱月为内容，开展"爱在鹿城"青年联谊及"创卫公益骑行""治水青春潮跑""点亮微心愿""阳光体育节""青春嘉年华"等主题活动。上演"讲给孩子们听的故事"公益儿童剧；打造5期"真人图书馆"，建设11个青少年微舞台，其中"印象南塘"被评为温州市十佳微舞台。开辟微信公众号平台和微博聚合页，吸引青年粉丝10100人；组建200人的青春网宣队伍，把握网络舆情；利用新媒体平台开展微公益、微旅行、微课堂、微榜样、微电影等活动。

2014年，以8个特色团建项目为抓手，实施基层团建服务项目化管理，其中，五马、仰义城乡团建项目被评为温州市级A类项目。

2014年，建立鹿城青年创业家联盟、鹿城区网络创业协会。全年，开展网络创业培训13场次，培训青年1280人次。

【城乡社区融合工作】 2014年，完成全区村级团组织换届工作；建立329个网格和网络团小组；开展"达标创优"活动，基层团建优秀率达43.8%，合格率达100%。

【推动两新组织发展】 2014年，新增"两新"团组织117家，打造松台大厦“楼宇团建”、欧洲城“商圈团建”、金属商会“商会团建”、嘉乐迪“连锁品牌店团建”、黎明92“园区团建”等工程，选派21名高校团建助理员服务两新团建工作。

【服务浙南水乡建设】 2014年，建立“护水段长制”，组建“环保讲师团”“五水共治技术服务团”等专业志愿服务队11支。成立“五水共治”公益联盟，全区各级团组织举办“共青团绿化三百”“治水青春潮跑”等主题活动共计87场，参与人数达13052人次。

【服务社会工作】 2014年，启动200万元政府项目扶持基金，19个机构22个项目获得资助。建立“社会组织微讲堂”，强化交流机制。建立12个志愿服务点，组织500余名志愿者骨干参加技能培训，全区志愿者服务总时达20余万小时。

【服务经济转型升级】 2014年，团区委组织开展鞋革业、金融业、医护业、酒店服务业青年职业技能大赛，评出“青年岗位能手”29名。12家基层站点参与联评申报，争创“青年文明号”“青年安全生产岗”“青年突击队”荣誉称号。

【服务青年就业创业】 2014年，团区委开展“不创不青春”鹿城青年创业大赛，争取到300万元低息贷款，20家企业参与“风投”，达成49个投资意向。全年开展网创培训13场次，培训青年1280人次。

【预防青少年违法犯罪工作】 2014年，团区委开展涉罪及迷途青少年心理援助公益项目，举办心理素质训练20场次，结对帮扶重点青少年1066人。建立区级青少年观护中心4个，引导全区114支平安志愿者队伍针对不同类别的闲散青少年开展法律维权、禁毒宣传、“阳光矫正”、心理疏导等宣教活动500余场。

【青少年权益维护】 2014年，团区委在全区建有1个国家级、10个省级、19个市级青少年维权岗，举办“青少年暑期平安列车进社区行动”20余场，合适成年人指派65人次。

【关爱新居民子女成长】 2014年，团区委以“六一”节为契机，开展“小候鸟圆梦”系列活动，圆了新居民子女交友梦、童玩梦、剧场梦、美食梦、诗岛梦、亲情梦等愿望。试点建立“小候鸟图书馆”“共青团影院”等活动阵地；开办暑期七色花公益课堂、流动少年宫、向日葵成长夏令营等活动50余场次。“小候鸟圆梦项目”累计募集关爱基金60余万元，各项活动累计惠及7600多个新居民家庭。11月，“小候鸟圆梦项目”获得共青团中央、民政部、中国志愿者联合会举办的“首届中国青年志愿服务项目大赛”银奖。

鹿城区妇女联合会

【概况】 2014年，鹿城区妇联着力女性创业创新、妇女儿童权益维护、两性平等、和自身建设工作并取得好成绩，获“全省妇女儿童发展‘十二五’规划示范区”称号。

2014年，“十二五”妇女儿童发展规划共227项指标已在11月提前完成209项，排名温州市第一。“半边天”服务团、8个街（镇）服务站、80个社区服务点，已拥有志愿者服务队244支，志愿者8811人，争取到省妇联妇女儿童专项支持经费9万元。全年开展践行文明礼仪、法律宣传咨询、情感关怀抚慰、家庭关系调适、社区环境美化、群众文化、体育健身等服务32687人次，受到群众好评，被列入鹿城区首届“十大机关服务品牌”和“鹿城区年度考绩优秀单位”称号。

2014年，开展党的群众路线教育实践活动，走访两新组织（新社会组织妇联、新经济组织妇联）55家，联系困难户33户，召开座谈会11次，走访妇女家庭84户。

2014年，继南郊派出所受理家暴投诉规范化操作试点工作取得阶段性成效（受理家暴投诉100余起，开具家庭暴力告诫书28份，治安处罚1例，无再报警），在全区22个基层派出所全面推行家暴告诫制度。该项工作受到省妇联主席劳红武的好评，淄博、台州、苍南等妇联慕名到鹿城参观学习。

2014年，推出巾帼法律志愿者、婚姻家庭指导师定期坐班制度，为弱势妇女提供免费法律咨询、拟写诉状等服务，全年接待来访139例、处理来电313例，调解成功18例。在区民政局设立婚姻家庭服务站，至年底，已为600多对夫妻提供心理和法律咨询服务，离婚调解200余对，促成其中50余对夫妻暂缓离婚。发挥水心湾滨水公园（全省首个反家暴主题公园）的宣传效应，争取到市妇联10万元资金用于提升该公园文化品位，扩大反家暴的社会影响力。

2014年，申报省级巾帼文明岗2家、市级6家，区级29家。

【“春风行动”】 2014年，区妇联组织招聘会17场，发放宣传资料5800余份，免费服务女性2099人，其中介绍就业237人（农村妇女202人），职业技能培训590人，提供劳动维权服务和法律援助460人。开展“巾帼家政服务培训进社区”活动，组织农村妇女参加厨艺、家政服务培训和母婴护理专项技能竞赛。出版《鹿城巾帼之窗》刊物第2期，鼓励妇女创业创新。帮助仰义街道“三八”果园基地、藤桥镇绿丰农业开发有限公司争取到市妇联创业基地资金扶持。

【服务妇女儿童公益行动】 2014年，举办各类公益培训40余场次，受益群众1万余人次；开办素质教育提升班85个，受众达75000余人次；结对五马、双屿文体站，定期开展业务培训。举办“三八”国际妇女节104周年文艺会演。庆祝“六一”节系列活动，举办“我的舞台我的梦”公益演出，并在全市遴选出18个节目，26名少年儿童参加演出。同时，举办“六一亲子嘉年华主题游园会—我的快乐王国”等活动。

【最美家庭评选活动】 2014年，区妇联在全区开展“最美家庭”评选活动，评出区级“最美家庭”100户，推荐省级、市级“最美家庭”18户。组织“最美妈妈”“最美妻子”“最美女儿”“最美媳妇”四美家庭角色评选，入选市四美角色家庭6户。同时将“最美家庭”“最美女性”组成宣讲团，到各街镇社区文化礼堂，对群众进行宣传。

【巾帼扶贫关爱行动】 2014年，区妇联在全区募集妇女关爱基金27.2万元（其中金瓯工程捐款14.2万），走访慰问患“两癌”妇女、贫困妇女共127人；与巨一村支部结对，开展“红七月”慰问该村困难老党员活动；与50名特殊困境儿童结对，举办留守儿童监护人培训班；在沿江社区开展“儿童幸福家园”省级儿童保护项目试点工作，并下拨1万元用于七都留守儿童俱乐部建设。

【两代家教和特色家庭创建工作】 6月，区妇联邀请少年儿童工作者和教育工作者、法律工作者及退休教师等组成家庭教育公益讲师团，以“心语讲坛”形式，相继到各街镇的文化礼堂开办讲座10场，受众1800余人。联合区委宣传部、区文明办、区教育局开展优秀家长推荐活动，其中2名家长被评为市级“双十佳”优秀家长，7名家长被列入市级“百名优秀家长”。同时，举办的“百万父母进家长学校”—家庭教育巡讲，受众达300余人。开展示范家长学校评选活动，其中南汇街道桥儿头社区家长学校和泰马鞋业企业家长学校被评为市级家长学校；五马街道虞师里社区和黄龙二小申报省级示范家长学校。开展特色家庭创建，全区共创成文明家庭129735户，创建率达52.74%；开展“瓯江书韵·书香家庭”活动，评选出书香家庭100户；开展“绿色家庭”创建活动，评选出区级“绿色家庭”2000户；开展“廉政文化进家庭”活动，与区纪委联合举办家庭助廉助贤培训班，全区80余名科局级领导的配偶参加培训；开展“平安家庭”创建活动，评选出“平安家庭”模范户100户。

【组织建设】 2014年，区妇联努力加强自身建设的同时，开展“十佳示范社区妇联组织”“十佳示范两新妇联组织”评选活动；指导村妇代会换届工作，使全区女村民代表占代表总数达37%，141个村配备村两委女干部181名（其中女村支部书记8名、女村委会主任3名、副主任1名）；对换届后村妇代会主任、“两新”妇联组织负责人、机关妇委会主任、社区妇联主席进行分期分层次培训，以增强新形势下农村妇联基层组织的凝聚力和战斗力。

【践行男女平等】 2014年，区妇联举办科级女干部、基层妇联干部培训班，以提升妇女干部综合素质。建立鹿城区性别平等咨询评估机制及联席会议制度，积极做好农村宅基地确权、土地承包经营、股权设置中妇女权益的维护工作。督促街（镇）在指导召开村民代表大会、制定集体资产量化评估时，能较好地体现男女平等政策。

【巾帼治水创卫行动】 2014年，区妇联组织“同心协力参与五水共治，众志成城共建幸福鹿城”活动，共向全区8万户家庭发放签名倡议书，同时，开展生态环境满意度调查问卷工作以营造该活动的氛围。举办“绿色家庭”评选活动，向全区6万多名小学、幼儿园小朋友布置暑期环保家庭作业，动员家庭成员积极参与城乡环境综合整治行动。全年组织巾帼志愿者开展创卫行动200余次，人数5000余人次。另外，还积极发动女企业家参加社区创卫工作以及组织慰问环卫工人等活动。

【鹿城区妇联与台湾高雄冈山妇女会结对交流】 4月21日，区妇联与台湾高雄市冈山妇女会开展结对

4月21日，鹿城区妇联“牵手”台湾基层妇女社团　　区妇联提供

交流工作，并就联谊互动、家园共建、信息沟通等达成共识。鹿城区与台湾基层妇女社团建立“结对交流平台”属温州市首个。

【省妇联副主席到鹿城调研反家暴工作】 7月2日下午，省妇联副主席方颖等人到鹿城调研反家暴工作，市妇联主席鲁爱民、区政府副区长黄专途、区妇联主席陈月玲及相关单位负责人陪同。

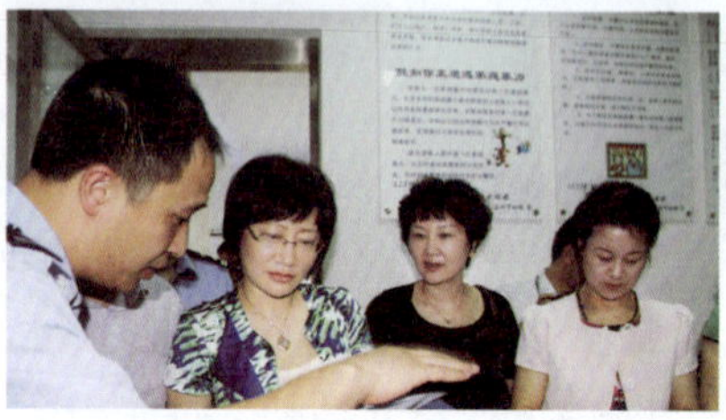

7月2日，省妇联到鹿城调研反家暴工作
区妇联提供

【省级示范家长学校验收】 10月21日下午，省妇联副主席陈美云等人到鹿城区五马街道虞师里社区和黄龙第二小学进行考查，并对该社区、学校申请的省级示范家长学校作评估验收。同时，对区妇联的工作给予好评。市妇联主席鲁爱民、副主席吴小平、区妇联主席陈月玲陪同考查。

鹿城区社会科学界联合会

【概况】 2014年，区社科联围绕区委、区政府中心工作，着力理论宣传研究、决策咨询服务、社会科学普及、社科团体管理服务、社科队伍建设等工作，并取得较好成绩，为鹿城区“赶超发展、再创辉煌”提供了理论佐证和舆论支持。

2014年，区社科联有下属社会团体（学会、协会、研究会）13个，市级、区级社科普及示范基地16个。

2014年，区委宣传部、区社科联、区广电新闻中心、区文联、叶同仁中医药博物馆、神韵贝螺展示中心被评为温州市社科普及周先进集体。

【社科研究】 2014年，区社科联引导全区社科工作者对区经济社会发展中重大现实问题进行对策性研究，共收到社科研究课题37项。经专家组评审，其中14项作为立项课题，《鹿城村居实施“红色细胞工程”的探索与思考》等4项被评为重点课题，《关于鹿城区高端人才引进工作的调查与思考》等10项被评为一般课题。推荐的《规范中介管理，推动审批再提速的对策研究》等3项课题被立项为市级课题。全年选送19篇优秀社科理论文章参加温州市社科征文评选，获特等奖1篇，二等奖3篇，三等奖2篇。

【社科成果】 2014年，区社科联编辑出版“鹿城社科文化丛书”第一辑，《鹿城人文景观》和《温州民俗百图》，并于10月举行社科人文

9月25日，温州市2014年社科普及周开幕式暨鹿城区社科志愿服务仪式启动　区社科联提供

9月17日，经济学界吴敬琏在市人民大会堂四楼作温州经济转型发展专题报告　区社科提供

丛书首发仪式。《鹿城人文景观》综述鹿城历史遗存、人文景观等，《温州民俗百图》记述温州老百姓的民俗生活。

【社科普及周活动】 2014年，区社科联举办社科普及周活动并以“普及社会科学·建设美丽鹿城”为主题，组织开展包括大型主题活动、“美丽鹿城”系列活动、科普基地活动以及读书阅览、理论研讨、文化展演、展览展示、讲座培训、社区科普主题、社科知识进文化礼堂等10个大系列108项活动。在白鹿洲公园南塘文化村首次承办“温州市2014年社科普及周开幕式暨鹿城区社科志愿服务仪式”。

【学习平台】 2014年，为提升“瓯江讲坛”“干部双休学堂”品牌影响力，先后邀请国务院发展研究中心宏观经济研究部部长余斌和著名经济学家吴敬琏、中央党校教授傅思明、上海交大教授孟宪忠等到鹿城就国内外宏观经济形势、全面深化改革、全面推进依法治国、经济新常态等作专题讲座。同时，邀请中央党校教授祝灵君、浙江大学医学院教授赵国秋等分别作党的群众路线与群众工作、心理健康知识等专题讲座。

绍兴市社科联到鹿城区参观考察市级社科普及示范基地（叶同仁中医药博物馆）
区社科联提供

【机制建设】 2014年，区社科联制定出台《温州市鹿城区社科研究课题管理办法》，规范课题申报、立项评选、中期管理、经费资助、结题鉴定、成果转化等工作。制定出台《温州市鹿城区社科普及示范基地管理办法》，明确社科普及基地申报范围、建设内容、运行管理等有关要求。

【获市级社科普及示范基地称号】 2014年，鹿城区推荐的叶同仁中医药博物馆、十八家社区文化礼堂、藤桥镇驿头社区中加友谊馆获温州市社科普及示范基地称号。

（编辑　戴增荣）

鹿城区文学艺术联合会

【概况】 2014年，区文联学习贯彻总书记习近平在文艺工作座谈会上的重要讲话精神，着力履行“联络、协调、服务”职能，各项工作均稳步推进。2014年，将党的群众路线教育活动落到实处，做到即知即改。如腾空4个办公室，作为12个文艺家协会办公用房；专设一个文艺家活动室；落实重大文艺活动补助经费40多万元；完善文艺精品、优秀作品奖励制度，落实奖励经费50万元。同意音乐家协会增设古琴分会、打击乐分会和流行音乐分会。设立关爱文艺家基金，对重点骨干文艺家、有突出贡献的老艺术家、生活特别困难的文艺家进行重点慰问、关爱。

2014年，举办大型文艺比赛、展览、交流活动30多场，编印出版文艺著作“温州十四家书画作品选”“工艺美术大师作品选”等共20部。组织文艺家创作的200多件文艺作品获得市级以上奖项。3月20日，举办“阿岛水墨画展”共展出林成光（阿岛）新作100幅；谢泉画（女）个人画展“欧风乡韵”展出画作56幅。10月28日—11月2日，举办刘志、黄品旭“游于艺”中国画交流展；11月3日，举办黄国想“只因吾心”水墨作品画展。另外还举办20位青年书法展、老书家作品展、中小学生书法篆刻展和摄影家作品年展等。

2014年，组织8个文艺家协会结对8个街道、乡镇，80名文艺志愿者结对80个社区。所属的12个文艺家协会通过送春联、书画创作、走访采风、演唱演出、展览比赛、文艺辅导、摄影服务等多种形式的“送文艺”“种文艺”活动达660多场次。

【陈忠达获中国曲艺牡丹奖】 6月6日，第八届中国曲艺牡丹奖全国曲艺大赛浙江赛区在余杭临平举行，陈忠达表演的温州鼓词《武松醉打蒋门神》，获中国曲艺最高奖——牡丹奖。10月20日，区委宣传部、区文联在市工人文化宫举行陈忠达获奖表彰会和汇报演出。

6月6日，陈忠达获中国曲艺牡丹奖　区文联提供

【首届鹿城工艺美术精品展】 11月10日—17日，首届鹿城工艺美术精品展在市区白鹿洲公园文化村5号楼内举行，共展出200余件30种工艺美术作品（其中有国家大师级作品），同时，有瓯绣、瓯塑、黄杨木雕等非遗文化传承人在场展示技艺。活动期间，每天观展人数平均达15000人次。该工艺美术精品展由区文联主办、区民间文艺家协会承办。

【青少年艺术素养培育工作】 2014年，区文联举办鹿城区第六届“墨池杯”中小学生书法篆刻大展。大展共收到1000余名中小学生的作品，并从中评出优秀作品101件在市工人文化宫展出。与温州市社会学研究所、区作家协

2014年，鹿城区第三届“舞动童心”青少年舞蹈大赛闭幕　区文联提供

会联合举办温州市第十一届“社会一角”青少年现场命题作文大赛。该次大赛增设苍平（苍南、平阳）、瑞安塘下和永嘉分赛区，参赛者达5000多人。比赛结束编印出版《温州市第十一届青少年作文大赛作品选》。举办鹿城区第三届“舞动童心”青少年舞蹈大赛。参赛人数达1200余人，参赛的舞蹈节目300多个，入围决赛舞蹈100个。举办“崇尚科学、远离邪教、阳光下生活”为主题的区第三届童心童画美术大赛。全区共有258幅画作入选，其中获大赛一等奖15人，二等奖30人，三等奖60人，优秀奖153人。

【诗词名家采风活动】 11月28日—30日，区委宣传部、区文联、鹿城诗社联合邀请全省100名诗词作家到鹿城开展“诗词名家走鹿城”采风活动。活动期间先后走访藤桥镇驿头村、墨池公园、东瓯王庙、池上楼、南塘街、南戏博物馆、朱自清故居等地，并在“诗之岛”江心屿举行笔会。

11月28日—30日，“诗词名家走鹿城“采风活动启动仪式　区文联提供

【鹿城“农商银行杯”首届音乐大赛举行】 8月17日，由区文联等单位举办的鹿城区“鹿城农商银行杯”首届音乐大赛在市大剧院广场举行，报名参赛者计1800多人，年龄4岁—70余岁。该次大赛为期1个多月，获得创作与表演一等奖、二等奖、三等奖共164人，并

8月17日，鹿城区“农商银行杯”首届音乐大赛举行　区文联提供

于9月30日举行大赛颁奖仪式暨迎国庆文艺演出。

【艺术家工作室创建】 2014年，共创建艺术家工作室4家：同路人艺术工作坊、侯传芳美术工作室、王乐阳舞蹈工作室和古琴音乐工作室。其中由16位不同流派画家联合创办的温州市同路人艺术工作坊（兼有展厅和画室），1月—6月，已开展6次公益性美术创作、交流、展示、培训等活动，被市教育局定为中小学美术老师进修点。

2014年，艺术家工作室留影　区文联提供

【文艺作品获奖】 2014年，由张民导演的电视作品《文化温州》，获浙江省第二十四届电视"牡丹奖"省市级电视文艺栏目一等奖；区影视家协会副主席王丽担任策划、导演的《寻找城市千年记忆》大型音乐诗歌朗诵会，获浙江省第二十四届电视"牡丹奖"省市级电视文艺晚会一等奖；反映温州传统文化的瓯剧、瓯绣、瓯塑、瓯柑系列电影被中共温州市委宣传部列为2014年度影视精品计划；陈泳撰写的论文《业余钢琴培训教育在温州的现状分析及未来发展》，获第五届全国教育科研创新成果评比一等奖；毛光正作词、陈泳作曲、黄千菲演唱的《千年驿头在心头》，获省委宣传部、省文联主办的"2014年浙江省村歌创作演唱大赛"创作金奖和演唱金奖，被评为"最受网友喜爱的村歌"。

【响应"五水共治"】 6月—8月，区文联响应区"五水共治"的号召，以塘河风光、水乡景致、鹿城人文为主题开展"美丽鹿城 梦里水乡"手机随手拍活动。活动共收到手机随手拍作品500余幅，评出二等、三等奖6个，鼓励奖20个。

【"火红七月"党员艺术家为民服务活动】 7月19日，区摄影家协会党支部18名党员赴藤桥临江驿头乡开展"火红七月"党员艺术家为民服务活动。在该乡文化礼堂为70岁以上的老党员拍照并现场印制赠送照片。同时，举办美丽鹿城摄影作品专题展，摄影知识讲座及村风村貌拍摄等活动，受到群众好评。

【"同唱强军曲·共话鱼水情"】 7月28日，鹿城区音乐家协会和温州市武警支队在龟湖饭店举行庆祝中国人民解放军建军八十七周年军民文艺联欢活动。协会的艺术家为官兵演出歌舞节目，并为战士赠送吉他、爵士鼓等乐器，为官兵子女分送100多份艺术培训资料。

【文化交流活动】 5月25日，由鹿城区音乐家协会古琴分会和江苏省常熟市虞山琴社共同举办的"墨香琴韵"在温州丹峰山房举行；12月6日—10日，区文联与区美术家协会联合，在山东临沂举办"旷细之间"侯传芳—阿岛美术作品联展。

5月25日，"墨香琴韵"文化交流活动在温州丹峰山房举行　区文联提供

【鹿城区书法家协会换届大会召开】 3月13日，区书法家协会换届大会在龟湖饭店会议厅召开，区委宣传部部长徐强到会并讲话。大会选举出19人组成新一届理事会和8人组成的四届书协主席团。2014年，累计会员200余人。

3月13日，区书法家协会换届会议在龟湖饭店举行　区文联提供

（编辑　戴增荣）

军 事

鹿城区人武部

【概况】 2014年，鹿城区人武部以党的群众路线教育实践活动为抓手，突出举旗铸魂，搞好实战准备、作风转改和工作落实，武装工作和国防后备力量建设发展势头良好。

2014年，党的群众路线教育实践活动按照温州军分区党委统一部署，共收集意见建议168条，其中针对人武部党委机关有37条，年内均已改进办结。开展财经“两项清理整治”工作，清退2013年违规发放的各类补助共111400元、违规住房1户，整改超面积办公室3处；建立完善《干部职工管理规定》《党委议事规则》等13项规章制度；5次接受省军区、温州军分区督导组检查，均受到好评。

10月，对2009年以来国防动员工作进行全面梳理总结，汇编成25本国防动员资料，被省委、省政府和省军区联合表彰为2009年以来“国防动员先进单位”。

【民兵思想政治工作】 2014年，区人武部结合《民兵思想政治教育检查考核》试点任务，严格教育制度落实。5月16日，总政群工办副主任王文明带队对区蒋家桥社区民兵思想政治建设情况进行检查，并对蒋家桥社区民兵思想工作给予好评。依据“红旗党支部”创建标准，在不同行业建成7个民兵党支部。9月，军分区吴主任带队，到区黄河集团召开民营企业党支部建设现场会。利用全民国防教育日、征兵等时机，发放宣传手册10000余册、发传国防教育手机短信20万条。在松台广场、工贸学院等场院开展国防教育图片展和现场咨询活动；在政府网开设“国防教育”专栏；制定下发《鹿城区关于军警民联建网军队伍加强互联网舆论引导工作的实施意见》。

开展全民国防教育日宣传活动

区人武部提供

【实战化准备稳步推进】 2014年，区人武部民兵整组工作按照编组科学、结构合理的要求，已完成三大类87支分队共4414人的整组任务。4月22日，组织所属16支应急队伍共717人、进行全要素拉动演练；5月，组织3支分队150人到洞头开展为期一周集训。8月19日，省国动委科动办对鹿城区民兵火炮修理分队进行拉动点验；12月11日，温州军分区对区人武部机关及民兵武器仓库协防分队进行战备拉动。3月，组织调整鹿城区国动委机构。5月，根据上级要求增加两支民兵海上应急支援分

省科动办对温州市鹿城区民兵火炮修理分队进行拉动点验　　区人武部提供

队（海上医疗救护分队、汽车运输分队）。同月，已组建成军并展开训练。6月，省军区、温州军区先后对鹿城区民兵海上应急支援分队进行拉动检验，并予以良好评价。

【军政军民关系更加融洽】 2014年，区人武部积极协调区委、区政府出台《鹿城区应征青年入伍优待办法》《事业单位招录退役大学生士兵优待办法》等8项措施，被省军区征兵工作简报摘录；积极协调优抚制度落实，为全区2872名优抚对象，送去价值108.96万元的春节慰问品；将义务兵抚恤金每人每年提高到22863元，并在“八一”节前全部落实到位；将1名随军家属安置到区事业单位工作；解决5名军人军属涉军维权事件。积极协助地方搞好国防教育、结对扶贫、义务献血、义务劳动、植树造林、学生军训等活动；组织机关干部职工和民兵630余人次参加区“创卫”活动，300余人次参加“五水共治”行动。

【慰问温州籍师职干部家属】 1月14日，温州军分区唐副司令带队对温州籍师职干部家属进行慰问，鹿城区人武部部长徐道友和政委陈志坚陪同。

1月14日，军分区及人武装部领导慰问温州籍师职干部家属　　区人武部提供

【省军区副司令员到鹿城区人武部检查工作】 1月16日上午，省军区副司令员姚淮宁到鹿城区人武部检查指导工作，温州军分区副司令员唐社教陪同检查，并对区人武部的各项工作给予好评。

1月16日，省军区副司令员姚淮宁莅临鹿城检查指导　　区人武部提供

【慰问官兵家属】 1月底，鹿城区人武部部长徐道友和政委陈志坚分别慰问辖区现役团级干部、复员军人和部分困难义务兵，并送上专门制作的“光荣之家”牌匾及慰问品，同时致以新年祝福。

把温暖送到官兵家属心坎上
区人武部提供

【政治部领导组织新老部长交接】 3月3日下午，温州军分区政治部领导带工作组到鹿城区人武部指导新老部长交接会议，区人武部全体干部职工参会。会上领导宣读南京军区命令：任命原泰顺县人武部部长李先进为温州市鹿城区人武部部长。

【党管武装工作会议召开】 3月5日上午，鹿城区党管武装工作会议在区行政会议中心召开。会议宣布7家单位获“2013年度党管武装工作先进单位”称号，11人分获“党管武装好书记”和“优秀专武干部”称号；五马街道、七都街道、藤桥镇党工委书记述职；区人武部部长李先进做工作报告，市委常委、区委书记、区人武部第一书记王立彤出席会议并作重要讲话。

【省军区副政委到鹿城人武部检查工作】 3月14日上午，省军区副政委单秀华带工作组在温州军分区政治部副主任吴海云的陪同下，到鹿城区人武部检查第二批党的群众路线教育实践活动情况，并给予好评。

【民兵整组任务部署会召开】 3月26日上午，鹿城区人武部在该部作战会议室召开2014年度民兵整组任务部署会。会议由区人武部政委陈志坚主持，区人武部部长李先进总结2013年鹿城区民兵整组工作情况，部署2014年的整组任务，区委常委、常务副区长项伟胜出席会议并讲话。会议有38个机关团体和企事业单位共51人参加

【社区民兵组织建设】 4月初，区人武部根据军分区年度工作任务

4月22日，区人武部组织民兵应急队伍在军分区集中点验 区人武部提供

6月11日，军区副参谋长徐学清对温州市汽车动员力量进行拉动点验 区人武部提供

安排，以蒋家桥社区为试点，开展社区民兵组织建设探索实践。经过6个多月的实践，已在该社区配备抢险救灾和防火防暴器材10余种，“两室一库”建设规范，队伍日常运行机制建立。在“五水共治”“平安社区”等创建活动中，该社区先后投入8批民兵共计260余人次。6月，接受总政群工部调研检查获得好评。

【民兵应急队伍集中点验】 4月22日下午，鹿城区人武部在温州军分区海防营组织全区16支应急分队717人进行集中点验。点验大会由区人武部部长李先进主持，军分区参谋长张道义，区委常委、常务副区长项伟胜出席并讲话。

【参加“五水共治”誓师大会】 6月5日上午，鹿城区委区政府召开纪念“6·5”世界环境日暨“五水共治”誓师大会。区人武部组织170余名民兵参加大会并前往藤桥镇戍浦江开展河道整治活动，共整治河道500余米，清理垃圾和杂草200余袋，以实际行动为“五水共治”出力。

【海上民兵医疗救护分队和汽车动员力量拉动点验】 6月11日下午，浙江省军区副参谋长徐学清带工作组对温州市海上民兵医疗救护分队和汽车动员力量进行拉动点验。该次点验，全体民兵在规定时间内完成收拢集结，到点率达100%，受到工作组的好评。

6月5日，区人武部组织民兵前往戍浦江开展河道整治活动 区人武部提供

【民兵应急连集训工作】 6月中旬，鹿城区人武部按照年度民兵军事训练计划安排，组织民兵应急连共60人到洞头进行封闭式训练。训练重点安排动员部署、战备形势教育、政策法规辅导、队列训练、实弹射击等内容，并取得了成效。

【开展武器装备清查】 6月25日，鹿城区人武部部长李先进、政委陈志坚带队到仓库对武器装备组织清查，并对武器装备进行标签更新、归类安放，确保一有任务能拿得出、用得上。

【鹿城区征兵工作会议召开】 7月9日上午，2014年度鹿城区征兵工作会议在区政府行政中心第三会议室召开。区长朱崇敏、常务副区长项伟胜、区人武部政委陈志坚、部长李先进参加会议。

【省科动办对温州市鹿城区民兵火炮修理分队进行拉动点验】 8月19日上午，省科动办主任董宁带工作组对温州市鹿城区民兵火炮修理

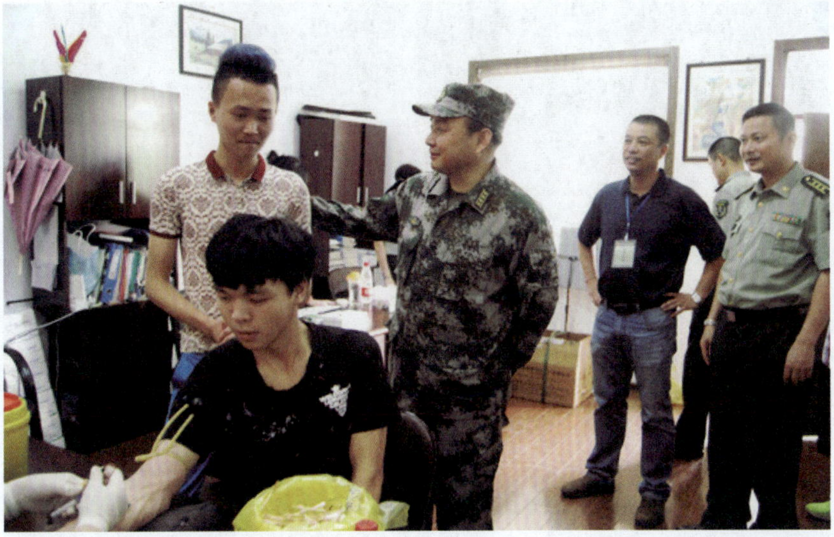

军分区雷政委检查指导鹿城人武部征兵体检工作　　区人武部提供

分队进行拉动点验。并对鹿城区科技支前保障力量建设所做的工作予以好评。

【廉洁征兵工作会议召开】 8月19日下午，鹿城区征兵办组织街镇专武干部、临时抽调参与征兵工作的人员、体检组、政审组人员召开廉洁征兵工作会议。区人武部政委陈志坚传达上级廉洁征兵的紧急通知和相关规定；区人武部部长李先进针对出现冒充接兵干部与应征青年接触的情况进行通报说明，并要求在征兵过程中做好各项公开公示制度，接受群众监督。

【鹿城区确定2014年度新兵名单】 9月1日上午，2014年鹿城区集体定兵会议在区人武部6楼会议室召开。区征兵工作领导小组和成员单位领导、区征兵办各组工作人员，以及各街道、镇征兵工作领导小组组长和专武部长参加会议，温州军分区司令员任明龙到会。会议确定新兵257名。

【省军区联合工作组到鹿城区人武部检查指导廉洁征兵工作】 9月4日上午，省军区纪检处负责人率联合工作组，在温州军分区政治部副主任吴海云和军动科科长颜伟珍的陪同下，到鹿城区人武部检查“清房清车清人”和廉洁征兵工作开展情况，并对区人武部所做的工作给予好评。

【民兵“红旗党支部”创建活动检查调研座谈会召开】 9月30日上午，民兵“红旗党支部”创建活动检查调研座谈会在鹿城区人武部召开，温州军分区政治部主任吴仿根和鹿城区、龙湾区、瓯海区人武部政委以及各人武部政工科长等参加会议。

【鹿城区组织专武部长集训】 10月26日—31日，鹿城区人武部组织专武干部到洞头海防一连进行为期6天共26个课时的集训，并达到预期目的。

【温州军分区司令员到鹿城人武部指导考评工作】 12月8日，温州军分区任司令员带工作组到鹿城区人武部进行全面建设量化考评，并对鹿城区人武部的工作给予好评。

人民防空

【概况】 2014年，鹿城区人防工作围绕“发展大融合、能力大提升”的目标，着力组织指挥和信息保障能力提升、人防工程和人口疏散场所建设、宣传教育与基层人防规范化建设和地下空间开发利用等工作，并取得显著成绩。鹿城区人防办被市人防办评为年度人防工作先进单位。

4月，因机构撤并，调整更新区人民防空指挥部成员和编组分工。6月，按照上级人防部门要求，组织人员对人防工程、指挥通信、人防信息化建设等数据资料进行采集，并按计划完成数据整理、汇总、录入等工作。10月，完成承接市华盖山人防指挥所管理使用权工作。

2014年，区人防办积极参加省、市人防办组织的单边带电台、指挥车训练和视频会议训练等应急通信保障训练，以提高鹿城区信息保障队伍遂行平时应急、战时应战能力。至年底，信息系统集成建设，已完成指挥网络向“省人防指挥信息系统”延伸工作。

【“国际民防日”活动】 2月28日，区人防局联合五马街道在白鹿洲公园承办以“学习人防知识 提高防护技能”为主题的人防宣传活动。采取宣传展板和应急器材展示、发放防空防灾知识手册、现场咨询、有奖竞猜等形式，向市民宣传人防应急知识；到鹿城实验小学等7所小学配发手摇警报器，在五马街道所属5个社区和鹿城实验小学等7所小学分发《市人防护手册》。

【人防坑道安全检查】 3月—12月，按照省、市、区关于做好危旧房大排查工作通知的要求，多次组织专业技术人员对松台山人防坑道工程进行全面细致的安全检查，确保工程安全使用。

【人防展馆建设】 4月，对区人防展馆进行软硬件设施升级改造，新增4个人体复苏教室，添置30具人体复苏模型；与区教育局联合组织10000余名青少年到人防展馆接受防空防灾教育。“5·12”防灾减灾日期间，举办“城镇化与减灾”科普教育活动，全区1000余名师生参加。11月，区人防展馆接受省人防办专项检查，得到好评；11月19日，河南省郑州市人防办到区人防展馆考察展馆建设、管理和运行情况，受到该市人防办好评。

【全区人防工作会议召开】 4月1日，区人防办组织召开全区人防工作会议。参加会议的有区人防指挥部成员单位、各街镇、人防创建社区、初级中学、相关企业等负责人，区委常委、副区长伍挺、区人武部副部长陈锋到会并讲话。

6月20日，区人防局组织温州木材集团公司人防应急演练　　区人防办提供

【通信警报建设管理】 3月、5月、8月，区人防办分别对辖区防空警报器进行检测维修，确保“5·12”“9·18”警报器完好鸣响。9月，对全区人防通信警报器设施安装位置进行重新测试，确定新坐标，并按新坐标绘制全区人防警报器分布图。年内新增固定警报器2台、背负式警报器5台、手摇警报器8台，全区警报音响覆盖率得到补充完善和扩大。

【人民防空救援队伍建设】 4月，人民防空专业队伍（231人）、人防应急救援队伍（145人）、人防志愿者队伍（155人），共计531人的整组工作完成。6月，成立一支20人的信息防护人防专业分队。同月，组织温州木材集团公司人防应急救援队30人，到军分区机炮连进行3天的医疗救护、森林火灾扑救等专业技能集训。

【人防宣教“五进”工作】 4月，区人防办根据区政府《关于印发2014年鹿城区人防创建社区工作计划的通知》要求，制作下发26套防空防灾知识展板、50份防空防灾系列光盘供各街镇、人防创建社区、学校宣传使用；利用手机短信、微信工作群、LED大屏等新型媒体对机关干部、职工宣传防空防灾知识；全区已有8所初级中学使

4月1日下午，在区行政会议中心召开2014年人防（民防）工作会议　　区人防办提供

7月17日，在五马街道虞师里社区开展“提升防空防灾能力，构建和谐平安社区”活动　　区人防办提供

用人防教育新教材，鹿城实验中学一名教师选送的课件在全市《人民防空与防灾》教材课件评选活动中获一等奖；指导协助南汇街道春秋和绣山社区、五马街道虞师里社区、仰义街道沿江社区利用学生暑期社会实践以及节假日、法制宣传日开展防空防灾系列活动，累计300余人参加。

【“防灾减灾日”活动】 2014年，按照区政府《关于组织开展“5·12”防灾减灾日有关活动的通知》要求，在全区8个街镇举行“城镇化与减灾”宣传活动。活动共展示防灾减灾宣传教育图版95块、发放宣传资料2000余册，受教育人数达6000人次；鹿城实验中学、仰义中学、上成中学以及星际控股集团有限公司先后举行疏散、抢救等防灾救灾技能演练活动，共1925人参加。

8月4日，在南汇街道春秋社区组织防灾减灾教育及人口疏散演练　　区人防办提供

【“国耻日”纪念活动】 9月18日，区人防办在上成中学开展爱国主义教育活动和人口疏散演练；各街镇、社区、学校以悬挂横幅标语、有奖知识竞猜、发放宣传资料等形式，开展一系列“勿忘国耻、警钟长鸣”纪念活动。

9月18日，区人防办在上成中学开展人防宣传教育系列活动

区人防办提供

【基层人防规范化创建】 9月，在南汇街道绣山社区召开社区人防规范化建设现场会。全区7个人防创建社区参加，会议总结推广绣山社区的特色做法和典型经验，部署下一阶段基层人防规范化建设工作。

【人防行政审批】 2014年，按照“应建尽建、应收尽收”原则，共办理人防行政审批件79项，其中新建人防工程14个，结建面积68303平方米，收取人防易地建设费98万元；追缴历史遗留的人防易地建设费共158万元。

【人防疏散场所建设】 11月，区人防办在藤桥镇“双潮爱国华侨纪念馆”增挂“温州市鹿城区双潮人防应急疏散基地”牌子，协调落实人员和办公场所，设立相应的标识牌和指引牌。

【拓展小学、大学人防教育工作】 11月，区人防办在普及初级中学人防教育基础上，先后组织光明小学和浙江工贸职业技术学院开展人防宣传教育，并得到学校师生的支持和参与，人防教育覆盖面已从初级中学拓展到小学和大学。

【指挥工程建设】 2014年，区人防指挥中心（1101工程）完成年度投资任务110%，累计完成投资额6520万元。该工程争取省财政厅专项补助经费100万元。

【人防工程质量监管】 2014年，区人防办派人到人防建设工地检查计52人次，新开工人防工程受监率达100%；全年新竣工项目12个，结建面积35577平方米，新增人防停车位620个；将标识标牌纳入工程竣工验收内容，确保新竣工项目均按照要求安装统一标识标牌。年内已完成辖区50%旧标识标牌更新任务。

（编辑　戴增荣）

法 治

政法委及综治工作

【概况】 2014年，全区政法战线围绕中心，认真履职，应对各项难题，扎实做好各方面工作。全年全区政法系统获集体二等功2个、三等功6个；个人二等功5个、三等功58个；同时涌现出一批各级各类的先进典型。区委政法委、区检察院、区司法局、西郊法庭、公安分局指挥中心等5个单位被评为2014年度全市政法系统先进集体，数量占全市六分之一；区委政法委机关年度考核位列全市第一。区公安分局在信访维稳、打击控案、“大情报”体系建设、“物联网”治安防控体系建设等工作上取得优异成绩，命案发案量20年最低、破案率100%，全市综合考评第一，在市局的13项考核中取得10项第一。区法院全年收、结案数均创历史新高，一线法官人均结案432件，比全省平均数高211.19件，居全省法院第一，被评为全省、全市优秀法院。区检察院在全省基层检察院分类考评中名列全省第六、全市第一，侦查监督、监所检察两项排名全省第一，记集体二等功2项，被评为全市先进检察院。区司法局被评为全市司法行政工作综合考评优胜单位，人民调解、社区矫正、法律援助等多项工作走在全市前列。同时，法学会工作取得较大进展，在推进法治建设、服务领导决策，以及自身建设等方面都取得了明显成效。

【“平安鹿城”建设保持良好态势】 2014年，鹿城区坚守平安底线，在实现平安“五连创”目标的基础上，全年平安建设模拟得分956.32分，位列全市第五，实现平安“六连创”和“二次夺鼎”。完善常态督导机制。在全市率先推行“平安月报”，出台街镇、部门考核细则，建立动态考评、及时预警、约谈整改、分数控改等制度，形成“124”创建机制，实现平安动态管理，强化难点攻坚。专题部署除恶治乱行动，挂牌整治24个治安乱点，刑事、盗窃、“两抢”接警同比分别下降9.3%、15.5%、53.1%。开展“非访整治年”活动，建立四部门会商制度，批次下降41.7%，人次下降60.4%。开展十大重点领域安全生产专项整治、城中村安全综合整治、“九打九治”打非治违、“清剿火患”战役行动等，各类事故数、死亡数、直接经济损失同比分别下降7.2%、11.5%、35%。深化基层创安和社会动员，“平安校园”“平安家庭”“平安物业”等行业创安水平省市领先，全面打造8条平安宣传精品街，开展宣传活动3610次，参与人员530321人，群众知晓率、参与率、满意度进一步提升；每季度联合统计局平安志愿者调查队对“平安三率”进行调查统计，营造全民参与共建良好氛围。

【维护社会稳定取得明显成效】 2014年，深化“五位一体”源头维稳机制，超前防范化解不稳定因素，维护全区社会大局稳定。围绕重点建设，为16个省市重点工程、798家企业落实法律顾问，妥善处置重点工程、旧村改造中的不稳定因素，实现进场施工无障碍。依法处置拆违拆迁中的暴力抗法和各类不稳定因素，有效应对宗教领域“三改一拆”中的各种风险。围绕“五水共治”方针，推行“河道警长制”，对涉水违法犯罪高压严打，破获涉及水环境污染刑事案件24起，依法批捕破坏环境的案犯18人。加强打击逃废债、金融审判、处非等工作，加强欠薪处置和帮扶企业工作，审结民间借贷、金融借款等金融案件8184件，处理金融诈骗等犯罪案件29件，处理劳资纠纷1814件，查处P2P公司非法集资案件8起，“治赖”追逃专项行动全市第一。加强源头维稳，建立社会稳定风险评估专家咨询委员会、重大不稳定因素三色预警信息平台。全年成功处置635件突发群体集聚事件，完成97件重大事项社会稳定风险评估，专题研判协调69项各类重点不稳定因素。市区挂牌重大不稳定因素化解率和超期停尸火化率均为100%，各项指标排名全市前列。探索推进基层联动机制，开展“1234”基层维稳运行机制试点工作和区域性应急处置机制建设，得到市委政法委肯定。完善反邪十项机制，创成首个中小学生反邪教教育基地，“涉外”反邪工作全省领先。

【基层社会治理实现突破】 2014年，夯实基层基础，深化“网格化管理、组团式服务”工作，不断提升基层社会治理水平。加强社会管理服务中心规范化建设，规范中心的信息流转、中心运作、协作联动、联席会议和考核奖惩等环节，建立驻格员四级评价和网格员三级评价机制，形成适应社区扁平化管理的社会管理新模式。探索推进基层社会治理信息化工作，研究出台《鹿城区关于以信息化助推基层社会治理能力现代化的实施意见》，全面完成网格化管理和基层社会管理综合信息系统“两网合一”，建立资源共用共享、三级流转处置等八项制度，贯通51个重点职能部门和206个街镇相关站所科室信息平台渠道，全面推行“综治E通”（网格员同步信息手机终端）、“*180”（网格员服务热线）等互动平台。信息平台全年录入61429条服务办事信息，矛盾纠纷调处成功率、治安安全隐患化解率、民生服务办结率均达到98%以上，经验做法得到全省推广。加强重点领域治理创新，创新出租房“两化一式”管理，20人以上群租房智能门禁全覆盖，77%的流动人口纳入出租房智能门禁管理系统。深化大调解体系建设，打造“一小时调解圈”，排查各类矛盾纠纷18918起，化解率达97.4%。创新开展“律师行动在网格”活动，将专业律师资源导入社区网格。率先开展新居民“积分制”管理和新居民居住意外险制度，经验做法在全市推广。

【司法体制改革有效落实】 2014年，贯彻落实《温州市深化司法体制机制改革的实施意见》，严格落实33项防止冤假错案制度，积极探索企业破产简易化审理，推进破产纠纷化解，先后快速审结破产案件31起，促成拜丽德等5家知名企业立案前与申请人达成和解；建立轻微刑事案件快速审理机制，联合温州市医学会在全省率先出台专家证人出庭制度，切实提高刑事案件审判效率和效果；落实涉法涉诉信访改革，共接待、办理涉法涉诉信访案件150件，并为41件案件实行司法救助；改革审判流程，将75%民商事案件裁判文书签发权限分别下放给庭长、合议庭审判长和经办法官，并制定全员办案制度，院、庭长全年共办结案比2013年上升75.19%，缓解一线办案压力。扩大法院网拍效应，成交数、成交总额位居全省法院首位，与多家银行创新搭建网拍房产按揭贷款平台，相关做法在全省法院推广。

【强化执法监督和政法委机关建设】 2014年，强化执法监督，建立政法系统明察暗访工作制度及政法干警奖惩数据库，深入开展“明察暗访”30次，组织案件专项执法检查190件，评查重点案件16件；共接待、办理涉法涉诉信访案件150件，并为41件涉法涉诉信访案件落实司法救助。开展政法委机关建设，深入推进党的群众路线教育实践活动，全面整改班子“四风”突出问题25个；部署政法文化主题活动，开展十大政法典型人物评比宣传、“全民普法广场乐”等活动；被省委政法委确定为全市唯一的调研联系点，先后完成了运用信息化提升基层社会治理能力、特殊人群服务管理等多个专题调研；打造“全员基层蹲点破难”服务品牌，累计开展基层蹲点活动18次；深入开展文明创建，被评为市级文明单位；被评为2014年度全市政法系统先进集体，年度综合考核位列全市第一，并连续三年被评为区年度考核考绩优秀单位。

公 安

【概况】 2014年，鹿城公安分局坚持以“平安温州·清静治安”为目标，紧扣“深改革、破难题、创品牌”工作主线，牢固树立“民意警务、信息警务、主动警务”战略意识，优化素质、优化资源、优化机制，落实打防管控各项措施，公安工作取得“三大满贯”成绩：在全市组织的十三大项考核中，获十项全市一类地区第一，综合考评成绩总分位居全市12个县（市、区）第一，获全市县级公安机关考评优胜单位称号；执法质量考评获全省执法优胜单位称号；队伍正规化建设连续两年获市局先进单位称号。2014年，全区总有效接警量同比下降10%，总刑事发案量同比

1

2

3

4

温州市公安局鹿城区分局

2014年，鹿城分局紧紧围绕“深改革、破难题、创品牌”工作主线，优化警力配置、健全实战机制、提升整体素质，以全市1/7警力顺利完成全市1/4公安业务，以业务综合考评全市首位、执法工作全省优秀、队伍建设全市先进的成绩，为“打造平安鹿城、创建首善之区”做出突出贡献。

全局平安创建、打防控、“物联网”治安管控、“警灯工程”“百城禁毒会战”、社会治安“二级四色”预警评估、群众对社区民警熟悉度测评、“大情报”体系建设、执法质量、队伍建设等十项重要工作成效全市第一，获全省公安执法质量优秀单位、全省公安信访评估县级优秀单位、全省取保候审专项督察活动先进集体等称号。大型活动安保工作获中央、省市领导肯定。

全年成功处置警情11.5万起、调解社会矛盾1万余起，移诉2921人、行政拘留5512人、摧毁犯罪团伙200余个，全区发案数、警情数同比分别下降7%、10%，系全市唯一被评为2014年度“优秀公安局”的县级公安机关。

1. 10月23日，鹿城公安分局举行区社会应急联动指挥中心暨分局指挥中心新大厅揭牌仪式
2. 12月15日，省委政法委副书记、省平安办主任朱贤良，省委政法委副书记、省综治办主任巫波伦率队到青园社区考察社区信息化建设
3. 4月17日，公安部情报中心副主任王智民一行到鹿城公安分局调研指导情报信息建设工作
4. 12月17日，市局党委委员、区委常委、公安局长金国平到滨江街道开展创建全国文明城市实地督查活动

此版照片由温州市公安局鹿城区分局提供

下降20.1%，其中“两抢”发案量同比下降24%，盗窃发案量同比下降21.9%；命案发案数创20年来最低，并实现全部侦破。一年来，鹿城区公安分局获全国打击外汇违法犯罪先进集体、全市维稳工作先进集体、全市“警灯工程”先进集体、全市第一批节约型公共机构示范先进单位、全市优秀公安局等荣誉称号。南浦派出所、“藤桥杀人焚尸”专案组立集体二等功，刑侦大队、经侦大队立集体三等功，全局获市级以上先进集体称号142个。情报大队被公安部指定为全国公安情报技战法培训基地、软件开发研究示范点。出入境管理大队被评为全省公安出入境一类文明窗口、全市十大效能示范岗、全市公安机关群众满意基层站所。潘卧虎、林耀辉被评为全省最美警察，周巧平被评为全省政法系统先进个人，杨国强、陈朝晖、吴振宇、黄迎春立个人二等功，陈丽慧、许秀燕、叶挺荣等23人立个人三等功，全局759人获先进个人荣誉。

【排查化解、安全保卫工作】 2014年，鹿城公安分局围绕重点领域和敏感因素，加强矛盾纠纷排查化解、现场控制工作，妥善处置群体性事件苗头486起、处理对象48人。驻所调解室配备专兼职调解员42人，在塗村等多个复杂部位新建警务室，向重点社区、重点企业、重点行业延伸触角，化解萌芽阶段的各类矛盾纠纷，移送调解纠纷1万余起，成功率98%。先后出动警力2.2万人次，有效稳控相关人、事、物，圆满完成中共十八届四中全会、全国“两会”、上海亚信峰会、南京青奥会、APEC北京会议、村级换届选举等60项重大安保任务，执行上级党政领导重大警卫任务14起。

【群体突发事件处置】 2014年，鹿城公安分局打造社会应急联动体系，建立应急处突“三联一保

障”机制，即“联合指挥、分层处置，联动应急、快速反应，联勤联防、重点管控，后勤保障、强力支撑”。制订8项重大紧急警情处置预案，形成“一呼百应”快速反应工作机制。强化特巡警预备队建设，有力处置了“2·11”美兰拉链厂拆违抗法、“4·24”七都大桥拦路阻碍交通、“4·28”永嘉三江宗教场所拆违等一批突发性案件。

【信访稳控源头治理】 2014年，鹿城公安分局坚持“减量控源、严防滋事、规范有序”工作目标，建立以值班所队领导包案负责制为基础的信访问题源头治理工作体系，完善预警评估、复杂疑难敏感件督办机制，切实推动信访工作关口前移，信访总量、公安口信访量、初信初访量、越级上访量同比分别下降26%、38%、21%、50%，实现公安口信访对象“零进京”“零滋事”，被评为年度全省公安信访考核县级优秀单位。全市公安机关信访工作现场会在鹿城召开，推介信访问题源头治理工作经验。

【深化“平安鹿城”创建】 2014年，鹿城公安分局坚持以“打开路、打防并举”为原则，充分整合运用专业力量、群防力量、信息技术等资源，实现社会防控联勤联防。推进打“侵财”、百城禁毒会战等专项斗争和双屿综合整治活动，严打突出犯罪，移诉侵财对象1159人，实现“四降四升”：打防控立案数、总有效警情、“侵财”类警情、“黄赌”警情分别同比下降7%、10%、17%、15%，总移诉数、“侵财”移诉数、破“侵财”案件数、“黄赌”移诉数分别同比上升3%、2%、16%、14%。“平安建设”公安口考评项目整体成绩历年来首次加分，实现历史性突破。

【打击暴力犯罪】 2014年，鹿城区公安分局践行“命案必破、重案快破”工作理念，将重特大恶性案件侦破作为打击刑事犯罪重点，不断健全重特大案件侦破机制，全年命案发案数创20年新低，破案率100%，成功破获公安部督办“5·4”专案、“2·24”南浦抢劫杀人案、跨省市抢劫车主系列案、“11·20”绑架女中学生未遂案等一批影响重大案件，彰显公安机关重大案件攻坚克难能力。

【打黑除恶、危险物品管理】 2014年，鹿城区公安分局落实市局局长黄宝坤“有黑打黑、无黑除恶、无恶铲霸、无霸扫痞、无痞治乱”的指示精神，深入推进“打黑除恶”专项斗争，做到“打早、打小、打苗头”，破获刑事案件102起，摧毁团伙31个，打处对象281人、同比上升38%，有效维护社会治安秩序。坚持“定领导、定民警、定任务、定责任、定措施、一包到底”工作方针，全面推进“枪、爆”等非法危险物品查缴管控工作，切实形成“不敢带、不敢用、不敢藏”严管高压态势，共查破案件68起，收缴枪支28支、子弹943发、管制刀具78把、易制爆物品10吨，确保“不炸响、不打响、不流失”。

【整治热点治安问题】 2014年，鹿城公安分局组织开展贯穿全年的“扫黄赌”专项整治，查处卖淫嫖娼案件216起，对象539人；查处赌博案件529起，对象3146人；摧毁赌博团伙26个，移诉“黄、赌”对象同比分别上升12%、21%；破获“1·23”华尔顿赌博、“7·22”栖凤网络赌博等案件，有力摧毁多个“发卡招嫖”组织卖淫团伙，全区黄赌警情同比下降15%。鹿城区公安分局全年全力开展禁毒工作，查破2起部督毒品目标案及5起省厅督办目标案，移诉涉毒对象392人，摧毁3人团伙21个、6人网络4个，查处吸毒对象2219人，强制隔离戒毒724人。按照上级公安机关统一部署，开展“百城禁毒会战”活动，成绩阶段性排名列同类地区首位。组织开展吸毒人员“大

6月12日，鹿城公安分局在市区县学前路48号门口成功处置一起爆炸案件

鹿城公安分局提供

排查、大管控”和病残涉毒人员整治专项行动，全市绩效考核取得一类地区第一名。加强吸毒人员服务管理工作，社区戒毒康复工作成效突出。

【打击经济领域犯罪】 2014年，鹿城公安分局深入开展“经侦打假”、“治赖”追逃、“整治发票犯罪”等专项行动。严厉打击涉税类、涉众型经济犯罪，打处对象164人，抓获逃犯45人，挽回损失1651万元，破获“万膳”购物商城、“锦琰”实业公司、“帮客”电商公司非法集资等一批重特大案件。“猎狐2014”专项行动开展以来，共抓获、劝投、引渡7名出逃境外经济犯罪嫌疑人，超额完成阶段性任务。严厉查处欠薪犯罪案件12起，采取强制措施30人，帮助务工人员追讨工资913万元，同比增长425%。

【便衣侦防打击工作】 2014年，鹿城公安分局以“护年关、保平安”专项行动为载体，全力开展便衣侦防打击工作。从刑侦、特警等部门抽调30名骨干警力和35名辅助警力组成便衣大队，在重点区域对“两抢”、扒窃、诈骗、盗窃车内物品等犯罪活动进行研判和处警，开展便衣伏击、系列性专案经营等工作。全年总刑拘122人，移诉106人，打击侵财犯罪团伙9个，路面抓获现行嫌疑人27名，破获“牛皮大盗”盗窃案、系列盗窃车牌案、恶意汽车纵火案、百万玉器车内盗窃物品案、妇女盗窃团伙全国流窜盗窃大型商场案、持刀抢劫等案件。

【推进城市治安管理】 2014年，鹿城公安分局主动对接党委政府“文明创建”“卫生创建”等中心工作，获全市城区城市治安管理工作综合考评优胜单位称号。创新出台自行车巡逻措施，建立城管治安员队伍，全力做好“三改一拆”执法保障，整治城市广场舞噪音污染、停车非法收费、非法小广告等工作。及时救助劝返乞讨流浪人员，处置流浪犬，助推社会发展、经济转型、和谐平安。截至年底，“文明创建”各项工作攻坚有力，“卫生创建”重点项目通过验收，配合其他部门执法228次，保障“拆违”16.5万平方米，办理各类案件28起，刑事拘留41人，行政拘留17人。

【做好民生保障工作】 2014年，鹿城区公安分局坚持“警务惠及民生”工作理念，开展“斩黑手”反扒窃、打击“伪基站”、打击“盗销电瓶车”等专项行动，攻坚团伙性、系列性、现发性案件，常态严打多发性、常发性案件，切实做到“既破大案、又管小案”。摧毁“伪基站”犯罪团伙23个，打处对象54人，工作成效排名全省第一；登记备案电动车8万余辆，建侦测点460个，破获盗销电动车案件59起，打处对象45人，集中发还群众失窃电动车202辆；破获现发案件468起，抓获现行对象272人。2014年，鹿城公安分局落实区委、区政府“五水共治”中心工作，积极对接市、区水环境治理“河长制”，主动建立“河道警长制”，局班子成员或副科长级干部“一对一”担任区领导联系挂钩的“河道警长”，派出所领导或社区民警担任街道领导联系挂钩的“河道警长”，破获“毛某、康某严重污染环境案”等刑事案件24起，采取强制措施处理74人，同比上年提升10倍，推动全区“生态文明”建设。组织开展“保卫餐桌安全”等专项行动，严打食品药品安全领域违法犯罪，破获石某、陈某夫妇重大影响食品药品犯罪等案件21起，对57人采取强制措施，同比增长30%。

【加强安全监防】 2014年，鹿城公安分局加强消防安全管理，推进居住出租房综合整治工作，组织开展“蛟龙”系列消防安全行动，推动各镇街成立消防安全委员会，建立镇街消防工作站、社区消防工作室、村居消防工作队，确保消防安全形势平稳，火警警情同比下降3%，抢救、疏散群众222人，抢救、保护财产价值2.40亿元。重视监所安全管理，投入700万元用于基础设施建设，运用信息化手段优化勤务安排及社会化运作监所医疗保障，确保监所、队伍双安全，看守所连续9年安全无事故。强化网络安全监管、网络违法犯罪打击，排查辖区互联网站点1525家，侦破网络犯罪案件30起，配合侦查311次，刑拘103人，抓获逃犯188人，处置有害信息1636条。鹿城公安分局紧抓群众关注的热点问题，重点推进案件预防工作，推出“群众外出安防”服务利民便民举措。根据群众合理需求，主动上门提醒并指导申请人做好治安防范工作，督促物业公司做好日常治安防范工作，并检查物业的物防和技防设施设备是否正常，开展针对性治安防控，做到“群众出门、巡逻上门”。

【连续规范流动人口管理】 2014年，鹿城公安分局围绕“夯实基础、打造品牌”的流动人口管理工作中心，实行社区民警专职化，组织开展社区民警“入户调查、入企联系、入室工作”的“三入”活动。加强“物联网”治安防控体系建设，形成“以卡管人、以房管人、以企管人、以业管人、以车管人”新格局，设立“e居站”108台，配置“流管通”500台，安装群租房智能门禁3866户，发放“e居卡”69万余张，发卡率99.8%。“物联网”治安管控成效排名同类地区首位，获全市“物联网”治安管控工作先进集体称号。创新出租房管理模式，全区居住出租房登记率99%，治安责任书签订率100%，流动人口登记率94%，人户一致率91%，注销率93%。全区列管5788人，全年打击处理列管对象703名，其中刑拘278名、治安处罚425名。在双屿所推出企业自主申报管理系统QQ群，发动辖区近200家企业安装自主申报管理系统，提高流动人口管理工作效率。

【规范外管工作】 2014年，鹿城公安分局紧扣境外人员规范化管理工作，推出“强化排查、健全机制、注重服务、细化考核、强化培训”5条措施，健全村居境外人员辅助管理网络，实施境外人员分层重点管理，提供“预警”“预约”，在线“释疑”“解惑”服务，延伸数据采集窗口，搭建社区服务平台，建立涉外企业考评制度，实行住宿登记倒查、规范走访检查制度，推进境外人员基础管理工作，提升外管工作实效，营造良好涉外环境，外管基础工作质量居全市第一。

【优化行政审批窗口服务】 2014年，鹿城公安分局将治安、网警、禁毒等部门行政审批职能移交到行政审批科，实现分局行政审批工作的两集中、两到位。推进网上“一站式”审批服务工作，将涉及公安的行政许可和非行政许可事项纳入温州公安网上办事大厅，通过“外网受理、内网办理、外网反馈”流程形式，让群众足不出户即可实现对公安相关业务的咨询、预约、申请、受理、办理。优化户籍、治安、出入境等公安行政管理服务，减少审批环节，简化审批手续，压缩审批时限，完成“批管分离”改革，推出“互联网审批”“服务窗口无休日”“手机微服务”“临时身份证办理权限下放”等系列便民措施，全年审批窗口群众满意度100%。重点打造出入境管理服务品牌，组织实施“亮窗工程”，争取公安部下放外国人签注办理权限，在多个社区设立出入境管理服务站。全年共办理出入境证件业务5.6万起、境外人员住宿登记6.2万人次，其中周末办理出入境证件2万件。

【开展双屿综合整治】 2014年，鹿城公安分局在区委、区政府和市局领导下，成立双屿平安综治指挥部，下设办公室和8个区职能部门牵头单位。整合双屿辖区公安、交警、运管、行政执法等力量，强打击、严防范，优服务、精队伍，推动双屿平安综治建设，全年治安接警数同比下降15.25%，“两抢”受理数同比下降60.55%，共查处违章摩托车1577辆，查扣处理1122辆非法营运“摩的”。非法“摩的”引发纠纷量同比下降50%，引发交通事故量同比下降44%。

【创新“立体化”巡控体系】 2014年，鹿城公安分局整合社会治安巡防力量资源，打造“视频巡查、专业巡处、便衣巡控、社区巡防”四维一体化巡防体系，实行“专业化处警、网格化巡逻、扁平化指挥、一体化运作”模式，形成以派出所为龙头、各类巡防力量为主体、警灯值守岗亭为辅助的联巡联防工作格局。实现案前预防、案中抓现、案后打击，提升公安机关社会治安动态驾驭能力。建立视频监控运维监管中心，完成“双网双平台”改造，监控在线率95%，图像可用率90%，视频监控建设应用、管理维护水平全市一流，规划方案评审获全市一等奖。

7月21日，市委常委、公安局长黄宝坤到女子岗亭检查指导“警灯工程”执勤工作
鹿城公安分局提供

【强化“社区警务”基础工作】 2014年，鹿城公安分局落实省厅“一号文件”，深入实践“社区警务”战略，以“民警沉入社区、警力屯扎街面”为目标，切实强化派出所基础工作建设。推行派出所中层干部兼任社区民警，督促社区民警“入户访查、入企联系、入室工作”。自主创设社区“110”防盗联网报警系统，创新娱乐场所等级化管理，推动创建星级治安安全住宅小区，指导社区红袖章治安巡逻队，切实建设并维护第一道防线，打造服务群众的第一个平台。

【开展二代证集中换发工作】 2014年，鹿城公安分局按照省厅、市局部署，集中换发第二代居民身份证工作。集中换发期间，共为1982名持第一代居民身份证公民换发了第二代居民身份证。按照省厅、市局统一部署要求，贯彻居民身份证登记需采集指纹信息的原则，审核派出所上报的居民身份证照片和指纹信息，上报市局制证，为全区办理居民身份证42467个。

【强化“三室合一”建设工作】 2014年，鹿城公安分局加大推进以情报信息室、视频监控室、指挥调度室为主体的派出所“三室合一”规范化建设，提升派出所专兼职情报民警网上作战技能，提升突发警情情报应急处置和合成作战能力，确保派出所部分案事件经过“三室合一”工作得到控制和侦破。全年共新建视频监控1000个，其中高清500个，已建767个，江滨派出所、双屿派出所、五马派出所视频监控应用、视频监控建设等经验得到上级肯定。

【拓展公安“大宣传”阵地】 2014年，鹿城公安分局依托电视、报纸、网络等媒体渠道，拓宽宣传阵地，做大做强外宣自办栏目，巩固《警官说案》《治安曝光台》两档栏目宣传成果，做精做优《鹿城警务观察》电视专栏。拓宽宣传载体，强化官方微信建设，建立“平安鹿城”官方微网站，开通掌上微服务，使市民通过微信就可以查询相关业务，并实现治安、户政、出入境等40多项业务的办理。强化舆情即警情的理念，完善舆情快速处置机制，及时利用官方微博微信发布官方信息，被国内各级主流媒体录用稿件1261篇，其中国家级55篇、省级156篇、市级1046篇。

【党的群众路线教育活动】 2014年，鹿城公安分局结合“党的群众路线教育实践”活动，推行“干部民警进一线”系列举措，局领导结对联系一线单位，机关部门对口支援派出所，所分管领导兼任社区民警，一线民警深入社区开展工作；深入开展党建工作，落实党风廉政建设责任制，发挥工、青、妇组织作用，全年向社会各界2116人征求意见，征集建议1210条，整改问题32个，建立健全机制56项，沟通解释70次，有效促进作风转变，密切干群关系、警民关系；倡导节约、厉行节俭，办公经费支出同比下降6%，其中公务接待、公务用车支出同比分别下降75%、45%。

【优化警力资源合理配置】 2014年，鹿城公安分局坚持“警力向一线倾斜”的指导思想，继续做好“百名机关民警下基层”工作，派出所警力占比达55%，初步实现“做精机关、做强基层”目标。推行局领导“三个一”一线工作法，即值班周期内至少“一线督战一次、蹲点夜学一次、坐堂履责一次”，确保局领导深入前方、科学指挥。完善干部民警管理考核机制，中层正职推行目标承诺，普通民警实行双向选聘，打造“能上能下、能进能出”人事管理工作体系。中层干部选拔严格实行“评绩选优、量绩择才”，集中选拔调整股级干部2次，选拔后备干部192名。设立文职管理中心，推出文职人员管理系列制度，招录文职人员170余名，开展培训28期，受训1441人次，不仅从根本上盘活现有协辅警队伍，而且实现机关职能部门消肿减员、基层单位减负增效的目的，助推各项公安工作顺利完成。

【执法规范化建设】 2014年，鹿城公安分局将法制预审力量并入执法监督部门，建立专兼职法制员队伍，系统性梳理完善刑事、行政执法规范性机制，推出网络版“执法办案宝典”，创新推行执法积分制，开展执法之星评先评优活动，全面营造良好执法工作氛围。开展执法检查“回头看”活动，对群众反映强烈的执法突出问题进行梳理排查、专项治理，自查警情2.5万起、案件4223起、涉案财物1535笔，整改问题145个。开展“执法执纪保安全”专题教育活动，整改重点问题14项，帮扶重点人员44名。

【加大廉政风险管控】 2014年，鹿城公安分局自主研发队伍廉政风险预警管控系统，针对重点执法环节进行智能化分析，分四级落实预警响应措施。选聘69名兼职督察员，切实强化督察力量，全年开展督察186次、查纠问题423个，局规记分683人次、1006分，内部监督力度为历年最大，涉警涉法投诉、有理投诉、队伍违纪率同比分别下降21%、17%、85%，没有出现重大违法违纪问题，队伍风险管控水平全市第一，获全省取保候审专项督察活动先进集体称号。

【加强公安教育培训】 2014年，鹿城公安分局利用分局教育训练基地，加强对民警全方位教育培训，组织各类型业务知识培训，提升基层民警执法办案素质和能力，提高公安队伍整体素质和战斗力，全年举办“增强执法自信和执法公信”专题轮训班12期，培训民警2800人次，聘请高等院校专家、教授举行视频培训会20余次。鼓励民警报考国家司法资格考试，组织50余人集中培训，营造学法氛围，提升执法能力。健全完善“警司制”，加强对外地转任民警岗前培训，确保新任、转任民警“会干事、能干事、干成事”。

【落实从优待警措施】 2014年，鹿城公安分局切实维护民警执法权威，办理民警维权案件36起，严厉惩处阻碍执行职务、妨碍公务人员行为，刑拘4人、行政拘留36人。深入打造“惠警工程”，做大公安文联活动平台，举办太极拳文体活动培训班，组织开展“鹿城卫士杯”系列文体比赛，派员组成温州代表队参加全省首届公安体育大会，获团体总冠军，民警在全省公安系统“中国梦·警察梦”第六届“东海卫士”书法美术摄影比赛中表现突出。投入100万元建立危难救助基金，落实医务室、小超市等十大惠警措施，慰问124人，增强队伍向心力、凝聚力。

9月29日，鹿城公安分局在温州市工人文化宫举办2014年“鹿城卫士杯”乒乓球比赛

鹿城公安分局提供

【加强应急联动建设】 2014年，全区社会应急联动指挥中心暨鹿城公安分局新指挥大厅于10月正式投入使用。大厅配备高清大屏、扁平化可视指挥中心平台、模拟对讲机、视频监控平台等多个先进系统，集指挥调度、情报研判、视频侦查、社会应急联动处置于一体，并广泛吸纳具有应急处置职能的单位和部门加入，陆续与环保、卫生、建设、电力等各级联动单位建立联络机制，全面整合社会资源，一旦发生突发事件，可在最短时间内，集结各方救援力量，提高政府工作效能，推进社会应急联动工作落实开展。

【承办第27届全国十城区公安分局协作会议】 2014年10月28日，鹿城公安分局承办第27届全国十城区公安分局协作会议。会议在省厅、市公安局、区委、区政府大力支持及有关部门通力协作下，依托全国十城区公安分局协作机制，共同研讨信息化条件下的警务战略合作，增进互相信任，促进信息共享，达成目标共识，形成覆盖大江南北、辐射全警、部门联动的警务合作格局。广州越秀分局、上海黄浦分局、天津和平分局、长沙

10月27日—30日，鹿城公安分局举办第27届全国十城区公安分局协作会议

鹿城公安分局提供

芙蓉分局、北京东城分局、西安莲湖分局、武汉江汉分局、南宁兴宁分局、沈阳和平分局等十城区公安分局代表团及特邀单位哈尔滨道里分局、海南澄迈县公安局、贵州仁怀市公安局、新疆沙依巴克分局、重庆渝中分局等代表团参加了会议。

检 察

【概况】 2014年，区检察院以依法公正行使检察权为核心，以维护公平正义、人民权益为根本任务，履行法律监督职能，提升法律监督能力。在全省基层检察院分类考评中，年度检察业务考核成绩名列全省第六、全市第一，侦查监督、监所检察两项工作排名全省第一，公诉、民事行政检察工作分列全省第二、第三位，业务工作被记集体二等功2项、集体三等功3项。

【专项检察】 2014年，区检察院制定《关于服务和保障“两美”鹿城、时尚城区建设的实施意见》，从加大打击力度、强化诉讼监督、加强研判预警、深化检察宣传等四个方面，提出15条具体实施意见，将任务分解落实到“十大项目”攻坚，保证各项检察工作融入大局。开展环保、金融、知识产权等专项检察工作，依法批捕破坏环境、危害生态的犯罪案件10件18人，起诉18件33人；批捕妨害“三改一拆”的妨害公务案件1件5人，起诉2件6人；批捕金融诈骗、破坏金融管理秩序等影响金融改革实施的犯罪案件29件71人，起诉39件56人；起诉侵犯著作权等侵犯知识产权犯罪案件12件12人；立案查处涉及“三改一拆”等征地拆迁领域的受贿、渎职案件3件3人。

【专项预防】 2014年，在七都街道开展基层站所职务犯罪专项风险防控，联合区纪委举行“预防职务犯罪宣讲进乡村”活动，先后在南汇、七都、藤桥等街镇举办预防农村职务犯罪讲座10场，教育覆盖面涉及100余个乡村800余名基层干部。会同区纪委编印《“村官”职务犯罪案例选编》并发送2000余册，推进美丽水乡、美丽乡村等建设中的廉政保障。

【打击各类犯罪】 2014年，区检察院依法打击危害社会秩序的各类犯罪，共批准逮捕各类刑事案件1420件2039人，提起公诉1993件2868人。突出打击黑恶势力、涉枪涉暴、毒品、“两抢一盗”犯罪，共批捕973件1325人，起诉1046件1404人。重视涉及民生案件，打击危害食品药品安全、环境安全、生产安全、信息安全等犯罪，共批捕危害食品药品安全的犯罪案件7件11人，起诉10件28人。批捕利用“伪基站”设备群发诈骗短信的犯罪案件10件17人，起诉16件28人。

【贯彻宽严相济刑事政策】 2014年，区检察院联合区法院建立轻微刑事案件速裁程序等制度，推行社会危险性、羁押必要性审查，把握宽严尺度标准，决定不批捕无社会危害性131人，建议释放无羁押必要性犯罪嫌疑人7人，不起诉犯罪情节轻微的175人。加强特殊群体权益保障，制定未成年犯罪嫌疑人品格证据调查制度，设立法制教育室、检察官寄语、“善本讲坛”等帮教平台，决定不批捕涉嫌犯罪未成年人7人，不起诉13人，附条件不起诉15人，落实社会帮教22人。

9月24日，第一期“善本讲坛”开课，全国关心下一代先进工作者林荣为40余名被帮教对象及其监护人授课

区检察院提供

【社会治理工作】 2014年，区检察院加强涉检涉法信访工作，办理群众反映的控告、申诉、举报、司法救助、国家赔偿等各类诉求事项210件，为9名刑事被害人申请并发放救助金5.6万元。加强与基层司法所联系，将双屿、藤桥、仰义辖区社区矫正监督工作落实到双屿检察室，增强一线执法监督针对性。根据非法用工、交通安全隐患等问题，向相关单位发出检察建议20项，推进行业规范化建设。加强检察宣传，在公众微信平台发布信息55条、发展关注用户300余名，在中央和省、市级新闻媒体刊播宣传稿件103篇。举办专题法律咨询和法制讲座20余次，检察宣传干部陈晓娟被最高检察院检察日报社评为优秀通讯员。

【查处职务犯罪大要案】 2014年，区检察院查办职务犯罪大案要案及发生在群众身边的腐败犯罪案件，联合区法院建立涉诉行政案件中职务犯罪查处联动机制，设立查办职务犯罪线索信息库，加强信息梳理、数据恢复等技术在初查阶段的运用，初查职务犯罪线索65条。建立反贪污贿赂工作规程等侦查办案规范，对线索摸排、初查、立案、侦查、侦查终结等侦查办案的主要环节进行跟踪把关，对讯问犯罪嫌疑人进行全程同步录音录像。立案查处贪污贿赂案件19件19人、渎职犯罪案件3件3人，其中大案15件，查处县处级干部2人，乡科级干部4人，涉及医疗卫生、征地拆迁、工程建设及国有银行、国有企业等部门和领域，通过办案挽回经济损失600余万元。查办温州市建设集团原总会计师余某某贪污、受贿、挪用公款特大案，温州市委政策研究室原副主任王某受贿大案，鹿城区国土资源管理分局五马管理所原所长潘某某受贿大案等案件，收到良好的法律效果。

【推进职务犯罪预防】 2014年，区检察院推出“鹿城预防之窗”微信公众平台，开展预防“微课堂”宣讲，推进鹿城检察官方微博预防宣传，构筑“微预防”体系。加强对职务犯罪的预防调查和个案预防，开展重大典型案件同步预防，发送预防检察建议、预防调查报告、预防案例分析19篇。深化职务犯罪预防宣教工作，在机关、银行、民企开展预防教育活动7次，受教育人数达700余人。推进市场廉洁准入制度，开辟行贿犯罪档案查询邮箱、微信预约服务，提供行贿犯罪档案查询3221次13387件，为区管干部出国（境）提供联审查询服务177人次。完成预防职务犯罪教育基地工程建设，建成1200平方米、分为8大主题板块的预防展厅，规划运行管理模式，预防教育基地运行准备工作就绪。

【刑事诉讼监督】 2014年，区检察院监督纠正执法不严、司法不公，保障人权，执行审查逮捕阶段全面讯问犯罪嫌疑人等制度，履行权利义务告知3598人次，为犯罪嫌疑人申请法律援助84人次，通过高效速拍、光盘刻录服务提供律师阅卷800人次；不批捕未构成犯罪、事实不清、证据不足的207人，不起诉75人；监督公安机关立案20件，涉及42人，立案监督案件中获有罪判决12人，其中1人被判无期徒刑；纠正漏捕9人，追诉漏犯36人；提出刑事抗诉16件，提请市检察院按审判监督程序提出抗诉6件，获法院改判11件，刑事抗诉数和改判数创历年新高；对侦查活动中的违法情况提出监督意见20项，对刑罚执行和监管活动中的违法情况提出监督意见25项；开展减刑假释暂予监外执行专项检察，对61名职务犯罪、金融犯罪和涉黑犯罪“三类罪犯”逐人逐案审查，收监执行丧失保外就医条件的罪犯10人。

【民事行政检察】 2014年，区检察院对困难群众推出口头申请监督、免交原庭审笔录、上门送达文书等民事行政检察便民措施，联合区法院建立将虚假诉讼行为人纳入失信被执行人名单等制度，开展民事行政监督工作“检察官·律师”恳谈活动，运用抗诉、再审建议、检察建议等监督手段，对生效裁判、虚假诉讼、执行及审判活动开展全方位监督。共办结民事行政监督案件74件，联合区政法委专项检查民事执行案件70件，联合区法制办评查行政案件77件。其中，对28件民事案件提出监督，获法院改判10件，撤销虚构债权1800余万元，纠正民事执行及违法审判活动9件；就行政执法问题与办案瑕疵发出检察建议10项，行政机关已落实整改9项；民事行政案件监督纠正率达73.7%；移送虚假诉讼犯罪线索13条，经公安立案侦查6件17人，已追究刑责14人。胡某某等人虚假诉讼监督案中，法院再审撤销虚构债权559.8万元，两名虚假诉讼行为人被判处有期徒刑一年两个月，该案件被评为全省检察机关精品民事行政监督案件。

【强化执法监督】 2014年，区检察院制定案件管理工作细则，完成检察涉密信息专线网络分级保护建设，对执法办案实行统一集中管理和全程动态监督，共流转案件4376件，评查案件424件，促进依法规范办案。深化“阳光检务”体系构建，完善更新检察外网、微博、微信等新媒体检务公开平台，做好案件程序性信息和法律文书公开工作，共发布案件程序性信息和法律文书1374份，提供网上申请查询74件次，接受现场、电话案件查询1998件次，保障人民知情权、参与权、监督权。专题向区人大常委会报告职务犯罪查办和预防工作情况，落实审议意见，走访听取人大代表、政协委员的意见，每季度向人大代表、政协委员寄送《检察工作通报》共计1770份，采用人大代表建议2项，获人大代表满意评价。

【检察文化建设】 2014年，区检察院以首批全省检察文化建设示范院为新起点，围绕检察环境文化、制度文化、行为文化、廉政文化，建成全新检察文化走廊、全新院史室、全新检察内网；梳理、修订48项相关制度汇编印制成册，分发至每位检察干警；成立青年干警联谊会，搭建岗位技能、阅读学习、文

12月4日，区检察院举行以"弘扬法治精神，建设法治中国"为主题的检察官宣誓活动，迎接首个"国家宪法日"
区检察院提供

艺体育等竞赛交流平台；开展"国家宪法日"检察官宣誓活动，共组织业务培训100余人次，开办公诉夜校学习18期，干警发表调研文章14篇，获奖9篇，获集体荣誉14次，获个人荣誉51人，民事行政检察科被命名为区"巾帼文明岗"，推进鹿城检察文化升级版建设。

法院

【概况】 2014年，鹿城区人民法院围绕"努力让人民群众在每一个司法案件中都感受到公平正义"的工作目标，提升依法履职能力和司法服务水平。全年共受理各类案件30181件，办结27960件，收、结案数均创历史新高，同比分别上升19.6%和9.85%，居全市法院第一位，分别居全省法院第二位和第三位。一线法官人均结案432件，居全省法院第一位。

【服务保障发展】 2014年，注重金融债权保护，全年共受理金融借款诉讼案件4624件，审结3530件，结案标的额134.33亿元，同比分别上升81.62%、24.08%和24.85%。推进府院联席会议、诉前化解等工作机制，加大司法帮扶力度，在审理、执行过程中，运用支持应急转贷、反担保等方式帮助企业化解纠纷。共促成应急转贷22次，贷款金额1.03亿元。促成撤诉或调解涉企金融借款纠纷616件，化解银行不良资产21.5亿元。受理破产清算案件28件，审结18件。强化执破结合，在破产程序中，促使拜丽德集团等5家企业与执行、破产案件申请人达成和解。依法护航"五水共治"，受理环保非诉行政案件336件，审结336件，均准予强制执行。审结16件污染环境犯罪案件。加大对逃废债行为打击力度，审结拒不支付劳动报酬案件9件，判处罪犯12人；审结妨害作证、帮助伪造证据案件7件，判处罪犯10人；审结全市首例非法处置查封财产犯罪案件，得到省高院院长齐奇批示肯定。

【刑事审判】 2014年，共受理各类刑事案件2198件，审结2202件，同比分别上升3.92%和6.27%，判处罪犯2962人，同比上升10.03%。其中，审结抢劫、故意伤害、涉黑涉毒等犯罪案件625件，判处罪犯853人；审结与民生保障密切相关的污染环境、生产销售假药、生产销售有毒有害食品犯罪案件29件，判处罪犯39人；审结非法吸收公众存款、集资诈骗等破坏市场经济秩序犯罪案件40件，判处罪犯48人。审慎处理重大敏感案件，依法审结"闹市区老虎案"、POP酒吧容留吸毒案等一批社会关注度较高案件。联合温州市医学会在全省率先出台专家证人出庭制度，与区公安、检察、司法行政机关共同建立轻微刑事案件快速审理机制，提高刑事案件审判效率和效果。落实未成年人犯罪记录封存制度，通过庭前社会调查、心理辅导、回访、企业帮教等措施继续加强青少年犯帮教工作，异地籍青少年犯帮教基地新增加帮教对象6人，合计已完成帮教58人，无一人重新犯罪。

【民商事审判】 2014年，共受理民商事案件15318件，审结13531件，同比分别上升35.95%和15.86%。其中，审结人身损害赔偿、婚姻家庭、继承、财产权属确认等涉民生案件4250件；审结买卖、承揽、保险、股权转让等商事案件2850件；审结民间借贷案件2287件，结案标的总额46.88亿元，审结金融借款案件3530件，结案标的总额134.33亿元；审结著作权、商标权、侵害商业秘密等知识产权案件614件。审理因房价下行引发的房屋买卖合同纠纷，审结1095件，促成调解撤诉373件。建立特邀海外调解员制度，在美国设立特邀海外调解工作联络点，聘任两名美国华侨担任特邀海外调解员，协助法院开展送达、调解等工作。新增无讼社区6家，组织开展法官进社区活动，在西郊法庭设立“胡佳颖法官工作室”，采取上门调解、巡回办案、微信互动等方式深化基层司法服务，提升基层纠纷化解能力。

【行政审判】 2014年，共受理各类行政诉讼案件144件，审结139件，同比分别上升5.88%和下降2.8%；受理非诉行政案件937件，审结937件，同比均上升0.97%。协调行政机关采取补救措施后，裁定准许行政相对人撤诉49件，35.25%的行政争议得以化解。坚持“裁执分离”工作机制，依法妥善处理“三改一拆”和重点工程建设、城市化进程中出现的拆迁、拆违等涉案问题。共审结行政机关申请强制搬迁、拆除违法建筑案件52件，依法准予强制执行51件，准予行政机关撤回申请1件，未发生对抗失控的恶性事件。坚持通过府院联动考核，推进涉诉行政机关负责人出庭应诉、司法建议反馈落实、败诉责任追究三项工作，司法建议反馈落实率达100%。

【执行工作】 2014年，共受理各类执行案件11512件，执结案件11097件，到位标的额22.36亿元，同比分别上升7.07%、4.8%和1.58%。实行分段执行节点管理，明确执行分工，加快案件流转程序，初步形成一套较为完善的分权制衡和防止消极执行工作机制。共对9903名被执行人发起查控4.9万次，查控存款4.24亿元以及土地、房屋、车辆等财产11086处。通过人民银行征信系统、最高人民法院执行失信平台等平台发布14753名失信被执行人信息。加大对抗拒执行、逃避执行的惩治力度，运用公安协助系统开展布控，建立24小时执行备勤制度，共拘留、罚款61人，将13件“拒执”典型案件移送公安机关立案侦查。开展执行房屋腾空专项清理工作，共腾空房屋796处，通过司法处置变现599处，保障当事人合法债权。

【审判改革】 2014年，将部分民商事案件裁判文书签发权限下放给庭长、合议庭审判长和经办法官，体现“让审理者裁判，由裁判者负责”。制定全员办案制度，院、庭长带头办案，缓解一线办案压力。院、庭长全年共办结案件2472件，同比上升75.19%。完善立案审查流程，规范诉前引调工作，在全市法院率先与市保险行业协会建立诉调对接机制，全年诉前化解纠纷1514件，居全市法院第一位。增强审判、执行工作科技助力，运用案件信息管理系统及时向当事人发送短信，告知案件开庭时间、审判人员联系方式等相关信息；开通“法院对外委托机构信息平台”，提升对外委托工作的透明度；完善“执行点对点查控系统”，先后与浦发银行等12家股份制商业银行实现网上冻结功能，对接银行数增加到21家。健全档案信息管理系统，诉讼档案在全市法院率先全部实现数字化，方便当事人在线查阅档案，获评为省级示范数字档案室。

【深化阳光司法】 2014年，深化立案、庭审、审务、文书、执行信息公开。实行庭审同步录音录像，选择典型案件进行庭审实况网络录播、微博直播。开通“12368”司法服务热线，方便当事人查询信息、投诉咨询。完善门户网站文书检索功能，全年共上网公开裁判文书14713份。开展公众开放日活动61次，邀请3400余名干部群众走进法院，旁听庭审。获评为2014年度全国法院司法新闻宣传工作先进单位，宣传工作考核排名居全省基层法院第一名。坚持“公开网拍优先”，全年共发布网拍公告1612件，网拍率达98.22%，成交703件，总成交额为22.93亿元，为当事人节省佣金5505万元，成交数、成交总额、节约佣金金额位居全省法院首位。与多家银行创新搭建网拍房产按揭贷款平台，累计为69笔拍卖提供贷款1.58亿元，相关做法在全省法院推广，得到最高法院副院长江必新批示肯定。

司法行政

【概况】 2014年，鹿城区司法局以“创和谐、创满意、创品牌”为工作目标，充分发挥法律宣传、法律保障和法律服务三大职能作用，凝心聚力、攻坚克难，取得了良好的工作成效。区司法局分别被评为浙江省社区矫正工作先进集体、温州市人民调解工作先进单位、温州市政法系统先进集体，继2013年再次被评为温州市司法行政工作综合考评优胜单位。全区司法行政系统受到省、市级部门表彰的先进集体荣誉达10项，先进个人达11名。

【人民调解】 2014年，新建鹿城区人民调解中心，负责指导、协调、分流全区各类社会矛盾纠纷。在市老龄产业联合会建立温州市老龄行业人民调解委员会，指导区消保委

2月28日，举办人民调解员业务培训会议　区司法局提供

（区消协）建立消费纠纷人民调解委员会，与区教育局联合成立鹿城区学生伤害纠纷人民调解委员会。推广“以外调外”调解模式，建立四川、贵州等6家外地驻温商会调委会。打造“一小时调解圈”，将人民调解工作触角延伸至各社区网格，将矛盾纠纷化解在萌芽状态。强化人民调解员队伍建设，通过举办专题讲座、调解案例研讨、法院庭审观摩等形式，共培训专、兼职调解员和“两代表一委员”特邀人民调解员1500余人次。制定《人民调解卷宗制作指引》，落实等级评定、优秀案例发布、工作考核等制度，进一步提高人民调解工作规范化和有效化。2014年，全区各类人民调解组织共受理各类矛盾纠纷13478件，同比下降了7.3%；调处成功13348件，成功率达99.04%，涉及纠纷当事人31054人，涉及协议赔偿金额达2.02亿元，其中调解非正常死亡案件114件，防止群体性上访14件共433人。

【社区矫正】　2014年，对全区465名重点社区矫正人员配备定位手机，配备率达91%。在五马街道新建一个区级社区矫正集中教育基地，成立了由法学专家、心理咨询师等组成的教育矫正师资队伍。全年参与学习教育10394人次，公益劳动10033人次。强化社区矫正人员心理矫治工作，全年累计参与心理矫治157人次。强化社区矫正信息化建设，全区8个司法所全部运行社区矫正及归正人员系统管理平台，全面落实社区矫正人员日常管理电子化、监管动态化、执法审批网络化、质量考核一体化的“四化”措施。组织区社矫办成员单位开展联合执法检查活动。全区共接收社矫人员344名，累计解除社矫人员321名，目前在册社矫人员501名。认真开展全区社区矫正“三查”专项活动，全面完成暂予监外执行的“三类罪犯”的集中清理工作，成功将10名不符合暂予监外执行情形的社区矫正人员予以收监。

10月22日，邀请温大教授张小燕在五马街道区级社区矫正集中教育基地为180余名社区矫正人员做社会主义核心价值观专题讲座并开展集中点验　区司法局提供

【安置帮教】　2014年，在五马街道东阿外楼大酒店、七都街道温州市环星计时器有限公司、滨江街道荷风柳浪餐饮企业分别新建3个安置帮教基地，帮助生活困难的归正人员实现就业、申请最低生活保障和落实临时救济。全区新增归正人员452名，总计在册归正人员1451名，实施帮教1417人，帮教率达到97.65%；安置1364人，安置率达到94%。

【法律服务和律师管理】　2014年，全面开展律师职业道德和执业纪律教育评查活动，进一步完善市、区、所三级律师工作综合管理平台建设，对律师的办案质量、收案收费、投诉查处、诚信满意度等进行动态监管。深入推进“法律服务进政府”工作，全区26家政府工作部门、8个街道（镇）均建立法律顾问制度，法律顾问聘请率达100%。全年政府顾问律师共协助区委区政府处置重大敏感信访案件14起。创新开展“法律服务进社区，律师行动在网格”活动，引导350余名顾问律师和法律服务工作者与全区1028个网格结对，提供零距离服务。社区法律顾问律师共开展村（居）务“法律体检”79次，帮助修订村规民约、合同357件，协助处理信访问题252起，参与纠纷调解149起。“法律服务进社区，律师行动在网格”项目获2014年度全市司法行政工作创新奖。全区律师共为16个重点工程担任法律顾问，涉及投资金额达370.82亿元；为798家企业担任法律顾问，帮助修订法律文件1351件，审查合同、协议2817件，参与36家企业股份制改造，14家企业发债，6家企业挂牌上市，涉及金额达150余亿元。全区有13家律师事务所与37家商会、行业协会签订法律顾问合同，15家开展法律体检。提供风险防范法律论证意见163条，代理商会参加诉讼等涉法类事务450余起。全区共有45家律师事务所，720余名执业律师和97名实习律师，律师事务所业务收入达2.55亿元，同比增长10.6%。

【法律援助】 2014年，完善区、街镇、社区（村）三级法律援助网络体系，新建驻区看守所、拘留所、法律援助工作站。依托温州日报瓯网，在鹿鸣问政平台设立网上法律服务中心，聘请25名执业律师在线提供免费法律咨询和法律援助申请服务。扩大法律援助范围，将“可能判处三年以上有期徒刑的犯罪嫌疑人或被告人”纳入指定辩护的范围。创新建立速裁援助制度，成立公益律师团队为适用速裁程序的轻微刑事案件当事人提供法律援助服务，全年共办理速裁援助案件24起。强化困难群体法律援助工作，为现役军人、农民工、老年人、残疾人等群体提供“免审查、零等待”服务。建立法律援助案件“全程跟踪”“旁听庭审”“意见征求”等机制，动态监督援助律师办案过程。全年共办理法律援助案件827个，其中民事援助案件277个，刑事援助案件518个，司法鉴定援助案件27个，行政案件5个。共接待咨询1680人次，援助案件听庭39件，回访受援人130余人次，回访满意率达100%。

【法制宣传】 2014年，以区两办名义下发《鹿城区2014年普法依法治理工作要点》，出台《鹿城区2014年“六五”普法目标任务分解》，明确全年全区普法依法治理重点工作任务。部署开展“喜迎新春 与法同行”、依法信访、送法进文化礼堂等主题法制宣传活动。运用鹿城法治网、“鹿城普法”新浪微博和微信公众号等新媒体开展法制宣传。深入开展“法律六进”活动，根据领导干部、公务员、青少年等重点对象的不同法律知识需求，定制法制讲座、学法用法考试、法制漫画竞赛和广场法制咨询等不同形式的法制宣传活动。依托“鹿城干部双休学堂”，邀请中央党校政法部宪法和行政法教研室主任傅思明作《贯彻四中全会精神 全面推进依法治国》专题讲座。强化法治阵地建设，打造虞师里、黄龙等一批社区法制长廊，建成大型综合性法治文化区域2个，青少年法制教育基地12个。创建“民主法治社区”省级2个、市级4个、区级9个。创建“诚信守法企业”市级2家、区级6家。全年围绕“五水共治”“三改一拆”及安全生产、禁毒环保、民间借贷、反邪教防家暴等主题开展各类法制宣传教育活动1500余场，分发各类法制宣传资料16万余份，受教育人数近25万人。12月4日上午，联合市、区两级54家涉法单位在市区松台广场举办“12·4”首个国家宪法日和全国法制宣传日大型广场活动，120名执业律师首次“向宪法宣誓”，分发《宪法》等宣传资料3万余份。

【固本强基】 2014年，南汇、五马、仰义、双屿等司法所通过省

12月4日，在市区松台广场举办首个国家宪法日和“12·4”全国法制宣传日广场活动，首次组织120名执业律师“向宪法宣誓” 区司法局提供

司法厅星级规范化司法所验收复评，全区共创成3个四星级省规范化司法所、2个三星级省规范化司法所。开展“五型”机关创建和党的群众路线教育实践活动，贯彻执行中央“八项规定”，强化思想政治工作和党风廉政建设，通过开展正风肃纪督查、聘请特邀人员参与明察暗访、系统内交叉检查、集中警示教育等形式，整肃队伍、转变作风、提高效能。建立全员考核机制，严肃惩庸治懒。注重队伍素质提升。加强教育培训，全年共举办党风廉政、社区矫正、人民调解、法制宣传等各类政治业务学习培训会20余期。强化司法行政系统党建工作，3家机关党支部和22家律师所党支部全面落实党的组织生活制度，认真践行党的群众路线。强化法制工作，以执法监督检查为手段，进一步加强依法行政工作，办理3起当事人投诉律师和法律服务工作者办案不力的案件，通过约谈告诫法律工作者确保依法办案。加大机关和司法所干部双向交流力度，公开提拔任用2名年轻中层干部，培育树立了2名司法行政工作先进典型。

消防工作

【概况】 2014年，消防鹿城分局带领全体消防官兵，围绕总体工作部署，主动作为，加强和创新消防安全管理，夯实消防工作基础，全面打造公安消防铁军，全力清剿火灾隐患。社会火灾防控整体水平提升，部队应急救援和攻坚克难能力增强，为促进辖区经济发展、维护社会稳定、保卫人民群众生命财产安全做出贡献。

【消防业绩】 2014年，消防鹿城分局共检查社会单位3509家，核发《责令改正通知书》355份，办理行政许可项目335件，抽查建筑工程备案403件，办理处罚案件244起，责令“三停”56家，强制执行24家，临时查封13家，拘留10人。2014年全区共发生火灾事故146起，直接经济损失546万元，3人死亡。消防鹿城分局下属各消防中队共出警1663次，抢救、疏散被困人员226人。

【启用消防三级警情短信提示平台】 2014年，制定了《消防三级警情短信提示平台规定》，详细划分警情响应等级，按层级确定警情发送范围，依据警情重要程度，第一时间分级发送警情短信，并从指挥处置、工作协调、现场警戒、物资调配及善后工作等方面，对区委区政府领导、区公安分局领导、街道（镇）领导、公安派出所负责人、消防安全管理工作站负责人等任务分工作了细化。

【举办消防栓彩绘大赛】 2014年，联合鹿城区委宣传部和FM93交通之声举办鹿城区“关注消防安全创建美丽鹿城”消防栓彩绘大赛活动，活动以动漫彩绘的形式宣传消防知识，市民200多组选手报名参赛。分局联合区委宣传部组织温州美术家协会、市教育系统的专家对消防栓彩绘作品进行评选，对优秀作品予以奖励表彰。

（编辑　王　超）

农 业

综 述

2014年，全区农林牧渔业实现总产值34184万元，同比增长1.4%。其中，种植业产值14580万元，同比增长6.6%；林业产值99万元，同比增长25%；牲畜业产值18612万元，同比下降2.60%；渔业产值679万元，同比增长9.40%。农林牧渔服务业214万元，增长8%。全区农林牧渔业实现增长值16794万元，按可比价格计算，比2013年增长1.50%。农村居民人均纯收入23434元，同比增长10.60%。

2014年，市级常年蔬菜基地进行基础设施建设总投资达80万元，新增8米钢管大棚8000平方米；完善提高了藤桥方隆草莓基地、七都大棚西瓜基地、藤桥小旦芦笋基地、藤桥后垟村水果玉米基地等几个特色农业生产基地。全年粮食作物播种面积47626亩，比2013年下降4.4%，亩产391公斤，比2013年增长13.3%。粮食作物总产1.86万吨，比2013年增长8.5%。蔬菜播种面积2.06万亩次，比2013年下降3.6%，总产量2.45万吨，比2013年下降3.0%。

2014年，鹿城区全年完成平原绿化总面积2470亩，共计投资4270万，其中城市绿化完成1978亩，村庄绿化完成200亩，公路绿化完成82亩，平原片林绿化完成210亩，超额完成任务。截至年底，全区平原林木覆盖率在2013年的18.5%的基础上，又提升了1%。此外，在温州市创“国家森林城市”的冲刺过程中，区创森办、区绿化办工作人员配合市创森办做好涉及鹿城区“创森”指标数据的填报、相关材料的收集以及总结撰写与上报等工作。同时，开展森林生态科普知识教育基地的申报工作。

2014年，全区生猪存栏3.66万头，比2013年下降1.6%；出栏6.13头，比2013年下降9.8%。牛存栏274头，比2013年下降54.3%，出栏599头，比2013年下降24.30%。家禽存栏96.71万只，比2013年下降29.60%，出栏444.65万只，比2013年下降14.40%。禽蛋产量1183.6吨，比2013年下降4.9%。全年累计肉类总产量9648.5吨，其中猪肉4600.7吨、牛肉93.3吨、禽肉4910.5吨。

2014年，全区渔业生产态势良好，渔业总产量677吨，比2013年增长9%，其中鱼类525吨，比2013年增长6.3%；虾蟹类152吨，比2013年增长19.70%。全年，渔业增加值269万元，按可比价格计算，比2013年增长9.50%。总产值679万元。

2014年，全区制定农业招商引资优惠政策、整体方案、重点项目库和年度工作计划，重点围绕种子种苗、蔬菜、花卉、畜禽、休闲观光等优势特色农业，引导农业向规模化、集约化、特色化、品牌化方向发展，主推农业休闲观光和农产品加工，迎合市场需要，引导农业产业都市化发展。全年累计完成实际到位资金10284万元，任务完成率171%，超额完成温州市下达的招商引资任务。如温州种子种苗科技园、雅西休闲农庄等项目均已落地渐成规模。

2014年，建成鹿城区田塘头果蔬精品园，鹿城区蛋、肉鸡示范区和大协生猪养殖精品园通过了省级现代园区验收。市农业“两区”办下放权限，鹿城区自行组织专家组，根据现代农业“两区”验收标准，严格把关验收工作，通过全程的监督参与，取得了良好的效果。连续三年，省、市级验收合格率均100%通过。同时，对已完成验收的现代农业园区和粮食功能区全部进行测量，建立档案，并将电子文本内容上传至浙江省地理信息系统，完成率100%。

2014年，全区开展市级优质健康农产品示范项目（主体）建设2个，都位于藤桥镇创建市级优质健康农产品示范镇核心区内。两个项目均已竣工，于12月30日组织开展项目验收工作。其中：温州市展宏畜牧有限公司新增沼气池容2000立方米，配套消纳地3000亩，总投资240万元；鹿城区藤桥来富丽畜牧场新增沼气池容300立方米，配套消纳地500亩，总投资31.7万元。

2014年，全区新增市级农业龙头企业3家，累计拥有市级以上农业龙头企业19家，其中有国家级农业龙头企业1家，省级以上农业龙头企业4家。19家市级以上农业企业总资产为13.01亿元，同比上涨13.5%；企业年产值合计为15亿元，同比下降6.7%；上缴税金2310.7万元，与2013年的2342.5万元基本持平。19家市级以上农业龙头企业中从事电商企业由原来的6家扩至8家。企业通过自主开设电商部门、企业与电商合作等模式纷纷进入到电商销售大战中。8家龙头企业总计电子商务销售额为8683.9万元，同比2013年增长25%。

2014年，温州市大红花蜂业有限公司的“大红花”商标获第五届“温州市涉农企业（组织）商标创牌先锋单位”称号；藤桥禽业股份有限公司的藤桥牌熏鸡获浙江省名牌产品称号。截至年底，全区有3家企业4个产品获浙江省名牌农产品称号，有3家企业获浙江省著名商标称号，3家企业获温州市知名商标称号。

种植业

【概况】 2014年，鹿城区全面推广水稻强化栽培、测土配方施肥、蔬菜设施栽培和无公害生产等技术；大力引进和推广农作物优良品种，早稻良种覆盖率达95%以上，晚稻良种覆盖率达90%以上。全年实施专业农民农业技能培训410人。全区粮食作物播种面积47626亩，比2013年下降4.4%，亩产391公斤，比2013年增长13.3%。粮食作物总产1.86万吨，比2013年增长8.5%。蔬菜播种面积2.06万亩次，比2013年下降3.6%，总产量2.45万吨，比2013年下降3.0%。全年种植业实现总产值14580万元，同比增长6.6%。农村居民人均纯收入23434元，同比增长10.60%。

【粮食功能区建设】 2014年，以提高粮食生产功能区生产能力为目标，在完善基础设施、推广先进适用技术、培肥土壤等方面做了大量工作。投入资金160万元，在藤桥镇埭马片粮食生产功能区内建设标准农田，面积270亩，建设渠道1800米，道路2000米。做好稻草还田、增施有机肥、冬季种植绿肥三项重点工作。据统计，全区粮食生产功能区内冬季绿肥面积达5000亩，占71%；晚稻稻草还田接近100%；由于藤桥镇畜牧业发达，有机肥量多价低，功能区内大量施用有机肥，平均亩施有机肥200公斤以上。

【农业机械化建设】 2014年，全区农业机械总动力4.55万千瓦，农业机械保有量略有下降，全区插秧机、拖拉机、联合收割机及配套农机具保有量稳定在900台套左右。继续实施农机购置补贴、农机作业环节补贴和农业机械报废补偿及更新补贴，共计发放补贴总额35万元。全区水稻生产耕、种、收农机化综合作业水平69%，与2013年持平。全年机耕作业面积5.3万亩，其中水稻生产机耕面积3.55万亩，机耕率98%。投入作业联合收割机98台次，机收面积3.24万亩，机收率90%，机插面积1700亩。

【农机安全生产】 2014年，全区继续开展新一轮“创建平安农机，促新农村建设”活动，创建市级平安农机示范村1个，创建平安农机示范合作社（农场）1家，另外评选平安农机示范户15户。开展农机化教育培训大行动，复训驾驶人员1000多人次。全年共排查一般安全隐患98起，发现隐患18起，整改18起，隐患排查治理率达到100%。全年共上路巡查30天次，出动执法人员88人次，检查拖拉机280多台次，纠正各类拖拉机违法行为40多起。推进农机监理规范化建设，加强农机源头管理，全年受理并办结各种行政审批手续512起。定期检验拖拉机270台，检验率92%、联合收割机31台，检验率100%。继续推进高能耗农业机械报废补偿工作，全年共办理报废补偿手续的拖拉机8台，共计报废补贴2.2万元。全年发生拖拉机死亡一人及一人以上的道路交通安全事故2起，死亡2人。

林 业

【概况】 2014年，鹿城区完成绿化造林1960亩，占市任务面积数1600亩的123%，占区任务面积数1950亩的101%，总投资266万元（不含城市绿化和交通绿化）。其中，完成山地营造林工程1550亩，完成村庄绿化工程200亩，完成平原树圃（经济林）建设面积210亩。继续抓好林业特色基地建设，做好林业有害生物监控和防治，加强古树名木的保护，加大公益林管理和宣传力度，及时下达公益林补偿资金，完成省、市下达的各项任务，取得了一定的成效。全年协助温州市获得“国家森林城市”称号。

2014年，开展了违法经营加工野生动物行为大检查，杜绝了公开违法经营加工野生动物的行为。共接到市民来电来访30多次，救助野生动物32只（羽）。共发现林区涉林治安（案件）隐患3起，并及时进行排除。全年区森林公安共查处涉林行政案件5起，行政罚款9.40万元；涉林刑事案件2起，刑事拘留5人，取保候审3人。

【林业产业化建设】 2014年，着重抓好杨梅、瓯柑、南方红豆杉等的栽培管理，推广无公害标准化水果基地生产技术，使各基地在现有基础上上规模、上档次、上水平。继续做好栽培技术培训工作，充分发挥林业技术的支撑、依托作用，促进林业增效、林农增收。

【森林病虫害防治检疫】 2014年，共办理植物检疫证7起，检查调运木材80立方米。组织开展检疫执法“绿箭”专项行动，加强林业有害生物的监控和定期调查，确保及时、准确调查和上报主测对象面上病虫情发生情况，委托专业防治单位继续对农村片古树名木病虫害进行防治和养护。下半年，委托资质机构开展松材线虫病疫情调查，并编制完成了《鹿城区松材线虫病防控工作方案》。根据方案，2014年冬开始在全区范围开展松枯死木清理工作，确保松材线虫病疫情防控工作取得实效。

【资源林政管理】 2014年，鹿城区共办理野生动物经营利用核准证审核、年检手续4起；共审核各类建设项目征占用林地15宗（含初审），合计面积46.35公顷，征收森林植被恢复费468.36万元，征占用林地采伐1022.35立方米。全年共办理49份采伐证，采伐面积1109.34亩，蓄积2218.06立方米。

【公益林建设管理】 2014年，鹿城区已累计建成省级以上公益林优质林分面积6.2万亩。开展公益林到户试点村工作，开展重点公益林成效核查。全区2014年度公益林损失性补助资金从区森林生态效益补偿基金中直接下拨到村或户，及时下达国家级公益林损失性补偿资金178.56万元、市级公益林损失性补偿金42万元。

【第7届义乌国际森林产品博览会参展】 2014年，根据温州市林业局参展企业任务分解要求，鹿城区组织了温州市双潮植物园有限公司、温州市大红花蜂业有限公司和藤桥禽业股份有限公司参加第7届森博会产品展出。在森博会上，温州市双潮植物园有限公司和温州市大红花蜂业有限公司获得金奖产品称号，藤桥禽业股份有限公司获得优质林产品称号。林业部门积极争取财政政策扶持，确保了参展企业补助经费和参展工作经费的落实。

【森林消防宣传教育】 2014年，有效推进森林消防知识进林区、进学校、进社区、进企业“四进”工作，提高广大群众预防森林火灾的自觉性。区森林消防指挥部把3月份和10月份确定为全区森林消防宣传月，以“倡导生态文明关注森林消防”为主题，以印发宣传册、制作宣传品、涂刷标语、群发短信、树立宣传牌、出动宣传车和利用电视新闻媒体平台制作宣传片等多种形式，开展宣传国务院《森林防火条例》和《浙江省森林消防条例》知识，并突出“3·19”浙江省森林消防宣传日主题活动，开展普法教育、科技下乡。全区出动宣传车55辆次、张贴《森林防火通告》500张、涂刷宣传标语60余条、利用农民信箱和微信群发森林防火短信18条、5分钟森林消防宣传片在温州电视台滚动播出，在林区大镇藤桥镇和务工人员集中的双屿和仰义街道，以咨询问答的形式分发两个条例小册子1000份、森林消防知识小册子3000份和宣传品3000份。

【森林消防制度建设】 2014年，落实三级责任制，签订好区与镇（街道），镇（街道）与行政村，村与护林员的年度森林消防工作责任状，共计签订责任状250份，签订率100%；落实街镇、村两级森林消防责任制，突出驻村干部和村干部分片负责，形成负责人网格化管理，并上政府公务网和上墙公布，把森林消防任务纳入政绩考核。全区有半专业森防队4支共计126人，年初，区森防办在仰义街道、藤桥镇举办森林扑火安全知识培训班和森林消防半专业队伍人员培训班3期，普及森林消防知识和安全扑火知识，而且每名森防队员都参加人身意外伤害保险，有效提高了扑火队的整体素质。年初以来，区森防指抽调有关部门人员组织了3个森林消防工作督查组，分赴藤桥镇和仰义、双屿、南汇街道，定期督查各单位贯彻落实省、市、区政府森林消防工作部署情况及开展“平安林区”森林火险隐患排查落实情况。

【森林消防野外火源管理】 2014年，在突出抓难点、重点的原则上，把重点部位（森林公园、林农交错地带、墓地和庙宇等）、重点时段（春节、元宵节、清明节、“五一”劳动节、国庆节）和重点人员（老人、学生、外来务工、痴呆人员等特殊人群）作为工作重点。全区共有132名专兼职护林人员坚守在护林防火第一线，主要对林区烧田坎草、烧灰积肥等农事用火进行安全监督。在春节、清明等重要时期，另外组织镇（街道）村干部和20名森防队员全天候上山巡查，严管野外用火，共出动120人次；春防和高火险天气启动了3个瞭望哨进行火情监测；在重点区域、重点地段设置20个火源检查点，杜绝火源上山；开动15个森林消防视频监控系统，全天运行监控，密切注意山上火情。全年共出动执法人员67人次，出动车辆59车次，制止违章用火行为19次，排查森林火灾隐患13处，没收蜡烛等易燃物品11批。最大限度地制止了林区野外违规用火行为。

【森林防火快速响应扑救】 2014年，全区认真执行24小时值班制度和领导带班制度，确保政令信息畅通，发生火情能够得到迅速及时处理。1月，修订并印发《温州市鹿城区2014年森林消防行动方案》。要求各街道、镇按照新的行动方案全部制定《森林火灾应急处置预案》，并进行森林火灾扑救演练，特别是对新配备的高压水泵，区森防办专门请厂家的技师到场指导教学，并指定专人保管，专组负责，确保一有火灾，随时能出动，随时能扑火，提高队伍应对火灾的处置能力。9月底，全区组队参加“温州市森林消防高压接力水泵灭火技能比赛”，在规定的时限内，将水管接到600米距离山头，并按规定顺利出水3分钟，验证了新装备的新效力。清明期间，全区共有3支森林火灾扑救队伍参加了连续驻防待命任务。清明节下午，有人举报藤桥镇庄岩村330国道边有失火，藤桥镇扑火队迅速在第一时间赶到现场，由于扑救即时，火势仅仅蔓延开不到一亩即被扑灭，确保了打早、打小、打了。

【森林消防基础设施建设】 2014年，在仰义街道建好第二个区级森林消防物质储备库，并先后斥资25万元购置风力灭火机、阻燃服、高压水泵等扑火必备工具，全面加强森林消防基础设施，提升森林消防水平。全年完成阻隔带共计150.712公里，其中生土带5.4公里，割草带126.792公里，林带抚育割草18.52公里。全区开展森林火灾林木保险，保险率达100%。委托资质单位编制了《温州市鹿城区森林消防“引水灭火”工程建设规划》，6月30日获区政府批复予以批准实施，区财政投资87万元建设1公里先行试点。

畜牧业

【概况】 2014年，鹿城区引进良种公猪20头、良种瘦肉型母猪550头，畜群结构进一步优化。全区优质畜产品比重达75%以上，生猪达92%以上，家禽达90%以上。区域化生产格局初步形成，藤桥肉猪、肉鸡，七都水禽，区域优势突出，特色明显。全年围绕发展效益畜牧业和保障畜产品安全两个中心，突出抓好重大动物疫病防治，促进畜牧业持续发展。年末全区生猪存栏3.66万头，比2013年下降1.6%；出栏6.13头，比2013年下降9.8%。牛存栏274头，比2013年下降54.3%，出栏599头，比2013年下降24.30%。家禽存栏96.71万只，比2013年下降29.60%，出栏444.65万只，比2013年下降14.40%。禽蛋产量1183.6吨，比2013年下降4.9%。全年累计肉类总产量9648.5吨，其中猪肉4600.7吨、牛肉93.3吨、禽肉4910.5吨。

【重大动物疫病防控】 2014年，全区相继组织和开展生猪口蹄疫、仔猪腹泻病攻坚战和狂犬病、奶牛结核病、布病歼灭战及高致病性禽流感阻击战等重大行动，建立和完善动物疫病防治的应急反应机制和长效监管机制，使动物防疫和畜产品安全管理工作上了一个台阶，取得了较好成效。

【畜产品安全监管】 2014年，全区严格执行外来调入动物及其产品的准调制度和禁调规定，全面开展产销联防、风险评估，实施定点调运，签订生猪定点调运协议，严防疫情传播。同时，加强对畜禽饲养、流通、屠宰等各个环节的防疫监管力度，对市区各农贸市场、加工和经营场所的执法检查。认真执行省、市一系列执法行动，开展全区畜产品贮藏场所、经营场所的检查工作。严厉打击违反《中华人民共和国动物防疫法》等违法案件，检查养殖场所、兽药饲料经营场所58家。共办理案件10件，严厉打击了各种违法行为。全年没有发生高致病性禽流感、牲畜口蹄疫等重大动物疫情和畜产品安全事件。

【动物屠宰检疫】 2014年，全区重视动物检疫工作，设立鹿城区动物卫生监督所驻菜篮子集团畜禽屠宰有限公司检疫报检点和鹿城区动物卫生监督所检疫报检点，通过公布报检电话的方式开展产地检疫工作。建立生猪定点屠宰场检疫申报入场制和场内准宰许可以及无害化处理管理制度，申报单、准宰单、无害化处理记录完善，检疫申报入场制和场内准宰许可制度及病害动物及其产品无害化处理、动物防疫消毒等制度落实有效，无害化处理设施设备齐全并能正常运转，设置驻场检疫工作室（报检室、检疫员休息室）和急宰间、隔离圈，驻场动物检疫员在岗并较好地履行职责，动物检疫申报单、准宰通知单、病害动物及其无害化处理通知单建立并使用，入场、待宰、宰后检疫记录和检疫证明、消毒证明以及动物产品检疫证明使用情况较好，均有各项记录，入场屠宰动物检疫证明齐全，查验宰后检疫记录数据相符一致。同时，做好网络化管理动物检疫工作。建立《鹿城区动物检疫管理系统》，做到数据输入准确易于统计、便于管理，管理人员在办公室就可以知道生猪的检疫、调运情况等信息，检疫人员上岗公示，检疫员各岗位工作制度明确，屠宰检疫流程图等上墙公示，进场屠宰生猪耳标佩戴率在90%以上。全年共检疫活猪65万头，消毒车辆6092辆，共检出病死猪1800头，全部作了无害化处理。共检出病变内脏有肾11.51万只，肝1.43万付，心2.27万只，肺54.31吨，都做了销毁处理。上市的猪肉检疫率达到100%，确保了市民吃上“放心肉”。全年办理审批省外调入动物申请备案5820起备案，其中用于屠宰5820起；省外调运动物备案率达到100%，未备案调入的查处率100%。省外调入动物落地报验38.95万头、省内调入动物21.25万头。产地检疫共检疫生猪4.61万头，牛186头，羊991头，家禽361.32万羽。

【动物疫病监测】 2014年，鹿城区实行畜产品质量动态跟踪检测，共抽取禽流感样品2100份、对生猪养殖户“瘦肉精”快速检测1620份，屠宰监督检测6480份，饲料及添加剂样品20份、兽药样品24份，生鲜乳收购站生鲜乳检测5份。同时，加强免疫抗体监测。每个月都开展对禽流感、口蹄疫、猪瘟、新城病免疫抗体的监测，共对680头生猪口蹄疫免疫抗体进行监测和猪瘟免疫抗体监测，并对2100羽家禽进行禽流感免疫抗体监测，抗体合格率都达到较高水平。全年认真抓好奶牛结核病、布病的监管工作。组织技术服务队，深入全区各奶牛养殖场，对奶牛开展结核病、布病检测，对奶牛实行“一证一卡”制度，确保市民喝上“放心奶”。

【动物防疫宣传教育】 2014年，通过举办培训班、分发宣传资料、科技下乡活动、座谈会等多形式多层次的宣传和培训，切实提高广大群众，特别是提高养殖户对防治禽流感的认识，从而有效预防，并消除人们对禽流感的恐慌心理。全年利用区农业广播电视学校招录畜牧兽医专业中专学历班 32名，学习畜牧专业技能和中专学历双证书。全年共对各乡镇、街道动物防治员、检疫员、村级动物疫情测报员、养殖场（户）举办了培训班10期，参加人数达1800人次，召开座谈会20次，分发防治宣传资料4000份。

渔 业

【概况】 2014年，鹿城区渔业养殖面积3305亩，其中稻田养殖2000亩、淡水养殖1305亩。渔业总产量677吨，其中鱼类525吨，比2013年增长6.3%；虾蟹类152吨，比2013年增长19.70%。渔业总产值679万元。全区内陆捕捞渔船有389艘。

【渔业安全生产大检查】 4月初，区渔政站安排全部392条渔船进行分批检验，结合换证船检，开展安全生产大检查。为方便渔民船检，按照渔船所在村分好片区，并免费为所有渔船在船体上用白漆做好船名标记。船检过程严格按照规范进行，对于不符合安全生产要求的渔船一律要求整改。全年共整改船体严重锈蚀船舶39艘，救生设备不全船舶21艘，号灯不全船舶15艘。

【“打非治违”专项活动】 2014年，根据全区捕捞渔船分布特点，结合伏季休渔管理工作，分西片、中片、东片三个管理片区，分别派人员长期定点开展执法督查工作，抓好渔船动态管理。结合不同作业类型的特点，加强重点时段、重点海域的巡查。同时，加强对老旧渔船、黑名单渔船等重点渔船的安全执法检查和跟踪督查，提高重点渔船的安全执法登船检查率。加强对重大节假日和雾季、秋冬汛期等特殊气候时段的渔船安全执法，坚决打击休闲渔船超载、渔船违章搭客、超核定航区航行等违法违规行为，全力避免重特大渔业安全生产事故的发生。在这次专项行动中，共开展专项执法检查20次，出动执法人员80人次。其中瓯江执法检查8次，出动执法人员32人次；港口执法检查12次，参加港口执法人员48人次。共检查渔船392艘，排查各类安全隐患25次，存在隐患7个，整改7个，整改率100%。

【瓯江非法捕捞生产管理】 2014年，瓯江上的渔业资源有所恢复。针对无证捕捞现象增加的趋势，鹿城区联合永嘉县渔政开展联合执法行动。5月，通过和永嘉的对口检查，检查了各自的渔港，警告停靠在港外来的船只，发放责令停止无证捕鱼通知书，并且在5月28日借用市渔政的执法船只，在瓯江上开展巡检，震慑非法捕捞船只。通过打击外来非法作业的渔船，从而保护了本地合法渔民的利益。

【“大排查大整治”安全行动】 2014年，出台《鹿城区渔业船舶安全生产专项整治行动实施方案》，落实辖区内渔船安全管理责任制，建立健全渔船安全管理台账，纳入街镇安全监管，建立安全监管名册，同时报送区农林水利局备案。对不符合适航条件的，依法查扣，责令限期整修或报废。同时，加强重点水域、复杂水域等水域的通航秩序维护，严厉查处渔船违规作业行为，特别是违规载客、载货运输和非法电、炸、毒鱼等非法行为，打击违章捕捞，有效避免重大事故的发生。

【渔业安全生产监管】 2014年，采取巡查和集中检查相结合，全面检查和重点检查相结合，渔船停靠码头和瓯江上相结合的方式，在全区范围内集中开展渔船安全生产管理大检查。采取以渔船为中心，以渔船安全生产为工作对象，以渔船船主自检自查和渔政机构检查相结合的办法进行。根据全区渔船的实际，严肃安全生产各项防范措施，全面开展安全隐患大排查。共出动执法人员100多人次，开展40余次安全检查，共检查渔船390余艘，排除各类安全隐患10多处，整改32起。全年沉（毁）船事故总起数零、死亡及失踪人数零、经济损失零，百分之百完成上级下达的渔业安全责任目标任务。

【水产品质量源头管理】 2014年，加强对渔民的宣传培训和技术指导，发放宣传资料133份，培训渔民15人，提高初级水产品质量安全水平；与水产养殖企业签订《初级水产品质量安全承诺书》，增强企业负责人的责任意识；大力推进渔业标准化生产，指导企业和渔民科学用药，提倡和推进生态、健康养殖，积极发展无公害、绿色食品、有机水产品，使其成为初级水产品的生产主体；开展初级水产品质量安全专项整治行动，共出动行政、执法人员19人次，检查苗种场2家、养殖场7家，整治工作取得成效。

新农村建设

【概况】 2014年，鹿城区通过对各街镇申报的美丽乡村和历史文化村落保护利用项目（点）逐一进行深入调查摸底，确定了美丽乡村精品线建设1条、精品村3个、续建历史文化村落保护利用1个，历史文化村落保护利用点15个。并且已完成藤桥镇美丽田园线建设专项规划编制及施工图纸设计，完成江池村至田塘头村3500米主要道路沿线两边绿化建设，启动呈岸玉林溪薰衣草基地河岸生态驳坎工程建设，田塘头革命纪念馆建设、陈列馆内部修缮及江池村入口绿化建设等；完成驿头片1.2万平方米墙砖修饰，村入口牌坊、绿化建设1000平方米及村主要道路两边绿化1500米、让平故居、圣旨碑的修缮工作及驿头老人活动中心建设。

【新型农民培育】 2014年，全区完成农村劳动力素质培训571名，占年度任务的114 %。其中农村实用人才培训331名，农民转移就业技能培训240名，发证数771本，发证率100%，转移率99%，有效地提高了农民生产水平与就业竞争能力。同时，继续开展区农业广播电视学校教学工作，顺利完成2012级农民专业合作社管理中专班学员的全部课程，并经考试毕业。在招生教学方面。鹿城区分校充分考虑到相关种植户对于蔬菜专业知识的匮乏，在相关实用技能操作程序的规范合理性的问题，新开设了蔬菜生产中专班，共招收学员30名，并专门聘请专家担任专业课的授课老师。组织完成了2013 级21名学员的职业技能鉴定考核。落实了20人参加温州市第三届农民学院报名考试，最终有12人被录取。12月8日，在鹿城区藤桥镇成人文化技术学校举行了温州农民学院鹿城分院授牌暨开课典礼仪式。该分院的挂牌成立，为今后培养新型农村人才开辟一条新的学习途径和渠道。

【“三分三改”工作】 2014年，全面推进“三分三改”（政经分开、资地分开、户产分开和股改、地改、户改）工作。累计完成股份经济合作社组建127个村，完成率86.98%；累计完成“三资”清理138个村。“三资”管理监管网络全面覆盖到村一级，构建区、镇（街道）、村三级联网监管体系。

健全土地流转服务体系，藤桥镇土地流转服务站建成为市级农村土地承包经营权流转示范站，全区已实现土地流转总面积29661亩，土地流转率达71.1%，规模流转面积不断扩大。

【低收入农户奔小康工程】 2014年，完成省、市、区扶贫挂钩帮扶任务，落实帮扶结对资金388.4万元，创建市级扶贫创业就业示范中心3家（其中新建1家），培育市级扶贫龙头企业3家，落实“低收入农户收入倍增计划”扶贫项目41个，帮扶低收入农户784户，培训低收入农户劳动力210人，新增劳务输出人员156人，超额完成温州市下达的各项目标任务。

农林牧渔服务业

【概况】 2014年，鹿城区实施鹿城区基层农业公共服务中心建设暨农技推广补助项目计划，并组建了粮油等4个区级产业技术创新与推广服务团队，共选聘72位农技专家（含乡土人才）。各产业技术团队加强与农技推广体系、国家现代农业产业技术体系、责任农技制度有机对接，推进农科教、产学研紧密结合，优化农业科技服务，加快产业技术集成和成果推广应用。同时，组织了多家农业龙头企业、农民专业合作社参加国家、省、市级不同地区的农业博览会，组织安排23家农业企业、农民专业合作社参加了温州农博会；9家企业参加了杭州农博会；8家企业参加上海农博会；3家企业参加青岛农博会暨全国农交会；1家企业参加北京展销周等。

2014年，区委农办（区农林水利局）与区风景旅游管理局分别在各自的职能范围内，与乡镇合力，积极开展农产品采摘游、周末下田当一日农夫等活动。全区纳入统计的农家乐经营户（点）共接待游客33.9198万人次，同比下降3.7%，实现营业收入3780.75万元，同比增长7.03%。

【基层农业公共服务中心建设】 2014年，实施鹿城区基层农业公共服务中心建设暨农技推广补助项目计划，组织全区21位基层农技人员按照全省基层农技人员培训计划陆续参加了各地的知识更新培训班，以逐步提高基层农技人员的业务能力；建立健全鹿城区基层农技推广体系，通过镇、街道农办人员考察等，发展农业科技示范户200户。仰义街道作为全区基层农业公共服务中心规范化建设创建单位，于12月3日通过省、市农业主管部门组织的考核验收。

【基层农技人员定向培养】 2014年，根据乡镇农技推广机构岗位编制空缺情况，区农林水利局和区人力资源和社会保障局会商后，向省厅申报鹿城区2014年定向培养基层农技人员招生计划数2名，其中农学专业1名、食品质量与安全专业1名。2名定向培养生按期毕业后，将到鹿城区乡镇农技推广机构工作。

【农产品质量安全监管】 2014年，区农林水利局出动67人次对农业投入品进行检查，出动320人次对农业种养企业、农民专业合作社等进行检查监管，出动158人次对畜禽养殖使用违禁物质和滥用添加剂情况进行检查监管。加强对蔬菜等农产品上市前农药残留进行快速监测，区级和街镇的8个农药残留监测点已正常运转。共定量检测331批次，其中蔬菜水果246批次，畜禽产品60批次，合格率为99.09%，全年定性检测4298批次，其中猪尿样品有600批次，合格率98.2%。与藤桥等八个街镇签订了农产品质量安全监管责任书。签订告知书、承诺书。与农业生产企业、农民专业合作社、农资经营店分别签订了承诺书、告知书等共计122份。培训生产主体80余家，培训率达100%。新增无公害农产品3个，无公害复查换证2个。

【第六届中国（温州）特色农业博览会参展】 该博览会于11月14日至17日在温州国际会展中心举行。鹿城区组织23家农业企业、农民专业合作社参展，19家农业企业总计销售额达到了20.42万元，其中7家特装企业销售额达到70.88万元。而藤桥禽业股份有限公司总计销售额高达24.05万元，创此次农博会鹿城展团销售之最。同时，“藤桥牌熏鸡”“沃好牛排”“大红花牌蜂多宝膏”等11个品牌农产品获得了该届农博会金奖称号，以“瓯龙牌炝蟹”为代表的5个品牌农产品获优质奖称号，“晶晶鼋鱼豆腐”和“黄渔国牌野生大黄鱼”2个品牌农产品获得温州市民十大最喜爱农产品称号。区政府获博览会优秀组织奖。

【2014年浙江省农业博览会参展】 该博览会于11月21日至25日在杭州举行，全区共组织了9家农业企业参展，总计销售额达119.65万

元。藤桥禽业股份有限公司的藤桥牌熏鸡获“杭城市民最喜爱的十大品牌农产品”称号，“藤桥牌熏鸡”获杭州农博会金奖称号，“黄渔国牌野生大黄鱼”“沃好牛排”“瓯龙炝蟹”“瓯悦福鸭舌”等4家企业获杭州农博会优质农产品奖称号。此外，藤桥牌熏鸡还获2014年全国农交会金奖。

【市级烹饪大赛获奖】 11月13日，2014年温州市农家乐休闲旅游烹饪大赛在瓯海职业中专集团学校举办，鹿城区农旅办组织单位参赛。温州浙农生态农庄有限公司选送的《藤桥竹鼠宴》获大赛“温州农家十大名宴”，该公司被评为“农家菜铂金奖”；藤桥石垟客栈选送的农家菜被评为“铜勺奖”。

（编辑：朱凌云）

水　利

综　述

2014年，鹿城区水利基本建设投入资金5.608亿元，完成土方154.32万立方米、石方29.42万立方米、砼方11.79万立方米。

2014年，鹿城区审批涉水许可项目5个，共出动监管120人次，监管涉河建设项目47项。其中开展涉河项目监管34个，水土保持监督检查13个，参与省、市、区立项的方案审查20余次。

2014年，鹿城区平均降水量为2002毫米，其中最大日降水量为8月19日上戍站的194.5毫米（遥测站数据）。2014年6月17日入梅，7月7日出梅，梅雨期降雨332毫米。汛期全区共遭受10号台风“麦德姆”、“8·19”暴雨和16号台风“凤凰”影响。三次台风暴雨期间，全区共转移人口数1480人次，回港避风船只525船次，累计农作物受灾面积1501亩（粮食作物620亩），共造成经济损失185万元。

防汛防旱

【概况】　2月7日，鹿城区下发《关于开展防汛安全检查工作》的通知，要求各街镇、防指成员单位和在建水工程单位做好防汛安全自查工作。3月上旬，组织有关人员分东西两片对各单位开展防汛安全抽查工作，对检查中发现的问题进行督办，限期整改。修编和完善各街镇防汛预案、在建水利工程度汛预案和水库、水闸度汛预案和应急预案。4月15日，以全省防汛防台日为契机，对全区居民和外来务工人员等开展防汛知识宣传活动，增强市民自救能力。5月12日防灾减灾日，在广场路小学开展防汛防台知识进校园宣传活动，提高各级综合减灾和避灾自救能力，最大限度地减轻自然灾害的损失。7月11日，组织防汛业务和预案修编培训。

【防汛业务和预案修编培训】　7月11日，全区各街道（镇）分管领导、防汛办工作人员、水工程巡查管理人员、小流域地质灾害预警员、气象协理员及受山洪灾害影响的社区（村居）负责人共计130余人，参加防汛业务和预案修编培训。培训旨在提高基层干部的防汛指挥和业务技能水平，增强基层防汛防台预案的可操作性，以确保安全度汛。

【防汛物资储备】　2014年，全区储备麻袋2.7万条、土工膜1500平方米、救生衣100件、救生圈350只、安全帽50只、雨衣200件、雨鞋200双、尼龙绳200公斤、发电机1台、便携式工作灯100只、移动泛光灯1套、警报器50只、卫星电话2部、铁锹100把、钢镐100把。

【基层防汛防台体系规范化建设】　2014年，全区按照《浙江省人民政府防汛防台抗旱指挥部关于加快推进基层防汛防台体系规范化建设的意见》，对照《浙江省基层防汛防台体系规范化建设标准》和经批准的基层防汛防台体系规范化建设实施方案，有序地开展各项工作。截至年底，区、镇（街道）、村（社区）三级基本完成责任组织、应急预案、监测预警、安全避险、应急救援、宣传培训、运行保障七个方面的要求。

【“独流入海”项目和滨江西防洪堤及北排工程、丰门河（康城段）工程建设】　2014年，“独流入海”项目中的临江中心段防洪堤（瓯江治理一期）完成30%，戍浦江河道整治工程（瓯江治理二期）完成可研批复，初步设计审查已召开。临江沙头段防洪堤工程暂不列入“独流入海”项目。滨江西防洪堤升级改建工程完成了项目建议书的编制及审查工作。双屿黄龙片北排工程、丰门河（康城段）主体工程基本完成。

【水利工程项目及建设投资计划】 2014年，一般性政府投资项目完成箬笠岙河道整治工程、仰义街道仰义河疏浚工程、仰义街道龙川河排灌河道整治、藤桥镇岭下村排灌河道整治工程、藤桥镇后支村排灌河道等，共投资3691万元。

【防洪减灾工程建设】 2014年，全区实际完成重点工程建设投资5.28亿元，包括分项投资七都500万元、戍浦江河道（藤桥至河口段）1.01亿元，黄龙北排工程6100万元，鹿城区丰门河水系综合整治工程1.01亿元，瓯江治理一期工程完成1.2亿元，温州市城区瓯江绕城高速至卧旗山段海塘工程1.4亿元。其中，西向排洪工程（鹿城段）：卧旗水闸完成单位工程验收，发挥挡潮和汛期临时通水的功能；卧旗大河Ⅰ标、1号、2号桥已完工通车完成单位工程验收；卧旗大河Ⅱ标河道土方开挖42.5万立方米，河道护岸施工，3号桥梁已通车；完成铁路桥部分单位工程验收；4号桑树桥基本完工通车，累计完成年度投资17105万元。七都标准堤工程：一期工程（北堤、西堤）全长6.1公里已全面完成；二期（东堤、南堤、吟州堤）工程全长8.3公里，南堤已完工，东堤主体工程基本完工，吟洲堤完成主体工程；完成七都标准堤工程年度建设投资1亿元，其中土地政策处理费2000万元；七都标准堤工程累计完成投资64249万元，完成总投资概算的98.8%。戍浦江流域综合整治工程：戍浦江下游主河道Ⅱ标段、Ⅲ标首段已经竣工并验收；戍浦江河道（藤桥—河口段）整治工程一标已加工进场是施工；支流上沈河一期已进场施工，完成投资60%；支流下坦河、垟心河部分、上桥河部分已完工。

农田水利建设

【概况】 2014年，鹿城区农田水利建设共投入898.5万元。全年完成一般政府性投资427.5万元，其中藤桥镇完成夏家山村、新塘河下庄段、小旦村排灌河道等8条排灌河道治理工程205.6万元，仰义街道完成龙川河（外埠头）、文武河2条排灌河道221.9万元。完成小型农田水利工程投资471万元，其中藤桥镇完成52项小型农田水利工程246万元（新建、修复30个三面光渠道工程137.2万元，修复、更新24个水毁工程81万元，完成石垟龙娘山山塘加固28万元）；仰义街道完成澄沙桥小流域治理，范桥溪坦段、门前溪段驳坎修建，下途水沟修理（下途殿边）明沟改暗沟等10个项目20.26万元；七都街道完成樟里村、前沙村、吟州村、老涂北陡门河、街道陡门河5个河道疏浚工程和中心翻水站、吟州村水闸修复，总投资204.5万元。

水政管理

【概况】 2014年初，完成2013年河道管理“五位一体”工作复评验收，完成2013年鹿城区河道保洁长效管理考核。全年河道保洁考核问题整改310处，“河边三化”“两河整治”考核整改390处，举报督促整改64件，使河道水环境得到很大改善。全年巡查河道322条段，发现、制止、处理各类违法行为55起。共受理群众来电、上级及区政府移交的信访件21起，已办结21起，办结率达100%。

【两河整治】 2014年，通过制定一河一策、落实河道河长，设置河道公示牌，设立举报受理电话，对河道进行定期水质检测、月度考核、黑臭河整治攻坚等工作措施，督促与协助各街镇推进黑臭河垃圾河整治。全年完成了16条垃圾河33.7公里的垃圾清理，并通过市级验收，完成垃圾清理523吨，拆除违章344平方米，投入资金158万元，日常保洁投入223万元。全区黑臭河整治完成整治长度46.38公里，投资4900多万元，封堵排污口267个，清淤约17.85万立方米，拆除违章建筑约4.6万平方米。全年验收黑臭河整治河道26条，验收长度33.81公里。

【工程管理】 2014年，完成2013年度海塘水库水闸工程年度管理考核；完成2013年度农村饮水安全工程建后管理达标创建绩效考评；完成全国基层水利服务机构验收县级自验上报，完成浙江省“清三河”管理信息系统填报。在海塘方面完成仰义双屿堤塘练墩水闸下游翼墙、导水墙维修工程；在水库山塘方面完成东山里水库、无敌坑水库、下冯山水库安全鉴定工作，完成仰义水库蓄水验收，完成浙江省1万—10万立方米山塘标绘系统填报工作。在水电管理方面，与4座小型水电站签订了安全生产综合目标责任书，全面落实电站“双主体”责任，并组织水电站负责人参加省里学习培训班。

【水资源管理】 2014年，区农林水利局参与编制完成了《2013年度温州市水资源公报》，网上填报了新版《2013年水资源管理年报》。汇同区环保局共同完成鹿城区水功能区水环境区划分方案的修编工作，主要修正了05版方案的错误和新增一个水功能区。为了加强地下水管理，完成了鹿城区地下水监测井的土建和仪器安装工作。根据最严格水资源管理制度要求，开展取水户水资源费征收、取水户用水管理、取水许可、取水户年度计划管理、水质监测等水资源管理工作，并积极推荐温州快鹿集团公司开展水平衡测试工作。

【河道拆违执法】 2014年，全区共立案查处水事违法案件5起，结案5起，罚款9万元，拆除各类涉水违法违章建筑物、构筑物9.06万平方米。在执法力度不断加大的同时，积极有序地开展各种专项整治活动。

（编辑 朱凌云）

工 业

综 述

2014年，国家宏观经济环境仍然趋紧，加上鹿城区地处温州中心城区，工业用地瓶颈突出，新增工业项目少，增量不足，同时随着城市有机更新逐步推进，很多工业企业转到第三产业发展，工业存量进一步下降。面对这一系列困难，鹿城区围绕经济转型发展主线，加大扶工兴贸力度，取得了新业绩。全年完成工业性投资43.98亿元，工业性技改投入36.5亿元，技改占工业性投资总额的83%，位列全省同类地区第一位，三区两市第一位。鹿城区获评省级腾笼换鸟先进区，全区鞋业产业列为省第一批传统块状行业腾笼换鸟试点。

2014年，完成城市有机更新项目61个，旧厂房改造面积258.32万平方米，列全市第一。“黎明·92”文化创意产业园创成市级重点文化产业园、国家级广告产业试点园；鹿城工业区A378项目已签约启动，打造集时尚、电商、研发、文化、休闲、购物贸易于一体的全市最大的创意产业园；面粉厂文化创意园、飞禽大酒店等示范性项目即将开业。全区8家企业和单位获评市级工业设计企业和市级工业设计中心（全市仅10家）。

出台《鹿城区进一步加大企业技术改造力度促进机器换人实施意见补充规定》，降低补助门槛。印发《鹿城区“机器换人”优秀案例汇编》，在全市率先召开“机器换人”现场会，首个组建产业发展联盟，评选10家区级“机器换人”示范企业，共奖励30万元。累计备案技改项目47个，项目总投资5.6亿元，其中设备投资3亿元，申报省、市机器换人示范工程项目14家，其中省级2家（全市共8家），新增2家市级企业技术中心。

2014年，加强工业供地保障，完成工业供地22.93公顷。已供地未开工项目6个均已开工。出台《关于印发鹿城区进一步推进工业用地二次开发补充实施细则的通知》，设立土地二次开发绿色通道，优化工业用地二次开发流程，实时跟踪项目进度，协调解决企业困难。累计实施土地二次开发项目66个，可新增建筑面积48.8万平方米，实现工业性投资7.5亿元。

强化小微园建设的用地、资金和服务保障。仰义渔渡轻工产业小微园、藤桥门前山物流小微园和轻工园区鹿城科技创新小微园列入市重点示范小微园。建立示范小微园建设情况月通报制度，督促各街镇落实项目推进工作责任制和联席会议制度。完成小微园供地4.33公顷，其中仰义渔渡轻工产业小微园3.13公顷、轻工园区鹿城科技创新小微园1.20公顷均已开工建设。门前山物流小微园进入土地招拍挂程序。区级小微园鹿翔小微园主体已竣工，吉尔达小微园已完成产权分割方案，进入招商阶段，新温化丽龙小微园、嵇师小微园已开工建设。

2014年，扶持小微企业上规模，明确“小升规”每家获10万元奖励政策，并向上级政府争取到2013年转为规上的51家企业的奖励资金510万元，激发企业进行规范升级的积极性。年初确定“小升规”企业培育库入库任务数134家，结果培育了169家，并做好月度监测平台的动态监测跟踪，根据用电量抓好企业产值报送，加快“小升规”潜力企业入统。先后召开全区规下转规上动员大会、协调推进会、专题研讨会等，同时由部门一把手牵头，深入重点街镇、企业进行走访指导68次，向小微企业宣传相关优惠政策、介绍申报流程。截至年底，完成小升规69家，完成率101.3%。

建议区政府成立名企、名品、名家（“三名”）工程领导小组及办公室，建立“三名”工程建设联席会议制度，制定《“三名”工程实施方案》，修订《鹿城区功勋企业和50强企业评选办法》，巨一集团、浙江电器、金牛工贸、双屿实业等5家企业入选市“三名”培育试点企业。

2014年，全区节能降耗双控指标目标任务是：万元GDP能耗下降2.3%，总能耗消费总量增长控制在6.4%以内。全年万元GDP能耗超额完成下降3.5%左右，全社会用电量下降1.94%。有6家企业列入国家、省、市级淘汰落后产能项目，腾出用能空间2.4万吨标煤，超额完成市下达的淘汰指标。双屿街道被选为全省第一批传统块状行业“腾笼换鸟”试点单位，炬光园被评为市级“腾笼换鸟”示范园区，全区有10家企业获评市级“腾笼换鸟”示范试点企业。全年工业废水排放量510.99万吨，同比下降5.01%，排名全市前列。

2014年，就重点帮扶类企业召集协调会议50次，涉及企业102家，协调金额达36.77亿元。发出相关协调会议纪要11份，发出相关工作联系函60份。联合街镇、银行开展排摸工作，每月汇总银行不良贷款动态及企业排查信息，防范潜在风险。全年经帮扶取得成效的企业有18家。确定2家市级重点帮扶企业，5家区级重点帮扶企业，建立市、区领导联系督办制。特别是利用政府政策帮助解决吉尔达企业实际困难，使企业帮扶方案取得了突破性进展，防止金融风波在全区进一步扩大和蔓延。

2014年，全区税收“千万元楼”从2013年的23幢增加为27幢，税收“亿元楼”从2013年的4幢增加为6幢，已完成年度考核任务。完成世贸中心大厦、尚品商务楼等新增的5幢商务楼工作任务。

2014年，扶持区软件信息类企业发展壮大，浙江索思科技有限公司等2家获得温州市行业公共服务平台认定，获得补助资金共90万元；浙江怡联网络科技有限公司等3家企业获得浙江省信息服务业发展专项资金，获得补助资金共135万元；浙江腾腾电气有限公司等3家信息化项目被纳入浙江省电子信息产业重点项目库。承接市级“无线城市”（公共场所WI-FI）建设项目，已完成一期54个热点的建设，实现主要公共场所的免费无线覆盖；推进“两化”深度融合发展，联合中国电信温州分公司启动鹿城区企业信息化云平台，先后组织辖区企业参观温州市云计算中心，并开展云计算技术应用相关培训工作；出台鹿城时尚信息产业园企业入园实施方案，引进鹏博士电信传媒集团、温州瓷爵士餐具修复有限公司等8家优质软件信息类企业。

服装

【概况】 2014年，鹿城区规模以上服装制造业工业总产值9.42亿元，同比下降6.8%，国税税收0.6626亿元，同比增长0.42%。浙江贝贝依依服饰有限公司董事长黄时谊获2014年度“浙江新生代、浙江省杰出青年企业家”称号；浙江迪丰服饰有限公司获“鹿城区工业50强企业”“鹿城区百强企业”称号；温州丑鸭工贸有限公司获“鹿城区税收50强企业”“鹿城区工业50强企业”“鹿城区对外贸易信用外贸流通企业”称号；温州市瓯迪威服饰有限公司获“鹿城区对外贸易信用生产型企业”称号；温州丹顶鹤服装有限公司获“鹿城区第八届名牌商标”称号。

【公益活动】 1月27日，区服装行业协会理事会成员偕同秘书处一行到仰义街道林里村进行“送温暖、献爱心”活动，对特困家庭进行慰问并送上慰问金。浙江贝贝依依服饰有限公司还向温州市红十字会捐赠了近800双价值6万元的童鞋，定向为受灾贫困地区的孩子送上急需物品。

1月27日，到仰义街道林里村进行“送温暖、献爱心”活动　　区服装行业协会提供

【考察参观】 7月20日，区服装行业协会组织温州市法兰茜姆服饰有限公司、温州瓯迪威服饰有限公司、温州豹子头制衣有限公司等16家会员企业到北京参加“百名企业家进盛景”专题培训研修活动，加强企业家对商业模式创新的理解和把握。7月25日，协会组织会员企业到全国最大的陆路口岸——满洲里，参观中俄互市贸易区，考察当地的服装市场。12月5日，区经信局副局长王镇彪带领协会秘书处及企业家一行10多人，到福建宁德翼盾工贸有限公司进行考察洽谈。经

7月20日，到北京参加“百名企业家进盛景”专题培训研修活动合影　　区服装行业协会提供

双方努力，业务成功落实，并为今后长期合作打下坚实基础。

【技术培训】　6月17日，区服装行业协会联合区机械联合会和电子信息行业协会举办人力资源管理工作培训班，共有50人拿到人力资源管理证书。8月23日，协会与瓯海区服装协会、日本重机（中国）投资有限公司、温州百衣达商贸有限公司联合举办“服装工厂效率化生产培训班”。通过学习，让企业家认识到以机器代替原有劳动力，在解决企业用工难的同时，还能提高生产效率。

【应对技术性贸易壁垒培训会举办】　6月25日，区服装行业协会联合温州市服装商会外地分会、市标准化研究院在温州市质量技术监督局举办温州市纺织、服装行业应对技术性贸易壁垒培训会。针对欧盟BPR法则进行深入学习，培训重点是如何做生物杀灭剂的标签。区外贸企业瓯迪威服饰、丑鸭服饰等10余家企业老总及技术总管参加培训。

制革

【概况】　2008年2月，鹿城区制革业全面停止生产。2014年，剩有25家移膜革、沙发革、箱包革生产企业，其中，田牛皮件厂和胜强鞋厂皮革分厂因厂房违章被拆除，企业搬迁到山东占化和丽水遂昌。下岸小部分牛皮片皮、兰湿皮烫板，也已停止加工。仰义洞桥、双屿岩门二个制革基地在改建中，仰义前京、十里小部分厂房出租，大部分被拆除空置。

制鞋

【概况】　2014年，鹿城区鞋业因订单大减、利润低下、招工难等因素举步维艰。全年鞋业行业规模以上企业完成工业总产值、营业收入、出口交货值和利润总额分别为154.56亿元、151.67亿元、83.51亿元、5.44亿元，与2013年相比，增长率分别为-0.8%、-2.2%、3.1%、-6.9%；其总量分别占全区经济总量的53.97%、51.8%、78.76%、43.3%，所占份额有所缩小。截至年底，全区鞋业行业拥有中国名牌2家、中国驰名商标23枚、中国真皮领先鞋王3家、中国真皮鞋王6家、佩挂真皮标志制鞋企业40家、全国质量奖1家、国家级出口名牌3家；浙江省出口名牌6家、省级名牌产品13家、省级著名商标16枚、省级质量奖1家、省级以上高新科技企业3家、省级政府质量奖1家；市级名牌产品7家、市级知名商标14枚、市级出口名牌14家；区级名牌产品5家、区级名牌商标17枚。38家企业的产品获“国家免检产品”称号。

【温州（国际）鞋类电子商务主题商城建设】　9月2日，温州（国际）鞋类电子商务主题商城（简称“温州国际鞋城”）正式开业。温州国际鞋城以国际商城综合体为蓝本，以中国第五代智能化商贸市场为标准建设，投资11亿元（一期投资1.5亿元）。该鞋城是主营各种鞋类批发（兼零）的专业市场，立足浙南闽北，面向华东地区，辐射全国，走向国际。鞋城集聚电子商务、仓储配送、展览展示、研发设计、内外贸易为一体，为线上线下均可互动的现代化成品鞋专业批发市场。

【科技创新】　2014年，全区鞋业行业通过新设备、新技术、新材料的运用，提升鞋类产品的档次和技术含量，同时为企业节约人力和成本。康奈集团近三年来投入680余万元，对制帮、裁断、成型、雕刻、研发等方面的仪器设备进行技术改造，通过设备自动化、智能化、流程改进等手段，达到节能、降耗、减员、增效的目的。共减少一线员工40多人，人均产量提高30%以上，产品质量稳定性大幅度提高，每年为公司节约劳动力成本144万元以上。中国皮革和制鞋工业研究院温州研究所研发的“舒软透气鞋”，运用新材料透过排湿、透气、缓震等功能，大幅提升鞋类产品的卫生性能和舒适度。巨一集团成功运用该成果，为集团新产品的开发找到技术创新点，同时也为全区鞋类产品的差异化和技术发展找到新方向。

【“美丽课堂”品牌推广活动】 5月中旬，戈美其鞋业邀请知名搭配师结合时尚流行趋势，提供各种真实场景下的美鞋、美服、美包的整体穿搭方案，并借助图文、视频、线下三种媒介进行立体式传播。该“美丽课堂”活动登陆优酷、乐视等门户网站，当天就有近50万人次的点击量。此后不断发酵扩散至土豆网、酷6网、爱奇艺等视频门户网站，以200多万人次的点击率引爆夏季美鞋搭配狂潮。同时，也引领温州女鞋行业媒体营销的新趋势。

【电子商务发展】 2014年，全区许多鞋业企业涉足电商领域，电商龙头企业不断涌现。截至年底，全区已开展电子商务的企业有50多家，其中取得突破性进展的有5家。皇家、戈美其、巨一等鞋业也涉足电子商务。

【精益化生产流程建立】 2014年，巨一集团以管理创新来倒逼管理模式由“粗放型”向“效益型”转变，花巨资引进国内管理咨询公司建立精益化生产流程。从“建立标准、教育培训、监督检查、落实责任、统计分析、持续改进”等6个方面入手，建立统计数据分析库，定期召开精益生产分析会，从数据中发现问题、分析原因，从而找到解决问题的办法。实行精益化生产之后，管理人员的管理理念改变，水平提高，还通过提高生产效率增加了员工收入。

【绿色生产落实】 2014年，全区鞋业企业通过改造生产流水线、使用节能灯、推广清洁化生产工艺技术，达到节约能耗和减少环境污染的目的。也有许多企业在鞋类生产中，应用和推广节能环保新技术、新产品。东艺鞋业将节能减排和降低能耗作为工作的重点，淘汰落后的生产工艺设备，引进清洁的制鞋生产线，不断完善清洁生产管理。8月，获“浙江省清洁生产阶段性成果企业”称号。巨一集团引进电脑激光机、电脑针车机等具有节能降耗性能的新设备，将照明灯全部更换为LED节能灯。

【落户安徽宿州，规模逐渐扩大】 2014年，早年运作落户安徽宿州的东艺、康奈、泰马等鞋企生产状况好，效益明显。东艺鞋业的生产规模逐渐扩大，已有900余名工人，第二期工程完工并启用；康奈集团有800余名员工，生产稳定；泰马鞋业每星期一趟车往返于温州与宿州，将半成品运送至宿州的工厂加工至成品，衔接顺畅。

【“机器换人”的应用和推广】 2014年，为加快实施区政府提倡的“机器换人”号召，区鞋业协会向政府建议制定优惠政策，并组织企业参加在巨一集团召开的应用推广现场会。

【学习培训】 8月13日，区鞋业协会在六楼会议室举办有关劳资纠纷方面内容的人力资源内容培训，由区人力资源和社会保障局、劳动争议和仲裁科科长周国平授课，30多位分管人力资源工作的企业管理人员参加了培训。全年，协会共组织企业参加各级政府和有关部门举办的各类培训20多个。

【要求鞋类产品出口退税上调报告】 9月初，区鞋业协会历时一个多月，对所有会员企业的生产经营情况进行调查，摸准许多中小企业普遍面临着严峻的生存问题，并且蔓延至不少规模企业。协会联合瓯海、龙湾、永嘉、瑞安等鞋业行业协会，向省皮革协会、中国皮革协会递交了“关于要求将鞋类产品出口退税上调至17%的报告”。中国皮革协会在此基础上形成报告，上报至国务院、国家税务总局和轻工部联合会。

印 刷

【概况】 2014年，鹿城区印刷行业在市场需求下降、运营成本不断增加等因素影响下，通过将劳动密集形式整改为电子、“机器换人”流水线，使用节能、利用环保原材料等一系列手段和措施，降低成本、创造效益，使企业平稳过渡。截至年底，全区印刷业产值约25亿元，较2013年有所下降。

2014年，全区印刷行业共有6家企业8人分别获得高级印刷工艺师，1人获得包装工程师等专业技术资格。

【消防演练】 2月，区印刷行业协会在星河广场进行危险化学品消防演练，增强企业员工消防安全知识，提高员工自防、自救能力。

【学习培训】 5月，区印刷行业协会举办首届企业班组长专题研修班，邀请国内成本管理专家黄杰主讲，共有30家企业参加培训，参训人员都取得了培训证书。此外，协会还进行了法律法规、安全生产和消防安全培训。

【经营管理转型】 2014年，区印刷行业协会组织企业参观展会，拓宽视野；向经营管理要效益，以创新来降低成本。协会鼓励会员企业学习西山彩印、航宇印刷厂、丰收印刷厂3家企业联合进行生产经营的做法，学习几个小厂联合起来设计制版、瓦楞印刷、覆膜专业分工进行印刷营的做法，取得了实效。

【参与社会公益事业】 年初，区印刷行业协会理事会成员主动募捐回报社会，在会长叶建华带领下，到双莲、来福社区开展慈善活动，给30多户贫困家庭送去慰问金、食用油。

医疗器械

【概况】 2014年，区医疗器械行业协会进一步落实企业主体责任，推动企业诚信建设，加强科普宣传教育，发挥社会监督作用，促进医疗器械产业健康有序发展。

【新条例知识培训】 6月1日，修订后的《医疗器械监督管理条例》实施。12月31日，区医疗器械行业协会协同市食品药品监督管理局医疗器械处，在瓯昌饭店举办医疗器械新法律法规培训，共有150余家会员单位参加，并给每家与会单位分发一本《医疗器械监管法规汇编》。

12月13日，在瓯昌饭店举行医疗器械新法律法规培训　　区医疗器械行业协会提供

【整治行动】 3月15日至8月15日，区医疗器械行业协会响应国家食品药品监督管理总局号召，集中开展了一次医疗器械“五整治”专项行动，重点整治虚假注册申报、违规生产、非法经营、夸大宣传、使用无证产品等五种行为。区各医疗器械生产、经营单位将“生产企业十不准”或“经营企业八不准”“浙江省食品药品监督管理局提示”宣传单贴于单位醒目位置，更好的自我监督和管理，同时也提醒消费者如何安全购买医疗器械产品。

【法律知识培训】 3月28日，在新特医药企业4楼，协会开展了一期法律知识培训，邀请协会法律顾问陈华丰讲解法律知识，共有52家会员单位参加。此次培训旨在提高会员法律素质，了解企业相关的法律法规知识，掌握法律事务处理的应对技巧，做好法律风险事前防范。

【到厦门考察】 12月5日—7日，区医疗器械行业协会组织协会理事以上单位和涉及医疗器械生产制造、经营企业共23家单位，分别参观考察了厦门市医疗器械协会和厦门生物医药港，考察了园区内的行业布局与生产制造基地。通过与兄弟协会之间的交流与沟通，学习兄弟协会的先进管理经验，提升协会业务管理水平。

12月5日，参观厦门生物医药港
区医疗器械行业协会提供

化 工

【概况】 2014年，鹿城区化工产品销售额为32亿元，较2013年下降47%。根据鹿城区国税局、区级税收收入情况通报：全区化工行业税收1486万元，较2013年增长率为-36.40%，税收收入行业占比0.69%。十强税收1066万元，行业税收十强占比71.69%。温州市亚泰进

7月19日，浙江龙鑫化工有限公司竣工投产　　区化工协会提供

出口有限公司获2014年度鹿城区功勋企业称号，温州市登达化工有限公司获省级专利示范企业称号，浙江禾本科技有限公司获市级专利示范企业称号。

【人员疏散应急救援演练】　6月25日，由温州有色冶炼有限责任公司和温州市化工市场联合举办的消防安全人员疏散应急救援演练在公司七层冶炼大楼举行，共80多人参加。通过演练，增加企业员工安全疏散应急救援知识。

【龙鑫化工投产】　7月19日，因温州市涂田工业区功能改变和规划要求而搬迁至龙泉市的温州市中侨高分子新材料事业公司，改名“浙江龙鑫化工有限公司”并竣工投产。该公司是浙江省同行业中最规范的企业，其化工树脂新厂房5万吨配套产品生产线，经3年改建而成。

【禾本科技进入中国农药行业销售百强排名】　2014年，浙江禾本科技有限公司进入中国农药行业销售百强排名。该公司被评为2014年温州市创新百强企业、鹿城区“机器换人”先进单位、鹿城区生产企业出口10强单位。其低毒杀菌剂获省科技进步三等奖。

【温州化工市场发生火灾】　12月1日13时40分许，位于温州市化工市场内的温州市三星乳胶有限公司，在乙酸乙烯酯槽罐车卸料过程中引发火灾。事故发生后，温州市委书记陈一新、市长陈金彪，市委常委、鹿城区委书记王立彤等领导第一时间赶到现场，指挥部署现场扑救，伤员救治和善后处置等各项工作。温州公安部门出动无人机，对事故现场的救援情况进行空中监控。同时，相关部门快速疏散了化工市场周围方圆1公里内人员。温州消防119指挥中心共调动9个中队27辆消防车，有200多名消防官兵参加救援，扑灭了大火。事故造成3人烧伤，其中1人伤势较重。

12月1日，消防官兵在扑灭化工市场内火灾　　区化工协会提供

个人护理电器

【概况】　2014年，温州市个人护理电器行业共有生产制造企业80余家，主要生产剃须刀、电推剪、电吹风、电热烫发器、电动脱毛器、按摩器等个人护理电器产品。全年鹿城区个人护理电器行业规模以上企业实现工业产值比2013年增长6.1%，外贸出口交货值比2013年增长14.8%。浙江日峰电器有限公司被认定为国家高新技术企业，浙江鼎铃电器有限公司被认定为温州市知名商标企业。

【个人护理电器产品标准研讨会举办】　5月13日，温州质检院联合南德意志集团（TUV）在喜来登大酒店举办个人护理电器产品标准研讨会。温州市个人护理电器行业协会组织会员企业负责人和技术主管共40余人参与研讨。

【第十届轻工产品博览会参展】　10月24日—26日，2014年中国（温州）国际时尚消费暨第十届轻工产品博览会在温州国际会展中心举行，温州市个人护理电器行业协会组织鼎铃、日峰、华科等3家企业参展。

【工业设计与产业对接交流会举行】 11月12日，浙江创意园省级特色工业设计示范基地“送设计—到基地”工业设计与产业对接交流会（温州市个人护理电器行业专场）在云天楼米兰国标大酒店举行，共有6家工业设计公司和协会20余家会员企业近40人参与对接交流。

【人力资源工作站成立】 2014年，在鹿城区人力资源和社会保障局的支持和指导下，温州市个人护理电器行业协会成立人力资源工作站，为会员企业在人才招聘、技术人员培训及人才培养交流等方面提供服务。

电 镀

【概况】 2014年，修订后的《中华人民共和国环境保护法》出台，环保部门对电镀企业的污染治理要求更高。鹿城区后京电镀基地起步早、硬件基础相对较差，土地又紧缺，环境保护投入多、治理难度大，加上电镀企业原材料成本和人力成本急剧提升，许多企业难以支撑，出现厂房转让或对外承包的不少。基地电镀企业共92户，自有厂房的58家，至今厂房全部转让或对外承包的有30家，约占52%，部分对外承包的21家，占38%以上，仅有少数几家还没有出租厂房。这些外来出租户进入基地，给基地的统一管理和统一治污带来难度。全年工业总产值较2013年下降15%左右。

【污水治理设施改造提升】 1月16日至2月25日，后京电镀基地全面停产整顿，组织一支40余人的施工队伍，清理了调节池1500立方米；增加风机，增加生化池的风量和溶解氧；生化池清理、新增和更换曝气管路，保证曝气充分；增加生化生物填料，增加处理能力；对老厂区物化反应系统和应急池清理改造等。该项目投资200余万元，为污水处理达标排放奠定基础。

【改造提升项目通过验收】 10月中旬，后京电镀基地污水处理生化系统改造优化项目通过环保部门的验收。沿江蒸汽供应公司经环保部门确定的锅炉除尘设备改造通过了验收，二氧化硫、氮氧化物达标排放。

【三届一次业主大会召开】 3月29日，后京电镀基地三届一次业主大会在瓯昌饭店多功能厅召开。会议审议通过了《温州市后京电镀基地业主公约》和《温州市后京电镀基地综合考核奖励暂行办法》，并选举产生后京电镀基地三届业主委员会。

【四届四次会员大会召开】 6月20日，在瓯昌饭店多功能厅召开区电镀协会四届四次会员大会，市、县（市、区）电镀协会和区各兄弟协会代表48人和会员100多人参加了会议。

【考察广东崖门电镀园区】 11月15日，后京电镀基地业主委员会成员以鹿城区电镀行业协会考察团的名义，参观考察广东省江门市崖门新财富电镀园区。该园区建有电镀生产区、配套产业区、废水处理区、港口物流区、生活服务区五大功能区，还有管理服务中心、结算中心、技术支援及检测中心、工程研发中心、退镀中心和危化品及原料配送中心，占地面积达130公顷。园区的硬件设施建设和科学管理水平及生态环境建设，给大家留下了深刻的印象。

【区电镀行业党支部成立】 鹿城区电镀行业协会党支部成立，并于12月30日召开第一次党支部会议。该支部有正式党员3名，谢周闯任支部书记。

五 金

【概况】 2014年，藤桥镇和仰义、双屿街道的五金生产企业达1600多家，其中，独资企业占52%，个体企业占30%，公司占18%。鹿城区五金协会会员企业已发展到302家。

【博览会参展】 3月至4月、6月至7月，区五金行业协会分别组织会员企业参展各种国内外博览会，国内有广州、义乌、成都等，国际有迪拜、巴西和欧洲等国家及地区，把鹿城五金行业的5000多种产品向全球客商和用户展示。

【五金电子商务市场开业】 12月8日，鹿城区五金电子商务市场第一条示范街58个店面开业，至年底，共有153个店面营业，并选举产生了五金市场管委会管理机构组成人员。该市场坐落在仰义街道仰新社区，占地面积13.33公顷，共55幢五层楼房，规划有638个店面，分三期开发。第一期在C区1—21幢，共244个店面。

打火机

【概况】 2014年，温州市打火机生产企业70家，规模以上企业10来家，主要生产金属打火机。其中，鹿城区有11家。产品主要出口亚洲、欧美、非洲等77个国家和地区。截至年底，全市共有9家打火机企业通过日本PSC认证，其中，鹿城区有1家，为浙江日禾烟具有限公司。浙江大虎打火机有限公司的“大虎”商号被延续认定为浙江省知名商号，有效期6年。“虎牌”蝉联中国行业标志性品牌，董事长周大虎入选“鹿城建区30周年鹿城骄傲30人”。

【打火机出口企业质检员培训】 7月30日，市打火机行业协会联合温州市出入境检验检疫局，举办温州市出口打火机企业质检员培训班，共45名质检员参加培训。

【法律知识讲座举行】 7月30日下午，由市委统战部、司法局主办，市律师协会承办的企业法律知识讲座在新南亚大酒店会议室举行。市打火机行业协会组织50多位会员企业参加。讲座邀请了温州市律师协会会长周光、常务副会长叶连友做企业法律知识讲解，并解答企业人员提出的相关法律问题。

【人力资源培训】 8月13日下午，协会在外事大楼6楼会议室开展了有关企业如何解决劳资纠纷等实用性的人力资源知识讲座，共有30多名企业的人力资源管理人员参加。讲座邀请了鹿城区人事劳动局仲裁科科长周国平主讲。

【博览会参展】 10月24日—26日，2014中国（温州）时尚消费展暨第十届轻工产品博览会在温州国际会展中心举行。市打火机行业协会组织瑶芮、芝博轻工、中龙、智力德4家打火机企业参展。其中，鹿城区有3家，分别是瑶芮、中龙、智力德3家企业。

【到江西实地考察】 7月14日至18日，市打火机行业协会组织15家企业负责人，到江西考察当地的投资环境。其中，鹿城区有4家，分别是温州市洪达实业有限公司、鹿城华丰烟具厂、温州瑶芮烟具有限公司、温州市建泰烟具厂4家企业。

眼 镜

【概况】 2014年，鹿城区眼镜业在册企业总276家（包括个体、制造业及贸易公司），海关出口为17.15亿元（2.52亿美元）。全区眼镜制造企业年销售额100万元以上的企业有89家，销售总额为7.97亿元，规上企业有8家，分别为黎东眼镜、爱氏光学、远洋眼镜、大宗光学、布鲁金眼镜、东瓯眼镜、利瑞眼镜及盛发箱包（有做眼镜），年总产值（包括眼镜成镜、配件）3.6亿元。温州市黎东眼镜有限公司、温州市爱氏光学实业有限公司企业获“2014年度鹿城区对外贸易信用生产型企业”称号。

5月7日，鹿城区眼镜行业协会三届四次会员代表大会在温州香格里拉大酒店召开，中国眼镜协会理事长崔毅等领导和会员企业负责人、嘉宾共600余人参加了会议。

【温州（国际）眼镜展览会举行】 5月8日—9日，2014年温州（国际）眼镜展览会在温州市会展中心举行。该届展会参展商达300多家，展位600多个，展出面积近两万平方米，接待国内外客商逾万名，其中美国、印度、日本、加拿大、比利时、伊朗、俄罗斯、阿根廷、澳大利亚、科威特、巴基斯坦、韩国等海外买家800余人，比2013年增长15%。

【外贸预警信息发布】 2014年，区眼镜行业协会向企业发布“土耳其对眼镜框架进行第二次保障措施日落复审调查”“土耳其对进口眼镜框架做出保障措施日落复审终裁”“欧盟对‘ORAO’牌儿童太阳镜发出警告”“含铅超标，美国回收儿童太阳眼镜”等重要的外贸信息7条，起到了预警作用。

工艺美术

【概况】 2014年，鹿城区新增1位高级工艺美术师邹绳珠、3位工艺美术师胡琳、许波、姚奇志。截至年底，全区有中国工艺美术大师2人，浙江省工艺美术大师17人，温州市工艺美术大师26人。

【市工艺美术精品博览会举行】 2月19日—23日，由温州市经济和信息化委员会主办、温州市工艺美术行业协会承办、温州市工艺美术研究院协办的第九届“温州市工艺美术精品博览会”在市展览馆举行。博览会共展出面积2100平方米，涉

2月19日，第九届“温州市工艺美术精品博览会”在市展览馆举行

市工艺美术协会提供

及瓯塑、细纹刻纸、黄杨木雕、石雕、发绣、瓯窑、瓯绣、软陶、米塑、彩扎、剪纸等32个品种，展出国家、省、市级大师作品112件，青年艺术家作品180件。博览会期间，举办第四届“白鹿杯”工艺美术精品评审大赛、温州工艺美术产业发展论坛，同时有15集电视系列专题片《走近温州传统艺术》在温州“都市频道”每晚7点30分播出。

【10人获市工艺美术大师称号】 5月16日，由温州市经济和信息化委员会组织开展的第三届温州市工艺美术大师评审工作正式落幕，共评出58位温州市工艺美术大师，其中，鹿城区有毛德轩、单秀会、项玉芬、董若慧、龚林果、徐简评、金素、陈松洪、陈铭州、陈小燕等10人。

【2人获省工艺美术大师称号】 11月，经第五届浙江省工艺美术大师评审委员会评审，评定122人为第五届浙江省工艺美术大师。其中，鹿城区有李小红、林棣华2人。

【各地博览会参展】 2014年，温州市工艺美术行业协会组织全市优秀工艺美术作品，到东阳、杭州、大连、厦门等地，分别参展第四届中国·浙江工艺美术精品博览会、第十二届中国工艺美术暨古典家具收藏品博览会、2014中国（杭州）工艺美术精品博览会、第十五届中国工艺美术大师作品暨国际艺术精品博览会、第七届海峡两岸（厦门）文化产业博览会。参展展会场地累计规模达870平方米，参展工艺美术品种约50个，作品总数594件。其中，鹿城区参展品种数14个，作品120多件。

4月25日，参展第四届中国发·浙江工艺美术精品博览会的温州馆外景

市工艺美术协会提供

机械

【概况】 2014年，机械装备市场需求趋缓，原材料和劳动力成本增长，价格下行。鹿城区机械企业加大管理创新力度，推行技改，以“机器换人”，使企业产值明显增长。全区工业总产值286.3亿元，同比增长3.8%。其中，装备制造业完成工业总产值66.72亿元，同比增长14.5%，增速高于全区10.7%；全区国家级高新技术企业43家，完成工业总产值50亿元。区机械联合会坐落在区轻工园区的16家企业，完成工业产值22.1亿元，占该园区工业产值的51%；联合会有省、市级研发中心企业11家，全年实现工业总产值15.9亿元。

浙江长城减速机有限公司获“浙江省信用管理示范企业”“2014年中国化工装备制造业50强企业”“浙江省民营企业科技创新奖”称号，并被评为首届温州市“百佳诚信企业”，其“院士专家工作站”已上升为“浙江省院士专家工作站”，又被认定为“省搅拌技术与装备研究院”。浙江东瓯微孔过滤有限公司获准中华人民共和国特种设备设计许可证，有了从事压力容器D1、D2的设计资格。浙江双屿实业、申瓯通信、浙江电器3家企业列为市科技创新百强企业行列；温州江南减速机有限公司、温州市达安仪表设备有限公司、浙江金瑞五金索具有限公司认定为“市级企业技术研发中心”。浙江绿电新能源科技有限公司于2013年引进的首席科学家裴瑞林，入围“省千人计划”、市级以上政府人才。长城减速机有限公司的教授级高工周国忠、申瓯通信设备有限公司总工蔡春潮，入选市级以上政府人才。润新机械制造有限公司总工兼总经理伍孝荣、星际控股集团总工徐翼，入选鹿城区第八轮拔尖人才。浙江电器开关副总经理田国利，入选鹿城优秀人才。区机械联合会名誉会长虞培清，入选鹿城建区30年“鹿城骄傲30人”。

【创新团队建设】 2014年，长城减速机有限公司的长城搅拌技术创新团队、星际控股集团的星际警用警示声光技术团队，入选市级重点创新团队。日高包装机械制造有限公司的日高机器换人研发团队、双屿实业有限公司的双屿烟气除尘脱硫研发中心、润新机械制造有限公司的润新水处理技术团队、浙江电器开关有限公司的悦新新型智能电器技术创新团队，入选鹿城区首批重点创新团队。

【“机器换人”推行】 2014年，全区机械企业响应政府“机器换人、减员增效”的号召，逐步实现转型发展。区机械联合会中的7家企业全年投入技改资金达1.81亿元，享受区第19批企业技改项目资金补助143.5万元。温州市利普自控设备有限公司原是小微企业，通过技改投入，更新设备，2014年进入区规模以上企业，获政府政策鼓励资金10万元。温州日高智能机械股份有限公司成立“机器换人”研发中心，与中国自动化产业联盟和智能制作产业联盟两大联盟合作，专门为客户提供一整套的“机器换人”解决方案，成效显著。温州市氟塑设备制造厂的“新型耐正负聚四氟乙烯紧衬耐正负压大型设备”、温州市日高包装机械有限公司的“自动灌装轧盖联动RGGZG30（香水自动灌装轧盖联动机）”、浙江午马减速机有限公司的“WAH型铝合金外壳准双曲面齿轮减速机”，获市科技进步三等奖。

【技术专利申报】 2014年，区机械联合会会员企业有37家共计365项专利上报受理，其中，发明专利28项，实用新型专利263项，外观专利74项。黎明液压有限公司获市级专利示范企业称号。

【节能减排工作】 2014年，全区机械企业重视建设环保型企业，从建立制度入手，将节俭精神、节俭文化、环保意识、低碳生活普及到各个方面，做了大量工作，如绿灯出行、无纸化办公、使用节能灯管、合理设置空调温度、美化厂区环境、设立无烟工作区域等。长城减速机有限公司建立了1008KWP光伏电站，不仅满足自己生产需要，还向电网供电；厂区还配备10个大型太阳能瞬间集热器，采用水循环系统向2个储水箱供水，实现不用电能满足员工热水需求。好多企业瞄准节能减排这一发展趋势，研发和生产节能减排设备，如：海特克有限公司，推出节能伺服液压泵；坚华粉体设备有限公司生产的粉体设备采用了大功率变频器，可根据投料负荷控制用电；双屿实业有限公司研发供低能耗烟尘脱硫一体化装置的炼油厂烟尘脱硫设备，为解决烟雾，降低雾霾环境起到很好作用。南京亿达高科环保技术有限公司因厂房因素，企业乔迁南京生产，公司研发了汽摩车辆尾气排放装置（具有知识产权），使车辆尾气排放达欧4欧5标准，深受车辆制造商好评，产值翻倍；南京高捷轻工设备有限公司是国家高新技术企业，自行研发MVR（机械式蒸气再压缩）板式蒸发装置，占地面积小，噪音低，产品运行稳定，经江苏省专家鉴定，该装备应用填补国内空白，整体技术达到国内领先水平，省政府给予50万元奖励。

【产品研发】 2014年，润新机械制造公司研发的水处理多类控制阀，以其可靠的质量与优异的性价比，获得用户普遍认可，在国内外控制阀市场中占比70%。南方游乐设备工程有限公司研发大型游乐设备8项，立为国家火炬计划1项、省重大科技专利计划1项、2014省第一批新产品计划3项，成为国家中小企业发展专项奖金项目，认定为市激光与光电产业科技专项项目和专利战略推进工程项目。申瓯通信设备公司研发了SOT600红色报警用话机等七项通信设备，顺利通过CCC认证。博弘电器公司研发的军用国防产品，因产品科技含量和质量可靠性，获国防贡献奖。浙江电器开关公司研发新型智能空气短路器，保护电网、电路更加安全运行，并与星际控股集团同时获区政府质量奖。浙江双屿实业有限公司发挥研发团队作用，研发“低耗高效节能烟尘脱硫资源化利用成套设备”，列入国家级技术创新基金重点项目，发明专利8项，实用新型专利3项。高效低耗除尘脱硫成套设备研发，无须工程项目投标，用户上门求配套，从2013年度销售额8299万元突破到2.73亿元，为减少雾霾做出贡献，2014年获区功勋企业称号。

温州中国鞋都产业园区

【概况】 2014年，温州中国鞋都产业园区鞋都铁路沿线、总部经济园二期在建。园区累计已引进项目161个：鞋都一期引进企业24家，厂房建筑面积78万平方米；鞋都二期引进企业25家，厂房建筑面积45万平方米；鞋都三期引进企业66家，厂房建筑面积96万平方米；总部经济园一期引进企业46家，建筑面积15.3万平方米。园区拥有中国真皮领先鞋王2个，中国真皮鞋王2个，真皮名鞋1个，中国驰名商标16个，中国名牌2个，中国出口名牌3个，国家免检产品28个，省级高新技术企业3家，中国鞋都功勋企业4家。国家鞋类质量检验检测中心、鞋文化博物馆、鞋都文化广场、鞋都安心公寓等配套已建成投入使用，技术支撑服务体系日趋完善。形成了名牌聚集、龙头企业聚集、生产要素聚集的良好态势和中国鞋都“名牌”“名地”效应。

【基础设施、公建项目建设】 2014年，完成重点项目建设投资30337万元，其中鞋都产业化项目完成投资28837万元，总部经济园完成投资1500万元。建成通车的园区市政道路8条、里程合计5636米：鞋都三期出入口立交工程1269米，鞋都三期纬七路一标段500米，铁路沿线西侧纬六路620米，铁路沿线沿河北路729米、戴宅南路314米，铁路沿线经七路1509米，铁路沿线经六路二标段388米、潘岙路307米。建成安置房项目2个、建筑面积合计8.64万平方米：鞋都一期牛岭安置房11—13号楼建筑面积4.04万平方米、鞋都三期安置房建筑面积4.60万平方米。建成公建项目2个、建筑面积合计2.53万平方米：总部二期F—2地块公租房（人才公寓）项目1.32万平方米，鞋都小学1.21万平方米。

【企业及市场建设】 2014年，园区实施机器换人或设备更新企业35家，总投资8827万元。综合性鞋贸市场——温州国际鞋城，占地面积5万平方米，总建筑面积16万平方米，总投资约11亿元，由原事达利鞋业厂区“退二进三”分两期实施，其中一期工程8万平方米于2014年9月开业。中国鞋都鞋革城由温州市川耕鞋材有限公司实施“强三优二”城市有机更新项目，占地面积4.7万平方米，建筑面积10余万平方米，总投资6.3亿元，2014年9月开业。真好度假酒店占地面积3.4万平方米，建筑面积3.1万平方米，前身为飞禽鞋业有限公司，通过“退二进三”按五星级酒店标准改造，改建总投资约1.2亿元，是集会议、展示、人才公寓、社交、商务、电子服务、娱乐为一体的商务平台。

温州（鹿城）总部经济园

【概况】 2014年，温州（鹿城）总部经济园一期已签约企业46家，其中入驻23家。总部经济园二期占地7.87公顷（净6.03公顷），F—2地块人才公寓完成竣工验收，其余的CDE地块约5.11公顷，拟做商业综合体，作为鞋都和总部经济配套，完成规划修编并公示。

鹿城轻工产业园区

【概况】 浙江温州鹿城轻工产业园区是鹿城区唯一的省级经济开发区、省生态工业示范园区，总规划面积18.3平方公里（其中国家核准面积为6.65平方公里）。2014年，园区规上企业累计工业总产值31.66亿元，同比增长6.77%，用电4143.13万/千瓦时，同比增长1.69%。截至年底，已有国家级高新技术企业15家，占全区的44.12%；省级研发中心5家，占全区的35.71%。完成重点工程投资2.96亿元，占年度任务数114%；完成固定资产投资1.95亿元，同比增长7.02%，其中工业性投资0.46亿元，同比下降37.18%，万元产值能耗0.0266吨/标准煤，同比上升3.56%。园区获得装备制造省级特色产业科技园基地称号，被评为第四届温州市劳动关系和谐园区，被授予“温州市市级低碳工业园区”称号。

2014年，完成144家企业小升规培育调查摸底工作，10家企业达到小升规要求、提交申报资料，并得到统计部门确定。截至年底，园区有5家企业在浙江省股交中心创新版挂牌，6家企业完成股改工作，1家企业在新三板挂牌。园区帮助企业申请设备机械技改资金1500万元、办理二次开发3万平方米。所有的规上企业都在企业官网、行业门户、阿里巴巴、淘宝、天猫、京东等电商平台开展电子商务经营。

【招商引资工作】 2014年，园区推出200亩产业化项目、园区中心区商娱用地项目、园区中心区居住地块四大项目进行招商引资。该四大项目已作为市重点招商项目，在市、区两级政府招商网站面向全国招商。其中，园区A5—06工业地块由云光废油公司竞得，已进场施工，E—17工业地块已落实意向单位——国家级高新技术企业温州科强机械有限公司，即将正式挂牌。

【节能降耗工作】 积极申报温州市低碳工业园区创建，严格把关入园环评条件和节能条件，对高污染、高耗能、高耗水的项目，一律不得引进。从经济补贴、优惠政策、信息服务等方面进一步建立引导、鼓励、奖励机制，鼓励并协助入园企业开展ISO1 4001环境管理体系认证工作。努力使节能减排、保护环境和清洁生产成为企业及职工的自觉行为。截至年底，入园企业中已有8家企业通过ISO 14001环境管理体系认证。

【主动对接促进融资】 2014年，园区管委会完成8公顷土地储备供地地籍编制，E—10、E—30地块土地储备共融资5042万元。与相关部门、银行对接，确立了以鹿城区藤桥镇新农村投资有限公司为融资主体，由鹿城城市发展有限公司为担保方的方案。该方案已通过了区政府的审批，银行正在对融资项目进行审批。

【市政配套设施建设】 2014年，园区完成8条市政道路的竣工验收，即纵七支一、纵七支二、纵七支三、纵七路二期、纵七支二路三期、纵八路、横三支一、横三路二期等8条道路；完成3个水利工程建设，即支流垟心河、下坦河河道整治工程、上沈河一期工程、戍浦江纵七桥东侧亲水平台段护岸续建工程；完成2个地块的填方及场地平整工程，即园区一期周徐村地块河道填方工程、戴宅村龙泉头废弃土堆地块转运土工程；完成大闸安置房（二期）工程。

【历史遗留难题解决】 2014年，完成潘陈兴户、潘良娒户历史遗留纠偏工作。妥善处理金时光、林旭光、冯洪恩、叶建海、叶一梦等16户的信访咨询和答复工作，为渔藤公路纠偏安置的扫尾工作画上句号。

【土地征收工作】 2014年，《浙江温州鹿城轻工产业园区一期控规范围内房屋征收与补偿实施方案》经区长办公会议审核通过、区人民政府审批。园区管委会对园区一期控规范围内征而未用闲置土地进行了一次全面调查与统计。主动与周边村庄、企业对接政策处理工作，帮助被征地村办理二、三产手续并协助藤桥镇做好前林村的土地丈量工作。

【安置工作】 2014年，完成渔藤公路上盛锦园底层农具房实地分隔设计方案、戍浦江河道综合安置房（二期）方案编排、藤盛锦园底层农具房的认购和房款结算交付使用工作。启动戍浦江河道综合安置房（二期）面积预测工作、上戍地块上盛锦园（农具房）面积实测工作。

12月23日，组织戍浦江河道整治工程安置住宅房（二期）摸文认购

鹿城区轻工产业园区提供

【工程项目建设和三公经费监督】 2014年，制定《招标采购工作监督表》《园区公务用车公示表》，对园区的工程项目招投标工作进行监督，共监督工程项目51个。每两个月对公车的维修经费、油费、违反交规等情况在公示栏进行公示。不定期对食堂公务接待管理经费以及公务出差经费进行检查，确保三公经费使用在规定的范围内。

【安全生产大排查活动】 2014年，园区日常检查企业508家次，年隐患数609条，已整改597条，整改率

5月，园区企业温州市黎东眼镜有限公司组织消防演习活动 鹿城区轻工产业园区提供

98%，跟踪率100%。圆满完成了2014年规模以上企业及规模以下企业安全生产标准化相关工作。

【劳资纠纷和工伤认定处理】 2014年，园区共发生劳资纠纷89起，立案55起，调解成功89起，调解率100%，涉及金额38.57万元。处理群体性案件5起，涉及金额480万元。受理工伤认定55起，完成园区社保扩面任务。

2014年知名企业

【2014年度鹿城区功勋企业名单】
康奈集团有限公司
巨一集团有限公司
东艺鞋业有限公司
浙江普飞鞋业有限公司
温州市太阳神鞋业有限公司
浙江电器开关有限公司
泰马鞋业有限公司
温州帝邦鞋业有限公司
温州万丰混凝土有限公司
浙江双屿实业有限公司
浙江旭达鞋业有限公司
泰力实业有限公司
浙江金牛工贸有限公司
浙江温州银泰百货有限公司
国药控股温州有限公司
温州市英特药业有限公司
温州时代广场购物中心有限公司
红蜻蜓营销温州有限公司
温州新宇钟表有限公司
温州崇高百货有限公司
温州市亚泰进出口有限公司
温州开太百货有限公司
温州开元集团有限公司
温州王朝大酒店有限公司
温州康宁医院股份有限公司
温州锦绣酒店投资有限公司
温州云天楼实业有限公司
温州国际大酒店有限公司
浙江新邦建设股份有限公司
鲲鹏建设集团有限公司
新宇建设有限公司
中纬建设工程有限公司
温州鹿城第一建筑工程有限公司
温州矿山井巷工程有限公司
三箭建设工程集团有限公司
浙江温州鹿城农村商业银行股份有限公司
温州鹿城捷信小额贷款股份有限公司
浙江中梁置业有限公司

【2014年度鹿城区功勋企业家名单】

郑　秀	康康奈集团有限公司
潘建中	巨一集团有限公司
陈国荣	东艺鞋业有限公司
李建民	浙江电器开关有限公司
贺正红	浙江温州银泰百货有限公司
李艾黎	国药控股温州有限公司
王真云	温州时代广场购物中心有限公司
孙宏建	温州崇高百货有限公司
朱志群	温州王朝大酒店有限公司
叶建林	温州云天楼实业有限公司
陈　锵	浙江新邦建设股份有限公司
李筱明	三箭建设工程集团有限公司
朱永光	新宇建设有限公司
陈宏强	浙江温州鹿城农村商业银行股份有限公司
李跃胜	温州鹿城捷信小额贷款股份有限公司
杨　剑	浙江中梁置业有限公司

【2014年度鹿城区工业50强企业名单】
温州吉尔达鞋业有限公司
温州市润新机械制造有限公司
星际控股集团有限公司
浙江长城减速机有限公司
海特克液压有限公司
浙江禾本科技有限公司
意万达鞋业有限公司
黎明液压有限公司
温州鼎丰鞋业有限公司
温州市爱美高鞋业有限公司
温州查理鞋业有限公司
温州南方游乐设备工程有限公司
温州市东风通用机电厂
巨日鞋业有限公司
温州市三箭混凝土有限公司
浙江意迈达鞋业有限公司
温州市飞丹鞋业有限公司
藤桥禽业股份有限公司
温州华邦混凝土有限公司
浙江奇伟鞋业有限公司
温州意迈达鞋业有限公司
申瓯通信设备有限公司
浙江金得利电器有限公司
浙江迪丰服饰有限公司
温州市长发祥鞋业有限公司
温州伟明环保能源有限公司
扬业电器有限公司
珂卡芙鞋业有限公司
浙江皇家鞋业有限公司
温州市瑞星鞋业有限公司
温州市博弘电器有限公司
温州市丑鸭工贸有限公司
温州菜篮子发展有限公司
浙江太极鞋业有限公司
浙江飞友康体设备有限公司
浙江艾曼连鞋业有限公司
温州瑞基测控设备有限公司
温州远洋眼镜有限公司
温州市黎东眼镜有限公司
温州市利步达鞋业有限公司
浙江戈美其鞋业有限公司
温州市荷桥鞋业有限公司
巨康鞋业有限公司
温州市赛牛鞋业有限公司
温州帕斯特鞋业有限公司
温州市广川鞋业有限公司

浙江正耀鞋材有限公司
温州市鹿城东瓯染料中间体厂
温州市强盟鞋业有限公司
温州市鹿城翔威鞋业有限公司

【2014年度鹿城区商贸业50强企业名单】

温州天成控股有限公司
高邦集团有限公司
浙江绿森数码科技有限公司
温州苏宁云商销售有限公司
温州百润投资有限公司
温州美特斯邦威服饰有限公司
温州美的制冷产品销售有限公司
温州联奥汽车销售服务有限公司
温州之星汽车有限公司
温州通诚经贸有限公司
温州市天罡贸易有限公司
温州市南亚粮油食品有限公司
温州新特医药有限公司
温州欣瑞电子有限公司
温州市中原皮塑有限公司
温州捷骏汽车有限公司
温州好又多百货有限公司
德嘉木业有限公司
温州市日清贸易有限公司
温州锦华国际贸易有限公司
温州鹏润国美电器有限公司
温州市华春经贸有限公司
温州诚宏百货有限公司
温州财富购物中心有限责任公司
浙江瓯滨工贸有限公司
温州市百富食品有限公司
温州勤奋工贸有限公司
温州尚羽贸易有限公司
浙江百诚集团温州电器有限公司
温州市乐松电器有限公司
温州五洲进出口有限公司
温州市穗源贸易发展有限公司
温州市森泰石化有限公司
温州市华美工贸有限公司
温州香溢卷烟销售有限公司
温州市瑞博催化剂有限公司
温州市建业金属回收有限公司
浙江中勋进出口有限公司
温州亿烨贸易有限公司
温州市玖文纸业有限公司
温州威雅斯进出口有限公司
温州市大通进出口有限公司
温州一正药房连锁有限公司
温州博腾贸易有限公司
温州市朗顺进出口有限公司
温州银邦控股有限公司
温州市盛昌化工有限公司
温州市硕海进出口有限公司
温州市冠林物资有限公司
温州南湖商业集团有限公司

【2014年度鹿城区服务业50强企业名单】

温州鹿城禾本小额贷款股份有限公司
温州市鹿城华泰小额贷款股份有限公司
浙江大管家物业管理服务有限公司
温州星河物业管理有限公司
温州联华物业管理有限公司
温州大自然物业管理有限公司
中通置业集团有限公司
温州天平房地产估价所有限公司
温州三角洲投资顾问有限公司
温州百佳房地产土地评估有限公司
温州市黄河清洁有限公司
温州江心西园开发有限公司
温州市网盛科技有限公司
温州市温韵速递有限公司
温州市东风运输有限公司
温州市朝阳油品运输有限公司
温州捷达航空服务有限公司
温州市申豪运输有限公司
浙江同方建筑设计有限公司
浙江求新建筑设计有限公司
温州市长城建设监理有限公司
温州市建设监理有限公司
温州新正施工图审查咨询有限公司
温州市科宏工程检测有限公司
温州市兴元建筑施工图审查咨询有限公司
温州华厦建设监理有限公司
温州市东华医院有限公司
温州市缤纷时代文化娱乐有限公司
温州利玛集团有限公司
温州市文华娱乐城有限公司
温州东方仰义乡村俱乐部有限公司
温州市新宝丽金娱乐有限公司
温州拉斯维加斯娱乐股份有限公司
温州百嘉乐餐饮娱乐投资管理有限公司
温州市大王府加州红娱乐有限公司大南门分公司
温州万和豪生大酒店有限公司
香格里拉大酒店（温州）有限公司
温州维多利亚大酒店有限公司
温州新南亚大酒店有限公司
温州奥林匹克假日大酒店有限公司
温州市万豪商务大酒店有限公司
温州国贸大酒店有限公司
温州顺生大酒店有限公司
浙江震瓯律师事务所
浙江平宇律师事务所
浙江光正大律师事务所
浙江时代商务律师事务所
浙江人民联合律师事务所
温州国旅旅游有限公司
温州海外旅游有限公司

【2014年度鹿城区税收50强企业名单】

温州市华亮房地产开发有限公司
温州市金兴名晨投资中心
香格里拉大酒店（温州）有限公司
浙江温州安邦护卫有限公司
温州鹿城禾本小额贷款股份有限公司
温州市润新机械制造有限公司
温州美特斯邦威服饰有限公司
温州查理鞋业有限公司
海特克液压有限公司

温州电力设计有限公司
浙江长城减速机有限公司
温州市爱美高鞋业有限公司
温州市海岳混凝土制品有限公司
温州市鹿城华泰小额贷款股份有限公司
意万达鞋业有限公司
温州苏宁云商销售有限公司
温州鼎丰鞋业有限公司
星际控股集团有限公司
浙江意迈达鞋业有限公司
温州吉尔达鞋业有限公司
黎明液压有限公司
如新（中国）日用保健品有限公司温州分公司
浙江奇伟鞋业有限公司
温州市三箭混凝土有限公司
浙江省对外服务公司温州分公司
温州美的制冷产品销售有限公司
温州市东风通用机电厂
温州市飞丹鞋业有限公司
温州伟明环保能源有限公司
浙江金得利电器有限公司
温州环亚创业投资中心
温州市长发祥鞋业有限公司
温州华邦混凝土有限公司
温州一百有限公司
杭州肯德基有限公司温州分公司
浙江迪丰服饰有限公司
申瓯通信设备有限公司
温州市丑鸭工贸有限公司
温州菜篮子发展有限公司
浙江奥乐智能系统工程有限公司
温州意迈达鞋业有限公司
温州艳棱化工有限公司
温州南方游乐设备工程有限公司
温州市航天信息计算机有限公司
浙江金达建筑有限责任公司
温州远洋眼镜有限公司
温州市南亚粮油食品有限公司
温州好又多百货有限公司
温州市鹿城翔威鞋业有限公司
浙江太极鞋业有限公司

【2014年度鹿城区招商引资先进人物名单】

张祺玮　温州荣悦置业有限公司董事
杨　剑　温州中梁盛置业有限公司董事长
李金枢　温州市华鸿房地产开发有限公司董事长
王益友　温州明大置业有限公司董事长
谷俊杰　温州川耕鞋材有限公司董事长
陈建静　置信房地产开发有限公司董事长
王瑞生　温州恒富中梁置业有限公司董事长
周　光　浙江光正大律师事务所主任
王吉雷　温州市中通吉瑞快递有限公司副总裁
吴奇川　温州中通惠商置业有限公司总经理
卢　游　温州时代集团大地房地产开发有限公司总经理

【2014年度鹿城区首次获得市级以上品牌荣誉称号企业名单】

一、获得国家驰名商标企业

巨一集团有限公司

二、获得浙江省著名商标企业

星际控股集团有限公司
老人头亚太控股有限公司
浙江飞友康体设备有限公司

三、获得浙江品牌产品企业

河田集团有限公司
温州海外旅游有限公司

四、获得浙江省出口名牌产品企业

温州市天罡贸易有限公司

五、获得温州市知名商标企业

嘉和控股集团有限公司
温州日报报业集团
温州金勺子餐饮管理有限公司
温州金算盘财务管理有限公司
温州市原野花艺有限公司
温州华强汽配有限公司
温州市中芝贸易有限公司
浙江靓典鞋业有限公司
浙江金瑞五金索具有限公司
浙江鼎铃电器有限公司
温州成功集团有限公司

六、获得温州名牌产品企业

星际控股集团有限公司
浙江金牛工贸有限公司
温州市飞丹鞋业有限公司
浙江永凯农业有限公司
浙江绿森数码科技有限公司

七、获得温州市出口名牌产品企业

浙江宏顺鞋业有限公司

【2014年度鹿城区政府质量奖获奖企业名单】

浙江电器开关有限公司
星际控股集团有限公司
温州国旅旅游有限公司

【2014年度鹿城区建筑行业突出贡献单位名单】

一、获得温州市“瓯江杯”优秀工程项目

温州广拓建设有限公司承建的温州市旧城C—03a号地块首府印象工程
鲲鹏建设集团有限公司承建的温州惠仁医药物流中心建设工程
浙江新邦建设股份有限公司承建的南塘街D地块IV标段3、4、5、8、12号楼
浙江新邦建设股份有限公司承建的瑞安市体育中心扩建工程—游泳馆
新宇建设有限公司承建的温州市第二十三中学综合大楼工程
浙江实强建设有限公司承建的温州市站西路（瓯海大道—站南路）建设工程II标段

二、企业资质晋升

浙江三石装饰有限公司审核通过

为建筑装饰装修工程专业承包一级
温州市鸿银工程项目管理有限公司审核通过为工程造价咨询甲级
温州诚力工程项目管理有限公司审核通过为房屋建筑工程监理甲级
浙江红欣园林艺术有限公司审核通过为市政公用工程总承包二级
温州裕达建设工程项目管理有限公司审核通过为房屋建筑工程监理乙级、市政公用工程监理乙级

三、鹿城区建筑业龙头骨干企业

浙江新邦建设股份有限公司
新宇建设有限公司
中纬建设工程有限公司
鲲鹏建设集团有限公司
浙江金达建筑有限责任公司
温州市华昌市政工程有限公司
温州振华建设有限公司
浙江绿艺园林工程有限公司

四、鹿城区建筑业优秀企业

温州鹿城第一建筑工程有限公司
浙江信博城市建设有限公司
浙江实强建设有限公司
温州市华宏市政园林工程建设有限公司
浙江三石装饰有限公司
浙江一洲建筑装饰工程有限公司
温州市力和建筑装饰工程有限公司
浙江绣山园林建设有限公司
温州市共好防雷科技有限公司
温州建苑施工图审查咨询有限公司
温州市长城建设监理有限公司
浙江金穗工程项目管理有限公司
浙江鼎力工程项目管理有限公司
浙江同方建筑设计有限公司

五、鹿城区建筑业信誉企业

浙江新邦建设股份有限公司
中纬建设工程有限公司
新宇建设有限公司
浙江金达建筑有限责任公司
温州浙南建设集团有限公司
温州振华建设有限公司
温州鹿城第一建筑工程有限公司
温州鹿城第三建筑工程有限公司
正坚建设有限公司
鲲鹏建设集团有限公司
浙江信博城市建设有限公司
浙江实强建设有限公司
温州市华昌市政工程有限公司
温州市华宏市政园林工程建设有限公司
温州隆盛市政建设有限公司
温州恒运建设工程有限公司
浙江一洲建筑装饰工程有限公司
温州市力和建筑装饰工程有限公司
浙江三石装饰有限公司
浙江绿艺园林工程有限公司
温州市嘉丰建筑材料设备有限公司
温州市长城建设监理有限公司
浙江同方建筑设计有限公司
浙江鼎力工程项目管理有限公司
浙江金穗项目管理有限公司
温州建苑施工图审查咨询有限公司

【2014年度鹿城区科技工作先进单位名单】

一、新增国家高新技术企业

泰力实业有限公司
温州帝杰曼信息网络工程有限公司
浙江飞友康体设备有限公司
浙江日峰电器有限公司
坚士锁业有限公司
浙江清电科技有限公司
浙江海峰制鞋设备有限公司
温州市博弘电器有限公司
温州市南极激光科技有限公司

二、2014年度获省级高新技术特色产业基地和骨干企业

（一）基地
鹿城专用设备制造业省级高新技术特色产业基地
（二）企业
浙江长城减速机有限公司
温州南方游乐设备工程有限公司
浙江双屿实业有限公司
温州市蓝天电子设备有限公司
海特克液压设备有限公司

三、新增省级企业研究院

浙江省长城搅拌技术与装备研究院（浙江长城减速机有限公司）

四、新增省级高新技术企业研究开发中心

康奈鞋类技术省级高新技术企业研究开发中心（康奈集团有限公司）
金得利电器省级高新技术企业研究开发中心（浙江金得利电器有限公司）

五、2014年度市级企业技术研究开发中心

飞友康体设备企业技术研究开发中心（浙江飞友康体设备有限公司）
怡联软件及移动互联企业技术研究开发中心（浙江怡联网络科技有限公司）
蓝天电子设备企业技术研究开发中心（温州市蓝天电子设备有限公司）
江南减速机企业技术研究开发中心（浙江江南减速机有限公司）
达安仪表设备企业技术研究开发中心（温州市达安仪表设备有限公司）
金瑞五金索具企业技术研究开发中心（浙江金瑞五金索具有限公司）

六、新增市级以上专利示范企业

（一）省级专利示范企业
浙江金牛工贸有限公司
温州市登达化工有限公司
（二）浙江省流通领域知识产权保护示范单位
温州一百有限公司
温州时代广场购物中心有限公司
（三）浙江省流通领域知识产权保护试点单位
温州开太百货有限公司
（四）市级专利示范企业
浙江禾本科技有限公司
浙江飞友康体设备有限公司
黎明液压有限公司

七、获市级科技企业孵化器称号基地

鹿城区科技与文化融合示范基地

八、获省、市科技进步奖项目

（一）省科技进步三等奖

低毒杀菌剂戊菌唑原药及制剂（浙江禾本科技有限公司）

（二）市科技进步一等奖

Fe—Mn—Cr节能材料研制及其在临界锅炉防磨抗爆中的应用（浙江科得力新材料有限公司）

（三）市科技进步二等奖

GB/T 30397—2013《皮鞋整鞋吸湿性、透湿性试验方法》、掌底应力技术贯通舒缓女鞋（康奈柔性减震鞋）康奈集团有限公司等胀鼓管式过滤成套设备（浙江双屿实业有限公司）

（四）市科技进步三等奖

新型耐正负压聚四氟乙烯紧衬耐正负压大型设备的研制（温州市氟塑设备制造厂）

自动灌装轧盖联动RGGZG30（香水自动灌装轧盖联动机）（温州市日高包装机械有限公司）

WAH型铝合金外壳准双曲面齿轮减速机（浙江午马减速机有限公司）警务在线系统（浙江天地人科技有限公司）等

2014年度鹿城区开放型经济工作先进单位名单

一、2014年度鹿城区生产企业出口10强

巨一集团有限公司

温州市太阳神鞋业有限公司

东艺鞋业有限公司

浙江禾本科技有限公司

浙江旭达鞋业有限公司

泰马鞋业有限公司

温州意迈达鞋业有限公司

康奈集团有限公司

温州帝邦鞋业有限公司

温州市飞丹鞋业有限公司

二、2014年度鹿城区外贸流通企业出口10强

温州市天罡贸易有限公司

温州锦华国际贸易有限公司

温州五洲进出口有限公司

温州市硕海进出口有限公司

温州市信尔贸易有限公司

温州威雅斯进出口有限公司

温州彦林控股有限公司

温州市鹿城对外贸易有限公司

温州乐航进出口有限公司

温州市大通进出口有限公司

三、2014年度鹿城区进口企业5强

德嘉木业有限公司

温州崇高百货有限公司

温州英豪国际贸易有限公司

浙江中勋进出口有限公司

温州普润豪德国际贸易有限公司

【2014年度金融机构支持鹿城区经济发展】

业绩考评先进单位名单

一、银行业优胜奖

华夏银行鹿城支行

浙江温州鹿城农村商业银行

兴业银行鹿城支行

交通银行信河支行

温州银行鹿城管理总部

宁波银行温州分行

邮储银行鹿城支行

中国银行鹿城支行

海峡银行温州分行

二、小额贷款公司优胜奖

温州市鹿城华泰小额贷款股份有限公司

三、证券业优胜奖

浙商证券股份有限公司温州分公司

（编辑　朱凌云）

城乡建设

城乡规划

【概况】 2014年，温州市规划局鹿城分局（简称规划鹿城分局）共完成控规批复成果10个；办理用地红线190件；出具规划设计条件91件；核发选址意见书33件，计建设用地面积70.62万平方米；办理建设用地规划许可65件，计建设用地面积119.69万平方米，临时建设用地4件，面积3.18万平方米；办理建设工程规划许可277件，面积147.39万平方米，临时建设工程70件，面积4.20万平方米；"D级危房"原拆原建等各类个人建房174件（98户）；办理城市有机更新项目67件；办理工业用地二次开发项目24件；完成竣工规划核实63件，建筑面积70.10万平方米；补办建设工程规划许可5件。全年办结信访类案件127件。

【规划体系建设】 2014年，规划鹿城分局协助市局开展《温州市总体规划（2003—2020年）》修编工作，主动与市局、区委区政府做好对接，鹿城区新增七都、林里建设用地面积等问题得到落实；按照市局和区委区政府工作重点，及时启动各地块的控规编制和修改工作，有10个控规经市政府批复实施。全年主动开展大南片区、滨江CBD、中央绿轴等区块地下空间的开发利用研究，调研成果获鹿城区优秀调研成果二等奖；开展五马商圈改造建设规划研究，在深入分析现状的基础上向区委区政府提出了具体的实施策略建议。同时，以黎明工业区为重点，助推老工业区、旧厂房的改造提升；加快推进工业用地二次开发，按规定提高企业改扩建项目容积率和建筑密度，扶持实体经济发展。

【审批方式创新】 2014年，规划鹿城分局推行"全域受理"审批新模式，将"一书两证"、临时"两证"、建设工程竣工规划核实等纳入"全域受理"范围，采取"1+5"受理方式，即审批中心窗口和5个规划所均可受理列入"全域受理"范围的审批事项，既方便了办事对象也提高审批效率。全年对规划编制、审批、监管等一系列涉及规划服务的事项进行全面梳理，形成"权利清单"，及时录入全省政府服务系统，促进规划审批的规范化；明确行政审批首席代表和授权事项目录，提高审批效能；在鹿城轻工产业园区推行"负面清单"外企业投资项目不再审批改革试点工作，做好总平审核等规划服务；根据审批流程已多年持续优化的现状，把重点放在既有流程的落实和执行上来，要求对区重点项目、民生工程等提前介入，预先做好准备，进一步加快正式审批时的办理速度。此外，将办理项目选址意见书、建设用地规划许可证的职能直接划归审批科，并增派相应人员至审批科，实现了审批事项全部向区行政审批中心集中到位。

【竣工规划核实效率提升】 2014年，规划鹿城分局加强对基层规划所的业务指导，规范受理、审核、勘察、签发等各环节工作。从严格审核项目申报材料、仔细勘查建筑现状、主动寻求市局指导、报分局联审会议审核等方面入手，做好商品房项目和市政道路类项目的竣工规划核实工作。加大对房地产开发类项目中存在天井、凹槽等设计行为的审核力度，防止后续违建行为的发生。简化绿地率指标验收，取消绿化备案，提高核实效率。

【规划监管工作强化】 2014年，规划鹿城分局改善审批资料移交制度，建立"一项目一专人"巡查机制，每周不少于1次巡查；及时收集、整理批后监管材料，做到"一项目一档案"；对巡查中发现的违法建设行为，及时发函移送执法部门查处，阻止违法建设行为的发生。全年协助开展“三改一拆”工作，配合街镇对辖区范围内的旧住宅区、旧厂区、城中村改造和违法建筑进行联合排查；对工作中发现的危房及时告知属地街镇，主动加强对需申请办理危房拆建手续对象的指导；协助街镇做好宗教场所违法建筑排查，配合做好周岙底教堂等重点宗教场所违法建设行为调查取证。同时，对涉及公众利益的重大规划许可或规划修改，主动组织或依申请召开听证会；协助行政执法、法院、街道等部门，做好具体案件的协助调查工作。此外，配置精干力量，专职负责信访工作，做好信访接待，规范信访事项办理程序，及时办理各类信访案件。

【助推城中村改造】 2014年，规划鹿城分局做到主动靠前、重心前移、提前介入，主动加强与街镇的对接，按照有关规定做好认定技术指导。全年共牵头完成滨江街道滨江商务区CBD和涂村、双屿街道中央涂、南汇街道横渎、松台街道上下桥等地块共约4000户未经登记建筑的认定工作，确保相应地块城中村改造等项目的有序推进。同时，协助做好未经登记建筑认定相关诉讼案件的应诉工作。

城市发展和建设

【概况】 温州市鹿城城市发展有限公司（简称发展公司）是鹿城区人民政府直属的国有独资公司，于2014年2月划归鹿城区财政局管理，承担保障房、基础设施建设及融资任务。发展公司下设8家子公司，分别是温州市鹿城区七都综合建设开发有限公司、温州市南汇城市投资有限公司、温州市鹿城区塘河改造与建设开发有限公司、温州市鹿城区双屿城中村改造建设有限公司、温州鞋都投资开发有限公司、温州市鹿城区藤桥镇新农村建设投资有限公司、温州市五马城市投资有限公司、温州市松台城市投资有限公司。

【“14鹿城债”发行】 11月3日，正式发行2014年公司债券（简称“14鹿城债”，证券代码为1480548），发行金额12亿元，期限7年。此项工作从开始申报到成功发行历时2年多，历经项目申报、主体包装、财务审计、信用评级、地方国家两级审核、财务核查等多个阶段，于4月完成国家级审批，拿到国家发改委公司债券发行批文，通过关注银行间金融市场债券发行窗口期利率的变化，调研论证选择适当发行时机，经30家机构报价竞标，最终东吴证券、厦门证券、易方达基金、宁波银行等10家机构中标，票面年利率仅为5.58%，为近年来相当级别债券发行的最低利率。“14鹿城债”系鹿城区债券融资第一单，开启了向资本市场直接融资的大门，不仅解决了鹿城区保障性住房建设资金的燃眉之急，也极大地节省了财务成本。

【融资工作】 2014年，发展公司及下属8家子公司重点筹资投向鹿城区“城中村”改造项目。通过市场化运作，多渠道筹措资金，累计到位融资资金38.13亿元，为鹿城区域中心城市建设提供资金保障。

【融资担保工作】 2014年，发展公司加大融资力度，加强对其他建设主体的支持。于5月启动的温州（鹿城）轻工特色园区贷款“5个亿”进入报批阶段；“五水共治”流动资金贷款“3个亿”在积极筹划中；为“五水共治”融资提供担保，6月已完成温州鹿城区水利建设投资有限责任公司“1个亿”流动资金贷款担保，并于8月完成备案工作。

【项目建设】 2014年，牛山北路（温州大道—德政路）改建工程进入尾声，现进行细部工程施工及电力管道、给水管道等专项验收；德

2014年，牛山北路（温州大道—德政路）改建工程进入尾声
鹿城城市发展有限公司提供

2014年，德政村牛桥底安置房工程共4幢完成工程预验收，进行室外附属工程施工
鹿城城市发展有限公司提供

政村牛桥底安置房工程结顶并完成主体砌筑工程及进行外墙施工；横渎河西地块改建工程完成主体结构结顶；丰收村股份经济合作社二三产地块改造项目主体、砌体完成施工，正进行机电安装和装饰装修工程施工；高田路机械停车场仅完成前期工作，未开工建设。

江滨路鹿城段建设

【概况】 江滨路鹿城段工程建设指挥部承建的城市改建工程共分三期，截至2014年年底，一、二期工程已经完成，共开发建成了新业大厦、博林大厦、永城公寓、九洲大厦、康华大厦、荣星大厦、深发商住楼、华峰大厦、江滨大厦、华中大厦、永楠商厦、十八家公寓、繁华大厦、聚鑫苑、金迅达大厦、曙光大厦、东泰大厦、怡浦园等楼盘。三期工程改建区面积约15.3公顷，拆迁建设范围是永川路地块和18号、19号地块。其中，18号、19号地块拆迁户330户，安置房新建面积8.25万平方米，已经建成5.41万平方米。截至年底，三期的18号、19号地块的安置房建设仅剩10幢、13幢、14幢在建。三期的永川路地块占地面积7.12公顷，拆迁居民851户，拆迁面积约4.06万平方米。安置房新建面积12.87万平方米。永川路一期安置房在施工，二期安置房在办理进场施工的前期手续。

【拆迁工作】 2014年，指挥部通过与五马街道一起破难攻坚，完成永川路地块剩余的未签拆迁协议共9户的拆迁谈判工作。

【安置工作】 2014年，永川路地块安置房一期完成15层的主体施工，完成投资4690万元。18号、19号地块安置房完成投资2800万元。东江锦园10幢主体施工至屋面，13幢、14幢主体施工完工，进行安装、装饰工程。永川路二期地块正在进行地质勘查，施工图设计。矮凳桥临时周转房工程1号、2号、3号楼结顶，完成外墙粉刷。

【信访遗留工作】 2014年，8号转2号地块53套安置房中，13套安置房的产权证移交；2号地块秦尧户的遗留问题化解；3号地块周美玲户的遗留问题化解，参照周美玲户的化解模式制作完成3号地块其余7户遗留个人的处置方案并上报区政府审批同意；调查处理13号地块地上车库与地下车库的相关问题；调查处理朱明扬、陈光伦等拆迁户的遗留问题；调查办理省督导组、区领导接待日、区纪委交办的有关人员信访案件。

滨江商务区建设

【概况】 滨江商务区是温州市“三大亮点区块”之一，涉及辖区面积16.10平方千米，包括黎一村、黎二村、蒲州村、上蒲州村、杨府山塗村和同心社。6个村（社）共需征用集体土地241.20公顷，拆除农房9672户、企业166家、旧房面积约286万平方米。2014年，已启动黎一村、黎二村、同心社、杨府山塗村城中村改造，累计完成土地报征63公顷，拆除农房1130户、企业104家、旧房面积62万平方米。

【杨府山塗村村级组织换届】 4月8日，塗村村委会换届选举举行，并一次性选举成功；4月18日，村监会、村经济合作社完成换届，成为塗村发展史上的“首次”。

【杨府山塗村化解历史遗留问题】

2014年，滨江街道、塗村工作组将杨府山塗村历史遗留问题进行梳理，分三类、共17个。截至年底，0.45公顷三产指标、汤家桥路8.34公顷征地三产返还、1200平方米营业房、涂田工业区等4个问题已彻底解决。10个需要解释的问题，已制作塗村历年征地拼图，将结合PPT的形式向村两委和村民代表予以解释澄清。同时，通过塗村“三资”公开，营造稳定和谐环境。

【杨府山塗村拆迁工作】 2014年，塗村拆迁工作有序进行。在两路两河方面，黎明东路延伸段，共73户，已签68户、拆65户；加洲路，共46户，已签27户、拆10户；环商泄洪河道一，共18户，已丈量14户，已签2户、拆2户；环商泄洪河道二，共15户，已丈量12户，已签9户、拆4户。在杨府山安置区方面，共686户，已签520户、拆259户。在CBD地块方面，共353户，已丈量185户（丈量率52%）。在老港区方面，共475户，已丈量264户（丈量率56%）。在涂田工业区方面，共81家企业，已签77家、拆76家；未拆5家已启动房屋征收程序。在鲍州工业区方面，共13家企业，已签6家、拆4家。

【杨府山塗村征地工作】 10月28日，塗村召开村民代表大会，顺利通过“两路两河”共计9.59公顷集体土地征地决议，实现近10年塗村征地“破冰”。塗村“两路两河”等项目集体土地已组件上报至省国土资源厅。同时，安置区重点区块完成了征地地籍图制作；CBD地块、老港区正在深化土地权属调查。

【杨府山塗村停工项目恢复施工】 2014年，新田园一小工程停工6年后恢复施工；鹿城农村合作银行、中国人寿保险大厦项目，在僵持2年之后进场施工；滨江商务区13—08地块（温州银行）在无法进场一年半后，实现拔钉开工建设；新田园核心区文化中心，在拖延3年后于6月进场施工；CBD地块2.47公顷保障性安居工程，于7月进场施工；涂田工业区实现全面施工；杨府山北片一期一批安置房，于5月交付使用，并顺利完成黎明东路、加洲路项目的提前现房安置工作；黎明东路二期1标、环商泄洪河道二、商务一路一期、商务六路二期等一批项目已顺利进场施工。

【黎一村改造】 2014年，诸永高速公路鹿城段延伸工程、温瑞大道一期、黎一村（灰桥自然村）城中村改造一期等3个项目在该村灰桥桥下片区落地。9月中旬，顺利完成诸永高速公路鹿城段延伸工程13套住宅的摸文认购定位工作。温瑞大道一期与黎一村（灰桥自然村）城中村改造一期共涉及98户，拆迁面积2.50万平方米，征地面积1.98公顷。7月21日，成功拆除温瑞大道一期红线范围内最后2处旧房，全面完成政策处理工作，10月23日顺利签署温瑞大道一期、桥下片区城中村改造等项目涉及的集体土地征地协议书，启动土地报征，温瑞大道一期工程实现无障碍施工。在市、区、街道三级政府密集协调下，黎一村28个历史遗留问题已化解完毕或由市、区级会议纪要明确解决方案。东游路项目于11月28日召开动迁大会，助剂厂宿舍共40户，已签正式协议36户，已腾30户。

【黎二村改造】 2014年，黎二村已启动1号、5号、10号地块、63亩地块拆迁工作，完成整村土地报征。1号地块：已整体拆除，可建安置房面积7.7万平方米，其中北片2.7万平方米顺利结顶，南片5万平方米已进场施工。10号地块：共135户，完成拆征政策处理，可建安置房面积约8万平方米，截至年底，已完成工程70%。5号地块：该地块规划调整，分二期工程进行建设，一期522户，已签502户，启动征收程序，于年底开工建设。63亩地块：7月，拖延10年之久的该地块（可建6.3万平方米安置房）重新启动，共72户，已签60户。其中，影响航标处地块3幢大楼建设的西片7户民房已于9月25日拆除完毕。此外，惠民北路延伸段“卡口”顺利打通，并建成通车。

【同心社改造】 2014年，同心社还剩有分布散乱的14块土地计10.42公顷。该年先行启动改造条件相对成熟的滨江商务区9号地块和蒋家桥地块。滨江商务区9号地块：集体土地1.62公顷已报征，该项目可建安置房面积约7万平方米，已完成约85%的桩基工程量，由于信访问题被迫停工；另1户征收补偿决定已做出，进入司法诉讼阶段，待程序完成后启动司法强拆。蒋家桥地块：占地面积共4.27公顷（已征为国有），有270户。年初，西片剩余的5户全部签订协议，于9月24日拆除最后1户旧房，拖延7年之久的一期工程于12月25日开工。同时，街道以征收促谈判，做蒋家桥东片剩余未签订协议的拆迁户工作，推动二期建设。

温瑞塘河鹿城段建设

【概况】 2014年，鹿城区温瑞塘河保护管理委员会共投资4.28亿元，涉及重点项目工程建设、温瑞塘河综合整治、两大地块的征收拆迁工作和重大项目前期规划研究，共涵盖16个项目，其中重点建设项目8个，政府性投资项目（2000万元以下）8个。

【重点项目建设】 2014年，区温瑞塘河重点建设项目计划投资36710万元，实际完成投资38232万元，完成率达104.15%。截至年底，纺织路庄头改建地块安置房工程，属BT项目，13幢主体已全部结顶；截污纳管项目在建19个，基本完成6个；吴桥路A2地块安置房工程已完工，并通过竣工预验收；吴桥路C地块安置办公楼工程地下室面层施工，安装水电管道；汇昌河水上公园C段规划道路工程进入基础施工阶段；吴滨巷地块安置房建设工程进入施工图审查及修改阶段；核心片区南门单元A—01至A—03地块改建工程（原菜篮子5、6号地块，旧货交易市场），因丰收村三产留地指标缴纳土地出让金等问题，前期工作受阻；新纺织路建设工程完成道路稳定层施工。

【“两河”治理】 至6月20日，全面消除垃圾河。黑臭河整治方面，截至年底，广化河应急整治工程已完成验收，北泱河、龟河、蒲州横河已基本完工。针对垃圾河、黑臭河易反弹反复的情况，梳理制定长效管理制度，召开街道培训会，巩固治理成果。

【塘河综合管理】 2014年，共组织清理河道生活垃圾、树枝3000多吨，拔除影响通航的毛竹、木桩800多根，打捞废弃沉船13艘，清理沿岸倒塌的树木100多棵，修复驳坎、护栏3处。开展日常水陆同步的保洁巡查150多次，对巡查中发现的问题及时发督办件给相关单位处置。全年发出各类督办件19件，并对每件督办单全程跟踪，督促落实情况。全年河面保洁考核达标率100%，温瑞塘河综合整治考核的河道保洁工作列各区市第一。

【执法行动】 6月，配合温州瓯江海事处、温州港航局市区分局开展了1次专项执法行动；8月，开展了一次处置涉河违法违章行为的联合执法月活动；10月，联合区城管、农林水利、卫生、环保、新闻中心、温州海事、港航、排水等单位开展了2次联合执法行动。共整治违法船运贩卖瓜果点3处、收缴非法捕鱼工具12套、整治桥下住人点2处、对横河南、鱼鳞浃沿河餐饮店户重点进行排污检查。此外，还联合属地街道、区环保局、区城管与执法局查处了九山外河工地泥浆漏排、前庄河非法食品加工点、小坝节河市检察院食堂排油污、西山河中梁房开沿岸卫生死角、十二洞桥河工地泥浆漏排、双屿山河工地污水偷排、广化河黄龙商贸城地块泥浆偷排、西山河菜篮子乳制品厂排污问题等8件涉河违法违章典型案例。

【社会参与“五水共治”】 2014年，开展区委、区政府老干部督查指导塘河活动，媒体看塘河采风活动和相关河道义务护河活动；发动华夏银行捐助“五水共治”；联合温州电台、六大高校，开展寻找塘河污染源活动。全市相关媒体均做了相应报道。

【河长制】 2014年，温瑞塘河范围共有10位市领导担任11条市级河道河长，13位市区领导担任14条区级（鹿城段）河道河长。对每条河道制定了整治方案和年度计划，共安排工程项目30个，投资概算1841万元。发布专项督查通报2期。各河道均按河长制工作要求设立河长、警长、督察长，各街道均设立了街镇、社区河长，成立了义务护河队。

【征收工作】 2014年，吴滨巷地块（共有19家企业，41户民宅）企业已完成协议临转正18家，拆除17家；民宅协议临转正已签订19户。菜篮子5号、6号地块共有4家企业（2013年2家企业已拆除），余下旧货市场正督促搬迁，1家企业正在司法征收程序中；启动21户民宅协议临转正。

【重大项目前期规划研究】 2014年，完成市东屿发电厂重大项目资金评估测算，并形成两个规划研究方案，上报区政府研究。开展美丽浙南水乡文化建设研究，重点针对塘河文化节点的专题设计；开展汇昌河水上公园C2段东屿电厂地块改造开发的前期研究，截至年底，已开展吕浦河（吕浦人家）景点的文化提升工程。

【原菜篮子5、6号地块合作立项】 2014年，该地块已完成控规调整，并编制立项文件。该项目实行与丰收村合作建设的方式，总投资约5.64亿元，其中区塘河管委会3.08亿元，丰收村2.55亿元。项目总净用地面积1.83公顷。根据控规，地上总建筑量约3.46万平方米，容积率4.64；公园绿地8176平方米，广场用地2669平方米。

重点项目建设

【概况】 2014年，鹿城区共安排19个重点建设项目，涉及子工程

141个，年度计划投资额经年中调整后，为68.84亿元，实际完成74.56亿元。以类别划分，产业化项目10个，年度计划投资6.37亿元，实际完成8.01亿元；城市建设及基础设施项目55个，年度计划投资28.92亿元，实际完成31.22亿元；农林水利项目12个，年度计划投资5.14亿元，实际完成5.37亿元；交通项目35个，年度计划投资11.44亿元，实际完成10.28亿元；村房两改及社会发展项目29个，年度计划投资16.97亿元，实际完成19.68亿元。

【藤桥镇建设项目】 2014年，藤桥镇共安排18个建设项目，其中产业化项目5个，城市建设及基础设施项目1个，农林水利项目2个，交通项目4个，村房两改及社会发展项目6个，年度计划投资5.81亿元，实际完成投资额6.21亿元。截至年底，各项目完成情况：藤桥镇新社区工程附属工程施工，准备预验收；藤桥镇新家园工程内外墙涂料及真石漆施工；横山村农房集聚建设工程主体施工；上戍坎上西都锦园附属工程已完成，等待竣工验收；双潮新社区内外墙涂料施工；临江驿头农房改造建设工程进入装饰阶段；藤桥镇昌源路道路整治工程完工通车；临江沙头园区企业厂房主体建设；下岸鞋革、五金园项目处于前期阶段；岭下门前物流园项目处于前期阶段；戍浦江上沈河整治工程完工；戍浦江综合治理工程拆迁安置房（二期）完工；轻工园区企业厂房主体建设；科技创新大厦建设工程桩基施工；纵八路道路与桥梁工程道路完工，桥梁桩基施工；纵五路及桥梁工程完工；中央大道下坦河桥梁工程桩基施工；园区戍浦江一期河道主流滨江公园绿化工程完成工程招投标。

【仰义街道建设项目】 2014年，仰义街道共安排12个建设项目，其中产业化项目1个，城市建设及基础设施项目7个，农林水利项目1个，交通项目1个，村房两改及社会发展项目2个，年度计划投资7.38亿元，实际完成投资额7.53亿元。截至年底，各项目完成情况：洞桥片区改造B—9地块安置房一期工程主体建设；仰义集聚区项目（仰义锦园）一期工程人防施工，附属施工；地质灾害点移民及万户避险安置房项目电梯安装，附属施工；沿江工业区拆迁安置房一号地块二期（2号、4号楼）工程外墙涂料施工，门窗扇、水电安装；仰义集聚区项目（仰义锦园）二期工程桩基施工；岩门制革基地B—18地块建设工程完成立项、初步设计，取得用地规划许可证；洞桥片区改造B—5地块建设工程完成施工图五家联审；渔渡创业园启动二期对企业调整摸底；林里片区低丘缓坡利用项目完成外钟山A—02、A—05、A—11地块出让；林瞿路完成施工设计图；林里河整治工程完成施工图设计。

【双屿街道建设项目】 2014年，双屿街道共安排28个建设项目，其中产业化项目3个，城市建设及基础设施项目7个，农林水利项目1个，交通项目15个，村房两改及社会发展项目2个，年度计划投资8.62亿元，实际完成投资额9.02亿元。截至年底，各项目完成情况：西中央涂A—2安置房主体建设；园区路康华路至五星大楼段完成施工招标；西进城口2号地块（鹿城区公共卫生大楼）主体建设；鞋都一期牛岭安置房11—13号楼竣工验收；鞋都三期安置房竣工验收；鞋都三期出入口立交桥工程通车；鞋都三期纬七路Ⅰ标段已完成经五路至立交桥段和经四路至经五路段；总部二期F—2地块公租房（人才公寓）项目竣工验收；鞋都小学竣工；铁路沿线西侧纬四、纬五、纬六路完成纬六路施工和纬四路、纬五路施工招标；铁路沿线西侧经七路完工；沿河北路和戴宅南路完工；铁路沿线西侧纬二路和河道整治工程正岙河驳坎砌筑和上伊河驳坎施工；郑桥广场建设工程（进城口三角地营业房）完成涂料施工，内装饰；市、区各指挥部岩门农投地块2.73公顷已进场开工，甬台温铁路安置鞋都企业6家完成中间验收，西排指挥部6家安置鞋都企业前期手续办理中；垟

2014年，双屿街道温州中国鞋都三期出入口立交工程一览　　区发改局提供

田城中村改造C—02—C地块开展施工图设计；宁波路二期拆迁安置房完成施工合同签订；铁路沿线经六路一标段、二标段和潘岙路完成施工；岩门规划道路建设工程完成施工图审查；鞋都三期上庄河和上叶河河道工程上庄河开展招标工作；山后路（嵇师新街）拓宽整治工程暂不实施；石降坑园区1号区块完成控规公示，2号区块完成控规批复成果；马坑路完成初步设计报批稿；康强路完成实施方案调整；瓯南路北段市政道路工程已腾空76户，拆除45户；昆仑路东段市政道路工程已腾空28户；牛岭路完成土地预审、可研报批稿、入户丈量；中央涂A—1地块腾空336户，已拆除146户。

【松台街道建设项目】 2014年，松台街道共安排2个建设项目，均为村房两改及社会发展项目，年度计划投资7000万元，实际完成投资额4958万元。截至年底，各项目完成情况：双桥村（下桥自然村）已完成控规中间成果，E—30、E—33地块已完成可研性报告；九山一号地块已完成初步设计，完成监理代理招投标。

【五马街道建设项目】 2014年，五马街道共安排5个建设项目，其中城市建设及基础设施项目4个，村房两改及社会发展项目1个，年度计划投资1.55亿元，实际完成投资额1.50亿元。截至年底，各项目完成情况：永川路地块安置房3、4号楼11层施工，5、6号楼14层施工；18、19号地块10、13、14幢安置房主体完工；吴桥单元丰收村B—1地块建设工程完成砌体施工；永楠小学地块初步设计报批；永川路二期地块已完成拆迁。

【南汇街道建设项目】 2014年，南汇街道共安排16个建设项目，其中城市建设及基础设施项目4个，交通项目3个，村房两改及社会发展项目9个，年度计划投资10.22亿元，实际完成投资额12.55亿元。截至年底，各项目完成情况：葡萄居住区13—1地块安置房已基本完成负二层顶板施工；葡萄居住区9—1地块安置房共7幢，全部结顶，砌体完成83%；葡萄居住区6—3地块安置房完成地下室结构施工，1号、2号楼完成主体首层施工；葡萄居住区10—1地块安置房正进行负二层顶板施工及第一道支撑梁破除；东屿村地段C—7—1地块建设工程共7幢，主体施工最高已至27层，其中5幢砌体施工至15层；东屿村地段C—8—2地块建设工程共3幢，主体均已结顶，砌体工程均已完成；东屿村地段C—12—1地块建设工程共4幢，主体均已结顶，砌体工程均已完成；东屿村地段C—2—5地块建设工程共3幢，5号楼八层主体施工，6#楼七层主体施工，7#楼地下室负一层梁板施工；东屿村地段C—2—3a、C—2—3b地块建设工程已办理C—2—3a地块土地证；横渎河西A18—1地块建设工程地下室底板施工；A—37a—1地块项目装修施工；农房改造德政集聚点（牛桥底佳苑）一期工程准备专项验收；德政村牛桥底二期编制可研报告；牛山北路（温州大道—德政路）改建工程道路预验收；德政东路（牛山北路—六虹桥路）里垟村和葡萄村段进行管道施工；蛟凤北路完成征收协议签订，完成规划用地许可证和质、安监手续办理。

【滨江街道建设项目】 2014年，滨江街道共安排3个建设项目，均为村房两改及社会发展项目，年度计划投资2.5亿元，实际完成投资额2.11亿元。截至年底，各项目完成情况：黎二村10号地块（洪殿单元B—36号地块）改造建设工程主体施工；滨江商务区9号地块（同心社3号地块）改造工程因场地原因，暂处于停工状态；黎二村5号地块（洪殿单元E—04号地块）改造工程正在进行拆迁签约。

【七都街道建设项目】 2014年，七都街道共安排8个建设项目，其中产业化项目1个，城市建设及基础设施项目2个，农林水利项目1个，交通项目4个，年度计划投资5.55亿元，实际完成投资额6.98亿元。截至年底，各项目完成情况：七都千亩征地等项目安置房与七都农房集聚区（一期）工程主体工程进入扫尾阶段，准备预验收，附属绿化工程土方回填；吟州堤完成主体工程；纬一路一期道路主体工程已基本完成，附属配套设施基本完成；经四路一期工程（环岛南路—纬二路）桥梁承台、盖梁浇筑，道路沿线挡墙完成300米；纬二路一期完成项目前期，进场施工；经三路一期完成项目前期，进场施工；垃圾转运站完成桩基础施工；温州中心大厦住宅桩基础施工完成50%，超高层及商业工程试桩。

【塘河建设项目】 2014年，区塘河建设共安排8个项目，其中城市建设及基础设施项目5个，农林水利项目1个，交通项目2个，年度计划投资3.67亿元，实际完成投资额3.82亿元。截至年底，各项目完成情况：纺织路庄头改建地块安置房工程主体全部结顶；截污纳管工程中南汇街道、五马街道、松台街道、双屿街道、滨江街道截污纳管工程基本完成；吴桥路A2地块安置房工程已通过竣工预验收；吴桥路C地块安置办公楼工程开展地下室面层施工，水电管道安装；汇昌河水上公园C段规划道路工程道路基础施工；吴滨巷地块安置房建设工程处于施工图审查及修改阶段；核心片区南门单元A—01至A—03地块改建工程正在开展征收政策处理；新纺织路建设工程道路稳定层施工。

【交通建设项目】 2014年，区交通建设共安排8个项目，其中城市建设及基础设施项目3个，交通项目5个，年度计划投资5.21亿元，实际完成投资额6.28亿元。截至年底，各项目完成情况：双屿至藤桥公路工程，一标林里隧道出口总计左洞210米，右洞40米；二标宝昌岭隧道开挖支护187米，累计进出口完成1131延米。仰义至双屿段公路改建工程，一标后京桥右幅桥面完成，河岙桥右幅完成桩基施工；二标前陈至后江桥段全幅通车，后江桥至岩门2号桥左幅通车，右幅沥青路面施工。甬台温铁路鹿城段（箬笠岙安置房一期）1—5号、9号楼内外装修中，水电及电梯正在安装。绕城高速鹿城段拆迁安置房已竣工。金温扩能配套工程（双岙片A—42地块安置房）1—3号楼已完成主体结顶。104国道西过境鹿城段（瓯江特大桥）104瓯江特大桥完成桩基116根。绕城高速西南线工程鹿城段开展沿线各村现场政策处理工作。市域铁路S1线一期工程完成上田村铁塔借地工作。

【水利建设项目】 2014年，区水利建设共安排10个项目，其中城市建设及基础设施项目3个，农林水利项目6个，交通项目1个，年度计划投资5.71亿元，实际完成投资额6.28亿元。截至年底，各项目完成情况：鞋都铁路沿线西侧56b、58号地块安置房，56b地块主体结构已结顶，58地块2号楼已结顶；双岙安置点A—47、A—48、A—49号地块安置房，A—47地块1号楼已完成二十一层结构，A—48地块2号楼已完成十一层结构，3号楼已完成十层结构，A—49地块已完成地下室施工，6号楼已结顶；牛岭16—1地块安置房主体结构已结顶，正在砌体施工、水电安装；黄龙片区北排工程箱涵砼浇筑，灌注桩施工、箱涵基坑开挖；丰门河整治工程（康城段）灌注桩施工，挡墙施工，河道疏浚；瓯江绕城高速至卧旗山段海塘工程已开初设联审会；瓯江路西延工程进场施工；戍浦江河道（藤桥至河口段）整治工程部分土方开挖、灌注桩施工；瓯江治理一期工程完成部分灌注桩；2号排涝水闸工程处于初设设计报批阶段。

【教育建设项目】 2014年，区教育建设共安排2个项目，均为村房两改及社会发展项目，年度计划投资3000万元，实际完成投资额3250万元。截至年底，各项目完成情况：市少艺校扩建工程主体工程完成扫尾工作；新桥头小学主体交付使用。

【卫生建设项目】 2014年，区卫生建设共安排2个项目，均为村房两改及社会发展项目，年度计划投资1.05亿元，实际完成投资额1.15亿元。截至年底，各项目完成情况：鹿城区人民医院已完成主楼结顶，附楼水电、消防安装50%；鹿城区精神卫生中心、鹿城区残疾人托安养中心已完成主体外墙、内墙工程量的80%。

【住建建设项目】 2014年，区住建建设共安排1个项目，为城市建设及基础设施项目，年度计划投资2亿元，实际完成投资额2.13亿元。截至年底，项目完成情况：里垟保障性安居工程部分楼完成地上16层结构施工，8号、9号、10楼地上主体结构封顶。

【人防建设项目】 2014年，区人防建设共安排1个项目，为城市建设及基础设施项目，年度计划投资2200万元，实际完成投资额2420万元。截至年底，项目完成情况：鹿城1101工程（鹿城人防应急中心）幕墙施工，完成部分装修工程。

【电网建设项目】 2014年，区电网建设共安排6个项目，均为城市建设及基础设施项目，年度计划投资4.6亿元，年度计划投资4.6亿元，实际完成投资额4.41亿元。截至年底，各项目完成情况：500千伏温西输变电工程500千伏进线线路38基塔基已完成基础浇注36基；配网工程正常施工；智能电网改造正常施工；110千伏双三变电工程正常施工；110千伏张宅输变电工程正常施工；温西变220千伏送出工程正开展政策处理及塔基基础开挖工作。

【移动4G建设项目】 2014年，区移动“4G”建设共安排2个项目，均为城市建设及基础设施项目，年度计划投资2.57亿元，实际完成投资额2.62亿元。截至年底，各项目完成情况：鹿城移动无线城市建设项目，建设TD基站693个；鹿城移动光纤网络助力城乡统筹建设项目，新建传输网1303.6皮长公里，光纤到户5.1万户，管道152公里，新建5个汇聚机房，152个光交接箱。

【电信C网建设项目】 2014年，区电信C网建设共安排6个项目，均为城市建设及基础设施项目，年度计划投资4800万元，实际完成投资额5330万元。截至年底，各项目完成情况：电信LTE宏基站项目已选点3个建设；电信室外RRU基站项目已选点5个；电信室内分布及RRU项目新开工室内分布及RRU设备5个；电信cdma网络改造项目改造cdma网络8个；电信光网城市改造FTTH及10GGPON、10GEPON改造项目正常施工；C网建设项目改造cdma网络8个。

【联通网络建设项目】 2014年，区联通网络建设共安排3个项目，均为城市建设及基础设施项目，年度计划投资7100万元，实际完成投资额8148万元。截至年底，各项目完成情况：联通宽带提速工程FTTH网络正在改造中；联通网络优化工程优化改造3G设备600套；联通4G网络新建工程新建4G站点120个。

（编辑　朱凌云）

建筑业

综 述

2014年，鹿城区建筑市场总体呈现有序竞争、健康发展的态势。全区建筑行业共有企业133家，其中：建筑业企业17家，具有一级资质的3家，二级资质的7家，三级资质的7家；房地产企业33家，具有一级资质的1家，二级资质的13家，三级以及暂定级的19家；市政企业16家，一级资质的3家，二级资质的8家，三级资质的5家；园林绿化企业19家，具有一级资质的2家，二级资质的4家，三级资质的13家；装饰企业32家，建筑设计、项目工程管理和咨询等企业16家。全年完成建筑业施工总产值达337亿元，比2013年度增长10.8%，占全市产值的26.9%；建筑业增加值完成60.4亿元，增速为17.7%，占GDP比重为7.9%，拉动GDP增长1.1%；省外产值116.7亿元（2013年为110.9亿元），占总产值34.6%。全年共培育建筑业企业一（甲）级3家、二（乙）级2家，当地市场占有率超过70%（包括本市建筑企业）。

鹿城区住房和城乡建设局（简称区住建局）获2014年度鹿城区“三改一拆”工作先进单位、交通治堵工作先进单位、尊师重教先进集体、“五水共治”建设美丽浙南水乡工作先进集体、农业农村工作先进集体，局机关办公室获评区级巾帼文明岗。

建筑工程

【安置房建设】 2014年，全区安置房工程计划完成投资额11.148亿元，实际完成投资额11.46亿元，完成率为102.82%。其中完成竣工验收项目5个，总建筑面积21.73万平方米。

【人才公寓建设】 2014年，鞋都总部二期F－2公租房（人才公寓），建筑面积1.05万平方米，194套，总投资6500万元，2011年11月开工，2014年11月28日通过联合竣工验收；炬光园人才公寓于2013年1月立项，原实施主体为鹿城城市发展有限公司，后交由鹿城农商银行建设。截至年底，鹿城城市发展公司、鹿城农商银行正就图纸修改问题和设计院衔接。

【保障房建设】 2014年，温州市鹿城区职工住宅（安置房、廉租房）工程，总建筑面积99171.27平方米，总投资31497万元，2009年6月18日开工，2014年6月完成联合竣工验收；温州市里垟保障性安居工程项目，总建筑面积17.43万平方米，项目总投资8.0273亿元，在建设中。截至年底，已完成项目地下室结构施工，部分楼栋完成地上15层结构施工，8号、9号楼地上主体结构封顶。年度完成投资额2.13亿元，完成率106.7%，在全区重点项目排名中名列前茅。

【老住宅区平改坡工程建设】 2014年，完成平改坡试点的54幢房屋前期工作并开工建设，其中已竣工平改坡工程35幢，共计面积15万平方米。

【多层住宅加装电梯建设】 2014年，根据《温州市区既有多层住宅加装电梯工作指导意见》以及相关法律法规规定，由区住建局牵头，街道实施，各部门配合的旧住宅加装电梯试点工作顺利开展，截至年底，1个试点工程已竣工（东门大厦加装电梯），2个试点工程已开工（滨江街道球山花园17幢及五马街道银都花苑汇荷7幢）。《温州市鹿城区既有多层住宅加装电梯管理暂行办法》于2014年5月5日经八届区政府第20次常务会议审议通过正式发文，并于6月1日起正式实施。

【市政道路建设】 2014年，实施35个市政道路设施建设（改建）项目，其中新建项目17个，续建项目18个，计划投资约5.7亿元。全年实际完成蛟凤北路等6个新建项目的开工建设，鞋都铁路沿线西侧经七路等10个项目已完工或基本完工，完成投资4.5万元，其中主干路建设广化南路（鹿城段）和园区路（鹿城段）共完成投资7324万元。

【停车设施和地下空间开发】 2014年，鹿城区共建成停车位5908个，完成率246%，其中公共停车位2340个；完成4个旧小区停车位改造，建成880个停车位，对比年初建成300个停车位的计划超额193%；开工建设地下空间32.7万平方米，建成7万平方米，完成率142.2%。

【进城口整治】 2014年，开展西进城口、北进城口、七都进城口、东进城口（桃源花园部分）共4个进城口综合整治。西进城口（双屿辖区）建筑立面整治工程计划于2015年1月竣工验收；市政道路及附属设施整治工程是年10月进场施工，12月28日竣工验收，双屿客运站行人过街天桥工程已完成前期工作；温州西口整治立面整治延伸工程（街道本级自选动作）已完成前期工作。北进城口综合整治工程（五马辖区）是年10月进场施工，已完成简易棚和围墙拆除、建筑立面粉刷和栏杆施工，累计完成投资额80.4万元；北进城口综合整治工程（江滨辖区）是年10月进场施工，12月31日竣工验收。东进城口（桃园花园）综合整治工程是年10月进场施工。高速七都进城口整治各项目已经全部完工，累计完成工程投资额约1200万元。

【五水共治】 2014年，污水处理设施项目：七都污水处理厂主体工程已完成，进行设备安装和综合楼的装修等工作；临江污水处理厂主体工程、附属设施和设备安装已完成，进行变压器安装工作；中心片污水处理厂迁建工程进厂主干管工程已进场施工；西片污水处理厂二期工程已进场施工；藤桥镇（轻工园区）污水处理厂老镇区接管工程已完成招标工作，已办理工程规划许可证，进行施工现场放样等施工准备工作，藤桥镇污水提升泵站（养护基地）工程进行选址公示及方案设计；车站大道污水干管系统优化一期工程和温州西片（沿江区域）污水干管系统工程已完工。

排涝抓节工程：老城区片排涝改造项目共完成投资8231万元；改造积水点8处（完成率114.29%）；建设雨水管网10.19公里（完成率101.9%）；提标改造管网14.17公里（完成率141.7%）；雨污分流改造9.12公里（完成率130.29%）；增加应急设备1.81万立方米/小时（完成率181%）。建设供水管网12.33公里（完成率102.75%）；改造供水管网10.37公里（完成率103.7%）；建设屋顶集雨等雨水收集系统100处（完成率100%）。

片区污水管网治理：全年完成投资12221万元，建成上田村片区污水管网整治工程、龟河片区污水管网整治工程、东屿河片区污水管网整治工程、黄龙住宅区东分区污水管网整治工程等13个片区污水管网整治工程。

生活垃圾处置工程：岩门垃圾转运站于2014年6月份完工，已完成消防、绿化验收，进行设备和车辆的移交；七都生活垃圾中转站已完成场地土石方回填，进行桩基施工；厨余垃圾处置厂变更BOT投资单位，办理用地变更手续。

阳台废水处理：开展市区阳台废水专项整治活动，分三类进行把关与整治，对新建住宅区在审批过程中严格把关，明确设计图纸阳台需单独设置废水立管；对在建住宅区未单独设置废水立管或废水立管未接入市政污水系统的，未整改到位不得予以验收；将既有住宅区纳入片区截污纳管工程，从根本上解决阳台废水入河问题，彻底消除阳台废水对河道水体造成的污染。

【BT融资项目】 2014年，与5家单位进行合作框架协议（意向书）洽谈工作。洽谈合作范围涉及保障性安居工程、市政基础设施、水利工程和公路工程，总金额为196亿元。截至年底，全区融资项目已开工建设26个，总建筑面积180.43万平方米，总投资118亿元，BT合同额共计75.13亿元，占已签合同额的79.23%。年度已开工BT项目累计完成投资额23.48亿元（不含拆征和补偿），完成率105%。针对鹿城区政府投资BT项目实施的具体情况，拟订组建鹿城区融资建设项目综合专家库、进一步加强和规范政府投资项目BT模式建设管理工作规定和建立鹿城区政府投资BT融资建设项目工作联席会议制度等监管文件，并经区长办公会议审议通过。完成《鹿城区政府投资项目BT融资建设管理实施细则（初稿）》，待区政府审议。

【老楼危楼安全排查】 2014年，按照省、市开展危旧房大排查工作的要求，由区住建局牵头，各街道、部门配合，对全区的既有住宅进行排查。排查范围涵盖了鹿城区范围内所有国有土地上的既有住宅，重点排查了建造年代较长、建设标准较低、失修失养严重的居民住宅楼，尤其是20世纪80年代、90年代建造的各类商品房和旧住宅区、各类保障性住房和安置房住房、公共场所公共建筑以及在建建筑工程。6月15日完成辖区内的老楼危楼排查，9月底对辖区国有土地上的既有住宅全部排查完毕。全区既有住宅（包括老楼危楼）已录入浙江省城镇既有住宅房屋调查登记管理系统，共排查既有住宅10830栋、合计3184.76万平方米，其中丙类住房4139栋，合计175.34万平方米。全区城乡公共建筑共排查1762处，建筑面积163.65万平方米，丙类280处，13.65万平方米。

建筑管理

【概况】 2014年，鹿城区通过落实建筑业发展优惠政策，积极扶持当地企业拓展外地市场，创新管理机制体制，建筑企业市场竞争力得到进一步加强。于市区首创推行了“一体系三制度”，即建筑施工企业诚信综合评价体系、标后管理制度、不良行为认定标准和高额保函制度。年初，区住建局起草了《鹿城区建筑施工企业诚信综合评价暂行办法》，并于7月25日由区政府发文。随后出台了相关配套制度：《鹿城区建筑施工企业诚信综合评价体系企业安全文明施工行为评价标准》《鹿城区建筑施工企业诚信综合评价体系企业合同履约行为评价标准》《鹿城区建筑施工企业诚信综合评价体系企业通常行为评价标准》和《鹿城区建筑施工企业诚信综合评价体系企业质量行为评价标准》。4月18日，出台实施《鹿城区建设市场施工与监理人员履职不良行为认定标准（试行）》，并实行每月报送通报制度。7月，由区住建局起草、区政府发文并实施了《鹿城区高额工程保函试行阶梯保函制度》《鹿城区政府投资工程标后监督管理办法（试行）》。

【强化工程招投标监管】 2014年，完善评标办法，加强评标专家和代理机构的管理。实行综合最优价中标法，防止投标人低于成本恶意抢标、抬标和串标。制定专家恶意评标行为认定标准，加强对评标专家的管理，推行评标专家标后评估制度。推行招标代理信用评价和信誉评定制度，建立招标代理机构市场清退机制，并受理并查处投诉件2起。全年完成招投标备案工程119个，建筑面积为124.5万平方米，工程造价为38.3亿元。其中公开招标的工程66个，建筑面积为34.5万平方米，工程造价为13.8亿元；邀请招标的工程33个，建筑面积为71.4万平方米，工程造价为21.7亿元；直接发包的工程20个，建筑面积为18.7万平方米，工程造价为2.8亿元。

【深化工程质量安全监管】 2014年，全区在建工程项目共计304个，建筑面积625万平方米，其中新开工建设项目88个，建筑面积149万平方米，建筑企业和建设项目全部签订了安全生产责任书并依法落实了施工人员工伤保险。全面实施远程视频监控，推进建筑工地标准化管理，共创建标化示范性工地36个（区标30个，市标6个，通过市标中间验收5个），工地标化创建率100%。共办理建设工程质量监督注册手续108个，出具工程质量监督报告41份，竣工面积55万平方米，造价11亿元，竣工验收合格率达100%，保障性安居工程分户验收率及设置永久性责任标牌率100%。当地工程创“瓯江杯”优质工程1项，当地企业创“瓯江杯”优质工程6项。

重点强化实时监控。一方面，把全部在建工地都纳入网格化管理中，将工程项目责任具体落实到每个质检员、安监员。同时建立了BT工程项目和安置房工程项目的业主方、施工方、监理方的微信群。另一方面，在项目试桩、桩位、重要隐蔽部位、中间验收、预验收、竣工验收等重要阶段进行重点检查，并对个别项目桩钢筋笼长度采用新技术（磁测井法）进行检测。此外，积极开展工程质量安全问题突击检查活动，对工作人员在岗情况、工地目前状况等检查结果在区重点建设等微信群里进行通报，突出督查五大主体到位情况，严厉打击偷工减料现象。全年集中开展质量安全执法大排查大整治四次、专项治理三次，共检查工地项目320次，发放书面检查记录表320份，发放停工整改通知书22份，通报批评39家企业，列入黑名单企业9家、共25人次。

【提升依法行政水平】 2014年，共组织24个重点工程项目的建设、施工、监理单位就三方责任主体的履职履责情况进行了约谈，督促各方责任主体履职履责，涉及人数230多人次。根据工程质量安全、挂靠违规出借资质问题执法大检查和不定期日常巡查、稽查的检查结果，立案查处违法违规行为4起，结案2起，正在处理2起，罚没款6万元。同时以服务企业、服务基层为出发点，在法律许可范围内，共为27家符合条件的建设单位新建工程项目补办了施工许可或竣工备案等相关建设手续，切实有效为企业排忧和解决历史遗留问题。

积极做好农民工工资清欠工作，保障务工人员权利，共受理并及时解决工资拖欠20多起，清欠工资1000余万元，涉及民工450多人，及时化解因工资纠纷存在矛盾和过激情绪，维护各方主体和个人合法权益。

【高效服务平台创造】 2014年，区住建局建立了干部联系街镇制度，做到一位班子成员联系一个街镇，一个科室（站）联系一个街道建工委；完善机关内部考勤和管理规定，严格执行限时办结制、首问责任制、AB岗等制度，提升职工劳动纪律、服务意识、业务能力；优化行政审批时限，审批事项在2013年平均增效提速38.7%的基础上，再提速25%；积极推进“三单一网”审批制度改革，全年受理审批件649件，办结数649件，办结率100%。另外，于10月开始，由原建筑业科受理的建造师、三类人员等四大类归属于行政许可事项的区预审工作，截至年底，共受理2475件。该局现有行政许可事项15项，其他事项17项，共32项，已全部集中到审批中心住建局窗口办理，达到两集中两到位100%。

在卫生城市创建和文明城市创建中，制定出台了创卫、创文明长效工作机制。对市区近300个在建项目进行分级管理督查，对其中80个市级项目做好巡查和对接，剩余200多个工地实行网格化蹲点式管理，并全面实行在建工程标准化管理模式，当前区属文明标化工地创建率已提升至90%以上。

【建设工程安全生产文明施工培训】 6月5日，区住建局召集各街道建工委、BT工程施工单位和监理单位安全责任人员90余人，在温州市城乡建设职业中专学校综合楼502教室举行了为期半天的建设工程安全生产文明施工培训。培训特别邀请了市安监站站长胡明春为学员讲解全市建筑工程安全文明施工标准化工地验收标准和认定程序，并由温州建校校长林昌华讲解施工现场安全管理。通过培训，工程项目第一线的安全工作人员对于建筑工程安全生产和工地的标化管理有了更加深刻的认识，真正提高了“安全第一，预防为主”的安全生产意识。

6月5日，鹿城区住建局举行建设工程安全生产文明施工培训

区住建局提供

【截污纳管工程质量安全管理知识培训】 10月16日，由鹿城区住建局牵头组织了截污纳管工程质量安全管理知识培训会，八个街镇功能区及区塘河管委会的相关截污纳管工程管理人员30余人参加了培训。此次培训特别邀请了温州市市政公用工程质监站（安监站）专家作为主讲老师。结合地下管线施工质量安全事故案例，分别从涉及工程质量安全管理的相关法律法规及规范标准、排水工程施工需注意质量安全问题、文明施工、工程验收程序等多个方面，做了全面系统培训。

【全市建筑工地触电事故应急演练暨区样板工程现场观摩会】 11月25日上午，在双屿中央涂A—2地块工地举行了温州市建筑工地触电事故应急救援演练暨鹿城区样板工程现场观摩会。该活动由温州市住建委、鹿城区住建局主办，市区相关部门领导，各县市区安监站负责人，温州市市属企业和鹿城区区属企业代表约150余人到现场观摩。此次演练准备工作充分到位、现场反应准确迅速、应急预案合理有效，有利于提高全市建设工程的事故防范自救能力和质量安全生产总水平。最后，参会领导和其他单位代表跟随现场工作人员有序进行了样板区观摩，在墙柱钢筋绑扎、模板工程、外墙、内墙、屋面、结构楼面等样板前驻足观看，聆听讲解员介绍，互相交流经验。

（编辑　金传坚）

11月25日，全市建筑工地触电事故应急演练暨区样板工程现场观摩会

区住建局提供

交通·邮政

综 述

2014年，鹿城区公路总里程314.77公里。其中：国道52.82公里（包括高速公路15.25公里），省道10.99公里，县道53.59公里，乡道61.98公里，村道135.4公里。

2014年，鹿城区铁路、高速公路、干线公路建设，累计完成投资5.9亿元。其中：铁路网建设项目3个（市域铁路S1线鹿城段、甬台温铁路配套工程和金温铁路扩能改造配套工程），投资1.19亿元；干线公路建设项目3个（330国道仰义至双屿段改建工程、104国道西过境工程鹿城段和鹿城双屿至藤桥公路工程），投资4.1亿元；高速公路建设项目2个（绕城高速公路西南线工程和绕城高速公路鹿城段），投资0.43亿元。330国道改建工程双屿前陈至岩门段已实现双幅主车道通车；104国道瓯江特大桥等5个关键节点提前完成。金温铁路扩能改造工程建设，实现全线无障碍施工。交通三大安置房工程超额完成目标任务。区交通运输局被省政府评为全省重点建设立功竞赛先进集体。

2014年，重大项目缙云至苍南公路鹿城段工程完成地质灾害评估等专题批复，规划选址论证报告获市政府批复。乐清湾港区铁路鹿城段已完成瓯江铁路桥线位调整和村界、地类、权属等政策处理工作及戍浦江与铁路对接工作。

2014年，建成交通绿道68.8公里，提升改造市级绿道3号线7公里。超额完成交通干线森林通道建设（计划5公里，5.4公顷，实际完成10公里，5.49公顷）；创园防护绿地建设35.07公顷；协助推进温州西部、七都高速互通进城口综合整治以及金丽温高速双屿段高架桥下空间绿化建设。联合相关部门开展环境综合整治，在330国道双屿至仰义段打造生态美丽示范路。

建成后的市域交通绿道网3号线
鹿城区交通运输局　徐明楠 摄

2014年，实现八大在建工程安全生产零事故，渡口运输安全事故零事故，质量安全零事故。组织130余人次，开展渡口安全检查25次，检查渡口企业46家次，发现隐患2处（其中一处为七都老涂渡口），并已在年内整改完工。联合永嘉县渡口办公室完成跨县（市、区）渡口——礁下至太山渡口的撤渡工作。完成藤桥潮埠渡口、沈岙渡口、双溪渡口和上沙渡口的撤渡工作。全年，改造病危桥3座；整治事故隐患点23处，省级事故隐患点整治已通过验收。按照区政府关于加强应急管理工作的要求，对“三防”应急预案、渡口突发事件处置预案和雨雪冰冻天气灾害应急预案进行修订并成立应急管理工作领导小组和应急抢险、运输分队。

七都老涂码头整治前后
鹿城区交通运输局　叶丰伟 摄

2014年，区交通运输局对接全国著名快递企业，引进中通快递股份有限公司浙南总部落户鹿城藤桥镇。引导区属9家传统物流企业整合，成立鹿城物流有限公司，并在仰义前京建成面积为29亩的物流园区。

2014年，开通七都85路等5条公交线路；优化区内18条公交线路；开通双屿、仰义、九山和广化桥社区巴士线路；首条BRT线路开工建设。全年新增公交车140辆，新建公交首末站1个，新增公交中途站点120个，新建改建公交候车廊70个。

公交46路开通　　鹿城区交通运输局 叶丰伟 摄

公路管理

【概况】 2014年，区交通运输局组织人员养护清扫路面2688公里，清理边沟170500米，清理路肩11900平方米，隧道保洁32100平方米，修理涵洞71座，修补坑槽沉陷2357平方米等。对国省道路状况每日巡查一次，县乡道路状况每周巡查一次，全年公路巡查里程达11068公里。

2014年，投入资金2305.1万元，完成330国道5公里路面大中修、7.32公里路面预防性养护、农村公路路面大中修17.92公里。330国道大中修专项工程进度排名全市第三，质量鉴定为优良工程。

2014年，共清理公路沿线垃圾（堆积物）3483平方米，清理违法和非公路标志标牌 614个，整治马路市场 45个。投入30万元对G330国道行道树进行绿化补植。

2014年，区交通运输局获市级文明单位称号。基层站所路政一中队获“三基三化”规范中队示范点和“最美路政中队”荣誉称号。

【危桥改造】 2014年，区交通运输局投入248万元，对330国道危桥潮埠大桥进行维修加固，投入22万元对县道石林环线包岙危桥4#桥、永清桥进行加固，年内已全部完工。

【道路事故点整治】 2014年，区交通运输局对省级道路事故多发点——330国道选岙路口与瓯江五桥路口进行整治。投入20余万元对市级道路事故多发点——瓯湖线雅漾路口及其他事故隐患点进行整治，该两项整治工程都已通过验收。

【超载车辆治理】 2014年，开展2号、3号综合治理车辆超载专项行动。全年，检测车辆26122辆，依法查处超限载车辆517辆，卸分载货物10344.55吨，罚没款1180250元，治超工作排名全市第三。

公路工程建设

【概况】 2014年，仰义至双屿段公路改建工程全长6.5公里，概算7.01亿元（不含安置房建设），采用一级公路标准结合城市道路功能设计。年内已完成投资额1.24亿元，完成年度投资计划的103%。双屿

仰义至双屿段公路改建工程双屿段
鹿城区交通运输局 陈千书 摄

前陈至岩门段主车道全幅通车；岩门至仰义后京段新建半幅路基贯通。全年完成征收房屋429户，完成率达96%。

双屿至藤桥公路工程全长7.16公里，总概算13.73亿元，采用双向六车道一级公路技术标准设计，设计速度为60公里/小时。年内已完成投资额2.12亿元，完成年度投资计划的101%。林里隧道、陈村大桥、白虎岩隧道、宝昌岭隧道等项目节点已全部开工。工程一标段征地分户丈量工作启动；二标段征地供地工作完成；双屿段（属城区内）71亩道路用地的征地协议签订和组件上报工作已完成。

双屿至藤桥公路改建工程宝昌岭隧道施工现场　　鹿城区交通运输局 徐 宁 摄

104国道温州西过境公路改建工程鹿城段全长9.7公里，总投资约29亿元，采用六车道一级公路标准，设计车速为80公里/小时。年内完成投资额1.28亿元，完成年度投资计划的128%。该工程瓯江特大桥建设已完成桩基112根和1个承台。下穿金温扩能铁路双岙节点的山体已爆破施工，沿线14个村的征地协议签订和组件上报工作已完成。

104国道温州西过境公路改建工程鹿城段施工现场　　鹿城区交通运输局 陈千书 摄

绕城高速公路西南线工程鹿城段全长10.9公里，总投资13.55亿元，采用双向六车道高速公路标准建设。全年完成投资额1.3206亿元（其中政策处理2080万元）。鹿城段交地进场率达95.7%，全市排名第一；坟墓迁移完成率达95.2%，全市排名第二；关键节点房屋征收完成率达54.9%，全市排名第二。该路基已完成43.42%、路面完成4%、桥梁完成24.27%、隧道完成29.25%。

绕城高速公路北线鹿城段配套工程安置房建设总用地面积2.87公顷，建筑面积90194平方米，企业安置地块市政配套设施建设道路8条。安置房一期、二期工程共13幢楼，7月28日已竣工验收。市政配套道路等已全面竣工。全年累计完成投资额2952万元。

铁路工程建设

【概况】 2014年，金温铁路扩能改造鹿城段配套工程总投资10.2亿元。主线长5.7公里。工程双岙安置房，总投资1.48亿元，总建筑面积31083平方米，共建3幢，年内安置房主体已结顶，完成投资4240万元，完成年度投资计划106%。鹿城段主线工程实际完成投资2.0亿元。

甬台温铁路鹿城段配套工程箬笠岙安置房建筑面积10万平方米，共9幢，安置房主体工程已结顶；双箬路道路工程长1000米，宽12米。完成投资额5938万元，完成年度投资计划118.8%。

市域铁路S1线一期工程鹿城段总投资8.43亿元，主线长3.28公里，涉及南汇街道5个村。主线工程两个标段已进场施工，完成投资1430万元。另外，借地征地投资3280万元，完成年度投资计划109.3%。

邮政

【概况】 2014年，温州邮政共有在职合同工617人，派遣制劳务工837人。邮政局所52处，邮政汽车157辆。全年邮政业务总收入25318万元，比2013年增长12.83%，人均劳动生产率17.4万元。其中，鹿城区一局共有在职合同工52人，派遣制劳务工50人，邮政局所14处，邮政汽车4辆，业务收入2755万元，人均劳动生产率27.01万元。鹿城区二局共有在职合同工21人，派遣制劳务工64人，邮政局所10处，邮政汽车4辆，业务收入2504万元，人均劳动生产率29.46万元。

2014年，加大自助机具投入，布设商易通15台，“邮掌柜”系统在信息化村邮站推广。至2014年底，鹿城区共建成村邮站34个，其中信息化村邮站16个，全区村邮站投递报刊、邮件37.55万件。信息化村邮站叠加了移动、电信、联通话费充值以及水、电、燃气、有线电视费代缴、汽车票代售、预约挂号等服务项目，办理便民服务1.7万笔。鹿城区更新、补建住宅信报箱78267户。邮政民生综合服务平台初步形成。温州邮政储蓄全年完成金融业务收入3.02亿元，完成率96.93%。截至12月31日，时点余额达到139.7亿元，年新增8.72亿元，累计日均达130.08亿元。标准保费规模达到13.5亿元，列全省第四。其中，中邮保费3.02亿元，占比达24.73%。同年，完成82个网点的转型工作，全地区共有ATM/CRS机具353台，电子渠道分流率达到85%以上，全省排名第一，跨行交易收入增长48.6%。全地区组建理财经理区域化团队，理财经理130人，保险从业持证率达97.22%，理财经理营销业绩占比达到60%以上，市本级达到70%以上，有效提升了网点产能。

市分公司被温州市消费者权益保护委员会评为2013年度优秀消费维权站（点），获“省级文明单位”称号。鹿城二局夏潮静获温州市地区邮政金融系统点钞技能比赛及反假币知识竞赛第三名，是市本级唯一获奖的个人。

【增开温州至成都直达邮路】 6月18日，开通温州至成都直达干线汽车邮路，是温州邮区中心局运行里程最长的一条邮路，全程2145公里，运行39小时，逐日班，主要装运四川、重庆、西藏、新疆、甘肃等省（区）的各类邮件。年末，温州邮政共组开一级干线委办汽车邮路4条，二级干线邮路2条，区内邮路23条，市内趟车邮路25条，邮路运行单日总里程7921.5公里。

【温州市邮政局更名温州邮政分公司】 2月28日，温州市邮政局正式更名浙江省邮政公司温州市分公司，原温州邮政局鹿城区一局、二局名称不变。

【温州市邮政公司领导干部调整】 7月14日，省公司任命刘支宇为浙江省邮政公司温州市分公司总经理。10月27日，省公司党组任命刘支宇任中共浙江省邮政公司温州市分公司委员会书记。

【机构设置和调整】 2月13日，温州邮政将原投递局、报刊发行局合并，建立发行投递局，下设二级机构报刊零售公司。同时撤并商务投递局，其业务职能、人员划归发行投递局管理。3月7日，设立商务小包业务局（股级单位归属函件局）。4月15日，网络运维部更名为运行维护部；邮票局更名为集邮公司；机要局更名为机要通信分局；温州邮区中心局生产指挥调度中心更名为温州邮区中心局指挥调度室。4月22日，发行投递局成立综合经营部。10月21日，启动邮区中心局生产扁平化管理，撤销邮区中心局邮件分拣局、邮运局两个生产机构。

【E邮站布点加快】 2014年，全市已建成110个智能E邮柜（站）并投入营运，其中鹿城区81个。累计投递邮件1.54万件，已注册物流公司11家。

【温州首家E邮局开业】 10月9日，温州邮政首家E邮局在南站邮政营业厅开业。市政府副秘书长赵典霖、市邮政公司总经理刘支宇、市邮政管理局局长丁亮、邮储银行温州市分行行长陈时峰、浙江省邮政速递物流有限公司温州市分公司总经理管明辉、市邮政公司副总经理王友宽等参加开幕仪式。

【主题邮局投入营运】 9月11日，温州首家主题邮局——温州城市大学校园主题邮局建成营业。该主题邮局以“学生自营+邮局对接”的合作模式开展业务营运。

【《人民日报》温州分印点开印仪式举行】 9月2日，《人民日报》社在温州浙报文化印务有限公司举行《人民日报》温州分印点开印仪式，浙江省邮政公司副总经理李革平、温州市邮政分公司总经理刘支宇、浙江省报刊发行局局长郑守祥应邀出席。

【集邮活动】 10月6—7日，浙江省第二届生肖集邮展览在温州市工人文化宫举行，共展出72部146框生肖主题邮集，并举行生肖邮品拍卖会，拍品87项，成交79项。9月27日，市分公司举办“品鉴珍品文化.乐享收藏人生”集邮珍品品鉴会，邀请100余位投资收藏爱好者参加，当天实现收入32.9万元。同年，温州集邮协会会员曾晓炜的《温州邮政服务发展及其邮戳、邮路（1883—1949）》和倪郁烈的《我们一起去登山吧》在“2014浙江省集邮展览”上获金奖。曾晓炜的《温州邮政服务发展及其邮戳、邮路（1883—1949）》还在第十六届中华集邮展览上获大镀金奖。市公司副总经理王友宽接任市集邮协会会长。温州市集邮协会副会长李少可被列为国家级邮展评审员。

【寻找最美邮政人】 2月，温州邮政举办的全地区“寻找身边最美邮政人——表彰温邮骄傲”活动，经过推荐、筛选、评审、公示，共有10人获得“温邮骄傲”称号，鹿城区一局方康静名列其中。

【“致未来的一封信”活动】 1月1日，市邮政与温州晚报社联合开启“时光邮局”，推出“致未来的一封信”活动。该活动是由《温州晚报》读者将信投入专设邮筒，12月20日，邮局以约投挂号邮件方式进行投递，并在2015年元旦之前，将“致未来的一封信”如期寄递给收件人。

【第8年参加春运关爱行动】 1月13日，温州邮局与10家单位联合发动的2014年春运关爱行动在温州市火车站举行。活动为期5天。温州局工作人员现场分发返乡包裹优惠券，赠送报刊、贺年明信片给返乡旅客。该次活动是温州邮政第8年参加春运关爱行动。

【“两包”业务实现规模发展】 3月7日，设立商务小包局。国内小包业务量达302.42万件，规模位列全省第二。国际小包业务量775.05万件。国内、国际小包收入分别达到2211万元、17993万元，增长率分别为110.53%、148.5%，两项收入合计超2亿元，占函件收入73.5%。另外，利用闲置局房提供入驻式仓储服务和邮政进驻模式，大量开发本地客户，协议大客户达163个。

（编辑　戴增荣）

信息化与信息产业

电子信息

【概况】 2014年，鹿城区电子信息行业呈三升一降态势：制造业、软件业、电子商务业升，营销市场降。

制造业方面，如蓝天电子产值由2014年的5000万元升至9052万元，增长80.2%；出口增7800万元，增73%。正在办理新三版挂牌。星际控股集团产值由1.5839亿元增至2.1557亿元，增加27%，成为鹿城区工业50强和税收50强企业。同样获得50强的还有申瓯通信设备有限公司。获得鹿城区100强的企业有浙江君浩科技有限公司、温州蓝天电子设备有限公司、浙江帝杰曼信息网络股份有限公司。

软件业方面，如高科数码科技有限公司营业额由2亿元增至3亿多元。帝杰曼由6300万元增至8000万元，增长27%，新增为高新技术企业，已在企业成长型股权挂牌。浙江怡联是转型升级企业，产值由5220万元增至6155万元，增长18%。

电子商务业方面，2014年，鹿城区从事电子商务的市场主体已达1000多家，有1万余人从事网店相关经营活动，直接或间接带动就业约2万人。同时，温州国际鞋城、中国鞋都鞋革城相继推出线上线下一体化销售模式，国际轻工淘宝城已吸引1450家企业入驻，温州电子商务创业园、温州聚商盟电子商务产业园、温州网络经济创业园营业良好。全年实现限上规上电子商务交易额136.8亿元，提前两年创成浙南首个网络经济产值百亿区。

营销市场方面，东方花苑的数码广场，南站电脑市场，电子信息城的元、器件经营状况不佳，营业额下降。联欣科技公司从帮企业做营销起家，到开展搜索引擎营销，再到与阿里巴巴电商平台合作，几年内快速成长为省电子商务服务十强企业。

2014年，温州市帝杰曼信息网络工程有限公司被认定为浙江省2014年第二批高新技术企业，星际控股集团被评为“第六届中国国际道路交通安全产品博览会三十强企业”，申瓯通信设备有限公司被评为首批温州市科技创新百强企业，浙江怡联蓝天电子认定为温州市第十批企业技术研发中心，陈序获“浙江新生代·浙江省杰出青年企业家”称号。

【陈时升登全球最具影响力温商榜】 3月29日晚，2015年胡润百富全球温商财富盛典在温州举行，胡润百富榜创始人胡润发布了《全球最具影响力温商榜》，星际控股集团董事长陈时升名列其中。此次发布的榜单，是胡润百富首次整合了海内外300多名知名温商的相关信息评选得出，综合考量了上榜温商在各个领域的影响力和声望，以及对本行业的贡献和作用。

【帝杰曼、星际挂牌上市】 4月20日，“温州企业成长板集体挂牌仪式”在浙江股权交易中心举行。该中心是温州市金融综合改革试验的重点实施平台。帝杰曼网络工程技术有限公司完成股份制改造后，成为全区首家成功挂牌的企业。9月1日，星际控股集团与上海某基金管理公司签署合作协议，正式启动上海股权交易中心的挂牌。两家企业的成功挂牌，对全区企业起到了良好的引领和示范作用。

【第二代一体化警示灯亮相安博会】 10月28日至31日，在北京中国国际展览中心（新馆）举办2014年北京安博会。由星际控股集团有限公司研发的第二代一体化警用兼具北斗、雷达全景录像于一身的高技术设备巡逻车集成警示灯亮相安博会。该警示灯是在TBD58512天行者高端长排警灯的基础上升级开发的，除具有之前长排警灯的所有功能外，还集成了全景实时录像、综合信息化平台（北斗定位、位置上报、图像上传、全景录像机、加密通讯、方向盘遥控）、模块化的照明与雷达扫描。

第二代一体化警示灯，该产品已获得了国家专利授权

区电子信息行业协会提供

【温州电子元件城拆除】 2014年，位于鹿城路224号的原温州电子元件城已拆除，被在双屿落成的温州市电子信息城取代。该元件城建于1992年，曾承办过服装、鞋革市场。

【在美国纽约建四星级酒店】 2014年，星际控股集团有限公司投巨资在美国纽约新建的四星级万豪酒店完成了地基工程。该酒店位于纽约皇后区，与曼哈顿一河之隔。公司董事长陈时升作为战略投资者，除了带领企业在主业领域成为行业翘楚外，在多元化发展方向成功经营运作了金融、地产、酒店、文化等产业项目。

【引进人才】 2014年，申瓯通信设备有限公司参加牛津大学博士团鹿城区交流研讨会，与博士陈日清签订合作意向书。在温州民营企业高层次人才洽谈会上，星际控股集团有限公司与来自瑞典的博士刘彤就无线远程跟踪与远程控制产品的产业化项目签订意向性合作协议。帝杰曼、蓝天电子、怡联等多家企业分别与温州大学、西安交通大学、浙江工贸职业技术学院、温州职业技术学院建立了良好的技术合作关系。

【外出考察】 5月，星际控股集团董事长陈时升带领35名企业家到台湾进行考察参观。6月，浙江怡联等软件企业一行13人到深圳考察，参观了深圳市金蝶软件、腾讯科技及赛为智能、互联网思维的聚会场所，与部分IT企业家进行了座谈。9月，由协会常务副会长黄河带领13位企业家到欧洲，分别考察了德国、奥地利、比利时等国的企业，并与当地企业精英进行了交流。

【人力资源培训班举办】 6月17日，区电子信息行业协会联合鹿城区机械联合会、鹿城区服装协会在瓯昌饭店举办为期3天的企业人力资源管理工作人员培训班，共50多人参加了培训。培训班由区人力资源和社会保障局的周国平、周真、温州市HR十佳经理人万谦勇等三位专家授课，分别就劳动合同法实务操作、劳动保险、人力资源管理者的素质要求等内容进行讲解，并与学员互动交流。最后，40人考试合格，领取了人力资源管理资格证书。

6月17日，在瓯昌饭店举办企业人力资源管理工作人员培训班

区电子信息行业协会提供

【校企合作拓展】 11月22日，鹿城区人力资源社会保障局与浙江工贸学院在浙工贸会议室举行校企合作签约仪式，进一步为鹿城区行业、企业与浙工贸双赢发展搭建平台，畅通校企用人供需对接，推动产城融合，助力鹿城经济发展。此次的协议，是对2013年鹿城区政府与浙江工贸学院签订战略框架性协议的进一步拓展。

【慈善捐款】 1月13日，在温州市广电中心举行的鹿城区慈善晚会，为申瓯通信设备有限公司等企业颁发了“鹿城区慈善奉献奖”。申瓯通信设备有限公司向区慈善总会捐款20万元，星际控股集团向区慈善总会捐款13万元。此外，申瓯、星际、帝杰曼、奥立达等企业分别参加泰顺县“挂钩帮扶”“敬老志工”“定向捐款”等活动。

1月13日，在鹿城区慈善晚会上，申瓯通信设备有限公司等企业获“鹿城区慈善奉献奖”

区电子信息行业协会提供

【义务献血】 7月9日，星际控股集团党、团组织100多名干部员工参加义务献血活动，其中62名体检合格者共献血15700毫升。这是他们连续10年参加活动。

【刘永敢在星际安家】 2014年，刘永敢身体康复回到温州后，在鹿城区文明办的牵线下，星际控股集团给他安排了适合的岗位，并在生活上给予特殊照顾。刘永敢曾是温州的一名普通环卫工人，因多次拾金不昧和见义勇为的善举被誉为“温州好人”。曾因一次意外的车祸，让他陷入无助，后经媒体的传播，得到医治重新站了起来。

电 信

【概况】 2014年，中国电信股份有限公司温州分公司鹿城分局（简称鹿城电信分局）坚持规模发展和能力建设两手抓，完善了通信基础设施建设，移动用户、宽带用户、政企行业用户均同比上升约12%。完成2000多个IPRAN改造，使全区4G信号覆盖区域达到96%以上。同时，进一步推动4G资费下调。

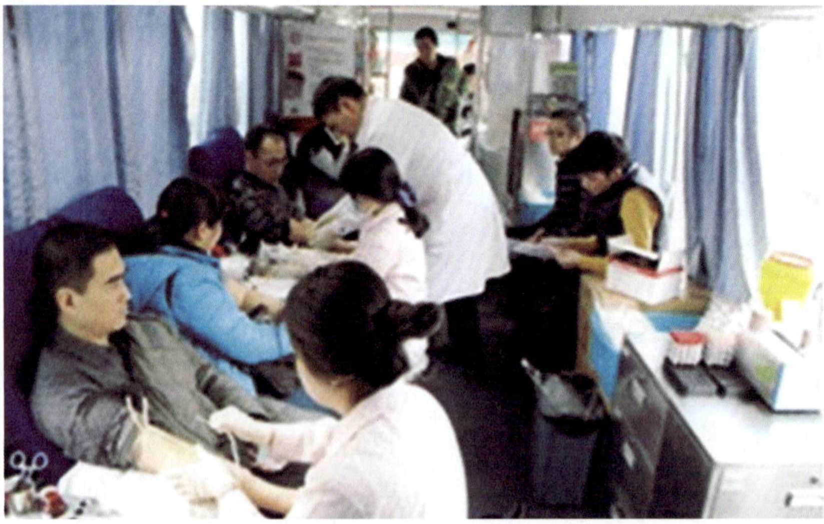

3月13日，公司志愿者在市公司南站大楼参加无偿献血活动　　鹿城电信分局提供

【“城市光网”建设】 2014年初，鹿城电信分局在全区范围内投资4000多万元，用于“智慧城市”中最重要的基础设施——“城市光网”的建设。截至年底，全区95%以上的小区已实现“光网”覆盖。

【“综治E通”建设】 2014年，鹿城电信与全区8个街道（镇）签订社会“综治E通”项目。该项目从信息录入的便捷性、信息流转的高效性出发，采用基于手机、平板电脑等移动终端的软件客户端，提高对社会管理工作人员面临的基层矛盾纠纷、治安乱点等事件的处理效率，以实现全面覆盖、实时动态的社会管控。

【“阳光厨房”建设】 2014年，鹿城电信与滨江街道、鹿城区市场监督管理局合作，在“东欧智库”打造美丽街区智慧型“阳光厨房”项目。该项目可使顾客随时用手机登入平台，实时查看厨房环境，使烹饪状况尽收眼底，防范地沟油、过期肉、变质菜，放心享受美食。

【慈善捐款与志愿者活动】 2月，鹿城电信分局开展“慈善一日捐”和“五水共治”捐款活动，员工们各捐出一天的收入，共计1.76万元。3月13日，10多位员工自愿参加市电信公司组织的“做好事、做善事、做志愿者”无偿献血活动，成功献血约3000毫升。12月21日至23日，分局12名青年团员在辖区主要交通路口进行文明交通引导。他们戴着小红帽、红袖套，对各类不文明交通行为进行劝阻，引导行人自觉遵守交通法规。

【“3·15”国际消费者权益日活动】 3月14日，鹿城电信分局参与市、区监督管理局及区消费委在松台广场举办的“3·15”国际消费者权益日活动。在活动现场，分局对用户提出的各方面电信类的问题都一一做了解答，对现场无法解决的问题，安排人员做跟踪处理。

【文明结对帮扶活动】 10月，鹿城电信分局与藤桥陈良村、上皮山村、后垟村联合开展“文明结对帮扶活动”，支持村里的各项建设。他们组织人员给困难户送慰问金、给孤寡老人送“电子保姆”。“电子保姆”已经覆盖一键报警、买菜、做饭、寻医问药、家政服务、电器维修等各项服务，老年人在家里按按绿色按钮，中心便会在第一时间提供上门服务。

移 动

【概况】 2014年，中国移动鹿城分公司（简称鹿城移动）4G工程建设创造历史新高，建设无线基站1527个，完成鹿城区4G全覆盖，成为温州地区第一个完成4G网络覆盖的区县。全年打造大南商圈4G精品网络，WALN完成60个热点建设。通过4G的大规模建设，鹿城4G参考信号功率小于-115dBm的小区占比为26.20%，领先其他区县。同时，开展了“助力农村信息化发展大会战”，实现了全区144个行政村光纤宽带全覆盖的目标，覆盖用户达到46万余户，为打造温州光纤城市打下基础。

2014年，鹿城移动与五马街道、藤桥东村开展“双千结对，共建文明”活动，捐赠资金合计3亿元，同时积极开展文明创建，深化学雷锋志愿者活动，助力温州创建全国文明城市工作，顺利通过浙江省文明单位复评。

【全国首家超市化营业厅正式开业】 9月28日，金河营业厅作为温州移动全国首家超市化营业厅正式开业。新一代营业厅以“超市化流线运营”的全新模式打造全开放式营业厅，满足不同客户的多样化需求，大幅度提升客户办理业务的便捷性。营业厅超市设立自选模式区，分套餐选购区、话费优惠区、终端优惠区、流量优惠区、智慧家庭区、手机配件区、软件下载区、自助服务区等区域，供客户选购。客户就像在超市一样在自选区选择需要的业务，取相应的二维码卡片到收银台扫描办理，与以往营业厅运营模式截然不同。

【“智慧教育城”建设】 2014年，鹿城移动与鹿城区教育局联合开展“智慧教育城”建设，依托鹿城区教育城域网、宽带互联网、移动通讯网等网络环境，构建一个新型的教育运行系统，为师生提供一个智能化的教与学环境、个性化的综合服务平台、人本化的教学支持系统和效能化的云端支持服务。该项目作为温州地区首个“智慧教育城”合作建设案例，项目除自身第一期可产生相当于107万元效益外，更具有良好的行业标杆及借鉴意义，也是鹿城移动结合鹿城区教育局在数字化校园建设的深化和发展，为下一步“电子书包”“云计算”的配合发展提供技术基础保障。

【中标车载人行道违停取证和通知系统】 2014年，鹿城移动中标鹿城区行政执法局“TD—LTE 4G”的车载人行道违停取证和通知系统，项目总金额为60万元。该项目通过车载的高清摄像头，以人工和自动相结合的方式，对人行道违停的车牌进行批量采集和智能化分析及处理，将车辆违章地点的GPS信息和违章照片通过“TD—LTE 4G”技术直接上传到系统后台并进行保存，继而对违章车辆车主进行短信告知或直接执法取证。短信告知的用户要求限时挪移违章车辆。除此之外，该系统还具有图像实时远程监看、同步录像并存档、实时定位、轨迹回放等功能。该项目的应用，改变了过去单纯以人工填单处罚为主的方式，节约了执法成本，提高了执法效率。该项目作为4G特色应用在行政执法行业的首次成功应用，具有一定的创新意义和复制性，对推进“智慧城管”建设具有重要作用。

【中标移动执法项目】 2014年，鹿城移动中标鹿城区环保局移动执法项目。该项目基于“TD—LTE 4G”技术，环保局监察人员在现场可将违章单位的信息、违章照片通过移动4G终端直接上传到系统后台并进行保存，同时，可移动办公查询历史记录和相关资料，摆脱原先现场取证再回单位整理登记的情况，大大提升环保监察工作人员现场执法的时效性，减少工作量，进而提高办事效率。

【WI-FI热点建设】 IWENZHOU作为2014年温州市政府的民生工程，是温州移动和市政府合作重点工程，主要是大型公园、公共场所、医院、交通枢纽等的市民免费上网的WI-FI热点建设，项目主要集中在鹿城城区。全年完成了60个热点的建设，为群众在各类大型公共场所免费上网提供了网络支撑。

【捐衣活动】 1月16日，鹿城移动联合温州市爱心璀璨公益发展中心和《温州日报》党报热线，开展“情暖移动，温暖新居民”的捐衣活动。移动全体员工积极参与，共捐赠衣物550件，为返乡的新居民们提供御寒的冬衣。

【春运关爱行动】 1月13日至17日，鹿城移动联合温州市救助管理站、温州市第七人民医院、《温州日报》党报热线、浙江工贸职业技术学院、南汇街道三板桥社区等多家单位，在温州火车站开展2014年春运关爱行动，帮助返乡务工者订票，设置摊点免费提供爱心电话，现场发放免费热粥、衣物等，并提供法律援助。

【党员志愿为民服务】 从正月初五开始，鹿城移动积极开展“共产

2月7日，鹿城移动共产党员志愿者在双屿客运中心开展为民服务活动　　移动鹿城分公司提供

党员志愿为民服务”活动，利用休息时间在双屿客运中心开展人性化、个性化的志愿服务活动，为新居民办实事、办好事。分发消防知识宣传资料、矿泉水和小礼品，免费接受新居民的消防安全咨询；与群众开展互动，通过消防知识答题，举办消防有奖知识竞赛，并抽取部分参与答题的新居民，给予奖励。

【“学雷锋服务月”活动】 3月5日，鹿城移动开展学雷锋无偿献血活动，共有43人报名。同时，与仰义街道社区联合组织了慰问孤寡老人活动，为林里村及下际村的留守孤寡老人送上温暖。

【“红七月，服务月”活动】 7月1日，鹿城移动党支部开展以“践行群众路线，助推赶超发展”为主题的“红七月，服务月”暨市直机关党员志愿服务群众系列活动，在松台广场开展4G宣传、业务咨询解答、宽带咨询、手机业务咨询及受理等业务。

【“蓝色梦想帮帮团”活动】 5月27日至29日，鹿城移动开展“蓝色梦想帮帮团”行动，向希望小学及学生进行“心理、关爱、助学”为主题的公益活动。延续往年的“梦想书屋”活动，到文成县樟台乡希望小学，向该校全体师生捐赠了30台电脑和150余件文体用品以及来自公司员工收集的335本课外书籍；临湖社区的陈磊和百里坊社区的邵嘉彬为结对的贫困学生送去学习用品、书籍和助学金，帮助他们顺利完成学业，并以EAP心理关爱为切入点，开展面对面心理辅导，帮助结对学生解决相关心理问题。

5月29日，鹿城移动青年志愿者到樟台乡希望小学开展“梦想书屋”活动

移动鹿城分公司提供

【为高考生送清凉】 6月7日至8日，鹿城移动志愿者在市区各考点开展“免费送水、免费换卡”爱心公益活动。累计为考生和家长送水2000多瓶，派发宣传文件袋3000多份，免费换卡78张。温州电视台对该活动进行了采访，并在当日的温州新闻联播中给予报道。

【社会科学普及周志愿服务活动】

9月25日，鹿城移动组织4G突击队志愿者，联合区文明办、区科技局等26家单位，参与由市委宣传部、市社科联主办的主题为“普及社会科学·建设美丽温州”温州市2014年社会科学普及周暨鹿城区社科志愿服务活动。向市民发放相关辐射知识的宣传手册，宣传绿色和谐电磁辐射知识，消除公众对电磁环境的疑虑，同时介绍移动4G网络及近期4G相关优惠活动，提供与市民生活密切相关的业务咨询等服务。

联　通

【概况】 2014年，中国联通鹿城分公司（简称联通鹿城分公司）共建立大小基站78户，有效提升区域性覆盖问题。全年以为用户提供优质通信服务及促进社会和谐为己任，力促各项业务健康发展。

【消费者权益日活动】 3月15日，鹿城联通分公司参加鹿城工商分局、区消费者权益保护委员会在信河街松台广场联合开展的纪念“3·15”国际消费者权益日系列活动。活动中，解答了社会公众在业务使用中的一些疑惑，并给予合理使用通信产品的提示。

【社区活动】 从3月22日开始到5月中旬的每个双休日，鹿城联通分公司联合温州总工会，开展“携手联通、共筑梦想”社区活动，在选定的社区举办相关的公益活动和业务拓展。

3月24日，在双屿文化广场举行“携手联通、共筑梦想”活动

联通鹿城分公司提供

【4G体验区设立】 3月18日，中国联通正式发布其4G网络服务，并在全国25个城市进行友好用户4G网络体验。4月8日，鹿城区车站大道联通旗舰厅为用户设立的4G体验区正式开放，主要分为视屏区、游戏区、音乐区及行业应用展示区，让用户在办理业务的同时，能够自主体验联通4G网络。

（编辑　朱凌云）

商 业

综 述

2014年，鹿城区实现消费品零售总额741.76亿元，同比增长9.10%，增幅比2013年上升2.10个百分点。其中限额以上消费品零售总额实现193.42亿元，同比增长5.50%，增幅比2013年上升10.80个百分点。限额以下消费品零售总额实现548.34亿元，同比增长10.50%，增幅比2013年回落2.40个百分点。有批发零售企业30788户。消费品市场总体平稳增长，限额以上企业发展转好，限额以下企业增速略微回落。境内共有文教体育用品商业流通经营企业250多家，其中批发商74家，零售店180多间。全年销售额4.10亿元。从业人员1700人。供销社实现总经营收入6.44亿元，同比增长17.03%；总利润1597万元，同比上升15.47%；所有者权益2.70亿元，同比上升6.39%；实现社会贡献总额4745万元，其中上缴税费737万元。全年，供销系统新增连锁网点10个，建成各类连锁网点315个。实现连锁销售6.34亿元，其中农产品销售5.33万元，日用品销售8481万元，农资销售288.30万元，再生资源销售1337.20万元。温州苏宁公司再次处于家电行业领军地位，年销售额达10亿元，上缴税收近3000万元。六虹钢材交易市场占地面积10.26万平方米，有店面637间，经营户393家。主要经营黑色、有色金属等20多个大类、上万个品种，市场还配备各类加工门店，是浙西南、闽东北地区最大的钢材交易专业市场，2014年，实现销售额60亿元，上缴税收7000万元。全区粮食消费人口131.45万人，比2013年减少5.40%，粮食总消费25.68万吨（折合原粮），比2013下降6.60%，其中口粮消费20.92万吨，比2013下降5.20%，占总消费量的81.50%。农贸市场正常营业登记有27个，小菜场20个，其中有临时证的小菜场14个，专业市场24个。

市 场

【概况】 2014年，全区有专业市场24个，农贸市场正常营业登记有27个，小菜场20个，其中有临时证的小菜场14个。全区提升农贸市场5家，其中小菜场3家。创建放心农贸市场5家，为“创建全国卫生城市”与“创建全国文明城市”，各农贸市场严格按照创卫、创文标准要求，排查整顿。

【蒲鞋市农贸市场改建】 为提升鹿城区市场整体档次，位于蒲鞋市路35号蒲鞋市农贸市场于2月实施改造提升。新市场于5月26日正式开张营业。改造提升后的蒲鞋市农贸市场为一层平面结构，总建筑面积达2228平方米，摊位有水产、冰鲜食品、活鱼、蔬菜、熟食、猪肉、副肉、调味品、粮制品、豆制品、禽蛋、水果等190余个，并设有宣传公示栏、投诉服务台、公平秤、市场管理用房和公厕。

【取缔双井头马路市场】 2014年，鹿城区商务局联合滨江街道、工商、城管等部门单位，发挥各部门职能作用，5月20日至7月底，对整治双井头马路市场共出动1200余人次，取缔流动摊贩、露天经营等300来处，拆除违章棚屋和破损不规范招牌、雨棚88处，共计4000多平方米，纠正各类占道行为400来次，现已肃清流动摊贩，周边经营户亦退路入室经营，彻底取缔存在长达15年的双井头马路市场。

【五家农贸市场获省级“放心农贸市场”称号】 2014年，根据《浙江省放心农贸市场创建实施方案》《浙江省放心农贸市场评价细则（试行）》的规定，经省商品交易市场及农贸提升发展工作领导小组评审，鹿城区松台、兴文里、行前、新城、黄龙五家农贸市场获2014年度省放心农贸市场示范单位。这五家农贸市场给其他农贸市场的经营管理起到了良好的带头示范作用，有利于农贸市场整体水平的提升。

松台农贸市场　　钱学龙 摄

【市场综合管理体系建立】 2014年，为进一步规范化、科学化、效率化管理市场，区市场开发服务中心提出“建立市场综合管理体系”，即建立市场管理平台软件与联网监控系统，管理平台软件设有市场管理、人事管理、财务管理、监督管理等四大系统。该平台可将原先纸质化保存的经营户资料统一纳入软件数据库，为信息查询、修改等提供极大的方便；便于对市场历年经营情况进行纵向分析，也便于各市场之间进行经营状况的横向分析。联网监控系统可随时对各市场情况进行监控，确保市场各方面的安全。随着市场管理平台软件的不断完善与联网监控的安装，市场管理水平也将逐步走向科学化、信息化与系统化。市场综合管理体系的投入使用及推广，将有利于提升鹿城区市场的整体档次。

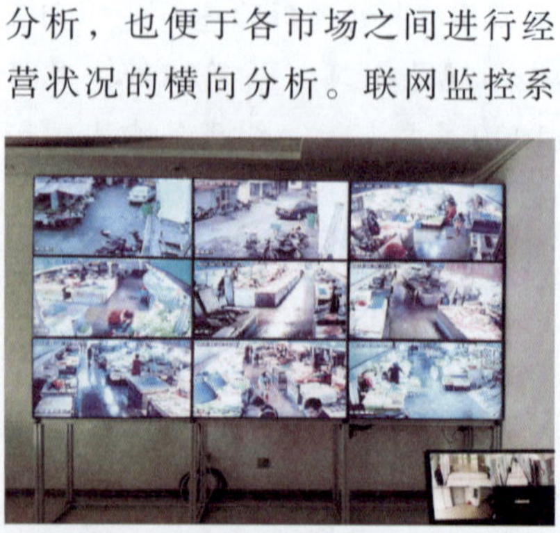
农贸市场联网监控系统　　郭　静 摄

百货零售

【概况】 2014年，鹿城区有批发零售企业30788户。消费品市场总体平稳增长，限额以上企业发展转好，限额以下企业增速略微回落。鹿城区实现消费品零售总额741.76亿元，同比增长9.10%，增幅比2013年上升2.10个百分点。其中限额以上消费品零售总额实现193.42亿元，同比增长5.50%，增幅比2013年上升10.80个百分点。限额以下消费品零售总额实现548.34亿元，同比增长10.50%，增幅比2013年回落2.40个百分点。

【温州苏宁公司引领家电行业】 2014年，温州苏宁公司再次处于家电行业领军地位，年销售额达10亿元，上缴税收近3000万元，先后获2014年“商贸业企业50强”“商贸流通10强企业”“温州市企业联合会理事单位”“纳税50强”等称号。在整合市场、扩大就业、税收增长等方面为区域商贸繁荣和地区经济发展做出了贡献，成功地塑造品牌效应，获得了温州政府及民众的认可与信任。特别是位于瓯江口新区半岛10.67公顷的温州苏宁物流中心将于2015年8月份投入使用，实现浙南地区150公里内的零售配送，支持温州地区约40亿元的年商品销售收入，以打造浙南零售行业新标杆。

【专卖网点扩张】 2014年，藤桥禽业股份有限公司已有65家连锁专卖店，全国经销网点1500多个，营销网络遍布全国各地。先后获“温州市食品生产企业诚信体系建设先进单位”“市食品工业50强企业”“市科技（创新）型企业”“区专利示范企业”等称号，并经浙江省食品工业协会（ZJFIA）评审，通过了“诚信管理体系”认证。上半年，公司研发中心秉承“科技让食品更放心”的研发创新理念，与江南大学食品工程学院、省农科院等单位合作，建立博士后工作站，建立集信息收集分析、技术创新、新品研发、中试生产等功能为一体的科学研发综合体系。2014年初，

藤桥禽业股份有限公司新厂区　　藤桥禽业股份有限公司提供

公司入驻国际化标准新厂区。

【绿森数码持续扩容】 绿森数码公司在全国100多个城市建立了摄影俱乐部，拥有50万名摄影会员，200余万名商城会员。2014年，获“温州市重点文化企业”“电子商务集成创新奖”等称号，董事长娄韶山获评“电子商务领军旗手奖”，是温州唯一一家获商务部电子商务示范企业称号。公司同多家国内知名的电商企业和银行建立战略合作伙伴关系，其中包括了天猫、淘宝，以及建行、工行、招行、中行、交行等10多家银行的信用卡商城，苏宁易购、国美电器的B2C商城等，绿森数码通过这些平台为客户提供全方位的数码产品网络购物服务。

年初，与温州电视台合作创办“天亮就出发·绿森摄影班”，带领一批摄影爱好者开始摄影新道路。8月，由区委宣传部与浙江绿森数码科技有限公司联合开展的“隔壁邻舍”网上社区手机培训进万家，即中老年人手机培训公益活动，他们走进社区与老人互动，将手机常识、流行沟通软件带进社区，为不懂手机操作的中老年学员提供了学习的机会。

董事长娄韶山获评“电子商务领军旗手奖” 浙江绿森数码科技有限公司提供

汽车流通

【概况】 2014年，温州市汽车流通行业协会有会员单位200多家，囊括了鹿城区大部分汽车经销商，汇集了各种汽车品牌和车型。本着“以服务为宗旨，积极为会员单位服务”的原则，在管理中努力树立行业信誉，发挥着政府与企业、企业与银行、企业与用户之间的桥梁和纽带作用。同时结合本行业的实际，贯彻执行国家政策法令、经常性向政府主管部门反映行业的相关情况，提出制定和修改对与之相关政策法令的建议，调查研究行业的相关情况，组织专题讨论，按照会员要求，开展咨询服务和组织经济工作交流，已成为协会工作的重要组成部分。

随着世界经济全球化的进程加速，中国汽车市场面临着新的机遇和挑战。为更好地服务市场、开拓市场、应对日趋激烈的国际竞争，温州市汽车流通行业协会在积极发展和壮大之时，将不断扩大服务范围，更好地满足汽车行业及各界人士需求，为促进温州汽车市场的发展，活跃汽车市场做出新的贡献。

【积极参与协调工作】 2014年，协会着力联手市机动车管理所对全市的车行开展汽车预登记服务站（临时牌照）与注册登记服务站（正式上牌）工作。车行可直接打印临时牌照的有138家预登记服务站，直接在本车行上正式牌照的有25家注册登记服务站。积极与车管所协商，为车行办理定时、定线路、定专人的机动车辆移动证19本。与国税局沟通联系，从杭州沪友科技公司购买车辆购置税自助缴费机21台，安置在较有实力、规范的车行，让客户一步到位，办理购车后的一切手续，解决了客户购车后跑车管所上牌与公管处缴纳车购税的麻烦，同时也减轻了车行的工作压力。

金 属

【概况】 温州金属材料流通商会具有二十年的办会历史，拥有会员单位230家。六虹钢材交易市场占地面积10.26万平方米，有店面637间，经营户393家。主要经营黑色、有色金属等20多个大类、上万个品种，市场还配备各类加工门店，是浙西南、闽东北地区最大的钢材交易专业市场。2014年，实现销售额60亿元，上缴税收7000万元。

【完善组织机构】 2月24日，商会建立监事会。现有监事会、党支部、联合工会、妇委会、青联、关工委、红十字会、志愿者服务队、秘书处等组织机构。

【开展公益活动】 1月20日，商会开展送温暖过春节活动，筹集资金25000元，给藤桥镇30户贫困家庭。4月28日，组织开展“慈善一日捐”活动，捐得善款14910元汇入温州市慈善总会账户。7月26日，慰问温州军分区51分队洞头海防营，赠送慰问金5000元。8月1日，慰问交警一大队、南郊派出所和温州市鹿城武警中队，送去慰问金3万元和价值2000元水果。3月23日、11月23日，商会志

1月20日，商会赴藤桥镇开展“扶贫帮困送温暖”活动　温州金属材料流通商会提供

11月23日，商会志愿者赴永嘉儿童福利院看望孤残儿童　温州金属材料流通商会提供

愿者服务队带着慰问品赴永嘉福利院看望孤残孩子。5月16日，赴瓯海新阳小学看望、结对学生，送去“六一”节礼物。9月26日，在新阳小学开展“关爱学生·健康成长”为主题的爱心活动。

【解决隔离带出入口问题】 2014年，商会与政府相关部门协调，在六虹钢材市场附近道路设置方向标志，为市场运输车辆提供方便，解决市场北大门道路中央隔离带出入口问题，方便市场运输车辆的安全出入。

【开展活动，调动会员积极性】 2月24日，召开理事会议暨新春团拜会；“三八”妇女节商会妇联组织会员赴丽水古堰画乡、隧昌南尖岩游览活动；4月30日，商会工会组织会员赴福州、平潭岛游览活动；“七一”期间，商会党支部组织党员赴乐清雁荡山开展红色旅游活动；9月17日，商会组织执行会长单位赴沪考察优秀企业；10月19日，商会组织副会长单位赴文成百丈漈登山健身活动。参与六虹钢材市场“文明示范楼栋”每月一次评比工作，组织每月一次市场环境卫生义务劳动，整洁市场环境。

【优化商会网站】 2014年，每日更新网站内容，创建微信公众平台，建立微信会长群、理事会群、市场管理群。编辑发行《温州金属流通》会刊6册，编印商会宣传册，展示商会近二十年的办会历史和风采，打造商会文化力。

【获得多种荣誉】 经温州市民政局批准，商会成为第一批温州市本级具备承接政府职能转移条件资格的社会组织。2014年，被温州市政府等部门评为“温州市优秀社会组织”“温州市关心下一代工作先进集体”“鹿城区优秀志愿服务集体”“温州市工商联‘十佳’志愿者服务队”。杨立忠会长获“鹿城区公益人物”称号；执行会长王晓飞、任长宇、黄莲英、方崇国、池来明分别获“温州创业青年楷模”“优秀党务工作”“优秀共产党”“身边好党员”称号。

文体用品

【概况】 2014年，鹿城区境内共有文教体育用品商业流通经营企业250多家，其中批发商74家，零售店180多间。文教用品经营户集中在飞霞北路174号大华文具总汇，体育用品经营户结集在民航路温州体育中心底层商铺，儿童玩具经营户集中在飞霞桥路，零售门店分布在境内各中、小学校附近，都是个体经营户。全年销售额4.10

亿元。从业人员1700人。

【中信银行2亿元授信文体行业】 4月28日，中信银行温州分行和温州市文教体育用品商会签订了2亿元的授信贷款协议书，给专业市场经营企业带来了融资便利和支持。

【“顺发文具”慈善拍卖】 7月5日，由温州市广电集团和温州顺发文具公司联合主办的“2014顺发文具慈善拍卖会”在温州金球国豪大酒店举行。本次16件物品拍卖得慈善款3.24万元，现场爱心人士认捐现金1.27万元，共计4.51万元善款，全部捐给文成县巨屿镇中心小学贫困学生，学校领导和学生代表到会接受捐赠。

7月5日，由温州市广电集团和温州顺发文具公司联合主办的“2014顺发文具慈善拍卖会”在温州金球国豪大酒店举行　温州市文教体育用品商会提供

【第三届第一次会员大会召开】 7月13日下午，温州市文教体育用品商会在奥林匹克大酒店召开第三届第一次会员大会，参加会议的有102人。经会员选举，产生由21人组成的新一届理事会，温州双加大体育用品有限公司董事长章海强当选第三届理事会会长，任期四年。

7月13日下午，温州市文教体育用品商会在奥林匹克大酒店召开第三届第一次会员大会　温州市文教体育用品商会提供

【慰问驻温部队】 7月31日下午，温州市文教体育用品商会组织企业家前往温州军分区海防营步兵连，送上体育用品、清凉食品等慰问品，向指战员致以节日祝贺，受到官兵们欢迎。

7月31日下午，市文教体育用品商会组织企业家前往温州军分区慰问海防营步兵连　温州市文教体育用品商会提供

【举办消防演习活动】 10月24日下午，由大华文具总汇业主单位温州市农业农村综合投资开发有限公司组织各文具经营户员工，在大华文具总汇广场上，举行消防学习竞赛，分三个项目进行，来提高全体员工的安全防患意识。

【参展“2014温州文博会”】 由温州市政府、浙江省文化产业促进会主办的“2014温州时尚文化创意产业博览会”于11月1日至11月5日在温州十个展区举办，设有时尚设计、工艺美术、时尚品牌、动漫文化、文化产业等展区，文化用品区展览在温州文化商品市场B幢二楼。

【第七届“晨光文具”办公节在温州开幕】 11月10日，在温州顺尔得文体用品有限公司大卖场举办第七届“晨光文具”办公节，展示了文具用品、书写工具、办公用品、纸制品、包装袋及其他用品，品种齐全，富于创意，吸引了温州、丽水、台州、闽北等地文具经销商前来参展订货。

11月10日，在温州顺尔得文体用品有限公司大卖场举办第七届“晨光文具”办公节　温州市文教体育用品商会提供

【举办法律知识培训】 11月19日下午，温州市文教体育用品商会邀请浙江嘉瑞成律师事务所高级律师张付钢，为文体用品企业负责人上法律知识辅导课，讲解民间融资借贷方面的政策法规。

食品、副食品

【概况】 2014年，全区蔬菜供应总量114663.70万公斤，同比增长5%左右；批发平均价格2.70元/公斤，2013年同期为2.62元/公斤，同比上升3%。蔬菜日均上市量340万公斤左右。全市生猪屠宰量602319头，同比2013年减少39704头。据统计，生猪宰后均重116.07公斤，同比2013年113.82公斤上升2%。猪肉批发价格较平稳，年均价17.44元/公斤，相比2013年价格有所下降，降幅8.10%。全年，由于水产品价格低廉、市民消费观念的转变等客观因素，导致生猪交易量较2013年明显下降。水产品交易量1439.18万公斤，同比下降28.82%左右。水产品平均价格23.75元/公斤，同比2013年18.23元/公斤，价格上升30.28 %。总体来看，2014年，水产品受环境等各方面影响，产量、货品有所减少，使同期交易价格较2013年有所上升。货源主要来自苍南、舟山、奉化与宁德等沿海地区，以冰鲜、鲜活水产品为主。

【食品安全检测】 2014年，食品安全检测针对市场流通销售的各类蔬菜、副食品等，共检测80339批次，不合格257批次，合格率为99.68%。在菜篮子商品配送领域，严格掌控配送中心食品的安全，日常加强质量管理与检测工作，在采购来源市场已抽检的基础上再次进行抽样检测，确保配送的食品安全。在“瘦肉精”检测方面，累计检测10708批次计42871头，占年屠宰量的6.70%，全部合格，有效地防止了病害猪流入市场，确保“放心肉”供应。此外，菜篮子农副产品批发交易市场推出了省内首家流动检测车，速测效率提高2.50倍，拉开了流动快检的序幕。同时在实践中摸索出准入、检测、追溯、联动“四位一体”的食品安全监管防控体系的工作方法，进一步保障“食无忧”，获得行政管理部门肯定，省、市多家主流媒体先后对此进行了报道。

【平价菜进社区】 2014年，“平价菜进社区”服务点已覆盖新田园住宅区、红日家园、山水名都小区、金迅达小区、上堡住宅区、凯裕社区、府东花园、广信社区、株柏社区、万科珑庭、同人社区、西堡社区、南亚13个社区，销售品种涵盖蔬菜、水果、豆制品、猪肉等，为市民提供约90万元的菜篮子商品，极大地方便社区居民，平抑物价。该民生项目所售商品是从批发市场直接到消费者手里，减少中间环节，价格低于农贸市场零售价约20%—30%，并且所有商品均经过严格的食品质量检测，既方便又安全，得到市民普遍认可，社会效果良好。

仓 储

【概况】 位于温州市六虹桥路的鹿城仓储基地是浙南闽东北区域的机电、五金配货交易中心和商务中心，以及区域主要机电业产品价格形成和发布中心，是温州市初具规模的现代分销物流中心。基地总面积11万多平方米。仓储公司仓库出租率接近100%。仓储基地各类经营户与2013年度相比，基本保持相对平稳状态。

2014年，仓储基地进驻各类个体户、企业及企业的仓库共达240多家，其中企业法人类40余家，个体户100多家，各类仓库100余家。主流客户为医药、银行、电器、五金百货、食品饮料等。入驻基地的知名企业有温州市医药商业集团、温州康宏医药有限公司、建设银行、工商银行、温州中百有限公司（宝洁公司产品温州总代）、温州日清（加多宝温州总代）、温州时代医药连锁有限公司等单位。

2014年，仓储基地在消防、安保等各方面管理工作到位，实行24小时监控操作，平稳运行，无任何重大事故发生。

2014年，因德政东路市政工程改造，仓储基地东大门以及围墙拆除重建工程已完工验收。

药 业

【概况】 2014年，鹿城区药业协会被评为AAAA级温州市行业性社会团体，同时鹿城区多家医药公司获得区级以上荣誉。温州叶同

10月16日，协会在五马街举行“安全用药月”活动　　区药业协会提供

仁医药连锁有限公司2014年作为社会责任试点企业获环境公开最佳案例企业；马鞍池店获“保健品示范点”；温州延生堂医药连锁有限公司多家门店获“浙江省保健食品经营示范单位”“明码标价示范店”等称号。鹿城区委常委、宣传部部长徐强慰问了新炜药店的“中国好人”章效通。

【公益宣传活动】 1月23日，药业协会联合温州延生堂医药连锁有限公司参与了第四个“鹿城慈善日”，在活动现场开展了免费保健品药品鉴别、免费测血压测血糖等活动项目，受到了现场环卫工人代表的一致好评。10月16日上午，协会会长和20余位会员代表参加了在五马街举行的“安全用药月”活动。

【新版GSP实施】 2014年，实施新修订的《药品经营质量管理规范》（简称药品GSP）。探讨新版GSP的实施、执业药师缺乏等问题，协会召开了两次鹿城区中小药店发展座谈会，张惠敏会长主持了会议，针对目前药店生存空间缩小，经营艰难、关闭、歇业的药店如此之多的问题，互相切磋、互相交流讨论，从不同的视角探讨药店发展之路。引导企业加盟连锁与药监局沟通企业转型中的一些问题，积极帮助企业走出困境。协会成立药品经营企业新版GSP认证指导帮扶小组，根据企业自身需求，进行帮扶指导工作。

【做好医保定点药店自律工作】 2014年，为规范医保定点药店自律工作，协会组织鹿城区医保定点药店负责人，学习医保法律法规及政策。

1月24日，协会召开鹿城区医保药店自律工作会议　　区药业协会提供

多次邀请温州市人力资源和社会保障局有关人员讲课，宣传医保法律法规，认真执行有关医保政策，提高认识。组织全区定点药店医保自律工作组，制定《鹿城区医保自律工作实施细则》，对人员进行业务知识学习和自律检查活动，收到了一定的成效。

【在温州设立执业药师考场】 自执业药师设置考试以来，十几年考场都设在杭州省城，药业协会了解到2014年温州考生有3000余人，不但要解决交通、住宿、吃饭、安全等问题，也不利于考生的发挥。为此协会向浙江省人力资源和社会保障厅递交了“关于在温州设立执业药师考场”的报告，很快得到了答复，全省安排了属地考试，为考生带来了极大的便利。同时，协会还举办执业药师考前辅导班，为提高执业药师考试通过率。

【规范药店经营行为】 4月，市场监督管理局对药店进行了检查，重点在是否经营食品字号保健品和食品。管理部门在日常检查中发现很多药店经营标有食品字号的保健品，并存在食品安全问题，针对这一问题开展了百日严打活动，目的在于规范药店经营行为，保障人民群众利益。协会得知此情况后，及时通过短信和邮寄告知会员们在5月底之前及时前去办理食品流通许可证，或者将食品下架处理。

【医疗保险反欺诈“亮剑”专项行动】 7月8日，鹿城区药业协会、医保自律工作组在龟湖饭店召开温州市集中开展医疗保险反欺诈“亮剑”专项行动动员大会，温州市社保局有关人员出席了大会。随着医保定点药店数目的增加，社保局对于医保定点药店也越加的重视，希望通过此次“亮剑”行动，使各药店更加严格遵章守法，规范经营。

【药品零售企业信用等级评定】 为进一步推行药品零售企业分级监管，提高监管效率，有效规范药品流通秩序，完善企业质量管理信用体系建设，开展对2014年药品零售企业信用等级进行评定，参评企业304家，评出A级守信企业46家、B级基本守信232家、C级轻微失信23家、D级严重失信3家。

粮 食

【概况】 2014年，全区粮食消费人口131.45万人，比2013减少5.40%；粮食总消费25.68万吨（折合原粮），比2013下降6.60%，其中口粮消费20.92万吨，比2013下降5.20%，占总消费量的81.50%。全区自产粮食1.78万吨，自给率6.90%，粮食缺口23.90万吨。缺口主要品种为稻谷14.07万吨，比上年缩小11.30%，其中粳谷8.51万吨，主要从黑龙江、江苏、辽宁、吉林等地购入；中晚籼谷4.55万吨，主要从安徽、江苏、江西等地购入；早籼谷1.01万吨，主要从安徽、江西地购入；小麦5.63万吨，主要从江苏、山东、安徽、河南等地购入；玉米1.98万吨，主要从吉林、山东等地购入；大豆1.09万吨，主要从安徽和山东两地购入；其他粮食1.13万吨主要从山东、江苏、安徽等地购入。全区拥有市级粮油骨干企业3家；新增放心粮油店1家，保留17家，撤销3家。

【订单粮食】 2014年，全区与种粮农户签早、晚稻订单粮食合同75份，数量2345吨。涉及早、晚稻播种面积474.13公顷，占全区早、晚稻播种面积2254公顷的21%。全年实际订单收购粮食1911吨，发放订单粮食预购定金13万元，早、晚稻订单粮食奖励款92.80万元。

【粮食应急网络体系】 2014年，全区拥有应急粮食供应点32家，应急运输企业1家，粮情监测点2家。

【第六届中国（温州）农博会】 11月14日—17日，第六届中国（温州）农博会在国际会展中心举办。市粮食局组织16家省、市级农业龙头企业及粮油骨干企业，展出大米、面粉、食用油等产品，拓展企业营销和品牌宣传渠道，进一步树立温州粮食新形象。

【宣传活动】 5月17日，市粮食局在南汇街道万膳购物广场开展主题为“科学食粮，健康圆梦——粮食科普进社区进家庭”宣传活动。5月21日，市粮油产品质量检测站开放了粮油化验室，供市民参观、咨询粮油质量安全相关问题。10月16日，是第34个世界粮食日，市粮食局联合温州市南亚粮油食品有限公司、人本集团等单位在白鹿洲公园人本超市门前广场开展世界粮食日系列宣传活动。

5月17日，市粮食局在桥儿头社区万膳购物广场开展首场综合宣传活动
温州市粮食局提供

5月21日，市粮油产品质量检测站开放了粮油化验室，供市民参观、咨询粮油质量安全相关问题　温州市粮食局提供

供销合作

【概况】 2014年，鹿城区供销合作社生产经营总体保持平稳发展态势，经营服务网络体系进一步完善，成为农村社会化服务、农村流通的主导力量和农民合作的带动力量。全系统实现总经营收入6.44亿元，同比增长17.03%；总利润1597万元，同比上升15.47%；所有者权益2.70亿元，同比上升6.39%；实现社会贡献总额4745万元，其中上缴税费737万元。

【新网工程建设】 2014年，区供销社按照规范、发展、提高的基本思路，完善优化全区农村现代流通网络布局，重点搞好龙头企业建设，日用品、农资经营服务体系基本实现了网络化。全年，系统新增连锁网点10个，建成各类连锁网点315个。实现连锁销售6.34亿元，其中农产品销售5.33亿元，日用品销售8481万元，农资销售288.30万元，再生资源销售1337.20万元。

【“智慧农资”服务平台建设】 指导区农资公司规范农资连锁网点7个。通过春耕备耕、放心农资下乡等服务，开展化肥配送业务。全年储备化肥602吨、农药32吨，供应化肥512吨，保障了全区农业生产需求。

【整改废品收购站】 2014年，区供销社整改提升有证站点203家，取缔无证违章（露天堆放）站点207家，全区废品收购站总数由最高时的383家降至280家。全区废品收购站无证占道经营、乱堆乱放等现象得到有效遏制，社会效果良好，在创建国家卫生城市迎检过程中实现零失分。

7月16日，省供销社副主任张悦调研鹿城再生资源回收利用体系建设　区供销合作社提供

10月17日，海南省供销合作社副主任调研鹿城农产品直销中心　区供销合作社提供

【社区绿色回收体系建设】 2014年，区供销社以水心菱藕社区绿色回收亭为典型，通过“百晓讲新闻”“新政聚焦”和《温州日报》等媒体进行多方位宣传，逐步将回收网络在市区范围铺开。全年，整合吸纳回收站点15个，累计固定网点达到115个。

【集中管理服务点建设】 牛岭服务点占地面积8478平方米、总建筑面积2123平方米、投资额约为395万元，于6月通过工程验收，后续手续办理完结后于12月公开招租；嵇师服务点占地面积9779平方米，总建筑面积1662平方米，原投资额约为348万元，因规划变更，8月，通过发改局概算调整，追加预算资金204.80万元，并于11月完成项目前期工程。

【专业合作社发展】 2014年，系统新领办专业合作社2个，组建农民专业合作社联合社1家，培育全国示范社1家（温州市藤穗粮食专业合作社），市级示范社1家（温州市驿阳果品专业合作社），提升发挥供销合作社为“三农”服务的平台，提高服务质量，拓展农产品销售渠道。全年系统专业合作社带动社员959户，农户3075户，实现增收6210.90万元。

【农村合作经济组织联合会】 区农村合作经济组织联合会（以下简称“农合联”）以藤桥镇“农合联”先进示范创建为契机，指导其设立农技推广站、动植物防疫站、农监站、农信部、供销部，延伸农业服务纵深点，构建社区、村居、农户的深层次、多方位工作网络的基层农业公共服务“1+N”模式；成立“农合联”党总支，分行业设立种植、养殖和加工销售3个党支部，采用“支部+合作社”模式，打出集党组织建设、农业产业开发、农村农民致富的组合拳，将镇级“农合联”打造成有效的区域联合服务平台。

10月28日，温州市农信农民专业合作社联合会暨信用部成立　区供销合作社提供

【农村金融服务体系建设】 2014年，温州鹿城“三农”融资担保公司为全区农民专业合作社、农业龙头企业和种养殖大户提供贷款担保23笔2170万元。区“农联会”积极发展内生于合作社和农户的“内置金融”，帮助缓解农民专业合作社和农民生产经营资金短缺困难，温州市生猪基地专业合作社资金互助会和温州市民鑫畜禽专业合作社资金互助会，累计发放互助金88笔、4352.25万元。

【鹿城特色农产品直销中心成立】 9月26日，鹿城特色农产品直销中心正式成立，该中心是全市首家不以营利为目的、免费为本地特色农产品提供推广平台展示的展销中心。该中心与全区25家农民专业合作社和10家农业龙头企业签订了协议，直接以田头到市场的配送模式，确保为广大市民提供“平价菜”和“放心菜”，至12月底，销售金额达19万元。

【扶贫挂钩工作】 2014年，区供销社与扶贫挂钩结对村藤桥镇岙底社区田塘头村，累计送上扶贫项目资金、慰问金4.39万元；开展“千名党员牵手，百个支部结对”活动，认领微心愿12个，慰问困难党员17名，送上慰问金8500元，为结对支部戴宅村党支部赠送价值1万元学习设备1套。

（编辑　胡亭亭）

服务业

综 述

2014年，鹿城区第三产业增加值539.73亿元，增长3.30%。三次产业结构有所调整，由2013年的0.2∶28.4∶71.4调整为0.2∶28.9∶70.9。

2014年，鹿城区共有餐饮企业2522家，其中规模以上企业163家，比2013年新增5家，规模以上企业有住宿的企业79家，纯餐饮企业84家。在全部企业中咖啡、酒吧类企业146家，会所类56家，分别比2013年增加4家与12家。全行业从业人员78230人，其中咖啡酒吧类企业3208人，会所类企业912人。全区餐饮行业零售额66.37亿元，同比负增长9.10%，纯餐饮51.06亿元，同比负增长10.40%、社会零售额占全市41.20%。旅馆行业因受经济大环境影响，营业额约17.27亿元，总体下降8%左右。辖区内有美发美容单位近5500家，经营服务范围有美容、美发、美体、教育培训、经销化妆品等，从业人员3万余人。有摄影企业169家，生产经营面积6.24万平方米，从业人员2152人，年营业额6.66亿元。2014年，市区有机动车维修业819户，机动车维修经营从业人员1.43万人，质量检验员1263人，其他维修技术人员1.25万人。温州市军广电器维修公司，获中国家用电器服务维修协会颁发的“公共电子电器服务商”和“全国优秀电子电器服务商”称号。全年，温州市举办各类展会、订货会、房产开盘、搭棚展销等活动共52个，展出面积59.10万平方米，展位数40440个，参观人数共110万余人次。

餐 饮

【概况】 2014年，鹿城区共有餐饮企业2522家，其中规模以上企业163家，比2013年新增5家，规模以上企业有住宿的企业79家，纯餐饮企业84家。在全部企业中咖啡、酒吧类企业146家，会所类56家，分别比2013年增加4家与12家。全行业从业人员78230人，其中咖啡酒吧类企业3208人，会所类企业912人。全区餐饮行业零售额66.37亿元，同比负增长9.10%，纯餐饮51.06亿元，同比负增长10.40%、社会零售额占全市41.20%。

【云天楼多次获殊荣】 4月9日，在第八届中国餐饮产业发展大会上，温州云天楼实业有限公司被评为“中国餐饮百强企业”之一，这是该企业第七次蝉联此殊荣。5月17日，在上海召开的中国婚庆饭店产业高峰论坛活动中，温州云天楼实业有限公司被评为“2014中国喜庆先锋品牌”，温州仅此1家。温州云天楼实业有限公司获得鹿城区人民政府通报表彰的2014“鹿城区功勋企业”称号，这也是该企业连续6年获此殊荣，并在温州市食品药品监督管理局现场检查验收和综合评价考核中，再次被评为“餐饮服务食品安全示范单位”称号。

【胡中远获“名师名家”称号】 2014年，在温州市服务行业评选活动中，温州溢香厅万达店行政总厨胡中远被评为温州市第三轮服务行业“名师名家”称号。

【“2014温州瓯菜美食文化节”活动】 8月8日，“温州瓯菜馆”“温州瓯菜主题酒店”命名授牌暨2014温州瓯菜美食文化节，在云天楼米兰国际大酒店举行。本次活动以“店店有瓯菜，天天有特价”为主题，以弘扬传统瓯菜，推动瓯菜创新为中心。活动分别颁发并命名16家“温州瓯菜馆”，27家“温州瓯菜主题酒店”。区餐饮协会企业被命名为“温州瓯菜馆”的有9家，被命名为“温州瓯菜主题酒店”的有5家。

【参与“2014金秋购物节”活动】 由温州商务局、鹿城区人民政府主办，鹿城区商务局、五马街道办事处、《温州晚报》承办，鹿城区餐饮业协会、鹿城区商业零售业协会、鹿城区旅馆业协会协办的“2014金秋购物节”活动，于9月5日至10月31日举行。本次活动历时55天。市区各大型商场、超市、购物中心、品牌专卖店、餐饮、旅游等企业参与本次活动。云天楼实业有限公司、五马美食林酒店有限公司、金勺子餐饮有限公司、宗燕餐饮有限公司积极参与瓯菜展示、网络促销、媒体宣传活动拉动了内需、搞活了市场，取得了较好的效果。

【金园小厨开业】 4月17日，温州五马美食林酒店有限公司旗下，集风味小吃、餐饮酒宴为一体的金园小厨开业。该店坐落在南塘街风貌区5号东4幢，营业面积达400平方米，容纳量200位（人）。总投资420万元。

【兰立方酒店开业】 温州宗燕餐饮有限公司旗下的兰立方酒店有限公司于5月14日开业。该酒店坐落在学院中路272—274号，一至五层。总投资2800万元。营业面积4648平方米，可容纳770人同时用餐。其中有460平方米大厅1个，包厢50个。在开业的三天中，免费送高档爱心餐2500份，价值达37.50万元，此善举受到市民的一致好评。

【朱某某负债跑路出国】 4月，温州市新丁香酒店管理有限公司法人代表、董事长、原温州市餐饮饭店业协会会长朱某某，因企业经营不善，转行投资，长期亏损，负债49起，金额高达2.99亿元，因无能力偿还债务而跑路出国，给温州餐饮界造成了不良影响。

旅馆

【概况】 2014年，鹿城区新开业宾馆17家，停止营业小旅馆20家，现正常营业旅馆482家。其中星级饭店26家，五星级3家，四星级10家，三星级12家，二星级1家。就业人员约11000人。全年，旅馆行业因受经济大环境影响，营业额约17.27亿元，总体下降8%左右。旅馆行业王朝大酒店和国际大酒店获鹿城区功勋企业。服务业获50强企业有万和豪生、香格里拉、维多利亚、新南亚、奥林匹克假日、万豪商务、国贸、顺生8家大酒店。

温州国际大酒店　　胡明金 摄

【瑞都酒店集团化发展】 瑞都酒店集团成立10年来，集团化运作模式日趋成熟和规范，已形成瑞豪酒店和瑞都酒店连锁两大品牌。旗下门店30余家，客房数3000多间，员工近

金园小厨　　胡亭亭 摄

瑞都酒店　　区旅馆行业协会提供

1000人。在董事会提出的精细化总目标下成功实现第三代产品和管理服务的升级，客人、股东、员工三大满意度良好。2014年，方信东董事长当选为鹿城区饭店（旅馆）业协会会长。

【锦江之星4S温州学院路店】 5月20日，新开业的锦江之星4S温州学院路店，位于温州市鹿城区学院中路272号，是2014年新推出的第四代升级版酒店产品，“4S版”的酒店产品将安全、健康、舒适、专业的理念得到更高层次的展现，商务功能更加突出，更多的节能环保技术得到应用，酒店客房的功能更人性化，舒适度也更好。由于地理位置优越，管理专业化，网上订房快捷便利，使本店开业后基本客满。

锦江之星酒店　　胡明金 摄

美发美容

【概况】 2014年，全区有美发美容单位近5500家，经营服务范围有美容、美发、美体、教育培训、经销化妆品等，从业人员3万余人。

2014年，鹿城区发改局公布了良丝名匠形象会所等17家单位为鹿城区“明码实价示范店”；温州市工商联表彰了温州市20家行业协会商会为温州市规范化行业协会商会，温州市美发美容行业协会名列第8位。

【四届六次会长办公暨新春团拜会召开】 2月27日晚，在温州国鼎云天楼大酒店，召开协会四届六次会长办公暨新春团拜会。彭希国会长回顾总结了2013年度开展的主要工作和2014年度协会工作计划并提出初步意见，与会会长们对2014年度工作计划以及具体的实施方案各抒己见，献计献策。

【爱心相随·关爱温州的哥的姐公益活动举行】 3月12日—13日，芬芬美发美容培训学校、丽琴＆炫、良丝名匠名人造型会所、风迪名剪4家副会长单位的11位高级美发师，首次赴温州市交运出租车服务公司，参加温州广电市民义工团举行的“爱心相随·关爱温州的哥的姐公益活动”。两天来，为100多位出租车司机义务剪发。

【温州广电市民义工队成立】 3月18日，在开通出租车公司，温州广播电视传媒集团常务副总监陈永松、副总监仇春波分别为温州广电市民义工团成立授牌与授旗。

3月18日，在开通出租车公司，举行温州广电市民义工团成立授牌授旗仪式

采自温州市美发美容行业协会网站

【技能大赛】 7月22日，由温州市人力资源和社会保障局、温州市总工会主办，温州市美发美容行业协会承办的2014温州“新艺杯”美甲化妆技能大赛，在温州市工人文化宫举办。来自全市各县（市、区）的100多名美甲、化妆选手参加了美甲、化妆两大类6个项目的比赛。

【四届二次会员大会暨高峰论坛】 9月25日，在温州金球国豪大酒店，召开温州市美发美容行业协会四届二次会员大会暨“温州美业的再崛起”高峰论坛。行业协会近200名会员代表参加会议。原温州市委副秘书长、著名学者谢浩老师在会上作了题为“温州美业的再崛起”演讲。

【技能培训】 11月27日—28日，温州市美发美容行业协会邀请台湾女子理容商业公会头部养生高级顾问王大仁教授来温为期两天的美业高级研修班授课，全区50多位美业高级专业技术人员参加培训。

【温州美发美容高技能人才赴台考察】 12月11日—16日，温州市美发美容行业协会组成23人的美业高技能人才培训团，赴台参加商业大学进行为期三天的“美学造型之经营管理与决策研习会”，同时参观考察台湾快乐集团、头皮育毛研发中心，并与台湾美丽事业发展协会签署《长期友好合作战略联盟协议书》。

12月11日—16日，市美发美容行业协会组织培训团赴台北考察、学习

市美发美容行业协会提供

摄 影

【概况】 2014年，鹿城区共有摄影企业169家，其中婚纱摄影20家、儿童摄影32家，综合摄影、工作室47家，数码冲印18家，摄影器材22家，摄影维修5家，婚庆礼仪25家、摄影化妆培训机构10家，生产经营面积6.24万平方米，从业人员2152人，全年营业额6.66亿元。

全市摄影企业依托协会的平台，共同学习，增强交流。2月24—26日、7月3—6日，协会组团168家企业420多人参观第25、26届上海国际婚纱摄影器材展览会和儿童摄影、婚纱礼服、相册相框、婚庆用品展览会。此次展会，温州参展单位13家展示了温州精品。通过参展观展，开阔了思路，看到了企业发展前景。协会秘书处深入26家摄影企业调研情况，向领导和政府部门汇报，找准解困之路，使摄影企业在低迷状态中走出困境，促进事业发展。

【协会荣誉】 2014年，协会党支部被市联党委评为先进党支部，工会受到市总通报表彰。协会档案管理获温州市档案达标单位，被市民政局评为AAAAA社团。10月20日，被温州市工商联、总商会评为“建设协会文化示范单位”。11月26日，被温州市人力资源和社会保障局评为优秀档次人才工作站，奖励金2万元。该年，还获得政府购买服务和奖励金8.40万元，赞助金19500元，为协会吸引高素质人才创造优惠条件。

【重要活动记录被省、市档案局收藏】 8月，协会率先分别赠送省、市档案馆《摄影行业规范》《瞬间的足迹》等书刊。6月，被浙江省档案局收藏协会记录有77张照片和《企业歌》，入选为浙江省档案局主办的“6·9”国际档案日主题展“社会·家庭见证改革开放”——“你的故事，我们的历史”，在杭州和全省各地市巡回展出，已报送国家档案局备案和温州市档案局归档收藏。这是协会15年以来特色业绩与荣誉。

7月3日，在上海展会上，中国人像摄影学会和协会领导参观温州长城影视展位

市摄影行业协会提供

【参展秋季婚博会】 8月15日—17日，秋季婚博会在温州会展中心5、6号馆举行，婚纱摄影参展有为爱专一、凤凰印象、玛奇朵、全城热恋、幸福日志、蔚风视觉、喜得郎、倾影视、维络思、今生晶世、不二家、努豆印象、千峰13家单位。

【协商解决】 10月16日，黎明工业区67号托马斯儿童摄影，为顾客所办微套餐没有消费完突然“闭门谢客”，造成不良影响，协会出面协助解决，维护了消费者的合法权益。

【“慈善一日捐”活动】 参与市委、市政府关于“慈善一日捐”活动。5月，协会领导、党员及17家企业捐款27500元，用于“百会联百村、合力治污水”活动和捐赠贫困老区。

【四届十一次、十二次会长办公会议和人才联络员会议】 3月18日—19日，协会在福鼎召开四届十一次会长办公会议和人才联络员会议，听取苍南玛雅婚纱摄影总经理蔡成南和福鼎纽约婚纱摄影总经理陈庆荡对各自企业经验介绍，参观了苍南玛雅婚纱摄影太姥山牛郎岗爱情湾婚纱摄影基地并现场拍摄交流等。5月6日，协会在瑞安雅林召开四届十二次会长办公会议和人才联络员会议，与会人员上午参观了瑞安巴黎婚纱摄影，下午参加雅林婚纱摄影基地。

【四届六次理事会议】 8月28日—29日，协会在南麂召开四届六次理事会议，总结与交流上半年协会工作，通报上半年协会财务收支情况。在胡志宏、缪仁道两位会长的安排下，第两天又带领与会人员到海岛观光和采风创作。

【四届十三次会长办公会议】 11月26日，协会在LF婚礼广场会议室召开四届十三次会长办公会议。听取并审议通过2014年协会工作总结和协会1—10月财务收支情况报告。与会者由总经理王翼带领参观LF婚礼广场，并听取洛可总经理包义勇介绍该企业经营发展的服务模式。

3月7日，在温州国际会展中心的“2014中国（温州）国际工业博览会”展区
市会展行业协会提供

会 展

【概况】 2014年，温州市举办各类展会、订货会、房产开盘、搭棚展销等活动共52场（其中专业展6场），展出面积共59.10万平方米，展位数共40440个，参观人数约110万余人次。其中举办3万平方米以上有5个，2万—3万平方米（不含3万平方米）有4个；1.50万—2万平方米（不含2万平方米）有5个；1万—1.50万平方米（不含1.50万平方米）有8个；5000—1万平方米（不含1万平方米）有18个；5000平方米以下有12个。

【2014温州灯彩节】 2月13日—2月17日，在温州国际会展中心举办“2014温州灯彩节”，由浙江奥美力文化传媒有限公司承办，是一个以挖掘、保护和传承温州民间灯彩艺术，丰富城乡群众的文化生活，推动温州文化和旅游的发展和繁荣为目的的元宵灯展。“2014温州灯彩节”展示了五马奔腾、首饰龙、龙档、东瓯王、马上灯组、天仙配、梁祝、宝莲灯、海洋故事、五环灯组等各式各样的17组传统民俗灯彩和9组现代题材灯彩。同时，现场还展示跑马灯、木偶戏、三十六行、七仙女小调等民俗表演。本次展会规模近2万平方，共有200多家知名民间文化参展商汇聚现场，展会5天，观展10万多人次。

2月13日，在温州国际会展中心展示的五马奔腾彩灯　　市会展行业协会提供

【2014中国（温州）国际工业博览会】 3月7日—9日，在温州国际会展中心召开“2014中国（温州）国际工业博览会”，由温州市人民政府、中国机床总公司主办，温州市模具协会、浙江德纳展览有限公司和温州雅博展览有限公司共同承办，为期3天。展会展出面积达4万平方米，展出规模1262个标准展位，汇集517家参展企业，观展4.20万余人次，现场成交额超2亿元。本届工博会由“第21届温州国际机床、工模具展览会”“第14届温州国际塑胶机械及原材料展览会”“温州国际焊接切割激光与技术展览会”“温州国际物流、仓储与包装技术展览会”“温州国际工业自动化设备与控制技术展览会”“温州国际五金、工量刃具与检测设备展览会”六大专业主题展会组成。展会期间除了保留反馈与会买家的“逛工博会赢豪礼”抽奖活动外，还举办了“上下游行业协会联谊会”“专题技术讲座”“3D打印体验区”等配套活动。“3D打印体验区”集中展示有“开启第三次工业革命技术”之称的3D打印技术和相关设备，为诸多传统制造业企业的发展提供新的模式和思路。

【第十七、十八届温州家博会】 3月14日—16日，在温州国际会展中心举办“第十七届温州家博会”，本届家博会共启用四大馆项，1200个展位，联合500家厂商。现场意向订单约2.50万单，观展突破5.50万人次，均为历届新高，为2014年的温州家居行业装修采购奏响第一波。

8月8日—10日，在温州国际会展中心举办“第十八届温州家博会”，展览面积达1.20万平方米，现场意向订单约2.80万单，观展突破6万人次，成交金额超2.80亿元，创历史新高。

8月8日，温州国际会展中心家博会门票领取现场　　市会展行业协会提供

【2014婚博会】 3月21日—23日、8月16日—18日，由《温州日报》报业集团与市商务局主办、《温州商报》承办的“2014婚博会”在温州国际会展中心举行，两届婚博会各吸引了4000多对新人观展，现场成交订单各2000多单。婚博会是《温州商报》的品牌展会，不同消费需求的新人在展会上都可找到符合自己的项目，一站式搞定婚礼筹备事宜。

【2014第十二届温州国际汽车展览会】 4月13日，以“让科技赞美生活”为主题的“2014第十二届温州国际汽车展览会”在温州国际会展中心落幕。本届展会为期3天，由温州市汽车流通协会、浙江德纳展览有限公司共同组织。展会共设9大主题展馆，展览面积达5万平方米，参展品牌近80个。展会期间，各大品牌推出一系列促销优惠活动以及丰富多彩的文艺活动吸引参展观众，观展近6万人次。本届展会车辆成交总数达4214辆，总成交金额达8亿多元，总体销售情况呈现上扬态势。

4月12日，在温州国际会展中心的“2014第十二届温州国际汽车展览会”展区

市会展行业协会提供

【第五届中国·温州户外旅游展览会】 4月25日—27日，为期3天的“第五届中国·温州户外旅游展览会”在温州会展中心举行，本届展会由温州市旅游局、温州市商务局、温州市现代服务业投资集团有限公司、温州日报报业集团联合主办，温州国际会议展览中心、温州日报报业集团有限公司温州都市报分公司执行承办，提供了一场集户外用品，旅游线路及体验活动为一体的户外旅游采购平台。本届展会共设两大展馆，分户外旅游用品展区、旅游景点线路展区、渔具展区三大展区，展示面积达8000平方米，吸引了来自全国各地近150家参展，展示上千种展品，共接待观众3万多人次。

【第十二届中国（温州）国际眼镜业展览会】 5月8日—10日，由温州市人民政府、浙江省眼镜行业协会主办，温州市眼镜商会、浙江德纳展览有限公司承办的“第十二届中国（温州）国际眼镜业展览会”（简称“温州国际眼镜展”）在温州国际会展中心举行。2014年首次将展期设置在5月，同时启用了温州国际会展中心最新交付使用的展馆，展区面积近2万平方米。温州、临海、香港、台湾等地的300多家参展企业带来了全产业链展品。相比国内其他各类展览会，“温州国际眼镜展”的外向型尤其明显。本届展会共接待了逾万位专业观众，其中海外买家800多位。排名前10的买家分别为印度、韩国、日本、土耳其、俄罗斯、意大利、美国、泰国、沙特阿拉伯。

“第十二届中国（温州）国际眼镜业展览会”开幕典礼　　市会展行业协会提供

【温州国际皮革展】 8月30日，为期3天的“第十九届中国（温州）国际皮革及鞋材鞋机展览会、2014中国国际合成革展览会”（简称“温州国际皮革展”）在温州国际会展中心落幕。本届展会总展览面积达4万平方米，设标准展位1400个，吸引了除有中国外的，德国、意大利、西班牙等国家和地区近700家企业参展、16248名国内外买家来参观，同比上届展会增长6%，其中海外参观商达1155人，同比上届上升11%。本届展会聚焦3D打印、生态合成革等行业热点，举行了“2014第四届中国合成革峰会暨合成革贸易商大会”和“2014中国鞋都品牌创新峰会”等具有广泛行业影响力的会议活动，促成本地企业和海外采购商深入交流。

【中国（华东）印刷技术展】 9月24日，为期3天的“2014中国（华东）印刷技术展览会暨第十六届龙港印刷工业博览会”在温州国际会展中心开幕。本届展会来自国内外250多家印刷设备、材料以及印刷企业参展，集中展出CTP印前系列、立体印刷、数码印刷、多色胶印系列、印后自动化设备等。展会同期举办了相关论坛活动，包括“迎接印刷3.0时代”专家讲坛、2014浙江省包装印刷产品质量评比、浙江省优秀包装产品展示等。展会现场，3D打印设备制造企业携打印成品亮相。

【第七届温州动漫节】 10月1日，为期5天的“第七届温州动漫节”在温州国际会展中心5号馆、6号馆及广场开幕。展会规模约为2万多平方，为浙南地区最大的动漫展会。第七届温州动漫节现场吸引了近10万左右的专业观众、采购商及动漫爱好者前往参观，合计共有300多家动漫衍生品展商、动漫企业及相关企业参展，现场交易额达1000万元，为温州动漫文化产业的发展搭建了展示推广、交流合作和交易共享的平台。

10月1日，在温州国际会展中心展示的动漫沙雕嘉年华　　市会展行业协会提供

【中国（温州）机械装备展览会】 10月19日，“2014第九届中国（温州）机械装备展览会”（简称“CWMEE2014）”在温州国际会展中心落幕。本届展会展示面积达3.20万平方米，参展企业510家，标准展位1220个。为期3天的“CWMEE2014”吸引近4.90万人次前来观摩洽谈，同比增长11.60%。展会现场成交额达3.50亿元。本届温州机械展不仅有优质企业沈阳机床、台湾崴立、奔腾激光、江南数控、万通机电、嘉泰激光等老客户大面积参展，还吸引了一批知名企业，如台湾春日、大族激光、迪能激光、博纳激光、宝力机械、日本西铁城、美国哈斯、日本电装、大同、宁波思进、宁波艾格玛、昆山全特、南通国盛等新客户前来参展。

【温州时尚展】 10月24日—10月26日，在温州国际会展中心举办“第十届浙江（温州）轻工产品暨2014国际时尚消费博览会”（简称“温州时尚展”）。本届展会由浙江省商务厅、温州市人民政府主办，温州市商务局、温州市现代服务业投资集团有限公司联合承办。温州市委副书记马晓晖，温州市委常委、常务副市长陈向东，中国纺织工业联合会副会长张莉，意大利驻沪领事馆官员等领导和展会组委会成员单位负责人，以及参展企业代表、采购商代表、特邀嘉宾、新闻媒体等参加了开幕式。

“温州时尚展”在市政府支持下，已成为浙南闽北地区的时尚风向标。本届展会以“诠释时尚文化，引领时尚消费”为主题，规划“时尚温州馆”“意大利国家馆”“时尚生活馆”三大主题展馆，参展商涉及国际一线服装服饰、先锋消费电子、进口食品红酒、全球时尚家居等多个领域，展出规模2万多平方米，标准展位846个，参展企业312家，境外参展商超过30%。本届展会普通观众2.50万人，专业观众超过5000人，现场成交3200万元，意向成交1.87亿元，现场订单2.30亿元。本届时尚展以多角度、更立体地为观众展示世界时尚的最新流行趋势，同时也为展商和观众提供优质的商贸交流平台。展会期间举办“2014时尚发布厅、时尚主题沙龙、主题之夜、百货对接温州百品交流会”等各类商贸交流活动以及各类展商推介、产品体验等活动。

10月17日，在温州国际会展中心举行的“温州时尚展”开幕式

市会展行业协会提供

【温州国际汽车博览会】 11月5日—9日，“第八届温州国际汽车博览会”在温州会展中心举行。本届展会的规模为历届车展之最，展出面积达4万多平方米，共分7个展馆，以新车型展出为主，以汽车金融、汽车用品、汽车文化等配套服务为辅。这次共有70多个汽车品牌参展，展出车型达700多款，基本囊括了目前温州市场上的汽车品牌，其中既有迈凯轮、奔驰、宝马、保时捷、奥迪等国际大品牌，也有众泰、力帆、吉利等国产车品牌。迈凯轮携带一辆超1000万元的黑色超级跑车参展，特别吸引众人的眼球。

家电维修

【概况】 2014年，家电维修行业协会以服务会员为根本，增强凝聚力和公信力，协会走访基层单位40多家。实地了解市场信息，查看会员单位的经营情况，认真听取会员单位对协会工作的建议和意见。组织会员参加慈溪家电展览会暨2014年家电行业发展趋势高峰论坛。组织副会长赴香港、澳门等地参观学习。陪同台湾家电大陆参观访问团来温州开展为期六天的行业商务考察活动。邀请北京大国慧谷科技有限公司董事长郑文正教授作《温州经济转型升级及家电趋向和行业发展态势》的报告。参与调解会员单位与品牌商之间、会员单位之间或与其他单位之间的纠纷事件8起，帮助会员单位挽回经济损失10多万元。全年，温州地区空调安装工坠楼身亡、热水器中毒、触电等伤亡事故共发生7起，协会专家组在第一时间赶赴现场，鉴定事故原因，出具书面报告，协调解决善后事宜，共出具各类鉴定报告5份，参与解决赔偿4起。同时，接到家电类消费投诉32起，全部顺利解决，消费者满意率100%。

2014年，家电维修行业在名师名家走社区、大师走社区、技能人才培训、安全生产再教育、安全事故调解、服务创新等方面，受到了广大市民的好评。专家组成员许建华大师、首席技师叶友明参加发生在永嘉、乐清、市区等地的事故调查。首席技师叶友明首次被丽水龙泉市邀请参与一起空调维修工电击身亡的原因调查鉴定，为安全事故的调解、化解纠纷起到非常好的效果。蔡金松、许建华、叶友明三人通过考试，被温州市财政局聘为政府采购评审专家。温州市军广电器维修公司，获中国家用电器服务维修协会颁发的“公共电子电器服务商”和“全国优秀电子电器服务商”称号。

【党建工作】 2014年，党建活动开展顺利，党组织再创佳绩，精心组织，分步实施，确保党的群众路线教育实践活动顺利开展。市委统战部副部长、市工商联党组书记陈芳铭参加专题组织生活会，并对协会党建工作予以充分的肯定。建立了黄龙家电市场党群活动中心、一百家电党员服务点。3位新党员举行入党宣誓，协会党员志愿者服务队成立。之后，协会党员志愿者服务队分别参加府前街新国光住宅区、松台广场“红七月·服务月”系列便民服务活动。党总支在江心屿举行庆祝建党93周年系列活动，举办“党的群众路线教育实践在家电行业如何学习与实践”专题讲座及参观江心屿革命烈士纪念馆。

【技能比武】 7月30日，由温州市总工会、温州市人力资源和社会保障局主办，协会承办，温州市总工会职工技术协作办公室、温州市工人文化宫、温州市职业技能鉴定指导中心、温州市职业中等专业学校等单位协办的技能挑战赛在温州市工人文化宫举行。来自行业的70余名选手和技术精英各展技能，大显身手，展开角逐。比赛主要有电子产品（平板电视）维修和家用制冷产品（空调、冰箱）维修两大项及空调安装、包扎铜管、抽真空加液、扩管胀管、铜管气焊、冰箱检漏维修排障、平板电视的检修排障等。余洪进、叶凌鹏、赵沛夏、眭红军、王碧华、鲁江平获市人力社保局授予“温州市技术能手”称号，余洪进、眭红军获市总工会授予“温州市职业技能带头人”称号。

【名师名家参加大型慈善义工活动】 3月5日，温州广电市民义工团惠民大行动启动仪式在松台广场举行，20支家电维修义工队参加志愿服务活动。瓯江大师、首席技师、名师名家等技术骨干在现场为市民免费维修家电，并对市民的咨询给予解答。家电维修义工队已成为继家电事故鉴定专家组成立后，协会为社会服务方面另一张“金名片”。3月14日，温州市市场监督管理局、温州市消费者权益保护委员会在松台广场举行“3·15”国际消费者权益日纪念活动，家电维修义工队、一百家电、苏宁电器分别在现场开展家电消费咨询和免费维修家电活动。协会常务理事单位——温州市联民家电公司也开展了“空调免费保养周”活动。10月1日，由温州市家电协会邵建荣创新工作室电器维修人员带队，参加《温州晚报》雪君工作室进社区第三站的活动和先后走进庆年坊、洪殿、矮凳桥、八仙楼、清风、墨池、新田园等社区，现场免费为居民维修家电，举办家电使用安全知识讲座，近两个月就开展活动20多场，受益3000多人。

10月1日，市家电协会邵建荣创新工作室电器维修人员先后走进社区，免费为居民维修家电　　市家电电器商会

【规范家电维修和售后服务工作】 5月1日—8月10日，协会开展“百日安全”创建活动。6月11日，与温州市消保委、温州广电总台经济广播频道在温州市广电中心会议楼联合举行“互帮互助促发展、千店万家共和谐”公益宣传与服务签约仪式。全市首批28家大型卖场安装无线广播，现场直播市民投诉情况的调解实况，抽调20名专家实时为市民答疑解惑；并与《温州都市报》联合，对空调品牌专业售后网点的服务质量进行暗访，对顾客投诉和不规范的售后服务行为公开披露，促进各品牌重视售后服务工作，改进服务质量。

【人才培训】 2014年，对大专院校进行专项家电技能人才培训，空调安装工、空调维修工、电热器具维修工等门类共培训5期，计200多人。许建华大师工作室开设高技术的电子培训班，培训3期，提升了100多人的技能水平，50多人接受高级技师的培训，为维修队伍输出了高质量人才。

【维修资质整顿】 8月，联合温州市消保局、工商局、家电协会、媒体多家单位，对区域范围内的，电子产品销售、售后、品牌维修站（点）的服务维修资质进行大整顿，对不符合资质的维修站（点），要求整顿和整改，对提高整体服务水平起到积极作用。

【邵建荣技能大师工作室成立】 12月9日，根据中共温州市委人才工作领导小组办公室、温州市人力资源和社会保障局、温州市财政局《关于公布温州市第三批技能大师工作室名单的通知》（温人社发〔2014〕384号）。温州市家用电器协会邵建荣技能大师工作室正式获批成立，标志着温州市家电制冷行业专业技能人才队伍建设上了一个重要的台阶。

【授旗于服务分队】 温州市家电协会志愿者服务队下属12支分队，隶属协会家电售后服务专业委员会管理。12月30日，温州市家电协会在温州花园大酒店召开五届三次会员大会上，为12支志愿者服务分队授旗。

汽车维修

【概况】 2014年，市区有机动车维修业819户，其中：汽车维修784户，内含：一类汽车维修45户（其中危险货物运输车辆维修5户）；二类汽车维修319户；三类汽车维修420户；摩托车维修35户。完成主要工作量合计182万辆次，其中：整车修理3804辆次、总成修理1.96万辆次、二级维护32.69辆次、专项修理128.95万辆次、维修救援12.26万辆次。机动车维修经营从业人员1.43万人，其中：技术负责511人，质量检验员1263人，其他维修技术人员1.25万人。汽车综合性能检测站从业人员87人。拥有汽车综合性能检测站2个，完成检测量10.57万辆次。汽车维修行业发展品牌快修连锁企业、网点14家。

【诚信服务】 2014年，汽车维修行业开展诚信服务系列活动，对违规经营进行专项查处，保障消费者合法权益。加强引导维修行业品牌经营，提升群众满意度。

（编辑　胡亭亭）

旅游业

综 述

2014年，鹿城旅游业围绕“一号服务业”的打造，进一步加强旅游资源整合和旅游品牌建设，积极调整和优化旅游产业结构，着力打造旅游产业集聚力。全年共接待游客1022.77 万人次，同比下降23.60%；旅游总收入108.50亿元，同比下降21.20%。其中，国内旅游者1313.66万人次，同比增长20.02%，国内旅游收入127.43亿元，同比增长29.96%；海外入境旅游者25.01万人次，同比增长20.44%，海外创汇收入16598.20万美元，同比增长14.40%。

城市公园建设

【华盖山公园建设】 4月，华盖山公园防空洞洞口顶铺装，铺装面积200平方米。华盖山水土流失保护工程于10月开工，11月完工，面积1500平方米。

【九山—松台公园建设】 11月，九山路改造提升工程开工，年底基本完工，工程改造面积1200平方米。

【马鞍池公园建设】 10月，马鞍池公园原小火车地块工程完工，铺装面积1260平方米；玉兰园铺装改造工程完工，铺装面积138平方米。12月，公园西侧入口、摩天轮下及三号公厕周边地块绿化提升工程完工，共计改造面积约1722平方米；公园拆除小南路一侧围墙约30米，以方便西侧居民入园。

【绣山公园建设】 绣山公园西侧滨水绿地改造工程于3月进场施工，7月完工，总用地面积2020平方米，其中景观长廊建筑面积102.6平方米。8月，绣山公园便民亭东首绿地改造地块通过验收，铺装面积约485平方米。

【中山公园建设】 7月，外河水质治理工程开工，治理面积8260平方米。经过治理，河道已清澈见底，水生植物、浮游动物、鱼类达到相对平衡状态，水质较以前大为改善。

【海坛山公园建设】 海坛山公园上岸亭旁铺装工程于11月开工，12月完工，铺装面积320平方米。

【翠微山公园建设】 翠微山挡土墙工程于10月开工，11月竣工，改造23米。11月，翠微山玉皇楼旁道路及铺装改造工程开工，道路改造617米。

【其他公园建设】 10月，完成了市区积谷山、松台山、海坛山、巽山、华盖山等五座山的山名铭牌设置工作，铭牌的内容包括山头概况及山体主要景点介绍等。向市民游客展示和推广五座山的风貌、景点、历史和文化背景，提升公园景区的文化形象。

景区建设

【江心屿景区建设】 2014年汛期大潮时，江心屿景区堆放沙包700多个，确保汛期防汛工作；投资10余万元分别完成了东首陡门闸的维修和陡门内河道的清淤工作；将东西园交接处破损的围墙拆除并新建围墙50余米，用于防洪。在景区内新设树木标牌150余个，设立市树景观群落，建设了占地200平方米的桃花景观植物群落，获“温州市森林生态科普知识教育基地”称号。投资30万余元完成新建民工宿舍的内部装修，并整理周边环境；新建护栏300余米，新建一条简易道路70余米；开垦了景区东北面面积为300平方米的油菜花观赏地，新铺草坪1500平方米，简易铺装500平方米。全年共布置草花5万余株。

2014年，推进江心屿景区智慧

旅游服务标准化国家级试点项目，建成了以触摸屏为主体，配以游客休息区域、便捷充电设备等配套设施的wi-fi体验点，实现了景区无线网络全覆盖，可以使用免费wi-fi漫游景区；推出了鹿城旅游APP手机应用功能，扫一扫自助收听景点的介绍，也可以通过下载旅游APP，360度观看江心屿、鹿城旅游的全貌；完成了江心屿景区语音导航；建设了旅游信息发布系统，游客可以通过旅游信息发布系统了解江心屿景区客流量、天气的情况。

【南塘文化旅游区创建】 6月，南塘文化旅游区申报国家AAAA级景区的手续正式递交，主要景点为南塘河、南塘风貌街、白鹿洲公园、文化村、庄头滨水公园。并就“印象南塘”创建国家AAAA景区集中攻坚，提出打造六个“南塘”，即做足水文章，利用河埠、码头、游船等元素，打造“水上南塘”；推进智慧旅游发展，建立门户网站、微信平台，打造“智慧南塘”；发扬温州历史文化、民俗文化、百工文化等，打造“文化南塘”；丰富业态，建立文娱演艺体系，美化灯光设置，打造“月下南塘”；整合资源，完善功能，美化环境，打造“时尚南塘”；规范旅游经济的商业运作，提高区域内的游客满意度，加强温州旅游的知名度，最终实现“活力南塘”。11月10日，国家旅游局委托省旅游局组织专家组对景区创建工作进行评定并获通过，被列入创建AAAA级旅游景区的预备名单。12月12日，国家A级景区创建评定专家组，对南塘创建国家AAAA级文化旅游区工作进行了现场评定验收。

行业建设和管理

【概况】 2014年，扎实开展旅游市场秩序专项整治。采取听取企业汇报、查看台账、现场检查等方式，重点查处以不合理的低价组织旅游活动，通过安排购物或另付费项目获取回扣以及其他侵害旅游者合法权益的违法行为，并认真开展督促整改，整改率达到100%。全年共受理旅游投诉51件，全部给予圆满解决，切实保护了旅游者和经营者的合法权益。

【酒店管理】 2014年，按照《旅游饭店星级的划分与评定》中的必备项目、功能及设施、饭店运行服务质量等内容，共对温州金鹏宾馆、温州瑞兴大酒店等7家三星级酒店进行了复核工作。截至年底，全区共有星级酒店26家。

【旅行社管理】 2014年，组织开展“市民最喜爱的十家旅行社”评选活动，激发全区旅游行业及从业人员的工作热情，促进管理水平和服务质量的提升，树立行业优质品牌新形象。首次组织导游年审培训，对全区1000多名导游开展了两期年审培训，内容包括导游服务技能、旅游法中与导游密切相关法律法规、旅游事故防范方法、导游带团过程中的突发事件应急处置、应急自救基础知识等。截至年底，全区旅行社设立申请9家，变更19家，注销9家，门市设立备案申请13家，外省设立分公司申请5家，共拥有旅行社101家。

【乡村旅游】 2014年，联合区风景旅游协会组织270余名市民赴藤桥临江开展桑葚采摘游活动，把旅游惠民共享、品牌打造、惠农助力等进行有效融合；联合区委农办等多个部门推出“周末下田当农夫”主题活动，通过深入田间地头体验农夫生活，了解农耕文化，品尝放心农产品，进一步扩大鹿城区西部农业休闲旅游资源的宣传，促进都市休闲观光农业走向规模化、科学化、品牌化、精品化之路。截至年底，全区农家乐累计接待游客35.82万人次，同比增长0.29%；营业收入3608.72万元，同比增长1.46%。

旅游安全

【概况】 2014年，在巩固全区旅游安全生产稳固态势的基础上，根据区安委办等部门工作部署，针对旅行社、星级酒店、旅游景区的行业特点，以鹿城区旅游安全生产大排查大整治专项行动、鹿城区旅游系统今冬明春“清剿火患”战役、鹿城区旅游系统开展平安综治双月宣传活动、鹿城区旅游“安全生产月”活动、鹿城区旅游行业消防安全百日攻坚专项行动、鹿城区旅游安全专项检查整治工作、鹿城区旅游行业安全领域“打非治违”专项行动等安全生产活动为依托，开展多种形式的旅游安全隐患排查工作，并取得明显成效。

【安全隐患检查专项行动】 2014年，开展多种形式的旅游安全隐患督查活动，营造依法治理安全生产的社会氛围。旅游企业共开展自查自纠7次，检查项目26项，发现隐患162项，整改162项，无重大安全隐患。全年组织执法安全检查16次，检查企业120家，发现隐患68个，整改隐患68个。

【安全生产宣传与教育】 2014年，开展安全生产宣传教育工作，普及安全生产法律法规和安全知识。全年共悬挂标语（横幅）110条，张贴宣传画38张，出黑板报26期，举办知识竞赛9场，参观图片展览250人次，培训职工3900人次，发放宣传资料1.2万份。

宣传促销

【概况】 2014年，鹿城区不断创新营销思路，加大宣传力度，不断拓展客源市场，努力形成电视有影、网络有图、报刊有文、广播有声等形式多样的旅游宣传新格局，并不断激活鹿城旅游微博、微信、微电影的“三微营销”模式，为建设城市旅游目的地提供市场保障。

【宣传平台创新】 5月1日，鹿城旅游官方微信公众平台正式上线，涵盖了最新的旅游资讯、同城活动、美景美食、精品线路、旅行攻略、酒店住宿、交通指南等信息；在第七届中国网络旅游节上获“浙江旅游好微信（政务类）”前十名。鹿城旅游公益微电影《心动鹿城》自12月1日推出后，一个月的点击率达200多万人次。还推出了首份手绘旅游地图，囊括城区主要景区和相关游览点40多个；策划推出了以“文明旅游”为宣传内容的公益广告。

【网络推介实时互动】 3月21日，参与了温州市旅游局在杭城举办的国内首次大型网络旅游直播推介活动——2014温州旅游（杭州）网络推介会暨“我为畅游旅游名城——温州建言献策”大型网络互动活动。重点推介漫步江心之旅、名人文化之旅、畅享购物之旅、乐游乡村之旅和都市购物之旅。区旅游局局长吴法照专门就都市旅游的话题为网友开展在线详细解答。配套推出300套免费江心屿电子门票，通过温州旅游官方预定网、浙江在线等平台进行派送。

【旅游展会参展】 2014年，组织旅游企业参加“2014浙江（山东）旅游交易会”、义乌国际旅游商品博览会等展会。在浙江（山东）旅游交易会上，推出4个形象展位，2个销售展位。以“魅力鹿城”为设计主线，通过各种颇具鹿城本土特色的元素，结合旅游APP、微信二维码等智慧旅游理念，精心推出各种精品旅游线路和优惠政策。

【媒体宣传】 2014年，联合温州广电传媒集团经济科教频道，精心策划，打造推出了全景式电视旅游栏目《乐游天下》。持续在《中国旅游报》、中国日报网、中国自驾游联盟网、《浙江日报》、浙江影视娱乐频道、浙江交通之声、温视公共民生频道、经济科教频道、瓯江先锋频道等媒体进行宣传。

【文明旅游深入社区】 2014年，联合温视经济科教频道《百晓讲新闻》栏目组“百晓走社区”公益社区行活动，启动“文明旅游进社区”主题系列宣传活动，向居民群众倡议文明旅游，做到文明出行、文明游览，共同营造和谐、有序的旅游环境。陆续开展走进南塘、五马等8个社区活动，覆盖面不断扩大。

（编辑　朱凌云）

金融业

综 述

2014年，鹿城区有各类银行业金融机构26家、保险业机构66家、证券机构（分公司）4家、保理公司1家、小额贷款公司3家、民间借贷服务中心1家、民间资本管理公司1家、农村资金互助组织2家、行业协会应急转贷委员会3家、其他各类金融中介机构175家。截至年底，全区银行业金融机构人民币存款余额2908.67亿元，同比增长2.31%；贷款余额2378.41亿元，同比减少0.46%，存贷款余额均居温州市首位。

2014年，鹿城捷信、禾本、华泰3家小额贷款公司运行稳健。截至年底，3家小额贷款公司注册资本总额达14亿元，营业收入2.26亿元，净利润1.3亿元，年末贷款余额15.46亿元。全年累计发放贷款74.03亿元，其中对中小企业发放贷款余额4.44亿元，累计发放中小企业贷款15.46亿元，累计发放户数986户；农户贷款余额4982万元，累计发放8.23亿元，累计发放户数581户。

温州民间借贷服务中心自2012年4月26日成立以来，至2014年年底，累计成交1854笔，金额15.79亿元，平均月利率1.47%。自3月1日《温州市民间融资管理条例》施行以来，全区民间借贷备案1776笔，金额15.64亿元，备案金额居全市首位。该条例实施后，鹿城区民间借贷备案与实施前相比增长明显，是实施前同期一年的6.11倍，占温州民间借贷服务中心成立近3年以来总备案金额的71.99%，成效显著。

2014年，鹿城首家民间资本管理公司——鹿城区莱恩达民间资本管理公司运行平稳，累计完成投资14笔，金额5938万元。该公司开业以来累计完成投资40笔，金额1.49亿元。

鹿城区共有两家农村资金互助会，分别为温州市民鑫畜禽专业合作社农村资金互助会、温州市基地生猪专业合作社资金互助会。自开业以来，累计已发放互助金6406.7万元，截至2014年底，互助金发放余额2180.2万元。

2014年，鹿城区金融协会共有会员单位52个，其中银行业41家、保险业7家、证券业1家、小贷公司3家。银行业会员单位各项存款余额1550亿元，占温州市区银行业各项存款余额的53.28%，各项贷款余额1286亿元，占温州市区银行业各项贷款余额的54%；保险业会员单位保费收入20.1亿元；证券业会员单位交易额1534亿元；小贷公司贷款余额15.46亿元。会员单位全年开展了1000多次志愿者服务活动，发放2万多份宣传资料，接受咨询、普惠群众近10万人次。

金融工作

【概况】 2014年，鹿城区金融办深化“五型机关”创建，树立“合心、合力、合作”服务理念，打造“倾心服务 普惠金融”服务品牌。连续三年被评为温州市金融办系统先进集体，先后获温州市驻企服务工作先进单位、区招商引资工作银牌单位等称号。

【地方资本市场培育】 2014年，全区完成企业股改34家，完成率200%，排名“三区两市”并列第一。全年建立部门联席机制，落实财政优惠政策，引导推进企业挂牌上市工作；建立“鹿城资本沙龙”微信群；兑现柏润鞋业挂牌交易财政奖励金30万元；浙交所成长板挂牌1家，创新板挂牌15家，完成率达375%，新三板已启动5家，其中新邦建设、日高智能机械已上报材料；拟上市企业康宁医院，10月份完成股

4月11日，2014年鹿城区企业新三板知识培训会举办　潘紫霄 摄

改，已进入辅导期。

【民间融资规范发展】 2014年，全区贯彻《温州市民间融资管理条例》，推进民间融资备案管理。全区民间借贷备案1776笔，金额15.64亿元，备案金额居全市首位。在8个街镇创新设立民间借贷备案便民服务点，并将备案便民服务点向社区延伸；创新建立民间融资信息服务企业信息报送制度，将17民间融资信息服务企业纳入信息报送；引导新邦建设、日高智能机械等企业开展定向债试点工作。

【资金链、担保链问题化解】 8月，鹿城区处置办实行集中办公、实体化运行。通过建立区四套班子领导联系走访各银行市分行机制、不定期召开金融联席会议和重点企业形势分析会等方式，全力化解“两链”问题。截至年底，全区不良贷款余额116.14亿元，不良贷款率4.88%，较年初实现“双下降”。

【类网络借贷企业联合整治】 2014年，全区依法对11大类共70家地方金融组织机构进行专项检查。开展P2P等类网络借贷企业的联合整治，健全部门信息互通机制，出台行业自律公约，依法查处违法违规行为；推广非现场监管系统，全面开展五大类地方金融组织非现场监管系统录入工作，录入率超过80%；每月上报“温州指数”相关数据超过30条；健全举报投诉反馈机制，已受理处置关于地方金融组织违法违规行为的举报投诉4件。

【小微企业融资便利深化】 2014年，深化鹿城金融广场建设，引进市总商会中小企业融资担保公司；上线鹿城“两库一网”金融服务平台，创新拟挂牌企业流动贷，已完成授信600万元；完善鹿城区银行业金融机构数据统计，将全区26家银行业金融机构全部纳入统计；完善金融机构业绩考评办法，将证券业金融机构纳入考核对象，新增“新增金融融资量”“企业贷款余额”等考核项目。

【金融知识“四进”活动】 6月，鹿城区举行金融知识“进企业、进社区、进机关、进学校”活动启动仪式。进企业方面，截至年底，已开展4次金融知识培训，培训企业数达400多家，带领相关金融机构走访融资需求企业和意向资本运作企业200多家，为企业提供一对一的指导，同时建立企业融资需求对接库和意向股改、挂牌企业数据库。进社区方面，通过形式多样，开展金融知识广场宣传13次，发送宣传短信50万条，在46个社区和2座楼宇开展《温州市民间融资管理条例》宣传。进机关方面，9月26日，在市委党校举行2014年鹿城区金融知识培训班；11月14日，在区行

6月25日，在尚品国际大厦前的广场举行鹿城区金融知识“四进”活动启动仪式　刘　鹏 摄

温州市住房公积金管理中心鹿城管理部

温州市住房公积金管理中心鹿城管理部位于鹿城区南浦路399号3楼，内设综合科、业务管理科2个科室，承担着全市住房公积金近50%的业务量。主要负责温州市本级、鹿城区、经济技术开发区和瓯江口新区3700多家国家机关、企事业单位的住房公积金业务管理工作。

2014年，鹿城管理部围绕“方便为群众，满意在鹿城”的服务理念，创新优化服务举措，推进午间连续办、周六正常办、上门服务、延时办理、网上“你问我答”、主任每月一次到FM88.8电台热线解答等为民、便民措施。期末正常缴存职工人数达15.07万人，全年归集住房公积金金额29.27亿元；办理住房公积金提取14.57万人次，提取金额18.34亿元；办理住房公积金贷款3752件，期末住房公积金贷款余额85.77亿元。获省级青年文明号、市住房公积金管理中心工作目标责任制考核优秀单位等称号。

1. 3月11日，南浦路399号市住房公积金便民大楼正式对外服务
2. 8月26日，市委常委、市纪委书记宋志恒和市文明办主任邱小侠等一行莅临鹿城管理部指导工作
3. 8月23日，鹿城管理部组织召开了住房公积金新政策知识培训会
4. 服务大厅繁忙景象

此版照片由温州市住房公积金管理中心鹿城管理部提供

政中心举行金融知识进机关咨询服务活动。进学校方面，选择蒲州育英学校作为试点学校，出台活动实施方案，与校方一同打造校内货币展示厅、理财小银行等“育英商学院”体验馆项目；11月11日，联合蒲州育英学校开展财商教育与“爱”一起在路上爱心活动。

【“惠农贷”金融服务模式创新】 鹿城区金融办联合区农办（农林水利局）、区农合联和鹿城农商银行推出“惠农贷”贷款业务。10月28日，温州市农信农民专业合作社联合社在藤桥镇成立，鹿城农商银行对联合社信用部授信2000万元。“惠农贷”单笔贷款最高发放金额可达50万元，发放利率为6.5%，再由政府补贴1%，实际利率为5.5%。联合社信用部已有会员58人，保证金金额100万元。

【不良企业及个人黑名单公布】 2014年，区金融协会制定了《鹿城区金融协会会员单位不良企业黑名单制度》，在会员单位内共公布616户不良企业及个人的黑名单，涉及不良资产25.34亿元。

【《鹿城金融通讯》出刊情况】 2014年，区金融协会《鹿城金融通讯》出刊6期。该刊物两个月一期，每期印刷1000本，内容涵盖了鹿城区各金融部门，为发挥行业信息交流，展示会员单位品牌形象、宣传会员单位支持鹿城中、小企业，推广、创新金融产品起到了很好的宣传作用。

商业银行

【鹿城农商银行】 2014年，鹿城农商银行下辖52个营业网点，在编员工834人；资产总额330.56亿元，居全市农信系统首位。截至年底，各项贷款158.67亿元，资产质量处于温州银行业领先水平；负债总额302亿元，其中各项存款余额208.35亿元；实现净利润2.74亿元。全年累计上缴税收1.8亿元，是鹿城区最大的纳税户。监管评级保持二级水平，被省银监局推荐为全国农商银行“标杆银行”。

针对小微客户的需求特点，该行加大产品创新力度，推出邻里贷、股权反担保贷款、惠农贷、康融贷、个人外汇贷款。全年共发放税源经济贷款593笔，金额10.82亿元；小微企业贷款户数22697户、余额103.99亿元，分别占全部贷款户数和余额的70.06%、65.54%。推进金融服务社区行工作，组建了社区金融服务员队伍，由88名支行行长、业务骨干和客户经理组成，分别对接鹿城八大功能区和80个社区，完善服务配套机制，变“被动服务”为“主动服务”。全年共建立社区客户信息档案19.94万户。

打造富民生活通品牌，深化普惠金融服务。继续推进水、电、燃气代扣综合营销，在鹿城区独家开展IC卡充值代理业务，推出贷记卡分期业务，开办代理黄金业务，落实代理基金业务和富民生活卡的申报筹备；在丰收卡五免、代扣水费95折、代扣电费98折的基础上，推出燃气费代扣85折优惠，至年底全行累计签约2.62万户，签约户数居全市银行业首位；率先推出市民首套房按揭贷款和公积金组合贷款基准利率9折优惠，有效缓解刚需购房者房贷压力；借助3G移动业务终端为社区居民上门办理开卡、水电费代扣等业务，为企业上门办理代发工资等业务，使广大小微企业、社区群众享受到优质、优惠的金融服务。

推进网点转型，优化自助网点和自助机具布局，加快网银、手机银行等新型电子银行渠道的发展。截至年底，全行自助网点共120个，自动柜员机356台，分别比年初增加11个和33台；网银用户13.4万户，手机银行用户3.61万户，分别比年初增加2.78万户和2.37万户；电子银行替代率达86%，居全省农信系统首位。

加强资金同业业务拓展。截至年底，该行同业资产120.36亿元，占资产总额36.41%；同业负债75.94亿元，占负债总额25.15%；他行在该行开立同业存放有效户数共76户，比年初增加31家。资金同业业务实现利润2.41亿元，占利润总额的67.13%。

2014年，鹿城农商银行成功发行作为温州地区首支在全国银行间债券市场通过招标系统发行的小微企业金融债券，期限为三年期、总额10亿元；先后发行了两期3个月期限、规模分别为5亿元和3亿元的同业存单。这两项工作，标志着该行应对利率市场化转型迈出了战略性的一步，拓宽了该行资金来源渠道，优化了负债结构，积累了存款市场利率定价经验，增强了主动负债能力和流动性管理能力，有利于加强对鹿城小微实体经济的支持。

加快村镇银行筹建开业。该行通过主发起村镇银行、战略投资等方式探索跨区域经营，第一批21家村镇银行已经全部开业，第二批在仙居和上海的2家村镇银行正在推进筹建工作。至年底，21家已开业村镇银行共开设机构网点38个，员工总数765人，各项存款余额合计18.05亿元，比年初增加9.86亿元；各项贷款合计50.68亿元，比年初增加33.07亿元；实现财务收入4.03亿元，实际盈利1亿元。村镇银行的发展拓宽了该行盈利空间和业务空间，也为在外温商延伸本土金融服务、以金融为纽带对接温州人经济和温州经济提供了一个良

8月7日，鹿城农商银行进社区为邻里们提供金融咨询服务　　鹿城农商银行提供

9月17日，邀请著名经济学家吴敬琏作《"深化改革 迎接挑战"温州经济转型发展》专题报告会　　鹿城农商银行提供

好的平台。

5月22日，鹿城农商银行成立"富民公益基金会"，首期投入430万元，占该行2013年度税前利润的1%。成立当天，基金会现场向区慈善总会捐款50万元，向区民政局居家养老项目捐款20万元。随后，基金会又划出200万元，注入鹿城区道德公益基金，专门用于表彰、资助获得"鹿城好人""鹿城社区好人"称号的先进典型。该行积极履行社会责任，参与鹿城金融文化节、音乐大赛、关爱自闭儿童的"蓝色星星"行动、结队低保的"红色细胞工程"等活动，在立德、助学、扶贫、济困等多个方面参与社会公益建设。

鹿城农商银行联合区委宣传部开办"瓯江讲坛"，分别邀请吴敬琏、余斌两位知名学者教授开坛讲课，提升鹿城金融文化品位。

【工行鹿城支行】 2014年，工行鹿城支行做好不良贷款清收转化和业务发展两手抓，适应资产质量劣变和市场拓展压力并存的新常态，着力夯实基础，提升网点竞争力。支行项目贷款、网点竞争力等呈现诸多亮点，并通过省级文明单位的复评。截至年底，本外币金融总资产余额38.7亿元，较年初增加9.2亿元，一般理财余额（含私人银行理财）8.61亿元，较年初增加3.56亿元。个人总客户32.29万户，比年初增加14.46万户。代发工资金额6.33亿元，比上年同期增加6087万元，代发人数5.51万人，比年初增加7724人。

2014年，做好处置不良贷款清收及潜在风险贷款工作。支行继续配置优秀信贷人员专人清收，一月一分析。取得法院支持，加快诉讼判决和执行进度。做好客户经理队伍培训和建设，加强师徒制考核，注重实例培训，尤其对近两年来项目贷款、不良贷款清收转化中积累的好做法和各项检查评议中存在的问题进行整理，提高工作水平。

做好优质贷款营销和储备。自2014年6月开始，与鹿城区人民法院合作"拍易贷"业务，至年底已成功受理与发放近40笔。

2014年，实现从"做产品"到"做客户"的转变。支行开始以抓客户、抓市场、抓维护来做大总资产，网点竞争力有效提高。一是做网点阵地营销服务。二是狠抓源头性客户市场，进一步拓展专业市场和下吕浦商圈，借电话通刷卡优惠升级有利时机，配合工银聚富、聚财通等工银聚富产品，对市场内商户进行逐户营销。三是加快商友俱乐部建设，支行年内成立了9家商友俱乐部，引入第三方合作机构，共同开展有效活动。

2014年，支行参与《温州日报》举办的"金融夜市"服务活动，为市民提供不打烊的金融服务；针对大学生的特点以及其金融需求，组织开展"国家助学贷款诚信知识"讲座进校园活动；开展夏日送伏茶、"高温送关爱"活动，为社区来往民众，特别是环卫工人等在高温下工作的人群送上清凉；号召广大员工参与"慈善一日捐"志愿活动等。

【农行鹿城支行】 2014年，农行鹿城支行有员工178人，内设5个职能部门，下属1个营业中心、7个二级支行和2个分理处。全年推出流动服务车、发卡机，开展进企业、进社区、进市场开展便民服务，按月到网点进行现场服务管理和检查。开辟绿色服务通道，为特殊人群送去便民服务。营业场所、自助设备区加强防范电信诈骗宣传，员工履行社会责任，成功阻止了多项诈骗事件的发生。截至年底，日均各项存款67.87亿元，各项贷款余额46.41亿元。支行积极推进"三化三铁""三化三达标"创建，全部网点在"三化三达标"考评中均获优秀。支行获省公安厅、省银监局2014年全省银行业金融机构安全防范工作成绩突出集体称号。

11月29日，农行鹿城支行开展走进七都留守儿童快乐之家活动　农行鹿城支行提供

2014年，支行有效个人客户达54.51万户，比年初增加1.83万户，其中贵宾客户达4.53万户，比年初增加1210户。对公客户数为1470户，比年初对公人民币有效结算账户净增81户，对公个人优质客户新增373户。全年多次组织各类客户活动，如元宵共赏大片、理财沙龙、健康讲座、关爱七都留守儿童、下乡义诊等。

2014年，支部深化区财政、交投等客户关系，加强附二医、口腔医院银医通合作，主承销公用事业中期票据。持续推进与申银万国证券、银河证券、人民人寿、太平洋人寿等公司机构联盟合作，加强与华峰申银担保公司合作，汽车分期业务持续发展。支持中小企业发展壮大，促使特色工业园区、矩光园、鹿城工业区、中国鞋都等园区上百家企业落户。

【建行鹿城支行】 2014年，建行鹿城支行持续开展“坚守底线 合规发展”系列活动，举办培训班3期、主题党课2期。进一步梳理后勤保障流程，以首问负责制提升督办层次力度，落实重点事项跟踪制度等措施来全面提升中后台工作的有效性。截至年底，支行一般性存款余额61.33亿元，各项贷款余额26.52亿元。全年实现中间业务收入6752万元，共处置不良贷款5.57亿元。举办进区入户活动90场，送便捷金融服务进社区、入厂区，进校园，在市分行“进区入户”竞赛活动中蝉联第一，辖属黄龙支行、双屿支行、吴桥支行、站前分理处在全市城区72个网点中名列前十。

【温州银行鹿城管理总部】 2014年，作为鹿城管理总部的前身，温州银行鹿城、解放路、得胜、城西、黎明五家管辖行在各级政府、监管部门和总行的指导下，围绕总行“公众上市银行、区域领先银行、管控优良银行、温商服务银行、品牌知名银行”等五大规划目标，坚持“助力小微，支持温商，服务三农”的市场定位，各项经营管理工作稳健发展。截至年末，全辖总资产217.10亿元，存款总额179.97亿元，贷款总额127.54亿元。2014年，鹿城支行获“全国巾帼文明岗”称号，原得胜管辖行团支部获“全国五四红旗团支部”称号，勤奋支行、大南支行获“浙江省巾帼文明岗”称号。

【中信银行鹿城支行】 2014年，中信银行鹿城支行发挥贵宾理财工作室的品牌效应，贵宾客户数达915户；支行业务以汽车金融产业链最具特色，汽车金融经销商达到20家，汽车经销商对公一般性存款余额3.05亿元，日均存款2.96亿元。全年各项存款达11亿元，贷款余额16.5亿元，国际业务收付汇量达2.74亿美元。

【兴业银行鹿城支行】 2014年，兴业银行鹿城支行创新推出电力贷、跨行资金管理云平台、公共事业缴费、Min POS、O2O业务等，致力于为客户提供全面、优质、高效的金融服务。截至年底，支行各项存款余额16.99亿元，贷款余额26.42亿元。全年理财累计销量20亿元，理财余额比年初新增6亿元。项目贷款新增21亿元，被评为2014年度金融机构支持鹿城区经济发展业绩考评二等奖。

2014年，支持地方经济，在大型政府项目上，兴业银行鹿城支行与市瓯飞开发建设管委会成功合作11亿元非标融资业务，并完成鹿城区土地储备中心10亿元项目贷款业务。在小微企业融资上，推出授信新产品“易速贷”“连连贷”“交易贷”及P2P“电力贷”、网上自助“循环贷”，有效解决小微客户担保难的问题。对短期内资金周转困难，但生产经营正常的企业客户，采取政府应急转贷方式给予化解。

2014年，零售理财，兴业银行鹿城支行借助“自然人生”家庭综合理财品牌，通过天天万利宝、个人额度循环贷款、二手房按揭贷款、第三方存管、外汇买卖、兴业通、个人贵金属买卖、“银联通”基金超市等业务，以专业独到和个性化理财产品设计和服务，为客户解决投融资疑难，实现财富增值。

【台州银行鹿城支行】 2014年，台州银行温州鹿城支行推进小微金融发展，在服务小微“三农”上推陈出新：实行“免费银行”政策，减费让利，普惠百姓民生；力推免抵押的保证贷款，解决小微企业融资难题；每月持续开展公益活动，展现银行业良好社会形象。截至年末，支行存款总额1.4亿元，贷款总额1.1亿元，贷户均50多万元。

【邮储银行鹿城支行】 邮储银行鹿城支行管辖鹿城支行营业中心、水心支行、信河街支行、黄龙支行，全体管辖员工44人。2014年，鹿城大支行储蓄余额58321万元，贷款余额43322万元。

保险业

【概况】 2014年，鹿城区共有市级保险机构50家、支公司及营销服务部30家，其中市级财产险公司27家，市级人身险公司23家，比2013年增加2家财产险公司、1家人身险公司。保险从业人员8212人，其中营销员5266人。全年驻境保险公司实现保费收入551230.42万元，同比增长13.30%，占温州市保费收入38.07%，占比上升0.95%。全区保险深度7.23%，保险密度7417元，位居全市第一。其中：财产险保费收入202412.59万元，同比增长15.82%，占全市财产险保费32.25%，占比上升0.04%；人身险保费收入348817.83万元，同比增长11.90%，占全市人身险保费38.01%，占比下降2.57%。驻境保险公司累计赔（给）付199916.95万元，同比增长27.99%。其中：财产险公司赔款支出110382.25万元，同比增长4.98%；人身险公司赔（给）付89534.70万元，同比增长75.37%。

【优质服务示范窗口评选】 3月27日，市保险行业协会联合市金融办、温州保监分局开展评选温州保险业优质服务示范窗口活动，共58个窗口参选，其中鹿城区30个。9—12月，活动完成了对参选窗口的两次交叉检查，还邀请金融办、保监分局、新闻媒体对鹿城区的30个参选窗口进行了暗访。

【诉调对接中心成立】 4月21日，温州市保险行业协会、鹿城区人民法院联合成立“温州保险行业诉调对接中心”，举行签约仪式，并召开新闻发布会。截至年底，中心共受理案件32起，成功调解19起，调解率达59.37%，调解金额134.5万元。

【试行“三者直赔”】 6月1日起，市保险行业协会在位于鹿城路的西部交通事故快速处理保险理赔服务中心试行交强险财产损失限额内授权直赔无责方。这种做法既可以使事故当事人在快赔中心能够迅速完成所有理赔手续，又可以避免因全责方怠于履行赔偿义务等原因导致无责方合法权益受损等情况的发生，减少矛盾纠纷，节约了司法资源，更好地维护了消费者权益。

【洪涝灾害车险理赔协作演练】 9月11日，市保险行业协会联合市公安局交警支队开展了一次洪涝灾害车险理赔协作现场演练。演练模拟鹿城区正遭受台风洪涝影响，根据市防汛办灾情信息，启动协作方案。

9月11日，组织洪涝灾害车险理赔协作现场演练　　温州市保险行业协会提供

【警保联合力推高速快速理赔服务】 国庆长假期间，市保险行业协会和市高速交警联合，协调中国人民财产保险股份有限公司温州市分公司等5家保险公司，分别在温州西等10个事故多发路段的高速收费站设立交通事故快速理赔服务点，进行查勘、定损等工作。

【交调中心成功调解2027起案件】 位于鹿城区的温州市交警一大队、二大队交通事故调解保险理赔服务中心（简称交调中心），调解的案件全都涉及人伤事故，案件复杂、影响广泛。市保险行业协会改善制度，加强与交警、法院和司法局的合作。2014年，一大队、二大队交调中心保险调解员共参与调解2027起案件，调解金额4528.76万元，受理咨询件60件。

【志愿者活动】 2014年，温州保险业志愿者参加了在鹿城区举办的“城镇化与减灾”——第六个“防灾减灾日”大型广场主体宣传、

“普及保险知识，让生活更美好”保险科普宣传暨“举手之劳，美化环境”环保创卫志愿者行动、“志愿‘12·5’，共创文明城”、认领鹿城区15个主要交通路口参与全市文明出行大拇指行动、新城“幸福志愿站”等活动。

12月4日，志愿者在鹿城区锦绣路与飞霞南路交叉路口参与温州市文明出行大拇指行动　　温州市保险行业协会提供

保险公司

【人寿保险城区团险专支公司】 2014年，中国人寿保险股份有限公司温州市城区团险专业化支公司（简称中国人寿保险城区团险专支公司）在巩固学平险、借贷险、建工险等传统渠道的基础上，进一步加大小额农村保险、女性安康保险、新居民保险、法人业务等新兴渠道，持续提升团险渠道经营效益。实现由注重保费向注重保费和效益并重转变，密切关注业务质量，着力加强有效益的短期险经营；优先发展高创费短险业务，逐步淘汰或转型高经营成本和高赔付率的短期险业务。牢固树立合规经营意识，增强团险渠道经受各种检查与考验的能力，加强团险渠道自身的精细化管理水平，创新团险经营机制。全年实现年保费收入145314.07万元，市场份额42.44%，同比负增长0.78%。

【太平洋产险鹿城支公司】 2014年，中国太平洋财产保险股份有限公司温州市鹿城支公司（简称太平洋产险鹿城支公司）关注客户体验，实施过程管控和流程再造，简化理赔流程，提高理赔效率，加快未决清理，公开理赔服务流程，持续提升客户满意度。全年推进车险精细化管理，发展非车险核心业务，不断创新渠道建设，努力提高员工业务能力、市场拓展能力、风险识别管控能力。全年实现年保费收入34675万元，市场份额52.25%，同比增长142.87%。

2014年，公司组织员工投身志愿活动，为市政府“五水共治”行动捐款，并参加无偿献血活动等。深入开展创先争优等系列活动，党工团建卓有成效。

证券期货业

【概况】 2014年，鹿城辖区共有4家证券分公司，23家证券营业部，15家期货营业部。已开业的23家证券营业部，开户数达467099户，比年初增加47585户；证券交易额达8469.72亿元，比2013年增加61.11%；客户资产达543.65亿元，比2013年增加68.05%。辖区内已开业的15家期货营业部，开户数达28080户，比年初增加1288户；全年实现期货交易额达33969.31亿元，保证金10.12亿元，比2012年分别增加3.09%、2.01%。

（编辑　朱凌云）

房地产业

综 述

2014年，温州市房产管理局鹿城分局（简称房管鹿城分局）完成商品房预售楼盘开盘现场监管5个，公开销售房源总计1950套，其中住宅1922套，非住宅28套；完成房地产项目预售资金监管协议备案8个；完成商品房租赁备案441件；完成住宅装修备案6件，300平方米以下非住宅装修备案6件。全年开展新就业大学生人才住房租赁补贴审核工作，共受理人才住房租赁补贴申请材料296件，其中住房情况符合条件的 283件，不符合的13件。协助做好2011年度经济适用住房准购家庭的安置工作，使全区1140户准购家庭圆了住房梦。全年新增公共租赁住房保障2371户，完成年度目标任务的118%。收到信访件381件，完成办理381件，办理率100%。全年经济收入5717.80万元。

2014年，区物业管理总公司按照市、区两级政府关于创建全国卫生、全国文明城市的要求，在管辖区域内深入开展“两创”工作。房管鹿城分局对全区物业服务企业“两创”工作进行排查和督导，确保以更高的标准推进创建工作，整体提升全区的物业管理水平。分局被温州市委、市政府授予“创建国家卫生城市工作先进集体”称号。

房屋征收管理

【概况】 2014年，鹿城区人民政府房屋征收管理办公室（简称区征收办）开展破难攻坚“疑难户化解”工作，稳步推进安置提速和住房保障工作，及时组织召开鹿城区国有土地上房屋征收与补偿领导工作小组联席会议。全年拟定《鹿城区国有土地上房屋征收与补偿若干规定》《鹿城区房屋征收中介机构管理暂行办法》《鹿城区房屋征收与补偿档案管理暂行办法》，落实《征收集体土地涉及房屋补偿工作流程》《相关格式文书参考文本》，并针对征地房屋补偿，制定专门的协议文本，及时梳理国有土地上房屋征收和征收集体土地涉及房屋补偿工作流程图。全年依法完成征收计划任务17个。2014年，获温州市国有土地上房屋阳光征收与补偿工作优秀单位、鹿城区服务重点建设先进单位及鹿城区安置提速工作先进集体。

【阳光征收】 9月，区征收办协同区村房办，在南汇街道旺增桥地块开发建设阳光征收管理系统，通过门户网站和电子触摸屏等新型载体，向被征收人公开政策法规、补偿方案、调查情况等信息，实现“阳光补偿”。同时，对全区房屋征收补偿涉及征地房屋补偿程序进行配套改善，为全区推进“三改一拆”工作提供保障。

【“疑难户化解”工作】 2014年，区征收办突出以住宅为重点，以对工程建设和安置房建设造成重大影响为重点，以“疑难户”集中的地方为重点，重点突破温化生活区、永川路（二期）、横渎河西等地块。全年共完成“疑难户”化解147户，完成率达110.5%。经与市、区两级法院、法制办紧密沟通，妥善处理征收复议、诉讼案件应对和强制执行申请。全年承办完成行政复议、诉讼共17例，申请强制执行34件。

【安置提速工作】 2014年，区征收办按照市委、市政府关于安置提速的“三个一”要求，细化各责任单位安置提速计划任务，明确责任领导和责任人，会同区住建局、区考绩办，制定《2014年鹿城区“安置提速”重点工作考核细则》，按安置实际情况进行考核。全年共编制安置方案26例，完成率108%；组织认购2008套（户），完成率133%；可结算交钥匙1301套（户），完成率119%。

【质押登记工作】 2014年，区征收办按照《温州市鹿城区保障性安居工程房屋征收安置补偿权益质押贷款暂行办法》，办理安置权益质押登记34宗，其中住宅33宗、工业1宗，为被征收人解决质押贷款金额达5346.7万元。

【住房保障工作】 2014年，全区新开工保障性安居工程4124套，基本建成4336套（其中竣工2407套），交付使用1301套。全区新增廉租住房受益家庭270户，新增公共租赁住房收益家庭1143户，新增经济适用住房受益家庭1129户，城中村改造、旧住宅区改造签订补偿安置协议（含货币补偿）2426户，旧住宅区综合整治受益7829户。全区新增城镇住房保障实施户数和新增住房保障覆盖率分别为12797户（套）和2.94%，在全市“三区两市”中排名第二。

【业务培训】 12月5日，举办鹿城区房屋征收与补偿业务知识培训班，全区各街道及相关部门工作人员约100人参加。培训班由市中院行政庭及区检察院职务犯罪预防科专业人员进行授课，主要内容包括如何做好依法行政、国有土地上房屋征收案例分析、房屋征收与补偿工作人员职业道德与行为规范警示教育等，以及就10月1日实施的《浙江省国有土地上房屋征收与补偿》的要点进行了讲解。

物业管理

【概况】 2014年，房管鹿城分局起草《鹿城区人民政府关于规范物业服务行业管理实施意见》（简称《实施意见》）并报区政府常务会议审议通过。在《实施意见》中，通过建立严格的市场准入机制、完善物业管理师执业资格制度建设，强化物业服务质量考核、健全“阳光财务”公示制度和物业服务企业信用等级评定、退出制度等措施来加强市场监督管理，规范物业服务行为，有效地提升了鹿城区物业管理的整体水平和质量。全年共处理了516件由违章装修行为引起的投诉。

2014年，区物业管理总公司出台《关于开展“重大火灾隐患集中整治专项活动”实施方案》《关于温州市鹿城区消防安全百日攻坚专项行动方案》等文件，投入20余万元用于安全生产和消防安全工作。保证职工持证上岗率90%以上。全年安排消控室值班人员培训10余名，2期电梯安全管理员的培训共20余人，保安消防演练78人次。“数字城管”共接案14件，其中归属区物业管理总公司的案件8件，办结率90%以上。

【“两创”工作】 2014年，区物业管理总公司按照温州市、鹿城区两级政府关于创建全国卫生、全国文明城市的要求，在管辖区域内深入开展“两创”工作。总公司领导班子成员多次带领行政工作人员臂戴袖章、手持工具下片区，并加强对下属管理处、分公司的“两创”工作开展情况进行检查指导。公司全体职工多次放弃周末休息，加班加点，投入“两创”工作。在中央、省、市、区组织的多次明察暗访中，公司管辖区域内秩序井然，较好地履行了义务。

【物业督查】 2014年，房管鹿城分局对全区物业服务企业创建国家卫生城市、全国文明城市工作进行排查和督导，共向70余家物业服务企业发送“创建工作”短信5188条，出动督导人员478人次，对500多个物业管理处的创建迎检工作进行地毯式督导，整个督查活动共发放整改通知书 191份，现场督改630余处，整体提升了全区的物业管理水平。

【装修监管】 2014年，房管鹿城分局共处理了516件由违章装修行为引起的投诉。分局加强房屋装修监管力度，完善房屋装修备案制度，调整住宅装修开工申报工作表式，进一步规范房屋装修行为，消除由违章装修行为引起的社会矛盾和负面影响。同时，加强房产监察人员的日常巡查，全年总计巡查3353人次。

【消防设备设施的资质审核】 2014年，区物业管理总公司明确要求各管理处的消防报警系统、电梯均委托具有相应资质的工程公司进行维保，并严格按照合同约定执行，实行“一机一档”“一梯一档”制度，并按规做好维保记录。

【自动消防报警系统建设】 2014年，区物业管理总公司各管理处加强维修自动消防报警系统。人和嘉园和东都大厦的报警系统已于4月份维修完毕，大南一组团和东方花苑报警系统已于10月份维修完毕，并出具相关检测报告书。博林大厦的报警系统在维修中、金台大厦的报警系统进入收尾阶段。此外，五马商厦、鹿城大厦、西湖锦园、华泰大厦、温州大厦、金会昌家园等管理处也已同业主积极沟通，落实资金，对报警系统进行维修或改造。

【数字城管工作】 2014年，区物业管理总公司设置专人专岗负责查看、处置数字城管平台派发的案件，确保案件有效传达。同时要求总公司各部门根据分工，严格按照“数字城管”的处理标准和流程要求，确保案件的按期处置率，强化数字城管的工作和管理处日常工作联系。全年共接案14件，其中归属总公司的案件8件，办结率90%以上，案件数量较2013年有了较大的减少。

【员工培训】 2014年，区物业管理总公司安排温富大厦、华泰大厦、人民中路管理处、金德景园等管理处的10余名消控室值班人员进行培训，共组织2期20余人进行电梯安全管理员的培训，不仅提高人员专业岗位的技能，而且强化了消防安全意识。

【消防演练与宣传】 7月10日和9月28日，区物业管理总公司分别在人和嘉园管理处组织包括南国大厦、神力大厦、裕达大厦、大诚商厦等管理处部分秩序维护员45人，在西湖锦园管理处联合街道消防站、府前社区组织西湖锦园、温州大厦、东门大厦等10个管理处的部分秩序维护员及业主单位共计33人次，进行了消防“四个能力”学习、干粉灭火器灭油火演练和消火栓接水带、水枪出水喷射消防演习。还印发了多种消防标识、标语，供各管理处在电梯、地下室、消控室等消防重要部位进行张贴宣传，做到全面覆盖，达到了良好的宣传效果。

房产管理

【概况】 2014年，鹿城区新增廉租住房补贴保障家庭270户，涉及补贴保障人数472人，补贴保障面积1.19万平方米，发放租赁补贴1242.13万元。完成物业用房配置手续6件，配置物业用房3893.24平方米，办理物业用房移交手续22件，移交物业办公用房6644.41平方米，移交物业经营用房1513.48平方米；完成前期物业管理合同备案11个，总建设面积57.66万平方米；完成前期物业项目招标4个，总建筑面积28.83万平方米。全年对4处危旧直管公房进行大修，造价约96万元；完成中小修1818户，维修建筑面积5.69万平方米，修理经费支出448.71万元。

【“三证联办”制度推行】 5月19日，鹿城区推行二手房业务“三证联办”制度，将产权登记、土地登记、契税缴纳所需的要件进行合并精减，一个窗口受理、并列审批、同步领证，通过部门内部及部门之间审批流程的再造优化，提速服务效能。此次推行的“一次性告知、统一受理、内部流转、统一收费、统一发证”的服务新模式，是对“三次进件、三次交费、三次领证”进行大幅简化，变串联审批为并联审批，商品房的办证时限为即办、二手房的办证时限为3个工作日。

【住房保障工作】 鹿城区作为温州市区的主城区，承担了温州市区80%左右的住房保障工作任务。2014年，房管鹿城分局起草并报区政府审议通过的《鹿城区廉租住房保障实施细则》，填补了温州市廉租住房保障工作操作细则的空白。分局组织房管、民政、各街（镇）的分管领导、经办人员和社区干部参加廉租住房保障专题业务培训，宣传相关政策，确保《鹿城区廉租住房保障实施细则》的贯彻和实施。截至年底，全区共有廉租住房在保家庭2608户（租赁补贴1794户、实物配租814户），保障面积12.17万平方米，实现了廉租住房的“应保尽保”。

【安全生产工作】 4月14日，房管鹿城分局根据温州市住建委、鹿城区政府关于组织开展老楼、危楼安全排查工作的统一部署，启动全区直管公房安全大排查工作。共排查了2742处6239户直管公房，其中甲类房屋434处，乙类房屋1118处，丙类房屋1190处。此次排查要求入户排查人员建立直管公房安全排查“一户一档”，档案内必须留存公房现状的照片，实行动态监管。全年完成了344处C级危房，854处D级危房的监管，督促排危378处。

住房公积金管理

【概况】 2014年，温州市住房公积金管理中心鹿城管理部（简称公积金鹿城管理部）住房公积金期末正常缴存职工15.07万人，净增7475人；住房公积金归集余额98.57亿元。全年共办理住房公积金提取14.57万人次，提取金额18.34亿元；住房公积金贷款3752件，贷款余额85.77亿元。其业务量占全市住房公积金业务量的将近一半。

2014年，公积金鹿城管理部被评为温州市三八红旗集体，被温州市城建系统纪工委评为“党风廉政建设和作风效能建设”先进单位等。

【作风效能建设】 2014年，公积金鹿城管理部开展午间连续办、周六正常办，设置大厅引导员，开展网上“你问我答”，窗口人员手机等通信设备集中统一管理等措施，提高了工作效能。

【“三进”活动】 2014年，公积金鹿城管理部围绕开展党的群众路线教育实践活动，开展“进社区、进企业、进学校”活动，分别到昌明社区、康宁医院、瓯越小学翠微校区等地，宣传住房公积金政策法规，开展业务办理知识咨询活动。通过为现场群众答疑解惑，宣传住房公积金住房保障的优越性，扩大住房公积金的社会知晓度和美誉度。

【结对共建活动】 2014年，公积金鹿城管理部开展与藤桥镇政府和南汇街道桥儿头社区结对共建活动，走访慰问孤寡老人和困难群众。在给孤寡老人和困难群众送去温暖的同时，将住房公积金政策、服务送至群众家门口。

12月25日，公积金鹿城管理部走进康宁医院，开展送政策、送服务活动

公积金鹿城管理部提供

【电台《家在温州》栏目开设专栏】 2014年，公积金鹿城管理部主任王庆基每月一次作客“温州经济生活广播FM88.8电台”《家在温州》栏目，宣传住房公积金政策法规，为现场听众解答住房公积金疑难问题。

8月12日，王庆基在“温州经济生活广播FM88.8电台”《家在温州》栏目现场

公积金鹿城管理部提供

【鹿城管理部搬迁宣传】 3月，鹿城管理部搬迁至南浦路399号新便民办事大厅后，与市公交集团合作，将公交车南浦桥站更名为南浦桥（住房公积金）站，同时将途经的13条公交线路的线路牌都标识上住房公积金的标志，便于市民前来办理住房公积金业务。

（编辑 朱凌云）

教 育

综 述

2014年，鹿城区教育局制定出台《鹿城区教育系统今冬明春“清剿火患”战役实施方案》《鹿城区教育系统信息报送与新闻宣传工作考核暂行办法》《关于开展“安全食堂、阳光食堂”建设的实施办法（试行）》《关于开展“坚定理想信念、增强党性观念、强化党的纪律、敢于担当克难”专题教育的总体方案》《鹿城区义务教育集团校教师轮岗交流暂行办法》《鹿城区教育局机关挂职干部管理暂行办法》《鹿城区公办幼儿园非事业编制教职工管理办法（试行）》《鹿城区中小学发展性评价实施办法（修订）》《关于进一步规范校级领导干部外出管理的若干规定（试行）》《关于加强鹿城区教育系统微信公众号建设和管理工作的通知》《鹿城区教育系统媒体记者采访接待方案》《鹿城区校级领导干部全员绩效考核办法》《鹿城区开展“一师一优课、一课一名师”活动方案》。出台“禁花令”，禁止教师收受学生及家长送鲜花等礼物。与鹿城区司法局联合发文《关于建立鹿城区学生伤害纠纷人民调解工作机制的通知》，促进平安校园创建和社会和谐稳定。

2014年，鹿城区有幼儿园103所，在园幼儿32906人，比2013年增加184人，园均规模319人，比2013年减少10人，幼儿园教职工4028人，比2013年减少 61人；小学43所，其中民办9所，在校生64741人，其中非鹿城户口27878；初中9所，在校生4478人，其中非鹿城户口1444人，占42.36%。小学、初中入学率均为100%。新增公办幼儿园2所（园区）、创建一级幼儿园1所、二级幼儿园4所、三级幼儿园6所。收回鹿城区童之梦幼儿园（民办）园舍，新成立公办温州市第十六幼儿园；利用住宅区配套房地举办温州市第八幼儿园南塘园区。至年底，鹿城区等级幼儿园覆盖面达到88%，优质教育资源覆盖率达51%，位居全市第一。创建省级中小学示范图书馆2所，市级示范书香校园2所，标准书香校园4所；创成浙江省第二批“示范数字化校园”1所，温州市数字化校园2所。

2014年，鹿城区社区教育工作在温州市考核中居于全市之首，“四点钟学校”被列入浙江省社区教育20个典型民生工程，并在全省“全民终身学习活动周”开幕式上展示。鹿城区职业技术学校（温州鞋革职专）成为2013年度浙江省级中职学生创业教育示范基地，是温州市唯一入选的学校。鹿城区试行“中央厨房学生营养餐”项目，有15所学校、18个校区成为试点学校。

2014年，鹿城区教育局实施学校食堂食品统一采购。全区6万余学生都食用无污染无公害的东北优质大米和优质非转基因食用油。鹿城区开通七都至鹿城实验中学的公交路线，55名七都学生上学难的问题得到解决。鹿城区通过全国义务教育发展基本均衡区评估，区教育局机关服务品牌“教育均衡优质发展”入选“鹿城区首届十佳机关服务品牌”，区教育局被评为“浙江省治安安全示范单位”，藤桥镇社区学校被评为“浙江省社区教育示范”学校。

义务教育

【概况】 2014年，鹿城区管辖小学43所，其中民办9所，在校生64741人，其中非鹿城户口27878人；初中9所，在校生4478人，其中非鹿城户口1444人，占42.36%。小学、初中入学率均为100%。

2014年，举办区第二十六届中小学生艺术节，小学生体育节和第三十一届中小学生田径运动会。

2014年，下发《关于公布鹿城区第二批课程与课堂教学改革试点学校名单的通知》，确定温州市建设小学等12所学校为区第二批改革试点学校。同意双屿中学、藤桥中学等5所中学提交的《关于要求成立鹿城区农村中学教学协作体的请示报告》，准予并成立鹿城区农村中学教学协作体。

2014年秋季招生，鹿城区全面推行新居民随迁子女积分办法入学①，推出“鹿城区小学招生”微信公众服务平台。9月，开展“牵手文明，亮丽鹿城”主题教育活动，号召全区中小学生积极参与鹿城创建全国文明城市工作。10月1日前夕，组织全区中小学生参加“向国旗敬礼”网上签名寄语活动，引导学生以实际行动践行社会主义核心价值观。

【第二批课程与课堂教学改革试点学校确定】 4月8日，鹿城区教育局下发《关于公布鹿城区第二批课程与课堂教学改革试点学校名单的通知》，批准仰义中学、藤桥中学、区属温州市建设小学、温州市城南小学、温州市瓦市小学、温州市蒲州育英学校、温州市黄龙第二小学、温州市黄龙第三小学、温州市南汇小学、温州市仰义第二小学、温州市白鹿外国语学校、温州市仰义第一小学等12所学校为区第二批课程与课堂教学改革试点学校。

【农村中学教学协作体成立】 4月10日，鹿城区教育局同意区属温州市双屿中学、温州市藤桥中学等5所中学提交的《关于要求成立鹿城区农村中学教学协作体的请示报告》，准予成立鹿城区农村中学教学协作体。聘请施良群、李逸萱、邵文立、叶文胜担任顾问。

【第二十二届小学生乒乓球赛举办】 4月12日，鹿城区第二十二届小学生乒乓球比赛在瓦市小学育英校区乒乓球馆举办。比赛为期1天，全区27所小学的选手参加比赛。区属温州市瓦市小学获甲组男子团体第一名，温州市蒲鞋市小学获甲组男子团体第二名，温州市广场路小学获甲组男子团体第三名；温州市蒲鞋市小学获甲组女子团体第一名，温州市瓦市小学获甲组女子团体第二名，温州市南浦小学获甲组女子团体第三名；温州市马鞍池小学获乙组男子团体第一名，温州市石坦巷小学获乙组男子团体第二名，温州市上陡门小学获乙组男子团体第三名；温州市石坦巷小学获乙组女子团体第一名，温州市马鞍池小学获乙组女子团体第二名，温州市少年艺术学校获乙组女子团体第三名。

【第二十六届“多彩校园 放飞梦想”中小学艺术节举办】 4月，鹿城区举办第二十六届“多彩校园、放飞梦想”中小学生艺术节。艺术节比赛分“美术类”和“音乐类”。“美术类”比赛分绘画、书法、篆刻、摄影、剪纸、设计、立体造型、动漫等8个项目；“音乐类”比赛有群舞、独舞、独奏、独唱4个项目。全区共有1000多位学生参加艺术节比赛，有700余人次获奖。其中，黄龙第一小学和百里路小学、瓯越小学和仰义一小以及鹿城实验中学分别获得小学甲组集团组、小学乙组、中学组群舞比赛一等奖。

4月，鹿城区第二十六届“多彩校园·放飞梦想”群舞比赛　　区教育局提供

4月12日，鹿城区第二十二届小学生乒乓球比赛在瓦市小学育英校区乒乓球馆举办　　区教育局提供

---

①积分办法：基础分，由新居民的个人素质、居住情况、计划生育等情况进行计分；附加分，包括人才引进、专利创新、见义勇为、获得的荣誉等，以附加分进行计分；扣减分，有否违反计划生育政策，有否被行政刑事处罚、有否被拘留等。

【少先队辅导员技能技巧培训举办】 5月9日，鹿城区教育局、鹿城区少工委联合举办2014年学校少先队辅导员技能技巧培训，全区30多位辅导员老师参加培训。

【小学生体育节篮球赛举办】 5月10日、11日，鹿城区小学生体育节篮球赛在百里路小学、南汇小学举办，全区小学共32支男、女代表队参加。瓦市小学、建设小学分别获集团校组男子、女子第一名，南汇小学、瓯越小学分别获分校、联盟校组男子、女子第一名。

5月10日，鹿城区小学生体育节篮球赛在百里路小学举办 区教育局提供

【参加温州市中小学班主任基本功比赛】 5月7日—12日，双屿小学董丹、水心小学林汉弦、百里路小学林海津、区属温州十七中学周明明、鹿城职业技术学校叶盈盈5位老师代表鹿城区参加温州市中小学班主任基本功比赛。其中，林汉弦、董丹获得市一等奖，林海津、周明明获得市二等奖。

【四城区第三次小班化教学联谊活动举行】 5月22日，四城区第三次小班化教学联谊活动在舟山市定海区城西小学举行。杭州上城区、宁波鄞州区、温州鹿城区、舟山定海区等4个区参加主题为"实施个别化教学，推进学习方式转变"的第三次小班化教学联谊活动。

【黄龙教育共同体成立】 5月30日，区属温州市黄龙3所小学联合，与区属温州市第二十三中学结盟，成立新型的校际合作横向与纵向双轨制教育发展平台——黄龙教育共同体。

广场路小学深入社区开展"创卫"实践活动 区教育局提供

【3所新学校（校区）辖区划定】 2014年秋季，百里路小学勤奋校区、新田园小学东校区、鞋都三小辖区划定，并开始招生。

【招生微信公众服务号开通】 6月12日，鹿城区教育局推出"鹿城区小学招生"微信公众服务号。该公众服务号具备自助咨询功能，学生家长持户籍、产权等证件通过三步点击即可获知相对应的入学办法、报名地点、报名时间与需备材料等相关事宜。开通首日，使用人数突破2000人，截至8月底，人数突破4000人。

【鹿城区少先队建队65周年庆祝会举行】 10月14日，鹿城区少先队建队65周年庆祝会在城南小学举行。庆祝活动以"做最美小公民"为主题，活动形式有展示、辩论、实践等。

【"三万师生进社区"创卫实践活动】 10月18日，区教育局机关干部、鹿城各校及直属单位共计3万余人，在全区开展"三万师生进社区"大型校外创卫实践活动。

【承办随班就读试点工作推进会】 10月30日—31日，鹿城区承办温州市特殊教育随班就读试点工作推进会。会议在温州市上陡门小学举行，各县（市、区）的教育局基教科长、教研室分管领导、具体负责特殊教育干部，随班就读试点学校校长、特殊教育学校校长、随班就读巡回指导师（资源教师）120余人参加会议。

【鹿城区红十字会第二批学校分会成立】 11月，根据《中华人民共和国红十字会法》的规定，经鹿城区红十字会批准，鹿城区第二批学校红十字分会成立，具体为中学学区红十字分会、城东学区红十字分会、城中学区红十字分会、城西学区红十字分会、瓯越小学红十字分会、新田园小学红十字分会。

【第三十一届中小学生田径运动会举行】 11月22日—23日，鹿城区第三十一届中小学生田径运动会在温州市体育中心举行，全区中小学生73支代表队共1111名运动员参加比赛。双屿中学、仰义中学、区属温州市第十七中学获得初中组团体总分前三名；黄龙二小、蒲鞋市小学桥儿头校区、白鹿外国语学校获得小学A—甲组团体总分前三名；黄龙二小、建设小学大南校区、蒲鞋市小学龟湖校区获得小学A—乙组团体总分前三名；临江小学、黄龙三小、瓦市小学江滨校区获得小学B—甲组团体总分前三名；瓯江小学、瓦市小学江滨校区、蒲鞋市小学双井头校区获得小学B—乙组团体总分前三名。

鹿城区举办第三十一届中小学生田径运动会　　区教育局提供

学前教育

【概况】 2014年，鹿城区管辖幼儿园103所，在园幼儿32906人，比2013年增加184人。园均规模319人，比2013年减少10人。幼儿园教职工4028人，比2013年减少61人，其中专任教师2233人，比2013年增加169人。新增公办幼儿园2所（园区），累计已有14个公办集团园46园区，在园幼儿13889人，公办资源覆盖率占入园幼儿的42.2%，比2013年增长1个百分点。

【《指南》实验区工作】 2014年，鹿城区继续实施《3—6岁儿童学习与发展指南》（以下简称《指南》），联合鹿城区教师培训和科研中心、鹿城教育投资有限公司举办《指南》上海、浙江幼教名师教学交流活动，全省600多位幼教老师参加为期3天的教学研讨观摩，鹿城区5位老师做了展示。《指南》各实验园在原有研究特色的基础上，形成园本课程，取得阶段性的成果，其中温九幼的"幼儿园意象绘画教学"课程获"国家教育部首届基础教育教学成果奖二等奖"，全省有13所幼儿园以品牌加盟的形式加入该园学习。

教育厅学前教育处处长王振斌专题调研鹿城实施《指南》情况　　区教育局提供

【新办2所公办配套幼儿园】 2014年，收回鹿城区童之梦幼儿园（民办）园舍，成立新的公办温州市第十六幼儿园；利用住宅区配套房地举办温州市第八幼儿园南塘园区，10月已正式开园。

【幼儿园等级评定】 2014年，区属温州市广电中心幼儿园，被认定为一级幼儿园；温州市第七幼儿园欧洲城园区、温州市第十一幼儿园康城园区、温州市第十二幼儿园新田园园区、温州市第十五幼儿园藤桥园区被认定为二级幼儿园；三色竹幼儿园、步步高幼儿园、新艺幼儿园、天悦幼儿园、心桥绿洲幼儿园、小博士幼儿园被认定为三级幼儿园。至年底，鹿城区等级幼儿覆盖面达到88%，优质教育资源覆盖率达51%，居全市第一位。

【取缔无证幼儿园】 2014年，根据省教育厅《关于开展无证幼儿园专项整治"百日攻坚"行动的通知》要求，鹿城区教育局联合行政执法、消防、工商及属地街道等部门，多次开展联合执法，打击非法办园行动，先后取缔16所非法托幼机构，清退学费20万，分流幼儿1200人。

【0岁—3岁早教工作深入开展】 2014年，0岁—3岁早教范围，新增温州市第九幼儿园南汇园区和温州市第三幼儿园龙方园区，至年底，全区24个公办园（区）以"园中园"形式开设158个早教班级，共

温州市广电中心幼儿园户外运动场所　　区教育局提供

有2300个婴幼儿家庭接受早期教育指导和服务。该年，新增127名教师持双证上岗。

【扩展早教进社区服务范围】 2014年，早教进社区服务范围，新增南汇街道火车站社区、松台街道郭公社区、南汇街道绣山社区、松台街道锦花社区4个早教服务站，一年免费活动4次，指导家长科学育儿的方法。

社区教育

【概况】 2014年，拥有社区学院1所、社区学校8所、社区分校77所，社区分校覆盖率达到97.5%。创建市示范社区分校1所、市一级社区分校1所，市二级社区学校（分校）5所，累计创建市示范社区学院（学校、分校）4所，市一级社区学校（分校）6所，市二级社区学校（分校）33所。

2014年，鹿城区社区教育工作在全市考核中居于首位，“四点钟学校”被列入为全省社区教育“20个典型民生工程”，并在全省的“全民终身学习活动周”开幕式上展示；9月，藤桥镇社区学校被评为浙江省社区教育示范学校。12月，松台街道菱藕社区分校被评为温州市示范性社区分校，五马街道社区学校被评为温州市一级社区学校（分校）；松台街道郭公山社区分校、滨江街道横河社区分校、五马街道府前社区分校、南汇街道绣山社区分校、仰义街道沿江社区分校被评为温州市二级社区学校（分校）；南汇街道社区学校、松台街道社区学校和五马街道虞师里社区分校被评为2014年温州市十大“数字化学习先行社区”称号。

出台《鹿城区中小学与社区学校结对共促社区教育发展的指导意见》，以推动全区社区教育持续发展。10月27日，由鹿城区府办公室主办、鹿城区教育局承办的鹿城区第二届“全民终身学习活动周”开幕式在区行政会议中心举行。号召全区各单位组织开展各类学习活动，引导市民终身学习，提升人文素养。

【新建社区分校】 2014年，鹿城区教育局批准双屿街道金竹社区、牛岭社区、藤桥镇驿头社区、戍浦社区、江南社区新建社区分校。

中央关工委主任顾秀莲视察春秋社区分校
区教育局提供

【新创建6所社区老年学习苑】 2014年，新创建6所温州市社区老年学习苑，至年底社区老年学习苑增至31所，其中市五星级学习苑3所，占全市60%；市四星级学习苑6所，占全市60%；市三星级学习苑8所，占全市53.2%。

职业教育

【概况】 2014年，鹿城区属中等职业学校1所，在校生592人，毕业186人，招生295人。2月24日，浙江省教育厅公布2013年度省级中职学生创业教育示范基地名单，鹿城区职业技术学校（温州鞋革职专）成为温州市唯一入选学校。12月26日，温州市鹿城区经济合作促进会常务副会长、执行会长苏荫省代表促进会与鹿城区职业技术学校校签订合作办学协议。

民办教育

【概况】 2014年，鹿城区教育局批准设立非全日制、非寄宿制、非学历教育短期培训学校共17所，分别是：1月14日，温州市鹿城区同人书院；2月12日，温州市鹿城区群芳教育培训学校有限公司、

鹿城区2014年“全民终身学习活动周”启动仪式举行 区教育局提供

温州鹿城区想象乐教育培训学校有限公司；4月8日，温州市鹿城区易佰培训有限公司；5月12日，设立温州市鹿城区国智传统文化培训中心；5月30日，温州市鹿城区新迪教育培训中心；6月13日，温州市鹿城区雅星艺术培训学校有限公司；7月17日，温州市鹿城区诸宸棋院；8月20日，温州市鹿城区三到书院；8月29日，温州市鹿城区瓯鹿教育文化培训有限公司；9月22日，温州市鹿城区学大鹿城路培训学校有限公司；9月22日，温州市鹿城区停云书院；9月29日，温州市鹿城区莉莉拉丁舞艺术中心；9月30日，温州市鹿城区天洲西洋乐培训学校有限公司；10月17日，温州市鹿城区星博教育培训有限公司；10月22日，温州市鹿城区睿智艺术培训中心（普通合伙）；11月17日，温州市鹿城区项有标文化培训有限公司。

教师队伍建设

【概况】 2014年，鹿城区中小学教职工4376人。其中，专任教师3919人，比2013年增加65人。专任教师中，小学专任教师3418人，比2013年增加75人；高层次学历专科及专科以上比例97.89%，比2013年提高0.97个百分点。初级中学专任教师446人，比2013年减少10人；高层次学历本科及本科以上比例95.96%，比2013年提高0.35个百分点。中等职业学校专任教师55人，比2013年减少22人。有460人取得教师资格。中小学和幼儿园教师分别有38人、152人取得高、中级职称。有104个获得市级及市级以上荣誉称号。

【教师到农村、边疆支教】 2014年，选派77名城区学校教师到农村学校全职支教，其中到新疆支教2人，到区内农村学校支教75人。

【骨干教师评比】 2014年，50位教师分别取得温州市教坛新秀、教坛中坚、教坛宿将荣誉称号；三位教师取得省特级教师荣誉称号；两位教师取得省师德楷模荣誉称号。

【教师资格认定】 2014年，460人取得教师资格。其中，具有幼儿园教师资格237人、小学教师资格178人、初级中学教师资格45人。

【教师职称评审】 2014年，38位教师取得高级职称，152位教师取得中级职称。其中，具有幼儿园高级教师职务任职资格46人、小学高级教师职务任职资格97人、中学一级教师职务任职资格9人。

【校级后备干部开班培训】 2014年，鹿城区教育局联合浙江外国语学院为全区教育系统校级后备干部举办为期一年的学习培训班。12月19日，培训班第一次开班，全区中小学、幼儿园共100名青年后备干部以及全区校园长等参加开班仪式并聆听专家讲座。

校级后备干部开班典礼暨首次集中培训
区教育局提供

【创建“鹿城校本”APP应用】 2014年，创建“鹿城校本”APP手机应用，设置了“校本培训公告栏”“校本培训预告单”“校本培训过程记录单”等栏目，供全区所有学校使用。

【幼教“户外游戏”经验推广】 2014年，举办八园联动“户外运动区展示活动”，1600多名教师参加观摩。另在公办、民办幼儿园举办“课堂教学研讨”和课堂教学评比工作，以促进“户外游戏”专题在全区推广应用。

全国教育专家华爱华、省教育专家朱丽丽到温八幼指导“户外体能区域活动”
区教育局提供

【劳模评选】 3月，温州第八幼儿园金晓群和水心小学林虹被评为鹿城区劳动模范；5月，教师培训与科研中心的李逸萱、温州第四幼儿园柯长瑜被评为浙江省劳动模范。

【女教师合唱团获浙江省群众合唱大赛金奖】 9月5日，鹿城区女教师合唱团参加由浙江省委宣传部、浙江省直属机关工作委员会、浙江省教育厅、浙江省文化厅、浙江广播电视集团联合主办的“我和我的祖国”——2014年浙江省群众合唱大赛决赛。以演唱《李有松》《我为共产主义把青春奉献》两首歌曲，获得该合唱大赛甲组金奖。

鹿城区女教师合唱团在浙江省群众合唱大赛总决赛中获金奖　　区教育局提供

教育装备与信息化

【概况】 2014年，完成鹿城本级教育装备专项经费的政府采购429万元，信息化经费投入331万元，两项合计共760万元。至年底，全区所有公办学校千兆互联、百兆进教室达到100%，提前实现国家教育部规定的校校通、班班通。全区多媒体配备率达到1∶1（含民办），生机比达到5∶1，标准化功能室建成率65%—98%（其中体育功能室因场地限制仅65%，其余各类均在75%以上）。无线校园网覆盖率43%，无线办公系统覆盖到学校中层干部，新增三个信息化应用平台。

2014年，组织“2014年鹿城区小学生科学实验能力竞赛”，获市一等奖1个，获市二等奖3个，获市三等奖4个。举办2014年鹿城区初中学生科学实验操作竞赛活动，获市二等奖2名、三等奖2名。举办鹿城2014年科学教师实验技能大赛，获市一等奖4名、二等奖2名、三等奖9名。组织中小学实验教学和书香校园建设案例征集活动，其中有5个入围省100篇优秀案例集。组织幼儿园优秀自制教具推荐活动，有4个作品获市二等奖，2个获市三等奖，4个获市优秀奖。开展教师自制多媒体软件、教育技术论文评选，市获奖率80%以上，高于市平均45%的水平。向省、市平台推荐微课、创客数分别为75个和20个。开展各级课题研究，共申报成功7项市级课题，其中一项为市教育局国家级课题的子课题。

2014年，共培训校园长44人，组织信息中心人员外出参加各级各类技术培训15人次，人均3.8次。组织区内500名教师参加省教育技术培训，完成年度预定目标。聘请温州大学教育技术学院院长、教授王佑美，任第十七中学区学科微课程开发指导小组成员，为124人进行微课程设计与制作培训。组织60位小学科学教师进行实验管理及实验技能培训。

【校园馆室创建工作】 2014年，共创建省级中小学示范图书馆2所，创建市级示范书香校园2所，标准书香校园4所；标准化功能室93个（实验室15所、图书馆12所、音乐室29所、体育室15所、美术室22所），中小学幼儿园示范功能室18个，新建智慧教室15个。完成90%学校的图书管理进入温州市教育图书“云”管理平台，打通少儿图书馆图书借阅系统和温州教育图书“云”管理应用平台，实现单点登入互通借还。

温州市沁园小学音乐室　　区教育局提供

【网络建设】 2014年，新建53条千兆光纤进校园，新增9个校（园）区接入区教育城域网，对40个学校进行双链路备份建设，双链路通达的学校将实现不断网。全年完成15个中小学（单位）的无线网络建设，鹿城区无线网络覆盖38个学校（单位），覆盖率达42%。

【评优评先工作】 2014年，鹿城区属温州市黄龙第二小学、鹿城区教学仪器管理供应站被评为2014年度温州市教育装备工作先进单位；鹿城区教育信息中心被评为2014年度温州市教育信息化工作先进单位。

温州市黄龙第二小学阅览室　区教育局提供

学校建设

【概况】 2014年，创建省一级幼儿园1所、省二级幼儿园4所、省三级幼儿园6所；创建省级中小学示范图书馆2所，创建市级示范书香校园2所，标准书香校园4所；1所学校被浙江省教育厅确定为“示范数字化校园”第二批创建学校，2所学校通过温州市数字化校园评估；1所学校被评为2014年度温州市教育装备工作先进单位；1所幼儿园被评为浙江省教育工会系统“三育人”先进集体。2014年，新建2所小学，改扩建5所小学，1所小学完成设计招标。鹿城区实验中学被浙江省教育厅确定为“示范数字化校园”第二批创建学校；温州市第十七中学省数字化校园建设工作顺利；鹿城区职业技术学校、仰义一小通过温州市数字化校园评估。至年底，鹿城区已有15所学校达到温州市数字化校园标准。对原“鹿城区中小学发展性评价实施办法”进行修订完善，着手实施鹿城区第二轮学校发展性评价。

4月21日至9月12日，对12个单位（区属温州市双屿中学、温州市鹿城区上戍中学、温州市广场路小学、温州市城南小学、温州市百里路小学、温州市少年游泳学校、温州市蒲州育英学校、温州市仰义第一小学、温州市仰义第二小学、温州市第十幼儿园、温州市第十一幼儿园、温州市第十五幼儿园）进行校长、园长离任经济责任审计；对7个单位（区属温州市鹿城区藤桥中学、温州市瓦市小学、温州市蒲鞋市小学、温州市墨池小学、温州市黄龙第三小学、温州市鹿城区临江小学、温州市第八幼儿园）进行校长、园长任中财务审计；对4个单位（区属鹿城实验中学、温州市新田园小学、温州市石坦巷小学、温州市双桥小学）进行食堂、工会专项审计。

【重点工程建设】 9月，鞋都三小、百里路小学勤奋路校区两所新建学校已投入使用；10月，蒲鞋市小学桥儿头校区扩建工程交付使用；新田园一小、洪殿小学主楼结顶；光明小学危房已改造、丁字桥小学烈士路校区周转房开工建设；轻工产业园区小学已完成设计招标，该校占地1.50公顷，地上建筑面积9110平方米，地下1240平方米，办学规模为24个班级。

温州市百里路小学勤奋路校区
区教育局提供

【义务教育标准化学校创建】 2014年，完成广场路小学、蒲鞋市小学、百里路小学、新田园小学、上陡门小学、蒲州育英学校、马鞍池小学、鞋都第一小学、鞋都第三小学、黄龙第一小学、藤桥小学、双潮小学等12所义务教育标准化学校创建工作。至年底，累计完成31所学校创建工作，完成率达59.6%。

（编辑　戴增荣）

科　技

综　述

2014年，鹿城区“八倍增”科技创新年度任务指标数据较2013年同期增长30%以上；国家知识产权强县工程示范区建设，通过省知识产权示范区复核；创新科普“四网”建设的工作经验在中科协作典型发言。鹿城区科技变化情况综合评价在全省90个县（市、区）中排名第44位，位次比2013年提高21位。

2014年，与《温州日报》《温州都市报》《温州商报》等媒体合作开展科普宣传工作，与温州经济科教频道合作推出《瓯越科学讲堂》栏目，联合温州公交集团公司，将“五水共治”等科普知识在公交车电视上播放。举办鹿城区首届“科普微电影”征集活动，发动科普工作者、社区工作者及科普志愿者通过个人QQ空间、微信朋友圈、微博或其他社交平台进行科普知识宣传。举办企业科协学术交流、科学普及活动60余项次。指导浙江长城减速机有限公司科协成功承办第三届全国搅拌与混合技术会议。

2014年，全区新增高新技术企业9家，比2013年增长80%，总数达45家，新增省科技型企业81家，比2013年增长290%，总数达192家，高新技术产值79.75亿元，比2013年增长85.2%，规模以上工业新产品产值56.58亿元，比2013年增长32.9%，授权发明专利156件，比2013年增长40.54%，网上市场技术交易额2.964亿元，比2013年增长209.4%，全年社会R&D（研究与实验开发）活动人员数达3987人年，比2013年增长45.62%，全社会研发投入6.73亿元，比2013年增长46.94%，R&D占比0.94%，比2013年增长38.24%。新增各级企业技术研发中心13家，培育科技企业数量创历年新高。推荐企业上报国家创新基金、省重大科技专项、市激光光电专项等各类科技项目60多项。

2014年，引进1支集成电路设计创新团队和1支大数据创新团队；成立1家集成电路设计公司，引进海内外博士8名，推荐并进入“省千人计划”答辩1人、“580人才”答辩2人。举办与工贸学院校企对接交流、西安高校联盟温州行、“企业创新能力提升”学术讲座等校企对接交流活动10余次。网上技术市场征集技术难题27项，达成签约项目23项，完成科技成果竞价项目和签约项目6项，全年网上技术市场交易和技术合同计2.964亿元，网上技术市场企业研发经费投入达7925万元。年内新增3个市级特色产业科技园，累计拥有市级特色产业科技园8个，全区市级特色产业科技园个数占街、镇总数比例达到100%。

2014年，建设科技与文化融合示范基地，新引入优质企业8家，总入驻企业已达30家，该年基地企业获发明专利10项，获省重大科技专项1项，省中小型企业创新基金1项，基地实现产值超过3亿元，成为

5月8日，西安高校联盟温州行活动在鹿城科技与文化融合示范基地举行，11家西安地区高校带着各自的科技、成果组团与鹿城企业进行对接　　区科技局提供

12月17日，市委常委、区委书记王立彤在鹿城科技与文化融合示范基地为鹿城中津先进科技研究院授牌，省委常委、市委书记陈一新出席授牌仪式　　区科技局提供

温州市首家市级科技与文化融合示范基地，获温州市市级科技企业孵化器称号、温州市首批中小企业知识产权托管试点园区称号。

知识产权工作

【概况】 2014年，根据《鹿城区国家知识产权强县工程示范区工作方案（2013—2016年）》要求，将企业专利信息纳入全区企业信用信息系统，建立企业专利诚信档案。实施市级专利战略推进工程项目3项，占市级立项数50%；培育各级知识产权示范企业15家；监测的21家专利示范企业共计实施专利成果项目466项，实现专利产值28.7亿元。全年补助专利项目2112项，补助经费390.35万元，争取上级专利补助经费304.26万元。该年专利申请量达2765件，其中发明专利申请415件，发明专利申请量比2013年增长14.64%。专利授权2344件，其中发明专利授权156件，发明专利授权量比2013年增长40.54%。联合工商、质监等部门对国美电器、第一百货、苏宁等大型电器超市开展专项执法检查，查处专利标识不规范等专利违法案件30多件。

【知识产权宣传和培训】 2014年，在广场、街镇、社区、村居开展“3·15”消费者权益日、“4·26”知识产权日、“科普日”等系列宣传活动10多次，发放知识产权宣传资料1万多份，受益群众达3万多人。组织企业人员参加“中小微企业人才培养论坛”、知识产权公开审判、新加坡宇东集团国际技术转移项目推介对接会、知识产权高级培训班等各类培训和对接会议，累计培训企业管理人员与技术人员800多人；在建设小学、城南小学、第二中学等学校组织系列青少年知识产权培训，累计培训学校科技辅导员、中小学生3200多人；组织企业知识产权管理人员20多人参加专利职称考试并获得专利职称。

【知识产权公共服务工作】 2014年，区科技局开展知识产权咨询现场解答、免费专利检索与查新、专利维权、专利展示交易等服务工作，累计服务1200余人次。调处电子商务领域专利纠纷案件62件。指导鹿城区科技与文化融合示范基地创成温州市首批知识产权托管试点园区；引进瓯越、高翔两家专利代理公司，并已培育一批知识产权优势企业。

3月26日，“鹿城区企业知识产权培训班”在浙江工贸职业技术学院举行　　区科技局提供

防震减灾

【概况】 2014年，区科技局指导辖区各中小学、幼儿园师生开展防灾减灾应急避险演练累计50多场，共计1.2万名师生参与；定期安排全区各中小学生到“鹿城区防震减灾科普馆”参加实践体验活动，接待师生1万多人。以“城镇化与减灾”为宣传主题，结合科普宣传周、科普日活动，在各街道、社区、村居开展科普知识、防震减灾知识系列宣传活动15场，发放防震减灾宣传资料6500多份，宣传纪念品5000多份，普及群众3万多人。到120多家中小企业分发地震科普小册子、宣传画册等宣传材料，指导企业做好抗震防震工作。“5·12”期间，在部分科技型企业举行防震减灾应急疏散演练，以增强企业人员防震减灾自救互救能力。

2014年，在来福门社区开展创建地震安全示范社区工作，并已完成地震科普馆建设，为全区推广地震安全示范社区建设起到示范作用。

5月12日，区科技局在仰义中学组织开展了防震减灾紧急疏散演练　　区科技局提供

科学普及

【概况】 2014年，区科技局编制打造“科普旅游网”“科普场馆网”“科普资源网”“科普互动网”，构筑主城区范围内15分钟步行科普旅游圈。该年，启动建设社区科普体验中心9家，其中6家已竣工，投入建设资金100多万元。同年，建成12家具有鲜明专业或有产业特色的科普教育基地；出台《鹿城区科普工作室管理办法》，建成科普工作室4家，产出科普产品数十项；推动科普从传统单向传播到公众和科普专家双向交流互动的转变，建立鹿城科普网上信息平台、瓯越科普数字网和线上科普体验平台。

2014年，以科技（科普）活动周、全国科普日等活动为载体，共举办各类科普活动230余项（其中1项活动获中国科协2014年全国科普日活动优秀网络在线活动称号，2家单位获市级2014年全国科普日优秀组织单位，4项活动获市级2014年全国科普日特色活动称号），发放科普宣传资料7万多份，受教育群众超过23万余人次。联合市科协专家团开展“瓯越科普讲坛”专题活动，举行大型科普讲座、培训10场，面向社区居民、城镇劳动者开展救护知识、法律法规、安全生产等讲解活动266期。鹿城区选送的青少年科教作品参加第27届省青少年科技创新比赛获5个一等奖、13个二等奖和2个三等奖；2个项目分获全国创新大赛优秀科技实践活动二等奖和三等奖。面向居民、村民和基层农技人员举办各类培训班325次，其中一年制培训班培训学员2076人次，短期培训班培训学员11594人次。

9月28日，鹿城区第十一次（2014年）全国科普日广场活动在白鹿洲公园举行
区科技局提供

（编辑　戴增荣）

11月27日，以“科技富民强镇 建设美丽藤桥”为主题的温州市专家咨询服务团送科技下乡活动在藤桥镇举行
区科技局提供

文 化

综 述

2014年，鹿城区创作的文艺精品获省级及省级以上奖项12个，市、区级奖项30个，其中戏剧小品《非常病患》获第十二届“华东六省一市戏剧小品大赛”金奖。鹿城区温州莲花省级非遗传承人林彩琴、温州鼓词省级非遗传承人陈忠达分别获第八届中国曲艺牡丹奖全国曲艺大赛余杭赛区节目提名奖和表演提名奖。组织开展“非遗进校园”“非遗进机关”等民俗文化系列活动。与温州十四高级中学、温州瓦市小学合作建立非遗教学传承基地和非遗剪纸教学传承基地。设计、制作完成《鹿城区文化（文物）设施分布图》；推出《鹿城区美丽浙南水乡文化空间布局规划研究》。10月，和台湾台北簪缨国乐团签订文化交流合作协议书，组建“两岸青年乐团”。年内完成2个街道（镇）（滨江街道、藤桥镇）综合文化中心及图书馆分馆、1个警营图书流通点、9个“百姓舞台”、21个文化礼堂、4个室内外放映点的建设及25个社区文化服务中心项目建设。同时，建成2个“温州市文化示范社区（村）”。12月，区文广新局被温州市档案局评为规范化数字档案室。全年文化市场平稳有序。鹿城区图书馆入藏文献34755册，文献总藏量130779册，接待读者366312人次，文献流通70390册，新增读者证1333个。新增图书馆分馆1个（五马街道分馆）、警营流通点1个、24小时图书馆1个（菱藕社区图书馆）。全年共举办各类讲座、展览、广场活动等29场。鹿城作者出版新书59部。2014年，鹿城区广播电视新闻中心在中央级报刊发稿25篇，其中在《人民日报》、新华社发稿15篇；在《浙江日报》发稿106篇，重点稿达50篇，比2013年增加79%；在《温州日报》一版发稿57篇，比2013年增长73%，刊登头版头条有9篇。电视新闻在央视播出9条，件数为历年最多；在《浙江新闻联播》播出26篇；在市级电视媒体播发262篇，其中在《温州新闻联播》栏目播出176篇。在“人民网”“新华网”“浙江在线”等网站发稿达854篇，比2013年增长53%。中心时政新闻在《温州新闻联播》播发稿量居各县、市区前列。

2014年，驻区新闻媒体有：《温州日报》《温州都市报》《温州晚报》《温州商报》和温州新闻网、温州广播电视总台。驻区记者站有：新华通讯社温州支社、浙江日报温州分社、浙江人民广播电台温州记者站、中国新闻社温州支社、《中华工商时报》温州记者站等。

社会文化

【概况】 2014年，全区开展送戏送电影下乡及“种文化”“送文化”等各类文化活动3225场.其中：大型文艺演出187场，送戏下乡133场，举办各类培训班1052次，展览239期，讲座721期，社区文化活动893场。放映公益性数字电影1629场次，送书下乡4万余册，计40万元。承办第三届中国越剧艺术节鹿城分会场、浙江省舞蹈决赛等重要活动。举办鹿城区市民文化节，开展群众路线教育巡回演出、推出“鹿城舞台·周末越剧”。举办区域间文化走亲活动8场。组织全区文化员、乡镇街道文化干部及文广新系统干部业务培训，以及赴苍南、岱山、楠溪江等地采风、观摩学习。全年，由文化干部举办的培训班64期、讲座1期、深入社区辅导800余次。

年内完成2个街道（镇）（滨江街道、藤桥镇）综合文化中心及图书馆分馆、1个警营图书流通点、9个“百姓舞台”、21个文化礼堂、4个室内外放映点的建设及25个社区文化服务中心项目建设。开通图书馆特殊群体人员专用通道，完成少儿阅览室扩建，新增面积205平方米。

2014年，在南塘街开设“印象舞台”，该舞台每周末为市民举行文艺演出，在元旦、春节、中秋、国庆等传统节假日，还举办节庆文化活动，至年底累计演出103场。

【群众路线教育巡回演出】 4月始，区文广新局在各街道、镇开展群众路线主题教育巡回演出。演出内容有戏剧小品《碑上的名字》、三句半《群众路线是个宝》、《中国梦我的梦》以及“红歌表演唱”“温州话散讲”等，至年底，共演出17场，观众累计11900多人次。

4月23日，南塘街“印象舞台”演出场景　周建树 摄

【周末惠民越剧演出举办】 2014年，区文广新局在鹿城文化中心推出定期越剧免费公益活动。全年，周末惠民越剧演出32场，受惠观众16000多人次。

6月29日，鹿城文化中心周末越剧惠民演出　区文广新局提供

【林彩琴陈忠达获中国曲艺牡丹奖提名奖】 6月6日，鹿城曲艺家林彩琴（温州莲花省级非遗传承人）和陈忠达（温州鼓词省级非遗传承人），分别以演唱温州莲花《阿婆洗脚》，温州鼓词《武松醉打蒋门神》，获得中国曲艺牡丹奖节目提名奖和表演提名奖。

6月，林彩琴在余杭临平参赛中国曲艺牡丹奖演出　叶海琴提供

【启动鹿城区市民文化节】 4月23日，由鹿城区委宣传部、鹿城区文化广电新闻出版局主办的鹿城区市民文化节在南塘街“印象舞台”举办，并以“牵手你我他 共筑中国梦”读书活动作为启动仪式。

【承办2014年浙江省舞台舞蹈、广场舞蹈大赛决赛】 10月30日—31日，由浙江省文化厅主办，浙江省文化馆、鹿城区人民政府承办，鹿城区文化广电新闻出版局执行承办的2014年浙江省舞台舞蹈、广场舞蹈两大决赛分别在鹿城文化中心剧院和温州大剧院门前广场举行。

10月31日，浙江省广场舞蹈比赛在温州大剧院门前广场举行　周建树 摄

【视觉艺术作品展】 7月2日—7月11日，在温州市展览馆举办鹿城区视觉艺术作品展。展览共展出包括美术、书法、摄影等作品150幅。

7月2日，在温州市展览馆举办视觉艺术作品展　周建树 摄

【群众文体团队专场演出】 10月9日，以“梦想舞台 展我风采”为题的群众文体团队专场演出在温州大剧院门前广场举行，全区13支星级群众文体团队表演歌舞、武术、诗词吟唱等节目，观众达1000多人。

10月9日，群众文体团队专场演出在温州大剧院门前广场举行　区文广新局提供

【鹿城·天台文化走亲】 9月19日，由温州市鹿城区人民政府、台州市天台县人民政府主办，温州市鹿城区文化广电新闻出版局、台州市天台县文化广电新闻出版局承办的“瓯越情 山水韵”——迎国庆文化走亲文艺晚会在天台中学起凤艺术馆举行。两地四套领导班子和观众一起观看演出。

9月19日，鹿城、天台文化走亲活动晚会在天台中学起凤艺术馆举行　周建树 摄

11月19日，戏剧小品《非常病患》在福建晋江戏剧中心演出场景　　周建树 摄

【华东六省一市戏剧小品大赛获金奖】 11月19日，由鹿城区选送的戏剧小品《非常病患》在福建晋江举行的“第十二届华东六省一市戏剧小品”大赛获金奖。

【第二十五届戏剧小品邀请赛获金奖】 9月23日，由区文化馆创作的戏剧小品《碑上的名字》参加在金华举行的浙江省第二十五届戏剧小品邀请赛，获创作金奖和表演金奖。

9月23日，戏剧小品《碑上的名字》参加省第25届戏剧小品邀请赛　　周建树 摄

【4个农村数字电影示范放映点建成】 12月，完成七都街道板桥村、藤桥镇林山村、仰义街道前京村3个室内放映点和双屿街道黄龙社区1个室外放映点的建设，并通过验收。

【美德电影放映】 3月8日，启动“美德电影大家看”活动，相继在巨一文化礼堂、双屿黄龙文化礼堂、藤桥驿头文化礼堂等地放映电影70场，观众4000余人次。

【藤桥越剧展演活动举行】 9月19日下午，由第三届中国越剧艺术节温州筹委会主办的民间职业剧团展演活动，在鹿城区藤桥镇南雅社区大潭村举行，为期6天。全市10个民间职业剧团20个剧目，分别在藤桥镇大潭村和外垟村为村民免费演出。

【新年系列音乐会】 1月11日、19日，区文化广电新闻出版局在鹿城文化中心举办“亲民、乐民、惠民”新年音乐会。两场音乐会观众计1500多人。

非物质文化遗产

【概况】 2014年，鹿城区的五龟拳、传统照片整修技艺、浙派古琴、温州老酒汗制作技艺、吹糖人等8项非遗项目被列入市级非遗保护名录。4月，组织米塑、黄杨木雕、石雕、瓯塑、瓯绣参加第9届中国（义乌）文化产品交易会。5月，米塑被列入“忆江南——浙江非物质文化遗产生活主题馆”在台湾举行展示交流活动。8月，分别与温州第十四高级中学、温州市籀园小学合作建立非遗教学传承基地和非遗剪纸教学传承基地。9月，温州莲花国家级非遗传承人戴春兰获2014浙江省最具地域特色文化符号（民间曲艺）展演活动优秀展演奖。10月，组织非遗项目黄杨木雕、米塑、叶同仁中药文化，参加在杭州举行的第六届中国（浙江）非物质文化遗产博览会。10月，米塑参展澳门举办的2014年第六届中国—葡语国家文化周活动。

【举办“非遗进校园活动”】 6月12日，区文广新局、区非遗中心在温州市籀园小学开展非遗进校园活动。活动为学生展示、讲解刘氏风筝制作技艺、温州米塑、竹丝镶嵌、温州发绣、捏糖人等非遗项目。

6月12日，在温州市籀园小学举办非遗进校园活动　　区文广新局提供

【非遗进机关单位】 11月3日，区文广新局在鹿城区府行政会议中心举行非遗进机关单位活动，展出温州莲花、彩石镶嵌、温州米塑、竹丝镶嵌等非遗项目，观众200余人。

文化市场管理

【概况】 2014年，全面落实省网上政务大厅便民服务事项梳理工作，填写绘制相关权力事项清单及图示，推进审批事项标准化建设。共梳理上报行政权力事项544项，其中行政许可26项、非行政许可9项，行政处罚479项，其他事项30项，包括委托事项20项。全年受理办结审批件数302件，办结率达到100%。完成年度核验换证印刷企业305家，出版物经营单位年度核验及换证155家，文化经营单位统计年报292家。区文广新局审批窗口获鹿城区“十大效能示范岗”。出台《鹿城区关于放宽网吧市场准入的实施意见》。加大对文化产业的扶持力度，积极组织开展各类文化产业活动，至年底，全区新增注册资金500万元以上的文化企业15家，文化产业投资额达2.676亿元。有5个项目被列为市级文化产业重点项目，其中，新邦创意园等3个项目总投资额在1亿元以上。思珀整合传播被评为省重点文化企业，金牛工贸等7家企业成为首批市级重点文化企业，3家文化产业园区被评为市级重点文化产业园区，正栩影视制作被评为省重点助推上市文化企业。

2014年，出动执法人员1704人次、检查文化经营场所2614家，立案查处78起，结案77起，收缴各类非法出版物9663册，光碟3821盘。开展“查处无证经营行为百日攻坚专项整治行动”，共查处无证经营49起，立案14起。开展“两节”“两会”“两考”期间文化市场监管、演出市场检查、“4·26”集中销毁、校园周边文化环境专项整治、“清剿火患”等专项行动。积极参与“文明城市”“卫生城市”以及“平安鹿城”建设。在全区网吧及娱乐经营场所全面开展自查自纠活动，建立车载广告、短信平台、电脑桌面、业主QQ群和微信群等宣传平台。保持文化市场平稳有序。

区图书馆

【概况】 2014年，鹿城区图书馆全年对外免费开放。该馆少儿阅览室扩建完工，使用面积从原有131平方米增加到336平方米，扩建后的少儿阅览室座席60个、书刊书架26个；开通特殊群体人员专用通道1条，新增特殊群体阅览室50平方米，座席24个、盲文21册。全年入藏文献34755册，文献总藏量130779册，接待读者366312人次，文献流通70390册，新增读者证1333个。新增1个图书馆分馆（五马街道分馆）、1个警营流通点、1个24小时图书馆（菱藕社区图书馆）。全年共举办各类讲座、展览、广场活动等29场。

【“小候鸟夏令营”】 8月20—22日，区图书馆在该馆举办“小候鸟夏令营”，为期3天。入营少儿为4岁到13岁的民工子弟，共50人。该期夏令营设音乐、舞蹈、话剧、美术、英语5个班，22日晚夏令营闭营，并举行汇报演出。

【第十一届“我爱我家”家庭读书比赛】 5月24日，由温州市文广新局主办，温州市少年儿童图书馆、鹿城区文广新局承办，鹿城区图书馆执行承办的第十一届温州市“未成年人读书节”系列活动之温州市“我爱我家”家庭读书竞赛，在鹿城区文化中心举行，全市共有12支优秀读书家庭代表队参与比赛。

5月24日，区图书馆在鹿城区文化中心执行承办“我爱我家”家庭读书比赛　区图书馆提供

5月24日，区图书馆在鹿城区文化中心执行承办“我爱我家”家庭读书比赛　区图书馆提供

鹿城部分作者新著

2014年出版鹿城作者新著

表8

序号	书名	著者	出版者
1	戴宏海工笔仕女作品选	戴宏海作	天津杨柳青画社
2	中国戏剧学史稿	叶长海著	中华书局
3	洗心斋剧作选	郑朝阳著	人民出版社
4	浙江医人考	刘时觉编著	人民卫生出版社
5	中华农耕文化漫谈	游修龄著	浙江大学出版社
6	如何救赎中国制造	周德文著	浙江大学出版社
7	百晓教你学说温州话：最新版	金城濠编著	宁波出版社
8	瓯风·第七集	方韶毅主编	中国文史出版社
9	黄德源牡丹画集	黄德源著	浙江人民美术出版社
10	温州菜及典故	叶国光主编	中国民族摄影艺术出版社
11	词曲通解	郑孟津著	上海古籍出版社
12	画者浅吟：廖笑焱绘画作品集	廖笑焱著	中国美术学院出版社
13	周易本事	张乘健著	浙江古籍出版社
14	双镜头：林其勉黑白风光摄影1971—1986	林其勉著	中国摄影出版社
15	马叙伦	卢礼阳著	群言出版社
16	跨越千年的歌：唐宋诗词歌曲作品选	林虹著	宁波出版社
17	温州民俗图说	王绍基绘	中国民族摄影艺术出版社
18	真我阁闲吟集	陈出新著	中国文联出版社
19	瓯风·第八集	方韶毅主编	中国文史出版社
20	鹅塘老人书法作品集	郑方伟主编	浙江人民美术出版社
21	鹿城革命烈士集	李岳松主编	中国文史出版社
22	瓯·阅：温州乡土文化小览	蔡榆著	古吴轩出版社
23	阿岛画集	阿岛编著	中国美术出版社
24	温州小店生意经	王手著	作家出版社
25	温州莲花	沈不沉编著	浙江摄影出版社
26	温州茶业	吴树敬编著	黄山书社
27	温州茶史	瞿炜编著	黄山书社
28	汉语动词语法化	马贝加著	中华书局
29	冯增荣书画集	郑嘉均主编	浙江省文联老艺术家书画社
30	林锡春画集	林锡春著	浙江人民美术出版社
31	吴军小令	吴军著	中国文联出版社
32	瓯塑大家谢新宝	陈钧贤著	浙江人民美术出·版社
33	肛肠病中西医治疗学	金定国，金纯主编	上海科学技术出版社

续表8

序号	书名	著者	出版者
34	瓯塑大家谢新宝	陈钧贤著	浙江人民美术出版社
35	晨钟暮鼓	施菲菲著	浙江摄影出版社
36	怀念中的宁静	林斤澜著	中国盲文出版社
37	跑路：疯狂的高利贷	周德文著	厦门大学出版社
38	温州旧貌百景	郑家清著	中国民族摄影艺术出版社
39	高山流水：郑张尚芳教授八十寿诞庆祝文集	潘悟云主编	上海教育出版社
40	东方语言学·第十四辑	潘悟云，陆丙甫主编	上海教育出版社
41	温州族群与区域文化研究	林亦修著	上海三联书店
42	谢灵运诗书画意	李震主编	中国民族摄影艺术出版社
43	陈铁生书法集	李震主编	浙江人民美术出版社
44	浙江民歌钢琴曲选	陈泳 娄绍洁编著	中国文联出版社
45	“四人帮”兴亡（全四册）	叶永烈著	四川人民出版社
46	叩开台湾名人之门	叶永烈著	上海交通大学出版社
47	一代帝师刘伯温：诗文书法作品选	郑方伟主编	中国民族摄影艺术出版社
48	《鹿城年鉴》（2013）	金文平主编	方志出版社
49	《鹿城建区30年纪事（1984-2014）》	王剑峰主编	中国文史出版社
50	温州市风景名胜区志	戚永根主编	线装书局
51	中国当代艺术家蔡景楷	蔡景楷著	中国美术学院出版社
52	瓯塑	吴小红编著	浙江摄影出版社
53	温州民居建筑文化研究	丁俊清著	中国民族摄影艺术出版社
54	吾乡吾土	郇敬善著	中国民族摄影艺术出版社
55	印象凉山	郇敬善著	中国民族摄影艺术出版社
56	温州城事	郇敬善著	中国民族摄影艺术出版社
57	侯传芳钢笔点画艺术	黄成麦撰录	中国美术出版社
58	伏茶：温州大爱坐标		中国民族摄影艺术出版社
59	施耐德的一日三餐	哲贵著	山东文艺出版社

鹿城区广播电视新闻中心

【概况】 2014年，鹿城区广播电视新闻中心（简称中心），拥有《今日鹿城》《都市新闻》《鹿城新闻》、鹿城新闻网等媒体阵地。着力“五水共治”“三改一拆”“创卫”“党的群众路线教育实践活动”“温商回归”“经济转型升级”“双屿综合整治”等阶段性重点工作开展报道，每篇主题报道除在区域内媒体阵地刊播外，同时在中央及省、市级各大媒体产生“共鸣”效应，宣传效果良好。

全年，中心在中央级报刊发稿25篇。其中：《人民日报》《新华社》发稿15篇；《浙江日报》发稿106篇，重点稿达50篇，比2013年增加79%；《温州日报》一版发稿57篇，比2013年增长73%，刊登头版头条有9篇。电视新闻在央视播出9条，件数为历年最多；在《浙江新闻联播》播出26篇；在市级电视媒体播发262篇，其中在《温州新闻联播》栏目播出176篇。在“人民网”“新华网”“浙江在线”等网站发稿达854篇，比2013年增长

53%。中心时政新闻在《温州新闻联播》播发稿量居各县、市区前列。

中心8个作品获年度县、市（区）工委“好新闻”奖，其中《凡人梦想：能像正常人那样独立行走》获系列报道类一等奖；《“微信工作法”助力破难攻坚，鹿城以“微”模式推进“大”工作》获通讯类一等奖；网络专题《全国首个法人资格业主大会“花落”鹿城》获2013年度浙江网络新闻奖一等奖。

2014年，中心获得《浙江日报》先进报道组和先进工作者称号，获得《温州日报》优秀报道组称号。

【《今日鹿城》】 2014年，《今日鹿城》总发行量达到39000多份，区域覆盖面和影响力进一步扩大。《今日鹿城》全年共刊出100期，发表稿件1530篇。

【都市新闻】① 2014年，中心采制的电视新闻在《都市新闻》栏目共播出1300篇，较好地宣传了区委区政府的中心工作。

【鹿城新闻】 2014年7月，由中心采集、制作、播报的视频新闻《鹿城新闻》正式开播。该视频栏目每周二、周五上午9：00在鹿城新闻网“鹿城视频”栏目播出，结束了鹿城新闻网无原创视频新闻节目的历史。

区广新闻中心《鹿城新闻》媒体图标

区广电新闻中心提供

【鹿城新闻网】 2014年，鹿城新闻网网站拥有35个新闻栏目，包括“鹿城新闻”“部门快讯”“街镇速递”“社区天地”“新闻专版”“温州新闻”“浙江新闻”“国内新闻”“国际新闻”“周边新闻”“媒体看鹿城”“经济信息”等。

2014年，鹿城新闻网新闻发稿总数41578篇，其中原创新闻达8272篇。制作发布网络专题26个。日均IP访问量6649，日均页面访问量突破36000。

鹿城新闻网部分发行稿内容

区广电新闻中心提供

【“温州鹿城发布”微信公众服务平台】 7月，新改版的“温州鹿城发布”微信公众服务平台上线。该平台每天及时发布鹿城区委区政府重大决策、重要活动的信息、区域新闻及新动态资讯，为市民提供服务类信息、便民措施与生活资讯等。另外，同步开启微博、微信、网络新媒体融合运作新模式。

【“鹿城情·天下行”大型采访活动】 2014年，鹿城建区30周年之际，中心推出“鹿城情天下行”大型新闻采访活动，该活动以鹿城区温商回归、经济转型发展为主旨，利用电视、报刊、网络等多媒体进行全方位刊播，营造出良好的舆论氛围。

鹿城建区30周年，中心推出《鹿城情·天下行》新闻采访活动　　区广电新闻中心提供

【电视媒介问政】 2014年9月，中心在鹿城电视新闻中推出“聚焦鹿城”，以电视问政的形式搭建民众与政府沟通、交流的桥梁。全年共开展23次电视问政等监督报道，取得良好社会效应。

【“五色服务、五心关爱”服务品牌】② 2014年，中心推出“五色服务、五心关爱”服务品牌，将党组织和党员服务群众延伸到基层。

区广电新闻中心下乡采访活动

区广电新闻中心提供

（编辑　戴增荣）

①《都市新闻》：是鹿城区的电视新闻宣传主阵地，该栏目每晚6点10分在温州电视台《都市生活频道》播出，次日早上7点重播。

②金色护航：搭建网上法律咨询“绿色通道”，让广大市民特别是一些弱势群体也能享受到免费的网上法律咨询服务和法律援助申请。银色关爱：记者帮忙团党员集体送温情献爱心，去年分别前往藤桥镇白脚坳村、双莲桥社区、“雨花斋”素食馆等地开展服务活动。红色引领：“微系列”交心活动传递党支部关怀，其中“微建议”广泛征求基层对中心工作的建议意见。绿色共建：市民监督团助力“五水共治”，呼吁全市人民共同携手，积极参与治水活动。蓝色助力：“微典型”征集活动聚集社会正能量，让群众感受身边的好榜样、正能量。

卫 生

综 述

2014年，鹿城区有各级各类医院卫生机构523家。其中：省属医院4家、市属医院5家、部队医院1家、市管民营医院20家；区属公立医院3家、区管民营医院7家、区疾病预防控制中心、妇幼保健所、卫生监督所各1家，社区卫生服务中心22家、社区卫生服务站38家、村卫生室67家、门诊部68家、诊所278家，医务室24家。区属各医疗机构共有注册执业医师1466人，助理医师343人，注册护士1179人。卫生事业经费投入1.90亿元，占财政总支出6.29%。

2014年，鹿城区卫生局全面铺开全科医师签约服务，并结合居家养老、助残服务等开展“老卫民有偿签约”“责任医师四进工程”“社区心理康复救助”等特色服务。基层医疗卫生综合改革、公立医院综合改革有序推进，社会力量办医改革成效明显，基本公共卫生服务项目均等化水平不断提高，卫生重点工程建设稳步推进，卫生事业稳定、持续发展。

2014年，鹿城区获第二轮全国艾滋病综合防控示范区称号、省级卫生强区和省级慢性病综合防控示范区称号。另外创成1家省示范社区卫生服务中心，1家省级甲等卫生院，建设流动社区卫生服务站5个。全区预防接种单位规范化建设全覆盖，并创成5家“省三星级”、3家“省五星级”预防接种门诊所。七都街道创成卫生强街道，该年全区卫生强街镇比例达62.5%。

2014年，区卫生局公开招聘卫生技术人员62名，至年底，区属医疗卫生单位累计在编专业人员共896名。其中，高级职称34名，中级职称241名，初级职称559名，见习人员62名。完成144人进修、岗位培训、骨干培训等工作。

2014年，完成省卫生科技专项重大课题《控制MSM人群HIV新发感染关键技术研究》（RDS）项目现场工作，完成454名男男同性恋对象的调查和采血工作，成为省内第一个完成RDS项目现场工作的地区和省内首创由疾控中心承担男男同性恋同伴推动RDS方法，并在男男同性恋人群中进行干预和检测的地区。

2014年，推出“健康卫士”服务品牌，开展系列“基层送服务”活动，如对辖区老年公寓、居家养老中心的老人进行健康管理，对1000余名环卫工人免费体检，对全区65个社区的孤寡老人、残疾人定期上门随访等。推出30集《身边的好医生》电视系列专题报道；制作中国首部反映社区医生的微电影--《社区医生》；制作发放《最美社区医生》宣传册子。

（海报）社区医生　　区卫生局提供

2014年，完成全科医生工作平台、疾病监测预警平台、电子病历系统建设、公共卫生应急指挥决策系统建设，实现各业务系统和医疗机构之间诊疗信息数据共享；实现22家社区服务中心医疗和公共卫生等业务，与健康档案管理系统互联互通；完成区级与市级诊疗数据共享平台对接工作，实现居民健康信息和诊疗数据可以即时调阅。

2014年，无偿献血7391人次，献血量147，8200毫升，任务完成率达105.59%。

鹿城区人民医院及鹿城区精神卫生中心主楼顺利结顶，全年

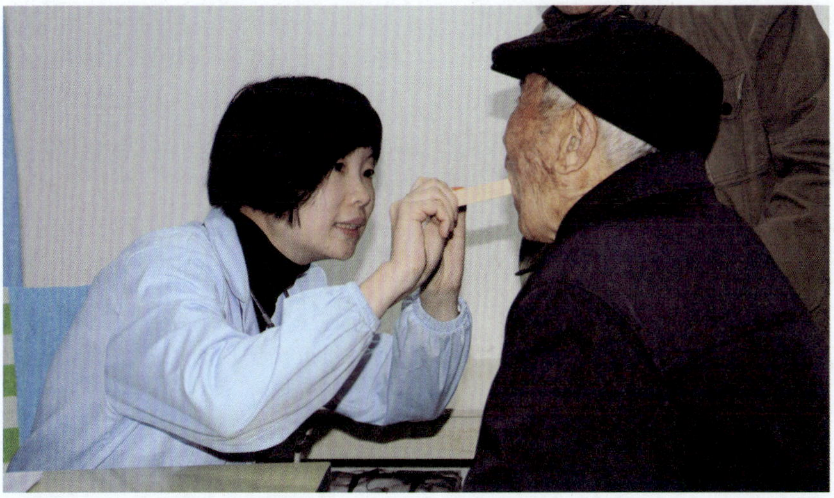

一位拥有“粉丝团”的社区医生　　区卫生局提供

共投资1.15亿万元，投资完成率134.8%。

2014年，区卫生局被评为“市级依法行政示范单位”。

基层卫生

【概况】 2014年，出台《鹿城区分级诊疗工作实施方案》；医疗费用增长控制在合理范围，基本药物使用比例和销售金额不断提高，区人民医院配备基本药物品种比例达71.12%，基本药物销售额占比36.30%，区精神病院专科用药中基本药物比例达93%。22家社区卫生服务中心已建立电子健康体检管理系统，实现全区健康体检信息化。村卫生室紧密型一体化管理率达82.86%。

洪殿社区卫生服务中心创成浙江省示范化社区卫生服务中心。藤桥卫生院创成浙江省甲等乡镇卫生院。鹿城区精神病医院获省“平安医院”称号。双屿社区卫生服务中心获“市级慢性病综合防治示范社区”称号，并成为第三批浙江省基层卫生适宜技术示范基地。南浦社区卫生服务中心成为温州医科大学仁济学院“示范社区实践基地”。五马社区卫生服务中心成为浙江中医药大学和浙江医学高等专科学校学生社区实习基地。由江滨社区卫生服务中心与十八家社区合办的十八家社区残疾人康复站获浙江省首批“省级残疾人社区康复示范站”称号。

7月1日，双屿社区卫生服务中心康奈卫生服务站正式投入使用，首创在大型民营企业内建公立社区卫生服务机构；南浦社区卫生服务中心通过第一批温州市中医药适宜技术推广基地评估验收，成为温州市首家通过验收的社区卫生服务中心。

五马社区卫生服务中心联合温州医学院眼视光医院在辖区8个社区开展50岁以上居民“青光眼”筛查活动，惠及居民5000多人次。

9月29日，温州医学院首批本科护理交换生3人（来自瑞典林奈大学），到广化社区卫生服务中心进行为期三周的实习培训。学习社区护理工作流程、产前产后、老年人、残疾人等的居家照护、社区中医护理等8项内容。

南浦社区卫生服务中心被浙江省基层卫生协会授予“群众满意社区卫生服务机构”荣誉称号。仰义社区卫生服务中心医师汪德富获浙江省“群众满意的社区医生”称号。

2014年，全区人均基本公共卫生服务经费35元。规范化电子健康档案建档率达87.85%；建立60岁以上老人健康档案130388人；高血压登记数80820人、规范管理数55562人、控制患者数49929人，高血压规范管理率达74.68%；糖尿病登记数24799人、规范管理数15761人、控制患者数13118人，糖尿病人规范管理率达73.16%；发现重性精神疾病患者4957例，规范管理3824例，规范管理率77.14%。适龄儿童五苗接种率均达95%以上，流动儿童“五苗”单苗接种率达95%以上；传染病诊疗机构网络正常运行率达100%，传染病疫情报告率达100%，报告及时率达

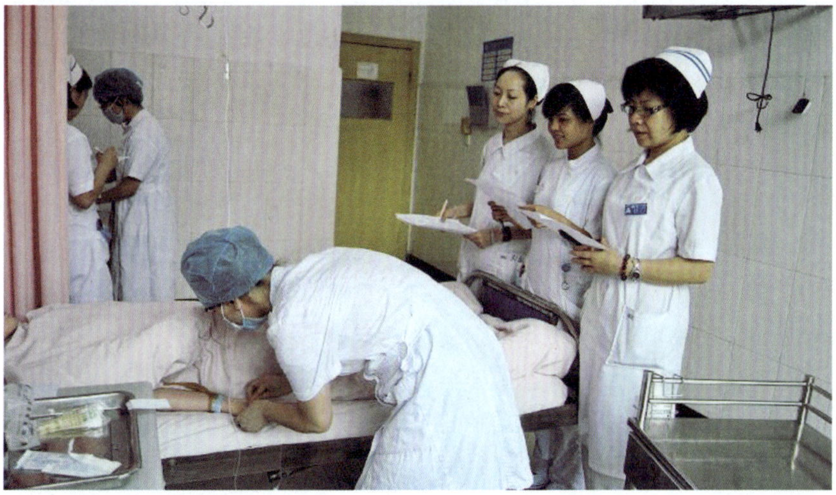

9月29日，护理技能大比武现场　　区卫生局提供

100%，规范报告率达100%；未发生突发公共卫生事件。22家社区卫生服务中心开展基本公共卫生中医药健康管理服务项目。

【重大公共卫生服务项目】 2014年，宫颈癌和乳腺癌筛查、农村孕产妇住院分娩补助、增补叶酸预防神经管缺陷任务全部超额完成。实施“妇女健康促进工程”，开展育龄待孕妇女的叶酸增补“多点发放”工作，扩大城乡妇女两年一次的常见妇科疾病检查和乳腺癌、宫颈癌免费检查范围，提高检查质量，并对检查出疾病的患者进行及时治疗，对农村贫困患者实施医疗救助。孕产妇艾滋病、梅毒、乙肝检测率均达100%。农村孕产妇住院分娩补助1039例，增补叶酸预防神经管缺陷1266例，宫颈癌检查3974例，乳腺癌检查2326例，任务完成率均超过100%。

【全科医生签约服务】 2014年，有22个社区卫生服务中心开展全科医生签约服务，全年共签74567人，其中重点人群签约51319人。

【社会资本办医】 2014年，共引进社会资本办医项目4个，总计划投资4亿元，其中2亿元项目1个（深蓝医院）、1亿元项目1个（美生医院），5000万元项目2个（拜耳口腔医院、叶同仁中医院）。区属民办医院床位占比达63.44%。

【医养结合】 2014年，南浦社区卫生服务中心在辖区的春秋、吕浦、南塘、桥儿头4个居家养老点分别设立健康服务点，每周每个点安排半天时间，派责任医生及护士进驻健康服务点，为居民提供免费健康管理服务，服务内容有健康管理、健康教育、签订全科医师服务协议、免费自助体检、创新服务模式等。广化社区卫生服务中心每周定时到辖区4个养老中心开展中医免费特色诊疗、义诊、健康宣教等。江滨社区卫生服务中心每周定期派遣2名—3名医务人员到安澜社区居家养老服务中心驻点，为老年人提供居家养老医疗保健服务。4月16日上午，致公党中央社会服务部部长李万通带领致公党北京市委会社会服务和医疗等专家多人，到水心卫生服务站进行“医养结合”调研工作。

【社区心理康复项目】 7月29日，由市慈善总会、市第七医院等单位共同举办的温州市首个社区心理康复救助项目，在南浦社区卫生服务中心试点，实施重症精神病患者医疗、康复在社区的新型医疗模式。该项目首期投入资金10万元，用于南浦辖区重性精神病患者的社区药物治疗、功能康复与家属心理健康教育等。

卫生应急

【概况】 2014年，健全卫生应急专业处置队伍，完善各类突发公共卫生事件应急处置程序、操作规程和技术方案。修订3个区级总体应急预案、25个部门专项预案。22个社区卫生服务中心新制定100多个专项预案。卫生应急决策指挥系统正式投入运行。开展鼠疫监测、肠道门诊监测、霍乱弧菌监测、麻疹疫情监测、疟疾“三热病人”监测、手足口病疫情监测、食品安全风险监测、农村生活饮用水卫生监测、H7N9禽流感外环境监测等工作。

5月，组织开展全区卫生系统洪涝灾害卫生防疫应急演练；12月，举办全区埃博拉出血热防控应急演练。全年卫生系统共举办卫生应急培训8期，内容包括人感染H7N9禽流感防控知识、埃博拉出血热防控知识、登革热防控知识、急危重病的分级评估、鼠疫防治知识、肠道传染病防治、布鲁氏菌病防治等。鹿城区疾控中心卫生应急队在2014年度温州市疾病预防控制系统卫生应急演练中获得二等奖。

按省级标准分别为区人民医院、区监督所、区疾控中心、社区卫生服务中心配置卫生应急物资储备，共计120万元。

12月23日，五马、松台、七都、仰义、双屿、南汇、藤桥7个街镇通过“温州市卫生应急工作示范乡镇（街道）”的考核验收。

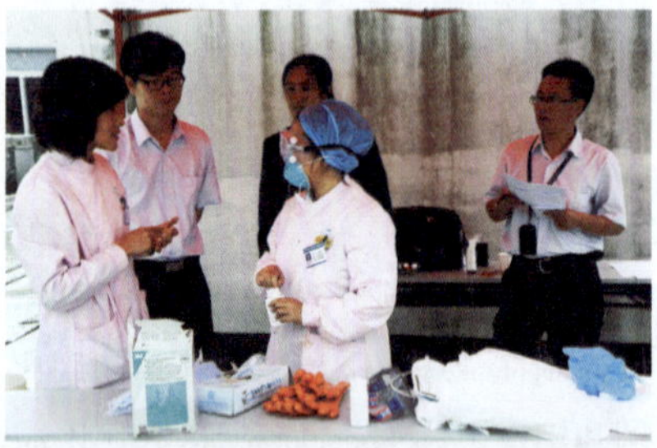

5月，鹿城区卫生应急演练　区卫生局提供

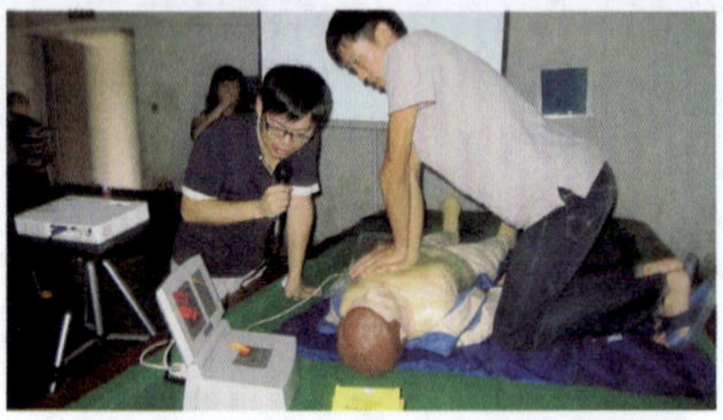

12月，急救知识进企业　区卫生局提供

疾病预防控制

【概况】 2014年，全区共报告法定传染病23种8445例，其中：甲类传染病无病例报告；乙类传染病报告共17种2139例，丙类传染病报告6种6306例。传染病年发病率为716.9210/10万，比2013年上升43.25%。死亡8例（均为艾滋病），病死率为0.0947%，死亡率为0.6791/10万。发病数排名前5位分别为：手足口病、肺结核、梅毒、病毒性肝炎、淋病。与2013年相比发病变化较明显的传染病为：流行性感冒（发病率增加212.43%）；手足口病（发病率增加74.01%）；伤寒（发病率增加53.32%）；流行性腮腺炎（发病率减少42.56%）；乙肝（发病率减少38.32%）；感染性腹泻（发病率减少31.75%）。

【艾滋病防治】 2014年，全区艾滋病病毒抗体检测423570人次，自愿咨询检测2175人次，八类重点人群（外来婚嫁女、外来务工人员、外来务工返乡人员、暗娼人群、男男性行为者、监管场所羁押人员、性病就诊者、男性老年人）艾滋病筛查14216人次，完成三类人群（暗娼人群、男男性行为者、孕产妇）艾滋病哨点监测1146人次。年内，新增1家艾滋病抗体快速检测点，全区具有检测艾滋病抗体的医疗机构总数达到49家。举办男男同性恋干预志愿者座谈会，招募艾滋病防治同伴教育员，通过男同志愿者网络传播、公园酒吧浴室等重点场所内传播等进行男同危险行为的干预，合计干预14126人次；开展暗娼人群的艾滋病危险行为干预，对娱乐场所服务人员累计干预14592人次数。此外还对吸毒人群、流动人口、学生等人群进行针对性的艾滋病防治宣传工作。在腾讯迷你网页上开展为期3个月的防治艾滋病宣传；开设微信公众服务号进行防治艾滋病宣传；在全市3000多辆公交车的电视上进行防治艾滋病宣传，结合“12·1”艾滋病宣传日在各大学校、拘留所、妇教所举办防治艾滋病宣传活动。

【结核病防控】 2014年，肺结核病人系统管理726例，系统管理率97.71%，登记满一年活动性肺结核患者治愈696例，治愈率达93.67%。与教育局联合落实晨检制度，对一周以上慢性咳嗽的学校人员要求拍X片检查，以尽早发现感染者。全年共报告学校肺结核病例37例，其中涂阳11例、涂阴25例、结核性胸膜炎1例，共筛查密切接触者1590人。

【扩大国家免疫规划】 2014年，全区有3家预防接种单位创成省级五星级预防接种门诊、5家创成省级三星级预防接种门诊、9家创成省级规范化预防接种门诊，免疫接种单位规范化建设率达100%。全年完成各类疫苗接种320455针次，七苗单苗接种率达95%以上，其中乙肝达99.87%，卡介苗达99.83%，脊灰达99.85%，百白破达99.84%，麻风达99.95%，流脑达99.78%，乙脑达99.73%。

【慢性病防治】 2014年，完成社区诊断、死因漏报调查、居民规范化建档等工作，高血压、糖尿病登记率分别比2013年上升14%和16%。建立12个居民自助式健康监测点（健康小屋）、33个慢性病患者自我管理小组，引导重点人群加强自我健康管理。积极开展支持性环境建设，共创成23家全民健康生活方式行动示范单位、2家省级无烟单位和44家市级无烟单位。全年共报告糖尿病8669例、冠心病691例、脑卒中2785例，恶性肿瘤1855例。12月，鹿城区创成浙江省慢性非传染性疾病综合防范示范区。

【公共卫生监测】 2014年，完成食品安全风险监测样品1323份，比2013年增加48.7%。区疾控中心能开展的实验室检验检测项目255项，其中通过计量认证评审142项，食品检验资质认证113项。为提高检验检测能力，开展新检验项目14项，至年底，区疾控中心A类项目检测率达90%，B类项目检测开展率达80%。

“12·1”世界艾滋病日宣传活动　　区卫生局提供

【碘缺乏病监测】 2014年，采样检测居民食用盐300份，其中非碘盐5份，碘盐覆盖率为98.33%，合格碘盐食用率为97.67%。对辖区5个街道乡镇的5所小学621名8岁—10岁学生开展碘缺乏病病情监测，检出甲状腺Ⅰ°肿大7人，甲状腺肿大率为1.13%。对其中的200名学生进行尿碘监测，尿碘中位数153.9微克/升。

2014年度发病数/死亡数疫情分析报表统计（发病日期统计）

表9

疾病病种	2014年发病数	2014年发病率1/10万	2014年死亡数	2014年死亡率1/10万	2013年发病数	2013年发病率1/10万	发病率增减%
合计	8445	716.9210	8	0.6791	6456	500.4651	43.2510
鼠疫	—	—	—	—	—	—	—
霍乱	—	—	—	—	—	—	—
传染性非典	—	—	—	—	—	—	—
艾滋病	24	2.0374	8	0.6791	24	1.8605	9.5099
HIV	45	3.8202	2	0.1698	70	5.4264	−29.6000
肝炎	494	41.9371	—	—	588	45.5814	−7.9951
甲肝	11	0.9338	—	—	21	1.6279	−42.6364
乙肝	147	12.4793	—	—	261	20.2326	−38.3210
丙肝	191	16.2146	—	—	188	14.5736	11.2598
戊肝	28	2.3770	—	—	33	2.5581	−7.0794
肝炎（未分型）	117	9.9325	—	—	85	6.5891	50.7410
脊灰	—	—	—	—	—	—	—
人感染高致病性禽流感	—	—	—	—	—	—	—
麻疹	11	0.9338	—	—	13	1.0078	−7.3405
出血热	2	0.1698	—	—	3	0.2326	−27.0052
狂犬病	—	—	—	—	—	—	—
乙脑	—	—	—	—	—	—	—
登革热	1	0.0849	—	—	—	—	—
炭疽	—	—	—	—	—	—	—
肺炭疽	—	—	—	—	—	—	—
皮肤炭疽	—	—	—	—	—	—	—
炭疽（未分型）	—	—	—	—	—	—	—
痢疾	11	0.9338	—	—	17	1.3178	−29.1378
细菌性痢疾	11	0.9338	—	—	17	1.3178	−29.1378
阿米巴性痢疾	—	—	—	—	—	—	—
肺结核	796	67.5748	—	—	827	64.1085	5.4069
涂（+）	277	23.5153	—	—	284	22.0155	6.8127
菌（−）	480	40.7486	—	—	488	37.8295	7.7165
未痰检	37	3.1410	—	—	54	4.186	−24.9632
仅培阳	2	0.1698	—	—	1	0.0775	119.0786

续表9

疾病病种	2014年发病数	2014年发病率1/10万	2014年死亡数	2014年死亡率1/10万	2013年发病数	2013年发病率1/10万	发病率增减%
伤寒+副伤寒	58	4.9238	—	—	41	3.1783	54.9190
伤寒	56	4.7540	—	—	40	3.1008	53.3155
副伤寒	2	0.1698	—	—	1	0.0775	119.0786
流脑	—	—	—	—	1	0.0775	—
百日咳	—	—	—	—	2	0.155	—
白喉	—	—	—	—	—	—	—
新生儿破伤风	—	—	—	—	1	0.0775	—
猩红热	41	3.4806	—	—	35	2.7132	28.2844
布病	1	0.0849	—	—	2	0.155	−45.2303
淋病	154	13.0735	—	—	135	10.4651	24.9249
梅毒	542	46.0120	—	—	546	42.3256	8.7096
Ⅰ期梅毒	109	9.2533	—	—	110	8.5271	8.5168
Ⅱ期梅毒	80	6.7914	—	—	97	7.5194	−9.6811
III期梅毒	2	0.1698	—	—	3	0.2326	−27.0052
胎传梅毒	1	0.0849	—	—	8	0.6202	−86.3120
隐性梅毒	350	29.7125	—	—	328	25.4264	16.8570
钩体病	—	—	—	—	—	—	—
血吸虫病	—	—	—	—	1	0.0775	—
疟疾	4	0.3396	—	—	6	0.4651	−26.9895
间日疟	1	0.0849	—	—	1	0.0775	9.5393
恶性疟	3	0.2547	—	—	5	0.3876	−34.2934
疟疾（未分型）	—	—	—	—	—	—	—
人感染H7N9禽流感	—	—	—	—	—	—	—
流行性感冒	97	8.2346	—	—	34	2.6357	212.4262
流行性腮腺炎	139	11.8001	—	—	265	20.5426	−42.5578
风疹	10	0.8489	—	—	12	0.9302	−8.7369
急性出血性结膜炎	44	3.7353	—	—	58	4.4961	−16.9216
麻风病	—	—	—	—	—	—	—
斑疹伤寒	—	—	—	—	—	—	—
黑热病	—	—	—	—	—	—	—
包虫病	—	—	—	—	1	0.0775	—
丝虫病	—	—	—	—	—	—	—
其他感染性腹泻病	43	3.6504	—	—	69	5.3488	−31.7530
手足口病	5973	507.0656	—	—	3759	291.3953	74.0130

卫生监督

【概况】 2014年，区卫生监督所开展创卫、创强、创文工作，严厉打击非法行医、整顿医疗市场、护卫学校卫生、防控传染病，开展对餐饮具集中消毒单位的整治和游泳场所在线监控、公共场所“333”治理、消毒产品等专项行动。全年卫生监督工作名列全市第二，1个案件列入全省卫生监督执法十大案件。

2014年，接到投诉举报共310件（其中非法行医229件、有证医疗54件），处置率达100%。全年受理卫生许可申请2229件，新发证2141个。立案329件，结案311件，罚款127.45万元，移送公安追究刑责22人。

2014年，开展依法执业保健康专项治理行动，共立案57家，结案55家，罚款9.17万元，监督量化分级管理505家，不良执业行为记分60家。取缔无证诊所329家次，立案182家次，移交公安部门追究刑责22人，全区无证诊所大幅下降。

9月23日，鹿城区机构编制委员会下发《关于调整区卫生局职业卫生监管职责的通知》，将职业卫生监管职能移交区安监局。

全年办理“四类公共场所”许可证1456家。至年底，城区“四小行业”总数2653户，持证2648户，动态持证率99.8%。重点公共场所卫生管理员配备率达100%，创建市级卫生示范单位49家。另外，开展游泳场所夏季保平安专项行动和试点游泳场所在线水质监测工作。

开展游泳池水卫生监测　　区卫生局提供

【全省打击非法行医现场会】 7月17日—18日，全省整顿医疗秩序打击非法行医专项行动现场会在鹿城召开，国家卫计委、浙江省打非领导小组成员单位（包括政法委、综治办、公安、检察院、法院、武警、市场监管局、卫计委等部门）、全省11个地级市打非领导小组成员单位及部分重点县市区卫生部门领导共200余人参加会议，鹿城“打非”经验向全省推广交流。

【学校卫生监管】 2014年，开展学校传染病防控工作、对学校饮用水水质、教室微小气候、教学环境进行监测。出动执法人员148人次，督促辖区82所学校落实传染病防控、饮用水卫生管理及教学环境生活设施，规范学校卫生管理秩序。

【生活饮用水卫生监管】 2014年，对辖区1家集中式供水单位进行每季度末梢水、出厂水监督抽检。对15个二次供水单位进行监督监测。对6家饮用山水的农村学校进行水质检测。

【职业病防治】 2014年，对辖区内5家职业健康检查机构和2家职业病诊断机构进行检查。并在全区开展《中华人民共和国职业病防治法》宣传周活动。

【放射卫生监管】 2014年，对区属拥有放射诊疗的医疗机构进行监督检查，全区放射诊疗许可证持证率达100%。对放射诊疗机构进行摸底调查，按照一户一档原则建立监管档案。指导22家放射诊疗机构开展放射防护预评价和控制效果评价，其中已有13家通过验收。

【餐饮具集中消毒单位监管】 2014年，开展餐饮具集中消毒单位专项整治，实现在线监控安装率达100%。创建1家省级餐饮具集中消毒卫生示范单位。

妇幼保健

【概况】 2014年，全区各医疗机构和社区卫生服务中心全部启用区域妇幼信息网络系统。区妇幼保健所组织对辖区包括温医附属第二医院、市中心医院、市人民医院、康宁医院在内的14家助产机构和22家社区卫生服务中心进行妇幼卫生监测质量控制检查。

【孕产妇管理】 2014年，全区建成妇保规范化门诊20家，建设率达97.22%。全区共有产妇人数35273人，其中户籍孕产妇5121人。孕产妇产前筛查15267人，筛查率达80%；产前筛查低风险随访率达79.73%，住院分娩率达100%。上报重症高危孕产妇1174例，已纠正894例，高危孕产妇管理率达100%，住院分娩率达100%，全年孕产妇零死亡。

【儿童保健】 2014年，全区高危儿童管理率达100%，营养性疾病儿童管理率达100%。辖区内19家助产机构（附一医、附二医除外）新生儿疾病筛查24482人，筛查率达100.6%，新生儿听力筛查36192人，筛查率达100.8%。全区户籍婴儿死亡率2.7‰，5岁以下儿童死亡率3.08‰；0岁—3岁儿童系统管理率达96.09%，0岁—6岁儿童健康管理率达96.67%。建成儿童保健规范化门诊21家，建设率达95.5%。

【婚前医学检查】 2014年，鹿城区女性婚前免费医学检查实检7422人，婚检率达83.96%。

【出生医学证明】 2014年，全区18家出生医学证明签发单位全面使用区域妇幼网络系统实行出生医学证明发放管理和出生信息网络直报制度。全年，全区活产数35920人，出生医学证明签发数37653人，其中首次签发36237人，当年出生当年签发率达92.63%。

【托幼机构保健管理】 2014年，全区有托幼园所137家，均已达到托幼机构卫生保健合格标准。完成新生入园体检13059人，体检率达100%；保教人员体检3665人，体检率达100%。

精神卫生

【概况】 2014年，区精神病防治中心积极开展各项精神卫生工作。全年举办4期精神卫生工作知识培训班、12期网络培训班；联合区残疾人联合会、智力障碍亲友协会在老年活动中心开展知识讲座等；在市区数处电子屏上宣传精神卫生法等。至年底，已确诊精神病人4957人，建档4957人，其中重性精神病人4536人，非重性精神病人421人。全区规范管理重性精神病患者3824人，其中住院312人，居家服药2078人，未服药1308人，其他126人。已有4495名重性精神病患者建立电子档案。做好重性精神病人危险行为评估，完善社区精神病人随访管理，落实“发病送医院，康复回社区”的双向转诊制度。全年共为精神病患者门诊免费送医送药共4616人次，免费送药金额555504.63元，免费体检569人次，金额168517元，免费收治住院病人280人次，金额5568258.35元。免费做智力和精神残疾人的残疾等级鉴定200余例。有效维护社会稳定，控制了精神病人肇事肇祸行为，受到患者家属及社会大众好评。

爱国卫生

【概况】 2014年，区爱国卫生工作围绕创建国家卫生城市的目标，全党动员、全民动手，建立区四套班子领导领衔城中村工作制、部门包干创卫责任网络制、“微”平台指挥创卫制、社区和城中村“每月之星”评比制、日常巡查和联合督查工作制等长效管理制度，推进各项创卫专项整治工作。开展“中国梦”创卫巡演、“创卫—骑行动”等系列活动，在公交车、出租车、信息亭、沿街LED屏幕等播放创卫宣传内容，营造创建氛围。全区市容环境卫生面貌明显改观，在温州市创卫考核中名列第一。

【专项整治】 2014年，出动干部职工5.9万余人次参与创卫攻坚行动；投入2亿元资金推进各项卫生专项整治工作。全年，完成道路修补33万平方米，更换、清理窨井4049座次，疏通管道26万米；更新新式果壳箱8702个，改造垃圾坞2118座，改造社会公厕240座；完成道路架空管理整治110条，拆除或美化不规范空调外机1080台，城区机械化清扫作业道路总面积达549.25万平方米，总长度146.34公里，主干道机械化清扫率达100万平方米；绿化面积达1938.7公顷；27家农贸市场、20家小菜场、13个便点改造工作完成；45个马路市场被取缔或规范；“五小”行业动态持证率达98.9%；废品（再生资源）收购整治率达97.7%。

【健康教育】 2014年，组织开展第26个爱国卫生月活动，推出“创卫—鹿城在行动”系列宣传专题片8集，发放创卫宣传资料50万份。开展“科学预防性疾病、健康快乐动起来”“快乐生活、减盐控油更健康”等各类健康教育讲座、咨询、义诊、宣传日活动3978场，发送健康短信30万条，受益18.6万人；开展控烟禁烟宣传教育活动，发放控烟资料5万份、禁烟标志5000个、创成无烟单位43家。

【基础创建】 2014年，创成省级卫生街道1个、省级卫生村4个、市级卫生村11个，省级卫生单位6个、创成市级卫生单位12个、区级卫生单位14个。年内，申报创建健康金牌学校1所，创成铜牌健康促进学校5所。区人民医院和11家社区卫生服务中心通过市级健康促进医院验收。

【除“四害”】 2014年，按照“随时发现，随时消灭”的原则，“条包块管、条块结合、以块为主”的做法，在全区开展36次除四害大消杀，开展4次防四害大宣传，发放除四害宣传资料26万份，投放灭鼠药物50.45吨、灭蟑药物3吨，灭蚊蝇药物7.93吨，消杀面积563平方公里，加强外环境灭鼠活动，投放毒鼠屋（毒饵站）8000个，“四害”防治设施合格率81%，全年进行除四害大监测8次。

（编辑 戴增荣）

体育

综述

2014年，区体育事业发展局着力落实《全民健身条例》，进一步推进全区群众体育运动的发展，体育社区得到扩大，体育人口在增多。该年，举办各类群众体育活动19场次，参与群众达30000余人；累计建成公共体育场地1246个，已形成10分钟健身圈。参加国际体育比赛和全国体育比赛成绩优良；参加浙江省第十五届运动会获团体总分和奖牌总数全省第一名。推出《鹿城区加快发展体育产业实施意见》，设立100万元体育产业发展专项资金，助推体育产业发展。至年底，全区体育市场平稳有序。被区政府授予2014集体三等功称号。

竞技体育

【概况】 2014年，鹿城籍运动员参加国际体育比赛获金牌20枚、银牌10枚、铜牌4枚；参加全国体育比赛共获21个第一名。派出130名运动员参加浙江省第十五届运动会25个大项目比赛，并以387.37枚金牌、205.87枚奖牌、2564.87团体分的成绩，获该届运动会团体分和奖牌总数全省第一名。

【射击比赛】 6月，朱启南以625.2环成绩获斯洛文尼亚2014世界杯男子10米气步枪比赛第一名；9月，朱启南在西班牙举行的第51届世界锦标赛，获男子50米步枪3×40个人项目第一名，成绩为1180环；朱启南和队友以3502环成绩获男子50米步枪3×40团体项目第一名。同月，朱启南参加韩国仁川第17届亚洲运动会男子50米步枪3×40项目比赛，与队友合作以3502环成绩获该项目第一名。同时，朱启南获男子50米步枪3×40个人项目第一名，成绩为1871环。10月，朱启南参加阿塞拜疆举行的世纪杯总决赛，以627.4环成绩获10米气步枪比赛第三名。

【国际象棋比赛】 5月，丁立人在伊朗举行的2014亚洲国际象棋团体锦标赛中，获男子慢棋赛第一名和男子超快棋赛第一名。另获男子快棋比赛第二名。7月，丁立人获海南儋州2014第五届国际象棋特级大师超霸赛第一名。8月，丁立人在挪威特罗姆瑟2014世界国际象棋奥林匹克团体赛中，和队友合作获团体第一名。

【国际跳棋比赛】 6月，王晨帆参加爱沙尼亚·塔林2014世界青少年国际跳棋锦标赛，获14小组第二名。12月，在北京举行的世界精英智力运动会，田晟宬获得网络赛第一名，李晶获得第二名。

【游泳比赛】 1月，李朱濠以00：53.84的成绩获哈尔滨全国春季游泳锦标赛100米蝶泳第一名；何添奇以01：49.42成绩获200米自由泳第一名。10月，徐嘉余参加国际泳联在北京举行的短池游泳世界系列赛，以00：50.14、00：23.29、01：40.10成绩分别获：100米仰泳、50米仰泳、4×50米混合泳接力赛第一名。另以01：50.61成绩获200米仰泳赛第二名。同月，第17届亚洲运动会在韩国仁川举行，李朱濠、徐嘉余与队友合作以03：31.37成绩获该届亚运会4×100米混合泳接力赛第一名。另外：李朱濠以00：51.91成绩获100米蝶泳比赛第二名；徐嘉余以00：52.81、01：55.05成绩获100米仰泳和200米仰泳比赛第二名；何雨哲（女）以00：31.62成绩获50米蛙泳比赛第三名；徐嘉余以00：25.24成绩获50米仰泳第三名。该月，李朱濠参加在黄山举办的全国游泳锦标赛，以00：52.45成绩获100米蝶泳比赛第一名；与何添奇、何雨哲、徐嘉余合作以03：38.09成绩，获4×100米混合泳接力赛第一名；何添奇和队友合作以07：17.25成绩获4×200米自由泳接力赛第一名；徐嘉余以00：25.17、00：53.50、01：56.66成绩分别获50米仰泳、100米仰泳和200米仰泳比赛第一名。

【羽毛球比赛】 2月，郑思维参加台北举行的亚洲青年羽毛球锦标赛，与队友合作获混合团体和男子双打冠军。4月，郑思维与队友参加马来西亚举行的世界青年羽毛球锦标赛，获混合团体比赛第一名。7月，在辽宁锦州举行的“李宁杯”全国羽毛球团体锦标赛，郑思维、诸葛露凯合作获男子双打第一名。11月，在福州举行的中国羽毛球公开赛，郑思维与队友合作获混合双打第三名。

【排球比赛】 9月，李静和队友参加深圳第四届亚洲杯排球赛获第一名；10月，李静和队友合作获韩国第17届亚洲运动会排球比赛第二名。

【航海模型比赛】 8月，林驰在银川举行的2014全国航海模型锦标赛中，获FSR-03.5项目第一名。

群众体育

【概况】 2014年，举办浙江省（鹿城区）第二届全民体育节，组织全国第六次体育场地普查工作。年内开展各类群众体育活动19场次，参与人数达3万余人。至年底，全区累计建有健身点（苑）、篮球场等各类公共体育场地设施1246个。其中：新建健身苑点15个，小康体育村10个，健身步道5条，拆装式游泳池2个，沙土门球场改建4个，乒乓球室14个，公益性篮球场2个，健身公园3个，已形成10分钟健身圈。

7月12日，成立鹿城区钓鱼协会。7月31日，成立钓鱼运动协会。

【全国第六次体育场地普查工作】 3月，区体育局推出《鹿城区第六次全国体育场地普查工作方案》，并于同月举办场地普查人员培训班。8月，场地普查工作完成，上报场地普查报表共1498份。

【浙江省（鹿城区）第二届全民体育节举办】1月—10月，联合区直属机关工作委员会、老干部局、总工会、共青团、妇联、关工委、体育总会等8家单位。举办健步走活动、太极拳、木兰拳比赛、登山活动、健身舞（操）展示活动、第九套广播体操培训班及比赛、机关干部太极拳培训班、第九套广播体操比赛、象棋、围棋、国际象棋比赛、健身排舞培训及比赛、体育下乡活动、自行车7公里自游骑活动、有氧健身操（舞）与瑜伽比赛以及全民健身日庆祝活动、庆“国庆”大型广场舞表演、机关干部登山活动等19项群众体育活动与比赛。参与人数达1.5万余人。

【体育骨干队伍建设】 2月17日，区体育局派出1人参加在杭州举办的浙江省健身气功新功法培训班。6月19日，在温州市少年宫举办鹿城区健身排舞社会体育指导员培训班。该次培训共有81人参加，并经过考核授予三级社会体育指导员称号。6月30日，在龟湖饭店，承办二级社会体育指导员培训班，共有200人参加。11月、12月，选出14人参加一级社会体育指导员培训班。

【暑期体育技能免费培训】 8月，指导区排舞协会、足球协会开展中小学生暑期体育技能免费培训工作，全区共450名中小学生参加培训。

【国民体质监测工作】 5月19日—26日，区体育局承接国家第四次全国国民体质检测工作，完成检测580人。10月—11月，开展浙江省3岁—69岁公民体质评价等级标准测试工作，完成测试3650人。

【龙舟比赛】 6月，2014中华龙舟大赛（温州站）暨温州龙舟文化节在鹿城区龙舟竞赛基地（会昌湖水上公园）举行。参加比赛的有国内职业组男队12支、女队4支和大学生男队8支、女队4支。温州传统龙舟展示队伍共59支（其中鹿城区48支）。五色龙、蒲鞋市、水心、通泰4支龙舟队代表鹿城区参加传统龙舟比赛，并获第一、第二、第三和第七名。

体育市场

【概况】 6月，组织鹿城区40家游泳场馆法人举办法律法规培训。同月，对辖区经营高危险性游泳场所进行行政许可前的检查工作，并为40家符合行政许可的游泳场所发放许可证。7月，出台《关于加快发展体育产业的实施意见》，每年下拨100万元专项资金助推体育产业发展。全年，体育市场发展平稳有序。

【健身场所市民卡消费补贴活动】 4月始，在全区运动健身场所推出健身消费补贴活动。凡持本人市民卡到指定运动健身场所消费，均以8.5折收取服务费。该年，消费补贴总额达111.9万元。

【鹿城区体育产业联合会成立】 12月12日，温州市鹿城区体育产业联合会成立大会在万豪商务酒店召开。共有34家会员单位参加会议，并选举徐永华任首届会长。

（编辑 戴增荣）

社会事务

民族宗教事务

【概况】 2014年，鹿城区民族宗教事务以"加强民族团结进步"和"依法管理宗教事务"为总要求，着力创新"微组织、微窗口、微热线、微平台"等载体服务城市少数民族，推进涉及宗教违法建筑的"三改一拆"工作，深入开展"同心同行·共建和谐"宣传教育试点工作，有力维护民族宗教领域和谐稳定。

【落实"民族团结进步"大会精神】 2014年，认真贯彻落实中央民族工作会议暨国务院第六次全国民族团结进步表彰大会精神，制作《鹿城民族团结进步》易拉板在各街镇展出，展示鹿城区民族团结进步活动成果，及时宣传中央民族工作会议精神。扎实推进以少数民族流动人口为主的城市民族工作，促进城市民族工作进社区、进学校、进企业，打造各种形式的"微组织、微平台、微窗口、微热线"，为少数民族提供个性化服务。全年全区各地共新建19个"四微"组织，涌现出如五马、府前、松台、庆年坊等社区和双屿康奈集团、雨微露露有限公司等城市民族工作先进集体。继续指导各地建立完善社区少数民族志愿者服务队伍、矛盾纠纷协调组织和少数民族维权组织。共预防和协调15起涉及民族因素的矛盾纠纷。加快少数民族新居民融入温州城市化进程，创建温州城市民族工作新模式。

【宗教治理专项工作】 2014年，对全区宗教和民间信仰活动场所两次大范围摸底，进行排查、甄别、难点攻坚，完成对宗教违法建筑的处置。为消除在"三改一拆"处置过程中信教群众的误解，促进宗教与社会主义社会相适应，鹿城区根据市委要求，制定并提出了历时2年的"同心同行·共建和谐"活动实施方案。区委书记办公会议、区委常委会多次对活动进行了研究和部署，并先后在9月中旬和10月底召开全区"同心同行·共建和谐"活动动员部署会和试点推进会，全面推进宣教活动试点工作，深入实施"联系交心进场所、政策法规进场所、优质服务进场所、依法管理进场所、和谐创建进场所"等"五进场所"方案，走出一条具有鹿城特色的"同心同行·共建和谐"宣教活动试点路子。区委四套班子领导带头，全区上下协同行动，通过近半年的全区上下的共同努力，试点工作得到进一步深化，切实提高了广大宗教界人士和信教群众的爱国意识、法律意识、大局意识，密切了党和政府与信教人士的联系。截至2014年底，全区试点场所数扩大至24个，各级领导与宗教界人士及信徒骨干谈心交心2300人次，赠阅党报党刊2300份，宣传教育5290人次，成效彰显，宗教界反映强烈。

【夯实基础，保持宗教领域和谐稳定】 2014年，全区制定出台了《关于进一步在全区开展文明进香全面禁燃大蜡烛的通知》，在全区各宗教和民间信仰活动场所全面开展文明敬香活动。为进一步推动宗教活动场所开展和谐寺观创建和创星评选活动，6月8日上午，鹿城区召开以"教风"为主题的和谐寺观教堂创建和星级宗教活动场所评选活动动员会议。评选活动进一步加强和规范了宗教活动场所内部及动态管理，并鼓励了一批硬软件较好的宗教活动场所按照五星、四星标准开展星级创建活动。全年上报和谐场所创建20处，参加三星评选场所10处，四星评选场所1处。推动佛道教文化建设。协调做好温州佛学院（女众部）太平寺教学楼扩建选址工作，不断提升办学规模和水平，指导做好新生的招录工作。妥善处置了2月底发生的持续近一个月的蛟翔巷55号原清真寺教产纠纷事件。

10月28日，浙江佛学院、温州佛学院（女众部）揭牌仪式在温州太平寺举行

区民族宗教事务局提供

同时联系市住建、公安等部门做好处置后续相关工作；另外配合市有关部门做好伊斯兰教临时活动点搬迁工作，切实解决好伊斯兰教临时聚会点问题。

【民宗慈善工作】 2014年，民宗慈善分会全年共筹措善款60多万元。开展了“五水共治·五教同行”行动，五大宗教团体负责人分别担任5个河段的河长，五大宗教团体为“五水共治”工作累计捐款近10万元；结对并资助温州蓝色星星自闭症儿童发育行为训练中心5万元；资助泰顺贫困民族村（承天）7万元、泰顺欠发达乡镇筱村镇5万元、藤桥镇呈岸村快乐星期天儿童学习基地和垟岸村各1万元，资助南塘社区爱心超市1万元，全年慰问困难民族宗教界人士金额共计9.3万元，结对慰问南塘社区及灯塔村贫困老人、环卫工人40余人，发放慰问金、慰问品3万多元。引导广大宗教界发扬乐善好施、服务社会的优良传统，参与社会慈善公益事业。

人口和计划生育工作

【概况】 2014年，全区人口和计划生育工作围绕促进人口均衡发展这一主题，一手抓“单独两孩”政策，强化宣传引导和服务管理工作，确保政策平稳有序实施；一手抓计划生育各项日常工作，健全工作机制，完善配套政策，夯实基层基础，强化队伍管理，全面提高人口和计划生育社会管理和公共服务水平。7月，获“全国计划生育优质服务先进单位”称号。

【依法行政】 2014年，坚持把依法行政理念贯穿到计生工作各环节，深化行政行为规范化建设。自1月17日浙江省“单独两孩”政策正式实施以来，鹿城区根据服务对象要求，采取电话预约、延时服务、节假日办理、上门服务、全程代办等服务方式，建立健全首问责任制度、限时办结制度、一次性告知制度，明确每个环节、每个事项责任，最大限度提高经办人责任意识。精简再生育审核各环节程序，将审核时间由27个工作日缩短为16个工作日，审核效率大幅提升。细化执法流程，规范执法程序，切实执行征缴分离、“收支两条线”，规范街镇计划生育行政执法人员执法行为。按照“处罚法定、公开公正、合理合法、过罚相当、法律救济”原则，把名人富人、低收入、特殊家庭的违法生育对象进行分类行政处罚，确保规范计划生育行政处罚自由裁量权工作落到实处；与区法院就案件对接、征收决定变更、征收金额减免等环节进行深入对接，进一步规范案件移交司法程序，为案件先审后送工作提供制度保障，提高办理案件的质量和效率。

【优质服务】 2014年，坚持服务与管理并重，探索新形势下资源整合、优势互补、齐抓共管的服务管理新模式。通过政府出资购买大医院计生服务方式为育龄群众提供优质计生服务，区财政补助41.2万元为941例涉及无业、低收入已婚育龄妇女实行四项节育措施手术，聘请12位来自市中心医院、市附属二医、市二医的副高级职称以上妇产科专家每月开展专家门诊，专门为全区再生育对象检查诊治开辟“绿色通道”，联合组建医务人员讲师团，为新婚夫妇开设各类计生优质服务培训班、学习会600多期，参加培训的育龄妇女达5万多人次。

【“两非”打击】 2014年，共查处“两非”（非医学需要的胎儿性别鉴定、非医学需要的人工终止妊娠）案件10件，刑事立案7件，经济处罚3件，处罚金额6.67万元，吊销医师执业证1名。年初，出台《关于进一步开展出生人口性别比综合治理工作实施方案》，实行每月一研判，加强外来人员出生性别失衡高发街镇、高危人群、重点对象的统计分析，抽调公安工作人员到“两非”办现场办公。“两非”案件举报奖励最高金额由2万元提高到4万元，同时，突出把好生育审批关、孕情监测关、终止妊娠关，落实出生实名登记、无证产前报告、定点凭证引产等工作制度，严格落实再生育全过程管理责任，加强二孩再生育对象的跟踪随访服务，取消7例对选择性别人工终止妊娠的二胎生育指标。

【利益导向】 2014年，打造具有鹿城亮点特色的计生失独家庭养老帮扶模式，率先出台《关于鹿城区失独家庭扶助办法（试行）》，进一步做好计生特殊家庭帮扶，投入292.32万元帮助246个“失独家庭”父母解决养老问题。累计财政补助3867.64万元，为部分计生家庭发放奖扶、特扶、公益、养老及助学补助金；实施“计生困难家庭幸福生活促进行动”，建立“生育关怀冠名基金”，金额达4000多万元，累计慰问2789户计生家庭，金额达274.3万元，全区村规民约制定合格率达100%。在全区范围内组织开展助学成才、关怀救助、健康促进、精神慰藉等多种形式帮扶救助活动，计生低保家庭奖学助学金标准全市最高。

【计生宣传】 2014年，在全区各街道设立“优孕、优生、优育”指导中心，加强与公办幼儿园、品牌早教机构和医院孕妇学校等联动，开展“三优”宣传，开展计生宣传咨询、便民维权、文艺会演等活动120余次，发放宣传资料近15万份。全区7条计生相关宣传信息被国家级刊物刊发，192条计生相关宣传信息被省、市级媒体录用。

老龄工作

【概况】 2014年，区老龄办做好老年人优待工作、加强老年协会规范化建设、推进居家养老等，和谐老龄工作成效显著。截至年底，全区60周岁以上老年人口达13.8万人，占全区总人口的17.62%。80周岁以上的老年人21501人，老龄化程度严峻。

【老年人优待工作】 2014年，开展高龄老人补贴审核工作，全年共新增704名90周岁以上的高龄老人和9名百岁老人，共为2712名90周岁以上老年人和30名100周岁以上老年人发放274.89万元高龄生活补贴。为6585名60周岁以上老年人和4997名70周岁以上老年人办理浙江省老年人优待证。全年共招收老年电大学员11392人次，并将老年电大教学工作列入社区（村）居家养老服务照料中心必备服务项目之一。

【老年协会规范化建设】 2014年，鹿城区老年人协会开始全面换届工作。年初，下发《关于认真做好2014年基层老年人协会换届选举工作的意见》。3月31日，在松台街道菱藕社区举行老年人协会换届选举大会。老人节前后，全区65个城市社区和141个行政村全部完成换届，并分两次开展培训，新当选的老年协会会长全部进行了业务培训。

【居家养老工作】 2014年，领先全市出台《鼓励社会力量参与居家养老服务的实施意见》（1+4）系列文件。全面启动村级居家养老服务照料中心建设工作，25个村级照料中心于老人节前后全部建成，于年底开业，其中20家纳入区政府为民办实事项目，建设资金300万。出台《鼓励社会力量参与居家养老服务的实施意见》，对符合条件的养老机构实施许可和备案制登记，完成率达100%。全区现有养老机构25家，共有机构床位数5219张。11月，全市在鹿城区召开养老服务建设现场会，推进养老服务工作。全面开展政府购买养老服务二类补贴对象摸底工作，除了一类补贴对象，全年开展二类补贴对象的政府购买，争取区财政支持落实经费149万元。老年信息平台工作开展，全区所有老年人信息入户采集工作完成，录入工作全面结束。年底，鹿城区已完成95%的录入量。

【“敬老月”暨老人节庆祝活动】 2014年，敬老月期间，鹿城区在社区（村）居家养老服务照料中心进行宣传并张贴敬老标语，村级居家养老服务照料中心在敬老月期间开业，引进“孝”文化。借助宣传栏、《鹿城新闻》等媒体和广播进行广泛宣传，提高全社会的敬老意识。同时，区老龄办聘请金文平等知名人士在敬老月期间到社区老年电大教学点举办有关孝道文化和老年人权益保障法等内容的讲座，鹿城区民政局与业主委员会协会联合举办“九九浓情·爱暖夕阳”活动。9月28日，千名特困、独居、空巢老人汇聚一堂，同吃“百家宴”，并观看了文艺演出。活动期间，市委副书记马晓晖对全区部分百岁老人和特困老人进行了慰问。

关心下一代工作

【概况】 2014年，区关工委办以“急党政所急，想青少年所需，尽关工委所能”为原则，围绕中心，服务大局，发扬“五老”（老干部、老战士、老专家、老教师、老模范）丹心育人精神，发挥“五老”独特优势，以“童梦守望”公益行动为主线，以“老少共筑‘中国梦’”为主要内容，开展社会主义核心价值体系教育实践活动，为青少年办实事做好事，提高全区关心下一代工作水平。

【“五好”创建工作】 2014年，深化“五好”（领导班子创建好，骨干队伍作用好，制度健全执行好，活动经常效果好，积极探索创新好）关工委创建工作，有计划、有步骤、有目的地推进“五好”创建规范化，以拓宽渠道、整合资源的工作方法，实施“一街镇一品牌”“一社区一品牌”的创建活动。3月11日下午，中国关心下一代工作委员会主任、全国人大原常委会副委员长顾秀莲在省、市、区主要领导陪同下，视察南汇街道春秋社区关工委“4点钟学校”和民营企业康奈集团关工委“情感交流站”，听取了工作情况汇报。

【网络宣传工作】 2014年，加强网络宣传阵地，提升关工委形象。突破以往宣传模式，相继开通鹿城区关工委网站，新浪、腾讯官方微博，鹿城区关工委公众微信等信息平台，全方位报道宣传关工委工作动态、活动情况、五老事迹等消息。

【青少年德育基地建设】 2014年，开展青少年思想道德教育实践基地建设。11月，共命名七都街道七都中学、松台街道郭公山社区、藤桥镇田塘头村、五马街道八仙楼社区等4家为鹿城区青少年思想道德教育实践活动基地。

【“五老”关爱工作】 2014年，以“五老”讲师团为主，以言传身教、现场互动、实践体验为形式，发挥“五老”人员作用，开展“老少共筑‘中国梦’”等主题教育活动达497场次，受教育人数达5.3万多人次，加强了青少年社会主义核心价值观教育。“五老”网吧义务监督队坚持开展网吧义务巡查监督工作，巡查达4210场次，人数达819人次，制止及劝说未成年人进网吧23例、公共吸烟163人，净化社会网吧环境。全年区“五老”护苗志愿队继续对作为孤儿、单亲家庭子女、困难家庭子女等的7名孩子开展思想指导、行为引导、学习辅导，并关心其生活情况。8月，在黄滔、林荣领头的“五老”护苗志愿队帮助下，分别将家庭状况、生活学习环境不良的林以亨、郑俊杰两位学生转至平阳育英体校和平阳武校，使其步入正常学习生活环境，改善不良习惯。全区共有结对五老人数329人，开展关爱活动达192次，关爱未成年人人数达1223人，投入金额计21.7万元。开展“福彩牵手·助圆大学梦”公益行动，12名准大学生获6万元援助，10名中小学生获助学资金1万元。与区检察院、团区委多部门联动，开展保护未成年人观护行动，实行统一管理、统一培训、统一调配，全年共43人次参与行动，履行监督、沟通、抚慰、教育等职责，维护未成年人合法权益。

【“童梦守望”公益行动】 2014年，区关工委办推出“童梦守望”公益行动，帮助孩子圆梦，相继开展校服梦、阅读梦、文艺梦、生日梦等系列活动。六家爱心企业与两个部门共筹资金14.5万元，为温州市瓯越小学翠微校区987名、府东校区769名学生提供2769套夏秋校服。校服梦活动倡导由学生自己参与设计，通过“校服设计”绘画比赛、“我为校服代言”模特走秀等活动形式评选出学生心目中的校服，分别于5月、11月举行“日行一善、传承文明、爱心圆梦”和“弘扬社会主义核心价值观教育活动”。关工委办将阅读作为重点工作。4月，以“全民读书月”为契机，联合机关党工委开展“点亮微心愿 共筑中国梦”——童梦守望行动之圆图书梦活动，征集200名新居民学生微心愿卡，发动机关老党员干部微心愿认领活动，为学校赠送400册图书。5月29日，组织民工子弟学校——瓯越小学府东校区的40名学生首次走进温州大剧院，欣赏儿童节文化节目《快乐的小工匠》。暑假期间，在仰义街道沿江社区“蓝天俱乐部”，开展新居民子女参与的“童梦守望 小手牵大手”社区公益行文艺会演，倡议人人动手，爱护家园，以小手牵大手动员更多新居民参与文明城市创建活动。12月31日，开展“童梦守望生日会 情暖新居民子女”活动，为

5月28日，举办“我为校服代言”模特走秀活动　　区关工委办提供

12月31日，举办童梦守望生日会，情暖新居民子女　　区关工委办提供

瓯越小学翠微校区987位学生举行集体生日派对，赠送987份手套，42个生日蛋糕，作为生日礼物。学生为父母、老师、干部制作感恩卡。

【青少年“模拟法庭”演出活动】 2014年，以“模拟法庭进社区，普法宣传到家门”为主题，深入社区、学校开展青少年“模拟法庭”演出活动，“五老”人员现场说法宣讲，先后进社区、农村、学校举办12场次活动，受教育人数达3500余人，活动形式新颖，案例贴合实际，促进青少年学法、懂法、用法。6月，区关工委青少年模拟法庭获鹿城首届“十佳机关服务品牌”。

【开发特色急救类课程】 2014年，区关工委办联合区红十字会、温州市实验中学，“医教结合”共同开发了急救类课程“险中求胜”，首次在温州地区开设校本课活动，并纳入七、八两个年级段学生选修课程体系。

【关爱新温州人子女】 3月，联合区工商局、区教育局举办“爱心传递 梦想起航”活动，赠送瓯越小学20台电脑。5月，区关工委办协同温州市四川商会组织开展新居民子女“积分”制入学管理政策解读会。8月，组织区“五老”护苗队到温州皇家鞋业有限公司开展暑期新居民子女夏令营护苗活动。

【基层走亲连心解忧活动】 2014年，根据中央和省、市、区委开展第二批教育实践活动的部署要求，4月中旬开展以“增进与百姓的感情、增强心中百姓的分量、拉近与百姓的距离”为主要内容的基层走亲连心解忧活动。区关工委办三位党员多次走进联系点五马街道花柳塘社区、浙江午马减速机有限公司，与社区干部、群众、老同志以及企业家面对面征求干部群众意见24条，其中群众反映意见13条，做到即知即办3条，时限办结1条，要求市区部门共同办理9条，及时上报路教办，实现花柳塘社区3位群众微心愿。慰问3位困难户，开展“五水共治 美丽社区”涂鸦靓丽活动，运用办公经费6千元修饰南岸新村旧住宅外墙和护栏杆。

【党员教育活动】 2014年，区关工委办党员多次到藤桥参观田塘头革命烈士纪念园，学习老一辈党员革命精神。组织党员夜学，观看《焦裕禄》《雷锋》等群众路线教育片，学习焦裕禄精神。向身边最美党员学习，5月22日，邀请全国关心下一代先进工作者、原鹿城区“五老”护苗志愿队长林荣做《梦想·信仰·感恩》个人事迹报告，以“责任、认真、爱心、感动、圆梦、坚持、奉献、救助、助弱、感恩”20字鼓舞在座党员和工作人员。

【文艺活动】 2014年，与七家单位联合，开展“迎春健步走”、太极拳比赛、木兰拳比赛、登山、健身操（舞）展示、第九套广播体操比赛、三项棋类比赛、自行车自由骑行等一系列全民健身活动。与区文明办等单位举办鹿城区志愿服务团成立仪式暨“雷锋在身边”志愿服务主题活动。与区文明办等共五家单位共同举办鹿城区“童心向党”歌咏汇演。与仰义街道联合主办纪念“6·26”国际禁毒日宣传活动，成立了全区首支“五老”禁毒志愿服务队，开展青少年禁毒知识教育，协助社区、村居开展“无毒”创建工作，开展对吸毒、脱毒人员的思想引导、生活帮困活动，向青少年进行全年禁毒宣传工作。

残疾人工作

【概况】 2014年，鹿城区共有持证残疾人11285人，比2013年增加731人。按类别分，视力残疾855人，听力残疾2049人，言语残疾132人，肢体残疾4392人，智力残疾1569人，精神残疾1803人，多重残疾485人；按等级划分，一级残疾2191人，二级残疾3162人，三级残疾3984人，四级残疾1948人；按性别划分，男性6882人，女性4403人；按户籍划分，农业户籍3439人，非农户籍7846人；按行政区划划分，七都街道141人，滨江街道1299人，南汇街道971人，五马街道3586人，松台街道1979人，双屿街道659人，仰义街道413人，藤桥镇2237人。

【事业单位放宽比例招录残疾人】 2014年，鹿城区率全国市县级之先，在事业单位招录计划中有2个岗位定向招录残疾人。与以往公务员、事业单位招聘相比，这2个岗位放宽了开考比例，招聘岗位报名资格通过人数与招聘计划数达到2：1（一般是3：1），即可开考。10月10日，中国残联网站刊文《浙江温州鹿城区：首设2个岗位定向招录残疾人》，对鹿城定向招录残疾人作了介绍。年内，区卫生局下属事业单位已招录1名残疾人员。

【残疾人自强模范引领项目成效显著】 3月，听力残疾人王姗姗被评为全市“最美妻子”。残疾人运动员徐家晖在4月的全国残疾人游泳锦标赛以及10月的全省第九届残运会上共获4金1银和3金的成绩。徐家晖在游泳方面表现突出，在4月25日当选温州市十大杰出青年之一。5月，在第五次全国自强模范暨助残先进表彰大会上，鹿城区肢体残疾人、省市人大代表、温州金算盘财务管理有限公司董事长王海英获“全国自强模范”称号，并受到习近平等党和国家领导人接见。

【“十大自强模范”评选活动】 11月—12月，鹿城区委宣传部、区民政局、区慈善总会、区残疾人联合会、温广新闻综合频道组织开展鹿城区残疾人“十大自强模范”评选活动。残疾人夏跃邦、蔡益清、李岳环、徐家晖、黄金飞、王国和、黄金绿、胡菊萍、叶强丛、陈朝晖夫妇等人入选“十大自强模范”。

【感恩回馈服务社会】 2014年，50名盲人组成“心光”志愿者服务队，常年开展“感恩回馈、暖心服务”活动；由100名聋哑人组成的创卫小分队长期参与创卫活动。

【残疾人心灵馨艺术团走向全市】 2014年，温州市鹿城区心灵馨残疾人艺术团在区慈善总会援助下，在区残疾人综合服务大楼落实艺术团培训场地和设施，组织多场节目制作、艺术培训活动，全年参与人数达104人次，共承办市、区残疾人文化艺术“五进”活动演出7场。选送优秀演艺人员参加第九届中国青少年艺术节温州大赛，获古筝齐奏节目金奖；公益微电影《触摸阳光》获首届温州时尚青年创意节“最佳微电影”奖。

【鹿城关爱“蓝色星星”专项基金设立】 9月26日，鹿城区残疾人联合会率全市之先，联合区慈善总会、区民族宗教事务局在滨江街道杨府山社区举行鹿城关爱“蓝色星星”专项基金成立暨慰问仪式。温州鹿城农商银行富民公益基金会为关爱“蓝色星星”专项基金定向捐赠首笔善款50万元。关爱“蓝色星星”专项基金用于鹿城区自闭症儿童及其家庭、康复机构提供康复训练、困难救助、康复器材采购等。

【购买残疾人人身意外伤害保险】 2014年4月起，鹿城区残联率全市之先投入资金近9.9万元，按每人每年44元的保费标准为2107名一级重度持证残疾人和142名阳光庇护中心托养残疾人购买人身意外伤害保险。参保对象在保险期间内发生意外伤害事故，导致死亡或遭意外伤害事故下落不明，经人民法院宣告死亡的，可获人身意外伤害保险金3万元；在保险期间内因意外伤害（非残疾部位）在规定的医疗机构发生治疗的，可获意外伤害医疗保险金最高达5000元；在保险期间内因意外伤害在规定的医疗机构发生住院治疗的，可获意外伤害住院补贴每天20元（最长达180天）。

【“吾老爱吾幼，连心护成长”主题公益活动】 5月18日，鹿城区委老干部局、鹿城区残疾人联合会、中国电信温州分公司企政部联合举办“吾老爱吾幼，连心护成长”主题公益活动，向100名精神智力残疾人赠送100台“阳光守护”定位终端。该终端可运用电脑、手机进行GPS卫星定位查找残疾人，设有紧急求救键，有防止特殊儿童走失等功能。终端的购置费用由鹿城区“绚霞”老干部爱心服务队捐赠。

【残疾人康复】 2014年，全市率先完成205户残疾人无障碍设施、辅助器具进家庭项目。69名白内障患者接受免费复明手术，200名贫困听力残疾人免费验配助听器，10名贫困视力残疾人免费验配助视器，5名下肢缺失者免费装配假肢，33名0—6周岁残疾儿童享受抢救性康复训练补助。联合区卫生局、区民政局等部门出台《贫困精神残疾人服用基本抗精神病药物费用全额保障》政策。

2011年—2014年各类型残疾人数变化

表10

年份	视力残疾	听力残疾	言语残疾	肢体残疾	智力残疾	精神残疾	多重残疾
2011	812	1724	107	3998	1365	1546	398
2012	782	1789	112	4102	1419	1637	421
2013	792	1931	123	4140	1455	1690	423
2014	855	2049	132	4392	1569	1803	485

2012年—2014年各等级残疾人数变化

表11

年份	一级	二级	三级	四级
2012	1971	2885	3848	1558
2013	1996	2927	3857	1774
2014	2191	3162	3984	1948

2011年—2014年各街镇残疾人数变化

表12

年份	七都	滨江	南汇	五马	松台	双屿	仰义	藤桥
2011	119	1170	837	3210	1794	553	304	1963
2012	128	1189	885	3271	1842	567	330	2050
2013	130	1247	923	3336	1888	598	362	2070
2014	141	1299	971	3585	1979	659	413	2237

【实施残疾人专项帮扶】 2014年，实施重度残疾人托（安）养提标扩面工程，2197名重度残疾人享受托（安）养服务。新建五马街道朔门社区、七都街道残疾人小康阳光庇护中心，提升藤桥东日残疾人小康阳光庇护中心为市级，172名中轻度精神、智力残疾人免费享受日间照料庇护服务。437名无劳动能力困难一级重度残疾人领取生活补助金，897名残疾人享受就业年龄段无固定收入残疾人生活补贴。18名在读残疾大学生享受全额学费住宿费补助，810名残疾学生和困难残疾人家庭就学子女享受助学生活补助。

【做好残疾人技能培训就业创业工作】 2014年，全区继续深化残疾人庇护产品政府优先采购工作，实现政府采购总额339.76万元。组织164名残疾人参加职业技能和农村实用技术培训。新增藤桥新绿畜牧场、潮兴瓜果农民专业合作社2家残疾人扶贫基地。温州绿丰农业开发有限公司入选省级扶贫基地，落实16家扶贫基地和247名残疾人就业创业帮扶资金112.2万元，落实72名个体户基本养老保险补贴7.99万元，落实福利企业超比例安置奖励9.996万元。全区新增残疾人就业创业121人。

【保障残疾人权益扶残政策到户到人】 2014年，省、市人大代表、政协常委、委员持续引导和协助残疾人工作，为残疾人机动轮椅车主发放市区整治燃油补贴和中央直补燃油补贴，残疾人机动轮椅车整治成果得到巩固。印制《〈温州市鹿城区现行扶残助残政策简介〉〈温州市鹿城区残联服务事项办事指南〉合印本》发至全区持证残疾人，残疾人工作者开展“走亲连心”进残疾家庭活动，实施肢体残疾上门鉴定服务制度。做到政策、服务、信息“三进”残疾人家庭，扶残政策到户到人。残疾人证办证窗口以满票入选全区“十大效能示范岗”，维权岗瞿诚入选全区十大“勤廉标兵”。

红十字会工作

【概况】2014年，鹿城区红十字会围绕中心，服务大局，以“人道、博爱、奉献”的红十字精神为主题，推进各项事业不断深入。全年完成救护员取证培训2605人，普及培训13212人次；造血干细胞采集152例，捐献遗体（器官、组织）登记21人；收到捐赠款物49.69万元，支出捐赠款物63.76万元。

【红十字会组织建设】2014年，切实推进学校红十字会建设，在现有8个学校（集团）红十字会的基础上，新成立7个学校（集团）红十字会，实现了学校红十字会组织的全覆盖。

【“红十字博爱送万家”活动】1月，继续开展“红十字博爱送万家”活动，发扬红十字会“人道、博爱、奉献”精神，走访、慰问了鹿城区贫困孤寡老人共计145人，并给每人送上了1000元博爱慰问金。

【应急救护培训纳入学生选修课】2月4日，在温州市实验中学开始进行试点，把红十字应急救护培训——“险中求胜”课程单独纳入学生选修课程体系，保证每周一次定点、定时的课程学习与管理。

【救助贫困儿童活动】5月，开展“贝因美”捐赠奶粉发放活动，为辖区内约1100名需要社会救助的0岁—6岁婴幼儿发放“贝因美”奶粉508箱计3042罐，总计金额35.33万元。“六一”儿童节前夕，在社会各界人士的帮助下，为鹿城瓯越小学翠微校区987名在校学生购置了夏秋两季近2000套统一的新校服，把校服送到了每个孩子手上。

【开展红十字业务培训】6月16日，举办区红十字会系统业务培训班，来自全区各街镇红十字会从事红十字工作的86余名一线人员参加培训。培训旨在提升赈济救护业务工作的质量，打造高效、实干的赈济救护队伍，进一步推动全区红十字会系统干部的能力建设。

6月16日，在红太阳宾馆开展红十字业务培训　　区红十字会提供

【开展向灾区送温暖活动】10月25日，文成县发生4.0级地震，受灾人数达1.1万人，区红十字会积极响应，开展向文成、泰顺地震灾区送温暖活动，看望地震受灾群众，给当地受灾群众送去过冬应急棉被333条。

【《红十字事业发展意见》出台】12月29日，区委、区政府出台了《关于推进鹿城区红十字事业发展的意见》，进一步优化全区红十字事业发展整体环境，为区红十字事业的全面发展指明方向，提供发展动力，对促进红十字事业发展产生重要影响。

【建立救护培训站及救灾物资储备站】2014年，区辖所有的8个街镇建立红十字救护培训站，配备救护培训授课人体模具、小型救护包以及相关器材，方便周边居民群众学习急救知识，切实提高普及率。为确保灾情发生时，能就近快速调运救灾物资，及时开展抗灾救灾工作，切实保障灾区群众的基本生活，在8个街道（镇）分别建立救灾物资储备站，储备急需的救灾物资。

【打造红十字宣传一条街】2014年，在“印象南塘”打造红十字会文化宣传一条街，作为区重点宣传红十字阵地。以宣传红十字精神为重点，针对市民、游客开展红十字运动知识和防灾减灾、应急救护、献血捐髓、器官（组织）捐献等知识宣传，凝聚社会力量关心和支持红十字事业。

（编辑　王　超）

慈善工作

【概况】 2014年，鹿城区慈善总会创新思路，拓宽善款募集渠道，开展多种方式募捐，加大善款募集力度。截至12月底，全年共募集善款970.32万元。坚持多形式开展慈善救助，不断扩大慈善救助范围，年救助支出1674.31万元，超出年预算11%，救助人数达28521人次。联同区委宣传部，区残疾人联合会开展“新邦之爱”慈善晚会，叶金权、李爱兰、董奇国、冯亮英、季银妹等5人获提名奖，晚会表彰了2013年的慈善奉献特别奖和慈善奉献奖单位。联合区残联、区民宗局成立关爱“蓝色星星专项基金”，区民族宗教事务局慈善分会率宗教界人士参与此项慈善公益行动，向温州爱之乐儿童发育行为训练中心捐赠善款5万元。先后获得第二届浙江慈善优秀机构奖、温州市“慈善助医优秀组织奖”等荣誉。

【“慈善一日捐”活动】 1月2日下午，鹿城区举行2014年“慈善一日捐”启动仪式，区四套班子领导和区府大院的机关工作人员在启动仪式上踊跃捐款献爱心，共筹集善款94537元。

【区慈善总会二届五次理事会召开】 1月10日，鹿城区慈善总会二届理事会第五次会议在浙江工贸学院多功能厅召开。会议听取、审议并表决通过了鹿城区慈善总会2013年工作报告、财务报告和2014年财务预算报告及鹿城第四个慈善日开展系列活动情况等，对2014年的工作做了具体的部署。会上，鹿城区慈善总会与浙江新邦建设公司签订协议，设立“新邦慈善基金”，同时举行松台庆年坊社区池云川、黄大中、林锦夫，滨江新田园社区陈俊桥及陈建勇“心灵馨”、刘静海“朝潮”等9位小额冠名基金捐赠签约仪式。

1月10日，鹿城区慈善总会二届理事会第五次会议在浙江工贸学院多功能厅召开
区慈善总会提供

【第四个“鹿城慈善日”活动】 1月17日上午，第四个“鹿城慈善日”在世纪广场正式启动，主题是“关爱环卫工人、共享美好生活”，向广大市民发出倡议，呼吁大家共同加入关爱、尊重环卫工人的慈善公益活动。现场，区慈善总会新青年义工队分四组上街募捐，多家单位联合开展送医、送药、免费维权咨询、免费推拿、慈善义卖、文艺演出等广场一系列服务活动，区四套班子领导为现场困难环卫工人送上慰问品。

【“爱心鹿城·迎春慈善宴”活动】 1月20日，鹿城区慈善总会摆下50桌慈善分岁酒，邀请鹿城区500多名困难低保户、孤寡老人、特困残疾人、环卫工人代表同吃辞岁年夜饭，为每户送上200元压岁红包及油等新年礼物。全区共有1400多人参加各街道、镇慈善分会举办的爱心慈善宴。

【区慈善总会开展关爱环卫工年终慰问活动】 1月27日下午，区人大常委会副主任、慈善总会会长林瑞荣、区行政执法局局长姜益祥一行，慰问在一线工作的环卫工人。此次活动为鹿城区3767名城市美容师送去价值38.05万元的慰问品。

【区慈善总会为环卫工人派送特殊“爱心餐”】 1月30日农历除夕，鹿城区慈善总会、温州晚报雪君工作室、天一角食街联合为43个环卫工人休憩点送年糕与红枣汤，寓意“年年高”与“红得早”。当天，鹿城区慈善总会义工队分成6路当起“跑腿员”，让近百名环卫工人吃上一顿具有温州特色的年夜饭。

【关爱环卫工、义工在行动】 3月24日下午，鹿城区慈善总会联合五马、滨江街道慈善义工总队在安平大厦、洪殿社区门口开展“关爱环卫工、义工在行动”慈善义诊活动。五马、滨江社区卫生院全科医生（区慈善医疗义工）为每位到场的环卫工人提供免费义诊，并建立个人健康档案，鹿城区药业协会阿童木医药股份有限公司为活动免费提供药品。

【全区慈善工作会议召开】 4月25日下午，全区慈善工作会议在区慈善总会召开。会议部署2014年慈善工作，表彰一批慈善工作先进个人和先进集体。会上，10个慈善分会负责人汇报2014年工作思路和2013年慈善工作亮点。副秘书长郑金水通报鹿城义工队伍建设情况。会长林瑞荣在会上作重要讲话。

【发放“慈善门诊”卡】 4月25日下午，2014年“慈善门诊”卡发放仪式启动，鹿城区慈善总会拨出慈善门诊爱心专款90万元，执行一户一卡，一卡面值600元，救助鹿城区1500户特困户。

6月13日，"善行鹿城·爱在定理"拯救新生命慈善救助项目在温州市中心医院门诊大厅启动
区慈善总会提供

【"感恩母亲"鸿雁传书进校园活动】 5月12日上午，鹿城区慈善总会、温州市邮政局在温州市墨池小学联合举办"感恩母亲、弘扬孝道文化"——鸿雁传书进校园活动。活动以市区各中、小学生为主，向各学校分发2万张明信片，让学生们将"感恩"和"孝道"通过书写信卡的方式来传递对母亲的爱。

5月12日，鹿城区慈善总会、温州市邮政局在温州市墨池小学联合举办"感恩母亲、弘扬孝道文化"鸿雁传书进校园活动
区慈善总会提供

【"助残日"慰问残疾人协会】 5月16日下午，在全国"助残日"来临之际，鹿城区慈善总会会长林瑞荣、副会长兼秘书长魏园园和区残联副理事长叶俐等，走访慰问了盲人协会、精神智障亲友协会、聋人协会和肢残协会，并各送上5000元的慰问金。

【富民公益基金会成立】 5月22日上午，"温州鹿城农商银行富民公益基金"成立。成立仪式现场，该公益基金分别向鹿城区慈善总会、区民政局居家养老项目捐赠50万元和20万元，以支持该区慈善公益事业发展。鹿城区委常委、副区长伍挺，区人大常委会副主任、区慈善总会会长林瑞荣等出席了成立仪式。

【庆"六一"慈善爱心捐赠活动】 5月30日上午，鹿城区慈善总会和温州建设监理协会在龙方益民学校联合举办庆"六一"慈善爱心捐赠活动。温州建设监理协会成立将仪式简化，省出5万元捐赠给区慈善总会，定向用于民工子弟学校的建设和帮助贫困生，区慈善总会为民工子弟学校困难学生赠送价值6000元（100个）书包作为"六一"国际儿童节礼物。区人大常委会副主任、慈善总会会长林瑞荣，区慈善总会常委会副会长兼秘书长魏园园，温州建设监理协会会长胡一政、建设监理协会秘书长俞伟林，鹿城区龙方益民小学校长陈志武等出席了仪式。

5月30日，区慈善总会会长林瑞荣赠送民工子弟学校困难学生书包　区慈善总会提供

【会长办公（扩大）会议召开】 6月12日下午，鹿城区慈善总会召开会长办公（扩大）会议，区慈善总会财务苏瑚瑚通报2013年度鹿城区慈善总会审计报告；审议关于出资100万元建立"拯救新生命"慈善项目的决定；关于章程修改的决议；根据会长提名一致同意增补丁化军为总会副秘书长，会长林瑞荣作重要讲话。

【"善行鹿城·爱在定理"拯救新生命慈善救助项目】 6月13日上午，"善行鹿城、爱在定理——爱心鹿城·拯救新生命"慈善救助项目在温州市中心医院门诊大厅正式启动。鹿城区慈善总会出资100万元，与温州市中心医院合作设立"善行鹿城，爱在定理——爱心鹿城·拯救新生命"慈善救助项目，致力救治早产儿和患有重大疾病新生儿。

【区慈善总会、民宗分会领导慰问南塘社区老党员】 6月17日上午，在"七一"建党93周年之际，鹿城区慈善总会、区民宗局开展慰问南塘社区困难老党员活动，给他们每人送上慰问金500元。活动后，林会长一行参观南塘社区的爱心超市和居家养老服务中心，并听取社区工作人员对爱心超市管理的详细介绍。

【座谈交流活动】 7月9日下午，瓯海区慈善总会会长虞文成、副会长金爱云、秘书长夏景朝等一行6人到区慈善总会进行座谈交流活动。鹿城区慈善总会会长林瑞荣向虞会长一行介绍了2014年鹿城慈善日主题系列活动"关爱环卫工人 共享幸福生活""拯救新生命"等颇具特色的慈善公益活动，就下半年的酷暑送清凉、慈善助学等慈善救助工作进行探讨。

【"关爱环卫工 酷暑送清凉"活动】 7月18日下午，鹿城区慈善总会与区行政执法局领导一行，到双龙路垃圾中转站，看望和慰问了在高温酷暑下坚守工作岗位的一线环卫工人，并送去防暑用品和药品，拉开了鹿城区慈善总会2014年酷暑送清凉活动的序幕。此次慰问活动，送上清凉用品有沐浴液、红豆、绿豆、冰糖、红枣、花露水、毛巾等慰问品，价值7.35万元。

【酷暑送清凉慰问困难户】 8月1日下午，区慈善总会会长林瑞荣、区残联理事长谢云周等一行带着红枣、绿豆、红豆、冰糖、沐浴液、毛巾防暑用品、果粒、花茶等，对全区200多户残疾人困难户进行慰问。

【区慈善总会监事会第三次全体会议召开】 8月5日下午，温州市鹿城区慈善总会监事会第三次全体会议召开，会议听取了区慈善总会2013年度财务审计报告和2014年1月至6月份财务收支情况的报告以及慈善工作报告，并提出四点监审意见。

【"支援鲁甸、重建家园"赈灾义卖】 8月3日，云南鲁甸发生地震后，鹿城区慈善总会与温州市超市经济促进会、温州天爱公益协会等单位联合在温州松台广场开展"支援鲁甸、重建家园"赈灾义卖捐款活动，为灾区募集善款，将11.69万元救灾款送到灾区人民的手中。

【"爱心鹿城·爱心助学"仪式】 8月25日下午，"爱心鹿城·结对助学"发放仪式启动。鹿城区慈善总会通过"一对一"结对帮扶、爱心企业资助、社会募捐等一系列举措，共结对助学贫困学生59位，助学金27.62万元。

【国庆、重阳双节送温暖活动】 在国庆、重阳双节前夕，区慈善总会对29位鹿城籍抗战老兵和伤残军人走访慰问，为每人送上1000元慰问金和棉被、麦片、芝麻糊、肉松等慰问品，送上节日的祝福。

重阳节前夕，区慈善总会走访慰问鹿城籍抗战老兵和伤残军人，送上节日的祝福和慰问金、慰问品　　区慈善总会提供

【第十八个环卫工节慰问】 10月24日下午，为庆祝浙江省第十八个环卫工人节，鹿城区慈善总会联合区城市管理与行政执法局走访慰问市区两个垃圾转运站和环卫工人休息点，并对50名鹿城优秀城市美容师进行表彰。慈善总会此次为全区近4000环卫工人送上了节日的慰问和祝福。

【区慈善总会的荣誉】 11月17日上午，浙江现代慈善20年纪念表彰大会在嘉兴举行，鹿城区慈善总会获"第二届浙江慈善优秀机构奖"，五马街道慈善分会秘书长李红、区慈善总会李沪获"浙江省优秀慈善工作者"，慈善义工王剑锋获"优秀义工奖"。

【"助人为善"基金表彰好心人】 11月18日上午，鹿城区慈善总会副会长兼秘书长魏园园一行带着奖励金和荣誉证书到位于南塘大桥边的公园施工现场，表彰勇救79岁落水老人的重庆务工人员雷勋贵和罗辉二人，褒扬他们勇于救人的先进事迹。

11月18日，区慈善总会副会长兼秘书长魏园园发给勇救79岁落水老人的重庆务工人员雷勋贵和罗辉二人奖励金和荣誉证书
区慈善总会提供

【市慈善总会张林会长一行到总会调研】 11月21日下午，温州市慈善总会会长张林一行赴鹿城调研，区慈善总会会长林瑞荣向张会长一行介绍2014年鹿城慈善工作和2015年鹿城慈善日主题"扶贫济困、共享幸福"系列活动的筹备工作。

【好人林贵获"助人为善"奖励金】 12月1日下午，鹿城区慈善总会颁发了"助人为善奖"，并送上500元奖励金给将突发心脏病的妇女背到医院抢救转危为安的市中西医结合医院检验科医务人员林贵。

【关爱女性健康科普公益讲座】 12月7日下午，由鹿城区慈善总会主办，温州农业银行、温州市蓝天健康年轻化管理机构协办的"关爱女性健康科普公益讲座"在新南亚大酒店七楼举行。

【泰力实业慈善基金成立】 12月21日晚，泰力实业有限公司成立30周年之际，联合区慈善总会成立了金额为1000万元的"思源圆梦慈善基金会"，泰力承诺每年将捐赠给

12月21日，泰力实业有限公司成立“思源圆梦慈善基金会”　　区慈善总会提供

区慈善总会不少于60万元的金额，用于扶贫帮困。

【表彰“助人为善”俩兄弟】 12月29日，区慈善总会为陈菊明送去荣誉证书和“助人为善”奖励金500元，表彰其兄弟俩的优良品德。不久前，93岁的林老伯路过时意外昏倒，陈菊明和他哥哥陈松弟及时施以援手，让林老伯转危为安。

【鹿城慈善文化广场揭牌】 12月31日晚，鹿城慈善文化广场在白鹿洲公园文化村内举行揭牌仪式。市慈善总会会长张林，区人大常委会副主任、慈善总会会长林瑞荣，区委宣传部部长徐强等出席并为鹿城慈善文化广场揭牌，同时举行以“时尚引领、慈善助力、微笑传递”为主题的跨年慈善盛典，来自社会各界的爱心人士捐赠物品，通过义拍义卖募集善款，注入关爱环卫工人慈善基金，用于帮助环卫工人解决生活上的困难。环卫工人代表接受了区人大常委会副主任、区慈善总会会长林瑞荣送上的慰问品和慰问金。

（编辑　胡亭亭）

街道·镇

五马街道

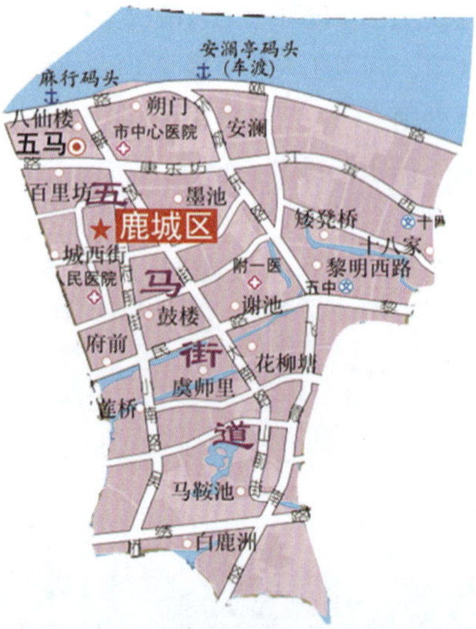

五马街道行政区划图　　区方志办提供

【概况】 五马街道位于温州市核心区域，通过温州市新一轮行政区划调整，功能定位为“时尚消费商圈、历史文化街区、都市品质生活区”，增挂“温州市鹿城五马中心商贸区”。辖区东与滨江街道接邻，南接南汇街道，西邻松台街道，北濒瓯江，占地面积7.24平方公里，是鹿城区政府驻地，也是温州的形象展示窗口和商业中心。

【区划】 街道下辖八仙楼、百里坊、城西街、府前、朔门、墨池、谢池、鼓楼、双莲桥、虞师里、白鹿洲、花柳塘、马鞍池、安澜、十八家、矮凳桥、黎明西路17个社区和丰收、荷花2个股份经济合作社。

【居民】 2014年，街道有户籍数79625户，户籍人口236011人，暂住人口52144人。年内出生2873人，死亡1643人，人口自然增长率5.2‰。

【工业】 2014年，街道有工业企业33家，工业总产值完成5.15亿元，其中规模以上企业1家，产值1.37亿元。固定资产投资总额22.94亿元，其中项目投资完成额13.33亿元。

【商贸】2014年，街道全社会消费品零售额181.94亿元，限上批零贸易、住宿餐饮企业156家，销售额237.72亿元。服务业完成产值20.37亿元。

【城乡建设】 2014年，丰收葡萄棚地块完成工程主体施工和部分装修及安装工程，完成投资额达5705万元。完成三纵四横历史文化街区改造、东瓯王庙一期工程安置工作及永楠小学地块实现签约率、房屋腾空率、拆除率均100%，进入协议书临转正阶段。永嘉战时青年服务团旧址完成腾空。打造九洲大厦旧住宅区整治样板，累计整治旧片区34.80万平方米。完成银都花苑汇荷7幢、县前大楼加装电梯工程、海螺小区3号楼平改坡工程。诸永高速北进城口综合整治完成粉刷和栏杆工程。名城广场地块剩余1户未签订协议的市店启动司法程序。排查老楼危楼1836幢，判定丙类房屋共1767幢，占96.20%。百里坊社区服务中心项目完成主体结顶，累计投资达110万元。新增广信大厦、龟湖水乡周边等停车泊位1100个，完成任务220%。推进绿城公寓、广信大厦非机动车库改机动车库试点工作。联合江滨路鹿城段工程建设指挥部，成功攻坚并拆除疑难户9户及已签协议未拆房屋的28户，计37户3382平方米。涉及851户的永川路安置房地块建设实现拆迁率100%。

1—12月，街道在全区“四边三化”考核中排名第一，“2014年度温州市城区街道（镇）‘两无三化’工作优秀单位”“温州市生态建设先进单位”“温州市创建国家卫生城市工作先进单位”。创成无违建河道11条，无违建社区17个，创建率100%。拆违面积10067平方米，完成区级拆违率201.30%；依法拆除宗教场所违章27处1662平方米，完成率100%。完成中瑞曼哈顿等立体绿化5处11980 平方米，完成任务199.60%。完成国家、省多次明察暗访迎检任务。改造垃圾坞336座。启动公厕改造提升64座（完成率100%）。开展环境卫生综合整治321次，清理垃圾约370吨。

建立健全河道保洁及垃圾入河日常监管、河面河岸保洁联动机制。落实河道河长12名，整合河道协管员、社区义务护河队286人。开展河道沿岸环境宣传整治180余次，清理垃圾90余吨。完成矮凳桥河等2处生态修复工程，龟河片区污水管网整治工程已基本完工，拆除温瑞塘河等4条河道沿岸违章1020平方米，建成滨水公园工程5个。

【计划生育】 2014年，全面贯彻落实"单独二胎"审批政策，稳妥应对接件量暴增至全区首位现状。创新建设街道"计生关爱幸福吧"。完成批生手续1031例，紧抓计生各项工作指标落实，1—12月完成社会抚养费征收105例1161.60万元。

【综合治理】 2014年，开展矛盾纠纷"大排查大调处"活动，完成区级挂牌重点不稳定因素东门九洲大厦地下车库纠纷化解，处置尚品尊邸酒店顾客意外死亡等群体性事件38起。强化禁毒、新居民服务、封闭小区建设等平安创建基础工程。深化基督教私设聚会点整治。街道被评为"温州市2004—2013年度平安创建工作先进"；建立街道民生问题处置中心，梳理处置民生事项2605件，并高质量承接全省社会治理信息化工作现场会、全市基层党建工作现场会，该中心创建做法得到省政法委领导和市委领导认可并予以推广；重视初信初访接待与历史遗留问题梳理化解，实现初信初访回复率100%，完成历年积案化解4件，完成率100%；完成全国"两会"、APEC会议等重大敏感时期辖区重点稳控人员的信访稳控工作，有效整合社区、部门资源力量，街道被评为"温州市信访工作先进集体"。突出业主和房东主体责任意识，紧抓网格化排查与户籍化管理模式，强化消防安全管理工作站和社区消防工作室业务提升，创新开展改造老旧民房旧线路2701户，整改居住出租房屋安全隐患1522户，全面完成辖区严重安全隐患的老旧民房线路改造工程。主动整合公安、消防、房管、城管、供电等部门力量开展辖区消防联合整治14次，整治重点消防隐患199处。

【社科文卫】 2014年，发放各类救助金2518万元，募集慈善基金69.90万元。全市率先成立街道物业管理办公室，1—12月协助、指导业委会成功换届22个，新建业主委员会10个，自管会12个。铺开"政社分开"工作，与17个社区签订《协议书》，细化政府购买18项服务内容及对应验收评估标准。完成花柳塘等6个社区1812.90平方米服务用房移交。探索并推广微信线上"四位一体"管理模式。街道被评为"温州市优秀邻坊中心指导站"。成功开展第二届"社工节"宣传周活动。完成国家级课题"社会组织助推社区教育"报送。表彰优秀社会组织25个。

深化"一站两堂"文化惠民功能定位，完成朔门等4个社区文化礼堂建设，百里坊等7个社区文体活动中心建设。挖掘"最美五马人"120人。街道被评为"浙江省春泥计划实施工作先进单位"。加强星级文体团队培育发展，强化户外广场舞团队噪音巡查管理，开展主题文艺演出、街坊故事会等文体活动501次，涉及群众23.20万人次。街道被评为"温州市社会科学普及先进集体"，有力彰显群众参与、活动繁多的五马群文特色。

【党建】 2014年，开展党的群众路线教育实践活动，全体班子成员合计谈心谈话860余次。召开各层面民主生活会、学习会267次，听取并收集批评与自我批评417条，累计走访群众73307户，召开各类座谈调研会120余场，收集梳理意见建议490条，认领完成微心愿914个。街道党工委被评为"温州市学习型领导班子"；出台发展党员"红色成长指数"管理办法，吸收预备党员31名，劝退信教党员2名。协同区委组织部建设区党群服务中

3月5日，温州市委书记陈一新等领导视察朱自清故居　　五马街道提供

心，顺利承接全市党建现场会参观观摩。解决街坊支部阵地37个，组建328个邻里互助组，18个党代表工作室，推动3183名在职党员进社区。八仙楼社区首创邻里互助组获评“浙江省闪亮言行之星”，府前“水仓亲邻团”和安澜“瓯江连连看”被评为鹿城区服务居民好做法，业主和谐生活研究会被评为全国先进社科组织，五马商会被评为温州市示范基层商会。

加强干部队伍建设，出台“1+7”公共服务体系建设文件，推行干部办公无休日制度。推行“工作十法”“一人三岗”理念，匹配实施“科室绩效、驻格绩效、攻坚绩效”三大类的每季全员考核。年初开展全员竞岗工作，选拔中层干部14名（中层正职6名，中层副职8名），平均年龄36岁。筹建“一馆三室六小组”，即全市第一个街道史馆，街道职工读书室、文体活动室与心理咨询室，6个业余兴趣小组。纪律督察42次，查处22人次，发布《五马警示录》36期，《五马督查》7期，发送警示短信5000余条。严格控制“三公”经费支出，公车消费同比减少18.50%，清理机关超标办公用房27处535平方米，创成“区节约型公共机构”。

【“全国道德模范及身边好人”交流现场会】 3月13日，“全国道德模范及身边好人”交流现场会在温州召开。中央文明办专职副主任徐令义、秘书局局长蒋希伟、省委宣传部副部长、省文明办副主任徐晓等领导视察五马街道“红日亭”。

【省社区侨务工作现场观摩会】 2月25日，浙江省社区侨务工作现场观摩会在鹿城召开。国侨办国内司司长许玉明、国侨办国内司综合处处长张凌、浙江省侨办副主任计时华、温州市副市长郑朝阳、市侨办主任鲍卫翔等各级领导莅临五马街道侨务工作站参观指导工作。

2月25日，国侨办、省侨办、市领导和市侨办等参观花柳塘社区观摩点　五马街道提供

【全省社会治理信息化现场会】 12月15日，全省召开社会治理信息化现场会，省政法委朱贤良、巫波伦等领导带队莅临五马街道现场观摩。

12月15日，省政法委朱贤良、巫波伦等领导在五马街道听取汇报　五马街道提供

【“金秋购物节暨五马商圈时尚周”活动】 9月5日，“金秋购物节暨五马商圈时尚周”活动在五马街开幕，市委常委、鹿城区委书记王立彤、市商务局局长陈向东，温州日报报业集团党委书记、社长方立明等领导出席开幕式。

9月5日，“金秋购物节暨五马商圈时尚周”活动在五马街开幕　五马街道提供

【红七月·服务月】 6月30日，五马街道在闻宅步行街举行“红七月·服务月”广场服务活动，省群众路线教育督导组蔡杭组长、温州市委组织部常务副部长施艾珠莅临指导。

6月30日，五马街道在闻宅步行街举行“红七月·服务月”广场服务活动
五马街道提供

【原永楠小学地块拆迁】 1月16日，滨江商务区A02—08地块（原永楠小学地块）完成签约、实现签

1月16日，原永楠小学地块拆迁户赠送锦旗给五马街道　五马街道提供

订率、腾空率、拆除率三个100%，解决了洪涝灾和危旧房两个问题，实现政府与群众双赢。

【永川路完成拆迁】 12月23日，历时9年的永川路拆迁工作，最后一户疑难户被拆除。全年街道共组织5次2000余人次司法强拆联合行动，成功攻坚并拆除疑难户9户及已签未拆28户共计3382平方米。

七都街道

七都街道行政区划图　　区方志办提供

【概况】 七都街道（七都城市新区）位于鹿城区东北部，东临乐清市北白象镇，南望龙湾区状元街道、蒲州街道，西眺滨江街道，北对永嘉县乌牛街道。是瓯江四大岛屿之一。随着七都大桥的通车，实现与主城区的"无缝对接"。七都街道距离温州机场仅20分钟，1小时可达台州、福建、丽水、洞头四地。辖区面积23平方公里，其中陆域面积12.70平方公里，四周江岸线17.80公里。是浙南著名的侨乡，从20世纪30年代开始，就有人员陆续移民国外，至今共有26500多名海外华侨、华人、港澳同胞，分布在世界28个国家和地区，归侨侨眷5000余人。

【区划】 街道下辖七都1个社区和吟州、老涂、樟里、板桥、前沙、上沙6个行政村，办事处驻地：七都街道老涂南路2—3号。

【居民】 2014年，街道户籍数4111户，户籍人口13169人，暂住人口2457人。年内出生208人、死亡106人，人口自然增长率为7.74‰。

【农业】 2014年，辖区集体所有的农用地总面积490.27公顷；其中耕地422.93公顷，园地54公顷，养殖水面13.33公顷。

【工业】 2014年，规模以上企业2家，实现产值6392万元。全社会固定资产投资总额29.5亿元，完成年度任务的126%，其中项目投资完成额9.18亿元，完成率全区第一。

【商贸】 2014年，社会消费品总额完成33216万元，招商引资21.86亿元，完成年度任务的182%。

出口贸易企业6家，贸易额799万美元。

【城乡建设】 2014年，街道在建重点工程项目共计9个（含温州中心大厦），其中，七都千亩安置房完成投资1亿元，占年度任务125%；吟州堤完成投资500万元，占年度任务100%；七都大道一期完成投资额3212万元，占年度任务的107%；高品街一期（经四路）完成8418万元，占年度任务的140%；温州中心完成投资额6.40亿元，占年度任务268%。七都大道一期已于11月通过预验收，成为温州高速东进城口的主要通道之一，目前每日车流量达1.30万余辆。沙洲路、飞虹街实现进场施工，高压地埋项目已结合市政道路工程进入施工阶段。

全年，街道"两无三化"（无违建、无污损，洁化、美化、序化）工作全市排名第一，创卫工作全市第一，创成无违建街道、浙江省卫生街道、温州市卫生强街道。开展渣土整治行动，与执法中队、交警形成联动，共查扣违法车辆23车次，立案查处9起。投入114.80万元对辖区内14座社会重点公厕进行提升，拆除、填埋旱厕177处（566个坑）；对12处无证无照废品回收经营点进行整治取缔。全年累计拆违200余处，拆除面积23677平方米，拆违率236%。完成老涂陡门河、七都新河、樟里河疏浚，完成河道疏浚、开挖方量4.20公里、5万立方米淤泥。启动中心陡门河、老涂陡门河施工。经过治理，排涝能力全面提升，老涂北新闸首次启动使用，全岛整体泄洪能力翻一番。

【计划生育】 2014年，计划生育率98.10%，社会抚养费征收3例，征收金额23.43万元。街道再生育全过程管理到位率、婚前医学检测率等5项指标均达100%。在全市率先开展特色孕环检服务，全面检查妇科疾病，并为育龄妇女提供安康保险。

【综合治理】 2014年，查处存在消防隐患出租户80户，整改率达100%；排查各类矛盾纠纷36起，涉及工程款薪金达2000多万元，调解成功率达100%。开展“禁种铲毒”排查18次。组建村巡逻队开展定期巡逻。推广社区“110”自动防控系统，已安装436户，同时在重要路段增加了70多个监控摄像头，与七都大桥治安岗亭组成一张治安“大网”，保证辖区内的社会治安稳定。

9月24日下午，街道在七都举行环堤塘自行车比赛活动　　七都街道提供

【社科文卫】 2014年，发放各类低保金、救助金、慰问金110.40万元。开展把爱心献给辖区“最需要关爱的人”系列活动，为60位困难群众提供了优先服务。创成老涂村三星级即最高等级居家养老服务照料中心，新建成吟州村居家养老服务照料中心。促成公办幼儿园——温州市第三幼儿园入驻七都。社区便民服务中心及网格员为群众代办、办结各项便民服务事项9700件，同比增长39%。在全市率先开展第二期社区家庭医生签约式有偿服务项目，扩大服务对象人数达102名，并拓展绿色通道、双向转诊、综合性全面体检等服务内容的广度和深度。

9月24日下午，七都街道在七都环岛堤塘举行浙江省第二届全民体育节暨鹿城区七都街道第一届环堤塘自行车比赛，活动的主题为“我们的街道我们的选择”，倡导低碳出行、健康出行、绿色出行、文明出行，来自七都街道机关干部、基层站所、社区、各村选手等共100多人参加了本次自行车比赛。

【党建】 2014年，街道走访党员中心户33户，党员、群众1878户。征集群众意见和建议294条，经合并归类共45条，问题化解率达91%。在各个村和社区开展2014年度“七都最美人物”评选活动中，选出13名“七都最美人物”，拍摄最美人物专题片，举行2014年度“七都最美人物”颁奖典礼，传播社会正能量。“七都最美人物”翁洪存、张长法被评为鹿城区“社区好人”。在全区率先实行电子“三务公开”（党务公开、村务公开、财务公开），将“三务公开”与有线电视相结合，使村民打开电视就能了解村务情况。

【温州中心（筹）城市综合体项目开工仪式】 1月10日，温州赶超发展三年超万亿投资计划——鹿城区2014年第一批百亿重大工程集中开工仪式在上沙村举行。该项目占地面积7.27万平方米，建筑面积达45万平方米（地下12万平方米）。其中五星级酒店6万平方米，商业面积6万平方米，住宅面积6万平方米，商业办公楼面积约14万平方米，容积率不大于4.5，建筑密度小于45%，超高层主体建筑高度280米，绿地率不低于30%，项目总投资约60亿元。

【第二期社区家庭医生签约式有偿服务开展】 七都社区卫生服务中心联合七都社区、街道民政部门、各村老人协会率全市之先，开展第二

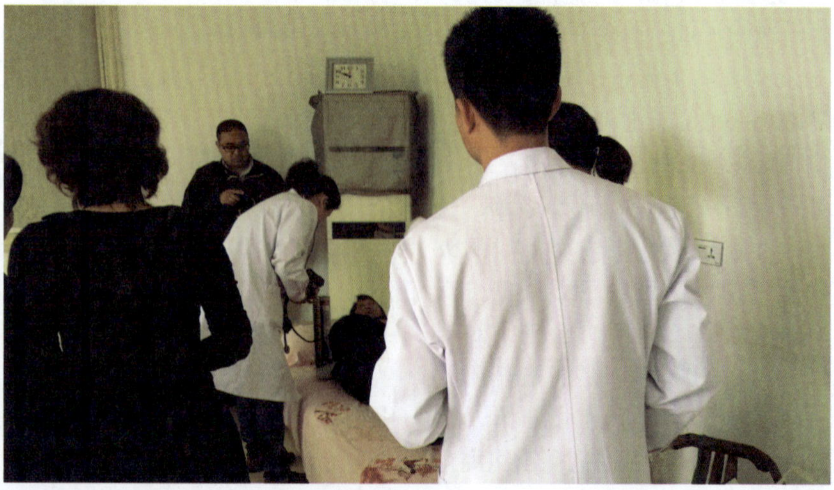

1月，家庭医生签约式服务上门体检　　七都街道提供

期社区家庭医生签约式有偿服务项目，扩大服务对象人数达102名，并拓展绿色通道、双向转诊、综合性全面体检等服务内容。

【把爱心献给“最需要关爱的人”系列活动】 街道领导班子成员、科室工作人员及各村干部对各村最需要关爱的60位群众进行走访慰问，通过交谈、了解他们最需要解决的实际困难，并一一记录，为这60位群众提供了“六优先”服务。

3月19日，办事处主任叶恒坚带领街道成员及村干部到吟州村低保户张祖云家走访慰问　　七都街道提供

【七都街道辖区道路命名新闻发布会召开】 5月9日，在七都街道会议室召开辖区道路命名新闻发布会。辖区内11条主要道路按地名规范要求命名，分别为七都大道、沙洲路、通都路、七彩路、樟桥路、名商街、汇侨街、飞虹街、高品街、吟川街、智源街。新路名蕴含了当地的历史、地理等文化元素。

5月9日，在七都街道会议室召开辖区道路命名新闻发布会　　七都街道提供

【2014年“七都最美人物”颁奖典礼举行】 8月13日下午，七都街道在一楼会议室举行2014“七都最美

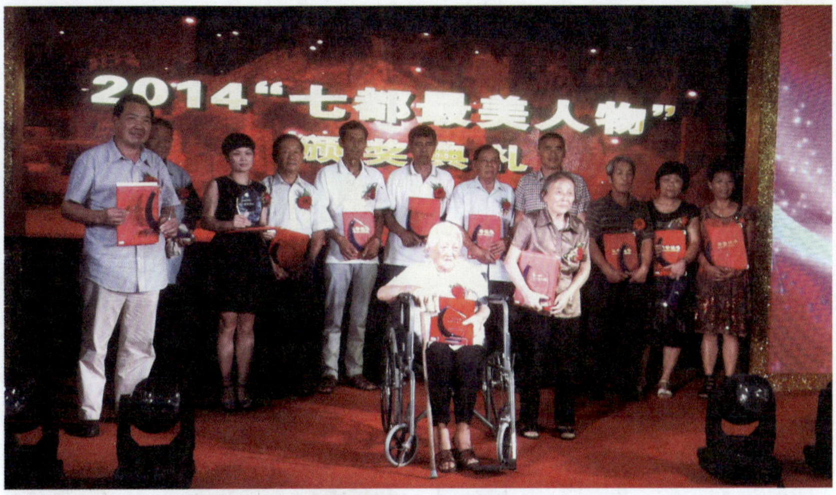

8月13日下午，七都街道在一楼会议室召开2014“七都最美人物”颁奖典礼　　七都街道提供

人物”颁奖典礼。典礼上，对辖区翁益德、翁洪存、林德玉、王秀兰、吴美竹、徐国金、林长春、瞿林竹、麻小荣、瞿利民、张长法、胡宝魁、胡英13名助人为乐、见义勇为、诚实守信、敬业奉献、孝老爱亲等方面表现突出的“七都最美人物”进行表彰。

滨江街道

【概况】 滨江街道位于鹿城区东北部，东、北临瓯江与永嘉县三江街道隔江相望，东南与龙湾区蒲州街道接壤，南邻南汇街道，西连五马街道。辖区总面积约16.07平方公里。街道曾获“省科普示范街道”“省级生态街道”“省级城市体育先进街道”“市级党管武装先进单位”“全国人口和计划生育依法行政示范街道”“浙江省第三次经济普查先进集体”等称号。

【区划】 街道下辖灰桥、洪殿、浦东、横河、蒋家桥、芳园、青园、绿园、蒲鞋市、杨府山、丰汇、新田园、蒲源、陡门、宏源15个社区和黎一、黎二、蒲州、上蒲州、杨府山塗、巽山6个行政村以及1个同

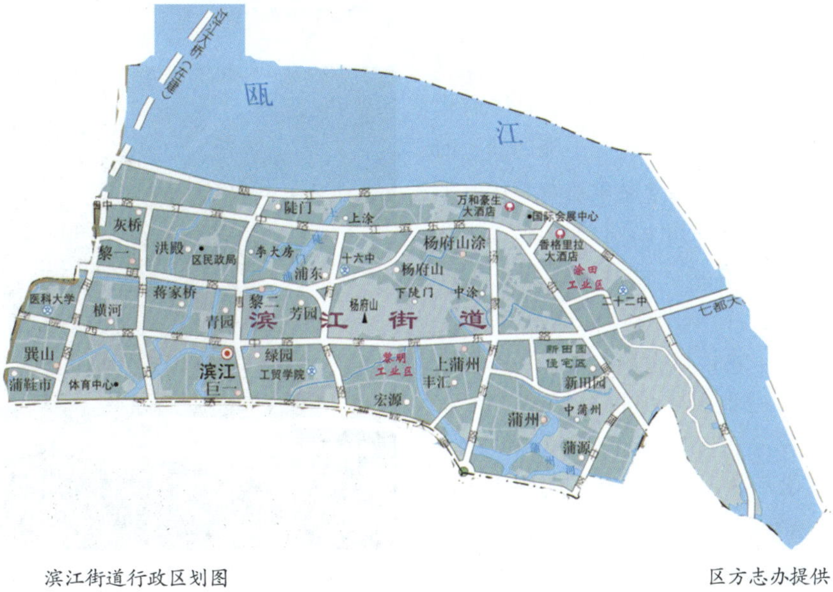

滨江街道行政区划图　　区方志办提供

心股份经济合作社。办事处驻地：学院中路191号。

【居民】 2014年，街道户籍数38138户，户籍人口116506人，暂住人口77167人。年内出生1366人，死亡449人，人口自然增长率为4.58‰。

【工业】 2014年，街道有工业企业412家，工业总产值32.08亿元，其中规模以上工业企业10家，工业总产值20.75亿元，增长10%；社会固定资产投资累计完成67.9亿元，增长6.90%。

【商贸】 2014年，街道有贸易企业1539家，实现销售额214.3亿元，其中限额以上企业106家，销售额96.70亿元。实现全社会消费品零售总额84.40亿元（占全区比重12.10%），同比增长5.40%；其中限额以上社会消费品零售总额25.22亿元，增长2.90%。

【第三产业】 2014年，街道有服务业企业2031家，服务业增加值13.70亿元，办理完成“退二进三”企业9家。

【城乡建设】 2014年，完成土地报征11.57公顷，累计拆除旧房面积12.54万平方米，拆除上陡门浦、前庄河、山下河等沿岸违章1.40万平方米，宗教和民间信仰场所违章2600平方米，完成拆违年任务的225%。新增安置房面积11.76万平方米，累计投资额5.67亿元。建成11个屋顶绿化项目7103平方米，建成滨江带状公园5.40公顷、5个滨水小游园和前庄桥东北侧滨水绿道87米，取缔双井头、蒲州村等马路市场。

前庄桥东北侧滨水绿道改造前后的对比
滨江街道提供

2014年，滨江街道承接全市亮点区块滨江商务区的旧村改造和项目拔钉攻坚任务，涉及杨府山塗、黎一、黎二等村，经过两年时间的建设，滨江商务区已渐出成效。目前，杨府山塗村“两路两河”（黎明东路延伸段、加洲路、环商泄洪河道一、二）完成征地，安置区正在拆迁；黎一村温瑞大道一期及灰桥桥下片已完成拆征任务；塗村4个历史遗留问题解决，黎一村28个历史疑难问题已明确解决方案，并逐步化解到位。涉及塗村14个重点项目，其中黎明东路二期Ⅰ标、环商泄洪河道二、金融集聚区、新田园核心文化中心、商务一路一期、商务六路等6个项目已恢复施工或进场施工，洪福路、杨府山路、规划二路等3个项目部分路段已具备进场施工条件。黎二村63亩地块重新启动，航标处地块3幢大楼、洪殿1号南地块6.5万平方米安置房恢复施工，10号地块完成工程总量的70%，惠民北路延伸段工程管线全部迁移并建成通车。蒋家桥地块15万平方米安置房开工建设。

2014年，黎明92文化产业集聚区、浙江创意园、智慧谷文化创意园被认定为市级重点文化产业园区，占据全市半壁江山；5月，浙江创意园获批国家广告产业试点园区；年底，新邦文创园将正式开园。其中以休闲文化和创业创新为特色的黎明92文化产业集聚区，经过三年的潜心培育，园区发展渐成规模，集聚效应逐步显现，创成5个省市级产业示范基地，入驻50余家文化创意龙头企业。2014年新引入的非遗广场、设集坊等10幢创意楼全部完成改造并投入招商。

花源路夜景 滨江街道提供

滨江街道

滨江街道位于鹿城区东北部，由原黎明、洪殿、蒲鞋市三个街道于2011年10月合并而成，区域面积约16.07平方公里，总人口193673人，辖15个社区、6个行政村、1个同心股份经济合作社。

2014年，街道牢牢抓住“经济发展提速、城市建设提档、社会治理提升”三个关键，全力打造滨江商务区亮点区块，辖区经济社会总体保持平稳，全年完成有效投资67.97亿元，实现超2亿元商务楼宇1幢，超千万元商务楼宇6幢。大力推进“五水共治”“三改一拆”“两无三化”，城市环境改善提升。完善“三调联动”工作机制，全面推广综治E通，实现民生事业协调发展。扎实开展群众路线教育实践活动，全面实施“红色细胞工程”，基层党建得到有力加强。街道先后被评为“全国人口和计划生育依法行政示范街道”“省科普示范街道”“省级生态街道”“省级城市体育先进街道”“市级学前教育先进街道”“省级残联系统先进集体”。

1. 滨江街道办事处办公大楼全景图
2. 12月15日，省委政法委副书记、省平安办主任朱贤良，省委政法委副书记、省综治办主任巫波伦率队对青园社区的基层社会治理信息化建设工作进行实地考察
3. 8月7日，在街道七楼大会议室召开街道领导班子专题民主生活会
4. 11月27日，市委常委、区委书记王立彤视察宏源社区“黎明92”文创园

此版照片由滨江街道提供

【计划生育】 2014年，辖区出生人口889人，其中计划内834人，计划生育符合率92.98%，出生人口性别比115.17，身孕信息掌握率94.78%；社会抚养费征收例数兑现率65.85%，金额兑现率67.17%；优生“两免”检测婚前检测率85%，孕前优生检测率100%；流动人口计生服务管理率98%。

【综合治理】 2014年，街道深化“网格服务管理、组团式服务”，完成黎一村、黎二村村民中心（活动中心）建设试点。开展社区清牌减负工作。杨府山涂村“三资”清理工作有序完成。针对3个区级治安乱点（上陡门社区片、锦园社区片、涂村片），成立专项整治行动领导小组，明确工作重点、责任。加强视频监控、警务室、巡逻队等基础设施建设，将治安乱点整治成为平安片区。投入经费30多万元购买综治E通手机323部，快速有效采集信息并予以录入流转。12月16日，在温州市召开的全省基层社会治理信息化建设现场会人员到青园社区参观考察，对街道深化立体化社会治安防控体系、成立街道民情处置中心、启用综治E通网络信息平台等做法表示赞赏，并把青园社区作为全省基层社会治理信息化建设现场会全市唯一的社区观摩点。全年，街道共录入省平安建设信息系统基础信息217884条，其中矛盾纠纷1235条，治安安全隐患2393条，民生服务1594条，受市委政法委信息表扬58条。

12月16日，全省基层社会治理信息化建设现场会人员到青园社区参观考察
滨江街道提供

开展平安双月和“进企入户”平安宣传，全年开展活动554次，印发平安宣传资料79308份分发每家每户及学校和机关单位，并通过开展现场咨询、平安创建有奖问答、座谈会等方式宣传平安知识和听取居民对辖区平安创建工作的意见和建议，涉及居民78383人，切实提高“平安三率”（社会治安满意率、平安建设知晓率、平安建设参与率）。

全年共排查矛盾纠纷1235起，成功调处1215起，调处成功率达98.40%，涉及金额181.85万元，其中处置非正常死亡、人身损害赔偿等重大纠纷10起。调处效率保持相对稳定，有力地促进了街道辖区内的社会稳定。

【社科文卫】 2014年，芳园社区建成为全市首家“公办民营”试点居家养老机构。举办“滨江最美”民间道德评选，持续弘扬崇善向上文化。推进文化礼堂拓面提质，着力打造精品项目3个，开展“文化礼堂巡演季”系列主题活动。围绕“五水共治”、文明城市创建等工作重点，扎实开展红十字会工作，组织救护知识培训，提高公民自救互救能力。辖区共举办救护培训3场，组织救护员取证培训303人次；开展讲座22场，普及2363人次。宣传推动捐献造血干细胞和遗体（器官）工作。全年，共完成器官捐献登记6人，造血干细胞采集35例。

截至2014年底，完成慈善捐款32.31万元。重视义工队伍建设，不断规范和壮大义工队伍，现有慈善义工人数1702人，以“传播慈善、服务社会”为宗旨，广泛调动辖区义工的积极性和主动性，活动中到处可见穿着“红背心”慈善义工的身影，积极传播了爱心理念，促进了滨江慈善事业的发展。

【党建】 2014年，街道党的建设得到有力加强。全面实施“红色细胞工程”，编织出青园、芳园社区两张功能好、营养足、活力强的红色细胞网。开展民情E通工作。全年注册活跃群众1069人，街道、村、社受理率100%，共处置群众反映心声16条。

2014年，街道开设“书记论坛”，搭建“你讲我评，你亮我学”平台；实施“传帮带”计划，通过年轻书记与年长书记牵手，“资深”书记传授经验，“见习”书记传递活力，形成“1+X”互补带动机制；组织开展村居干部集中培训，让优秀村居书记上台当老师，现身说教，传授经验。辖区2名社区书记、8位党员分别获得鹿城区最美基层带头人、身边好党员称号；青园社区获市级先进基层党组织称号；蒲鞋市、宏源社区的“雨花斋”“创意家园”被评为鹿城区十大服务品牌。

2014年，完成辖区21个村社党组织星级评定工作，其中4个社区党组织被评定为五星级党组织。积极参与打造黎明92“创意党建”综合体，而以其为题材的微视频《凝聚》获全省党建微视频大赛一等奖；深化香格里拉大酒店党支部“爱心家庭”、黄河清洁公司“关爱社会、关爱企业、关爱员工”行动等“一企一品”建设。加大问题党员帮扶处置力度，针对民主评议被评为“差”的45名党员，明确帮扶责任人，通过定期走访、谈心谈话、思想汇报等措施，限时整改，确保实效。

2014年，认真履行党风廉政建设、党工委主体责任和纪工委监督责任，深入开展正风肃纪专项行动，加大对不认真履职、执行不力等失职行为的问责力度。人大认

7月15日，在街道七楼会议室举行滨江街道第二期书记讲坛　　滨江街道提供

真履职、一线工作。爱国统一战线进一步壮大，对台工作实现新拓展。非公经济领域统战等工作走在前列。完成浙江省基本侨情调查工作。党管武装工作得到新的加强，完成总政治部民兵思想政治教育、军分区民兵党建工作试点工作，获“温州市基层武装部建设标兵单位”称号。关心下一代、工青妇、侨务、民族、宗教等工作得到强化，“创首善、争一流”的氛围更加浓厚。

【惠民北路延伸段建成通车】 8月19日，备受市民期待和关注的省“治堵工程”项目——惠民北路主车道完成沥青铺设、路面交通标志线设置等工作，实现了主车道通车。这两条主干道瓯江路与瓯海大道的南北贯通，缓解了城区的交通压力，给市民出行带来了便利。惠民北路是市区主干道惠民路向北的延伸段，南接江滨中路、北连瓯江路，道路全长323米，道路红线宽40—47米。

8月19日，惠民北路建成通车

滨江街道提供

【恢复新田园核心区文化中心进场施工】 6月26日，拖延三年之久的新田园核心区文化中心恢复进场施工。该文化中心位于新田园住宅区五、六组团之间，工程用地面积为3.80万平方米，建筑面积为1.90万平方米。文化中心项目按照功能区域可划分为健身运动区、疏林草地区、林荫广场区、景观欣赏区和童叟活动区，将成为一个开放式的综合性景观休闲空间。总工期495天，预计2016年投用。

6月26日，新田园核心区文化中心恢复进场施工

滨江街道提供

【顺利通过“两路、两河”征地决议】 10月28日，塗村村民代表大会顺利通过了“两路、两河”共计9.59公顷集体土地征用决议，实现在塗村近10年来首次征地。

南汇街道

南汇街道行政区划图

区方志办提供

【概况】 南汇街道位于鹿城区南部，东接龙湾区蒲州街道，南、西分界瓯海区梧田、新桥两街道，北望滨江、松台、五马街道，是温州市政府所在地，全市行政文化中心。区域总面积18.90平方公里。2014年，街道下辖的春秋社区获全国青少年校外教育示范项目三等奖、全国科普示范社区、省级民主法治社区、省级民主法治文化建设示范基地；火车站社区获浙江省城市体育先进社区。办事处驻地：双龙路199号。

【区划】 街道下辖西屿、开源、十里亭、南塘、桥儿头、火车站、春秋、绣山、吕浦、清风、大自然、三板桥12个社区（居委会）和德政、里垟、葡萄、东屿、龙方、前网、上田、巨一、横渎、龙沈、灯塔、鱼鳞浃、南塘、划龙桥14个行政村，办事处驻地：双龙路199号。

【居民】 2014年，街道户籍数33294户，户籍人口104029人，暂住人口84056人。年内出生1171人，死亡395人，人口自然增长率7.46‰。

【工业】 2014年，辖区有工业企业440家，工业总产值47.13亿元，其中规模以上企业43家，产值34.22亿元，全社会固定资产投资69.43亿元。

【商贸】 2014年，辖区有贸易企业1981家，完成贸易额71.36亿元，其中限额以上企业246家，贸易额69.76亿元，年内新增企业2家。

【第三产业】 2014年，辖区有第三产业企业3440家，完成退二进三企业16

南汇街道

南汇街道位处浙江省温州市鹿城区南部，地理位置优越。2011年10月，因鹿城区街道行政区划调整和功能区设置，由原绣山、南浦、南郊三个街道撤并合建而成，同时设立南汇现代商贸区。区域总面积18.90平方公里，下辖12个社区（居委会）、14个行政村，其中城中村占全区的1/3，常住人口22.4万人，其中户籍人口10多万人。辖区内有炬光园、横渎工业园区、灯塔工业园区和吴桥工业区等工业园区，以五金、鞋革、服装等传统轻工制造为主。另有时代商圈特色商贸街区、温州大道汽车街、车站大道金融楼宇街区等特色街区，27幢商务楼宇，各类经济主体18242家，全社会固定资产投资69.43亿元。

2014年，南汇街道突出金融商贸、公共服务、汽车服务、城市品质居住四大主导功能，全力打造公共服务核心区、金融商贸集聚区、汽车服务集聚区和城市品质居住区，多项经济指标显现企稳回升势头，项目建设凸显积极态势。

1. 2014年，完善5个三星级社区居家养老服务照料中心及春秋、桥儿头、南塘等3个社区爱心驿站建设
2. 2014年，实现了站前电子商务创业园、聚商盟电商园、坚士锁业跨境电商园三大电商园区从无到有的快速成长
3. 2014年，深入推进“五水共治”攻坚战，完成5个滨水公园建设，辖区环境面貌得到提升

此版照片由南汇街道提供

家，正在申报退二进三企业25家。

【重点建设项目积极推进】 2014年，通过街道、区、市三级联动，上田村10多年来累积的20余个历史遗留问题基本化解到位。7月，顺利通过上田村整村剩余41.60万平方米集体土地统征决议，其中绿轴200米范围内10.80万平方米集体土地已完成组件报征，剩余集体土地正抓紧组建报征；强势拆除绿轴区域存在10多年的历史违章14328平方米，绿轴200米范围现已全面进场施工。此外，全面完成省重点工程市域铁路S1线一期工程5个行政村15.92万平方米集体土地报征工作。葡萄和东屿村临转正已签订905户，转正率约为69%。配合市属单位做好中医院、中西医院、市二十一中、二十八中的扩建征地政策处理工作及名城集团双龙路道路建设、现代集团淡水养殖场房屋征收等工作。街道自建重点工程项目共计16个，截至年底，完成区重点自建项目投资额12.49亿元，完成计划任务122%，其中房屋续建项目11个，完成投资额11.55亿元；市政道路项目3个，完成投资额0.24亿元；房建项目中东屿C—8—2地块、东屿C—12—1地块、东屿C—7—1地块、横渎A—37a—1地块及葡萄9-1地块5个项目主体结构相继结顶，共计结顶27幢，面积达37.34万平方米。

【综合治理成效凸显】 2014年，坚持水岸同治，重点围绕温瑞塘河主塘河“一环三线”沿河重点片区，统一规划、综合整治，扎实推进“五水共治”、“三改一拆”、滨水公园亲水绿道改造提升、截污纳管、亮丽景观工程建设、黑臭河整治等工作。实现32条68.78公里河道“河长制”全覆盖，完成两河整治0.61公里，创成无违建河道18条。累计拆除违建6.67万平方米，完成率111.12%。宗教和民间信仰场所违建处置率达100%。建成绿地面积4.54公顷，完成5个滨水公园建设。完成东屿河、上田等五大截污纳管工程建设项目投资额3278万元，上田片和城市中心南片准备竣工验收。信访中“非访”同期相比批次下降88.20%、人次下降97.60%。两抢（抢劫、抢夺）下降65%，盗窃下降11%。妥善解决上田、灯塔、龙方等7个行政村涉及市级层面14个、区级层面8个的22个历史遗留问题。企业隐患检查率和群租房整治率均达100%。全面铺开辖区城中村综合整治。推进春晖路段茶吧区域、火车站周边、南郊片区等社会治安重点地区排查整治。调查处理劳动纠纷75件，协助追讨欠薪1180余万元。

【计划生育】 2014年，辖区计划生育符合率88.94%。征收社会抚养费124例，征收金额1242.12万元。

【社科文卫】 2014年，落实各类民生实事，完善5个三星级社区居家养老服务照料中心及3个社区爱心驿站建设；完成葡萄、龙沈等5个村民中心改建项目；完成清风、绣山、吕浦等8个社区的幸福社区创建迎检及葡萄村的市级文明村创建工作；全面建成5个社区文化礼堂。开展危旧房大排查，共计普查住宅楼1102幢，近787万平方米。

【党建】 2014年，撤销合并村级组织银行账户17个，软弱涣散基层党组织整顿完成率、基层党组织星级覆盖率，实现“两个100%”。加强干部队伍建设，1名街道干部获市级“最美街镇干部”，3名村居干部获区级优秀基层带头人。同时，加强正风肃纪工作，全年开展督查76次，查处通报各类违纪行为125人次。

【横渎河西A—37a—1地块主体结顶】 横渎河西A—37a—1地块建设项目属于横渎河西地块改建项目中的子项目，位于龙沈工业区北边，占地面积为2.43公顷，容积率为3.2，总建筑面积10.94 万平方米，共6幢，项目总投资约6.42亿元，建设周期为3年，其功能主要是用于南塘吴宅旧村和飞龙组团安置建设。9月，提前完成区重点办的建设计划任务，顺利结顶。

9月，横渎河西A—37a—1地块主体结顶
南汇街道提供

【东屿C—8—2、C—12—1地块结构主体完成结顶】 东屿C—8—2地块用地面积0.87万平方米，地上建筑面积1.90万平方米，地下建筑面积0.94万平方米，共计185套。项目总3幢楼，总投资为1.79亿元。东屿C—12—1地块用地面积0.95万平方米，地上建筑面积2.58万平方米，地下建筑面积1.12万平方米，共计234套。项目总4幢楼，总投资为2.33亿元。东屿城中村改造项目东屿C—8—2和C—12—1地块于2013年4月开工建设，至2014年底已完成主体结顶。

12月，东屿C—8—2和C—12—1地块结构主体完成结顶
南汇街道提供

【葡萄9—1地块结构主体完成结顶】 葡萄9—1地块位于过境公路西边，用地面积2.253万平方米，地上建筑面积8.82万平方米，地下建筑面积3.44万平方米，共计772套。项目总7幢楼，总投资为8.95亿元。葡萄9—1地块于2013年5月开工建设，于2014年12月主体结顶。

12月，葡萄9—1地块结构主体完成结顶
南汇街道提供

【中央文明委领导视察南塘街】 3月13日，在市委常委、宣传部长胡剑谨、鹿城区委书记王立彤陪同下，

3月13日，区委领导中央文明办主任徐令义等一行视察南塘风貌街
南汇街道提供

4月22日，浙江省司法厅副厅长吉永根一行在市、区司法领导陪同下莅临南汇司法所进行调研工作　　南汇街道提供

中央文明委主任徐令义率队视察南塘风貌街。

【省司法厅领导到南汇司法所调研工作】 4月22日，浙江省司法厅副厅长吉永根一行在温州市司法局副局长朱进龙、鹿城区司法局局长张维忠等陪同下莅临南汇司法所进行调研工作。

松台街道

松台街道行政区划图　　区方志办提供

【概况】 松台街道位于鹿城区中西部，北濒瓯江，南临塘河，东抵信河街，西至翠微大道，辖区面积10.11平方公里；辖区水域8条，共计8.50公里，分别为汇昌河1100米、西山河1000米、勤奋河1700米、双桥河400米、十八湾河700米、黄龙浃河700米、九山外河1700米、水心河1200米。辖区主要道路有：勤奋路、广化路、过境公路、鹿城路、杏花路等。2014年，街道先后被评为全国社区教育先进街道、国家级生态街道、省文明街道、省级卫生街道、省级体育街道、省级侨联示范街道。

【区划】 街道下辖来福门、庆年坊、郭公山、月湖、翠微、广化、双桥、锦花、昌明、水心、桂柑、菱藕12个社区和松台、水心、双桥3个行政村及广化、九山2个股份经济合作社。街道办事处驻地：温州市雪山路75弄33号。

【居民】 2014年，辖区有户籍43133户，户籍人口123965人，暂住人口43224人，年内出生958人，死亡809人，人口自然增长率为2‰。

【工业】 2014年，有工业企业90家，完成固定资产投资47.3亿元，完成率102.85%，同比增长21.89%。其中工业性投资16.87亿，完成率173.89%；实现规模以上工业总产值6000万元，同比增长53.10%；实现财政收入1.51亿元，同比增长8.93%；完成招商引资8.60亿元。

【商贸】 2014年，商业、贸易企业1332家，限上社会消费品零售总额8.64亿元，同比上升1.80%；服务业增加值14.20亿元，同比上升5.20%。

【城乡建设】 2014年，完成双桥村保障性安居工程土地报征，签订临时协议书234份，腾空234户，协议签订率91%，其中完成疑难户征收30户，拆除旧房面积4.10万平方米。签订九山1号地块改造临时协议书123份，腾空118户，协议签订率98%，拆除旧房约1.50万平方米，已完成项目初步设计方案。BT建设单位谈判已完成，基本做好年底进场施工的准备。对辖区23.80万平方米的旧住宅区进行环境综合整治工作，其中桂柑社区、双桥社区作为精品项目进行重点改造，成绩位居全区前列。全年，旧厂区改造任务数11万平方米，已完成改造面积15.42万平方米，完成率140.18%。主要是推进建设集团厂房和商务大楼、九山鞋都等企业旧厂房改造。8月，已完成全年4万平方米的拆违任务，拆除各类违章6.02万平方米，完成年度任务的151%。其中完成拆除区十大典型违法建筑90处、1.83万平方米。全面完成宗教场所拆违任务，拆除宗教场所违章22处共计0.22万平方米。对辖区内的主塘河松台段等9条河道落实河长制，以“一河一策”

松台街道

松台街道位于城区中西部，区域面积10.11平方公里。总人口24.88万人，其中户籍人口12.40万人。现辖12个社区，3个行政村，2个村级股份经济合作社。辖区文化底蕴深厚，人文景观丰富，商贸服务昌盛，有全市最大的城市综合文化体——温州市工人文化宫，有浸润人文底蕴的城市节点——松台广场，有入古城“九山斗城”之列的郭公山、松台山，还有全市唯一AAAAA级风景区江心屿。近年来，松台街道经济持续稳定发展，辖区党建工作、市容环境、社会治安、公共服务、群众文化等各项工作均稳步向前。街道先后被评为全国社区教育先进街道、省级文明街道、省级生态街道、市级药品安全示范街道、市级爱心街道。

2014年，完成固定资产投资额47.3亿元，实现服务业增加值14.2亿元，完成招商引资8.6亿元。建立并拓展广化、月湖等7个社区居家养老服务中心，不断创新松台街道居家养老服务模式。随着旧城改建工作的不断深入，松台辖区的居住环境和生活品质得到大幅提升，社区建设位列全区前茅。

3

4

1

2

1. 2月17日，党的群众路线教育实践班子会议
2. 9月8日，市委书记陈一新及街道书记项晓晓参与庆年坊中秋节活动，与市民欢度中秋
3. 6月29日，邻里风尚季：小朋友们参与环保袋制作活动
4. 11月9日，举行慈孝生日会

此版照片由松台街道提供

全面开展综合整治，其中7条河道已创成“无违建河道”。推进精品河道建设，全面拆除主塘河沿岸违章建筑，清理垃圾2.30吨，并建0.13万平方米的透绿围墙；在水心河补植和新增植被4000余平方，建成任宅前、水心湾、三岸等沿岸滨水公园3座；对双桥河、黄龙泱河等4条黑臭河进行清淤疏浚、水域保洁、绿化养护、生态修复等工作，2014年，该4条河道已全部通过验收。双乐住宅区截污纳管工程已顺利完工，是全区唯一一个按期完成的截污纳管项目。建立“护水使者”志愿者队伍，一月一次开展“五水共治”宣传工作，营造浓厚的治水氛围。完成438处“祛疤栽花”项目整治，祛除“疮疤”6.99万平方米。完成6个滨水小游园改造提升工程，总计0.79公顷。屋顶绿化工程4个总计0.25公顷，完成街头绿地彩化0.10公顷。共接受数字城管件数10924件，处理率100%。积极实施无违建小区创建工作，街道共有7个小区通过无违建小区验收。

【民生服务】 2014年，建成翠微、广化、月湖等七个三星级居家养老照料中心，居家养老工作在辖区做到了全覆盖；提升桂柑、菱藕、水心等3个社区的居家养老服务中心，其中，水心社区居家养老服务照料中心作为市级居家养老工作现场会的参观点，得到上级领导高度肯定。全年累计发放低保保障金680万元，医疗救助金130万元。辖区新增就业3772人，安排98名就业特困人员到社区公益性岗位上；共处理劳资纠纷83起，追发劳动者工资等待遇131.26万元。全年计划生育率94.10%，共征收社会抚养费110例，征收金额900万元。

【综合治理】 2014年，共接待信访群众500多人次，其中群访约10批400多人次；化解市、区级转办信访件及初信初访30件。在国庆及十八届四中全会期间，共有进京“非访”5批7人次，对余某某等3人进京“非访”回温后依法拘留；对其他4人进行了训诫谈话教育。辖区共发刑事治安案件8984起，同比下降1%，“两抢”案件33起，同比下降71%，盗窃案件2825起，同比下降17%。街道综治中心被作为11月中旬召开的全省综治平安工作现场会实地参观点之一。排查居住出租房隐患1445户，整改1413户，整改率97%。查处取缔无证照“三合一”“低小散乱”生产加工单位46家，区级挂牌整治单位2家，本级挂牌单位4家，现已全部摘牌。积极推进城中村消防安全综合整治，9月，双桥村城中村综合整治顺利通过市级验收。全部拆除河通桥市场违章建筑，消除安全隐患，同时举一反三对辖区其余9个专业市场进行摸底排查，实行一场一策，基本整改到位。

【科教文卫】 2014年，通过“春泥计划”“孝文化教育”“小手拉大手”等具体载体，培养未成年人从小树立文明意识，形成“文明创建人人有责、创建成果人人共享”的局面；以“学雷锋、树新风”“文明鹿城精彩有我”“关爱农民工及其子女”“关爱未成年人”“关爱老人”等为主题，广泛开展环境保护、家园清洁、植树护绿、秩序维护、文明交通、文明服务、扶贫济困、助老扶弱、医疗卫生等服务活动，每周开展一次“文明大行动”。对27处典型乱点进行强力整治，迅速整改到位。整改提升无类别公厕25座，拆除4座，创成8个市级卫生达标社区、2个市级卫生示范社区。新建宣传栏6个，修整完善宣传栏40个，更新文明创建专栏50余期，制作讲文明树新风及社会主义核心价值观宣传牌1000余个，营造浓厚文明创建氛围。建成全市唯一的五星级社区1个，四星级社区4个，三星级社区4个。建成桂柑、菱藕、水心、广化、双桥5个社区文化礼堂，其中桂柑社区争创市级精品文化礼堂。温州图书馆菱藕分馆于9月27日已开馆营业。

【党建】 2014年，有党组织36个（包括46个两新党组织、37个社区企业联合党支部），其中14个党委、6个党总支部、16个党支部，党员3752人。紧扣“四风”查摆问题，撰写对照检查材料，及时召开专题民主生活会，开展批评和自我批评。街道领导干部共与必谈对象开展谈话450余次，召开座谈会75次，梳理意见建议138条，其中反映四风问题方面的25条，领导班子查摆问题17个，领导干部查摆问题合计319个，针对查摆出来的“四风”问题，制定了“两方案一计划”，新建和修改了12项工作制度和管理制度。班子成员主动认领收集的113件重点民生问题，已解决92件，化解率81.40%。通过机关干部入户走访夜访、领导干部蹲点调研、“一卡一栏一箱一热线”、楼栋服务平台、“民情E通”等渠道收集民意，共走访居民46822户，发放干部联系卡47000余份。以邻里微互助为重点，深入推行“红色微讲堂、邻里微互助、社区微实事、群众微心愿、身边微故事”五微系列活动，共征集微心愿560个，认领402个。以双桥村软弱涣散党组织整顿工作为重点，制定《后进村集中整顿工作方案》，建立双桥村村民中心，抓好村级组织规范化建设。进一步加强党员管理，出台党员星级管理办法。全年共教育转化10名信教党员，对19名党员启动了组织处置程序，其中除名2人，已限期改正17人。另外，编制刊发松台街道优秀典型书籍——《飘扬的旗帜》3000余册，在《温州日报》《温州都市报》《温州商报》等市级媒体刊登新闻30余篇。率全区之先成立松台街道参政议事会，桂柑社区作为全省社区侨务工作现场会参观点，其工作经验在全省范围内得到推广。严格执行中央八项规定、省委“28条办法”等作风建设的相关制度与规定，对办公经费支出做到严格控制，压缩10%左右；公务接待均在街道食堂，严格控制接待标准；街道公务用车全部喷绘标志并安装GPS，严格落实公务用车制度，杜绝了公车私用；对班子成员办公室超标问题全部整改到位。严格落实党风廉政建设“一岗双责”，制定年度党风廉政建设责任制，明确街道班子成员和各科室的责任。加强村级党风廉政建设，以水心村为试点，开展村务监督委员会“123”提质工程示范点创建。开展机关效能专项督查31次，发现问题18起，处理10名工作人员，有效强化街道机关办事效能。

【社区交通微循环模式获市政府肯定】 成立小区车主委员会，联合交警部门制定智能化管理方案，采用社区一口进二口出的模式，社区专门设立服务窗口，专人负责管理，成立小区车主微信群，社区可以通过微信群发送相关通知以及温馨提示，并就车辆管理进行即时的交流和讨论。市长陈金彪亲自到辖区视察并给予高度肯定。

市长陈金彪亲自到辖区视察并给予高度肯定　　松台街道提供

【九山一号地块改造提升工程正式启动】 3月16日上午，松台街道九山1号地块城中村改造工程项目正式启动。该项目东邻九山体育馆，南到鹿城路，西至广汇大厦，北接半腰桥，占地面积1.52公顷，涉及拆迁户124户、384人，旧房面积1.90万平方米。总规划新建房屋面积5.50万平方米，工程计划工期为3年。该项目将连同河通桥鞋料市场进行统一规划、统一立项、分步实施，作为一期改造项目。建成后的大型高档楼房居住区将汇集商业、办公、住宅、餐饮、娱乐等，成为九山河畔闪耀的城市综合体。

【白马服装市场26年违章建筑得到整治】 3月21日，街道在强制拆除市场西面部分围墙后，着重牵头消防、执法、工商等部门，组建整治工作组开展联合整治。5月15日，街道、消防、执法、工商4家单位出台联合通告，并于5月下旬依法关停市场。

【水心村居家养老服务照料中心成立】 对原老人乐园和马鞍池西路188号综合大楼进行整改装修，并设置日间活动多功能厅、休闲曲苑、老年食堂、医疗保健卫生室、图书阅览室、室外长乐廊、清心亭等功能室，面积达1200多平方米。12月，建成后的水心村居家养老服务照料中心将由水心村老年人协会全面负责管理。

双屿街道

【概况】 双屿街道位于鹿城区西部，东临翠微大道，南朝黄龙山脉，西与洞桥山麓接壤，北依瓯江。辖区面积25.50平方公里。辖区主要交通线有金丽温高速、104国道、330省道、甬台温高铁、金温铁路鹿城段。2014年，街道获评省级“腾笼换鸟”综合整治试点区。

【区划】 街道下辖营楼桥、瓯浦垟、康龙、黄龙、垟田、牛岭、金竹、鞋都、丁桥、新泽、新屿11个社区和营楼桥、瓯浦垟、箬笠岙、垟田、牛岭、嵇师、双岙、前陈、屿头、岩门、正岙、潘岙、上伊13个行政村。办事处驻地：温金路138号。

【居民】 2014年，街道户籍数12903户，户籍人口43155人，暂住人口220650人，年内出生574人，死亡165人，人口自然增长率9.47‰。

【工业】 2014年，街道有工业企业1445家，工业总产值258.39亿元，其中规模以上企业144家，产值137.36亿元。规模以上工业企业万元产值能耗降低率3.20%。全社会固定资产投资完成46.03亿元，其中工业性投资13.97亿元，技改投资11.01亿元。

【商贸】 2014年，辖区有商业、贸易企业1162家，完成贸易额78.11亿元，其中规模以上企业25家，贸易额 2.01亿元。批发零售住宿餐饮业全社会销售额（营业额）173.47亿

双屿街道行政区划图　　区方志办提供

双屿街道

双屿街道位于温州市区西大门，办事处驻于温金路138号。辖区面积25.50平方公里，辖区有中国鞋都、鹿城工业区两大工业基地，落户企业3300多家，拥有康奈集团、东艺鞋业、巨一集团等产值超10亿元企业。街道（功能区）定位为：企业总部经济集聚区、城市西部交通枢纽和城市大型生活居住区。

2014年，组建双屿综合整治协调督导工作小组及办公室，市委书记陈一新在双屿组织召开千人动员大会，先后7次到双屿调研指导，按照“一年打基础、两年求突破、三年见成效、争取七年完成整治”的思路，全面开展综合整治“七大行动”。外来常住人口由2012年的39.4万人下降到2014年的22.1万人，减少17.3万人、降幅43.9%；工业总产值从2012年的222.3亿元增到2014年的258.4亿元、增长16.2%；企业劳动生产率从2013年的6.4万元/人·年，提高到2014年的7.2万元/人·年、增长12.5%，双屿综合整治着力构建滨江沿岸的新景区、时尚产业的引领区，打造产城联动的城市新区。

2

3

1

1. 双屿全景图
2. 6月14日，街道在双岙村举行“五水共治”誓师大会
3. 滨江沿岸

此版照片由双屿街道提供

元，零售额27.08亿元。

【第三产业】 2014年，第三产业企业1162家，完成产值78.11亿元。服务业增加值3.22亿元，同比增长17.40%。加快推进“一都两园三城”建设，中国鞋都改造提升启动区十大项目有序建设，国际轻工淘宝城、温州国际鞋城、鞋都鞋革城主体结顶或竣工开业，总部经济园一期建成入驻，二期对外招标，A378时尚产业园完成签约。发展高效产业和高效经济，中津先进科技研究院项目有序启动，中国鞋都正在申报国家级产业集聚区。

【城乡建设】 2014年，坚持规划引领，发挥规划对新增投资项目的统筹和引导作用，相继启动《城市西部产业联动综合新区规划》《双屿片区近期交通改善实施方案》《双屿片区转型升级示范区实施方案》《公配设施布局规划》等详规，结合现实需求全面开展基础设施配套整体布局规划论证。

注重拆建结合，发挥项目建设对区域发展的推动作用，以中央涂为重点，拆除旧房326户，面积7万平方米，宗教违章37处计6942平方米。完成土地报征2.36万平方米，低效土地利用开发4.51万平方米。街道承建的重点项目完成投资额9亿元，共竣工、完工项目14个。按期完成新104国道双屿境内5个村全部报征工作。鞋都三期立交桥、鞋都小学等一批重要基础设施和公建配套建成投入使用。

大力推进安置提速，努力克服原指挥部拆迁历史遗留问题多、情况复杂等困难。完成安置方案编制11个，安置项目9个，其中住宅项目6个，计286套；营业房项目3个，面积675平方米，完成项目数和安置面积均排全区第一。

【计划生育】 2014年，征收社会抚养费81例，征收金额540万元。上报信息80篇，其中被国家录用1篇，省级

11篇，市级51篇，省电视台七套人口专栏播出1次，温州电台播出1次。

【综合治理】 自2013年浙江省委书记夏宝龙对双屿“减员增效”综合整治做出系列重要指示以来，温州市委、市政府高度重视，将双屿列入全市“3+1”亮点区块建设之一，全力推进“六大工程”（城市经济升级工程、现代产业集群工程、都市工业提质工程、城市功能拓展工程、基层基础优化工程、都市品质提升工程）和“七大行动”（产业转型升级行动、“三改一拆”行动、控规修编市政建设行动、重点项目建设行动、水环境综合整治行动、新居民服务管理行动、平安综治建设行动）。市、区、街道三级联动，努力打造温州产城融合的新区块、城市有机更新样板、全省传统产业转型升级的新标杆、全省社会管理的新示范、中国鞋业的新高地。

深入推进省级“腾笼换鸟”和落后块状行业整治试点，推进“四换三名”（“腾笼换鸟”“机器换人”“空间换地”“电商换市”）、“三转一市”（工业企业“规下转规上”“个转企”“有限转股份”“企业上市”），中国鞋都电子商务集聚区加快建设，工业技改投资占工业投资比重78.60%，全省机器换人百项示范项目占全市1/4，18个工业用地二次开发项目加快推进，2个小微园建成招商。

沿着一江（瓯江）一河（丰门河）一路（330国道）轴线推进“五水共治”，完成丰门河万米绿道（一期）工程建设，完成垃圾河整治，污水管网实现全覆盖，解决了双屿常年的内涝问题，水体总磷指标浓度较2013年下降22%。以“三改一拆”为突破口推进重点区块改造，启动沿岸沿线13个城中村（区块）改造。推进市容市貌综合整治，开展无证无照、环境卫生、工业垃圾、非法摩的、道路交通五大整治，取缔非法摩的2100多辆，双屿整体环境不断提升。

实施新居民积分制管理，推行IC卡居住证管理，实行梯度累进的公共服务享受机制。完善出租房管理模式，推行企业整治标准化改造、智能化应用、公寓式管理，解决了群租转租混租市场乱象。完善消防安全治理体系，实施城中村安全综合整治，地毯式地打击非法生产、排查非法用电、清理私搭乱建。持续推进无证照整治“百日清零”、交通治堵“百日联动”、城中村安全综合整治“百日攻坚”等“三百”行动，关停整并转无证照3411家，岩门村被评为全市城中村安全综合整治示范村。出租房管理“两化一式”全市现场会在双屿召开，市级“无证照街道”实现摘帽。3月31日和12月1日，双屿开展治安整治“铁马一号”“铁马二号”行动，各出动警力、街道干部500余人和1100余人。

【社科文卫】 2014年，率先实施《新居民积分制管理实施细则》等4个新居民管理办法，受理解决新居民子女就学等方面的申请1505件；开展新居民志愿者服务8000余人次，促进新老居民和谐互融、共建共享；对辖区道路进行梳理，形成了“三纵三横”的整体道路框架，25条主要道路摆脱“无名”历史；建成居家养老中心2家、建成2个社区文化礼堂和3个社区文化服务中心。实行工业垃圾市场化消纳，作为全市创卫工作重点区域，努力推进村居“一把扫帚”制度，顺利通过创卫检查，以“三纵三横”（“三纵”即江滨AB线、鞋都大道、104国道；“三横”即牛三角路、江湾路、双金路）为重点，对23个重要节点实施“三位一体”综合治理，优化双屿公交巴士站点布局，两条社区巴士线路正式营运投用，西进城口沿线拆违建绿，修补破损道路15公里，增加交通隔离设施8.2公里。

【党建】 2014年，制定实施了《关于进一步加强党的基层组织建设的实施意见》《进一步规范基层党组织生活会的通知》及《双屿街道进一步规范村级组织运行实施意见（试行）》（1+5文件）等文件，明确各基层党组织的工作职责和具体内容，落实“五议两公开”、村两委联席会议等制度，切实发挥基层党组织的领导核心作用。进一步规范村“三资”管理，取消多重账户，村级财务章由村账代理中心统一保管，确保村集体资产的规范管理。

大力推进“党员驿站”“红色街区”“两新”党建工作等红色阵地建设和党建区域化建设，实行社区“大党委”制，促进社企互动互融；实行“两新”党建工作“分组帮带、轮值主持”机制，以片组为单位，分别开展党建经验分享会及各类服务活动；推进两新精品化建设，实施“一企一品”创建工程，打造了5个市、区级党建品牌。

实施党员“十条红线”管理办法，累计处置不合格党员24人，确保了党员队伍的纯洁性。树立先进典型，开展“最美双屿人”主题评选活动，宣传榜样事迹，组织召开800多名党员参加的“七一”表彰大会，凝聚了赶超发展的正能量。完善考核机制，实行年度目标任务“十件实事”量化管理，创新性推出“机关干部贡献赋分法”“全员点数管理法”，奖勤赏能、治庸罚懒，有效促进干部“向前一步”和担当意识的形成，提高自身素质。

【陈一新专题督查双屿综合整治】 省委常委、市委书记陈一新等多次到双屿专题督查综合整治工作，率有关部门负责人实地察看A378时尚产业园、中津先进科技研究院、辖区截污纳管工程、中国鞋都鞋革城建设、飞禽鞋业“退二进三”项目建设、轻工淘宝城建设、岩门村城中村安全综合整治以及丁桥社区建设情况等，听取双屿综合整治工作汇报，协调解决存在的困难和问题。

【签订A378时尚产业园项目战略合作框架协议】 11月14日，鹿城区举行“A378”时尚产业园项目签约仪式，区四套班子主要领导、相关部门及双屿街道负责人、项目投资方代表等参加。

“A378”时尚产业园项目位于鹿城区双屿街道鹿城工业区东部，占地面积25.20万平方米，现有54家业主，109家企业，50幢单体建筑，建筑面积约40万平方米，项目建成后将成为全市最大的创意产业园。该项目是温商回归项目，由区政府成立的国有全资公司温州鞋都投资开发有限公司，与北京温州商会成立的温州温商汇智商业管理股份有限公司联手合作，拟打造温州城市有机更新的示范区，鹿城西部的“金名片”。

【“五水共治”誓师大会举行】 6月14日，双屿街道在双岙村举行“五水共治”誓师大会。市、区等领导和双屿各级河长及助理、十二条河护河队员、街道全体机关干部、相关部门站所、区人大代表以及来自各社区、村（居）代表和志愿者队伍共计1000余人参加了誓师大会。

【五大工程竣工典礼暨立交桥通车仪式举行】 7月1日，鞋都小学、鞋都三期垃圾中转站等五大工程竣工典礼暨立交桥通车仪式在鞋都小学边举行。位于鞋都三期铁路沿线的鞋都三期垃圾中转站，日处理垃圾能力100吨，对于缓解鞋都三期垃圾清运、消纳问题将起到很大的作用。五大工程竣工的有中国鞋都三期出入口立交桥工程，还有鞋都牛岭安置房一期11—13号楼工程、鹿城区鞋都小学建设工程、鞋都三期垃圾中转站工程和温州中国鞋都三期玮七路一标段道路工程。

中国鞋都三期出入口立交桥工程竣工
双屿街道提供

【综合整治“无证照清零百日攻坚大行动”】 1月24日，鹿城区召开双屿综合整治“无证照清零百日攻坚大行动”动员大会，这项行动从即日起持续至4月30日，区有关部门及双屿街道联合开展排查整治，及时掌握辖区生产经营单位动态信息，做好排查摸底及开展综合整治，共关停整并转无证照3411家。

2月28日，在双屿街道召开市综合整治动员会，市委书记陈一新作重要讲话　双屿街道提供

仰义街道

【概况】 仰义街道位于鹿城区中部，东濒瓯江，南连双屿街道，西靠藤桥镇。辖区总面积28.09平方公里。境内有104国道、330国道、金丽温高速公路、金温铁路、温州绕城高速。街道曾获浙江省群众体育先进单位、浙江省“全民健身与奥运同行”片区“种文化”活动暨全省职工迎奥运健身活动二等奖、省级社会治安综

仰义街道行政区划图　　　　区方志办提供

合治理先进集体、浙江省体育强镇（乡）、省第二次全国R&D资源清查先进集体、全省“811”环境污染整治工作先进集体、第二次全国农业普查先进集体、第三届全国食品安全知识竞赛“集体组织奖”、第六次全国人口普查先进集体、档案工作目标管理省一级认定单位等省级荣誉称号。

【区划】 街道以104国道为界将辖区12个行政村联合组建成沿江、临湖2个农村新社区，其中沿江社区下辖渔渡、后京、前京、河岙、十里5个行政村；临湖社区下辖澄沙桥、龙川、陈村、垟山、林里、钟山、馒头驻7个行政村。办事处驻地：沿兴路142号。

【居民】 2014年，街道户籍数5837户，户籍人口19988人，暂住人口41401人。年内出生267人，死亡99人，人口自然增长率8.40‰。

【农业】 2014年，农业总产值2394万元。农业以种植蔬菜、水稻、水果为主，耕种面积4698亩。建有蔬菜基地1650亩，大棚种植650亩；山区花卉基地249亩；林业用地面积1688公顷，森林覆盖率达48.20%。

【工业】 2014年，辖区有五金、服饰、印刷等工业企业4083家，其中工业1687家，批零住宿业1650家，服务业582家。实现工业总产值92.05亿元，其中规模以上企业45家，总产值38.15亿元，同比增长20.90%。全社会固定资产投资16.77亿元，其中，工业性投资3.01亿元。

【商贸】 2014年，完成限上批零贸易商品销售额25.49亿元，增长146.50%；限上社会消费品零售额5.20亿元，同比增长510.40%；完成服务业增加值3495万元，同比增长6.70%；完成外贸出口额14090万美元，同比增长104.39%，进口额695万美元；新增名牌商标4个。

【第三产业】 2014年，开展驻企服务、企业技术改造提升、“三转一市”等工作，帮扶企业解决问题109件，协助做好企业技术创新，优化辖区产业结构，推进经济转型发展。同时，推动建立集零售、批发、配送、展示为一体的“一站式”五金市场——温州五金电子商务市场。

【城乡建设】 2014年，辖区重点工程主要包括林里片区低丘缓坡利用项目、洞桥制革基地旧片区改造、仰双公路改建、104国道西过境公路改造、双藤公路改造、绕城高速西南线鹿城段改建、瓯江西沿线、乐清湾支线、农房集聚建设、甬台温天然气管道十大工程，共涉及房屋征收2000余户，旧房面积约53万平方米，已拆除旧房38万平方米，启动安置房建设38.80万平方米，其中竣工面积约12.24万平方米，摸文定位522套。全年，共拆除违章建筑14.80万平方米，新增绿化面积14.14万平方米。整理土地征用1173亩，其中林里项目A02、A05、A11三个地块340亩成功挂牌出让，出让金9.31亿元。全面启动地下管网工程建设，1个片区进场施工。同时，大力推进浙江距离最长、投资最大、施工最为复杂的

仰义街道

仰义街道位于鹿城区中部，辖区总面积28.09平方公里。2011年4月经行政体制改革，完成撤乡设街道，正式更名为仰义街道办事处，同年9月成立仰义都市休闲功能区，重点培育品质居住、都市休闲的城市功能，构建“区街合一”等管理体制。

2014年，街道围绕“宜商宜居宜休闲、活力美丽新仰义”这一发展目标，以提升干部队伍的工作干劲和自豪感、增强仰义百姓的民生福祉和幸福感为出发点和落脚点，聚焦提质增效，着眼转型发展，紧抓经济发展、工程建设、环境提升、社会管理、民生事业、党的建设六大工作，先后获档案工作目标管理省一级认定单位、温州市创建国家卫生城市工作先进集体、温州市平安街道、温州市电网建设先进集体、温州市信访工作先进集体等称号。

1. 11月27日，仰义街道开展集聚区项目（仰义锦园）一期安置房摸文大会
2. 10月29日，市委常委、副市长王毅，鹿城区区委书记王立彤调研林里片区项目
3. 12月8日，仰新移民区的温州五金电子商务市场举行开业仪式

此版照片由仰义街道提供

省级天然气输气管道工程，已完成借地政策处理并进场施工。

【民生服务】 强化沿江、临湖两个农村新社区建设和品牌打造，每月坚持开展“春风化雨润民生、一心一意办民事”等系列活动，惠及群众5万人次。沿江社区排舞队获浙江省第三届健身排舞大赛优胜奖，临湖社区声乐培训班被推荐为终身学习活动品牌。实施特殊利益群体及低保边缘困难人员“暖心工程”，配合“金太阳”工程、慈善救助、党员联户等活动，全面编织群众服务“无缝连接网”。全力推进历史遗留等民生问题化解，结合路线教育活动，深入基层打捞难题，以“破常规”的力度，牵头化解各类历史遗留问题39个。

【计划生育】 2014年，辖区内出生260人，计划内229人，符合率88.10%，男女性别比为100：136。全年征收社会抚养费33例，征收金额271.89万元。

【综合治理】 2014年，强化矛盾纠纷调解工作，共调解矛盾纠纷1153件，调处率、成功率连续5年实现双百目标。全面开展综合整治百日攻坚行动，创新成立三大攻坚组，对出租房、企业电镀、无证无照开展地毯式排查和突击式检查，有效维持辖区安全。加强新居民的人身保障，新居民居住意外险累计参保15000余人次，其中新增8783人。

【社科文卫】 2014年，辖区有中学1所，公办小学2所，民办小学1所，幼儿园6所。辖区教育事业稳步发展，仰义少年足球队获全国校园足球赛华南赛区冠军，仰义二小成功增挂温州市少年足球学校。

2014年，辖区共有低保户45户，其中五保三无9户，重度残疾人165人，其中一级残疾人61人，二级残疾人104人。全年慈善资金认捐44.29万元，支出20.31万元。全年联合民政部门对辖区低保户、困难户、优抚对象、三老、支宁返温人员、残疾人特困户、重度精神

残疾人及特困老人等共计196户进行走访慰问，为其送去500至1500元不等金额慰问金，共计15余万元。以“阅读有爱”公益助学活动为载体，开展2014“阅读有爱”大型公益助学活动，为辖区的73名学习优秀但家庭困难、单亲家庭、残疾人家庭的学生及贫困新温州人子女，每人送去1张价值200元的读书卡，共计助学金1.46万元。同时，成立仰义首个小额冠名基金——温州冬泳协会仰义冬泳会，注入基金2.1万元。

辖区共有1个社区卫生服务中心、2个卫生服务站以及13个村级卫生室。

【党建】 2014年，完善全市首个同级纪委监督机制，将班子成员主要任务完成情况进行月通报、季测评，不断强化工作作风转变。强化推行全员考核机制，以百分制考核、重点工作千分制为抓手，规范干部管理，有效提升其工作效能。畅通群众监督渠道，每季度邀请社会各界人士对班子领导、中层干部、部门站所进行测评打分，对街道工作建言纳策，有力促进街道工作公开透明、科学民主。大力实施“红色细胞工程”，街道干部在半年内走访210个村民小组，涉及群众5140户，收集民情问题411个，解决347个。大力推进基层党组织活动场所规范化建设，目前已完成渔渡、前京、后京、十里、河岙5个村居的村民中心建设。同时，街道统战、群团、人武等工作都充分发挥了创造性、主动性，取得了不俗成绩。

9月24日，省委政法委副书记朱贤良等一行莅临仰义街道沿江社区调研社会治理信息化工作
仰义街道提供

【社会治理信息化工作再上新台阶】 9月24日，省委政法委副书记朱贤良等莅临仰义街道沿江社区调研，并对仰义社会治理信息化工作给予高度评价，市委常委、区委书记王立彤，市委政法委副书记王易进，区委副书记、政法委书记洪文滨等相关领导陪同。

【林里低丘缓坡利用项目有序推进】 2014年，林里片区低丘缓坡利用项目作为温州市山坡地开发利用示范点，规划范围约7.76平方公里，街道打破以往“先报征后丈量土地”的固定模式，全面完成可利用土地丈量415万平方米，土地征用78.23万平方米，其中340.16亩于8月、9月成功挂牌，并于11月出让，西部山地生态新城的建设正式启动。

【温州五金电子商务市场开业】 温州五金电子商务市场坐落于仰义街道仰新移民区，于12月8日举行开业仪式。计划五金店铺638间，一期店铺243间，它的建立填补了仰义五金交易平台的空白，标志着仰义街道五金行业实现从小打小闹到初显规模，从分散经营到相对集中，从无序竞争到规范管理的转变。

【集聚区项目一期工程摸文定位】 仰义街道集聚区项目（仰义锦园）一期工程总投资4.52亿元，总建筑面积9.99万平方米。11月27日，街道以更为公正的摸文定位代替以往的摸文认购方式，仅两天时间，522套房源、8个档次全数定位，以高效率、高透明、高满意的“三高”效果，打破百姓心中“安置难”的惯性思维，树立政府良好威信。

藤桥镇

【概况】 藤桥镇位于温州市鹿城区西部，东接仰义、南靠瓯海、西挨青田、北临永嘉，距离温州中心城区约15公里。主要交通线为330国道、渔藤公路和金温铁路。镇域面积164.57平方公里。7月21日，住房城乡建设部等部门公布全国重点镇名单，藤桥镇是全国重点镇之一。

【区划】 镇下辖新藤、藤南、南雅、上戍、戍浦、临江、江南、驿

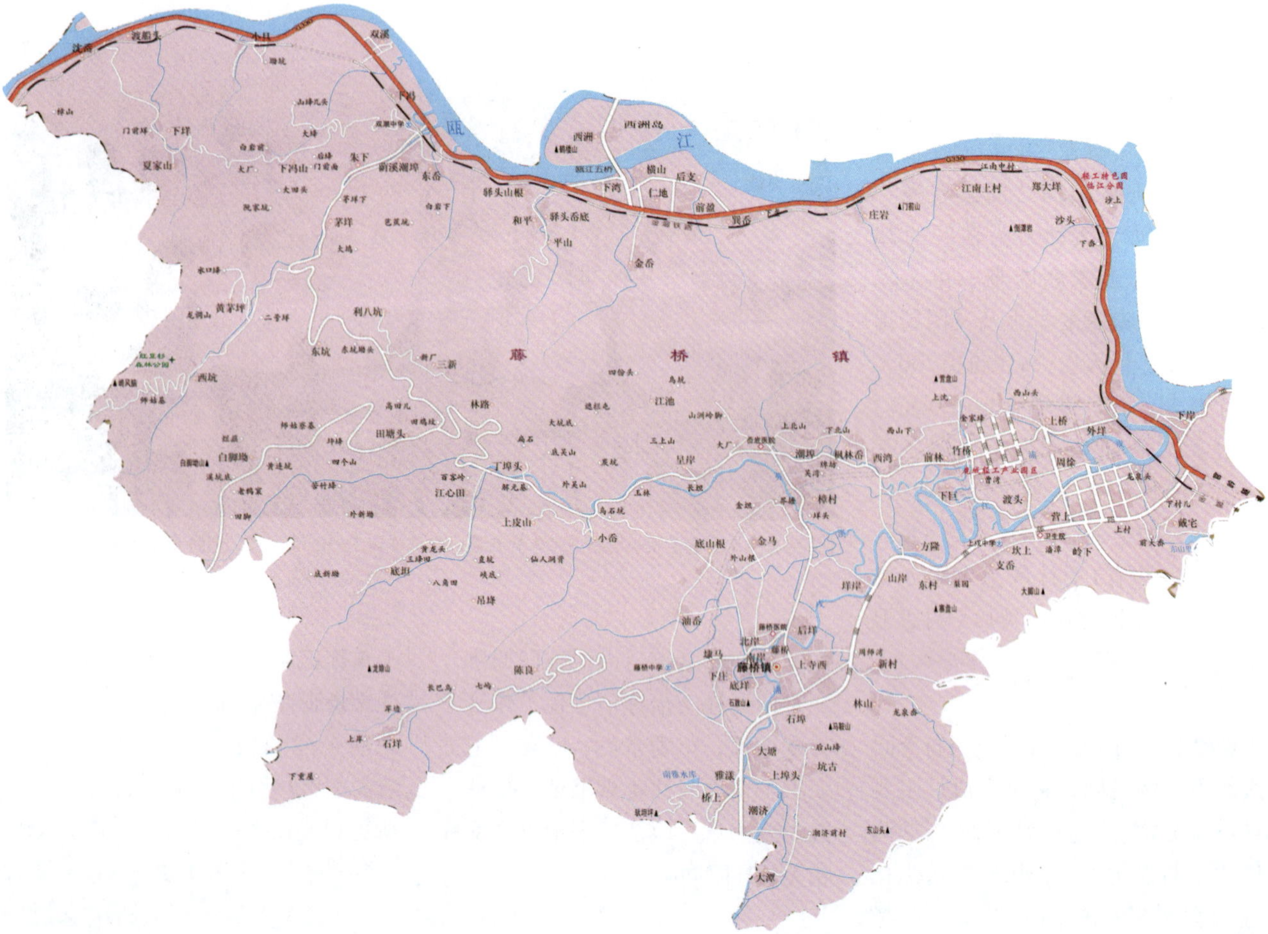

藤桥镇行政区划图　　区方志办提供

头、双潮、岙底10个农村新社区和樟村、垟岸、后垟、陈良、金马、底山根、北岸、埭马、底垟、油岙、下庄、石垟、南岸、石埠、上寺西、林山、新村、桥上、雅漾、上埠头、大潭、大塘、潮济、坑古、山岸、方隆、东村、支岙、坎上、营上、岭下、戴宅、下岸、潮埠、枫林岙、西湾、前林、竹桥、上桥、外垟、下巨、渡头、周徐、下湾、西洲、金岙、横山、仁地、后支、前盈、巽岙、庄岩、江南上、郑大垟、沙头、驿头山根、驿头岙底、和平、平山、荫溪潮埠、下冯、西坑、利八坑、东坑、东岙、双溪、茅垟、黄茅坪、下冯山、朱下、沈岙、小旦、渡船头、夏家山、下垟、江心田、白脚坳、三新、上皮山、丁埠头、吊降、田塘头、底坦、江池、呈岸、林路、小岙87个行政村及1个藤桥居委会。镇政府驻地：藤桥南街183号。

【居民】 2014年，辖区有户籍26192户，户籍人口86345人，暂住人口31726人，年内出生1118人，死亡389人，人口自然增长率为5.29‰。

【农业】 藤桥镇系全国重点镇、温州市城乡统筹改革试点镇之一，也是鹿城区农业建设的重点镇。2014年，全镇耕地面积3.47万亩，林地面积14.65万亩，农业产值2.39亿元，农村居民人均纯收入11193元，增长8.20%。农作物播种面积5.96亿亩，粮食生产播种3.47亿亩，粮食总产量13537吨，肉类总产量9533吨。

2014年，以实施农业“两区”建设为引领，完成7030亩粮食功能区和5140亩标准农田建设任务；新增土地流转面积1517亩。完成温州市种子种苗科技园一期建设，创建美丽乡村精品线1条、美丽乡村4个。被中国气象局认定为第二批标准化气象为农服务乡镇。

全镇形成以藤桥玉米、临江瓯柑、双潮杨梅、上戍草莓、岙底毛芋为主的区域化布局、规模化种植和产业化经营的产业格局。具有众多绿色果蔬基地，包括桑葚、番茄、白枇杷、甜橘、柚等多种特色品种。藤桥镇名特优农产品众多，如藤桥熏鸡、进兴农业、展宏畜牧、高山农业等众多知名品牌，深受消费者喜爱。全镇有农业专业合作社106家，国家级示范性合作社3家、市级示范性合作社9家，农业龙头企业8家，省级农场2家、市级示范性家庭农场2个，市级农民专业合作社1个。

【工业】 2014年，全镇实现工业总产值98.20亿元，增长5.30%；累计完成固定资产投资额13.47亿元，增长68.70%；社会消费品零售额18.44亿元，增长2.80%；税收总收入4.07亿元，其中，公共财政预算收入6188万元，增长24.80%，地方财政总收入10311万元。

【商贸】 以泰新街、南街、戍浦南路、临江中心街、岭下等商贸街区为重点，建成商贸、金融、文化、餐饮、社区服务等功能相对齐全的服务网络。

【第三产业】 以生态旅游节为契机，依托岩雅山风景区、红十三军旧址、田塘头爱国教育基地、西坑革命烈士纪念馆、驿头中加友谊馆、老鼠山文化遗址等自然风光和人文资源，编制藤桥旅游总体规划，积极促进都市休闲旅游和生态观光旅游。

【城乡建设】 2014年，园区配套设施建设步伐加快，纵七支一、支二、横三支一等7条市政道路完成竣工验收，纵八路、纵五路及桥梁工程即将建成通车。昌源路工程完成通车，金丽温、甬台温天然气管道工程顺利施工，天然气输配工程呈岸西向门站主体工程完成招投标及镇域内管道线路规划、调压站选址，500千伏、220千伏温西变工程政策处理、塔基施工等工作均如期推进。门前山物流电商小微园地块即将进入土地招拍挂程序，鹿城科技大厦目前处于施工阶段，下岸鞋革五金小微园控规获批。藤桥农房集聚建设项目共两期、六个项目，总建筑面积39.19万平方米，总套数2377套，总投资17.72亿元。农房集聚建设项目完成投资额9.21亿元，完成率51.90%，累计回笼房款4.40亿元。一期四个项目已全部结顶，进入配套设施及附属工程施工，其中，上戍西都锦园正在办理竣工手续，二期横山地块进入主体施工阶段，驿头地块顺利结顶。强化殡葬改革举措，整治新建翻新和生态化改造私坟529座，启动三个公墓审批。重启农村D级危房拆建审批，处理危房鉴定件申报1866件，其中D级危房172户，完成审批76户。瓯江治理一期工程、戍浦江上沈河整治工程、戍浦江综合治理工程进展顺利。石鼓山水厂政策处理基本完成并进场施工。排灌河道整治工程进展顺利，5个政府性投资项目完成设计初稿，51个小微型水利工程及饮用水提升工程完成。城镇污水处理设施建设前期工作有序展开，其中污水主管接管工程已开工，污水泵站和污水管网整治工程完成立项，基本完成20个村农村生活污水处理设施建设。辖区22条主要河道全部纳入“河长制”“警长制”管理机制，清理河道及两岸垃圾、组织拆除河道违章、排查摸底无违建河道、建设滨水小游园并通过验收。有序开展“三改一拆”工作，累计拆除违章建筑共13.45万平方米，其中，涉及宗教场所违章建筑75处共8944平方米。限期完成十大违建与交办拆违任务，成功创建无违建村2个。创成省级卫生村2个，市级卫生村11个，市级卫生单位1个。

【计划生育】 2014年，创新人口与计生工作，十项基本指标基本完成，社会抚养费征收253例达1115.40万元。办理第一胎生殖健康服务证等各类审批事项913件次，受理独生子女户养老保险416人，奖励扶助44人。圆满完成计生服务体系建设，在镇本级审批中心和临江分中心、各个社区便民服务大厅均设立计生窗口受理各类服务办证事项。

【综合治理】 2014年，全镇以“平安藤桥”建设为目标，加强综治网格化管理，进一步完善镇、派出所、村“三级联防体系”建设，全面打击“两抢一盗”。完善“大调解”体系建设，收到信访件79件，答复32件，化解16件，签订息访息诉6件。累计排查调查处理矛盾纠纷529件，调查处理成功率98.60%。处理各类投诉欠薪案件230起，涉及人数1221人，金额1080余万元，结案227件。开展企业安全生产标准化建设，检查企业3719家次，发现隐患693家，整改447家；联合工商、行政执法、电业、派出所等开展无证照“清零”行动，打击非法企业83家，查封43家，断电48家；集中排查出租房13批次，整改10人以上出租房隐患334家。镇消防队现有10人，消防车1辆，执法车1辆，提升了藤桥专职队的形象和战斗力。成立专兼职治安巡逻队56人，协助派出所巡查设卡，有效缓解了警方治安压力。加强食品药品安全管理，开展“十小”行业整治。开展宗教场所“三改一拆”工作，分片宣传动员，仔细排摸、校对宗教场所基本情况，分类整合、改用宗教场所，将宗教建筑的建设和管理纳入依法治理轨道。做好防灾减灾救灾工作，及时修编突发事件应急预案，进一步完善森林防火、动物防疫、防汛防台三大防御网络体系，确保群众生命财产安全。启动农村污水治理和提升工作，投入资金约2213万元，截至12月31日，17个村顺利完工，3个村正在施工。

藤桥镇江南社区社、村一线办公会　　藤桥镇提供

【社科文卫】 2014年，坚持民生优先，协调发展社会各项事业。加强农村新社区建设，打造一站式便民服务平台。加强教育基础设施建设，临江小学教学楼扩建工程、三十一中、三十二中建设工程进展顺利。抓好文体阵地建设，完成西坑革命烈士纪念馆、双潮华侨纪念馆以及田塘头爱国主义教育基地改扩建和3个村文化礼堂建设；设立藤桥镇国民体质监测站；规范让·平祖居、程登云故居、中加友谊馆日常管理；选送的村歌——《千年驿头在心头》在全省村歌大赛中包揽创作和演唱两项金奖。开通95路公交路线，基本解决新藤桥内环线交通。超额完成无偿献血任务，创成市级卫生应急示范镇。完善社会保障和救助体系建设，对全镇1367名低保对象实现动态管理，募集慈善资金28万元，累计发放各类救助金1554.84万元。全面完成城乡居民医疗保险费收缴、企业社保扩面以及被征地农民转职工养老保险等工作。认真做好优抚工作，开展助医、助学、助残、助老活动。

【党建】 2014年，深入开展党的群众路线教育实践活动，努力提升政府治理和服务管理水平。严格执行中央“八项规定”等作风建设有关文件，全面聚焦“四风”问题，落实项目清单、整改销号、进度公示等机制，解决“进村入企”“住镇夜访”等活动，与群众进行交流沟通，收集民情问题237件，及时将群众的建议和问题带回并归类解决。开展“社村一线办公”活动10次，成为帮助社村解疑难、扩宣传、促发展的一项创新举措。坚决落实办公用房相关规定，清理办公用房623平方米，超标部分全部整改到位。定期组织开展机关廉政恳谈会，认真执行廉政建设、政府采购、工程招投标等相关规定。同时，完善机关干部去向牌、亮相牌上墙制度，统一实行机关干部佩证上岗，进一步树立干部新形象。坚持镇长办公例会制度，明确工作任务，激发干部干事热情，提升机关工作效能。逐步理顺镇、社区、村工作机制，按照“五个化”的要求，进一步完善一站式服务大厅。深化监督体系建设，主动邀请“两代表一委员”对重点项目开展督查活动，按时办理镇十六届人大四次会议代表建议65件。全面实施政府信息公开制度，累计公开信息1560条。大力推行“一事一议”工作法，促进村级事务规范化运作。完成87个村级老人协会、村级妇代会等组织换届工作。

【开展“五水共治”工作】 1月22日，藤桥镇“五水共治”工作正

2月27日，市委书记陈一新等领导实地指导、督查治水工作　　藤桥镇提供

式拉开序幕。省委常委、市委书记陈一新担任成浦江“河长”，挂钩指导、督查治水工作。藤桥共有22位镇级“河长”覆盖22条河流。

【瓯江治理一期工程开工】 1月10日，鹿城区瓯江治理一期工程II标段开工建设。该工程为浙江省重点建设项目，项目建设规模为建设堤防（护岸）全长4.69千米，工程防洪标准20年一遇，主要建筑物级别4级，总投资约为3.42亿元。

1月10日，鹿城区瓯江治理一期工程开工仪式在临江社区下湾村举行　　藤桥镇提供

【戍浦江整治工程I标段顺利开工】 8月30日，省重点工程——戍浦江河道整治（藤桥至河口段）工程I标开工。戍浦江整治工程总投资10.4亿元，整治戍浦江干流河道7.80公里，新建加固堤防16.30公里。

【温州市种子种苗一期工程完工】 12月，温州市种子种苗科技园一期工程通过竣工验收，投入科研、种植、教学等功能的使用。一期工程投资3788万元，占地面积45公顷，包含玻璃温室、连栋大棚等农业设施工程。

【镇人民代表大会召开】 1月21日，召开中共藤桥镇第十三届代表大会第四次会议；12月23日，召开第十三届代表大会第五次会议；3月

3月25日，召开中共藤桥镇第十六届人民代表大会第四次会议　　藤桥镇提供

25日，召开第十六届人民代表大会第四次会议，选举产生镇长为郑乐斌；副镇长为李策、杨建勇、严求真3人。

【藤桥镇商会成立】 1月16日，藤桥镇商会成立，共有会员企业190家。首届第一次会员大会选举产生会长1名，为易建东；执行会长4名；副会长29名。

【完成第三次全国经济普查工作】 1月—5月，完成1564家法人及产业活动单位、3197家个体经营户的第三次全国经济普查工作。

【重新启动农村“D”级危房原拆原建审批】 6月，重启D级危房拆建审批工作。截至12月31日，D级危房鉴定共收件1866户，鉴定所现场查看后鉴定为D级的355户，已完成办发建设工程规划许可证的68户，正在办理鹿城区藤桥镇农村“D”级危房改造补办审核68户。

【昌源路建成通车】 昌源路道路整治工程，东起渔藤公路，西至泰新街，长约956米，总投资2586万元，为群众近年来最为关注的民生项目之一。该工程于2013年10月进场施工，2014年11月通车。

【西坑革命纪念馆开馆】 西坑革命纪念馆位于双潮社区西坑村，由革命历史宣传壁画、烈士遗物陈列展厅及红色廉政文化展厅组成。于2010年开工建设，2013年完工，总建筑面积620平方，总投资270万元。2014年4月4日正式开馆，并挂牌鹿城区群众路线教育实践基地。

【田塘头爱国主义教育基地挂牌开放】 田塘头爱国主义教育基地位于岙底社区田塘头村，由纪念园、革命陈列馆、红十三军活动旧址、陈文杰办公旧址、原永嘉县委办公旧址等组成。2013年，社会各界筹资扩建，2014年11月19日重新开馆。

（编辑　胡亭亭）

人 物

综 述

2014年，鹿城区广大干部和人民群众在机关、企业劳动先进、文艺、体育等领域做出了不平凡的业绩，在全省、全国乃至国际获众多奖项。全区道德模范人物引领鹿城品德风尚。2014年，鹿城区有百岁老人24位。

全国、省劳模及其他先进人物

【刘昌勇】 2014年4月，康奈集团公司副总、生产中心总经理刘昌勇获全国“五一劳动奖章”。4月29日，浙江省庆祝“五一”国际劳动节暨劳模先进表彰大会在省人民大会堂举行，会上对他进行了表彰。

1988年，年仅16岁的刘昌勇便进入康奈集团当起学徒工，在康奈工作的20多年时间里，他脚踏实地、勤奋工作、精于管理，先后获得省、市、区三级劳动模范，浙江省“五一劳动奖章”等荣誉称号。2010年4月，刘昌永获浙江省十佳杰出职工“金锤奖”，他主动要求把政府奖励给他的5万元奖金全部捐献给公司工会，作为康奈职工临时困难补助资金。

刘昌勇参加工作已达25年，一直以来，他兢兢业业，勇于创新。由于业绩突出，他先后被评为温州市鹿城区劳动模范、双屿镇优秀共产党员、浙江省皮革行业先进工作者。

【潘卧虎】 2014年3月，浙江省模范集体、浙江省劳动模范名单揭晓，温州市公安局鹿城分局南郊派出所副所长潘卧虎获浙江省劳动模范称号。

潘卧虎生于1979年，大学本科文化。2004年，潘卧虎通过公务员考试成为鹿城公安分局黎明派出所的一名户籍民警。2006年，潘卧虎自掏腰包，送被骗的新疆大姐回家，并不留姓名。新疆大姐多年来温寻找当年的恩人，送上锦旗和家乡特产表示感谢。2008年，潘卧虎冒着瓯江涨潮的危险，跳下江堤，涉水救出遗弃女婴，被当地群众传为美谈。2009年9月，在一次缉捕毒贩的行动中，潘卧虎面对患有艾滋病的歹徒暴力抗捕，不顾传染危险，展开勇猛搏斗，成功抓获歹徒，安全解救人质。在之后长达半年的检测确诊过程中，他承受住生理和心理的巨大压力和损伤，毅然坚守岗位，并屡创佳绩。

潘卧虎工作兢兢业业，办案不辞辛劳，乐于奉献，历年工作绩效考核均名列全所前茅，多次被评为优秀公务员、工作先进，获2009—2010年度温州市劳动模范、全省公安机关优秀共产党员称号。

世界、全国、省文艺得奖人物

【陈忠达】 2014年10月18日，第八届中国曲艺牡丹奖颁奖仪式在南京举行，鹿城区曲艺家协会主席陈忠达凭借鼓词《武松醉打蒋门神》获牡丹奖表演奖，成为温州首位获此殊荣的曲艺家。

陈忠达艺名小宝，子承父业。他的父亲是温州鼓词界的大师、79岁的老一辈曲艺家陈志雄。陈忠达很小就表现出对鼓词的喜爱。16岁那年，还处于学习阶段的陈忠达第一次登台演出。当时表演的曲目是《秦香莲》，观众的赞赏让他坚定了从事温州鼓词艺术的决心。

20世纪90年代中期，是鼓词的黄金时代。而后随着各种文化娱乐活动的兴起，鼓词等民间曲艺开始转冷。1996年，陈忠达下海经营鞋厂，生意兴隆，但是心中始终盼着有朝一日能重返舞台。2010年，陈忠达又重回鼓词舞台。2013年3月，陈忠达在央视3套演唱温州鼓词《武松醉打蒋门神》。这是有着700多年历史的温州鼓词首次登上央视。

中国曲艺牡丹奖是中国曲艺界的最高奖，陈忠达通过近六年的努力，连续三届获得牡丹奖提名，这次终于获得第八届中国曲艺牡丹奖的表演奖。

世界、全国、省体育得奖人物

【徐嘉余】 2014年5月17日，全国游泳冠军赛暨亚运会预选赛在山东青岛闭幕，鹿城区游泳运动员徐嘉余获得3金，分别为50米、100米、200米仰泳金牌，并3次打破全国纪录。9月26日，在仁川亚运会男子4×100米混合泳接力决赛中，由徐嘉余、李响、李朱濠、宁泽涛四名队员组成的中国队以3分31秒37的成绩打破赛会纪录，夺得金牌。10月15日，在全国游泳锦标赛中，徐嘉余摘得50米仰泳、100米仰泳、200米仰泳、4×100米混合泳接力金牌。2014年10月24日，在短池游泳世界杯北京站比赛中，徐嘉余夺得男子100米仰泳冠军。

【李朱濠】 2014年5月15日，在青岛举行的2014年全国游泳冠军赛暨亚运会选拔赛男子100米蝶泳决赛中，鹿城籍游泳运动员李朱濠以52秒79的成绩获得冠军。8月19日，在南京青奥会男子100米蝶泳比赛中，以52秒94的成绩夺得冠军。9月26日，在2014年仁川亚运会游泳比赛的男子4×100米混合泳接力中，李朱濠联同队友徐嘉余、李响、宁泽涛四人以3分31秒37的成绩上演打逆转获得金牌，并打破亚运会纪录。10月18日，全国游泳锦标赛在黄山市落幕，李朱濠分获100米蝶泳及4×100米混合泳接力金牌。

李朱濠生于1999年1月，2013年进入浙江省队，师从教练徐国义。2014年12月23日，“2014CCTV体坛风云人物年度评选”提名奖揭晓发布会在北京举行，李朱濠入围“2014CCTV体坛风云人物年度评选”最佳组合奖提名。

【丁立人】 2014年5月30日，在2014年亚洲国际象棋团体锦标赛中，鹿城籍国际象棋棋手丁立人获男子慢棋、男子超快棋冠军。7月5日，在海南千年古镇儋州举行的第四届国际象棋超霸赛落下帷幕，丁立人以5胜4和积7分的表现，获得儋州超霸战冠军。8月14日，在挪威特罗姆瑟举行的第41届世界国际象棋奥林匹克团体锦标赛中，丁立人与队友获团体赛冠军。

丁立人5岁起在温州市全国国际象棋高水平后备人才培训基地学习，师从温州市国际象棋协会秘书长、棋后诸宸的启蒙教练黄希文以及王骋。9岁那年，他又夺得了全国锦标赛10岁以下组冠军，从9岁到17岁，丁立人至少获得了六次少年组冠军。

丁立人曾就读于温州中学，品学兼优。2012年9月，被保送入北京大学法学院学习。

【朱启南】 2014年6月，在射击世界杯斯洛文尼亚站男子10米气步枪决赛中，鹿城籍名将朱启南以207.6环的成绩，夺得冠军。9月，2014年射击世锦赛在西班牙格拉纳达举行，朱启南摘得2金，分别为男子50米步枪三姿比赛和男子50米步枪三姿团体赛。9月27日，韩国仁川亚运会射击步手枪比赛全部落幕，朱启南获男子50米步枪三姿团体赛冠军，并收获男子50米步枪个人赛银牌。

道德模范人物

【赵章惠】 2014年7月29日，鹿城区委宣传部和文明办授予十八都餐饮管理有限公司负责人赵章惠“鹿城好人”称号。7月31日，温州市委宣传部、市文明办授予十八都餐饮管理有限公司负责人赵章惠“最美温州人”称号。9月，获诚实守信类“浙江好人”称号，并成为“中国好人”候选人。此外，人民网和央视新闻频道《24小时》今日面孔栏目先后报道了赵章惠的事迹。

2012年通过媒体了解到患有地中海贫血的小雨露家庭特殊、家境困难，赵章惠承诺为她支付所有的医药费。他将小雨露的父母安排在自己公司上班，为他们解决了食宿问题。2014年，在经济形势差、生意不景气的情况下赵章惠不惜抵押了自己价值100多万元的座驾，向民间借贷中心借了30万元，帮助小雨露一家垫付造血干细胞前期移植手术费用。

实际上，赵章惠做善事已不是一次两次。从2004年开始，他就开始无偿资助贫困或患病的大学生，共帮扶了十几名大学生；公司一名员工因年少时犯罪三年前被警方抓获，赵章惠一直替其照顾一家老小。

【陈明德】 2014年4月27日，央视《新闻联播》凡人善举栏目播放《保安千里返乡归还巨额错汇款》，用近一分半钟时间报道了鹿城瑞兴公寓保安陈明德归还50万元巨款的事迹。4月28日，鹿城区委宣传部和文明办授予陈明德 “鹿城好人”荣誉证书。5月8日，陈明德被温州市委宣传部授予“最美温州人”称号。6月，陈明德获“浙江好人”称号。7月，6月份中国好人榜名单揭晓，陈明德获“中国好人”称号。

4月23日，家住湖州市长兴县的冯女士通过网上银行转账，错将51.2万元汇到了长兴县泗安镇村民——陈明德账户上。在接到警方电话后，陈明德通过儿女反复查询，搞清了事情的来龙去脉，生活并不宽裕的陈明德决定回乡把钱还给冯女士。由于当天陈明德值通宵班，次日上午7时，完成交接班并请假后，陈明德乘坐火车赶回了老家。4月24日下午，陈明德抵达长兴火车站，与早已等候多时的冯女士夫妇，一起去银行营业网点办理了退款手续，其行为感动了无数人。

百岁老人

2014年鹿城区24位百岁老人

表13

所属街镇	姓名	性别	出生年月
南汇街道	林君延	男	1910年10月
南汇街道	李田芬	男	1910年12月
五马街道	张招弟	女	1910年12月
南汇街道	戴阿香	女	1911年2月
松台街道	蔡秀凤	女	1911年10月
五马街道	诸韵笙	女	1911年6月
藤桥镇	夏岩翠	女	1912年3月
五马街道	程国清	男	1912年7月
仰义街道	王林氏	女	1912年9月
五马街道	郑娟娥	女	1912年12月
藤桥镇	诸阿香	女	1913年1月
五马街道	张光媚	女	1913年6月
南汇街道	叶凤娇	女	1913年8月
五马街道	林花姆	女	1913年10月
松台街道	徐金花	女	1911年4月
五马街道	吴淑贞	女	1914年2月
五马街道	李招妹	女	1914年3月
仰义街道	戴钿锡	男	1914年9月
五马街道	施玉香	女	1914年9月
五马街道	王阿云	男	1914年10月
藤桥镇	周宝玉	女	1914年10月
松台街道	虞国华	男	1914年11月
五马街道	黄阿珠	男	1914年12月
五马街道	胡志程	男	1914年12月

逝世人物

【金江（1923—2014）】 著名寓言作家，中国作家协会会员。温州鹿城区人。1941年开始文学创作，有《乌鸦兄弟》《狐狸的“真理”》《寓言百篇》等作品。创办并主编了中国第一本专门发表寓言的杂志《寓言》，填补了中国报刊的一段空白。历任《小花朵》杂志和《寓言》丛刊主编，1984年起任中国寓言文学研究会副会长。

2002年，出版《金江全集》。

2013年，82岁高龄的金江获中国寓言文学研究会颁发的“金骆驼”特殊贡献奖，被称为是“中国当代寓言的一面旗帜”。

2014年2月24日21时01分，于温州家中与世长辞，享年92岁。

【胡珠生（1927—2014）】 温州博物馆副研究员。1952年毕业于北京大学历史系，在中国古代史、会党史和温州地方史涉猎较深，是温州地区著名历史学者。曾任《温州文献丛书》编辑部主编。有书斋名困学斋，位于鹿城水心。他著有《温州近代史》，并完成了《温州古代史》的文字部分。还著有《清代洪门史》，编有《陈虬集》《孙锵鸣集》《宋恕集》等。发表学术论文60余篇，其中多篇论文发表于史学界权威刊物《历史研究》《近代史研究》。2008年，出版论文集《胡珠生集》。

2004年，被中国会党史研究会聘为顾问。2013年5月，胡珠生开始修订《陈虬集》《宋恕集》，直至辞世前两小时，还在为完成《宋恕集》增订版图片的筛选而工作。

2014年7月16日下午3时许，胡珠生在家中辞世，享年88岁。

【李成勋（1916—2014）】 温州鹿城区人，字曼庄，号“双屿山民”“瓯江钓叟”。14岁时师从苏昧朔习国画，1933年考入上海美术专科学校国画系，师承刘海粟、黄宾虹等人。1935年毕业后回温州，先后做过温州第三高等小学（今梧田小学）、温州中学美术教师。曾与同仁陈振龙、金狮子等创办过温州美术学社、温州美术公司、龙门画室。1949年参与筹备温州市美术工作者协会，成立时被推选为常务理事。

1954年，举家迁至上海，为各地出版社创作连环画、年画等。至“文革”前，他创作了大约5000多幅作品，其中《汉王东征》《彩楼记》《春香传》《春草闯堂》等连环画、年画作品代表了当时中国连环画艺术的最高水准。1983年，李成勋被聘为上海市文史研究馆馆员。

2014年5月7日6时20分，因病于上海市第六人民医院逝世，享年98岁。

【林虹（1925—2014）】 温州市知名音乐教育家，从事音乐教育工作40余年，音乐工作编辑工作10余年。中国音乐家协会会员、中国红楼梦学会会员。1947年到温州，在温州师范学校任音乐教师，后在《人民音乐》《群众音乐》上发表音乐论文，创作发表《新年小唱》《浙南民歌组曲》等。“右派”改正后继续从事音乐教育和音乐编辑，创办了《中学生歌选》，与著名音乐家周大风、靳卯君共同创办新中国最早的音乐教育杂志《中小学音乐教育》，发行国内外。

1983年，在温州教师进修学院负责音乐教研工作。2002年，修订整理为宋词谱写的艺术歌曲15首，出版发行了《但愿人长久——宋词艺术歌曲15首》。另外，林虹还出版了小说《失落在青春路上的故事》等。

2014年1月5日晚8时20分，突发脑溢血在鹿城离世，享年90岁。

（编辑　王　超）

社情逸闻

【爱串门的社区医生】 1月1日《温州日报》报道：有这么一位特别的医生，不光坐着等病人，还利用休息时间“串门”看病。他的名字叫朱炳雁，现任南浦社区卫生服务中心医务科科长，擅长高血压、糖尿病等慢性病的治疗。

朱炳雁介绍，来社区看病的以老年人居多，糖尿病、高血压等慢性病是他们的头号“敌人”，需慢疗慢养。但他每天的门诊量都在100例以上，无法为每个患者制定详细的治疗方案。为此，在他的提议下，南浦社区卫生服务中心成立了“慢病联合门诊”，与患者深入交流，平均每个患者看诊时间都在20—30分钟之间。

社区刚刚入户建立健康档案的时候，朱炳雁常带领自己的医生团队挨家挨户询问，请居民提供身份证号、身体情况等等，但常常吃了闭门羹。朱炳雁谈起往事有些无奈，不过他并没有因此放弃，“一次不行，就多去几次，多沟通交流，现在大家都成了‘自家人’了。”

考虑到一些老年人行动不便，朱炳雁还常常走进居民家中诊视。陈阿婆就曾享受过一个月的上门服务。那时阿婆不小心摔伤骨折，做过手术后还得定期换药，可是她根本下不了床，便去社区求助。朱炳雁得知这个情况后，主动抽出午休时间或趁病人少的时候，隔两三天便去陈阿婆家里帮忙换药，直到她拆线痊愈为止。对此，陈阿婆和老伴常感激地说：“现在像他这么热心的年轻人不多啦，朱医生真是身边的好医生啊！”

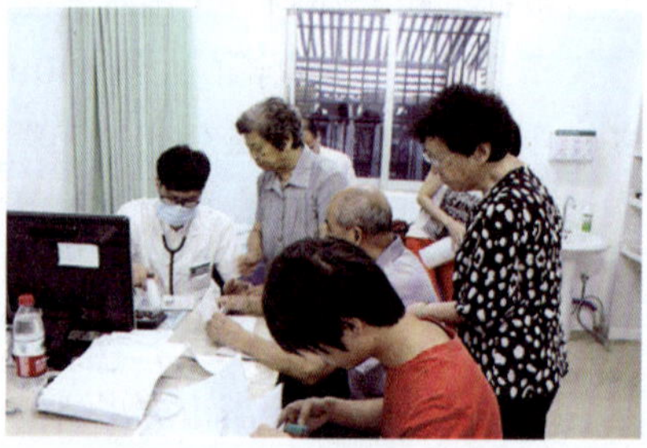

朱炳雁耐心为老人诊病

选自《温州日报》

【有爱妈妈自拍萌宝“被单照”】 2月12日《温州晚报》报道：“80后”妈妈在网上晒出一组超有爱“被单照”萌翻网友，照片主角是她7个月大的女儿小花。陈晓丹系市区人，是个会计，她专门花了2个月时间学习摄影技术。

从孩子2个月大起，陈晓丹已拍了20套“被单照”，蜘蛛侠、大黄鸭、美人鱼……这些角色小花都尝试过。陈晓丹用各色被单当背景，再用各种手工道具摆出不同场景，给宝宝换上各式卡通服，扮演各种角色，让她躺在被单上，镜头从上往下，拍出一组组可爱“被单照”。

陈晓丹拍“被单照”家人都很反对。婆婆觉得拍照很折腾孩子，丈夫觉得每次拍照要买很多道具，又花钱又占地方，虽然家人很反对，但是陈晓丹没有放弃，趁着婆婆不在家，丈夫上班去了，自己偷偷拍。家里的脸盆、扫帚、围巾、毛巾、T恤都成了她的道具，她把毛巾做成高楼，把蓝T恤做成天空，把红围巾做成太阳……

自从陈晓丹把“被单照”发到网上后，很多网友都大大点赞，还向她取经。陈晓丹说，其实拍“被单照”很简单，只要准备好道具，孩子的表情是很丰富的，抓拍得当就可以了，每个妈妈都可以试试。

宝宝“蜘蛛侠”造型被单照

选自《温州晚报》

【拼车技的“赌约”】 3月21日《温州都市报》报道：3月20日上午11时许，大众车主项先生将大众车停在兵营巷内。停车后发现旁边停着一辆红色奥迪车，他目测了一下车距，感觉奥迪车通过应该没有问题，就离开了。不久，他接到电话，说车子与奥迪车发生刮擦了。奥迪车主施先生认为，两车车距太近，大众车给奥迪车留下的空间不够，才会刮擦。双方车主都有责任，建议责任各自分担，自己修自己的车。

项先生则认为是奥迪车主技术不好才造成刮擦，如果奥迪车主不信，可以打赌：奥迪车停回原位换他来开，如果顺利开出，奥迪车主赔偿他1000元；如果也发生刮擦或开不出，他就自己去修车。奥迪车主施先生同意打赌，便将奥迪车倒回原位，让项先生来开。没想到项先生确实在没有刮擦到大众车的情况下开出，却将旁边一辆Smart的左后车灯和后保险杠撞掉了。项先生当场就傻眼了。

双方车主打电话报警。交警一大队二中队的经办民警将Smart车主也叫到了现场。民警经过了解，才知道还有这么一个“打赌”的环节。初步估计，Smart车的维修费最少需要2800元。经过调解，奥迪车主和大众车主决定相互不再赔付对方的车损，由大众车主赔付Smart车主相关维修费用。

两车司机打赌，右边的Smart“躺枪”
选自《温州都市报》

【众人抬车救男童】 4月11日《温州都市报》报道：4月10日下午1时55分，温州火车站正门口发生惊险一幕：一名正在行走的1岁半男童被一辆行驶中的轿车卷入车底。

市交警支队二大队四中队协警陈兴明是目击者之一，当时他正在路口执勤。陈兴明表示，从火车站门口传来小孩遇险的消息后，周围的市民连忙跑过去。“当时轿车上坐着一女子，30多岁的样子，看样子已经吓得呆住了，坐在车内一动不动。”陈兴明说，他在现场看到，被卷入车底的小孩蜷成一团，头朝里，脚朝外，正在哭泣。他连忙让轿车司机驾车往后退一点，同时指挥市民合力将车抬起来。“30多人一起抬车，有些市民抬车时把手上的皮也磨破了。”另一名目击者杨先生说，趁着轿车被抬起的瞬间，有市民将男童从车底下救出来，该男童除左手臂处有挫伤外，头部右侧有些擦痕。

男童父母均是新疆人，靠经营小卖部为生。肇事女司机姓姜，市区人，事发后立即拦了一辆出租车将男童送至附近医院检查治疗。经过调解，双方当事人达成一致，由女司机支付给男童父亲500元治疗费用。

【温州女汉子征服世界高峰】 6月1日《温州晚报》报道：文静的鹿城女人陈琼，成为征服世界高峰的女汉子。陈琼是地道的“老温州”，大学毕业后回温，成为市工商银行的一位普通职员。2004年，陈琼随经商的父母移居巴西，并在巴西结婚生女，日子过得滋润而温馨。

2013年网上一部纪录片《巅峰行者》让从小性格文静压抑的陈琼萌生了登山的念头，丈夫和女儿的支持更是让她找到了坚实的后盾。

陈琼第一次登高山就选择了海拔5664米的四姑娘山三峰，在克服了喷射性呕吐等高原反应后，她成功登顶。此后，她又随团队一起成功登顶非洲最高峰乞力马扎罗山，海拔5895米。2014年5月，陈琼参加了攀登欧洲最高峰厄尔布鲁士山的团队，最终离登顶仅有200米时，陈琼患上高原脑水肿，不得不下撤。陈琼并没有气馁，11月，陈琼准备攀登海拔6900多米的南美洲最高峰阿空加瓜山、海拔4500多米的南极洲最高峰文森峰以及徒步南极极点。她还计划在2015年重登厄尔布鲁士山，再从尼泊尔南坡登顶珠穆朗玛峰。

陈琼攀登厄尔布鲁士山　　选自《温州晚报》

【“虹”粉送惊喜，历史老师说感动】 6月9日《温州晚报》报道：6月8日早上7点多，在温十四中考点，一群考生给历史老师王虹送上特别礼物，这一幕，获得在场所有人称赞。

她们是来自温州第十九中学高三（5）班的一群考生，她们有个很潮的班名，“虹虹粉丝团后援会”，班名中带“虹”，是因为他们的班主任、历史老师叫王虹。

早上7时40分许，这个“虹粉团”的带头人董同学，抱着一个大纸箱早早到了考场外，几分钟后，“虹粉团”的另外16名成员到齐，商量着“秘密行动”，且有意避开已早早在现场的班主任、历史老师王虹，此时的她正在考点门口清点到场考生。早上8点许，趁着老师进校门拿早餐，“虹”粉们纷纷行动，两个女生从纸箱里拿出横幅，在考点门口拉开，上面写着“虹虹粉丝团后援会”，还签满全班“虹”粉的名字。见老师拿了早餐出来了，董同学手拿老师的画像和毕业纪念册，送到她的手里。这一幕，让王虹老师感到惊喜万分。短暂的欢聚后，她们挥挥手，在老师的笑声与感动的目光中走进考场。

考试结束后，“虹粉团”的董同学表示，那条写满全班同学签名的横幅，是班级参加学校的远足活动时制作的，一直挂在教室里，班主任很喜欢。送到老师手里的纪念册，是学校统一发的，当时他们专门给老师留了一本。为了送老师画像，她们当时找借口向班主任要来了照片，委托淘宝店家按照片画了一幅水粉画。“老师可以一直挂着画像，一看到就能想起我们。”董同学说。

历史老师王虹收到礼物后笑得合不拢嘴
选自《温州晚报》

一名网友将准备给儿子过生日的1000元捐了出来，孩子懂事地和刘师傅握手　孙新尖 摄

【温州城，用爱擦去好人泪】 7月11日《温州日报》报道：6月，网友“城市摄影家孙新尖”在微博上发布了一组照片。照片里，一个老人坐在五马街行乞，瘦削的身形、花白的长须、落寞的眼神……文字说明是这样的：昔日拾金不昧清洁工，如今流浪街头行乞。

图片主人公是清洁工人刘永敢，其实，早在几年之前，孙新尖就认识刘师傅，2010年5月，正是孙新尖在五马街端着相机记录下了清洁工刘师傅捡到钱包物归原主的画面。凭着这一抓拍的照片，刘师傅一时成了温州城里拾金不昧的好榜样。如今，刘师傅因车祸落下残疾，失去劳动能力，无钱治病的他，只能行乞，希望讨到一些钱治治自己的病腿。这一次，孙新尖再一次举起相机，将刘师傅的困境发布在微博上。

这一微博在随后几天被许多网友接力转发，立即在温州城内掀起一阵爱心旋风，各路网友纷纷伸出援手，为刘永敢捐献手术费用，目前累计已达到5万多元，志愿者还积极为其联系医院，刘师傅已经入住附二医，接受各项检查。“对这位曾经踏踏实实服务温州，用自己朴实的行动感动过温州的好人，在他需要帮助时，温州人民不要辜负他！”一名献上爱心的网友如此表达自己的心情。

【“节省阿姨”感恩传递爱心】 9月15日《温州晚报》报道：9月13日，雪君工作室热线的工作人员接到一个来电，家住市区西城路月湖社区的王阿姨想资助一个贫困大学生，因为她的儿子以前也是受人资助，如今已经工作、成家，她也想回报社会，去帮助别人。

王阿姨64岁，18年前，她的丈夫因肝病去世，留下了一些债务和11岁的儿子，过得很清苦。后来，王阿姨的儿子考上温州医学院（现温州医科大学），但每年1万多元的支出还是让王阿姨有些发愁。这时，她收到了姓黄的好心企业家每年3000元的援助，这份资助让王阿姨儿子奋发上进，最终进入了温医大附一院工作。

王阿姨把这份恩情记在心里，就萌生了资助贫困大学生的想法。她让市总工会工作人员帮她寻找有需要帮助的贫困大学生，每年资助3000元。2011年，她开始资助一个苍南矾山的女生小郑，资助了两年，小郑一直和她保持着联系。小郑上大二的下半学期，她就跟王阿姨说，自己拿到了奖学金，可以不用资助她了。

"小郑的妈妈也跟我关系不错，他们很感谢我。小郑是个好姑娘，她说我条件也不太好，不能再要我的钱。"王阿姨说，停了两年，她觉得还是想继续帮助贫困大学生，想用这点钱激发一个孩子的上进心，让他们变得更棒。

【火光折射邻里情】 9月19日《温州都市报》报道：家住人民路银河大厦12楼的范先生，一连三次跑到失火的老人家门口敲门，用自己的行动诠释了什么叫邻里一家亲。

9月18日上午7点30分左右，范先生发现楼下有烟冒出来，就叫妻子去通知物业，随后他觉得烟是从住在10楼的一对老人家里冒出来的，赶紧跑到老人所住的套间敲门，但里面没人应答。他跑回自己家，通过窗户向下查看，仍旧认为是老人家里失火，于是又到老人家门口敲门，可还是没有人应答。

"我知道里面居住的是两位老人，但不太认识。我担心万一起火老人还在里面，那就太危险了。"为了确认到底是哪户人家起火，范先生特地跑到邻近的银河大厦C幢10楼查看，确认是楼下老人家里冒烟。他第三次跑到老人家门口，使劲敲门，但里面仍然没有动静。消防队员接警赶到现场，将老人家的防盗门破拆掉，进入房间将大火扑灭。所幸的是，当天早上这对老人按照习惯坐公交车到市区西山锻炼去了，否则后果不堪设想。因为灭火产生大量积水，有邻居家的窗户玻璃在这场火灾中受损，老人的女儿周阿姨等人分别到9楼、10楼、11楼的邻居家里一一道歉。邻居们没有怨言，大家纷纷送上安慰的话。

一名消防队员正用水枪对可能复燃的部位进行喷淋　　钱鹏鹤 摄

【大世界购物中心悄然"谢幕"】 10月14日《温州商报》报道：从2003年开业至今已坚守了11年，曾一度为温州城市西向唯一一家上规模的本土超市大世界购物中心，悄然关门谢客。

2004年12月底，太原洪达集团撤出温州山姆士大世界购物中心，温州公交、黄龙、菜篮子、海螺等企业全面接手，更名为大世界购物中心，打出了"打造温州人自己的零售航母"的宣传语，全面走本土化之路，超市营业面积也由原来的3万平方米缩减为2万平方米。之后几年，随着肯德基等品牌门店的入驻，超市营业面积继续缩减到1.3万平方米左右。

"无论是当初山姆士品牌的撤出和超市的大调整，还是现在的无奈关门谢客，归根结底，就是销售业绩不断下滑，实在难以为继，撑不住了。"大世界购物中心总经理王云华说，当初销售业绩不断下滑是超市定位及经营策略出了问题，作为一家位于西城路上的且没有连锁门店的超市单店，大世界购物中心的区位、交通及运营成本等多方面的劣势逐渐凸显，一直都在亏损。

王云华确认，大世界购物中心关门谢客后，世纪联华超市将入驻开出其在温州的又一家门店，杭州联华华商集团有限公司媒体公关部门人士也确认了这一信息及内容。

西城路大世界超市停业，部分商家在门口处理商品　　蒋文广 摄

【时髦奶奶秀出青春舞步】 10月19日《温州晚报》报道：欢快的腰鼓舞、动感的健身舞、优雅的民族舞……10月18日上午，首届"安愉人生"杯浙江广场舞大赛温州区域决赛在世纪广场火热举行。经过精心打扮的350多位爷爷奶奶们拿出看家本领向现场的观众展现了他们的风采。

眼影、假睫毛、口红、腮红，时髦奶奶们化起妆来也毫不含糊。"我们团队参加比赛的一共有14人，今天一大早就起来化妆打扮了。"快乐奶奶组合团的吴奶奶兴奋地说，"我们团里平均年龄66岁，因为爱好唱歌、跳舞就聚到了一起。"她们富有特色的创意舞蹈小品让现场的观众不禁赞叹："奶奶组合好有个性！"

一群身着条纹水手服、白色短裙、白色帆布鞋的靓丽奶奶非常活泼。"之所以选择水手服是为了配合我们的舞蹈《远航》，而且这套服装清爽、干净，让我们有回到校园的感觉，又少女了一把。”亦美大厦排舞队的陈奶奶笑着说。

温州市健身舞协会鼓乐队的爷爷奶奶们则用娴熟的技巧和带有创意的编排来表演了广场腰鼓舞。马奶奶说：“练腰鼓舞后，打麻将的时间都少了。每天出出汗，感觉都年轻了。感兴趣的都可以加入我们的队伍。”

时髦爷爷奶奶跳出青春舞步

选自《温州晚报》

【消防栓街头“卖萌”】 11月7日《今日鹿城》报道：11月4日下午，在望江路道路两旁，30多位绘画爱好者在这里为消防栓绘制“彩衣”，希望通过动漫彩绘的形式对消防栓进行美化，提高全民关注消防的热情。

经换“新装”，平日里破旧的消防栓被色彩鲜艳的颜料喷绘成不同的卡通造型。“原先的消防栓经过风吹日晒，形象比较残破陈旧，通过我们的彩绘，给他们换上新装，让更多人能够珍惜爱护它。”进行消防栓彩绘的绘画爱好者徐丽瑾说。90岁的叶阿伯也在现场进行消防栓彩绘创作，“学习消防安全知识是有备无患的，一旦要使用，就要快速有效，及时消灭火灾，这是我创作这幅‘灭火大王’的初衷。”

据介绍，彩绘大赛从11月1日开始持续到11月10日，报名彩绘消防栓的人数已达200多组，年纪最小的为4岁，年纪最大的为90岁。活动将会选择人流量较大的路段如人民路、五马街、蝉街、南塘街、瓯江路、望江路等多个地点进行消防栓彩绘。

区公安消防分局工作人员王志军介绍，以消防栓彩绘的方式宣传消防知识，市民的参与度更高，更有利于营造“全民消防”的氛围，从而全面提升广大市民的消防安全意识和火灾防控能力。

原先破旧的消防栓在经过涂鸦彩绘之后，焕然一新　　选自《今日鹿城》

【黑天鹅落户杨府山公园】 12月15日《温州晚报》报道：不少市民发现，市区杨府山公园的湖面上来了一群从温州动物园引进的“特殊朋友”：黑天鹅、鸳鸯，还有成群的绿头鸭。

在公园深处约莫200平方米的湖面上，七八只黑天鹅时而伸长脖子低头轻舔几口湖水，时而交头接耳，与一群绿头鸭结伴游向对岸。湖中央，隐约可见数只甜蜜嬉戏的鸳鸯。

市城市管理与行政执法局绿化养护大队应副队长介绍，这批水禽类动物是他们12月9日刚与温州动物园合作引进的，共有10只黑天鹅，10只鸳鸯与30只绿头鸭，“天鹅们将被全天候放养，这也是全市范围内已知的第一家寄养有黑天鹅等水禽类动物的公园。”

应副队长透露，黑天鹅们每天早晚分别喂食一次，喂食工作由经过培训的工作人员专门负责。杨府山公园负责动物的饲养、日常记录与管理，温州动物园还将定期派人入园查看。“为了防止天鹅、鸳鸯、绿头鸭飞走，动物园已对这批动物做了‘断翅处理’，我们还安排保安24小时巡逻查看，确保动物的安全。”应副队长说。

目前杨府山等公园内的各类植被与设施都较为单调，引入水禽类动物既可以丰富公园的生态多样性，并能让参观公园的市民更加贴近自然，了解更多的科普知识。

杨府山公园的黑天鹅　选自《温州晚报》

【金毛犬秀“算数神功”】 12月17日《温州都市报》报道：市区帆影广场一条金毛犬“走红”啦。它10以内的数字加减能轻松算出。因为可爱聪明引得路人围观，有人还把它的照片发到了网络上。

金毛的主人老王，是一位自由职业者，目前养了3条狗。他说，这条金毛犬名叫毛毛，数学特好，一个月有几个星期、一个星期有几天都知道。今年几岁、去年几岁之类的问题，也都能对答如流。一开始围观的人听说狗会算数，总带怀疑的眼光。“1+8等于几？”“3+4

等于几”……都说耳听为虚，眼见为实，有人不相信，就来了个现场问答。结果毛毛都能用“叫声数”给出答案，10以内的加减轻松搞定。

老王的教育方法很直接，赏罚分明。每次毛毛算对了，他就给它香肠鼓励；算错了，那就是要“打屁屁”。连续学了2个多月，每天10多分钟，毛毛终于练成这番“算数神功”，“秒杀”帆影广场一带的小伙伴……

毛毛究竟是真会加减计算，还是“另有乾坤”？据温州动物园鹦鹉表演场训练师贾先生介绍，狗会算数，但这并不代表它听得懂人话，人的语言对它只是信号而已，经过长时间的训练，它可以对人的语言产生特殊的反射弧，每当人再次发令时，它就会凭记忆做出反应。

在市区帆影广场，王先生带着爱犬“毛毛”散步　　王　诚摄

（编辑　王　超）

附 录

2014年区委重要文件选载

中共温州市鹿城区委关于认真学习贯彻党的十八届三中全会精神全面深化改革的实施意见

（2013年12月30日中国共产党温州市鹿城区第八届委员会第六次全体会议审议通过）

鹿委发〔2014〕1号

为认真学习贯彻党的十八届三中全会、省委十三届四次全会和市委十一届五次全会精神，紧密结合鹿城实际，就全面深化改革问题提出如下实施意见。

一、全面深化改革的总体要求

当前和今后一个时期，我区全面深化改革的总体要求是：高举中国特色社会主义伟大旗帜，深入贯彻落实党的十八届三中全会、省委十三届四次全会和市委十一届五次全会精神，按照“五位一体”的总体布局，全面深化经济体制、政治体制、文化体制、社会体制、生态文明体制和党的建设制度改革，力争在民营经济创新发展、地方金融发展、传统产业转型、城市有机更新、推动温商回归、区域转型发展、行政效能提升、民办社会事业、基层社会治理、美丽浙南水乡建设等“十大重点领域”改革创新取得突破，走在省市乃至全国前列，不断解放社会生产力，激发社会活力，提升党的执政能力，增强赶超发展动力，推动中国特色社会主义在鹿城的创新实践，为实现“赶超发展、再创辉煌”，全面加快“创首善之区、建幸福鹿城”提供制度保障和力量源泉。到2015年，重要领域和关键环节改革取得实质性突破；到2017年，基本完成本意见提出的各项改革任务；到2020年，率先形成系统完备、科学规范、运行有效的制度体系。

二、继续深化经济体制改革

1．推进金融改革发展。争取由民资发起设立各类地方金融组织，推动鹿城农商行建设和改革创新，力争到2017年实现存款、贷款、税收规模“三个翻番”，年税收超5亿元，成为全国跨区域设立村镇银行最多的地方性法人银行。建立服务中小企业和“三农”的社区金融服务体系。拓展企业直接融资渠道，重点扶持和培育康奈集团、金牛工贸等6家拟上市企业，推动企业股改、挂牌和上市。鼓励发展股权投资、风险投资，引导企业尝试资本运作。贯彻落实《浙江省温州市民间融资管理条例》，扩大温州民间借贷服务中心溢出效应，构建民间融资备案管理制度，推进民间融资规范化、阳光化。推进鹿城金融广场建设，发展货权质押、应收账款融资、市场贷等多种创新金融产品，助推实体经济发展。

2．完善传统经济转型升级体制机制。加快中国鞋都扩容升级，争取省级轻工产业园区创成省级高新区。完善小微企业园创业园建设推进机制。完善鞋服等传统产业改造提升机制，加大“机器换人”力度，到2017年，全区技术改造投资占工业投资的比重达到60%以上，劳动生产率达到14万元/年人以上，科技贡献率达到64%。完善企业综合效益评价体系、淘汰落后产能标准体系和政策体系，推动产业“腾笼换鸟”、企业“空间换地”。推进整合重组和“三转一市”，促进中小企业做大做强。加强街镇经济服务职能建设。加强粮食功能区和现代农业园区建设。

3．完善都市经济发展体制机制。完善都市经济发展政策机制，加快滨江商务区建设，建设一批现代服务业集聚区。积极推动制造业与服务业联动发展，鼓励制造业企业的二三产分离，推动服务业向技术集聚、创意集聚、知识集聚、资本集聚转型。完善和落实总部经济政策，大力发展总部型企业、总部（楼宇）经济、总部型经济和会展经济。完善战略性新兴产业培育发展机制，大力发展医疗健康、体育健身、社区服务等服务业。到2017年，创成税收亿元楼8幢以上，初步建成区域性的现代商贸服务中心、时尚购物中心、金融业集聚区、楼宇集聚群和旅游目的地。

4.完善网络经济发展体制机制。把网络经济作为赶超发展的“一号新产业”，争创省级电子商务示范城区。发挥产地和产品优势，推进网络经济集聚区、物流总部商务中心、仓储物流集散基地等平台和配套服务体系建设，实现规上限上企业电子商务应用率两年90%、三年95%以上的目标，到2015年创成浙南首个网络经济销售额“百亿区”，加快建设区域性电子商务城，形成新经济条件下“以商促工”新模式。

5.创新农业经营体制和农村产权制度。推进生产合作、供销合作、信用合作“三位一体”合作体系建设，鼓励农村发展合作经济，促进合作社组建联合社。加强村股份经济合作社规范化建设。开展农户承包地、农民宅基地（含农房）、村集体建设用地“三确权”。深化林权制度改革。加快农村产权制度改革，推进农村土地规模流转，完善农村产权交易流转市场体系，开展农村集体经济股权跨村流转试点，吸引工商资本发展现代都市农业、生态观光农业、生态养老产业和建设幸福农庄。

6. 深化科技体制改革。实施创新驱动发展战略，构建以市场为导向、企业为主体、产学研协同的技术创新体系。统筹优化政府创新资源的配置。完善促进企业自主创新的政策机制，建立多元化科技投入机制，鼓励多种资本投入科技创新。深化科技和金融结合试点，促进科技与金融的对接合作。深入实施知识产权战略，开展国家企业知识产权管理规范标准试点，实施规上企业知识产权“清零工程”，争取提前实现“八倍增”“两提高”目标。

7. 健全创新智城建设体制机制。加快构建以“人才支撑、科技主导”为核心的区域创新体系，努力建设机制灵活、氛围浓厚、富有活力的创新智城。利用中心城区资源集聚和智力密集的优势，凝聚内外鹿城人力量，搭建世界温商大会、温州商会、温商网络和在鹿各类优势资源、各界知名人士沟通交流平台，实现优质资源聚集提效并为我所用。整合各类优势资源，成立新经济组织联谊会、新社会组织联谊会、网络界人士联谊会等各类智力密集型组织，推进“信息鹿城”“网络鹿城”“智创鹿城”建设。

8. 完善城市有机更新体制机制。编制城市有机更新产业规划，完善和深化“三个不变”模式更新，联动推进改建翻建、异地搬迁、“退二优二”等模式，实现零增地技术改造、零增地存量调整。推进旧厂区改造，加快建成一批以生产性服务业为主导产业的创业创新创意基地，到2017年基本完成黎明工业区、吴桥工业区、鹿城工业区等连片旧厂区有机更新。健全“三保”倒逼机制，实施差别地价电价水价等举措，鼓励企业整体“退二优二”，在城市有机更新区域鼓励企业整体“退二进三”。

9. 完善区域经济协作体制机制。按照大都市核心区功能定位，研究区域发展差异化、优势化、集约化体制机制，谋划一批大平台大项目，推动县域经济向城市经济转型跨越。完善“山海”“山江”等长效机制，探索在周边区域联合实施“飞地模式”发展，探索在外地建立产业园区合作新模式，引导企业逐步转移生产，发展总部型企业和税源经济。积极举办中国鞋都论坛，促进区域经济协作层次跃升。

10. 建立公平开放透明的市场规则。实行统一开放的市场准入制度，按照“非禁即入”原则，清理和修改制约民间投资发展的各种限制性、歧视性规定，在科学制定市场准入“负面清单”的基础上，允许各类市场主体依法平等进入“负面清单”外的所有领域。立足民营经济发达、民间资本雄厚、民间活力充沛，积极探索多元化的投资来源，鼓励民间资本进入重大基础设施、市政公用事业、社会事业、金融服务等领域。

11. 深化中介服务改革。平等对待中介机构市场主体地位，清理取消各种行业性、区域性的中介市场保护政策。建立优质中介机构集聚区，鼓励优质中介机构入驻“中介服务中心”或“中介优选库”。制定出台涉企审批服务中介机构入驻和管理暂行办法，实行统一服务时间、统一收费标准、统一服务规范，推进中介服务机构效能提速。规范中介服务市场秩序，建立健全备案入驻、考核评定、清退淘汰等制度，实行效能评价和信用管理，建立中介服务效能排名公示制和黑名单制。

12. 完善全域同城建设体制机制。着眼于构建生态型、组团型、智慧型大都市核心区，完善八大都市型功能区提升发展机制。推进城乡一体化，深化研究城市西片可持续发展投入机制，加快实现城乡规划和基础设施配套建设城乡“一张网”。集中精力推进“3+1”城市亮点建设。完善“减员增效”综合整治体制机制。推进城中村改造和“村改居”工作。推进重大交通、电力能源、地下管网设施建设，加快建成现代公共服务体系。

13. 创新空间拓展体制机制。推进城镇低效用地再开发试点工作，科学制定低效用地再开发实施细则，用足用好试点优惠政策，到2017年完成低效用地再开发8000亩以上。建立闲置土地、闲置楼宇、闲置店面等增量空间拓展机制，建立工业楼宇、工业街区等增量平台建设体制机制，适当放开工业厂房容积率，全面推进存量用地有机更新。加快城市地下空间利用和山坡地开发，全面提高土地开发强度和产出效率。

14. 完善推动温商回归体制机制。制定温商回归产业指导目录，完善招商项目库和在外温商信息库，促进在外温商与本土产业有效对接。完善推动温商回归政策机制，深入实施“百名领头雁工程”，全面贯彻落实重大项目“一事一议”、总部入园企业税收及公共服务优惠等政策。完善推动温商回归的服务机制，实行全程代办、无偿服务等机制，促进温商回归项目落地投产。加强温商、侨商、台商招商互动平台和机制建设，推进内外温商全方位多领域良性互动，加快创成全球温商总部家园。完善温商回归评价表彰机制，提高温商回归功勋人物社会待遇和政治待遇。

15. 完善对外经贸合作与交流体制机制。研究和推进跨境电子商务等新型贸易方式，努力建设跨境电子商务园区。构建开放型经济发展体制机制，鼓励跨国公司在我区设立地区总部、研发中心及功能性总部。加强长三角、海西区等各领域的合作，深化台湾与鹿城民间交流十大结对活动。建立健全重点台商投资项目区领导挂钩负责制、保障台资维权例会制、项目落实督办制、招商引资考核制等机制，开展多领域多形式的对台引资工作。

三、完善基层治理体系

16. 发挥党委总揽全局、协调各方的作用。注重改进党的领导方式和执政方式，健全“一个党委”“三个党组”“多个口子”相协调的领导体制。支持人大、政府、政协和审判机关、检察机关依照法律和章程开展工作。支持工会、共青团、妇联等人民团体及各类群众团体依照法律和各自章程开展工作。支持和加强党管武装和国防后备力量建设，深入推进双拥工作。建立健全科学民主依法决策机制。

17. 坚持和完善人民代表大会制度。加强对“一府两院”的监督。加强对政府全口径预算决算草案的审查。加强对司法工作机制和规范公正执法的检查监督，开展对人大任命的国家机关工作人员履职的监督。健全人大讨论、决定重大事项制度，建立政府重大决策出台前向本级人大及其常委会报告的制度。发挥代表主体作用，建立健全代表履职服务保障和激励约束机制。通过听证、公开等途径，扩大公民有序政治参与。

18. 健全社会主义协商民主制度。充分发挥人民政协作为协商民主重要渠道的作用，有序组织专题协商、对口协商、界别协商、提案办理协商等。扎实开展会议协商、专项集体、民主监督员、民主评议、委员视察等民主监督活动。健全党政领导与政协主席会议及常委会、党政部门与政协专门委员会、界别对口联系制度，建立政协履职成果办理反馈制度。完善政协委员产生、履职评估和退出机制。建立街镇参政议事会、社区协商议事会、网络议事问政等互动平台，不断创新基层协商民主新途径。

19. 提高各领域的法治化水平。完善规范性文件、重大决策和行政合同审查机制。健全行政复议案件审理机制，强化行政复议责任追究。完善行政执法与刑事司法衔接机制。加强司法监督体系建设，推进司法公开。健全司法救助制度和法律援助制度，扩大法律援助受援范围。创新社区矫正工作模式，健全社区矫正工作制度和保障体制。健全社会普法教育机制，推进基层法治创建和法治文化示范基地建设。

20. 加快政府职能转变。推进政企、政事、政社、政资分开，开展政府部门职责清理，推行政府权力清单制度。按照“精简、统一、效能、授权”的原则，在财政供养人员只减不增的要求下，完善《鹿城区事业单位空编调剂使用方案》，做到事业编制总量控制、空编调剂、存量盘活。推行编外聘用人员管理制度，探索“雇员制”引才机制，打通职级待遇渠道，吸纳各类紧缺人才。深化事业单位分类改革，推进生产经营性事业单位市场化改革和公益性事业单位社会服务化改革，做到还政于政、还市于市。

21. 深化行政审批制度改革。深化“两集中、两到位”改革，设立事权单位独立审批科室，确保窗口授权到位。加大前置审批条件清理力度，探索“案例援引”和“先照后证”等审批新模式。落实首次预登记制度，优化“模拟审批”和全程代办服务模式，完善联审联勘联验联批工作机制。优化三级便民服务体系，落实街镇、社区中心的代办服务机制，实行审批工作“全区域实时受理”，努力打造高效便捷的审批服务综合体。

22. 推进公共财政体制改革。改进财政预算管理制度，规范预决算公开内容和程序，增强财政预算的透明度。健全预算绩效管理制度，逐步建立全过程预算绩效管理机制，提高财政资金的使用效益。着力优化财政支出结构，完善公共服务投入机制，建立以改善民生为重点的公共财政体制。清理、整合竞争性领域专项资金，严格控制引导类、救济类、应急类专项。

23. 完善国有房产统一监管制度。推进行政事业单位房产管理改革，深化“集中管理、阳光运作、利益契合”的行政事业单位房产统一监管新模式。建立行政资产管理中心和行政资产国资公司，所有政府性资产由区级机关事务管理部门统一收归管理。建立房产电子管理系统，实现产权登记的房产统一办证、非自用办公用房统一管理、房产出租收入统一上缴财政专户，实现国有房产管理统一规范有序和国有资产的保值、增值。

四、加快完善文化发展体制机制

24. 完善坚持正确舆论导向的体制机制。健全基础管理、内容管理、行业管理及违法犯罪防范和打击相联动的互联网管理体制。建立一支高水平的新闻发言人队伍。建立健全新闻发布责任制、定期新闻发布制、新闻发布建议制等制度，提升新闻发布和对外宣传水平。做大做强鹿鸣问政等“三微”网宣平台，推动传统媒体和新兴媒体融合发展。

25. 构建崇善向上文化引领机制。完善社会主义核心价值体系宣传引导机制，深入开展“中国梦”和中国特色社会主义宣传教育。以全国文明城市创建为龙头，推进“六城联创”长效机制建设，完善道德讲堂、文化礼堂建设长效机制，努力打造鹿城人特色精神家园。发扬和提升鹿城人精神，挖掘提炼“红日亭”崇善向上文化，深化开展“十大道德模范”“鹿城十大孝子”“十佳学习型家庭”等评选活动，建立“道德银行”，培养树立一批慈善标兵、道德楷模，打造鹿城崇善向上文化新高地。

26. 完善文化管理体制机制。推动政府部门由办文化向管文化转变。建立健全政府向社会购买公共文化服务的制度。整合公益性文化服务与市场性文化产品的优质资源，在送戏下乡等公共文化活动中向基层提供菜单式服务。改革文艺精品评奖制度，鼓励学校、培训机构、民营企业等社会组织积极参与文艺创作。继续推进鹿城文化中心的体制改革工作。

27. 完善文化产业发展体制机制。加快文化产业投融资服务体系建设，大力发展新兴文化业态，加快文化与工业、旅游等产业融合发展。制定出台全区文化产业总体规划和发展扶持政策，盘活低效厂房资源，加快建设一批重点文化产业园区。引进和扶持一批龙头型文化企业。积极申报文化产业园区，到2017年争创8个市级及以上文化产业示范园区。

28. 加强公共文化服务体系建设。实施《鹿城区公共文化服务基础设施建设三年行动计划》，加强街镇综合文化中心、社区文化服务中心和分中心的建设，打造“城市社区15分钟文化圈”和“农村新社区30分钟文化圈”。健全公共文化服务社会多元参与机制，提升公共文化服务水平。主动协调市级公共文化设施资源对外开放，形成市、区两级公共文化资源共享机制。制定基本公共文化服务绩效考核办法，建立群众评价和反馈机制。

五、积极推进社会体制改革

29. 完善就业创业制度。完善城乡统筹的就业公共服务体系，健全职业培训体系，健全高校毕业生、困难群众等重点群体就业促进机制，促进社会充分就业。建立政策扶持、创业培训、创业服务等工作机制，促进创业带动就业，推动多渠道多形式就业。健全劳动关系协调机制，构建和谐稳定的劳动关系。

30. 全社会保障制度。加快完善农村社会保障体系，探索城乡养老保险、医疗保险衔接并轨机制。积极落实住房保障工作，推进廉租住房、公共租赁住房的并轨运行工作。加快完善适度普惠型的社会救助体系、社会慈善体系、优抚安置政策，健全残疾人社会保障和服务体系、城乡最低生活保障制度。加快建立社会化养老服务体系，积极发展老年服务产业，规范居家养老服务中心运行，建设农村统分结合的养老服务中心。

31. 推进教育综合改革。落实教育发展规划，优化学校合理布局，加快基础设施建设，强化学前教育、民办教育、社区教育、早教工作优质均衡发展。深入推进民办教育综合改革，做好民办教育与义务教育的规划衔接，着力打造国际化、品牌化民办名校。加强教师队伍建设，促进教师专业化发展，探索实行义务教育学校教师校长交流制度，建立一支适合鹿城教育发展需要的教师队伍。加快现代职业教育体系建设。创成省级教育现代化区。

32．推进医疗卫生综合改革。加快省级卫生强区创建步伐，同步推进省级卫生应急示范区建设和省级慢性病综合防控示范区创建。深化基层医疗卫生机构综合改革，推进区、街（镇）、村（居）一体化综合管理，健全网络化城乡基层医疗卫生服务机制，完善分级诊疗模式。推进鹿城人民医院等公立医院综合改革，建立现代医院管理制度。深入推进社会力量办医改革试点，重点引导外资举办高端、急需型医疗机构以及引进国外先进的医院管理经验，探索集团化连锁办诊所。探索医疗执业多元化。优化健康产业发展环境，切实提高健康管理与健康促进服务水平。推进计生卫生综合改革，落实计生政策“三个不变”，促进人口长期均衡发展。

33．完善城市管理体制机制。完善“两级政府、三级管理、四级网络”城市管理体系，健全网格化、数字化城市管理系统。深化行政执法体制改革，理顺城市管理执法与环卫、市政、园林绿化的关系，强化街镇综合管理执法职能，探索组建综合执法部门，建立“横向到边、纵向到底”协调联动、运转高效管理格局。

34．加快构建智慧城区建设体系。制定智慧城区创建目标及实施方案，建立政策、组织和资金保障体系，积极申报国家智慧城市试点城区。完善智慧网络体系，开发数字化行政审批、智能化交通诱导、智慧医疗卫生服务、网上自助处理平台等系统。突出“无线鹿城”“智慧鹿城”“智慧社区”等重点，推进保障体系与基础设施、智慧建设与宜居、智慧管理与服务、智慧产业与经济等四大体系建设，形成一套具有鹿城特色应用体系。

35．完善社会治理体制机制。拓展驻温商会、新经济组织等行业的调解领域，全力打造全域“一小时调解圈”。强化源头维稳、系统维稳、综合维稳、依法维稳，强化社会稳定风险评估工作，推进维稳工作“一格三制”运行机制。探索改进非正常上访处理工作，逐步把涉法涉诉信访纳入法制轨道。完善社区自治管理体制，进一步理顺社区党组织与社区居民委员会、业主委员会、物业管理等机构关系，推进“政社分开、善政善治”工作。实行社区准入机制，加强街镇社会服务管理中心规范化与社区（村）综合服务管理平台建设。依法加强宗教事务管理，完善民间信仰管理体制机制，防范抵御邪教渗透，努力构建和谐宗教。

36．完善社会组织协同参与社会管理体制机制。以民政综合改革试点为契机，深化社会组织管理体制改革，完善政府购买社会组织服务制度，通过项目购买、补贴、奖励等规范方式转移或委托社会组织承接。加快构建现代社会组织体制，建立直接登记和备案登记相结合的新型登记模式。大力培育和发展社会组织，开展社会组织品牌评选等活动，达到“一个社会组织一个亮点”。大力培育和发展具有鹿城特色的专业社工机构，实现城市社区社工工作站全覆盖。加强社工人才体系建设，建立社工和志愿者联动机制，打造鹿城特色的社工品牌。

37．建立健全社区扁平化管理体制机制。按照“三化三式”幸福社区创建要求，规范社区运行机制，实行“‘四位一体’+一中心+一张网”社区组织架构，统筹区域内党务、事务和社会治理工作。理顺社区内部运行机制，规范社区“网格”以及网格员、驻格员工作职责。拓展基层网格服务管理模式，开设社区服务管理中心办事服务大厅，打通涉及基层站所的信息网络平台，推行居家养老一键通、邻里服务一线通、综治网格服务一网通等服务功能，开发红色服务信息终端系统，完善社区服务管理体系。探索建立社区市场化服务体系。广泛开展党员志愿服务活动，组建志愿服务团体，完善社区义务服务体系。

38．完善新居民管理服务体制机制。完善公共服务保障制度，以新居民积分制管理为抓手，在新居民服务的广度和深度上拓面扩容，形成新居民梯度享受初等教育、卫生医疗、社会保障等基本公共服务的供给机制。牢固树立依法管理的理念，加强新居民综合基础信息采集，不断健全“以证管人、以房管人、以业管人”等工作机制。以双屿综合整治行动为契机，逐步实现新居民总量适度调控、人口结构优化、流向合理有序、社会融合顺畅的目标。到2017年流动人口总量在2012年底基础上实现双屿减员30%以上，全区减员20%以上。

39．完善公共安全体系。完善平安建设推进机制，加强社会管理综合治理。巩固和提升“六防工程建设”为主的社会治安防控体系，强化群防群治队伍建设，推进警务机制创新，加强社区警务室、专业巡防、群防群治、视频监控等治安基础建设。健全涉恐涉暴活动预防和应急处置机制。深化安全生产管理体制改革，完善交通管理和消防安全监管机制，建立隐患排查治理体系和安全预防控制体系，有效防范较大事故，坚决遏制重特大安全事故。统筹城区基础设施和应急体系建设，健全防灾减灾救灾体制。

完善食品药品安全监督体制机制，保障食品药品安全。

六、努力构建生态文明体制机制

40. 完善环境治理和保护体制机制。严格实行排污总量控制制度，完善排污许可管理，严格实施建设项目环评审批制度。完善环境监控机制，逐步扩大重点污染源在线监控范围。建立农业面源污染减排和治理机制，健全农村生活污水和垃圾处理机制。实施美丽乡村建设标准，深化市“百村示范、千村整治”工程，完善全面改善农村环境体制机制，因地制宜搞好美丽乡村建设。积极推进绿色殡葬改革。

41. 完善美丽浙南水乡建设推进机制。完善美丽浙南水乡建设领导体制和推进机制。搭建美丽浙南水乡建设的融资平台，按照“分级分期分类”要求，加大财政投入，充分发挥政府性资金引导推动作用，广泛吸引民间资金投入水乡建设。建立健全绩效评估考核机制和监督检查机制，全面实行“河长制”，推行分级责任制、项目包干制等长效机制，推动美丽浙南水乡建设。

42. 完善城乡环境建设体制机制。按照建设富有都市花园、清洁家园、美丽田园特色的美丽鹿城要求，完善“六城联创”工作机制，确保按照市委、市政府统一要求创建达标。完善“三改一拆”“四边三化”“两无三化”等长效机制，提升“十抄告”联动、“零违建”报告、每月“十大违建王”等拆违“十大机制”，完善绿化养护考核机制。到2017年创成“无违建社区”56个、“无违建道路”207条、“无违建河道”48条，争取达到省“无违建城区”创建标准。

43. 完善发展生态经济的激励机制。建立生态补偿资金稳定增长机制。健全促进生态服务业、生态工业、生态农业发展的政策体系，大力推行绿色信贷、绿色税收、绿色贸易、绿色保险，大力推进循环经济试点，全面推行清洁生产，支持节能低碳产业和新能源、可再生能源发展。完善再生资源回收利用政策机制。健全环保信用等级评价制度。推进生态环保领域各种专项资金的整合提效，支持和引导重点企业推进清洁生产和节能减排。

七、不断健全党的建设体制机制

44. 完善创首善争一流长效机制。建立“创首善、争一流”创建指标体系，形成“比思路争发展承诺大展示”“比作风争一流亮偌大行动”“比业绩争先进践诺大比拼”等长效机制。深化进村入企赴一线、破难攻坚蹲一线、互看互学在一线等“实战练兵”活动。充分发挥党组织的战斗堡垒作用、基层干部的示范带头作用和党员的先锋模范作用，完善干部作风、密切联系服务群众、基层党建等举措和机制，形成人人敢担当、事事敢作为、时时敢争先、处处敢示范的生动局面。

45. 加强党内民主制度建设。完善党的代表大会代表任期制，推行街道党员代表会议制，实行党代会代表询问制和提案制。强化全委会决策和监督作用，完善常委会议事规则和决策程序，健全党委讨论决定重大问题和任用重要干部票决制。改革和完善党内选举制度，改进候选人提名制度和选举方式，规范差额提名、差额选举。完善党员民主权利保障机制，引导党员正确行使权利。逐步扩大基层党组织领导班子直接选举范围，探索扩大党内基层民主多种实现形式。拓宽党员表达意见和参与党内事务渠道。

46. 推进干部人事制度改革。坚持“从实绩看德才、凭德才用干部”的导向，完善干部教育培养、实践锻炼、选拔任用、考核评价、管理监督、激励保障机制，发挥党组织领导和把关作用，完善干部考核评价方式方法，坚决纠正唯票取人、唯分取人等现象，合理使用各年龄段干部。优化领导班子配备和干部队伍结构，以选拔“狮子型”干部为重点，选好配强“好班长”，以增强领导班子整体功能为重点建设“好班子”，以加强后备干部队伍建设为重点培养“好梯队”。改进干部考核评价办法，努力形成以专项考察、动态考核、年度考核为主要内容的考核体系，适时启动新提任干部财产报告存档制度。强化干部关爱激励正向引导，重视干部能力提升、精神激励和岗位风险预警。

47. 完善党管人才工作机制。确立人才优先发展战略布局，深入实施“科教人才强区”战略，搭建高层次人才创业投资服务平台，完善创新型、紧缺型、复合型、实用型人才引进和培养使用机制。完善具有比较优势的地方人才政策体系，完善人才分类评价体系、人才贡献积分制、人才绿卡等制度，对绩优者在住房、子女就学等方面予以政策倾斜，争取实现国家“千人计划”零突破。引进高级急需人才，着重培养金融、技术、创意、策划等方面的紧缺专门人才，打造中心城区人才集聚洼地。

48. 完善党的基层组织体系。落实党建工作责任制，建立基层党建工作考核排名机制，实行党内嘉奖制度。全面推进“红色细胞工程”，加强和改进机关党的工作，扎实开展基层党组织“五星争创”活动，实现干部联户包村和党员联系群众全覆盖。规范各领域基层党组织建设。加强基层党员干部队伍建设，积极打造“全科能力、全天在岗、全员入户、全情知晓、全心服务”的街镇干部队伍。把好基层党组织党员入口关，建立健全党员“能进能出”机制，保持基层党组织党员队伍纯洁性。

49. 完善惩治和预防腐败体系。健全权力运行监督和制约机制，完善民主决策的机制和程序，推行政府及其部门权力清单制度，完善党务、政务和各领域办事公开制度。加强对公共资源配置和行政执法审批等重点领域监管。健全反腐败领导体制和工作机制，认真落实党风廉政建设责任制，建立党风廉政建设责任制巡查制度。完善廉政风险防控机制和防止利益冲突、任职回避等制度，加大领导干部个人有关事项报告核查力度，扩大新提任领导干部个人事项公开制度试点。

50. 健全作风建设常态化制度。严格执行中央“八项规定”和我省“28条办法”“六个严禁”市委“1+8”文件等规定，坚决纠正“四风”问题。健全领导带头改进作风、深入基层调查研究机制，完善直接联系和服务群众制度。完善和巩固“四公”改革成果，建立健全作风状况评价机制，推进作风建设制度化、规范化、常态化。加强机关效能建设，推进“五型”机关创建常态化、制度化。完善选人用人专项检查和责任追究制度。深化整治“庸懒散奢”活动，坚决查处损害发展软环境的行为。

八、切实加强对全面深化改革的领导

各级党委（党组）要切实履行对全面深化改革的领导责任，牢牢把握改革的正确方向和方法步骤，完善推进改革的工作机制，形成推进改革的强大合力，切实把各项改革工作落到实处。区委成立全面深化改革工作领导小组，负责全区改革的总体设计、统筹协调、整体推进、督促落实。建立区领导牵头负责机制，对全区年度改革任务逐项分工，由区领导分别牵头负责落实重大改革事项，抓好组织实施。健全工作落实责任制和考核评价机制，定期对重大改革事项进展情况进行考核评价。健全问责追究机制，对态度消极、阻挠和抵制改革，造成严重后果的，依法追究相关单位和领导的责任。区人大常委会要通过法定程序，做出促进改革创新的决定。区政府要制定有关改革的具体方案，并抓好组织实施。区政协要积极为全面深化改革建言献策，加强对改革措施落实情况的民主监督。充分发挥人民群众主体作用，有效调动人民群众参与改革的积极性、主动性、创造性。积极开展各类改革创新试点，分类分级分期稳步推进改革工作。建立试错机制，鼓励和支持改革者，宽容失败者，努力为先行先试的干事创业者营造宽松环境。注重改革的政策宣传和舆情引导，加强对成功经验和先进典型的宣传，营造舆论氛围和社会环境。各街镇和部门单位要结合实际，抓好各项决策部署的贯彻落实。

中共温州市鹿城区委员会
2014年1月3日

中共温州市鹿城区委关于深入开展党的群众路线教育实践活动的实施意见

鹿委发〔2014〕12号

各街道党工委、藤桥镇党委，区直各单位党委（党组）：

根据中央和省委、市委统一部署，区委决定，在全区党员中深入开展第二批党的群众路线教育实践活动。现结合我区实际，提出如下实施意见。

一、总体要求

全面贯彻党的十八大、十八届三中全会和习近平总书记系列重要讲话精神以及省委十三届四次全会精神、市委十一届五次和六次全会、区委八届六次全会精神，按照中发〔2013〕4号文件、浙委发〔2013〕25号文件和市委发〔2014〕9号文件确定的指导思想、目标要求和方法步骤，主题不变，镜头不换，牢牢把握“照镜子、正衣冠、洗洗澡、治治病”的总要求，以为民务实清廉为主题，认真对照理论理想、党章党纪、民心民声、先辈先进“四面镜子”，发扬认真精神，坚持正面教育为主，更加注重发挥群众积极性、更加强化问题导向、更加注重严格要求、更加注重衔接带动、更加注重分类指导，重点解决党员干部在形式主义、官僚主义、享乐主义、奢靡之风等“四风”方面存在的突出问题和与群众密切相关的实际问题，扎实开展“红色细胞工程”建设，使每名党员普遍接受一次马克思主义群众观和党的群众路线教育，以作风建设的新成效凝聚鹿城赶超发展的强大合力，真正使党员干部宗旨意识和群众观点有新增强，加强和改进作风有新进展，做群众工作能力有新提高，密切联系群众有新进步，为民务实清廉形象有新提升，基层服务型党组织建设有新成效，全面深化改革有新突破，推进“创首善之区、建幸福鹿城”有新成绩。

我区参加第二批教育实践活动的范围主要是：区级机关及其直属单位和企事业单位，街镇和村、社区、学校、非公有制经济组织、社会组织和其他基层组织，未参加第一批活动的部分市属在鹿单位。第二批教育实践活动，坚持突出重点，以区级领导机关、领导班子和领导干部为重点；坚持分类指导，突出抓好街镇领导班子、领导干部的教育实践活动，突出抓好直接联系服务群众的执法监管部门、窗口单位、服务行业的教育实践活动，重视抓好村、社区、非公有制经济组织、社会组织等基层党组织的教育实践活动；坚持领导带头，把领导班子和领导干部率先示范贯彻活动始终；坚持围绕中心，把深入开展教育实践活动与深入实施“创首善、争一流”紧密结合起来，与抓好当前的“三改一拆”、“五水共治”、温商回归、振兴实体经济等中心工作紧密结合起来。

二、重点任务

教育实践活动的主要任务是抓住反对“四风”这个重点不放，着力解决领导机关、领导班子和领导干部存在的突出问题。同时，回应群众关切，注重解决关系群众切身利益的实际问题，把改进作风的成效真正落实到党的基层组织和“末梢神经”。

（一）突出重点，切实解决“四风”突出问题。区级领导班子和领导干部重点解决政绩观不正确，搞“形象工程”“政绩工程”；搞“上有政策、下有对策”；担当精神不够、领衔攻坚牵头协调流于形式；组织纪律观念弱化，信口开河损害形象等问题。区级机关及直属单位重点解决组织涣散、纪律松弛；文来文往、文山会海，以文件会议代替落实；庸懒散拖、推诿扯皮；精神不振，玩风盛行；拈轻怕重、安于现状、不愿吃苦出力；得过且过，上班时间混日子忙“杂活”；囫囵吞枣、断章取义、照本宣科；照猫画虎、生搬硬套；衙门作风、“中梗阻”等问题。执法监管部门和窗口单位、服务行业重点解决“门难进、脸难看、事难办”；效率低下、磨洋工；滥用职权、人情风、面子风盛行；“吃拿卡要”、乱收费、乱摊派；执法不公、监管不力等问题。街镇领导班子和领导干部重点解决“机关化”倾向、疏远群众；责任心缺失，落实政策缩水走样，好事办不好；弄虚作假、得过且过；方法简单粗暴、对待群众态度恶劣；不敢不愿不会做群众工作；遇到矛盾绕着走、不敢担当等问题。学校、医院等事业单位重点解决师德师风、医德医风等问题。村、社区等基层组织重点解决组织涣散、纪律松弛，服务群众的意识和能力不强，办事不公，甚至侵犯群众利益等问题。

（二）夯实基础，切实推进“红色细胞工程”建设。充分发挥基层党组织战斗堡垒作用和党员先锋模范作用，进一步夯实基层治理基础。深化街镇服务指数、基层党组织堡垒指数和党员先锋指数等“三大指数”管理，深入开展“五星争创”活动，全面构建党员全覆盖联系服务群众、干部全覆盖联系党员、干部全覆盖包村联户的民情诉求表达、收集、化解、反馈、评议工作机制。利用村、社区组织完成换届交接的契机，进一步完善和规范村、社区组织运行工作机制，着力抓好重点村、后进村集中整治和提升。抓好骨干队伍建设，突出抓好基层党组织带头人队伍和党员志愿者队伍建设，采取多种形式多种渠道全面轮训村、社区党组织书记，深入推进18个市级社区党员义工站示范点建设，建立健全党内嘉奖制度，开展最美“村（社区）干部”、优秀党员志愿者评选活动。加强党员教育管理，深入排摸党员队伍中存在的长期不参加组织生活、不缴纳党费等情况，加大不合格党员处置力度，分类落实帮扶措施，对长期不起作用甚至起负面作用的党员，进行严肃教育，对丧失党性、不合格的党员，要严肃党纪、给予组织处理。继续深入推行在职党员到社区报到服务，全面开展认领微心愿活动。

（三）保障民生，切实解决群众反映强烈的切身利益问题。坚持治污水先行，统筹推动防洪水、排涝水、保供水、抓节水，以“五水共治”的实际成效取信于民。持续开展治气、治污、治堵专项工作，扎实推进“两无三化”工作，巩固并深化“三改一拆”和创卫工作成果，着力办好教育、就业、社会保障、医疗、住房等民生实事，花大力气解决生态环境、食品药品安全、安全生产、社会治安、执法司法等与老百姓生活密切相关的民生问题。进一步落实“三真”、关爱基层，把更多的人力物力财力投向基层、投入弱势群体，想方设法解决困难群众的生产生活问题。

（四）强化服务，切实解决联系服务群众“最后一公里”问题。稳步推进基层扁平化治理改革，改进和完善三级便民服务体系。深化“三千行动”，紧紧围绕提高难题排摸率、化解率和企业满意率扎实推进驻企服务。坚持和完善街镇干部住夜值班、驻村联户制度，积极推行驻村干部到村（社区）便民服务中心“固定服务日”轮流值班服务制度，健全为民服务全程代理制度。深化区域化党建格局，扎实推进基层服务型党组织建设，加大以区域、产业、行业为重点建立党组织的力度，进一步扩大党的组织和工作覆盖，大力推进“青春党建”。提升村（社区）服务中心功能，构建便民、医务、文化娱乐、就业信息发布、党员志愿服务等功能一体的村、社区综合服务平台。进一步健全服务保障体系，认真贯彻《中共温州市鹿城区委 温州市鹿城区人民政府关于进一步完善社区运行的若干意见》（鹿委发〔2014〕4号）文件要求，确保基层组织运转和基本公共服务经费落实到位。

三、主要环节

第二批教育实践活动，从2014年2月开始，2014年9月基本完成。活动坚持问题导向，坚持教育实践并重，坚持边学边查边改，按照学习教育、听取意见，查摆问题、开展批评，整改落实、建章立制三个环节开展，不分阶段、不搞转段，把学习教育贯彻始终，把整改落实贯彻始终。具体到每个单位，集中教育实践一般不少于3个月。

（一）学习教育、听取意见环节

1. 深入学习，进一步增强思想自觉和行动自觉。采取集中学习和自学相结合，通过党委（党组）理论中心组集中学习研讨、专题交流、“干部双休课堂”、举办“瓯江讲坛”等形式，组织党员、干部认真学习党章、党的十八届三中全会、习近平总书记系列重要讲话和省委十三届四次全会精神，学习中发〔2013〕4号文件规定的学习内容，学习党的光辉历史和优良传统。区级领导干部还要认真学习《之江新语》《干在实处、走在前列》两本书。区直单位和街镇的集中学习讨论时间不少于3天。村（社区）、“两新”等其他基层党组织，主要采取领导干部带头上党课、组织宣讲、观看专题片、案例教育、先进典型报告、送戏下乡等灵活多样、务实管用的方式开展学习。在村（社区）党员中，要加强马克思主义宗教观和无神论教育。

2. 开展“向身边的先进典型学习”活动。充分发挥先进典型的示范引领作用，组织评选“最美村（社区）干部”、优秀党员志愿者、“身边好党员”、服务居民好做法，从活动一开始就发现和挖掘一批党员、干部身边叫得响、立得住、群众公认的先进典型。让身边的先进典型作介绍、谈体会，用身边的人和事教育激励党员、干部，努力形成良好氛围。

3. 深入开展反对“四风”专题讨论。组织党员、干部深刻检视“四风”问题在鹿城党员、干部队伍中的具体表现，找准鹿城党员、干部在“四风”方面的较普遍、较集中、较典型、较突出的问题，深刻反思其危害程度。在充分讨论的基础上，结合实际总结提炼新形势下鹿城好党员、好干部的标准，为对照检查、开展批评和解决问题打好基础。

4. 专题开展党的组织纪律教育。加强党的组织制度、组织规范、组织纪律教育，引导党员干部增强党的意识、组织意识，增强组织纪律性，在党言党、在党爱党，在党为党、在党忧党，始终忠诚于党、忠诚于事业、忠诚于组织。区直单位和街镇要安排专题集中学习交流。

5. 全面开展“基层走亲连心解忧”活动。深化领导干部联系点工作制度，区领导、区直单位和街镇领导干部都要确定教育实践活动联系点，要深入联系点走访慰问困难党员、群众，帮助他们解决实际困难，把联系点建成践行群众路线的实践点、示范点。深化机关社区“百个支部结对、千名党员牵手”和在职党员到社区报到服务活动，每位机关事业单位党员至少都要结对帮扶1名村（社区）党员或群众，认领一个微心愿。健全完善网格化管理工作机制，街镇党员干部要结合驻村联户、住夜值班等制度，深入党员、群众之中，党政主要负责人要走遍村（社区）及困难党员和困难户，驻村干部（驻格员）要走遍村（网格）所有居民户。

6. 广泛深入听取意见。坚持开门搞教育，把“面对面”与“背靠背”结合起来，通过驻企服务、调查问卷、民主恳谈、个别访谈、网络调查等多种形式，敞开大门，广泛听取群众意见建议。既要重视听取下属和基层党员群众的意见，也要重视听取老同志、“两代表一委员”的意见；既要听取村（社区）干部群众的意见，也要重视收集“两新”组织党员群众的意见；既要听取党内意见，又要重视听取党外群众意见。执法监管部门、窗口单位和服务行业还要重视听取服务对象、工作对象的意见。听取意见既要对事也要对人，切实防止只听表面、听概念现象。意见整理要原汁原味，按“四风”分别归类。各街镇和区直各单位要统筹安排领导干部下基层，重视来信、来访等送上门的意见，防止相互征求意见“公文旅行”“文来文往”，防止到基层“一窝蜂”、重复征求意见。

（二）查摆问题、开展批评环节

1. 领导班子集体分析意见建议。各街镇党（工）委和区直各单位党委（党组）要集体分析征求到的意见建议，梳理出领导班子在“四风”方面的突出问题，并将反映“四风”方面的意见建议分解到相应的班子成员。

2．找准查实“四风”问题。重点围绕为民务实清廉要求和贯彻落实中央“八项规定”、省委“28条办法”“六项禁令”以及市委、区委作风建设“1+8”文件，对照党章，对照廉政准则，对照改进作风要求，对照群众期盼，对照先进典型，对照收集到的各种意见，通过群众提、自己找、上级点、互相帮、集体议等方式，深入查找、认真梳理存在的突出问题。机关和企事业单位要对照《党政机关厉行节约反对浪费条例》以及有关规定进行检查，街镇、村还要对照《农村基层干部廉洁履行职责若干规定（试行）》进行检查。区级领导班子成员、街镇和区直单位领导班子成员要对照中央和省委下发的“四风”问题具体表现及鹿城好干部、好党员标准，书面条目式列出个人突出问题，上级党组织、党委（党组）负责同志和督导组要审核把关。

3．广泛开展谈心活动。党委（党组）主要负责同志与班子每名成员之间、班子成员相互之间、班子成员与其分管部门负责同志之间等要全面开展谈心谈话，坦诚交流沟通思想、推心置腹交换意见，谈心谈话不限时间、不定次数，谈得越多越好，越充分越好，既要肯定成绩，又要指出问题和不足，把矛盾和问题解决在专题民主生活会前。

4．撰写对照检查材料。区级领导班子及成员、区直单位和街镇领导班子及成员，要撰写对照检查材料，其他基层党组织和党员可不撰写对照检查材料。对照检查材料要坚持“像、准、深、诚”四字标准：像，即刻画得像，不能千人一面；准，即聚焦“四风”问题，不“顾左右而言他”；深，即深刻剖析，深挖本质原因；诚，即心地坦诚、不遮掩、不躲闪。要逐项列出“四风”问题的具体表现、典型事例，对“三公”经费支出、职务消费、人情消费、公务用车、办公用房和住房、家属子女从业等情况要作出说明。区、街镇两级领导班子及成员还要对抓“五水共治”、重点项目领衔攻坚等重点工作做出说明。要从理想信念、宗旨意识、党性修养、政治纪律、担当精神等方面剖析根源，明确努力方向和整改措施。主要负责同志要主持起草领导班子对照检查材料，并在一定范围征求意见。班子成员要自己动手撰写个人对照检查材料。上级党组织、党委（党组）负责同志和督导组要严格审核把关。

5．开好专题民主生活会和组织生活会。区级领导班子、区直单位、街镇领导班子要召开专题民主生活会。会上，要按照“人人说我、我说人人”的要求，以整风的精神开展严肃认真的批评与自我批评，既揭短亮丑、动真碰硬，又实事求是、出以公心，不发泄私愤，不搞无原则纠纷，既要红红脸、出出汗，又要加加油、鼓鼓劲，努力达到团结—批评—团结的目的。会后，要在一定范围通报民主生活会情况。其他基层党组织要开好专题组织生活会，开展民主评议党员工作，针对存在问题提出改进措施和办法；村（社区）党组织要进行对照检查。区级党员领导干部至少要参加1个以上分管单位或街镇领导班子的专题民主生活会，党员领导干部要以普通党员身份参加组织生活会。

（三）整改落实、建章立制环节

1．认真制定整改措施。按照“常规性问题加大力度解决、遗留问题集中攻坚解决、新发现问题及时跟进解决”的要求，一开始就改起来，从具体事抓起，从身边事做起，从群众最不满意的事改起，即知即改，立行立改，做到上下联动、以上带下、以下促上推进整改。要突出问题导向落实整改措施，各街镇、区直各单位领导班子要认真制定整改方案，明确任务书、时间表和责任人，并报区委教育实践活动领导小组办公室；领导班子成员要制定个人整改措施。村（社区）和“两新”组织及其他基层组织可列出问题清单，明确整改措施。实行开门整改，向群众做出整改承诺，及时公布整改情况，请群众评价和监督。

2．全面开展“八项专项整治”“六项集中行动”。集中精力、不折不扣抓好中央“八项专项整治”和省委“六项集中行动”任务的落实。一是深化行政审批制度改革。切实抓好我区审批制度改革，做到上级下放的审批事项不截流，使审批部门、事项、环节、时间“四减少”。二是遏制公权滥用。认真贯彻执行《党政机关厉行节约反对浪费条例》《党政机关国内公务接待管理规定》，切实规范领导干部工作和生活待遇，整治超标配备公车、多占办公用房、滥建楼堂馆所。三是严控“三公”支出。对各单位“三公”经费账单进行清查，加大对公款送礼、公款吃喝、奢侈浪费的整治力度。四是整治衙门作风。针对门难进、脸难看、话难说、事难办等机关作风顽疾，整饬工作纪律，规范干部行为，提高办事效能。五是治理文山会海。建立健全务实高效的办会办文机制，写短文、开短会，严格会议经费管理，从严控制各类文件简报和内部刊物。六是切实减轻基层负担。从严清理和规范评比达标表彰活动，严厉整治授牌晋级泛滥现象，着力解决村（社区）牌子多、台账多、检查多、考核多等问题。七是推进干部能上能下。大力整治干部队伍“慵、懒、散”问题，对不适宜担任现职的干部，该拿下的坚决拿下，该调整的及时调整。八是严查侵害群众利益行为。切实维护征地拆迁、安全生产、环境保护等方面的群众利益，坚决纠正侵害群众利益行为，大力破除人情圈、关系网等陈规陋习、顽瘴痼疾。要强化领导责任，下硬功夫化解信访积案。深入开展“六项集中行动”，从教育实践活动一开始就强力推进、抓好落实，并结合履行职能职责和作风建设实际，一项一项整治，切实取得实际成效。

3. 开展“正风肃纪”专项行动。坚持严字当头，从小处着手、细处着眼，坚决查处发生在群众身边的不正之风和腐败问题，继续狠刹“牌局”“酒局”，严肃整治“会所中的歪风”，坚决整治特权病、冷漠病、懒散病。区委及执法、窗口服务等有关部门要成立教育实践活动正风肃纪工作小组，定期不定期开展明察暗访。对违反中央和省委、市委有关规定的，发现一个、查处一个、通报一个，达到查处一起、震慑一片的效果。同时，要加强对领导干部的严格教育管理。对“软、懒、散”的领导班子进行整顿；对存在一般性作风问题的干部，立足于教育提高，促其改进；对群众意见大，不能认真查摆问题，没有明显改进的干部，要进行组织调整。在活动中发现的重大违纪违法问题，要及时移交纪检监察机关或有关方面严肃查处。

4. 开展“破难攻坚”专项行动。紧紧围绕市委“十大举措”和三十项重点，在全区范围内组织开展“破难攻坚”专项行动，大力破除发展障碍、减轻发展包袱，改善城市环境和投资环境。以听取意见、查摆问题为基础，掌握一批历史性、积累性、瓶颈性难题，认真加以分析，归类整理，切实找到问题本质所在。实行挂牌破难、项目攻坚，针对难题实际，明确联系领导、责任单位、责任人、工作要求、完成期限，确保职责到位、工作落地。坚持领导领衔、干部带头，排查确定一批仅靠本地区、本单位力量难以解决的重点难点问题，并提出破难建议、破难牵头的区领导和破难责任单位，领衔推进破难攻坚工作。实行分类实施、合力推进，根据难题的类别，分别成立专项小组，加强组织协调，确保“破难攻坚”专项行动强力推进。

5. 开展“驻企服务”专项行动。以振兴实体经济为目标，继续深入实施驻企服务员制度。加强对驻企服务员的教育管理工作，提升驻企服务能力和水平，切实发挥好政策宣传员、项目代办员、难题协管员和效能监督员的作用。全面推行“1+1”代办服务，及时排查企业难题，并按照企业规模实行分类服务，努力提升服务成效。突出难题化解，健全难题交办、限时办结、效能监督、定期通报等制度，及时化解一般性难题，对影响企业发展的重点难题，采取集中“会诊”、挂牌督办等方式进行重点攻坚，以难题化解的实际行动检验整改成效。

6. 开展“效能提速”专项行动。按照“学、清、立、改、停”，健全落实制度规定。学，就是深入学习贯彻中央和省委关于作风建设的一系列制度规定，重点学习贯彻好中央《党政机关厉行节约反对浪费条例》《党政机关国内公务接待管理规定》等规定和省委在第一批活动中出台的15项制度；清，就是对照中央和省委精神和现行政策法规，对不适宜的规范性文件进行清理；立，根据工作需要，按照于法周延、于法有据、于事简便的原则，健全有效、管用的制度规范；改，就是对不够完善或存在不足的政策制度做法及时改进；停，就是对不符合中央精神的政策制度做法，及时废止。同时，强化制度的刚性约束，坚决纠正有令不行、有禁不止、无视制度的问题。深化“满意单位”“满意站所”评议活动，邀请村（社区）干部、“两代表一委员”以及其他社会各界人士参加评议，并通过公开问题、开门纳谏、深刻剖析、强化整改、公开承诺等方式，提高执行力和工作效能。实施行政机关及其工作人员效能问责实施意见，建立健全“无为问责”机制，严肃查处不作为、乱作为、慢作为等违反机关效能的行为。

7. 开展“红色引领”专项行动。把相信群众、依靠群众、组织群众、凝聚群众作为检验教育实践活动的标尺，在更加注重激发群众积极性上发挥好组织引领、党员引领作用。一是优化红色网络。通过优化基层组织设置等措施，让更多热心帮助邻里或有一技之长的党员有发挥红色能量的平台，构建组团式红色细胞组织网络。开发运用“亲邻E通”平台，开辟民情联系服务快速通道。二是巩固引领阵地。以社区文化礼堂、居民养老服务中心等便民服务场地为依托，统一LOGO标识，拓展党组织的服务功能，努力打造党员、群众的精神家园。三是强化党员示范。总结推广街坊党建好经验好做法，深入推进“红色细胞工程”，让党员的身份在市场、在楼栋、在群众身边亮出来。加大党员领导干部包干重点村（社区）、领衔负责重点项目等制度的落实力度，深化党员徽章闪光行动，发挥好示范作用。实施以党员中心户为核心的组团服务邻里机制，在每个村（社区）至少建立一个党员义工服务团，培育形成一批服务居民好做法。四是健全组织运行。深入落实《浙江省村级组织工作规则（试行）》与《中共温州市鹿城区委 温州市鹿城区人民政府关于进一步完善社区运行的若干意见》（鹿委发〔2014〕4号），突出基层党组织的领导核心地位，着力规范村（社区）财务管理与干部日常管理。

四、分类指导

第二批教育实践活动，要坚持从实际出发，根据不同层级、不同领域、不同对象提出不同目标要求，有针对性地加强指导，把规定动作做到位，使自选动作有特色。

（一）压茬有序推进。第二批教育实践活动采取统一部署、自上而下、梯次展开、压茬进行的方式。区委示范带头开展，区人大常委会、区政府、区政协班子的集中学习教育环节与区委常委会同步展开，其他主要环节参照区委常委会活动安排，压后7天左右展开。区直单位和街镇、村（社区）及其他基层组织依次压后10天左右展开。

（二）注重分类实施。要针对第二批教育实践活动单位的不同特点，分类制定实施方案，切忌左右一个样，上下一般粗，防止“一刀切”。区级领导班子和领导干部要紧紧扭住解决“四风”问题不走神、不散光，在找准和解决突出问题上下功夫、见实效；其他单位要突出服务群众这个着力点，在增强服务群众意识、提高服务群众能力上下功夫，把联系服务群众工作做实，在直接联系群众中受教育、转作风。两新组织党组织要注重采取小型、业余、分散的方式开展活动。党员原则上按照组织隶属关系参加教育实践活动，其中流动党员以流入地党组织为主、流出地党组织为辅，一般应在流入地党组织参加活动，流出地党组织要加强与流入地党组织的联系，密切配合，确保所有流动党员都参加活动。对离退休党员及年老病残党员由所在支部采取上门送学、登门听意见等方式，侧重抓好学习教育。区委教育实践活动领导小组办公室要根据省、市指导意见制定分类实施指导方案，区直各单位、各街镇具体抓好指导和落实。

（三）发挥行业系统指导作用。政法、教育、环保、民政、人力社保、住建、农业、卫生、计生、安监、食药监管等关系群众切身利益的部门，以及区委两新工委成员单位，要发挥行业系统指导作用，发挥好行业联合党委作用，积极做好线上对接，指导下属党组织制订活动方案，明确工作目标和具体措施，切实纠正行业不正之风，办好群众普遍期待的实事好事。

五、组织领导

第二批教育实践活动，按照“有声势、有特色、有实效”的要求，在区委常委会领导下开展。区委常委建立教育实践活动联系点，对联系点所在的教育实践活动进行指导，示范带动和推进全区的教育实践活动深入开展。

（一）落实领导责任。各级党委（党组）是本辖区本单位教育实践活动的责任主体，在抓好本级班子教育实践活动的同时，抓好本辖区本单位教育实践活动。区委成立群众路线教育实践活动领导小组，领导小组下设办公室，负责全区教育实践活动的具体指导和日常工作。各街镇和区直各单位也要成立相应的领导和工作机构，抽调政治素质好、业务能力强的同志参加具体工作。党委（党组）主要负责人作为教育实践活动的第一责任人，要认真负责亲自抓。党员领导干部要结合各自分工，建立联系点，并努力把联系点建成示范点。对教育实践活动走过场的，要追究“一把手”的责任。纪委、组织、宣传等有关部门要密切配合，形成工作合力。

（二）从严务实督导。区委向各街镇、区直各单位派出督导组，强化对教育实践活动的督促指导。督导组按照“走在前列”“不走过场”的具体要求，认真审阅活动实施方案、“四风”问题条目式书面材料、对照检查材料、整改方案等，全程参与专题民主生活会并进行点评，督促抓好每个环节各项工作落实。要坚持标准，确保质量，有效传导压力，防止降格以求。要履行“一岗双责”，同时抓好改革发展稳定的督导。街镇和下辖党组织较多的单位，可结合领导干部联系点，采取派指导组的方式加强指导。

（三）注重群众参与。坚持开门搞活动，活动一开始就要扎下去听取意见和建议，每个环节都组织群众有序参与，让群众监督和评议。要通过听取“两代表一委员”、民主评议、民意调查等方式让群众评判整个活动特别是整改效果，真正让群众满意。

（四）加强宣传引导。充分运用主流媒体和新兴媒体，积极宣传教育实践活动的决策部署、重大意义和经验成效，引导干部群众把思想统一到中央和省委、市委精神上来。及时反映教育实践活动的进展和成效，注重总结推广教育实践活动的好经验好做法，挖掘和推出一批叫得响、立得住、群众公认的为民务实清廉的先进典型，营造开展教育实践活动的良好氛围。强化舆论监督，通过以案说法、典型曝光等方式，发挥监督警示作用。加强党的群众路线理论研究，推动党的群众路线教育实践活动取得理论成果、实践成果和制度成果。

第二批党的群众路线教育实践活动结束后，各街镇党（工）委和区直各单位党委（党组）要向区委写出报告。

中共温州市鹿城区委员会

2014年2月24日

中共温州市鹿城区委关于贯彻落实《浙江省建立健全惩治和预防腐败体系2013-2017年实施办法》的意见

鹿委发〔2014〕16号

各街道党工委、藤桥镇党委，区直各单位党委（党组）：

为认真贯彻党的十八大、十八届三中全会和省、市、区委全会精神，全面落实中共中央《建立健全惩治和预防腐败体系2013—2017年工作规划》《浙江省建立健全惩治和预防腐败体系2013—2017年实施办法》及市委贯彻意见，结合鹿城惩防体系建设实际，现提出如下意见：

一、总体要求

全面推进惩治和预防腐败体系建设是全党的重大战略任务和全社会的共同责任。这些年来，我们党深入推进惩治和预防腐败体系建设，党风廉政建设和反腐败工作取得明显成效。但必须清醒看到，党风廉政建设和反腐败斗争形势依然严峻复杂，形式主义、官僚主义、享乐主义和奢靡之风严重损害党的形象。实现党的十八大和十八届三中全会确定的奋斗目标，确保党始终成为中国特色社会主义事业的坚强领导核心，必须坚持党要管党、从严治党，坚定不移转变作风，坚定不移反对腐败。

当前，鹿城又到了一个需要在全面深化改革上迈出新步伐的历史关口，党风廉政建设和反腐败斗争的任务更为繁重，更为紧迫。要认真总结我区反腐倡廉工作的经验成效，以完善惩治和预防腐败体系为重点，把党风廉政建设和反腐败斗争不断引向深入。

惩治和预防腐败体系建设要以邓小平理论、“三个代表”重要思想、科学发展观为指导，深入贯彻落实党的十八大、十八届三中全会和习近平总书记系列重要讲话精神，紧紧围绕中央、省、市全面深化改革的总体部署，坚持标本兼治、综合治理、惩防并举、注重预防，以建设“清廉鹿城”为总目标，以党的执政能力建设、先进性和纯洁性建设为主线，从抓党的作风建设入手，在坚决有力惩治腐败的同时更加科学有效地防治腐败，为鹿城“赶超发展、再创辉煌”提供政治保证。

建立健全惩治和预防腐败体系必须科学谋划、整体推进，突出重点、分类指导，改革创新、注重实效，在目前初步建成基本框架的基础上，力争经过5年不懈努力，使“四风”问题得到有效治理，拒腐防变长效机制更加健全，纪律约束和法律制裁的警戒作用有效发挥，党风政风和民风社风有新的好转，腐败现象得到有效遏制。

二、深化作风效能建设

（一）严明党的纪律，坚持党组织从严抓党风

各级党组织要坚持党要管党、从严治党，严格落实作风建设工作责任。各级党组织和广大党员干部要自觉遵守党章，自觉反对特权思想和特权现象，自觉按照党的组织原则和党内政治生活准则办事，严格执行党的政治纪律、组织纪律、财经纪律、工作纪律和生活纪律等各项纪律，坚决克服组织涣散、纪律松弛问题，在思想上政治上行动上同以习近平同志为总书记的党中央保持高度一致。坚持对党员干部严格要求、严格教育、严格管理、严格监督，加强对党的纪律执行情况、中央和省、市、区委全面深化改革等重大决策部署落实情况的监督检查，坚决纠正有令不行、有禁不止的行为。

（二）不折不扣落实中央“八项规定”，推进作风建设常态化

毫不放松地落实中央“八项规定”、省委“28条办法”和市委、区委“1+8”文件，以抓铁有痕、踏石留印的劲头，一个时间节点一个时间节点地抓，坚决防止反弹。认真执行厉行节约各项规定，强化预算管理，严格控制公务接待。健全公务用车改革制度，加强车改后留用公务车辆管理。严格执行党政干部因公出国（境）管理五项制度，加强因私出国（境）管理。推行行

政事业单位办公用房制度改革，认真执行办公用房装修和办公设备配备标准。认真贯彻落实领导干部廉洁自律规定，坚决纠正违规收送礼金、有价证券、会员卡、商业预付卡等问题。深入开展党的群众路线教育实践活动，健全领导干部带头改进作风、深入基层调查研究机制，完善党员干部直接联系和服务群众制度及畅通群众诉求反映渠道制度，改革政绩考核机制。建立健全领导干部作风状况评价机制，把作风建设情况纳入党风廉政建设责任制考核范围。全区各纪检监察组织要铁面执纪，加大正风肃纪力度，严肃查处和通报、曝光违纪违法行为。

（三）深化效能建设，改善和优化发展软环境

把效能建设作为改善和优化发展软环境的硬措施来抓，抓细抓实，决不搞形式、走过场。加强温商回归项目监测，建立温商回归投资项目领导挂钩、全程代理、跟踪服务等机制，完善招商签约重大项目责任落实、联络回访、综合协调、跟踪督查、定期通报等机制，促进温商回归项目及时落地投产。建立否决事项双告知制度，在面向企业和群众的服务窗口实行无休日服务制度，全面推进行政审批前置条件和街镇、社区（村）前置盖章事项清理。积极开展专项效能监察，改进明察暗访方式，通过动态抽查、角色模拟、现场查岗、科技监察等手段，及时、准确、全面地了解作风效能建设的真实情况。建立作风效能约谈制度，发挥约谈预警提醒作用。深化整治“庸懒散慢”活动，落实《鹿城区损害经济发展环境行为问责暂行办法》，严肃查处行政不作为、乱作为、慢作为以及“吃拿卡要”等损害经济发展环境的行为。

三、坚决有力惩治腐败

（一）保持惩治腐败高压态势，严肃查办违纪违法案件

坚持“老虎”“苍蝇”一起打，进一步加大办案工作力度，做到有腐必反、有贪必肃。严格审查和处置党员干部违反党纪政纪、涉嫌违法行为；严肃查处领导干部贪污贿赂、权钱交易、腐化堕落、失职渎职的案件；严肃查处拉票贿选、买官卖官等用人上的腐败案件；严肃查处执法、司法人员徇私舞弊、枉法裁判、以案谋私的案件；严肃查处群体性事件、重大责任事故背后的腐败案件；严肃查处在征地拆迁中贪污、截留、挪用补偿资金的案件，基层干部侵占各种惠民补贴、扶贫救灾、移民安置等专项资金以及擅自处置集体资产资源、侵吞集体收益的案件；严肃查处商业贿赂案件，加大对行贿行为的惩处力度。

（二）坚持依纪依法安全文明办案，提升惩治腐败工作水平

拓展案源渠道，加强线索管理。创新信访受理方式，完善实名举报制度，加强网上受理信访举报工作。发挥巡查和审计工作发现案件线索的作用，建立健全执纪执法机关涉腐信息互通和案件线索移送机制。坚持抓早抓小，治病救人，对党员干部身上的问题要早发现、早教育、早查处，防止小问题变成大问题。对反映的问题线索，及时采取约谈、函询等方式向本人和组织核实，加强诫勉谈话工作。

严格办案程序，确保办案安全。严格执行政策规定，强化案件监督管理，加强内部监督制约，确保按照规定权限、程序和方法正确行使办案措施。坚持安全办案，强化防范措施，严格落实办案安全工作责任制。坚持文明办案，依法保障被调查人员的合法权益。

改进办案方式，提高办案水平。深入研究办案工作规律，讲究办案策略技巧，提高办案效率。加大信息装备投入，形成比较完善的办案工作信息化系统。全面加强办案队伍专业化建设，提高案件初核、调查取证、定性量纪、处理执行、追逃追赃等能力。

整合办案资源，强化协调联动。改革和完善各级反腐败协调小组职能，加大对重大复杂案件的指导、督办力度。探索跨部门、跨行业协作机制，完善纪检监察机关与审判、检察、公安、组织人事、审计、房管、金融、电信等单位协作配合制度。

发挥治本功能，提升综合效果。健全案件总结分析制度，深入剖析案件中暴露的问题，查找体制机制方面存在的薄弱环节，督促相关部门有针对性地建章立制，堵塞漏洞。改进和规范案件信息发布机制，加大重大典型案件通报力度，发挥以案促教作用。

（三）深入开展纠风和专项治理，着力解决损害群众利益的突出问题

纠正损害群众利益的不正之风。围绕环境保护、食品药品安全、住房保障、安全生产、“三改一拆”等群众关注的热点问题，每年确定工作重点开展执法监察和专项治理。强化对社保基金和移民、救灾等专项资金的监管，加强审计和财政监督，维护资金安全。深入治理教育乱收费、医药购销和医疗服务中的不正之风。创新社会评议机制，深入开展民主评议作风效能建

设满意和不满意单位、评议机关中层和基层站所活动，把监督权、评判权交给群众。进一步落实行风建设责任制，健全纠风预警、群众诉求表达、直查快办和综合监督机制。

四、科学有效预防腐败

（一）深化党风廉政教育，不断提高拒腐防变能力

加强领导干部廉政教育。把反腐倡廉教育作为各级各类干部教育培训的重要内容，健全分类分层分岗教育长效机制。深入开展中国特色社会主义和中国梦教育、理想信念和宗旨教育、社会主义核心价值体系教育，全面深化示范教育、警示教育和岗位廉政教育。认真开展"三谈一述"工作，健全新任领导干部谈话、领导干部日常谈心谈话、领导干部提醒谈话、领导干部诫勉谈话制度，纪委主要负责同志与下一级党组织主要负责同志每年至少进行一次廉政谈话。制定领导干部任前考廉办法，做到逢提必训、逢提必考。

打造廉洁文化品牌。将廉洁观念融入精神文明建设和国民教育、法制教育之中，作为公共文化服务体系建设的重要内容。推进清廉机关、清廉单位、清廉企业、清廉校园、清廉社区（村）等系列创建，使清廉崇廉成为全社会的价值取向。深入挖掘廉洁文化资源，强化廉洁文化作品创作，打造一批具有鹿城特色的廉洁文化精品，扩大廉洁文化的影响力。充分利用现有红色资源和廉洁文化资源，创建一批廉政文化教育基地和法纪教育基地。每年至少开展一次相对集中的专题宣教活动，打造"清廉鹿城"宣教品牌。

强化宣传与舆情引导工作。完善反腐倡廉宣传教育工作格局，把党风廉政建设和反腐败宣传教育工作纳入党的宣传教育工作总体部署和年度安排，大力宣传党风廉政建设和反腐败工作的方针政策、决策部署和经验成效。积极利用新媒体开辟反腐倡廉宣传教育新阵地，发挥党报党刊，电台电视台和政府网站等平台作用，办好反腐倡廉专栏和专题。加强对网络舆情信息的收集、研判和处置工作，正确引导网络舆论。健全新闻发布机制，严肃宣传纪律，及时回应社会关切。

（二）注重制度机制建设，把权力关进制度的笼子里

完善党内民主制度。落实党代表任期制，稳步推行党代会常任制，试行街镇党代会年会制。健全党内情况通报制度，增强党内生活透明度。扩大党内基层民主，建立健全党内事务听证咨询制度，完善党员定期评议基层党组织领导班子制度，建立健全党员旁听基层党组织会议、党代会代表列席同级党委有关会议等制度。健全党委决策程序，把调查研究、征求意见、法律咨询、集体讨论决定作为必经程序，完善党委讨论决定重大问题和任用重要干部票决制，提高党委科学决策、民主决策、依法决策水平。

完善廉政风险防控制度。深化廉政风险防控，突出重点岗位和关键环节，规范工作流程，加强动态预警。健全防止利益冲突制度，完善利益回避、从业限制和离职后行为限制等办法。认真贯彻《浙江省预防职务犯罪条例》，建立健全检察、监察、审计等机关合力发挥指导监督作用和相关部门、企事业单位发挥预防主体作用的工作机制。建立预防腐败信息共享机制、预警机制和廉政指标体系，充分发挥现代科技手段在防治腐败中的作用。

健全反腐倡廉法规制度执行机制。坚持有规必依、执规必严、违规必究，加大反腐倡廉法规制度执行力度，使刚性约束得到严格遵循，切实增强法规制度的严肃性和权威性。建立健全制度执行综合考评办法，完善惩处追责机制，明确保障反腐倡廉法规制度执行的惩戒性规定。开展反腐倡廉制度清理，推行制度实施后评估和廉洁性评估。

（三）强化监督制约，促使权力规范运行

加强对领导机关、领导干部特别是主要领导干部的监督。推行政府部门权力清单制度，依法公开权力运行流程，做到权力授予有据、行使有规、监督有效。出台《党风廉政建设重点巡查工作暂行办法》，充分发挥巡查工作发现问题、形成震慑的重要作用。加强对党政主要领导干部的经济责任审计，建立重要岗位领导干部任期内轮审制度，推进政府性资金审计全覆盖。全面发挥纪检监察派驻机构职能作用，加强对驻在部门领导班子和领导干部的监督。驻在部门要自觉接受监督，提供工作保障。提高民主生活会的质量，推广党员干部和同级党代会代表列席党员领导干部民主生活会并进行民主测评等做法。强化对党政领导班子的分权制约，认真执行党政主要负责同志不直接分管财务、人事、审批、工程建设、物资采购制度和决策事项末位表态制度。各街镇党政主要负责人和部门单位主要负责人每年向区委、区纪委提交述廉报告。

加强对重点环节和重点部位权力行使的监督。加强对干部选拔任用工作的监督，定期组织对《党政领导干部选拔任用工作条例》和四项监督制度执行情况的监督检查，

加大对用人失误失察、违纪违规行为的责任追究力度，完善并严格执行干部选拔任用前组织人事部门征求同级纪检监察机关意见的制度。加强对财政资金和专项资金运行的监督，强化对预算编制、调整与执行情况的监督，建立比较完善的财政资金与专项资金监督机制。加强对国有资产的监管，形成比较完善的国有资金监管机制。

发挥各监督主体作用。加强和改进党内监督，认真贯彻党内监督条例，强化对民主集中制执行情况的检查监督，落实集体领导和分工负责、重要情况通报和报告、述职述廉、民主生活会、信访处理、谈话和诫勉、询问和质询、特定问题调查等监督制度。强化人大监督职能，支持人大及其常委会依法通过询问质询、执法检查、听取和审议工作报告、预算审查、特定问题调查、备案审查等形式，加强对“一府两院”的监督和对法律实施情况的监督。强化政府法制监督，充分发挥行政复议的监督作用。支持和保证政协对宪法和法律法规规章的实施、重大方针政策的贯彻执行、国家机关及其工作人员履职和廉政情况的监督。发挥民主党派、工商联、无党派人士以及工会、共青团、妇联等人民团体的监督作用，支持和保证群众监督。重视和加强舆论监督，支持新闻媒体开展科学监督、依法监督和建设性监督，运用和规范互联网监督。

健全监督制约机制。加强对配偶已移居国（境）外的国家工作人员的任职岗位管理。加大领导干部个人有关事项报告情况的核查力度，做好新提任领导干部有关事项公开制度试点工作。深入实施“阳光工程”，完善党务、政务和各领域办事公开制度。深化教育、医疗、保障性住房、社保基金和财政预算决算、部门预算决算、“三公”经费、科研经费、社会公益事业等方面信息公开。运用现代信息技术，完善政务公开网络体系。

（四）深化改革创新，不断消除滋生腐败的体制弊端

深化干部人事制度改革。坚持“从实绩看德才、凭德才用干部”的导向，完善干部教育培养、选拔任用、考核评价、管理监督、激励保障机制，构建有效管用、简便易行选人用人机制。改进竞争性选拔干部工作，严格执行领导干部交流、正常退出制度，进一步规范退出领导岗位干部管理工作。完善干部考核评价机制，改进考核方法手段。推进干部工作信息公开，提高选人用人公信度。

深化行政审批制度改革。转变政府职能，使市场在资源配置中起决定性作用和更好发挥政府作用，市场机制能有效调节的经济活动一律取消审批，对保留的行政审批事项要规范管理、提高效率，对取消的审批事项要加强后续监管，防止出现监管职能缺位、错位或不到位。坚持简政放权，建立严格的新增审批事项准入制度，逐步推进审批事项“负面清单”管理。出台规范前置审批中介服务的办法。建立政府投资项目联合审批、企业投资项目备案、企业（贸易）主体设立快速准入和为民服务事项即时办理制度。建立全流程公开审批机制，全面推进投资项目代理审批。健全区、街镇、社区（村）三级公共服务体系，深化“两集中、两到位”改革，进一步推进审批职能归并。加强三级联网审批系统和电子监察系统的对接和应用，完善责任追究制度和信息反馈机制。

深化公共资源配置市场化改革。建立公共财政投资和政府采购进场交易清单制度，加强公共资源交易平台的纳管力度。进一步健全公共资源交易市场管理和监督办法，严肃查处围标串标、挂靠借用资质骗取中标等问题。加快推进信用体系建设，完善守信激励和失信惩戒制度。依托电子网络平台推进公共资源交易市场化改革，推广电子招标投标、远程异地评标。

深化财政和投资体制改革。加强部门预算绩效管理，完善财政转移支付制度。健全国库集中支付相关配套制度，加强预算单位分类支付管理，扩大直接支付范围。规范商业预付卡管理，落实金融账户实名制。建立健全重大项目稽查制度。规范国有资产监管。积极探索非公有制企业等社会领域防治腐败工作，加强非公有制企业纪检组织建设。

深化司法工作机制改革。落实国家司法改革各项举措，确保审判机关、检察机关依法独立公正行使审判权、检察权。完善司法权力运行监督机制，优化司法职权配置，推进审判公开、检务公开、警务公开，落实司法责任制，建立健全司法人员执法档案、案件质量管理、执法过错和违纪违法责任追究等制度。

五、强化农村党风廉政建设

（一）加强监督检查，保证党的农村改革发展方针政策落实

围绕支农惠农政策、农村土地政策、农村综合改革落实情况开展监督检查，对资金投入多的项目、容易发生问题的环节进行重点监督，防止和纠正虚报冒领、挤占挪用、贪污私分、低效浪费等问题，发挥强农惠农投入的最大效益。加

强对涉农资金发放的跟踪监督，全面推行涉农资金监管平台建设，促进资金规范管理和合理使用。加强对村级组织选举工作的监督，反对和制止宗教、宗族势力干预和操纵选举，依纪依法严肃查处贿选、黑恶势力干扰破坏选举等行为。着力解决农村信访问题，探索建立处置农村集体访、越级访、重复访的有效机制，加大对农村党员干部违法违纪行为的惩处力度。

（二）加强农村集体资金资产资源管理，切实保障农民权益

健全农村集体财务预决算、收入管理等制度，加强对土地征用款等大额资金存储的规范化管理。严格执行大额开支、报刊订阅、村级组织外出考察学习及各种捐款、赞助等事项的审批制度，严禁向行政机关、事业单位、社会团体等组织捐款、捐物及赞助，严禁村集体经济组织为他人和组织担保，严禁村集体资金外借。规范非生产性支出制度，严格执行村行政事务“零接待”，严格控制干部固定补贴人数及发放标准。健全资产资源清查、台账登记等制度，加强对集体资产的使用、维护和收益的监督管理。村级集体资产资源的承包租赁、处置等严格按规定的金额或面积由村（社区）、街镇、区分级面向社会公开招投标。深化村（居）务监督委员会建设，加强对村（社区）集体资金资产资源监管、基层干部履职行为的监督。

（三）规范农村基层党员干部行为，集中治理基层行政执法和服务中的突出问题

完善街镇干部工作和行为规范，认真落实街镇干部住夜和联村联户等制度。健全街镇领导班子议事规则，落实重大事项集体决策制度。完善以村民会议、村民代表会议为主要形式的民主决策制度。严格执行《农村基层干部廉洁履行职责若干规定（试行）》，认真解决少数农村基层党员干部作风不实、简单粗暴、办事不公等突出问题。规范基层行政执法和服务行为，严格执行行政执法责任制，完善基层执法监督机制，严肃查处行政执法中的违纪违法行为。全面推进村级（社区）便民服务和党务、村务、财务“三务”公开信息平台建设，加强基层站所与村级便民服务中心的服务对接，强化对基层和群众的服务工作。

六、加强组织领导

（一）强化党委党风廉政建设主体责任

各街镇和部门单位党（工）委（党组）要把贯彻落实《实施办法》和本意见作为一项政治任务，列入重要议事日程，同经济社会发展工作一起部署、一起落实、一起检查；支持和保证全区各纪检监察组织认真履行职责，发挥监督执纪作用。严格执行党风廉政建设和反腐败工作责任制，各街镇和部门单位党（工）委（党组）书记作为第一责任人负总责，领导班子其他成员要认真履行“一岗双责”，根据分工抓好职责范围内的反腐倡廉工作。建立健全各街镇和部门单位党（工）委（党组）主要负责人定期向区纪委报告履行党风廉政建设主体责任工作情况的制度。建立切实可行的责任追究机制，实行“一案双查”制度，既要追究当事人责任，又要倒查相关人员的领导责任。各级党组织要动员和组织人民群众有序参与，发挥社会各有关方面的作用。

（二）强化各纪检监察组织监督责任和组织协调职能

认真贯彻中央关于改革完善党的纪律检查体制的要求，各纪检监察组织要充分履行协助党委加强党风建设和组织协调反腐败工作的职责。进一步明确纪检监察工作职责定位，强化对党风政风的执纪监督，转职能，转方式，转作风，集中精力抓好党风廉政建设和反腐败工作。强化纪委对同级党委及其成员的监督，更好地发挥党内监督机关的作用。落实纪律检查工作双重领导体制的具体制度，强化上级纪委对下级纪委的领导。查办腐败案件以上级纪委领导为主，线索处置和案件查办在向同级党委报告的同时必须向上级纪委报告。各纪检监察组织负责人提名和考察以上级纪委会同组织部门为主。完善区纪委派驻机构统一管理，探索区纪委向党群部门和行政机关派驻纪检机构并实行统一管理制度。切实加强街镇纪检组织规范化建设，强化组织机构和人员配备。加强纪检监察组织自身建设，牢固树立进取意识、机遇意识、责任意识，坚守责任担当，做到正人先正己，以更高的标准、更严的纪律要求自己，树立忠诚可靠、服务人民、刚正不阿、秉公执纪的良好形象。

（三）增强惩治和预防腐败体系建设工作合力

各街镇和部门单位要加强分类指导，抓好组织实施，整体推进作风建设、惩治和预防腐败各项工作。承担惩治和预防腐败体系建设工作任务的各牵头单位和参与单位，要完善协作机制和工作制度，相互支持，相互配合，充分发挥职能作用。组织部门要加强对干部的经常性管理，坚决纠正选人用人上的不正之风；宣传部门要抓好党风

廉政建设和反腐败斗争的宣传，强化舆论引导；纪检监察、司法、行政执法等机关和部门要注重发挥纪律约束、法律制裁、经济处罚、市场监管和科技支撑作用，多措并举，增强反腐倡廉综合效果。

（四）切实抓好各项任务的落实

各街镇和部门单位要完善落实机制，结合实际对本意见的各项任务进行细化分解，明确时间进度和工作要求，加强项目化管理，推动任务落到实处。完善惩治和预防腐败体系建设信息管理系统，加强过程监管。健全督查考核机制，每年对工作进展情况进行检查，总结评估，查找不足，督促任务落实。对工作落实不力、造成不良后果的，要追究主要负责人责任。

各街镇和部门单位要根据本意见，结合实际制定贯彻落实的实施细则，狠抓任务落实，务求取得实效。

中共温州市鹿城区委员会

2014年2月28日

中共温州市鹿城区委
关于进一步加强人民政协民主监督
工作的实施意见

鹿委发〔2014〕33号

各街道党工委、藤桥镇党委，区直各单位党委（党组）：

为了深入贯彻落实《中共浙江省委关于加强人民政协民主监督的意见》（浙委发〔2013〕35号）和《中共温州市委关于进一步加强人民政协民主监督工作的实施意见》（温委发〔2014〕25号）文件精神，切实加强我区人民政协民主监督工作，现结合我区实际，提出如下实施意见。

一、充分认识加强人民政协民主监督的重要意义

《中共中央关于加强人民政协工作的意见》指出：人民政协的民主监督是我国社会主义监督体系的重要组成部分，是在坚持四项基本原则的基础上通过提出意见、批评、建议的方式进行的政治监督；是参加人民政协的各党派团体和各族各界人士通过政协组织对国家机关及其工作人员的工作进行的监督，也是中国共产党在政协中与各民主党派和无党派人士之间进行的互相监督；各级党委和政府要认真倾听来自人民政协的批评和建议，自觉接受民主监督。加强人民政协民主监督，有利于加强和改善中国共产党领导，有利于改进政府工作，有利于党政领导机关决策的民主化、科学化和各项方针政策贯彻落实；是发展社会主义民主政治的客观需要，是公民有序政治参与的重要保障，同时也是推动科学发展和促进社会和谐的重要手段。充分发挥人民政协民主监督的重要作用，对于坚持和发展“温州模式”，加快“创首善之区、建幸福鹿城”，实现“赶超发展、再创辉煌”具有重要意义。

二、准确把握人民政协民主监督的总体要求

人民政协民主监督要坚持党委领导、政协主体，充分发挥政协各参加单位和广大政协委员的积极性；坚持服务大局，助推发展，紧紧围绕党委、政府重大决策部署和经济社会发展中的重点难点问题开展监督，努力为推动我区科学发展服务；坚持服务群众，助推民生，把群众利益放在第一位，促进党委、政府做好保障和改善民生工作；坚持发扬民主，增进团结，畅通参加政协的各党派团体和各族各界人士参与监督的渠道，切实维护政协委员的民主权利；坚持直面问题、促进工作，发扬求真务实精神，敢于和善于提出批评意见和建议，促进问题的解决和落实。

三、明确人民政协民主监督的主要内容和形式

（一）人民政协民主监督的主要内容：1. 宪法、法律、法规和规章在本地区的实施情况；2. 党和国家重大方针政策和本地区党委、政府重大决策部署的贯彻执行情况；3. 国民经济和社会发展规划及年度计划、城乡规划、财政预算、重大改革方案的制定和执行情况；4. 政府重大投资项目、民生工程、生态文明建设和环境保护工作的实施情况；5. 人民群众关注的热点、难点问题的处置解决情况；6. 党和国家机关及其工作人员依法执政、依法行政、公正司法、执政为民、工作作风、效能建设、廉洁从政的情况；7. 政协组织和政协委员所提意见建议的办理情况；8. 参加政协的单位和个人遵守政协章程和执行政协决议的情况；9. 其他需要监督的重要问题。

（二）人民政协民主监督的主要形式：1. 召开政协全体会议、常委会议、主席会议、专题协商会议、专门委员会会议等以会议的形式开展监督；2. 围绕事关本地区改革发展稳定的重大问题和人民群众反映强烈的热点难点问题，组织政协委员通过调研视察、走访座谈等方式开展监督；3. 向政府部门、司法机关及有关单位统一委派民主监督员，对有关部门（单位）开展监督；4. 选择社会各界关注度高、与人民群众切身利益密切相关的政府部门和专项工作，以民主评议活动的形式开展监督；5. 通过政协提案、大会发言、分组联组讨论等综合形式开展监督，对党和国家机关工作提出意见建议；6. 组织政协委员对经济社会发展的重大项目、重点工程和人民群众普遍关注的重大民生工程进行视察，并及时向党委、政府提出意见建议；7. 通过社情民意信息，向党委、政府反映社会基本情况和人民群众的意见愿望；8. 参加党政部门组织的调查和检查活动；9. 上、下级政协围绕共同关注的经济社会发展中的重要问题，开展联动监督；10. 联合新闻媒体就社会普遍关注的热点问题，以电视、报刊、网络等专题栏目等形式开展监督。

四、健全人民政协民主监督的工作机制

准确把握政协民主监督的性质特点，不断加强制度化、规范化、程序化建设，保证民主监督有效实施。

（一）健全和完善协商、通报和反馈机制。支持人民政协在充分知情的情况下开展民主监督。健全协商制度，按照中央和省、市委文件规定，须经政协协商的重要决定、重要报告、重要项目、重大事项等内容，要及时提请政协协商。坚持邀请政协领导和机关、专委会负责人列席党委、政府及其部门重要会议制度，以及党政领导、部门负责人应邀列席政协会议、通报情况、听取意见制度。纪检监察机关、人民法院、人民检察院和党政有关部门要定期向政协通报相关情况。党委、政府、政协及有关部门要研究建立反馈意见办理情况跟踪督办制度，认真办理政协民主监督的意见建议，对专项集体民主监督报告、民主监督建议、民主评议报告要及时书面反馈办理结果。政府每年年底要向政协通报民主监督意见建议办理情况，政协要将党委、政府及其有关部门办理答复情况及时告知有关参加单位或委员，党政督查部门要加强工作督查。

（二）健全政协民主评议机制。民主评议工作由政协主席会议组织实施，也可由政协主席会议授权相关专委会、界别开展。民主评议的范围为：政府有关部门工作、部门提案办理工作、群众广泛关注的单项工作等。民主评议的主要内容是：贯彻执行法律法规、依法行政情况，贯彻落实党委政府重大方针政策、推进事关改革发展稳定的重点工作情况，密切联系群众、改进作风提高机关效能情况，办理落实政协提案、社情民意和其他意见建议情况等。政协要在评议阶段结束后形成民主评议意见提交被评议部门，相关部门要积极配合评议工作，按照政协评议意见及时研究和落实整改措施。

（三）健全政协统一委派民主监督员机制。政协根据工作需要，遴选部分委员作为民主监督员统一委派到政府部门、司法机关及有关单位开展民主监督。民主监督员在政协主席会议领导下开展工作，监督派驻单位对党的方针政策、国家法律法规以及党委政府决策、决定的贯彻落实情况；履行职能、兑现社会承诺的情况；政协建议案、提案和社情民意信息等办理落实的情况；同时对派驻单位存在的问题提出意见、批评和建议。受派单位要为民主监督员开展工作创造便利条件，建立工作机制，充分尊重民主监督员的知情权、参与权和监督权，主动邀请民主监督员参加重要会议和活动，实现受派单位与民主监督员小组的双向互动。

（四）坚持和完善经常性民主监督机制。充分发挥政协提案的监督作用。坚持和完善政协提案由党委、政府、政协联合交办的制度；坚持和完善党委、政府领导领办、政协领导督办重点提案，政协专委会督办重要提案的制度；深入开展提案办理协商、提案办理民主评议、提案办理“回头看”等工作；探索开展政协界别督办界别提案、集中办理专题类提案等工作；建立政协委员评价部门提案办理工作、部门评价提案质量的工作机制，切实提高提案质量和办理实效。

充分发挥政协视察的监督作用。政协要根据党委、政府的工作重点和年度工作安排，有计划地组织常委会议视察、主席会议视察、专委会视察、界别视察等视察活动，以视察报告或其他形式提出意见建议。各街镇和部门单位要高度重视和大力支持政协的视察工作，积极创造良好条件，认真采纳落实有关意见建议。

充分发挥政协社情民意信息的监督作用。各街镇和部门单位要高度重视，善于通过政协社情民意信息了解社会各界的意愿和诉求，接受各界的监督；要建立社情民意信息采纳和反馈机制，认真研究政协以社情民意信息形式报送的意见建议，并及时反馈。

充分发挥政协界别的监督作用。界别民主监督具有更强的专业性和针对性，各街镇和部门单位要支持政协界别开展民主监督活动。政协要鼓励各界别采用界别提案、大会发言、社情民意信息、专题议政会等形式进行民主监督，探索开展以界别为主体对相关部门进行民主评议、对相应政策落实情况进行专项督查等工作。

（五）进一步完善政协委员权

益保护机制。切实落实中央和省、市有关规定，保障政协委员履行民主监督的权利。政协委员依据《政协章程》履行民主监督职能受法律保护，任何部门、单位和个人都不得阻挠政协组织及委员行使民主监督的权利，更不得打击报复，违者要依法依纪严肃处理。公安机关、人民法院、人民检察院依法对有犯罪嫌疑的政协委员采取拘留、逮捕等强制措施前，应当向该委员所属的政协党组通报；情况紧急的可以在采取强制措施的同时或事后及时通报。纪检机关对担任政协委员的党员使用“两规”措施后，应当及时向其所在政协党组通报。

五、加强和改善对人民政协民主监督的领导

（一）高度重视支持、自觉接受政协民主监督。各级党委要按照总揽全局、协调各方的原则，切实加强和改善对政协民主监督工作的领导，确保政协民主监督工作正确的政治方向。各级党委、政府要把政协民主监督作为完善权力运行制约机制的重要环节，重视支持并自觉接受政协民主监督。要把政协民主监督与党内监督、人大监督、法律监督和舆论监督有机结合起来，推进政协民主监督制度化、规范化、程序化建设。要支持政协加强自身建设，规范机构设置；加强政协基层基础建设，推进基层民主监督制度化。

（二）积极为政协民主监督创造良好条件。要切实尊重和保障政协各参加单位和广大政协委员履行民主监督职能的权利，对阻挠政协民主监督的单位和个人，政协可建议党委、政府追究其责任。政府要为政协民主监督提供良好条件，把政协民主监督工作经费列入本级财政预算；党政部门、司法机关和有关单位要主动支持配合，积极为政协委员了解情况、查阅资料、走访座谈等提供方便；政协委员所在单位要为委员参加履职活动在时间、经费等方面提供必要保障；党委宣传部门和新闻媒体要加强宣传，积极营造良好舆论氛围。

（三）着力提高政协民主监督能力水平。区政协党组要切实发挥在政协民主监督工作中的领导核心作用，周密细致做好民主监督的组织、协调和实施，确保民主监督规范、有序、富有成效地开展。充分发挥各民主党派、工商联和无党派人士民主监督的积极性，发挥政协专门委员会、界别委员小组的组织平台作用。切实加强对政协委员的培训、服务和管理，不断提高政协委员的政治素质、履职能力和监督水平，继续探索政协民主监督的新形式、新载体、新方法，不断丰富和完善人民政协民主监督。

各街镇党（工）委、区直各单位党委（党组）可结合实际，制定具体措施，认真贯彻执行。

中共温州市鹿城区委员会

2014年6月11日

中共温州市鹿城区委关于发展时尚产业建设时尚城区的决定

（2014年7月30日中国共产党温州市鹿城区第八届委员会第七次全体会议通过）

鹿委发〔2014〕37号

按照中央和省、市委的系列重大决策部署，深入贯彻市委十一届七次全会做出的《中共温州市委关于发展时尚产业建设时尚之都的决定》精神，全面振兴实体经济，加快产业结构调整，推动城区转型发展，现就我区发展时尚产业、建设时尚城区做出如下决定。

一、重大意义

市委十一届七次全会做出的关于发展时尚产业、建设时尚之都的决定，对温州城市的定位、特色、路径、举措做出了一系列重大战略部署，为鹿城的产业转型升级和城市转型发展提供了千载难逢的历史机遇。鹿城作为温州的主城区，区位优势特别明显、轻工产业特色突出、现代商贸配套成熟、温商网络健全发达、时尚传承底蕴深厚，发展时尚产业、建设时尚城区具备得天独厚的比较优势和资源禀赋。发展时尚产业、建设时尚城区，对于顺应消费升级、推进产业转型、发挥独特优势、彰显城区特色、提升区域实力、扩大区域影响力和竞争力都具有重要的战略意义和现实意义。全区上下要抓住机遇，乘势而上，顺势而为，努力开创赶超发展的新局面。

二、目标要求

（一）指导思想

深入贯彻中央和省、市委重大决策部署，全面落实《中共温州市委关于发展时尚产业建设时尚之都的决定》精神，以建设“宜商宜居、时尚活力”城区为定位，深入实施“创首善之区、建幸福鹿城”总目标和“三四五”总战略，扎实推进时尚智造、时尚消费、时尚品牌、时尚文化重点工程，着力打造温州时尚之都的示范区。

（二）工作目标

把发展时尚产业、建设时尚城区作为产业转型升级和大都市核心区建设的战略方向，明确主攻方向，强化战略抓手，突出项目带动，力争到2020年，形成以滨江商务区、城市中央绿轴为引领的城市时尚标志性窗口，以环五马街区为核心的千亿级时尚商圈，以中国鞋都时尚智造为内核的产业升级引领区，以传统文化和现代文化融合发展的富有时尚气息的文化强区，培育壮大一批成规模、有影响、具竞争力的时尚商圈、时尚产业、龙头企业、时尚品牌，加快建成富有时尚特色的大都市核心区。

（三）实施原则

1.政府引导，市场主导。发挥政府和市场的“两只手”作用，强化政策的导向扶持作用和手段的综合倒逼运用，充分激发各类市场主体在时尚城区建设中的创新活力和创造激情。

2.超前谋划，科学规划。坚持高起点高标准，科学做好时尚城区建设的顶层设计、系统规划，合理布局，构筑错位互补、有机协调的时尚功能规划建设体系。

3.创新驱动，项目带动。以思想解放为先导，以重大平台为支撑，以具体项目为抓手，以创新驱动发展为动力，率先在项目和产业转型关键领域上取得突破。

4.优势发展，突出特色。充分发挥鹿城资源禀赋和比较优势，加快轻工产业向时尚产业、传统商贸向时尚消费转型，提升传统文化和现代都市文化，构筑以时尚为特色的现代产业体系。

5.远近兼顾，重点突破。统筹考虑阶段任务和远期目标，提高建设发展的协调性、系统性、整体性，集中精力突破重点、难点、亮点，以关键突破牵引和推动时尚城区建设。

三、主要任务

（一）优化时尚功能布局

1.加快环五马时尚商圈建设。优化调整环五马商圈的功能定位、空间布局和产业业态，推进商圈的扩容提质升级，推进城市商业主中心的业态升级。突出国际时尚品牌特色，加大区域内资源联合整合融合力度，推进商圈形态和时尚业态的更新改造，加快打造以五马街区为核心的千亿级时尚商圈。

2.优化亮点区块功能布局。按照温州大都市区建设的功能布局，加快滨江商务区和城市中央绿轴建设，编制实施时尚区块建设方案，加快打造城市时尚标志性窗口。抓住双屿列入全省“减员增效”综合整治试点和省级“腾笼换鸟”试点区、低端落后块状行业整治试点区的契机，统筹推进瓯江沿线连片改造、工业园区有机更新、传统产业时尚化改造，加快将中国鞋都打造成时尚智造的引领区。加强亮点区块之间的功能互动，提升时尚城区的整体承载力和竞争力。

3.打造特色时尚产业板块。优化都市型功能区功能布局，充分结合区块优势和资源禀赋条件，加快建设时尚特色明显、功能协调的组团板块。挖掘整合瓯江沿线、塘河两岸、特色街区等优势资源，抓紧编制实施项目方案，着力打造特色时尚轴块。抓住藤桥、七都两大新区建设和仰义林里山坡地开发契机，同步谋划时尚产业的功能布局，尽快形成时尚产业区块建设的亮点。

（二）建设时尚产业集群

1.加快推进时尚智造。推进传统工业园区的拓容提质升级，加快中国鞋都、轻工产业园区、炬光园、沿江工业区产城融合发展，优化时尚资源要素的配置，争取将中国鞋都建成区域性的研发设计、时尚展示、信息发布、品牌交易中心。优先启动一批传统产业时尚化改造项目，加快鹿城工业区A378地块、吴桥工业区等城市有机更新，加大时尚连片改造和整体招商力度，优化基础设施和配套服务，先行创成一批时尚园。加快传统产业的转型升级，支持企业加大时尚创新研发，增强轻工产品的时尚设计和服务销售能力，促进流行时尚元素与传统轻工产业的融合。顺应市场终端网络升级趋势，鼓励康奈等企业升级终端门店形象，打造品牌化、智能化、体验化的新型零售终端，拓展时尚链条。

2.全力提升时尚业态。依托八大都市型功能区各具特色的资源优势和区块功能分工，制定实施时尚产业扶持发展政策，加快各类时尚要素的整合集聚，加快打造特色明显、功能互补的时尚产业发展平台。加快推进传统商贸转型，突出环五马商圈和滨江商务区两大城市级主中心建设，整合提升传统商圈、街区和基础配套，推进横渎河西、鹿城广场、滨江西等综合体建设，不断丰富城市业态，培育商业发展特色，健全商业信息网络，加快建成区域性的现代商贸服务中心、时尚购物中心等，全力打造现代化商业核心区。加快培育发展现代商务，以亮点区块建设为引领，统筹推进七都等现代商务平台建设，加快知识、智力、资本、人才集聚，加快金融业集聚区、楼宇集聚群和温商总部园建设。大力发展时尚创意设计，加快浙江创意园、“黎明·92”文创园等拓容提质升级，加快新邦等一批在建文化创意园建设，推动一批特色园区创建国家和省、市级的工业设计、时尚生活设计、文化创意特色基地。培育壮大时尚休闲产业，加快瓯江沿岸旅游开发、极地海洋世界等招商和建设，加快江心屿、五马街、印象南塘旅游景区的评定升级，争创一批国家和省、市级服务业标准化项目，大力发展都市休闲旅游业；挖掘整合体育场馆、闲置地块、零星厂房等资源潜力，因地制宜建设体育设施，加快学校、企事业单位体育设施向社会公众开放，加快西洲岛等项目前期，大力发展养老健康、体育健身、运动健美等健身休闲产业；依托城区西部后花园的资源优势，加快土地规模流转，推进幸福农庄、观光农园、休闲农场、假日花市等项目建设，发展现代都市休闲观光农业。繁荣发展特色文化产业，提升温州人的创业创新文化，加强温州人重商思想文化和崇尚时尚文化的研究，挖掘温商网络的文化资源，整合打造国际品牌代理等产业；注重历史传承和乡土特色，提升鹿城的江心屿诗之岛、历史文化街区、名人故居文化和百年老店品牌，传承发展民俗文化，丰富地域文化内涵；保护和发展“两瓯两塑”等传统工艺美术，推动特色节庆文化、特色美食文化产业发展；加快现代时尚文化业态发展，培育数字文化产业，鼓励发展文学、艺术、影视、音乐等精神文化产品，创成省级文化产业十强县（市、区），2015年创成省级文化先进区。鼓励发展生活服务产业，整合咖啡、酒吧、购物等特色街区和历史文化街区资源，提升基础设施配套建设，加快都市慢生活配套产业发展；满足城市时尚消费需求，发展壮大黄金珠宝交易、名品名购等高档消费品市场，培育壮大婚纱婚庆、时尚摄影等时尚产业；大力发展社区服务业，培育发展居家养老、家政服务、育儿托管等产业，协同推进科、教、文、卫、体等其他社会事业各领域的时尚产业发展。

3.培育壮大龙头企业。加大市场、技术、资金等资源方面的扶持力度，鼓励企业通过资本运作、资产重组等方式做大做强，鼓励龙头企业建立研发平台，设立网上服装设计、鞋样设计等研发中心，加快培育一批鞋服等传统轻工制造产业的龙头企业和时尚产业领域的领军企业。鼓励时尚优势企业开展合作，打造跨界融合的产业集团和产业联盟。在时尚产业集聚区组建园区管理服务中心，实行个性化服务。加强“政银协企园”协作，实施行业企业分类评价服务机制，努力造就一批各具特色的中小时尚企业之星。实施龙头带动工程，加快产业链整合和延伸，开展时尚智造企业、创意设计企业、时尚消费等龙头企业评选，带动中小时尚企业共同发展。

4.加快时尚品牌集聚。积极培育自主时尚品牌，建立品牌建设培育库，加大对采用国际标准或国外先进标准的奖励扶持力度，鼓励和引导企业参与国家标准、行业标准的制修订，实现资源要素和政策服务向优势企业倾斜。发挥温州人品牌代理的资源优势，加大温商回归和招商引资力度，实施温商连带品牌招商，加快建设国际品牌区域总部。搭建时尚展会平台，协同推进国际会展中心建设，积极争取各类专业展览落户鹿城，支持举办各种时尚展览展会活动；深化金秋文化节，积极举办文化产业交易博览会、创意市集、江心屿音乐节、欢乐金秋购物节、鹿城人文景观特色游等与时尚主题相关的活动，鼓励协会和企业举办设计赛、文化节、艺术节、动漫节、时装周等与时尚相关的节事活动，加快培育和扩大行业品牌、区域品牌。

（三）全力扩大时尚消费

1.拓展时尚消费空间。规划建设名品直销中心，着力打造特色行业企业直销区块。挖掘时尚消费潜力，加快闲置楼宇的综合利用和在建楼宇的建设招商。合理布局建设城市综合体，增强区域消费辐射能力。引导树立健康消费理念，落实刺激消费的各类政策，健全社会保障体系，吸引市民就地时尚消费。

2.扩大时尚消费领域。引导培育时尚消费热点，积极发展新的消费热点，推动时尚消费结构升级。做强做大进口商品交易市场，扩大时尚产品的进口和消费。引导金融机构加强消费金融服务，鼓励银行和商家整合资源，发展消费信贷和信用消费。创新夜市发展模式，优化夜间公共服务，促进夜市经济繁荣发展。全力拓展信息消费。

3.创新商业发展模式。以城市综合体、特色商业街为主要载体，推进传统市场改造和新兴市场的培育，推动业态多元化和时尚化。注重线上和线下的联动服务，推进网络经济强区建设，实施重点产业基地、网络交易平台等系统工程，加速跨境电子商务发展，努力打造与时尚城区相配套的电子商务服务体系。

四、保障措施

（一）加强组织领导。把时尚城区建设摆到全局工作的突出位置，成立时尚城区建设领导小组，统筹协调和解决时尚城区建设中遇到的重大问题。建立区政府联席会议制度，对重大项目招商和审批实行“一事一议”。实行时尚产业重大项目区领导挂钩联系负责制，形成齐抓共管的强大合力。

（二）加强政策支持。用足用活和争取更多上级改革试点政策，完善财政扶持、金融支持、土地保障、配套建设等政策激励支持体系。充分发挥民间的特色和优势，吸引社会资本加大投入，推动设立时尚产业发展投资基金，鼓励行业协会和龙头企业牵头建立时尚产业风险基金，发挥社会各界力量参与建设发展。

（三）加强配套建设。加强重点行业公共创新服务平台建设，为行业和企业发展提供技术支撑。完善公共服务，加强时尚产品和时尚要素的流通供给。加强相关行业组织规范化建设，强化质量监管，成立知识产权维权行业协会，鼓励行业建立知识产权保护联盟或维权中心，严厉打击扰乱市场正常秩序的行为。

（四）加强人才建设。确立人才优先发展布局，深入实施科教人才强区战略，搭建人才创业投资服务平台，完善人才引进和使用机制。鼓励和支持社会力量举办各类科技研究型平台，支持行业协会、龙头企业利用行业企业资源优势，培育本地时尚专业人才。完善具有比较优势的地方人才政策体系，完善人才分类评价体系、人才贡献积分制、人才绿卡等制度，对绩优者在住房、子女就学等公共资源供给方面予以政策倾斜，打造中心城区人才集聚洼地。建立专业人才信息系统，探索构建各类时尚人才资质认证体系，加快培育一批时尚领军人物。

（五）加强环境营造。推进城市环境综合整治，着力优化城区人居环境。深化行政体制改革，加快“三单一网”制度建设，加快提升政府服务水平，着力优化城市创业环境。加大新闻宣传力度，及时培育树立一批先进典型，切实营造时尚产业发展和时尚城区建设的浓厚舆论环境，引领鹿城加快赶超发展。

中共温州市鹿城区委员会
2014年8月3日

中共温州市鹿城区委　温州市鹿城区人民政府关于健全和完善村级组织运行的若干意见

鹿委发〔2014〕41号

各街道党工委、办事处，藤桥镇党委、人民政府，区直各单位：

为进一步加强村级组织建设，促进村级决策的民主化、科学化、规范化，现就健全和完善村级组织运行提出如下意见：

一、深入实施“五议两公开”制度

村级重大事务决策必须坚持民主集中的原则，严格履行程序，实行“五议两公开”制度，即：“党员群众建议、党组织提议、两委会商议、党员大会审议、村民（代表）会议决议和表决结果公开、实施情况公开”。村民（代表）会议或社员（代表）会议按照有关法律法规和政策规定实行民主决策，做出的决定不得与宪法、法律、法规和国家政策相抵触，不得有侵犯村民的人身权利、民主权利和合法财产权的内容。驻村干部应在村民（代表）会议记录上审阅签字。村民（代表）会议或社员（代表）会议依法形成的决议不得随意更改，确需更改的，应当通过村民（代表）会议或社员（代表）会议讨论决定。

二、发挥村党组织领导核心作用

村党组织领导和支持村民委员会、村务监督委员会、村（股份）经济合作社以及其他村级组织依法行使职权。全面开展“红色细胞工程”建设，牢牢把握基层党组织的基本定位和政治属性，发挥党组织在推动发展、服务群众凝聚人心、促进和谐的作用。建立健全村民委员会向村党组织定期汇报制度。村民委员会对落实村务联席会议、村民（代表）会议决议的情况和重点工作的进展情况，应每月一次向村党组织汇报，必要时应随时汇报。村党组织根据汇报情况对重点工作和重点问题提出意见和建议。

三、规范村级“三资”管理

村（股份）经济合作社依法代表全体社员（股东）行使集体财产所有权，享有独立进行经济活动的自主权。村委会相关事务开支可由村（股份）经济合作社代为支付。上级补助、奖励及社会捐助的资金等要统一纳入村（股份）经济合作社账户核算。街镇成立农村产权服务站，负责农村产权交易信息的收集、报送、交易咨询等服务。街镇会计委托代理中心改造提升为农村集体“三资”管理服务中心，建立健全农村集体“三资”管理制度，严格按照账、款、印鉴分开保管原则，各村财务章集中到“三资”管理服务中心统一保管，实现村级财务“民主监督”和“上级监管”的有机结合。

四、严格村建设工程招标管理

财政和集体资金在村内投资

的工程建设项目的勘察、设计、施工、监理以及与工程建设有关的设备、材料等应实行公开招标承包。涉及抢险救灾等特殊情况，经相关部门批准后，可实施邀请招标或不进行招标。按工程规模的大小，严格按照《中华人民共和国招标法》和《鹿城区村级工程建设项目招投标管理办法》等规定组织实施。村务监督委员会对工程从立项、招投标、质量验收到资金预决算及支付等进行全过程监督。村党组织、村民委员会、村务监督委员会、村（股份）经济合作社班子成员本人及其近亲属、近姻亲属均不得参与本村建设工程和项目的投标、承包。

五、加强村级组织干部队伍建设

进一步优化村党组织设置，建立村级后备干部人才库，切实加强对村级后备干部的管理培养。村两委主要干部由区级负责培训，每年至少培训一次；其他村干部和村民代表由街镇负责培训，每年至少组织轮训一次。引导和鼓励村干部参加学历教育，力争到2015年，45岁以下的村主要干部基本达到中专或高中以上学历。

六、建立村干部岗位绩效报酬制度

保障村级组织“四套班子”运行，实行村两委干部坐班制度，村级组织工作人员的绩效报酬，各街镇在综合考虑村规模、岗位责任、工作实绩以及村集体经济收益状况等因素的基础上，提出报酬发放对象、发放标准等指导性意见，由村两委提请村民（代表）会议讨论通过后执行，所需经费由村级集体经济负担。落实村监会主任报酬，保障村监会主任基本报酬不低于村两委主要干部报酬的70%。针对经济薄弱的村按照省、市、区有关规定，区财政予以报酬补贴。

七、构建村级组织服务体系

充分整合农村便民服务、党员服务、文体活动等资源，有效为农村居民提供卫生计生、文化体育、老年福利、社区教育等基本公共服务，发展农村经营性服务和志愿互助服务。推进村民中心建设，使之成为党在农村的标志性建筑，形成具有行政、教育、卫生、科普、文化娱乐等功能的综合阵地。

八、全面推行“三务公开”制度

推广实施村级便民服务和“三务”（党务、村务、财务）公开信息平台建设。村党组织要根据党务公开目录，定期向党员群众公开，重大事项根据实际情况随时公开。深入实施村务公开，凡涉及村民切身利益的事项及村级重大事项都必须向村民公开。各村应当依托村级便民服务和“三务”公开信息平台以及在便于群众观看的地方设立村务公开栏等多种形式发布到户。一般的村务事项至少每季度公开一次，涉及村民利益的重大问题以及群众关心的事项应当随时公开。村务监督委员会对村务公开事项进行事先审查。村务公开的重点是财务公开，村级财务必须做到逐笔逐项公开明细账目。集体财务往来较多的村，财务收支情况应每月公开一次。村民委员会不及时公布应当公布的事项或者公布的事项不真实的，村民有权向街镇或者区政府及有关主管部门反映，有关街镇、区政府或者主管部门应当负责调查核实，责令依法公布；经查证确有违法行为的，有关人员应当依法承担责任。

九、加强村集体经济组织审计监督

开展村集体经济组织“三年一轮审”工作，财务负责人（或村级财务审批人）、财务审批联签人员的任期和离任经济责任审计；对群众关注的建设工程、土地征用补偿费分配及需要审计的其他重大事项要实行专项审计。具体审计工作由所在街镇负责组织实施，区农村集体“三资”管理办公室做好指导工作。审计结果应及时公布。

十、强化村级组织工作督查指导

区委、区政府对村级组织运行建设问题，每年专题讨论研究二次。把健全完善村级管理运行机制列入基层党建考核和专项述职重要内容，实行目标管理，层层分解，落实任务，严格考核奖惩。加强村级组织规范化管理，关键在街镇党（工）委要切实履行责任，把健全完善村级管理运行机制作为创新农村社会管理、加强农村基层组织建设的重要内容，严格要求，狠抓落实。村党组织主要负责人要履行“直接责任人”职责，认真研究各自村的具体情况，有针对性地采取措施，确保这项工作扎实开展。区纪委、区委组织部、区农林水利局、区民政局、区住建局等部门每半年对村级管理运行机制情况开展督查指导。建立通报制度，各街镇要以村为单位，定期通报情况。

区纪委、区委组织部、区民政局、区农林水利局及区住建局要根据本意见制定相应的实施细则，各街镇及相关部门要严格执行抓好落实。

中共温州市鹿城区委员会
温州市鹿城区人民政府
2014年9月28日

2014年区人大常委会重要文件选载

温州市鹿城区人民代表大会代表约见国家机关负责人暂行办法

（2014年3月19日温州市鹿城区第八届人大常委会第十五次会议通过）

温鹿人大常〔2014〕12号

第一条　为规范和保障鹿城区人民代表大会代表（以下简称代表）依法履行职责，根据《中华人民共和国全国人民代表大会和地方各级人民代表大会代表法》和《浙江省实施〈中华人民共和国全国人民代表大会和地方各级人民代表大会代表法〉办法》的有关规定，结合我区实际，制定本办法。

第二条　代表在参加鹿城区人民代表大会常务委员会（以下简称区人大常委会）统一安排的视察中，可以提出约见本级或者下级国家机关负责人。

第三条　本办法所提代表约见的国家机关负责人，是指区人民政府、人民法院、人民检察院负责人；区人民政府工作部门及派出机构的负责人；本行政区域内上级政府垂直管理部门及派出机构的负责人。

第四条　代表可以就下列内容提出约见：

（一）宪法、法律、法规在本行政区域内的贯彻实施情况；

（二）区人大及其常委会做出的决议、决定的贯彻执行情况和区人大常委会组成人员审议意见的处理情况；

（三）全区经济建设、社会发展、生态建设和民生改善等方面的重大事项；

（四）人民群众普遍关注、反映强烈的热点、难点问题；

（五）代表所提建议、批评和意见的办理情况；

（六）其他可以作为约见事项的内容。

第五条　约见可由一名代表提出，也可由多名代表联名提出，多名代表联名提出的，应确定其中一名代表作为领衔人。

代表就一个事项可以约见一个国家机关负责人，也可以同时约见多个国家机关负责人。

第六条　代表约见国家机关负责人，应规范填写《鹿城区人民代表大会代表约见国家机关负责人专用表》，以书面形式向区人大常委会提出。

第七条　代表约见的组织、协调等具体事宜由区人大常委会代表工委负责。

第八条　区人大常委会代表工委在收到代表提出的约见要求后，应及时与常委会相关工作机构共同研究。

对属于约见事项的，区人大常委会代表工委应在三个工作日内，确定约见活动的具体时间、地点和参加人员，并提前通知提出约见的代表和被约见的国家机关负责人。

对不宜作为约见事项的，区人大常委会代表工委应向代表做好解释说明工作。

第九条　被约见的国家机关负责人应当按照约见通知的要求，亲自参加约见活动，不得拖延、推诿和回避；如确有特殊原因不能参加约见活动的，应向提出约见的代表说明情况，在征得代表同意后，可委托其他负责人员参加。

第十条　代表约见国家机关负责人时，可就所约见的事项向被约见人提出问题及建议、批评和意见。被约见人应如实回答代表提出的问题，认真听取代表提出的建议、批评和意见。

第十一条　约见活动结束后，被约见人所在的国家机关应按要求规范填写《鹿城区人民代表大会代表约见国家机关负责人活动情况登记表》，并在约见活动结束后五日内将登记表送区人大常委会代表工委存档。

第十二条　被约见人所在的国家机关应认真办理代表在约见时提出的建议、批评和意见，并在约见活动结束后的一个月内，将办理情况书面答复代表，同时抄送区人大常委会代表工委。有特殊情况的，可以适当延长答复时限，但最长不超过两个月。

第十三条　区人大相关工委和区人大常委会代表工委应督促被约见人所在的国家机关做好代表建议、批评和意见的办理工作。

第十四条　代表约见活动中涉及的事项如属于国家机密或其他不宜公开的内容，参加约见活动的人员应做好保密工作。

第十五条　由区人大常委会统一安排，委托各街道人大工委和镇人大组织的代表视察活动中，代表提出约见区级国家机关负责人的，由区人大常委会代表工委按照本办法的规定办理。代表提出约见区国家机关派出机构负责人的，由各街道人大工委和镇人大参照本办法有关规定，负责做好组织、协调和服务工作，并将约见活动情况报区人大常委会代表工委备案。

第十六条　本办法由区人大常委会代表工委负责解释。

第十七条 本办法自通过之日起实施。

温州市鹿城区人民代表大会
常务委员会
2014年3月19日

温州市鹿城区人民代表大会常务委员会关于区级预算审查监督办法

温鹿人大常〔2014〕20号

（2001年8月28日温州市鹿城区第五届人民代表大会常务委员会第三十一次会议通过。2012年5月30日温州市鹿城区第八届人民代表大会常务委员会第二次会议第一次修订。2014年7月31日温州市鹿城区第八届人民代表大会常务委员会第十七次会议第二次修订）

第一章 总 则

第一条 为了加强对区级预算的监督，规范预算行为，促进经济和社会各项事业发展，根据《中华人民共和国各级人民代表大会常务委员会监督法》《中华人民共和国预算法》《中华人民共和国审计法》《浙江省省级预算审查监督条例》等法律法规，结合本区实际，制定本办法。

第二条 区人民代表大会审查预算草案及预算执行情况的报告，批准预算和预算执行情况的报告。

经区人民代表大会批准的预算，非经法定程序，不得改变。

第三条 区人民代表大会常务委员会（以下简称区人大常委会）在预算审查监督方面依法行使下列职权：

（一）监督预算的编制和执行；

（二）审查和批准预算的调整方案；

（三）审查和批准决算；

（四）听取和审议预算执行和其他财政收支的审计工作报告。

（五）撤销区政府关于预算、决算的不适当的决定、命令。

第四条 区人大常委会可以采取听取和审议报告、审查规范性文件、执法检查和视察、评议等方式对预算、决算进行监督。并可以就预算、决算中的重大事项或特定问题组织调查，根据调查结果做出相应的决议、决定。区人民政府及其相关部门、单位和个人应当协助、配合调查，如实反映情况和提供必要的资料。

第五条 区人民代表大会代表或区人大常委会组成人员依照法律规定程序，可以就预算、决算的有关问题向区政府及其有关部门提出询问或质询，被询问或质询的机关应当及时进行答复。

第六条 区人大常委会负责对预算草案、预算调整方案、决算草案的初步审查。

区人大常委会预算工作委员会（以下简称预算工委）承担区人民代表大会及其常委会审查预算、决算和监督预算执行情况的具体工作。

区人大常委会可以组建预算审查咨询小组，聘请专家和相关人员协助做好工作。

第七条 区人民政府（以下简称区政府）负责预算、预算调整方案和决算的编制；执行区人民代表大会及其常委会有关预算、决算的决议、决定；监督各部门和下级政府的预算编制和执行。

区政府应当根据社会主义市场经济的发展需要，建立健全公共财政体系。

第八条 区政府财政部门（以下简称财政部门）具体组织预算的编制和执行。

各部门、各单位负责本部门、本单位预算的编制和执行，并对执行结果负责。

第九条 区人民政府以及以区人民政府办公室名义公布的关于预算、预算调整、决算及财政、税务、审计等方面的规范性文件的报送、备案和审查，按照《鹿城区人民代表大会常务委员会规范性文件备案审查暂行办法》办理。

区政府有关部门应当将下列事项及时向区人大常委会通报或报送备案：

（一）中央、省、市有关财政体制的重要政策、措施和决定；

（二）上级政府对本区、本区对镇（街道）财政管理体制的有关规定；

（三）上级有关财政税务的重要会议精神；

（四）有关财政、税务、审计、会计的综合性报告等；

（五）应当通报或报送备案的其他事项。

第十条 实行预算审查监督公开，与预算审查监督有关的报告、决议、决定和审议意见，向区人民代表大会代表通报并向社会公布。

第十一条 经区人民代表大会或区人大常委会批准的预算、预算调整、决算，除涉及国家秘密的内容外，应当向社会公开。

区财政部门负责本级政府预算、预算调整、决算的公开。各部门负责本部门预算、预算调整、决算的公开。

区政府街道办事处预算、预算调整、决算公开的办法参照部门执行。

第二章　预算的审查和批准

第十二条　预算编制应当符合法律、法规和国家财政政策，做到量入为出、收支平衡。收入预算的编制应当与国民经济发展水平相适应；支出预算的编制应当统筹兼顾、确保重点、优化结构、注重效益，贯彻勤俭节约的方针。

第十三条　各部门、各单位应当按照综合预算的要求编制年度预算，反映本部门和本单位的全部资金收支情况。

第十四条　财政部门应当在区人民代表大会会议举行的三十日前，向区人大常委会报告上年度预算执行情况、本年度预算草案的主要内容，并提供下列相关材料：

（一）预算编制依据、原则、方法及有关说明；

（二）收入来源及其构成，可用财力预测及说明；

（三）公共预算收支、政府基金预算、国有资本经营和其他财政收支预算一般科目列到款、重要科目列到项；

（四）各部门的预算草案及预算收支汇总表；

（五）政府性投资项目安排及说明；

（六）政府性债务情况和偿还机制建立情况；

（七）农业、教育、科技、文化、卫生、环保及社会保障支出安排情况；

（八）审查批准预算所需的其他资料。

第十五条　区人大常委会应当对预算草案进行初步审查，重点审查下列内容：

（一）是否符合有关法律、法规和国家财政政策；

（二）是否与本区经济建设、社会发展计划和实际需要相适应且保持合理的结构；

（三）是否量入为出、收支平衡，为实现预算平衡拟采取的各项措施是否积极可行；

（四）历年财政结余资金的安排情况；

（五）部门预算的编制情况；

（六）专项支出是否合法合理有据，是否落实到具体项目；

（七）预备费设置情况；

（八）其他内容。

区人大常委会在初步审查预算草案时，可以选择重点部门进行审查。

第十六条　区人大常委会对预算草案进行初步审查时，可以组织视察、调查，听取区人民代表大会代表、有关部门和专家的意见。也可以组织召开部门预算民主恳谈会，广泛征求公众意见。

区人大常委会对预算草案初审后，提出初审意见，财政部门应当认真研究处理，并在收到初审意见七日内，将预算草案的修改情况向区人大常委会反馈，初审意见未被采纳的，应当说明理由。

第十七条　在区人民代表大会会议举行的十日前，区政府应当向大会提交预算草案报告，包括上年度预算执行情况和本年度预算草案、需要审查的部门预算草案及其他材料。

第十八条　在区人民代表大会会议期间，大会计划预算审查委员会应当根据各代表团的审议意见，对区政府上年度预算执行情况和本年度预算草案进行审查，向大会主席团提交审查结果的报告草案。

第十九条　财政部门应当自预算批准之日起三十日内批复区级各部门预算，同时抄报区人大常委会。

第三章　预算执行的监督

第二十条　经区人民代表大会会议批准的预算由区政府组织执行。预算草案批准前，区政府可以先按上一年度同期的预算支出数额安排支出。

第二十一条　区政府应当严格执行预算，并在每年的七月至九月期间，向区人大常委会报告本年度上一阶段的预算执行情况，并在预算年度结束后报告全年度的预算执行情况。

第二十二条　区人大常委会审议预算执行情况报告时，常委会组成人员对预算执行提出意见的，财政部门应当作做出解释或答复。常委会组成人员对预算执行情况报告的审议意见交由区政府研究处理，区政府应当将研究处理情况向区人大常委会提出书面报告。

第二十三条　预算工委应当加强对预算执行情况的监督，组织对预算执行情况进行专项调查，并将调查结果向区人大常委会报告。

区人大常委会认为必要时，可以对预算执行中的重大事项组织调查。有关部门、单位和个人应当如实反映情况，并提供必要的材料。

第二十四条　财政、税务部门应当每月向预算工委提供预算执行情况和税收完成情况报表等资料。预算执行中出现重大情况的，应当及时向区人大常委会汇报。必要时由区政府向区人大常委会报告。

第四章　预算调整的审查和批准

第二十五条　预算在执行中有

下列情况之一的，应当依法进行预算调整：

（一）需要增加支出或减少收入金额超过原批准预算总额5%的；

（二）预算安排的农业、教育、科技、文化、卫生、环保、社会保障等资金调减的；

（三）需动用的超收收入金额超过原批准预算收入总额的5%的。

需动用超收收入追加支出时，应当优先安排农业、教育、科技、文化、卫生、环保、社会保障等重点支出。

第二十六条　预算需要调整的，区政府应当于当年九月至十一月将预算调整方案提交区人大常委会审查。

财政部门应当于区人大常委会会议举行的三十日前提交预算调整初步方案，由区人大常委会按预算审查相同程序进行初步审查。

第二十七条　区政府的预算调整方案应当于区人大常委会会议举行的十日前提请审查。

提请审查的预算调整有关材料包括：

（一）关于预算调整方案的报告；

（二）预算调整方案；

（三）其他有关资料和说明。

区人大常委会经过审议做出是否批准预算调整方案的决定。

第二十八条　在预算执行中，由于发生特大自然灾害、突发公共事件和重大政策调整，必须增加预算支出的，区政府可以先行安排，事后列入预算调整方案。

因上级政府增加税收返还或转移支付而引起的预算收支变化，不属于预算调整，但区政府应当在向区人大常委会报告本级预算执行情况时予以说明。

第五章　决算的审查和批准

第二十九条　区政府应当在每年的六月至九月期间，将上年度决算草案提请区人大常委会审查和批准。

第三十条　决算草案应当按照区人民代表大会批准的预算所列科目编制，按预算数、调整或变更数、实际执行数分别列出，并对变化情况做出说明。

第三十一条　财政部门应当在区人大常委会会议举行的三十日前，向预算工委提交决算草案及相关材料，由预算工委对决算草案进行初步审查。

审计部门应当同时向预算工委提交预算执行和其他财政收支情况的审计工作报告草案及相关材料。

第三十二条　区政府应当在区人大常委会会议举行的十日前提交下列材料：

（一）关于决算草案的报告；

（二）决算草案；

（三）审计部门对预算执行和其他财政收支情况的审计工作报告；

（四）审查、批准决算所需的其他材料。

第三十三条　区人大常委会审查决算草案的主要内容是：

（一）是否符合有关法律、法规、财政政策的规定和区人民代表大会的预算决议要求；

（二）预算的收支总额以及平衡情况；

（三）农业、教育、科技、文化、卫生、环保、社会保障等重点支出情况；

（四）上年结余和结转、当年预算超收、财政转移支付等资金使用情况；

（五）政府投资项目建设资金使用情况；

（六）政府性债务和偿还情况；

（七）列入年度重点预算审查部门的决算及审计情况；

（八）重点支出财政绩效评价情况；

（九）其他需要审查的情况。

第三十四条　区人大常委会审查决算时，应当听取区政府关于决算草案的报告、审计工作报告和预算工委关于决算草案的审查报告，经过审议作出决议。

决算经批准后，财政部门应当在三十日内批复部门决算。

第六章　审计监督

第三十五条　审计部门应当依法对预算执行和其他财政收支情况进行审计，对审计决定的落实和执行情况进行跟踪监督。

第三十六条　审计部门在制定年度审计计划时，应当征求区人大常委会的意见；在审计计划确定后，报区人大常委会备案。

第三十七条　区人大常委会根据区级重点部门决算审查需要，可以要求审计部门对重点部门的预算执行和其他财务收支情况进行审计并报告审计结果。

区人大常委会认为必要时，可以要求区政府及其审计部门就预算执行中的重大问题进行专项审计或审计调查，并报告审计结果。

第三十八条　审计部门应当将与预算执行和其他财政收支相关的审计报告报区人大常委会备案；在审计发现预算执行中的重大问题时，应当及时向区人大常委会汇报。

第三十九条　区人大常委会对决算草案进行审查时，区政府应当作预算执行和其他财政收支审计工作报告。必要时，区人大常委会可以对审计工作报告作出决议。

第四十条　区政府及其有关部门对审计发现的问题要限时纠正、处理；对区人大常委会有关审计工作报告的决议或审议意见，应当及时制定和落实整改措施，对违法违纪行为进行纠正或处理，并按要求向区人大常委会报告整改、处理结果。

预算工委应当加强对整改情况的跟踪监督，可以听取审计部门和有关部门关于整改落实情况的汇报，并提出意见。

第七章　责任追究

第四十一条　区政府及财政、审计等部门或工作人员有下列行为之一的，区人大常委会应当责令改正，或责成区政府对有关单位、个人进行通报批评，对负有直接责任的主管人员和其他直接责任人员予以行政处分；情节严重的，区人大常委会可以对由其任命的国家机关工作人员依法决定免职：

（一）不按照规定提交预算草案、预算调整方案、决算草案、预算执行情况报告和审计工作报告的；

（二）不按规定期限和要求公开预算、调整预算、决算的；

（三）违反区人民代表大会及其常委会关于预算、预算调整、决算的决议或决定的；

（四）对区人大常委会关于审计工作报告决议或审议意见中提出应予纠正的问题不予纠正的；

（五）其他妨碍区人民代表大会及其常委会预算、决算审查监督的。

第四十二条　其他违反预算法律、法规的行为，依照《中华人民共和国预算法》和有关法律、法规的规定处理。

第八章　附　则

第四十三条　本办法自区人大常委会会议修订之日起实施。

温州市鹿城区人民代表大会常务委员会
2014年8月5日

温州市鹿城区人民代表大会常务委员会关于区级部门预算审查监督办法

（2014年7月31日温州市鹿城区第八届人民代表大会常务委员会第十七次会议通过）

温鹿人大常〔2014〕21号

第一章　总　则

第一条为加强区级部门预算审查监督，增强部门预算透明度，规范预算行为，根据《中华人民共和国各级人民代表大会常务委员会监督法》《中华人民共和国预算法》《中华人民共和国审计法》《浙江省省级预算审查监督条例》等法律法规，结合本区实际，制定本办法。

第二条　本办法适用于列入区级财政预算安排的国家机关、事业单位、社会团体（以下简称区级部门）。

第三条　部门预算是政府财政预算的组成部分。各部门预算由本部门机关及下属单位预算组成。

第四条　区人民代表大会常务委员会（以下简称区人大常委会）审查区级部门预算草案，监督区级部门预算的执行，审查和批准区级部门预算调整方案和区级部门决算。

区人大常委会预算工作委员会（以下简称预算工委）牵头负责对区级部门预算、决算草案和预算调整方案进行初步审查，承办部门预算、决算审查监督的有关工作。区人大常委会各工作委员会配合做好部门预算、决算审查监督的有关工作。

第五条　预算审查监督过程应当公开透明，接受人民群众的监督，经区人民代表大会及其常委会审查批准的部门预算、决算应当向社会公开。

第六条　区级部门应当按照规定，做好本部门预算、决算信息公开工作，同时认真做好预、决算信息依申请公开工作。

第二章　部门预算的编制

第七条　部门预算按照经费保障与事业发展相适应的原则和综合预算、零基预算、绩效预算的要求，立足本部门、本单位定员标准、工作职责、年度工作安排情况编制年度预算，反映本部门的全部收支情况。

第八条　部门预算编制应当公开透明，广泛听取区人大代表和人民群众的意见。

第九条　部门预算包括部门收入预算、支出预算和政府采购预算。

部门收入包括政府公共预算拨款收入、政府性基金收入、上级补助收入、上年结余结转及其他收入。

部门支出包括部门基本支出、项目支出和其他支出，项目支出包括日常经费支出、专项资金支出和基本建设支出。

政府采购预算应当按照政府采购目录规定的项目编制。

第十条　部门项目支出预算要明确预期目标。

第十一条　区财政部门应当在批复本年度决算的同时，部署开展下一年度的部门预算草案编制。

区级部门应当在区财政部门规定的时间内完成下一年度部门预算草案的编制。

第十二条 区财政部门应当根据实际情况，修订部门预算定员定额标准和资产配置标准，完善项目设置，并及时向预算工委汇报，听取意见。

第三章 部门预算的初审

第十三条 区财政部门应当及时对区级部门预算草案进行审核汇总，并于区人民代表大会举行五十日前将区级部门预算草案提交预算工委，具体包括：

（一）部门预算编制实施意见；

（二）部门预算编制的定员定额标准；

（三）部门机构及人员等基本情况、本年度预算执行情况和下一年度预算收支安排，收入支出按预算收支分类科目规定的款项列明细；

（四）重大项目支出立项依据、项目预期绩效等预算申报资料；

（五）审查所需的其他资料。

第十四条 预算工委应当及时了解部门预算编制情况，在收到部门预算草案的七日内，对提请审查的部门预算草案进行分组，分发区人大常委会相关工作委员会征询意见、审查。

相关工作委员会应当在十五日内将审查意见反馈给预算工委。

第十五条 预算工委应当组织预算审查专家，对提请审查的部门预算草案进行审查。

第十六条 对需要列入区人民代表大会重点审查的区级部门，由预算工委提请区人大常委会主任会议研究确定。

第十七条 涉及民生的重大项目预算和重点审查的部门预算草案，区人大常委会可以召开预算听证会。

区人大常委会应当在听证会召开前十日发布召开预算听证会的公告，并根据报名情况及时确定参加听证会的区人大代表和市民人选。

第十八条 预算工委会同相关工作委员会主持召开预算听证会。区人大代表和市民代表对预算项目安排逐项进行讨论，充分发表意见和建议。区财政部门和列为听证对象的部门负责人应当出席会议，说明预算草案的主要内容，充分听取意见。

第十九条 预算工委负责审核汇总各方提出的意见和建议，及时向区财政部门及预算编制部门反馈整改意见。

区财政部门及预算编制部门应当认真研究落实整改意见，并自收到整改意见之日起七日内向预算工委报告整改意见落实情况。

第四章 部门预算审查和批准

第二十条 在区人民代表大会会议举行前三十日内，区人大常委会召开会议，对提请审查的部门预算草案进行审议。

区财政部门应当在区人大常委会会议举行十日前，将提请审查的部门预算草案和编制说明报送常委会。

第二十一条 部门预算草案审查主要审查以下内容：

（一）是否符合《中华人民共和国预算法》等法律法规的有关要求；

（二）是否与财政预算安排相适应，是否坚持量入为出、收支平衡、保证重点、兼顾一般，是否体现综合预算和零基预算、绩效预算的要求；

（三）内容是否完整，上年结余、当年收入是否全额纳入；

（四）支出安排是否与经济社会发展和履行部门职责相一致，基本支出是否符合定员定额标准，项目支出是否细化、科学，预期产出是否明确；

（五）政府采购预算中需采购的商品是否全部列入、价格是否合理。

第二十二条 区人大常委会会议审议部门预算草案时，区财政部门和相关部门负责人应当列席会议，认真听取意见。

第二十三条 区人大常委会在充分审议的基础上，对部门预算草案提出审议意见，并对重点审查的部门预算草案逐个进行表决。表决范围应逐步扩大到全部提请审查的部门预算草案。

表决采用无记名投票方式，经区人大常委会全体组成人员的过半数同意始得通过。

第二十四条 获得表决通过的重点审查部门预算草案，由区人大常委会提请区人民代表大会进行审查。

未获表决通过的重点审查部门预算草案，由区人大常委会提出审议意见，责成区财政部门和相关部门进行修改完善后，提请下一次常委会会议审查表决。

第二十五条 区财政部门及相关区级部门应当认真落实区人大常委会提出的审议意见，对部门预算草案进行修改完善，并按规定提请区人民代表大会进行审查。

第二十六条 区人民代表大会会议举行前，区人大常委会可以根据需要，将提请审查的部门预算草案送达区人大代表，并组织区人大代表对部门预算项目安排情况进行视察。

第二十七条 区人民代表大会会议举行期间，区人大代表应当按照大会议程对提请审查的部门预算草案进行审议，提出意见和建议。

大会计划预算审查委员会召开专题审查会议，对提请审查的部门预算草案进行专题审议。必要时，可以对相关部门提出专题询问或质询。

第二十八条　区级预算经区人民代表大会批准后，区财政部门应当于三十日内批复区级部门预算，并送预算工委备案。

第五章　部门预算执行的监督

第二十九条　预算年度开始后，部门预算批复前，区级部门可以按照上一年度同期的预算支出数额安排支出，待批复后，按照批准的部门预算执行。

第三十条　区财政部门应当按照规定，组织实施预算执行，提高预算审批效率，及时掌握和分析部门预算执行情况，定期进行考评通报。不断健全绩效评价制度和评价标准体系建设，组织实施绩效评价工作，并及时向预算工委报告绩效评价年度计划和绩效评价报告。

第三十一条　区级部门是部门预算支出执行的责任主体，应当加强预算执行管理，合理安排支出进度，做好项目绩效自评工作，加强财政专项资金年度运行绩效分析，提高预算资金使用绩效。

第三十二条　预算工委应当加强部门预算执行情况的监督，可以会同区人大常委会各工作委员会对部门预算、重大项目经费执行情况进行专项调查，并向区人大常委会报告调查结果。

第三十三条　部门预算执行情况监督的主要内容为：

（一）执行区人民代表大会关于预算方面决议的情况，是否按批准的预算执行；

（二）部门预算各项收支是否全部纳入预算管理；

（三）部门预算执行进度是否合理；

（四）部门预算的执行是否存在随意调剂支出科目、变更支出用途、扩大支出范围、提高支出标准等情况；

（五）部门项目经费是否专款专用，使用是否体现预期绩效等。

第三十四条区人民政府向区人大常委会报告半年度预算执行情况时，应当同时报告部门预算的执行情况。

严重超工期、超概算的项目，业主单位和有关部门应当及时向区人大常委会做出解释说明。

第六章　部门预算调整的审查和批准

第三十五条　部门预算执行中，因特殊情况需要追加预算的，区级部门应当及时提交追加预算的申请报告，区财政部门在9月30日前集中审核办理，超过上述时限，原则上不再办理预算追加。区财政部门应当对部门预算追加和调减进行汇总，与本年度区级预算执行情况的报告一并提交区人大常委会。

第三十六条　重点审查的部门预算追加或调减额度超过年初预算10%（含10%），区财政部门应当编制部门预算调整方案，列明调整的部门、原因、款项、数额及有关说明。

因上级转移支付而引起的部门预算收支变化，不属于预算调整。

第三十七条　部门预算调整方案应当于区人大常委会举行会议二十日前，提交预算工委进行初审。

预算工委应当征求区人大常委会相关工作委员会意见，并组织初审，提出初审意见。

第三十八条　区人大常委会举行会议时，区财政部门应当作关于部门预算调整方案的报告。

区人大常委会经过审议做出是否批准部门预算调整方案的决议。

第三十九条　预算执行过程中，不同预算科目之间的预算资金需要调剂使用的，必须按照区财政部门的规定报经批准。

第七章　部门决算的审查监督

第四十条　预算年度终结后，区级部门应当按照区财政部门的要求编制部门决算草案。

第四十一条　审计部门按照有关法律法规的规定，对预算执行结果或决算进行审计监督。根据区人大常委会的要求，对上一年度重点审查的部门预算执行情况进行审计，审计发现的问题、处理结果及整改情况，向区人大常委会报告。

第四十二条　区人民政府应当在提请区人大常委会审查批准区级财政决算草案时，一并提交提请审查的部门决算草案。

第四十三条　预算工委应当会同区人大常委会相关工作委员会对提请审查的部门决算草案进行调查，并对重点审查的部门决算草案进行分项审查，提出审查意见。

第四十四条　区人大常委会会议审查批准区级财政决算草案之前，应当对重点审查的部门决算逐个进行表决。

表决采用无记名投票方式，经区人大常委会全体组成人员的过半数同意始得通过。

表决未获通过的重点审查部门决算草案，责成该部门整改，提请下一次常委会会议进行表决。区人大常委会根据实际情况，可以对相关部门进行质询或组织特定问题调查。

第八章 附则

第四十五条 本办法自通过之日起施行。

温州市鹿城区人民代表大会
常务委员会
2014年8月5日

温州市鹿城区人民代表大会常务委员会专题询问暂行办法

（2014年11月25日温州市鹿城区第八届人民代表大会常务委员会第十九次会议通过）

温鹿人大常〔2014〕36号

第一条 为了加强区人大常委会监督职能，规范对区人民政府、区人民法院和区人民检察院的专题询问工作，促进依法行政、公正司法，根据《中华人民共和国各级人民代表大会常务委员会监督法》及《浙江省各级人民代表大会常务委员会监督条例》的有关规定，结合本区实际，制定本暂行办法。

第二条 专题询问一般采取区人大常委会全体会议的形式进行。

第三条 专题询问工作坚持实事求是、客观公正、民主公开、合法有序、注重实效的原则。

第四条 专题询问工作由区人大常委会主任会议负责组织实施，区人大常委会相关工委和办公室具体承办。

第五条 专题询问内容包括列入常委会审议的议案、报告及其他事关经济社会发展、民主法制建设方面的重大事项和问题。

第六条 专题询问由主持人、询问人、被询问人和列席人员参加，具体由区人大常委会主任会议决定。

主持人由区人大常委会主任或受主任委托的副主任担任。

询问人指区人大常委会组成人员，受邀列席会议的区人大代表、区人大常委会的工作机构及派出机构负责人。

被询问人指专题询问事项涉及的区人民政府及其有关工作部门、区人民法院、区人民检察院。必要时，可延伸市级垂直管理部门。

被询问人应当派出主要负责人到会接受询问。主要负责人无法到会的，经主任会议同意后，可以书面委托其他负责人到会回答询问。经主持人同意，被询问人其他工作人员可以作补充说明。

第七条 专题询问议题由主任会议确定，于开展询问的常委会会议举行前一个月书面通知被询问人。

专题询问议题确定后，询问人应当针对询问议题开展视察调查或调研。

第八条 被询问人应当于区人大常委会举行会议的二十日前将涉及专题询问的议案、报告等材料送交区人大常委会有关工委征求意见，经补充修改后，于会议举行的十日前送交区人大常委会办公室。区人大常委会办公室应在区人大常委会举行会议的七日前将有关材料送交区人大常委会组成人员。区人大常委会组成人员针对议案、专项工作报告及有关工作拟提出询问的，应当在会议举行的三日前将拟询问问题交由区人大常委会办公室汇总。

第九条 专题询问采取一问一答或随问随答的方式开展。询问人所提问题要紧扣议题、重点突出，被询问人要当场全面、详实地回答询问。当场不能直接答复的，应当说明原因，在取得询问人的同意后，可以在下次区人大常委会会议上口头或者书面答复。

询问人在听取回答后，可就同一问题补充询问。其他区人大常委会组成人员和列席会议的区人大代表、区人大常委会的工作机构及派出机构负责人也可就同一问题补充询问，被询问人应当回答。

第十条 区人大常委会主任会议认为必要时，可根据询问情况，研究通过专题审议意见，转交被询问人研究落实。

第十一条 专题询问及回答情况，原则上向社会公开。

第十二条 必要时，区人大常委会可以委托街道人大工委组织代表对区人民政府、区人民法院、区人民检察院、市级垂直管理部门派驻辖区的机构及其相关工作开展专题询问，具体流程参照此暂行办法。

第十三条 本办法由区人大常委会主任会议负责解释。

第十四条 本办法自常委会会议通过之日起暂行。

温州市鹿城区人民代表大会
常务委员会
2014年11月25日

2014年区政府重要文件选载

温州市鹿城区人民政府关于表彰2013年鹿城区政府质量奖获奖企业的通报

温鹿政发〔2014〕1号

各街道办事处、藤桥镇人民政府，区政府直属各单位：

为深入贯彻实施质量强区战略，树立追求卓越的质量理念，不断增强企业自主创新能力和核心竞争力，根据《鹿城区政府质量奖评审管理办法》（温鹿政发〔2011〕52号），经企业自愿申报、专家组现场评审、评审委员会审议、新闻媒体公示，区人民政府决定，授予浙江金牛工贸有限公司、黎明液压有限公司2013年鹿城区政府质量奖，授予挺宇集团有限公司2013年鹿城区政府质量奖提名奖，并予以通报表彰。

希望受表彰的企业珍惜荣誉，再接再厉，开拓创新，在质量管理工作中再创佳绩。全区广大企业和组织要以先进为榜样，不断追求卓越质量，提升质量管理水平，为促进我区经济社会转型升级做出更大贡献。

温州市鹿城区人民政府关于公布2013年度鹿城名牌产品的通知

温鹿政发〔2014〕2号

各街道办事处、藤桥镇人民政府，区政府直属各单位：

根据《温州市鹿城名牌产品认定和管理办法》（温鹿政发〔2011〕110号）的规定，经鹿城区名牌战略推进委员会认定，区人民政府批准TTN牌智能型交流稳压电源等6个产品为2013年度鹿城名牌产品，现予以公布。

附件：2013年度鹿城名牌产品名单

附件

2013年度鹿城名牌产品名单

表14

序号	产品名称	商标	企业名称
1	智能型交流稳压电源	TTN	浙江腾腾电气有限公司
2	自动跟踪定位射流灭火系统	图形	浙江佑安高科消防系统有限公司
3	智能全数字化一体式交直流不间断电源设备	图形	浙江超荣力电器有限公司
4	贵金属工艺品、礼品	黄金历史	浙江金牛工贸有限公司
5	酱卤肉制品	沃好	温州进兴农业开发有限公司
6	物业服务	图形	温州市康居物业管理有限公司

温州市鹿城区人民政府关于批转鹿城年鉴（2013年版）编纂工作意见的通知

温鹿政发〔2014〕13号

各街道办事处、藤桥镇人民政府，区政府直属各单位：

区地方志编纂委员会关于《鹿城年鉴（2013年版）编纂工作意见》已经区人民政府同意，现批转给你们，请认真执行。

温州市鹿城区人民政府

2014年3月20日

《鹿城年鉴（2013）》总体设计及编纂分工方案

鹿城区地方志编纂委员会

一、指导思想

以马克思列宁主义、毛泽东思想、邓小平理论、“三个代表”重要思想、科学发展观为指导，认真贯彻党的十八大和十三届三中全会精神，落实国务院《地方志工作条例》，全面准确地记载2013年全区人民在创新创业实践中所取得的成就和经验，客观系统地记述行政区域内自然资源状况和政治、经济、文化、社会发展基本情况，为各方面了解研究鹿城区提供全面、系统、翔实的信息资料，努力把《鹿城年鉴》办成具有公报性、科学性、权威性的大型史册和工具书。

二、总体设计

全书总字数控制在80万字左右，暂定38个类目。体例主要是类目、分目、条目、专文、彩图、表格、附录。收录范围为鹿城区行政区域，时间从2013年1月1日至12月31日。安排适当彩页宣传介绍鹿城区重点企事业单位、名优产品和品牌。

三、撰稿要求

立足全区工作大局，如实反映全年的成就和存在的问题，力戒空话、套话。分目和条目的设置应以部门职能分工、本单位工作和基本情况为依据，条目撰写要一事一目。确实无法单立条目的内容，可设置概述类条目。来稿要求文、图（照片）、表并重。应准确提供当年数据。有关企事业单位、品牌彩页宣传以图片为主，配简短文字说明，突出《鹿城年鉴》图文并茂的时代特色和浓郁的地方特色。

四、组稿工作

依照国务院《地方志工作条例》第十一条的规定，《鹿城年鉴》的组稿是全区各街镇、各部门重要的常规工作。为确保《鹿城年鉴》组稿编纂工作的顺利进行，各承编单位要严格按照《鹿城年鉴（2013）》总体设计及编纂分工方案，高度重视文字和彩页组稿工作，要把有关撰稿工作列入考核目标，主要领导要亲自督促、审稿把关，并确定专人负责按时保质交稿。统计部门要确定专人做好所需数据的提供和审核工作。

各承编单位务必尽快落实撰稿人，并于4月30日前将文字稿（加盖公章）及电子稿，送达鹿城区人民政府地方志办公室（温州市宽带路18号区行政审批中心大楼5楼508室）；办公室电话：88612633；传真：88220111；联系人：胡亭亭（1243202745@qq.com）；电子邮箱：（dfz@lucheng.gov.cn），稿件末尾，需写上撰稿人姓名及联系方式。

附件1.《鹿城年鉴（2013）》总体设计及编纂分工方案

2.（略）

附件1

《鹿城年鉴（2013）》总体设计及编纂分工方案

表15

序号	内容	承编单位
1	编辑说明	区年鉴编辑部
2	鹿城便览	区统计局、区年鉴编辑部
3	彩图	区年鉴编辑部
4	特载	区委办公室、区人大常委会办公室、区政府办公室、区政协办公室
5	特辑	区统计局
6	大事记	区年鉴编辑部
7	地理·环境	
	综述	区年鉴编辑部
	自然地理（土地部分）	市国土资源局鹿城分局
	自然资源（气候、水部分）	区委农办（区农林水利局）
	水资源 大气环境 城市声环境 固体废物 生态区建设	区环保局
	城乡区域规划	规划鹿城分局
8	机构及其负责人	区委组织部
9	中国共产党鹿城区委员会	
	综述	区委办公室
	区委重要会议	
	政策研究	
	组织工作	区委组织部

续表15

序号	内容	承编单位
9	宣传工作	区委宣传部、区文明办
	统战工作	区委统战部
	机构编委办工作	机构编制委办
	党校工作	区委党校（区行政学校）
	党史研究工作	区委党史研究室
	老干部工作	区委老干部局
	精神文明建设	区文明办
	区直机关工作	区直机关工委
	地方志工作	区年鉴编辑部
	信访工作	区信访局
	档案工作	区档案局
10	中国共产党温州市鹿城区纪律委员会	区纪委（区监察局）
11	鹿城区人民代表大会	区人大常委会办公室
12	鹿城区人民政府	区政府办公室
13	鹿城区人民政府——经济调节和市场监管事务	
	综述	区年鉴编辑部
	经济和社会发展	区发改局
	对外经济贸易	区商务局
	财政	区财政局
	国税	鹿城区国税局
	地税	地税鹿城分局
	国内经济合作	区经合办
	工商行政管理	工商鹿城分局
	物价管理	区发改局（区物价局）
	审计	区审计局
	统计	区统计局
	质量技术监督	质监鹿城分局
	安全生产监督管理	区安全监管局
	食品药品监督	区食品药品监管局
14	鹿城区人民政府——社会管理和公共服务事务	
	综述	区年鉴编辑部
	外事	区外事办
	侨务	区侨办、区侨联
	涉台事务	区委台办、区台胞台属联谊会、
	政府法制工作	区法制办
	人事、劳动	区人力社保局

续表15

序号	内容	承编单位
14	国土资源管理	国土资源局鹿城分局
	行政审批管理	区审管办
	城市管理与行政执法（包括环境卫生管理、市政公用管理、园林绿化管理）	区城市管理与行政执法局
	鹿城区公共泊位管理	区公共泊位管理服务中心
	民政工作	区民政局
	移民安置	
	新居民服务管理	区公安分局、区新居民服务管理局
15	政协鹿城区委员会	区政协办公室
	区政协全体会议及常委会议	
	提案工作	
	常委会日常工作	
16	民主党派·工商联	
	中国国民党革命委员会鹿城区总支部委员会	民革鹿城区总支
	中国民主同盟温州市鹿城区总支部委员会	民盟鹿城区总支
	中国民主建国会温州市鹿城区基层委员会	民建鹿城区基层委
	中国民主促进会温州市鹿城区总支部委员会	民进鹿城区总支
	中国农工民主党温州市鹿城区总支部委员会	农工党鹿城区总支
	中国致公党温州市鹿城区总支部委员会	致公党鹿城区总支
	九三学社温州市鹿城区基层委员会	九三学社鹿城区基层委
	鹿城区无党派人士联谊会	区无党派人士联谊会
	鹿城区新的社会阶层人士联谊会	区新的社会阶层人士联谊会
	鹿城区工商业联合会	区工商联（总商会）
17	人民团体	
	综述	区年鉴编辑部
	鹿城区总工会	区总工会
	共青团鹿城区委员会	团区委
	鹿城区妇女联合会	区妇联
	鹿城区文学艺术界联合会	区文联
	鹿城区社会科学界联合会	区社科联
18	军事	
	人民武装部工作	区人武部
	人民防空	区人防办（区民防局）
	武装警察	武警鹿城中队
19	政法	
	综述	区委政法委

续表15

序号	内容	承编单位
19	公安	区公安分局
	检察	区检察院
	审判	区法院
	司法行政	区司法局
	消防工作	消防鹿城分局
20	农业	区委农办（区农林水利局）
	综述	
	种植业	
	林业	
	畜牧业	
	渔业	
	新农村建设	
	农林牧渔服务业	
21	水利	区委农办（区农林水利局）
	综述	
	防汛防旱	
	城乡水利建设	
	水政管理	
22	工业	
	综述	区经信局
	服装	区服装行业协会
	制革	区制革行业协会
	制鞋	区鞋业协会
	印刷	区印刷行业协会
	医疗器械	区医疗器械行业协会
	化工	区化工行业协会
	剃须刀	市剃须刀行业协会
	电镀	区电镀行业协会
	打火机	市（区）打火机行业协会
	眼镜	区眼镜行业协会
	工艺美术	市工艺美术行业协会
	机械	区机械联合会
	电子信息	区电子信息行业协会
	供电	鹿城供电分局
	温州（鹿城）总部经济园	双屿街道
	温州中国鞋都产业园区	

续表15

序号	内容	承编单位
22	鹿城轻工产业园区	鹿城轻工产业园区管委会
	2013年知名企业	区年鉴编辑部
23	城乡建设	
	城市规划	区住建局
	城市发展和建设	温州市鹿城城市发展有限公司
	江滨路鹿城段建设	市江滨路鹿城段工程建设指挥部
	滨江商务区建设	市滨江商务区改建办公室
	温瑞塘河鹿城段建设	区温瑞塘河保护管委会
	重点项目建设	区重点办
24	建筑业	区住建局
	综述	
	建筑工程	
	建筑管理	
25	交通运输·邮政	区交通运输局
	综述	
	公路管理	
	交通工程建设	
	金温铁路（鹿城段）	
	甬台温铁路（鹿城段）	
	诸永高速（鹿城段）	诸永高速公路鹿城段延伸工程办公室
	邮政	市邮政局
26	信息业	
	综述	区年鉴编辑部
	电信	电信鹿城分局
	移动	移动鹿城分公司
	联通	联通鹿城分公司
27	商业	
	综述	区经信局
	市场	区市场开发服务中心
	百货零售	区商业零售业协会
	汽车流通	市汽车流通协会
	金属	温州市金属商会
	文体用品	市文体用品商会
	美容化妆品	市美容美发用品行业协会
	食品及副食品（包括蔬菜交易、水产交易等）	温州菜篮子集团有限公司冷链物流行业
	仓储	区仓储有限公司

续表15

序号	内容	承编单位
27	药业	区药业行业协会
	粮食	市粮食局
	供销合作	区供销合作社
	烟草	浙江省烟草公司温州分公司
	酒	市酒类行业协会
	食盐	市盐业有限公司
	糖、茶等	区经信局
28	服务业	
	综述	区经信局
	餐饮业	区餐饮业协会
	旅馆	区饭店（旅馆）业协会
	美发美容	市美容美发用品行业协会
	摄影	市摄影行业协会
	会展	市会展中心
	家电维修	市家电电器协会
	汽车维修	市运管处
	拍卖	市拍卖行业协会
	家政等	市洗涤清洁家政行业协会
	典当	区经信局
29	旅游业	
	综述	区旅游局
	城市公园建设	市公园管理处
	景区建设	区旅游局
	行业建设和管理	
	旅游安全	
	宣传促销	
	区级以上旅游景点（表）	
30	金融业	
	综述	区金融办
	鹿城区金融工作办公室	
	区金融行业协会概况	区金融行业协会
	鹿城农商银行	鹿城农商银行
	工商银行鹿城支行	工商银行鹿城支行
	农业银行鹿城支行	农业银行鹿城支行
	中国银行鹿城支行	中国银行鹿城支行
	建设银行鹿城支行	建设银行鹿城支行

续表15

序号	内容	承编单位
30	交通银行鹿城支行	交通银行鹿城支行
	温州银行鹿城支行	温州银行鹿城支行
	华夏银行鹿城支行	华夏银行鹿城支行
	浦发银行鹿城支行	浦发银行鹿城支行
	民生银行鹿城支行	民生银行鹿城支行
	广发银行鹿城支	广发银行鹿城支行
	平安银行鹿城支行	平安银行鹿城支行
	招商银行鹿城支行	招商银行鹿城支行
	中信银行鹿城支行	中信银行鹿城支行
	兴业银行鹿城支行	兴业银行鹿城支行
	邮政储蓄银行鹿城支行	邮政储蓄银行鹿城支行
	保险业	温州市保险协会
	中国人民财产保险股份有限公司温州市鹿城支公司	人民财产保险鹿城支公司
	中国人寿财产保险股份有限公司鹿城区支公司	人寿保险鹿城区支公司
	中国人民人寿保险股份有限公司温州市鹿城支公司	人民人寿保险鹿城支公司
	中国太平洋财产保险股份有限公司温州市鹿城支公司	太平洋财产保险鹿城支公司
	证券期货业	市证券期货业协会
31	房地产业	
	综述	房管鹿城分局
	中介服务	
	物业管理	区物业管理总公司物业管理行业协会
	房产管理	房管鹿城分局
	房屋征收管理	区征收办
	住房公积金管理	市住房公积金管理中心鹿城管理部
32	教育	区教育局
	综述	
	学前教育	
	义务教育	
	社区教育	
	职业教育	
	教师队伍建设	
	教育信息化	
	学校建设	
33	科学技术	区科学技术局、区科学技术协会
	综述	
	科技管理	

续表15

序号	内容	承编单位
33	知识产权工作	区科学技术局、区科学技术协会
	防震减灾	
	科学普及	
34	文化	区文化广电新闻出版局
	综述	
	社会文化	
	非物质文化遗产	
	文化市场管理	
	鹿城区图书馆	
	鹿城区部分作者新著	市图书馆
	鹿城媒体（包括《今日鹿城》）	区广电新闻中心
35	卫生	区卫生局
	综述	
	社区卫生	
	疾病预防控制	
	卫生监督	
	妇幼保健	
	精神卫生	
	爱国卫生	
36	体育	区体育局
	综述	
	竞技体育	
	群众体育	
	体育市场	
37	社会事务	
	社会保险	区人力社保局
	民族宗教事务	区民宗局
	人口和计划生育工作	区人口计生局
	老龄工作	区老龄委办公室
	关心下一代工作	区关工委办公室
	残疾人工作	区残联
	慈善工作	区慈善总会
	红十字会工作	区红十字会
38	街道·镇	
	五马街道	五马街道
	七都街道	七都街道

续表15

序号	内容	承编单位
38	滨江街道	滨江街道
	南汇街道	南汇街道
	松台街道	松台街道
	双屿街道	双屿街道
	仰义街道	仰义街道
	藤桥镇	藤桥镇
39	人物	
	综述	区年鉴编辑部
	全国、省劳模及其他先进人员	区委组织部、区总工会
	世界、全国、省文艺得奖人员	区文广新局
	世界、全国、省体育得奖人员	区体育局
	感动人物	区文明办
	百岁老人	区民政局
40	新事逸闻	区年鉴编辑部
41	附录	
	2013年区委重要文件选载	区委办公室 区人大常委会办公室 区政府办公室
	2013年区人大常委会重要文件选载	
	2013年区政府重要文件选载	
	重要文件目录（区委、人大、区政府）	
42	索引	区年鉴编辑部
	主题	
	数字	

温州市鹿城区人民政府关于公布鹿城区行政规范性文件清理结果的通　知

温鹿政发〔2014〕14号

各街道办事处、藤桥镇人民政府，区政府直属各单位：

为贯彻落实行政规范性文件“三统一”制度，根据《温州市鹿城区人民政府关于推行行政规范性文件“三统一”制度的通知》（温鹿政发〔2013〕39号）要求，区政府对2012年12月31日前制定的行政规范性文件进行了全面清理。清理结果已经八届区政府第22次常务会议审议通过，现将保留的141件区政府行政规范性文件目录、拟修改的32件区政府行政规范性文件目录、废止的75件区政府行政规范性文件目录予以公布。

保留的行政规范性文件，按照“三统一”的要求登记、编号，拟修改的行政规范性文件，责任单位应当及时修改、重新公布，废止的行政规范性文件，不再作为行政管理的依据。

附件：1. 保留的区政府行政规范性文件目录
2. 拟修改的区政府行政规范性文件目录
3. 废止的区政府行政规范性文件目录

温州市鹿城区人民政府

2014年3月21日

（此件公开发布）

附件1

保留的区政府行政规范性文件目录

表16

序号	文号	名称	统一编号
1	人民政府令第7号	温州市鹿城区计划生育公益金管理暂行办法	CLCD00-2004-0001
2	人民政府令第8号	温州市鹿城区残疾人社会保障经济补助暂行办法	CLCD00-2005-0001
3	人民政府令第10号	温州市鹿城区行政许可事项联合办理暂行办法	CLCD00-2006-0001
4	人民政府令第12号	温州市鹿城区残疾人扶贫基地风险资金管理暂行办法	CLCD00-2006-0002
5	人民政府令第21号	温州市鹿城区科学技术奖励办法	CLCD00-2008-0001
6	人民政府令第23号	温州市鹿城区实施《生产安全事故报告和调查处理条例》暂行办法	CLCD00-2010-0001
7	人民政府令第24号	温州市鹿城区规范实施行政执法自由裁量指导标准试行办法	CLCD00-2010-0002
8	人民政府令第25号	温州市鹿城区企业信用信息管理办法	CLCD00-2010-0003
9	人民政府令第26号	温州市鹿城区工业用地项目招标拍卖挂牌准入管理暂行办法	CLCD00-2010-0004
10	人民政府令第27号	温州市鹿城区娱乐业音响器材噪声污染防治试行办法	CLCD00-2011-0001
11	人民政府令第28号	温州市鹿城区行政机关负责人出庭应诉实施办法	CLCD00-2011-0002
12	人民政府令第29号	温州市鹿城区国有土地上房屋征收与补偿听证实施办法	CLCD00-2012-0001
13	人民政府令第30号	鹿城区部分计划生育家庭奖励扶助实施办法	CLCD00-2012-0002
14	温鹿政发〔1999〕91号	温州市鹿城区人民政府批转江滨路鹿城段工程建设指挥部关于江滨路鹿城段拆迁安置若干规定的通知	CLCD00-1999-0001
15	温鹿政发〔1999〕95号	温州市鹿城区人民政府关于立即停止收取自行设立的收费项目的通知	CLCD00-1999-0002
16	温鹿政发〔2000〕20号	温州市鹿城区人民政府关于撤销在鹿城区推广和使用有线电视IC卡收费系统及退还违规收费的通知	CLCD00-2000-0001
17	温鹿政发〔2000〕42号	温州市鹿城区人民政府关于撤销温鹿政发〔1999〕94号文件和鹿城区房屋装修装潢管理暂行办法的通知	CLCD00-2000-0002
18	温鹿政发〔2000〕66号	温州市鹿城区人民政府关于公布取消第二批收费项目的通知	CLCD00-2000-0003
19	温鹿政发〔2000〕93号	温州市鹿城区人民政府关于同意江滨路鹿城段地段差别安置有关优惠条件和二次搬迁补偿办法的批复	CLCD00-2000-0004
20	温鹿政发〔2002〕30号	温州市鹿城区人民政府关于印发《温州市鹿城区住房货币化分配实施细则》的通知	CLCD00-2002-0001
21	温鹿政发〔2002〕55号	温州市鹿城区人民政府关于公布区政府及区政府办公室部分停止执行文件目录的通知	CLCD00-2002-0002
22	温鹿政发〔2004〕48号	温州市鹿城区人民政府关于公布区政府及区政府办公室部分废止或停止执行文件目录的通知	CLCD00-2004-0002
23	温鹿政发〔2005〕34号	温州市鹿城区人民政府关于公布鹿城区行政许可事项取消项目（第一批）的通知	CLCD00-2005-0002
24	温鹿政发〔2005〕71号	温州市鹿城区人民政府关于印发鹿城区污染治理资金补助办法（试行）的通知	CLCD00-2005-0003
25	温鹿政发〔2006〕42号	温州市鹿城区人民政府关于印发温州（鹿城）总部经济园企业入园暂行规定的通知	CLCD00-2006-0003
26	温鹿政发〔2006〕48号	温州市鹿城区人民政府办公室关于温州（鹿城）总部经济园企业入园实施细则的批复	CLCD00-2006-0004
27	温鹿政发〔2006〕81号	温州市鹿城区人民政府关于切实做好当前移民工作的若干意见	CLCD00-2006-0005

续表16

序号	文号	名称	统一编号
28	温鹿政发〔2007〕38号	温州市鹿城区人民政府关于印发鹿城区税收社会化征管工作实施意见的通知	CLCD00-2007-0001
29	温鹿政发〔2008〕66号	温州市鹿城区人民政府关于印发鹿城区安全生产事故隐患排查治理暂行办法的通知	CLCD00-2008-0002
30	温鹿政发〔2008〕67号	温州市鹿城区人民政府关于印发温州市鹿城区安全生产举报奖励暂行办法的通知	CLCD00-2008-0003
31	温鹿政发〔2008〕84号	温州市鹿城区人民政府关于实施残疾人共享小康工程的意见	CLCD00-2008-0004
32	温鹿政发〔2008〕90号	温州市鹿城区人民政府关于印发温州市鹿城区困难家庭精神病患者医疗救助试行办法的通知	CLCD00-2008-0005
33	温鹿政发〔2008〕114号	温州市鹿城区人民政府关于印发浙江温州鹿城轻工产业园区生产性项目管理暂行规定的通知	CLCD00-2008-0006
34	温鹿政发〔2009〕52号	温州市鹿城区人民政府关于加快推进鹿城区农村土地承包经营权流转的若干意见	CLCD00-2009-0001
35	温鹿政发〔2009〕54号	温州市鹿城区人民政府关于印发温州市鹿城区“农转城”家庭适用农村生育政策实施办法的通知	CLCD00-2009-0002
36	温鹿政发〔2009〕62号	温州市鹿城区人民政府关于印发温州市鹿城区农村公路养护与管理办法（试行）的通知	CLCD00-2009-0003
37	温鹿政发〔2010〕58号	温州市鹿城区人民政府关于同意实施《温州市西向排洪工程鹿城段工业用房拆迁补偿安置实施细则》的批复	CLCD00-2010-0005
38	温鹿政发〔2010〕67号	温州市鹿城区人民政府关于印发鹿城区事业单位引进高层次人才和特殊岗位紧缺专业技术人员若干规定的通知	CLCD00-2010-0006
39	温鹿政发〔2011〕18号	温州市鹿城区人民政府关于金温铁路扩能改造工程鹿城段临时借地管理的若干规定	CLCD00-2011-0003
40	温鹿政发〔2011〕22号	温州市鹿城区人民政府关于公布鹿城区行政规范性文件清理结果的通知	CLCD00-2011-0004
41	温鹿政发〔2011〕38号	温州市鹿城区人民政府关于印发鹿城区行政处罚结果公开工作实施方案的通知	CLCD00-2011-0005
42	温鹿政发〔2011〕51号	温州市鹿城区人民政府关于进一步加强企业安全生产工作的实施意见	CLCD00-2011-0006
43	温鹿政发〔2011〕76号	温州市鹿城区人民政府关于印发推进鹿城区村二产、三产安置用地置换工作实施意见的通知	CLCD00-2011-0007
44	温鹿政发〔2011〕77号	温州市鹿城区人民政府关于印发温州市鹿城区政府投资项目BT融资建设管理办法（试行）的通知	CLCD00-2011-0008
45	温鹿政发〔2011〕84号	温州市鹿城区人民政府关于印发鹿城区清洁空气行动方案的通知	CLCD00-2011-0009
46	温鹿政发〔2011〕85号	温州市鹿城区人民政府关于对行政处罚结果公开项目实行分类管理的通知	CLCD00-2011-0010
47	温鹿政发〔2011〕110号	温州市鹿城区人民政府关于印发鹿城名牌产品认定和管理办法的通知	CLCD00-2011-0011
48	温鹿政发〔2011〕112号	温州市鹿城区人民政府关于印发温州市鹿城区科技企业孵化器管理及经费补助办法的通知	CLCD00-2011-0012
49	温鹿政发〔2012〕21号	温州市鹿城区人民政府关于进一步规范小额工程招标采购的通知	CLCD00-2012-0003
50	温鹿政发〔2012〕23号	温州市鹿城区人民政府关于印发鹿城区“十二五”期间重污染高耗能行业深化整治促进提升实施方案的通知	CLCD00-2012-0004
51	温鹿政发〔2012〕26号	温州市鹿城区人民政府关于印发鹿城区工业固定资产投资项目节能评估和审查实施细则的通知	CLCD00-2012-0005

续表16

序号	文号	名称	统一编号
52	温鹿政发〔2012〕36号	温州市鹿城区人民政府关于未国家统一分配就业大中专院校毕业生等户口“非转农”若干问题的通知	CLCD00-2012-0006
53	温鹿政发〔2012〕39号	温州市鹿城区人民政府关于开展国家民办教育综合改革试点加快教育改革与发展的实施意见	CLCD00-2012-0007
54	温鹿政发〔2012〕44号	温州市鹿城区人民政府 温州市鹿城区人民检察院关于印发鹿城区行政执法监督工作暂行规定的通知	CLCD00-2012-0008
55	温鹿政发〔2012〕45号	温州市鹿城区人民政府关于印发鹿城区农村独生子女及两女户家庭社会养老保险实施办法的通知	CLCD00-2012-0009
56	温鹿政发〔2012〕50号	温州市鹿城区人民政府关于印发金融机构支持鹿城区经济发展业绩考评奖励暂行办法（修订）的通知	CLCD00-2012-0010
57	温鹿政发〔2012〕59号	温州市鹿城区人民政府关于印发鹿城区控制性详细规划修改工作规定（试行）的通知	CLCD00-2012-0011
58	温鹿政发〔2012〕63号	温州市鹿城区人民政府关于未国家统一分配就业大中专院校毕业生等户口“非转农”办理的补充通知	CLCD00-2012-0012
59	温鹿政发〔2012〕64号	温州市鹿城区人民政府关于印发鹿城区未经登记建筑调查认实施细则的通知	CLCD00-2012-0013
60	温鹿政发〔2012〕69号	温州市鹿城区人民政府关于进一步推进实施合法性论证会议度加强政府法律顾问工作的通知	CLCD00-2012-0014
61	温鹿政发〔2012〕89号	温州市鹿城区人民政府关于印发进一步加强物业管理工作意（试行）的通知	CLCD00-2012-0015
62	温鹿政发〔2012〕110号	温州市鹿城区人民政府关于印发鹿城区医疗救助实施细则（试行）的通知	CLCD00-2012-0016
63	温鹿政发〔2012〕123号	温州市鹿城区人民政府关于调整鹿城区城乡居民最低生活保标准的通知	CLCD00-2012-0017
64	温鹿政办〔2000〕70号	温州市鹿城区人民政府办公室关于印发温州市鹿城区经济建贯彻国防要求若干规定的通知	CLCD01-2000-0001
65	温鹿政办〔2005〕100号	温州市鹿城区人民政府办公室关于印发鹿城区公务网政府门网站运行管理暂行办法的通知	CLCD01-2005-0001
66	温鹿政办〔2005〕118号	温州市鹿城区人民政府办公室转发区行政审批管理办公室关于温州市鹿城区行政审批服务中心审批办件管理暂行办法等的通知	CLCD01-2005-0002
67	温鹿政办〔2005〕125号	温州市鹿城区人民政府办公室转发区科技局关于温州市鹿城区企业技术研究开发中心建设管理办法（试行）的通知	CLCD01-2005-0003
68	温鹿政办〔2006〕69号	温州市鹿城区人民政府办公室关于印发鹿城区食品安全责任追究制度（试行）的通知	CLCD01-2006-0001
69	温鹿政办〔2007〕178号	温州市鹿城区人民政府办公室关于印发温州市鹿城区规划管理办法的通知	CLCD01-2007-0001
70	温鹿政办〔2007〕194号	温州市鹿城区人民政府办公室关于印发鹿城区政府投资建设项目审计监督补充规定的通知	CLCD01-2007-0002
71	温鹿政办〔2007〕211号	温州市鹿城区人民政府办公室关于印发鹿城区违反国有资产管理行为责任追究办法的通知	CLCD01-2007-0003
72	温鹿政办〔2007〕219号	温州市鹿城区人民政府办公室关于印发鹿城区文艺精品奖励实施办法的通知	CLCD01-2007-0004
73	温鹿政办〔2008〕120号	温州市鹿城区人民政府办公室关于印发温州市鹿城区见义勇为专项资金使用管理办法的通知	CLCD01-2008-0001

续表16

序号	文号	名称	统一编号
74	温鹿政办〔2008〕132号	温州市鹿城区人民政府办公室关于印发鹿城区农民饮用水工程专项资金补助办法的通知	CLCD01-2008-0002
75	温鹿政办〔2008〕146号	温州市鹿城区人民政府办公室关于印发鹿城区农贸市场改造提升期间经营户回迁及临时安置工作暂行办法的通知	CLCD01-2008-0003
76	温鹿政办〔2008〕157号	温州市鹿城区人民政府办公室关于印发鹿城区农贸市场改造提升专项资金补助和奖惩办法的通知	CLCD01-2008-0004
77	温鹿政办〔2008〕170号	温州市鹿城区人民政府办公室转发区残联区卫生局区财政局关于鹿城区残疾人康复工程实施细则的通知	CLCD01-2008-0005
78	温鹿政办〔2008〕171号	温州市鹿城区人民政府办公室转发区残联区民政局区财政局区人事劳动局关于鹿城区重度残疾人托（安）养工程实施细则的通知	CLCD01-2008-0006
79	温鹿政办〔2008〕172号	温州市鹿城区人民政府办公室转发区残联区民政局区财政局关于鹿城区残疾人基本生活保障工程实施细则的通知	CLCD01-2008-0007
80	温鹿政办〔2008〕173号	温州市鹿城区人民政府办公室关于印发鹿城区计划生育家庭特别扶助制度实施方案（试行）的通知	CLCD01-2008-0008
81	温鹿政办〔2009〕7号	温州市鹿城区人民政府办公室关于印发鹿城区加强农村集体经济审计暂行办法的通知	CLCD01-2009-0001
82	温鹿政办〔2009〕41号	温州市鹿城区人民政府办公室关于印发温州市鹿城区免费孕前优生检测项目实施管理办法的通知	CLCD01-2009-0002
83	温鹿政办〔2009〕67号	温州市鹿城区人民政府办公室关于印发温州市鹿城区安全生产行政问责暂行办法的通知	CLCD01-2009-0003
84	温鹿政办〔2009〕119号	温州市鹿城区人民政府办公室关于印发鹿城区基层文化阵地管理办法的通知	CLCD01-2009-0004
85	温鹿政办〔2009〕131号	温州市鹿城区人民政府办公室关于印发中小企业专项信用贷款定向合作协议实施细则（试行）的通知	CLCD01-2009-0005
86	温鹿政办〔2009〕162号	温州市鹿城区人民政府办公室关于印发鹿城区农村土地承包经营权流转考核奖励办法的通知	CLCD01-2009-0006
87	温鹿政办〔2010〕51号	温州市鹿城区人民政府办公室关于印发鹿城区农村医疗卫生服务机构体制机制改革试点工作方案的通知	CLCD01-2010-0001
88	温鹿政办〔2010〕85号	温州市鹿城区人民政府办公室关于印发鹿城区节能降耗财政专项资金管理试行办法的通知	CLCD01-2010-0002
89	温鹿政办〔2010〕111号	温州市鹿城区人民政府办公室关于印发鹿城区农村公路养护管理考核办法的通知	CLCD01-2010-0003
90	温鹿政办〔2010〕142号	温州市鹿城区人民政府办公室关于印发鹿城区农村孕产妇住院分娩补助项目实施方案的通知	CLCD01-2010-0004
91	温鹿政办〔2010〕168号	温州市鹿城区人民政府办公室关于印发鹿城区在外温州人返乡投资重大招商项目“一事一议”实施办法的通知	CLCD01-2010-0005
92	温鹿政办〔2010〕179号	温州市鹿城区人民政府办公室关于推进乡村卫生服务规范化管理的实施意见	CLCD01-2010-0006
93	温鹿政办〔2010〕194号	温州市鹿城区人民政府办公室关于印发鹿城区政府投资信息化建设项目管理暂行办法的通知	CLCD01-2010-0007
94	温鹿政办〔2010〕202号	温州市鹿城区人民政府办公室关于印发温州市鹿城区行政规范性文件备案审查实施细则的通知	CLCD01-2010-0008
95	温鹿政办〔2010〕203号	温州市鹿城区人民政府办公室关于印发温州市鹿城区行政事业单位房产出租管理实施细则的通知	CLCD01-2010-0009

续表16

序号	文号	名称	统一编号
96	温鹿政办〔2010〕208号	温州市鹿城区人民政府办公室关于印发鹿城区居（村）计划生育服务员管理办法（试行）的通知	CLCD01-2010-0010
97	温鹿政办〔2011〕10号	温州市鹿城区人民政府办公室关于印发鹿城区税收大户入驻总部经济园奖励暂行办法的通知	CLCD01-2011-0001
98	温鹿政办〔2011〕82号	温州市鹿城区人民政府办公室关于印发鹿城区创建食品安全管理示范农贸市场活动工作方案的通知	CLCD01-2011-0002
99	温鹿政办〔2011〕83号	温州市鹿城区人民政府办公室关于印发鹿城区鼓励发展商贸便民、便利连锁经营奖励办法的通知	CLCD01-2011-0003
100	温鹿政办〔2011〕92号	温州市鹿城区人民政府办公室关于印发鹿城区建设项目竣工联合验收操作规程的通知	CLCD01-2011-0004
101	温鹿政办〔2011〕95号	温州市鹿城区人民政府办公室关于印发鹿城区营业点卫生大整治工作方案的通知	CLCD01-2011-0005
102	温鹿政办〔2011〕98号	温州市鹿城区人民政府办公室关于印发鹿城区农村集体资金资产资源清理工作方案的通知	CLCD01-2011-0006
103	温鹿政办〔2011〕108号	温州市鹿城区人民政府办公室关于进一步加强麻疹、手足口病等传染病防控工作的通知	CLCD01-2011-0007
104	温鹿政办〔2011〕118号	温州市鹿城区人民政府办公室关于印发鹿城区楼宇经济工作实施方案的通知	CLCD01-2011-0008
105	温鹿政办〔2011〕120号	温州市鹿城区人民政府办公室关于印发鹿城区星级商务楼宇评定工作实施意见的通知	CLCD01-2011-0009
106	温鹿政办〔2011〕126号	温州市鹿城区人民政府办公室关于印发鹿城区五马街区管理暂行办法的通知	CLCD01-2011-0010
107	温鹿政办〔2011〕127号	温州市鹿城区人民政府办公室关于印发进一步引导和扶持社会资本举办医疗机构的若干规定的通知	CLCD01-2011-0011
108	温鹿政办〔2011〕134号	温州市鹿城区人民政府办公室关于印发鹿城区廉租住房保障扩面工作实施方案的通知	CLCD01-2011-0012
109	温鹿政办〔2011〕147号	温州市鹿城区人民政府办公室关于印发鹿城区出口鞋类产品检验监管示范区示范企业审核认定方案的通知	CLCD01-2011-0013
110	温鹿政办〔2011〕153号	温州市鹿城区人民政府办公室关于印发鹿城区提高农村儿童白血病和先天性心脏病医疗保障水平实施方案（试行）的通知	CLCD01-2011-0014
111	温鹿政办〔2011〕160号	温州市鹿城区人民政府办公室关于印发温州市鹿城区企业安全生产诚信管理实施办法（试行）的通知	CLCD01-2011-0015
112	温鹿政办〔2011〕197号	温州市鹿城区人民政府办公室关于进一步加强车辆超限超载长效管理工作的通知	CLCD01-2011-0016
113	温鹿政办〔2011〕213号	温州市鹿城区人民政府办公室关于印发鹿城区养殖环节病死畜禽无害化处理补贴规定的通知	CLCD01-2011-0017
114	温鹿政办〔2011〕235号	温州市鹿城区人民政府办公室关于印发温州市鹿城区森林火灾应急处置预案的通知	CLCD01-2011-0018
115	温鹿政办〔2011〕249号	温州市鹿城区人民政府办公室关于印发鹿城区功勋企业和50强企业评选暂行办法的通知	CLCD01-2011-0019
116	温鹿政办〔2012〕15号	温州市鹿城区人民政府办公室关于印发鹿城区促进总部经济发展办法（试行）的通知	CLCD01-2012-0001
117	温鹿政办〔2012〕24号	温州市鹿城区人民政府办公室关于印发鹿城区重点建设项目稽查实施办法的通知	CLCD01-2012-0002

续表16

序号	文号	名称	统一编号
118	温鹿政办〔2012〕29号	温州市鹿城区人民政府办公室关于印发鹿城区强三优二城市有机更新工作实施细则的通知	CLCD01-2012-0003
119	温鹿政办〔2012〕74号	温州市鹿城区人民政府办公室关于印发鹿城区扬尘污染防治工作实施方案的通知	CLCD01-2012-0004
120	温鹿政办〔2012〕121号	温州市鹿城区人民政府办公室关于鹿城区强三优二城市有机更新工作实施细则（试行）的补充通知	CLCD01-2012-0005
121	温鹿政办〔2012〕123号	温州市鹿城区人民政府办公室关于印发鹿城区安全生产事故隐患排查治理抄告制度的通知	CLCD01-2012-0006
122	温鹿政办〔2012〕125号	温州市鹿城区人民政府办公室关于印发加快基层医疗卫生服务体系建设实施意见的通知	CLCD01-2012-0007
123	温鹿政办〔2012〕136号	温州市鹿城区人民政府办公室关于印发鹿城区城中村改造与农房改造集聚建设实施办法补充规定（一）的通知	CLCD01-2012-0008
124	温鹿政办〔2012〕166号	温州市鹿城区人民政府办公室关于鹿城区强三优二城市有机更新工作实施细则（试行）的补充通知（二）	CLCD01-2012-0009
125	温鹿政办〔2012〕184号	温州市鹿城区人民政府办公室关于印发鹿城区生态区建设专项资金使用管理办法的通知	CLCD01-2012-0010
126	温鹿政办〔2012〕197号	温州市鹿城区人民政府办公室关于印发鹿城区创建国家卫生城市专项整治活动实施方案的通知	CLCD01-2012-0011
127	温鹿政办〔2012〕215号	温州市鹿城区人民政府办公室关于印发鹿城区项目咨询专家库管理暂行办法的通知	CLCD01-2012-0012
128	温鹿政办〔2012〕221号	温州市鹿城区人民政府办公室关于印发鹿城区食品安全举报奖励工作实施方案的通知	CLCD01-2012-0013
129	温鹿政办〔2012〕225号	温州市鹿城区人民政府办公室关于印发温州市鹿城区人民政府法律顾问工作规则的通知	CLCD01-2012-0014
130	温鹿政办〔2012〕248号	温州市鹿城区人民政府办公室关于印发温州市鹿城区国有土地上房屋征收评估机构确定暂行办法的通知	CLCD01-2012-0015
131	温鹿政办〔2012〕254号	温州市鹿城区人民政府办公室关于印发温州市鹿城区国有土地上工业用房征收补偿优惠奖励试行办法的通知	CLCD01-2012-0016
132	温鹿政办〔2012〕261号	温州市鹿城区人民政府办公室关于印发《鹿城区临时聘（雇）用专业技术人员管理暂行办法》的通知	CLCD01-2012-0017
133	温鹿政办〔2012〕273号	温州市鹿城区人民政府办公室关于印发鹿城区新居民积分制管理实施细则的通知	CLCD01-2012-0018
134	温鹿政办〔2012〕277号	温州市鹿城区人民政府办公室关于印发鹿城区公交经营体制改革实施方案的通知	CLCD01-2012-0019
135	温鹿政办〔2012〕281号	温州市鹿城区人民政府办公室关于进一步完善鹿城区各街镇查处取缔无证无照经营工作组织建设和工作制度的通知	CLCD01-2012-0020
136	温鹿政办〔2012〕285号	温州市鹿城区人民政府办公室关于印发温州民间借贷服务中心监管办法（试行）的通知	CLCD01-2012-0021
137	温鹿政办〔2012〕292号	温州市鹿城区人民政府办公室关于印发鹿城区城中村改造与农房改造集聚建设实施办法补充规定（二）的通知	CLCD01-2012-0022
138	温鹿政告〔2006〕6号	温州市鹿城区人民政府关于加强戍浦江河口大闸管理的通告	CLCD00-2006-0006
139	温鹿政告〔2008〕2号	温州市鹿城区人民政府关于切实加强温瑞塘河（鹿城段）管理的通告	CLCD00-2008-0007

续表16

序号	文号	名称	统一编号
140	温鹿政告〔2010〕3号	温州市鹿城区人民政府关于温州市鹿城区仰义至双屿段公路改建工程建设的通告	CLCD00-2010-0007
141	温鹿政告〔2011〕8号	温州市鹿城区人民政府关于禁止丧事扰民行为的通告	CLCD00-2011-0013

附件2

拟修改的区政府行政规范性文件目录

表17

序号	文号	名称	修改责任单位
1	人民政府令第18号	温州市鹿城区群租型居住出租房消防安全管理暂行办法	消防鹿城分局
2	人民政府令第19号	温州市鹿城区见义勇为人员奖励和保障实施办法	区公安分局
3	人民政府令第20号	温州市鹿城区行政规范性文件制定管理办法	区政府办公室（区法制办）
4	人民政府令第22号	温州市鹿城区人民政府重大行政决策试行办法	区政府办公室（区法制办）
5	温鹿政发〔2004〕49号	温州市鹿城区人民政府关于公布鹿城区行政许可主体及事项保留项目（第一批）的通知	区政府办公室（区法制办）
6	温鹿政发〔2005〕35号	温州市鹿城区人民政府关于公布鹿城区行政许可主体及事项保留项目（第二批）的通知	区政府办公室（区法制办）
7	温鹿政发〔2006〕36号	温州市鹿城区人民政府关于公布鹿城区行政许可主体及事项保留目录（第三批）的通知	区政府办公室（区法制办）
8	温鹿政发〔2006〕58号	温州市鹿城区人民政府关于印发鹿城区招商引资项目审批一条龙服务实施意见的通知	区审管办
9	温鹿政发〔2006〕72号	温州市鹿城区人民政府关于印发温州市鹿城区重点建设项目管理办法的通知	区发改局
10	温鹿政发〔2006〕87号	温州市鹿城区人民政府关于电镀行业环境保护长效管理的实施意见	区环保局
11	温鹿政发〔2006〕89号	温州市鹿城区人民政府关于印发温州市鹿城区名牌商标认定和保护暂行办法的通知	工商鹿城分局
12	温鹿政发〔2007〕66号	温州市鹿城区人民政府关于实施义务教育经费保障机制改革的通知	区教育局
13	温鹿政发〔2008〕47号	温州市鹿城区人民政府关于印发温州市鹿城区行政规范性文件定期清理等暂行办法的通知	区政府办公室（区法制办）
14	温鹿政发〔2008〕51号	温州市鹿城区人民政府关于印发温州市鹿城区政府投资项目监管暂行办法的通知	区发改局
15	温鹿政发〔2010〕111号	温州市鹿城区人民政府关于建立西部部分乡镇生态补偿机制的实施意见	区环保局
16	温鹿政发〔2011〕2号	温州市鹿城区人民政府关于进一步促进建筑业发展壮大的实施意见	地税鹿城分局 区住建局 区财政局
17	温鹿政发〔2011〕52号	温州市鹿城区人民政府关于印发鹿城区政府质量奖评审管理办法的通知	质监鹿城分局

续表17

序号	文号	名称	修改责任单位
18	温鹿政发〔2012〕112号	温州市鹿城区人民政府关于进一步深化行政审批制度改革提高行政效能的实施意见	区审管办
19	温鹿政办〔2003〕84号	温州市鹿城区人民政府办公室关于印发鹿城区国家建设项目审计监督实施细则的通知	区审计局
20	温鹿政办〔2006〕148号	温州市鹿城区人民政府办公室关于印发鹿城区森林生态效益补偿基金管理试行办法的通知	区农林水利局
21	温鹿政办〔2007〕33号	温州市鹿城区人民政府办公室关于印发鹿城区技术改造项目专项资金管理暂行办法的通知	区经信局
22	温鹿政办〔2008〕72号	温州市鹿城区人民政府办公室关于印发鹿城区河道整治工程专项资金补助办法的通知	区财政局
23	温鹿政办〔2008〕175号	温州市鹿城区人民政府办公室关于印发农村生活污水治理工作实施细则（试行）的通知	区环保局
24	温鹿政办〔2008〕189号	温州市鹿城区人民政府办公室关于印发鹿城区2008年冬季义务兵优待政策和退役货币化安置规定的通知	区人武部
25	温鹿政办〔2010〕195号	温州市鹿城区人民政府办公室关于印发鹿城区基层档案建设管理工作试行办法的通知	区档案局
26	温鹿政办〔2010〕216号	温州市鹿城区人民政府办公室关于加强居住出租房消防安全管理的补充通知	消防鹿城分局
27	温鹿政办〔2011〕117号	温州市鹿城区人民政府办公室关于印发鹿城区扶持现代商贸流通业与楼宇经济发展专项资金管理暂行办法的通知	区经信局
28	温鹿政办〔2011〕188号	温州市鹿城区人民政府办公室关于印发鹿城区多层住宅屋顶平改坡工作实施细则的通知	区住建局
29	温鹿政办〔2011〕189号	温州市鹿城区人民政府办公室关于印发温州市鹿城区旅游突发公共事件应急预案的通知	区旅游局
30	温鹿政办〔2012〕94号	温州市鹿城区人民政府办公室关于印发鹿城区重大项目前期管理暂行办法的通知	区发改局
31	温鹿政办〔2012〕275号	温州市鹿城区人民政府办公室关于做好骨灰安葬（放）跟踪管理工作的通知	区民政局
32	温鹿政办〔2012〕284号	温州市鹿城区人民政府办公室关于印发鹿城区处置温州民间借贷服务中心突发事件应急预案的通知	区金融办

附件3

废止的区政府行政规范性文件目录

表18

序号	文号	名称
1	人民政府令第9号	鹿城区农村部分计划生育家庭奖励扶助实施办法
2	人民政府令第14号	温州市鹿城区行政机关出庭应诉实施办法
3	人民政府令第15号	温州市鹿城区政府系统重大民事行为实施办法（试行）
4	人民政府令第16号	温州市鹿城区村民公寓式住宅联建管理办法
5	人民政府令第17号	鹿城区人民政府关于修改《鹿城区农村部分计划生育家庭奖励扶助实施办法》的决定
6	温鹿政发〔2001〕24号	温州市鹿城区人民政府关于公布鹿城区政府审批制度改革方案（第二批）的通知

续表18

序号	文号	名称
7	温鹿政发〔2006〕47号	温州市鹿城区人民政府关于切实加强食品安全工作的实施意见
8	温鹿政发〔2006〕78号	温州市鹿城区人民政府关于补充鹿城区污染治理资金补助办法（试行）内容的通知
9	温鹿政发〔2006〕85号	温州市鹿城区人民政府关于印发温州市鹿城区鹿城名牌产品认定和管理办法的通知
10	温鹿政发〔2006〕90号	温州市鹿城区人民政府关于印发温州市鹿城区生态补偿若干规定（试行）的通知
11	温鹿政发〔2007〕1号	温州市鹿城区人民政府关于进一步加强闲置土地管理工作的意见
12	温鹿政发〔2007〕68号	温州市鹿城区人民政府关于温州市江滨西路二线中央涂片区改建工程房屋拆迁补偿安置补充规定的批复
13	温鹿政发〔2007〕76号	温州市鹿城区人民政府关于中国鞋都产业化项目房屋拆迁补偿安置补充规定的批复
14	温鹿政发〔2007〕207号	温州市鹿城区人民政府关于印发鹿城区发展楼宇经济奖励暂行办法的通知
15	温鹿政发〔2008〕72号	温州市鹿城区人民政府关于印发温州市鹿城区扶持旅游业发展试行办法的通知
16	温鹿政发〔2009〕77号	温州市鹿城区人民政府关于印发鹿城区农村独生女家庭社会养老保险暂行办法的通知
17	温鹿政发〔2010〕17号	温州市鹿城区人民政府关于印发鹿城区总部经济企业认定和重点企业评选暂行办法的通知
18	温鹿政发〔2010〕40号	温州市鹿城区人民政府关于修订鹿城区农村独生女家庭社会养老保险暂行办法有关条款的通知
19	温鹿政发〔2010〕62号	温州市鹿城区人民政府关于调整鹿城区城乡居民最低生活保障标准的通知
20	温鹿政发〔2010〕88号	温州市鹿城区人民政府关于印发温州市鹿城区旧村改造试点实施细则（试行）及3个配套办法的通知
21	温鹿政发〔2010〕122号	温州市鹿城区人民政府关于扩大小额贷款公司试点工作的通知
22	温鹿政发〔2011〕1号	温州市鹿城区人民政府关于印发金融机构支持鹿城区经济发展业绩考评奖励暂行办法的通知
23	温鹿政发〔2011〕19号	温州市鹿城区人民政府关于认真做好2011年全区消防安全工作的意见
24	温鹿政发〔2011〕35号	温州市鹿城区人民政府关于印发鹿城区农村独女户及两女户家庭社会养老保险暂行办法的通知
25	温鹿政发〔2011〕43号	温州市鹿城区人民政府关于调整鹿城区城乡居民最低生活保障标准的通知
26	温鹿政发〔2011〕64号	温州市鹿城区人民政府关于印发鹿城区“村房两改”实施意见及集聚置换暂行规定的通知
27	温鹿政发〔2011〕65号	温州市鹿城区人民政府关于开展消防安全大排查大整治活动的通知
28	温鹿政发〔2011〕83号	温州市鹿城区人民政府关于印发鹿城区未经登记建筑调查认定暂行规定的通知
29	温鹿政发〔2011〕98号	温州市鹿城区人民政府关于在全区开展违法建筑专项整治“突违月”行动的通知
30	温鹿政发〔2012〕17号	温州市鹿城区人民政府关于印发金融机构支持鹿城区经济发展业绩考评奖励实施细则的通知
31	温鹿政发〔2012〕25号	温州市鹿城区人民政府关于切实做好2012年全区消防工作的意见
32	温鹿政发〔2012〕40号	温州市鹿城区人民政府关于切实做好2012年全区安全生产工作的意见
33	温鹿政发〔2012〕62号	温州市鹿城区人民政府关于进一步加强设施农用地管理服务的通知
34	温鹿政办〔2002〕128号	温州市鹿城区人民政府办公室关于印发鹿城区流动儿童少年就学暂行办法的通知
35	温鹿政办〔2005〕105号	温州市鹿城区人民政府关于印发鹿城创业服务中心管理暂行办法的通知
36	温鹿政办〔2006〕152号	温州市鹿城区人民政府办公室关于印发鹿城区新型农村合作医疗制度实施细则的通知
37	温鹿政办〔2007〕96号	温州市鹿城区人民政府办公室关于印发温州市鹿城区信访事项复查暂行办法的通知

续表18

序号	文号	名称
38	温鹿政办〔2007〕101号	温州市鹿城区人民政府办公室转发国税鹿城分局关于鹿城区国税税收社会化征管实施细则的通知
39	温鹿政办〔2008〕104号	温州市鹿城区人民政府办公室关于印发鹿城区选商引资项目质量评价办法的通知
40	温鹿政办〔2010〕113号	温州市鹿城区人民政府办公室关于鹿城区社区经费管理和明确社区专职工作者工资福利待遇的意见
41	温鹿政办〔2010〕122号	温州市鹿城区人民政府办公室关于印发鹿城区2010年节能降耗预警调控方案的通知
42	温鹿政办〔2010〕133号	温州市鹿城区人民政府办公室关于印发鹿城区2010年度食品安全整顿工作方案的通知
43	温鹿政办〔2010〕159号	温州市鹿城区人民政府办公室关于切实做好中秋节和国庆节期间消防安全工作的通知
44	温鹿政办〔2010〕162号	温州市鹿城区人民政府办公室关于开展“平安攻坚”火灾隐患排查整治专项行动的通知
45	温鹿政办〔2010〕183号	温州市鹿城区人民政府办公室关于开展打击非法行医专项行动的通知
46	温鹿政办〔2011〕46号	温州市鹿城区人民政府办公室关于印发停止仰义乡二层皮无证无照生产经营活动工作实施方案的通知
47	温鹿政办〔2011〕64号	温州市鹿城区人民政府办公室关于印发鹿城区农房改造建设项目审批流程的通知
48	温鹿政办〔2011〕86号	温州市鹿城区人民政府办公室关于印发鹿城区打击食品非法添加和滥用食品添加剂专项整治工作实施方案的通知
49	温鹿政办〔2011〕116号	温州市鹿城区人民政府办公室关于继续深化“安全生产年”活动的通知
50	温鹿政办〔2011〕139号	温州市鹿城区人民政府办公室关于印发鹿城区安全生产大检查工作方案的通知
51	温鹿政办〔2011〕159号	温州市鹿城区人民政府办公室关于印发鹿城区餐饮业环境污染专项整治实施方案的通知
52	温鹿政办〔2011〕194号	温州市鹿城区人民政府办公室关于加强今冬明春全区消防工作深入开展“清剿火患”战役的通知
53	温鹿政办〔2011〕200号	温州市鹿城区人民政府办公室关于印发鹿城区瓶装燃气安全专项整治实施方案的通知
54	温鹿政办〔2011〕202号	温州市鹿城区人民政府办公室关于印发鹿城区深化安全生产大检查开展“安全隐患清剿”行动方案的通知
55	温鹿政办〔2011〕247号	温州市鹿城区人民政府办公室关于印发鹿城区建筑垃圾运输处置专项整治工作方案的通知
56	温鹿政办〔2012〕26号	温州市鹿城区人民政府办公室关于印发鹿城区饮用水源案全隐患专项排查整治行动方案的通知
57	温鹿政办〔2012〕77号	温州市鹿城区人民政府办公室关于印发鹿城区电镀行业污染整治方案的通知
58	温鹿政办〔2012〕90号	温州市鹿城区人民政府办公室关于印发温州民间借贷登记服务中心管理办法（试行）的通知
59	温鹿政办〔2012〕92号	温州市鹿城区人民政府办公室关于印发鹿城区总部经济园二期企业入园实施办法的通知
60	温鹿政办〔2012〕205号	温州市鹿城区人民政府办公室关于印发鹿城区2012年整治违法排污企业保障群众健康环保专项行动工作方案的通知
61	温鹿政办〔2012〕273号	温州市鹿城区人民政府办公室关于印发鹿城区新居民积分制管理实施细则的通知
62	温鹿政告〔2005〕7号	温州市鹿城区人民政府关于维护甬台温铁路鹿城段工程建设秩序的通告
63	温鹿政告〔2007〕3号	温州市鹿城区人民政府关于严禁丧事扰民行为的通告
64	温鹿政告〔2008〕1号	温州市鹿城区人民政府关于制革基地限期停止运行的通告
65	温鹿政告〔2010〕1号	温州市鹿城区人民政府关于进一步加强制革基地整治的通告
66	温鹿政告〔2010〕2号	温州市鹿城区人民政府关于加强民间划龙舟活动管理的通告

续表18

序号	文号	名称
67	温鹿政告〔2010〕4号	温州市鹿城区人民政府关于限期上缴2008年问题乳粉的通告
68	温鹿政告〔2010〕5号	温州市鹿城区人民政府关于开展村镇银行试点工作的通告
69	温鹿政告〔2011〕1号	温州市鹿城区人民政府关于开展第三家小额贷款公司试点工作的通告
70	温鹿政告〔2011〕2号	温州市鹿城区人民政府关于开展第四家小额贷款公司试点工作的通告
71	温鹿政告〔2011〕3号	温州市鹿城区人民政府关于停止仰义乡二层皮无证无照生产经营活动的通告
72	温鹿政告〔2011〕4号	温州市鹿城区人民政府关于确定鹿城区民间划龙舟活动具体水域的通告
73	温鹿政告〔2012〕1号	温州市鹿城区人民政府关于做好清明期间森林消防工作的通告
74	温鹿政告〔2012〕2号	温州市鹿城区人民政府关于加强民间划龙舟活动安全管理的通告
75	温鹿政告〔2012〕3号	温州市鹿城区人民政府关于开展安全生产大排查、大整治专项活动的通告

温州市鹿城区人民政府关于印发温州市鹿城区省级知识产权示范区工作方案（2014—2015年）的通知

温鹿政发〔2014〕20号

各街道办事处、藤桥镇人民政府，区政府直属各单位：

现将《温州市鹿城区省级知识产权示范区工作方案（2014—2015年）》印发给你们，望认真贯彻实施。

温州市鹿城区人民政府

2014年4月21日

温州市鹿城区省级知识产权示范区工作方案（2014—2015年）

2013年12月，根据《浙江省知识产权局关于公布首批省知识产权工作示范市区复核结果的通知》（浙知发管〔2013〕84号），我区通过了省级知识产权示范区复核，示范时限为2014年1月至2015 年 12月。为推动我区深入开展省级知识产权示范区工作，积极实施创新驱动发展战略和知识产权战略，不断提升知识产权创造、运用、保护和管理水平，进一步提升自主创新能力，为产业结构调整和经济转型升级提供有力支撑，结合我区实际，制定本工作方案。

一、指导思想

深入贯彻十八大三中全会精神，落实科学发展观，全面贯彻《国家知识产权战略纲要》《浙江省贯彻国家知识产权战略纲要实施意见》《全国专利事业发展战略（2011—2020年）》《浙江省区域知识产权创建与示范工作实施意见》等精神，围绕建设“赶超发展、再创辉煌”的战略部署，按照“战略引领、着力运用、服务产业、全面发展”原则，积极落实“激励创造、有效运用、依法保护、科学管理”方针，以提升区域核心竞争力为目标，以运用专利制度和专利资源为核心，努力营造良好的专利法制、市场和文化氛围，大幅提高专利创造、运用、保护和管理水平，努力打造知识产权工作“鹿城模式”，充分发挥专利制度在建设创新型城区和经济社会发展中的强有力支撑作用，全力助推社会经济转型发展。

二、工作目标

（一）总体目标确立知识产权战略在建设创新型城区过程中的重要作用和地位，通过深入开展省知识产权工作示范区工作，建立健全完善的知识产权创造、运用、保护和管理体系，形成政府各有关部门合力推进、上下联动的知识产权工作格局，营造良好的知识产权政策和工作环境。积极引导、鼓励和支持市场主体开展技术创新和发明创造，进一步促进自主知识产权水平不断提高，围绕创新体系建设，着力培育有利于区域经济长远发展的自主知识产权，加强产学研合作，加快知识产权成果的实施和产业化进程。强化知识产权执法力度，进一步健全执法协作机制，增强知识产权自我保护能力。到2015年，本期省知识产权工作示范区工作期限届满时，建立与我区经济发展相适应的知识产权管理和服务新体系，构建激励知识产权创造和运用的工作新机制，营造亲商安商的知识产权保护新环境，使鹿城成为创新活力强劲、运用成效显著、保护水平一流、管理服务高效的知识产权示范区，切实在全省起到示范引领作用。

（二）具体目标

1．进一步增强知识产权创新活力。知识产权产出重要指标和综合指标保持全省同类县（区）前列，全区专利申请量、授权量快速增长，发明专利占全部专利申请量的比例逐年提高。到2015年，全区专利申请量、授权量持续增长，每万人有效发明专利拥有量达到7件以上。全区当年国内商标申请量达到2000件以上，高品质、高市场占有率、高知名度的品牌数量不断增加。各类作品的著作权自愿登记量、注册登记量稳步增长。

2. 进一步增强知识产权运用成效。建成高效的知识产权运用转化体系，知识产权对经济增长的贡献率大幅提高。争取累计国家知识产权试点示范企业、省、市、区专利示范企业100家以上，商标战略实施企业5家以上。形成一批拥有知名品牌和核心知识产权、熟练运用知识产权制度的优势企业。围绕支柱产业和重点发展项目，投入科技经费300万元以上，重点推进30个以上符合鹿城区产业发展方向、对全区经济发展具有带动作用的专利技术产业化示范项目。

3. 进一步完善知识产权执法维权体系。全面开展市、区科技部门知识产权联合执法，加强工商、文化等部门知识产权执法力度，进一步提高执法能力，树立知识产权执法到位、侵权必究、保护有力的良好区域形象。专利、商标、版权行政执法案件年结案率、知识产权司法审判年结案率、知识产权维权援助和举报投诉答复办理率显著提高。盗版、假冒等侵权行为得到有效遏制，维权成本明显下降。全社会特别是市场主体的知识产权意识普遍增强，形成尊重和保护知识产权的良好氛围。

4. 进一步提升知识产权管理服务水平。根据《温州市鹿城区知识产权工作领导小组工作制度的通知》（温鹿政办〔2009〕164号）、《温州市鹿城区知识产权工作领导小组成员单位工作职责的通知》（温鹿政办〔2009〕163号），充分发挥知识产权领导小组作用，深入推进知识产权联动机制，全面实施知识产权的各项工作，逐步形成权责一致、分工合理、决策科学、执行顺畅、监督有力的知识产权行政管理体制。温州市知识产权服务园鹿城分园、中国（温州）知识产权维权援助中心鹿城分中心等服务平台有效运行，服务机制更加完善。进一步拓展知识产权中介服务水平，保持5家以上专利代理机构。

5. 进一步加强全社会知识产权宣传和培训工作。利用相关新闻媒体积极宣传知识产权知识与保护，加大宣传普及力度，到2015年累计被各类媒体录用120篇（次）以上。通过举办“知识产权鹿城讲堂”系列巡回培训班、专利管理工程师资格考试培训班、知识产权战略推进高级培训班以及各种研讨会、论坛等多种形式，开展面向社会各层次的知识产权主题培训活动20次以上，加强对企业负责人、专业技术人员、企事业单位研发人员、知识产权管理人员、中介服务机构从业人员及青少年知识产权知识的培训教育，力争培训各类人员8000人次以上，新增50名以上专利管理专业人才、培育500名以上企业知识产权管理人才。

6. 推行重大经济和创新活动知识产权审查评估。对涉及专利的重大产业技术和装备引进政策的制定、涉及重要引进技术的消化吸收再创新活动、涉及专利的重大项目和产品的政府投资活动、涉及专利的重要创新人才或团队引进活动、重大展会活动、规模以上企业涉及专利的重大经济活动等，应当进行知识产权审查评估。

7. 推行企业专利信息纳入全区企业信用信息系统。落实“加快社会信用体系建设”的相关要求，逐步建立企业知识产权（专利）诚信档案，将企业专利信息纳入企业信用信息系统，加强对全区企业与个人专利相关行为的社会监督和制约，加大对专利违法行为的打击力度，改善专利保护环境，促进社会诚信体系的建设。

三、工作重点

（一）深入开展知识产权知识宣传教育工作

1. 有计划、分层次、多形式、有针对性地组织开展知识产权法律、法规宣传教育，提高市民专利及知识产权法律意识。加强对行政机关干部和企业单位经营管理人员的知识产权宣传与培训，不断提高专利意识和对专利制度的运用能力。做好青少年知识产权培训工作，在全区部分中小学校组织学校科技辅导员和开展系列知识产权知识普及，有效提升师生的知识产权意识。

2. 进一步加大宣传力度。在温州相关新闻媒体上开设专栏或专题节目，宣传报道知识产权保护好的典型，以案说法，进一步加大宣传普及力度。

3. 积极开展群众性发明创造宣传活动，以群众喜闻乐见的形式，宣传专利和知识产权法律，形成全社会尊重知识、乐于创新、保护知识产权的良好氛围。

（二）强化激励自主创新的政策导向，推进知识产权创造与实施

1. 制定相关的政策，加大引导、扶持和政策倾斜力度，促进专利申请量的增加、专利权的运用和

专利技术成果的转化实施。推进政策研究，加强对知识产权工作的宏观规划和政策指引。

2. 加大对知识产权工作的投入。运用专利专项资金，重点资助发明专利，鼓励向国外申请专利，促进自主知识产权数量与质量的提高；支持重大、关键技术项目的知识产权申请与维护，积极扶持具有自主知识产权技术的转化实施。

3. 加强科技、经济管理部门项目申报、研究开发、成果评定、高新技术企业与产品认定中的知识产权导向，对具有自主知识产权技术的转化实施，在计划安排和经费投入上予以重点倾斜。

4. 实施专利“双破零”行动。一是实施高新技术企业（除软件企业）发明专利破零行动，通过一对一实地走访、政策解读、人员培训、跟踪调查、资金扶持等服务方式，力争通过3年时间努力，使全区的高新技术企业都拥有发明专利。二是实施规模以上工业企业专利“清零”工程。根据《关于开展规模以上工业企业专利“清零”行动的通知》，全面开展规模以上工业企业专利“清零”行动，通过区科技局与各街镇的密切合作，利用专题培训、广泛宣传、组织服务机构上门服务等形式，引导企业利用专利制度保护创新成果，提高企业专利意识，推动企业知识产权创造，力争通过3年努力，逐步完成我区规模以上工业企业专利“清零”工作。

5. 实施商标品牌战略。强化商标政策导向，把自主品牌建设融入地区经济、科技、贸易发展政策。扎实推进商标战略示范城市和示范企业工作。引导企业制定商标品牌发展规划，争创驰名商标、著名商标，支持有条件的企业通过自主培育、国际并购等多种途径实现品牌国际化，支持外贸企业创建出口产品品牌。积极培育高新技术领域产品知名品牌，推进民间文艺、民俗、自然景观等名称注册商标。引导注册集体商标，加快产业集群从产品经营、资产经营向品牌经营过渡，积极创建区域国际品牌。

（三）强化知识产权保护力度

1. 加大知识产权执法力度。相关部门要认真贯彻实施知识产权法律、法规，积极主动开展知识产权行政执法工作，采取专项查处和日常保护等手段，及时调处知识产权纠纷、查处侵犯知识产权违法行为，不断提高办案水平与效率，进一步营造有利于中小企业技术创新、知识产权创造与运用的良好外部环境。加强相关部门的协作与沟通，在全区建立和完善知识产权执法的协作机制，积极开展联合执法。

2. 完善市、区二级知识产权联合行政执法体系，充实知识产权审判和行政执法力量。畅通行政执法部门与公安机关的犯罪线索移送渠道，健全知识产权行政执法和刑事司法相衔接工作机制。逐步建立行政执法部门之间的信息共享和协作机制，形成部门联动、快速反应和运转高效的执法机制。建立健全维权援助网络体系，加大中国（温州）知识产权维权援助中心鹿城分中心和12330 知识产权维权援助与举报投诉电话的宣传力度，完善知识产权纠纷诉调对接机制及相关工作制度，提高区域专利保护的效能，维护我区良好的专利工作环境。

3. 加强重点地区、行业和特定领域的知识产权保护。加强对产品制造集中地、商品集散地、进出口环节、侵犯知识产权和制售假冒伪劣商品案件高发地的市场监管和巡查。推动行业协会加强行业自律管理，妥善解决行业内的知识产权纠纷。在本区相关展会中加强知识产权展前确权、展中维权和展后追踪保护工作。

4. 做好执法人员业务培训工作。按要求做好执法人员执法资格的年检和换证工作，严格做到执法人员执证上岗，不断提高办案水平与效率。建立健全行政执法档案管理制度，做好重大行政处罚、行政强制备案工作。

5、做好企业知识产权信用信息系统建设。加强企业专利纠纷调处信息、专利荣誉信息等采集与录入，至2014年3月底将企业专利信息纳入全区企业信用信息系统，建立完善企业知识产权（专利）诚信档案，加强对全区企业与个人专利相关行为的社会监督和制约。

（四）深入开展企业知识产权试点示范工作

1. 全方位加强企业知识产权工作。引导和提高企业在知识产权创造、运用、保护等多方面的工作能力，指导其建立健全相应的管理制度和知识产权战略，推动生产经营与知识产权工作的紧密结合。

2. 大力培育知识产权优势企业。推动企业成为知识产权创造的主体，深入开展各级专利示范试点企业工作，帮助企业学习和运用知识产权制度，提高贯彻实施知识产权战略的意识和能力，建立和完善企业知识产权管理机构和知识产权管理制度，引导企业把知识产权战略与企业发展有机结合起来，全面提升企业自主创新能力。

3. 加快优势特色产业专利战略推进。围绕我区机械行业、鞋革等优势特色产业和激光与光电、新一代信息技术、先进装备制造、新能源、新材料、节能环保和生物等战略性新兴产业，组织有针对性的专利态势分析和预警研究，帮助企业掌握全球创新状况，明晰创新路径，增强产业发展和创新活动的前瞻性。

（五）加速推进知识产权转化工作

1. 引导提升企业知识产权运用能力。加强专利技术实施与产业化工作力度，加大资金投入，围绕我区产业发展的重点领域，推进“重大专利技术实施计划”，重点推进30个以上符合鹿城区产业发展方向、对全区经济发展具有带动作用的专利技术产业化示范项目，提高自主知识产权对经济增长的贡献率。

2. 引导企业加强与高校院所知识产权合作。鼓励国内外高等学校、科研机构与我区企业通过专利技术转让、许可和交叉许可等形式开展“产学研”合作。推动知识产权在对外贸易的研发、生产、销售和服务等环节的运用，推动出口结构从传统加工贸易向销售自主品牌产品、品牌输出、知识产权转让、使用许可等高附加值产品和服务转变。

3. 积极实施知识产权质押融资工作，鼓励引导各类商业银行开展知识产权质押贷款业务，创新信贷产品，推广专利权、商标权、版权等知识产权质押贷款，加大对创新型企业的信贷支持力度，扩大质押贷款业务的知晓率和覆盖面。鼓励企业以拍卖、许可、转让、质押等方式实现知识产权的市场价值。

4. 进一步完善重大科技经济活动知识产权评议机制，在各类重大经济活动、科技项目、对外技术合作、技术交易中实行知识产权评议，提高公共财政科技投入使用效率和产出效益，防范知识产权风险，突出知识产权创造和运用的导向。

5. 推进自主专利技术标准化。推动重大专利技术形成标准，提高标准中的自主知识产权含量。对在自主知识产权基础上形成地方、行业、国家和国际标准的区内骨干企业，予以重点支持，培育一批能将自主知识产权与技术标准有机结合并有效拓展品牌优势的龙头企业。

（六）大力培育和规范知识产权中介服务市场

1. 充分重视知识产权中介在地方知识产权工作中的作用，积极拓展专利中介机构服务功能，提升服务品质，促进本区知识产权社会服务水平的提高。

2. 进一步加强温州市知识产权服务园鹿城分园的建设，着力打造六大中心：信息服务中心、展示交易中心、中介服务中心、人才培训中心、维权援助中心、质押融资中心，为企业提供功能完善、方便快捷的“一站式”知识产权服务。

3. 构建公益服务和商业服务相互支持、协同发展的知识产权服务体系。加强知识产权服务业的诚信建设，引导专利、商标等知识产权中介机构加强行业自律、完善服务功能、拓展服务领域、提高服务质量，逐步向专业化、品牌化、规范化方向发展。

4. 加强专利代理机构建设。积极培育和引进专利代理人才，扩大专利代理人队伍规模，支持省内外专利代理机构来温设立分支机构，努力在我区形成门类齐全、分工合理、服务规范、高端人才集聚，充分体现国际化视野和水平，政府与市场协同推进的知识产权中介服务体系，充分发挥知识产权服务业对促进产业转型升级的战略支撑作用。

四、保障措施

（一）组织保障

完善领导和协调机制。鹿城区知识产权工作领导小组统筹协调本方案的组织实施；各街镇要将示范区工作作为重要内容，列入议事日程，保障工作条件；各有关单位要强化协同协作意识，密切配合，将示范区工作相关目标任务纳入本单位的年度工作计划，确保各项工作任务按期完成；区督考办要将提高科技研发投入、专利指标纳入政府绩效考评的考核指标中，切实提高各部门加大科技投入和提升对专利产出的重视程度。

（二）机制保障

1. 健全知识产权考核制度，明确任务分解。调整和细化考核指标，把专利指标作为党政领导目标责任制考核的重要内容。落实《温州市鹿城区知识产权工作领导小组成员单位工作职责》，将知识产权示范工作任务层层分解，落实到各个相关单位，确保各项工作目标的实现。

2. 健全知识产权会议机制，确保协同推进。落实《温州市鹿城区知识产权工作领导小组工作制度》，定期召开领导小组工作例会，加强各知识产权成员单位的交流和协作，共同研究解决示范工作中存在的问题。

（三）经费保障

1. 设立专利专项资金，提供经费保障。落实《关于贯彻实施国家知识产权战略的若干意见》（温鹿政发〔2008〕110 号），每年从科技经费中提取不少于8%的资金作为专利专项资金，用于知识产权补助、知识产权实施、知识产权试点示范、知识产权保护和奖励等，为知识产权工作的全面开展提供了经费保障。

2．引导企业加强在知识产权方面投入，安排一定的经费用于技术研发、知识产权管理，逐步建立以政府投入为引导、金融信贷为支撑、民间资本和企业投入为主体的多渠道、多元化的资金投入体系，进一步提高企业的知识产权创造和实施，提升企业创新能力。

（四）政策保障

深入贯彻落实《国家知识产权战略纲要》《浙江省贯彻国家知识产权战略纲要实施意见》《全国专利事业发展战略（2011—2020年）》，及我区《关于贯彻实施国家知识产权战略的若干意见》（温鹿政发〔2008〕110号）、《鹿城区实施国家知识产权强区工程推进计划》、《鹿城区专利专项资助管理办法》（温鹿科〔2013〕44号）精神，并定期检查相关落实情况。

温州市鹿城区人民政府关于表彰2014年鹿城区尊师重教功勋集体先进集体和先进个人的通报

温鹿政发〔2014〕50号

各街道办事处、藤桥镇人民政府，区政府直属各单位：

为弘扬尊师重教的良好社会风尚，鼓励和推动社会各界关心教育工作，营造实施素质教育的良好氛围，经研究，决定对2014年鹿城区尊师重教功勋集体鹿城农商银行和区发改局等40个尊师重教先进集体、卢成盘等24名尊师重教先进个人予以通报表彰。

希望受表彰的集体和个人再接再厉，继续发扬尊重教师、爱护教师，重视教育、支持教育的精神，更好地发挥广大教师的积极性、主动性和创造性，全面推动我区教育事业优先发展、科学发展。

附件：2014年鹿城区尊师重教功勋集体、先进集体和先进个人名单

温州市鹿城区人民政府
2014年8月27日

附件

2014年鹿城区尊师重教功勋集体、先进集体和先进个人名单

一、功勋集体

鹿城农商银行

二、先进集体（排名不分先后）

区委办
区政府办公室
区纪委
区委组织部
区委宣传部
区委统战部
区委农办（区农林水利局）
区法院
区检察院
区发改局
区公安分局
区司法局
区财政局
区人力社保局
区住建局
区城管与执法局
区卫生局
区市场监管局
区质监局
规划鹿城分局
鹿城供电分局
七都街道办事处
滨江街道办事处
南汇街道办事处
五马街道办事处
松台街道办事处
双屿街道办事处
仰义街道办事处
藤桥镇人民政府
南汇街道德政村村民委员会
巨一村股份经济合作社
市城投集团公司
市名城集团公司
温州迪拜商会
区女企业家协会
温州开元集团有限公司
巨一集团有限公司
温州鹿城禾本小额贷款股份有限公司
新宇建设有限公司
移动温州分公司

三、先进个人（按姓氏笔画排名）

卢成盘　区人大常委会办公室
李德省　区民宗局
朱达江　区委政法委
刘志钦　区文明办
刘爱洁　区审计局
吴兹益　人民网温州频道
陈　炎　市经济技术开发区
陈俊杰　区环保局
陈湘茹　区委老干部局
林　坚　市纪委
林雷雷　区政协办公室
林鹣鹣　温州大学教师教育学院
金　龙　区审管办
金　瓯　市委党校
周如渊　市人力社保局
郑晓萍　市广播电视传媒集团
胡　浚　市交警支队二大队
侯晨亮　市双拥办
夏碎伟　区人口计生局
夏　锚　区安全监管局
徐　勇　区广电新闻中心
麻良勇　区文广新局
曾奇凡　区信访局
戴蓓玮　区体育局

温州市鹿城区人民政府关于公布第八届鹿城区名牌商标的通知

温鹿政发〔2014〕56号

各街道办事处、藤桥镇人民政府，区政府直属各单位：

根据《鹿城区名牌商标认定和保护暂行办法》，经鹿城区名牌商标认定委员会评审认定、区人民政府同意，确定 GUANYA 等32枚商标为第八届鹿城区名牌商标，好好佳 HAOHAOJIA 等24枚商标延续确认为第八届鹿城区名牌商标。

希望被认定为第八届鹿城区名牌商标的企业珍惜荣誉，再接再厉，严把产品质量关，维护企业荣誉，不断提升商标品牌知名度和市场竞争力。

附件：1. 第八届鹿城区名牌商标名单

2. 第八届鹿城区名牌商标延续确认名单

温州市鹿城区人民政府

2014年9月18日

（此件公开发布）

附件1

第八届鹿城区名牌商标名单

表19

序号	企业名称	商标标识	商标核定类别／使用商品
1	温州市冠亚鞋业有限公司	GUANYA	25类/★鞋，皮鞋，鞋底，袜★
2	嘉和控股集团有限公司		37类/建筑；室内装潢修理；室内外油漆
3	温州市蓓蕾家政服务有限公司	蓓蕾 BEILEI	35类/职业介绍所；商业管理咨询45类／临时照看婴孩
4	温州日报报业集团		35类／广告传播；广告；广告宣传
5	温州瑞丰实业有限公司	HEDI 赫迪漆 HEDI PAINT	2类/染料；颜料；印刷油墨；油漆
6	温州市精诚国际旅行社有限公司		39类/旅游安排
7	浙江永凯农业有限公司	永凯 YONGKAI	29类/肉；鱼（非活类）
8	浙江鼎铃电器有限公司	DEARUN	8类／剃须刀；电动或非电动刮胡刀
9	温州市德茵特种防腐设备有限公司	DEYIN	7类／泵；阀；离心泵
10	温州市利普自控设备有限公司	LIPU	6类/控制阀
11	浙江鼎博水暖制造有限公司	鼎博	11类/水龙头；管道；水暖装置用管子零件
12	浙江海昌律师事务所		45／法律服务
13	浙江高策律师事务所		45／法律服务
14	温州市化学用料厂		1类/硬脂酸钡；硬脂酸铅；硬脂酸锌；硬脂酸钙
15	温州市为爱专一文化产业有限公司	为爱专一	41类／婚庆礼培训，组织安排婚庆活动；婚庆主持
16	温州市天罡贸易有限公司	PRITECH	8类/剃须刀；烫发钳；护膜镊子；烫发用铁头
17	温州市爱莱发鞋业有限公司	AILAIFA	25类/鞋；皮鞋
18	温州市华泰电磁线有限公司		9类／电磁线
19	温州成功集团有限公司		25类／服装；鞋；帽
20	温州市金太子餐饮有限公司	金太子	43类/餐厅；咖啡馆；饭店；餐馆；酒吧
21	温州印象之美鞋业有限公司		25类／鞋；靴；足球鞋
22	温州丹顶鹤服装有限公司		25类／服装；T恤衫；帽
23	温州乔盛皮革五金有限公司	QIAOSHENG	6类/金属标牌；普通金属字母和数码
24	温州市罗奈琪家具有限公司	RNQ	20类／家具；沙发；床

续表19

序号	企业名称	商标标识	商标核定类别／使用商品
25	温州市大唐会餐饮有限公司	雅唐	43类／餐馆；快餐店；饭店
26	温州延生堂医药连锁有限公司	延生堂	30类/非医用营养液；营养粉
27	温州国旅旅游有限公司	我行由我	39类／旅行陪伴；旅游安排
28	温州市希姿鞋业有限公司	希姿	25类/鞋；服装；运动鞋
29	温州财富购物中心有限责任公司		35类／特许经销的商业管理；替他人推销
30	温州东方健身俱乐部有限公司	形动	41类／健身俱乐部
31	温州市香香公主鞋业有限公司	香香公主	25／鞋；足球鞋；袜；领带；围巾
32	温州彦林控股有限公司	Caffè Nero	25类／服装；鞋；袜；帽

附件2

第八届鹿城区名牌商标延续确认名单

表20

序号	企业名称	商标	使用商品
1	温州市泰山锁具有限公司		6类／门锁；挂锁
2	温州市中轻五金刀具有限公司		8类/刀
3	温州市环星计时器有限公司		14类／计时器；钟
4	温州市金饭碗餐饮服务有限公司		43类／快餐馆；餐厅；咖啡馆
5	温州欧诺服饰有限公司		25类／服装；帽；袜
6	鹿城区南浦炎亭海鲜楼		43类／自助餐厅；餐厅；咖啡馆；饭店
7	温州市申隆进出口贸易有限公司		35类/进出口代理
8	温州观松楼酒店管理有限公司	GuanSongLou	43类/饭店；餐馆
9	温州市红娟儿鞋业有限公司	Red Giant	25类/鞋
10	浙江精华测控设备有限公司	JINHW	9类/测量器械和仪器
11	温州金算盘财务管理有限公司		35类/会计；商业管理咨询
12	温州市进兴农业开发有限公司		29类/死家禽；猪肉食品
13	浙江飞友康体设备有限公司	FEIYOU	28类/玩具
14	浙江靓典鞋业有限公司	靓典 LIANG DIAN	25类/鞋
15	温州市好好佳鞋业有限公司	好好佳 HAOHAOJIA	25类/鞋；服装
16	温州市哈莎鞋业有限公司	HAZAN	25类/鞋；皮鞋
17	温州市登达化工有限公司		1类/聚氨酯/固化剂
18	浙江卡嘉莉鞋业有限公司		25类/鞋
19	温州市润新机械制造有限公司		11类/水过滤器
20	温州市康娇鞋业有限公司	康娇	25类/鞋
21	温州时代广场购物中心有限公司		35类／推销
22	浙江印心鸟鞋业有限公司	印心鸟	25类/鞋
23	温州一正药房连锁有限公司	一正	35类／推销
24	温州市鹿城嫁日新娘婚纱晚装有限公司		42类／礼服出租

2014年区政协重要文件选载

印发《关于开展“政协联动、委员同行、助推五水共治”专项集体民主监督实施方案》的通知

温鹿政协〔2014〕2号

各专委会、委员小组，各街镇政协联络组：

区政协《关于开展“政协联动、委员同行、助推五水共治”专项集体民主监督实施方案》已经区政协八届十二次主席会议通过，现印发给你们，请认真抓好落实。

政协温州市鹿城区委员会

2014年3月10日

关于开展“政协联动、委员同行、助推五水共治”专项集体民主监督实施方案

（2014年3月10日政协第八届温州市鹿城区委员会第十二次主席会议通过）

开展“政协联动、委员同行、助推五水共治”专项集体民主监督，是区政协围绕区委、区政府“五水共治”决策部署开展的一项重点工作，是全省政协系统开展“五水共治”专项集体民主监督的重要组成部分。经区政协主席会议研究决定，特制定如下实施方案。

一、总体要求

在区委的领导下，区政协认真贯彻中共十八届三中全会精神，紧紧围绕区委、区政府“五水共治”决策部署，积极配合市政协五水共治二级联动，在服务和参与“五水共治”中实施民主监督；坚持突出政协特色优势，发挥委员主体作用，区政协积极联动、百名委员同行，全力助推“五水共治”；坚持深入基层、深入实际，听民声、查实况，在参与中监督、在监督中参与，真正掌握第一手情况，为加快推进“五水共治”工作提出建设性、前瞻性、可操作性的对策建议。

二、主要内容

1. 监督检查区委、区政府“五水共治”决策部署贯彻落实情况和实际工作成果。

2. 监督检查“五水共治”目标任务完成情况，特别是今年美丽浙南水乡建设重点项目进展情况，取得的主要成绩，治水工作中的好典型、好经验。

3. 监督检查关于“五水共治”工作机制的落实情况。

4. 针对民主监督中发现的突出问题，提出对策建议。

三、工作方法

1. 政协组织积极联动。区政协统筹部署，上下联动，形成合力。统分结合，共性的、规模大的监督活动区政协统一行动，其余的由各街镇政协联络组组织活动。

2. 发挥委员主体作用。广泛发动政协委员参加监督活动，按照“就地就近”原则，区政协委员参加当地“五水共治”民主监督和治水工作，具体由各街镇政协联络组组织协调。充分发挥各民主监督小组的作用，各民主监督小组要根据相应部门的治水职能开展民主监督。积极配合省、市政协委员在鹿城区开展的“五水共治”集体民主监督工作。

3. 与河长制有机结合。在民主监督中服务参与，在服务参与中民主监督。根据《鹿城区“河长制”实施方案》，区政协领导担任葡萄河（台州至各渎河汇合口）和吕浦河（米筛河至上新桥段）河长，承担包干河道治理工作的指导、协调和监督职责，组织实施水环境治理工作方案，集截污纳管、水域管理、堤岸养护、河道疏浚、河面保洁、绿化维护、清障拆违等，各街镇政协联络组根据当地“河长制”实施方案，切实抓好工作落实。

4. 与路教活动相结合。将“五水共治”民主监督与群众路线教育实践活动紧密结合起来，精心组织，统筹安排，用教育成效提升监督水平，用监督成果展示教育成效，做到“五水共治”民主监督与群众路线教育实践活动“两不误、两促进”。

5. 切实转变工作作风。轻车简从，深入一线，深入现场。集中民智，反映民意，既总结典型经验，又敢于反映突出的问题，提出意见建议。

四、工作安排

1. 区政协领导带队赴南汇街道开展“五水共治”民主监督工作调研。（3月上旬，由办公室负责）

2. 召开主席会议研究确定实施方案，对我区开展“政协联动、委员同行、助推五水共治”专项集体民主监督进行部署。（3月上旬，由办公室、人资环委负责）

3. 各街镇政协联络组结合实际，制定开展“五水共治”民主监督计划，并抄报区政协。（3月下旬，由各街镇政协联络组负责）

4. 区政协建立3个“五水共治”专题监督组，每个组由5—6名政协委员组成，分别组织开展民主监督活动。（4—11月，由办公室、人资环委负责）

5. 召开区政协常委会议，听取和协商我区“五水共治”工作。（6月，办公室、人资环委负责）

6. 在区政协门户网站开辟“五水共治”民主监督专栏，向广大政协委员和社会各界公开征集“五水共治”对策建议。（3—12月，由办公室负责）

7. 召开“五水共治”民主监督工作交流座谈会。区政协主席、副主席、秘书长和各委主任、各街镇政协联络组组长参加。（6月，由办公室负责）

8. 区政协通过民主监督形成“五水共治”民主监督报告。区政协主席会议或专题会议听取并审议“五水共治”民主监督报告。根据区政协主席会议或专题会议提出的意见建议，修改完善“五水共治”民主监督报告，报送市政协和区委、区政府，为区委、区政府提供决策参考。（11月，由人资环委、办公室负责）

五、保障措施

为确保“五水共治”民主监督工作深入开展，区政协专门成立“五水共治”民主监督组织协调组，由区政协主要领导担任总协调，下设办公室和3个专题民主监督组；并建立定期工作交流制度、协调小组每月例会制度、联络员制度等，及时交流沟通情况和协调有关问题；认真做好宣传工作，通过有关新闻媒体和政协网站、杂志等宣传载体，及时宣传报道“五水共治”民主监督工作情况，营造良好的社会舆论氛围。

附件：区政协“五水共治”民主监督组织协调组人员名单

附件

区政协“五水共治”民主监督组织协调组人员名单

总协调：

郑锦春　区政协主席

组　长：

胡海峰　区政协副主席

副组长：

陈国琴　区政协副主席

庄建中　区政协副主席

胡小平　区政协副主席

王丽丽　区政协副主席

邵豪哲　区政协副主席

卜红升　区政协秘书长

成　员：

王剑波　区政协委员、区宣传部副部长、社科联主席

朱谧娜　区政协办公室副主任

朱国榜　区政协学习文史委主任

李祥水　区政协提案委主任

陈晓丰　区政协文教卫体委主任

陈淑萍　区政协社会法制委主任

徐国明　区政协港澳台侨委主任

张俊杰　区政协经济科技委主任

褚　坚　区政协人资环委主任

朱　克　七都街道政协联络组组长

李嘉昌　滨江街道政协联络组组长

周金清　南汇街道政协联络组组长

章　军　五马街道政协联络组组长

丁　龙　松台街道政协联络副组长

陈　龙　双屿街道统战委员

谢剑光　仰义街道政协联络组长

陈　众　藤桥镇党委副书记、政协联络组副组长

池　滨　区政协委员
　　　　区环保局副局长

叶俊杰　区政协委员
　　　　区农林水利局副局长

组织协调组下设办公室和3个专题民主监督组，褚坚兼办公室主任，朱谧娜兼办公室副主任。3个专题民主监督组人员名单如下：

第一组：组长　郑锦春

成　员：卜红升　王剑波
　　　　朱谧娜　褚　坚
　　　　李嘉昌　周金清
　　　　池　滨

职　责：吕浦河（米筛河至上新桥段）和葡萄河（台州至各渎河汇合口）全面治理等民主监督工作。

第二组：组长　胡海峰

成　员：陈晓丰　徐国明
　　　　张俊杰　陈　龙
　　　　朱　克　谢剑光
　　　　叶俊杰

职　责：双屿的丰门河治污、防洪排涝等全面治理民主监督工作。

第三组：组长　胡小萍

成　员：朱国榜　李祥水
　　　　陈淑萍　章　军
　　　　丁　龙　陈　众
　　　　陈　勇

职　责：塘河截污纳管等民主监督工作。

（编辑　王剑峰）

重要文件目录

2014年中共温州市鹿城区委员会重要文件目录

表21

文号	文件标题
鹿委发1号	关于认真学习贯彻党的十八届三中全会精神全面深化改革的实施意见
鹿委发2号	关于推荐温州市鹿城区第八届人民代表大会常务委员会候选人建议名单的函
鹿委发4号	关于进一步完善社区运行的若干意见
鹿委发6号	关于成立区委党的群众路线教育实践活动督导组的通知
鹿委发7号	关于调整区委外事工作领导小组成员的通知
鹿委发9号	关于命名表彰第十二批鹿城区文明村的通报
鹿委发10号	关于成立区委党的群众路线教育实践活动领导小组的通知
鹿委发12号	关于深入开展党的群众路线教育实践活动的实施意见
鹿委发14号	关于调整区双屿综合整治工作领导小组成员的通知
鹿委发15号	关于印发《区委常委会深入开展党的群众路线教育实践活动的实施方案》的通知
鹿委发16号	关于贯彻落实《浙江省建立健全惩治和预防腐败体系2013—2017年实施办法》的意见
鹿委发17号	关于表彰党管武装工作先进单位、“党管武装好书记”和“优秀专武干部”的通报
鹿委发18号	关于印发《中共温州市鹿城区委2014年工作要点》的通知
鹿委发25号	关于印发《2014年度街镇（功能区）考绩办法》《2014年度区直单位考绩办法》的通知
温鹿政发29号	关于表彰鹿城区优秀基层带头人、最美社区（村）干部和身边好党员的通报
温鹿政发30号	关于认真贯彻落实市委常委会专题会议精神的意见
鹿委发31号	印发《关于开展红色细胞引领专项行动 全面推进“红色细胞工程”建设的实施意见》的通知
鹿委发32号	关于建立党的群众路线教育实践活动民情问题领办不力责任追究制度的通知
鹿委发33号	关于进一步加强人民政协民主监督工作的实施意见
鹿委发34号	关于成立党的群众路线教育实践活动领办问题领导小组的通知
鹿委发35号	关于建立党的群众路线教育实践活动民情问题领办通报制度的通知
鹿委发36号	关于成立鹿城区创建省级文化先进区工作领导小组的通知
鹿委发37号	关于发展时尚产业建设时尚城区的决定
鹿委发38号	关于构筑大都市核心区建设美丽鹿城创造美好生活的实施意见
鹿委发39号	关于命名表彰鹿城区星级幸福社区的通报
鹿委发40号	关于成立区委信息机构的通知
鹿委发41号	关于健全和完善村级组织运行的若干意见
鹿委发42号	关于进一步规范同民主党派、无党派人士政治协商的意见（试行）
鹿委发43号	关于给予叶必庆等562名优秀公务员奖励的决定
鹿委发44号	关于建立落实党风廉政建设责任制情况抄告制度的通知
鹿委发45号	关于进一步加强基层党组织建设的通知
鹿委发46号	关于加强民情处置机制建设的意见（试行）

续表21

文号	文件标题
鹿委发47号	关于表彰鹿城区“十大效能示范岗”和“勤廉标兵”的通报
鹿委发49号	关于命名表彰第十六批鹿城区文明单位、第六批鹿城区文明服务示范点、第十三批鹿城区文明村评选活动的通报
鹿委发49号	关于加强安全生产促进安全发展的实施意见
鹿委发50号	关于推进鹿城区红十字事业发展的意见

2014年区人大常委会重要文件目录

表22

文号	文件标题
温鹿人大常1号	关于印发温州市鹿城区第八届人民代表大会第三次会议公告的通知
温鹿人大常2号	温州市鹿城区人民代表大会常务委员会关于许可对区八届人大代表康岳春采取刑事拘留措施的决定
温鹿人大常3号	温州市鹿城区人民代表大会常务委员会关于设立温州市鹿城区人大常委会预算工作委员会的决定
温鹿人大常4号	关于全一凡等职务任免的通知
温鹿人大常5号	关于林宣富等任职的通知
温鹿人大常6号	关于王文君等职务任免的通知
温鹿人大常7号	关于李臣庚等职务任免的通知
温鹿人大常8号	关于王浩泽等任职的通知
温鹿人大常9号	关于蒋茜等职务任免的通知
温鹿人大常10号	温州市鹿城区人民代表大会常务委员会关于接受黄品寿等请求辞去区人大常委会委员职务的决定
温鹿人大常11号	关于印发《温州市鹿城区人大常委会2014年工作要点》的通知
温鹿人大常12号	关于印发《温州市鹿城区人民代表大会代表约见国家机关负责人暂行办法》的通知
温鹿人大常13号	关于柯志成等任职的通知
温鹿人大常14号	关于王衍免职的通知
温鹿人大常15号	关于戴艾位等职务任免的通知
温鹿人大常16号	关于邓小林任职的通知
温鹿人大常17号	关于唐文广等职务任免的通知
温鹿人大常18号	温州市鹿城区人民代表大会常务委员会关于批准2013年区级财政决算的决议
温鹿人大常19号	关于印发《温州市鹿城区人民代表大会常务委员会关于加强全口径预算决算审查监督的实施意见》的通知
温鹿人大常20号	关于印发《温州市鹿城区人民代表大会常务委员会关于区级预算审查监督办法》的通知
温鹿人大常21号	关于印发《温州市鹿城区人民代表大会常务委员会关于区级部门预算审查监督办法》的通知
温鹿人大常22号	温州市鹿城区人民代表大会常务委员会关于接受徐道友等辞去温州市鹿城区第八届人民代表大会代表职务的决定
温鹿人大常23号	关于滕森免职的通知
温鹿人大常24号	关于李元等职务任免通知
温鹿人大常25号	关于印发温州市鹿城区第八届人民代表大会常务委员会公告（第6号）的通知
温鹿人大常26号	温州市鹿城区人大常委会关于选举与补选温州市鹿城区第八届人民代表大会代表的决定

续表22

文号	文件标题
温鹿人大常27号	温州市鹿城区第八届人民代表大会代表选举办法
温鹿人大常28号	温州市鹿城区第八届人民代表大会代表补选办法
温鹿人大常29号	关于同意建立鹿城区人民武装部补选工作领导小组的通知
温鹿人大常30号	关于同意建立解放军一一八医院补选工作领导小组的通知
温鹿人大常31号	温州市鹿城区人民代表大会常务委员会关于召开温州市鹿城区第八届人民代表大会第四次会议的决定
温鹿人大常32号	温州市鹿城区人民代表大会常务委员会关于许可对鹿城区第八届人大代表张大可采取拘留措施的决定
温鹿人大常33号	关于郑晓东免职的通知
温鹿人大常34号	关于黄和平等职务任免的通知
温鹿人大常35号	温州市鹿城区人民代表大会常务委员会关于接受谢云周请求辞去区人大常委会委员职务的决定
温鹿人大常36号	温州州市鹿城区人民代表大会常务委员会关于印发《温州市鹿城区人民代表大会常务委员会专题询问暂行办法》的通知
温鹿人大常37号	温州市鹿城区人民代表大会常务委员会关于印发《温州市鹿城区人民代表大会常务委员会信访工作办法》的通知
温鹿人大常38号	关于杨明明等职务任免的通知
温鹿人大常39号	关于印发温州市鹿城区人民代表大会常务委员会公告（第7号）的通知
温鹿人大常40号	温州市鹿城区人民代表大会常务委员会关于调整温州市鹿城区第八届人民代表大会第四次会议召开时间的决定

2014年鹿城区人民政府重要文件目录

表23

文号	文件标题
温鹿政发1号	关于表彰2013年鹿城区政府质量奖获奖企业的通报
温鹿政发2号	关于公布2013年度鹿城名牌产品的通知
温鹿政发3号	关于给予温州市公安局鹿城区分局记集体三等功的决定
温鹿政发5号	关于对鹿城区滨江商务区9号地块城中村改造建设工程范围内国有土地上房屋实施征收的决定
温鹿政发7号	关于下达2014年鹿城区政府性投资项目计划的通知
温鹿政发8号	关于对温州市原工人文化宫、人民大会堂地块建设范围内国有土地上房屋实施征收的决定
温鹿政发9号	关于对鹿城区黎二村5号地块（温州市核心片区洪殿单元E-04地块）城中村改造建设工程范围内国有土地上房屋实施征收的决定
温鹿政发10号	关于对松台街道九山1号地块（电子元件城）城中村改造范围内国有土地上房屋实施征收的决定
温鹿政发11号	关于对温州市滨江广场二期A—1地块改建范围内国有土地上房屋实施征收的决定
温鹿政发12号	关于区政府领导分工调整的通知
温鹿政发13号	关于批转鹿城年鉴（2013年版）编纂工作意见的通知
温鹿政发14号	关于公布鹿城区行政规范性文件清理结果的通知
温鹿政发15号	关于调整温州市鹿城区塘河改造与建设开发有限责任公司成员的通知
温鹿政发16号	关于对南汇街道横渎河西（吴宅）地块改建一期项目建设范围内国有土地上房屋实施征收的决定

续表23

文号	文件标题
温鹿政发17号	关于同意变更温州鞋都投资开发有限公司董事会、监事会成员的批复
温鹿政发18号	关于同意温州市鹿城区生态畜牧业发展规划（2012—2020年）的批复
温鹿政发20号	关于印发温州市鹿城区省级知识产权示范区工作方案（2014—2015年）的通知
温鹿政发26号	关于同意温州市鹿城区七都生态街道建设规划（2013—2020）的批复
温鹿政发28号	转发温州市人民政府关于印发温州市工业垃圾管理办法（试行）的通知
温鹿政发29号	关于公布第一批区级湿地名录的通知
温鹿政发30号	关于聘请温州市鹿城区人民政府五水共治·建设美丽浙南水乡专家单位和专家的通知
温鹿政发33号	关于同意温州市鹿城区森林消防“引水灭火”工程建设规划的批复
温鹿政发34号	关于印发鼓励社会力量参与居家养老服务实施意见的通知
温鹿政发35号	关于印发2014年度行政规范性文件制定计划和“十二五”行政规范性文件制定项目库的通知
温鹿政发36号	关于印发鹿城区大气污染防治实施方案（2014—2017年）的通知
温鹿政发38号	关于给予鹿城区体育局记集体三等功的决定
温鹿政发39号	关于印发鹿城区进一步加快服务业发展的若干政策意见的通知
温鹿政发40号	关于印发鹿城区服务业发展引导资金管理办法的通知
温鹿政发42号	关于同意设立温州市鞋都第三小学的批复
温鹿政发43号	关于同意调整温州市松台城市投资有限公司总经理及董事的批复
温鹿政发45号	关于同意设立温州市第十六幼儿园的批复
温鹿政发47号	关于授权鹿城区质量技术监督局负责温州市鹿城区双屿腾亚鞋厂“8·5”人员坠落升降机井道事调查处理工作的通知
温鹿政发48号	关于同意温州市鹿城区双屿街道生态建设规划（2013—2020）的批复
温鹿政发50号	关于表彰2014年鹿城区尊师重教功勋集体先进集体和先进个人的通报
温鹿政发51号	关于表彰2014年鹿城区教育工作先进个人的通报
温鹿政发52号	关于同意变更温州市鹿城区南汇街道城市改建办公室法人代表的批复
温鹿政发53号	关于部分区政府领导分工调整的通知
温鹿政发54号	关于府院联动三项考核情况的通报
温鹿政发55号	关于加强基层财政管理和推进基层公共财政服务平台建设的若干意见
温鹿政发56号	关于公布第八届鹿城区名牌商标的通知
温鹿政发57号	关于清理非行政许可审批事项的通知
温鹿政发58号	关于同意延长重大火灾隐患单位整改期限的批复
温鹿政发59号	关于同意区级重大火灾隐患单位摘牌的批复
温鹿政发60号	关于对河通桥保障性安居工程（一期）建设范围内国有土地上房屋实施征收的决定
温鹿政发61号	关于同意调整温州鞋都投资开发有限公司董事会成员的批复
温鹿政发62号	关于置信广场建筑工地“12·5”高处坠落事故调查报告的批复
温鹿政发63号	关于公布2014年度鹿城区专利示范企业认定和复审结果的通知
温鹿政发64号	关于温州市鹿城区双屿腾亚鞋厂“8·5”人员坠落升降机井道事故调查报告的批复
温鹿政发65号	关于温州市李春兰拉链有限公司“8·29”触电事故调查报告的批复

续表23

文号	文件标题
温鹿政发66号	关于温州市开来环卫运输有限公司“5·25”死亡事故调查报告的批复
温鹿政发67号	关于温州市俊南建筑材料有限公司“11·30”物体打击事故调查报告的批复
温鹿政发68号	关于公布鹿城轻工产业园区工业投资项目“负面清单”（2014版）的通知
温鹿政发69号	关于印发鹿城区扶持农业发展若干政策（试行）的通知
温鹿政发70号	关于进一步规范业主大会和业主委员会活动的实施意见
温鹿政发71号	关于部分区政府领导分工调整的通知
温鹿政发72号	关于印发鹿城区健康服务业发展规划（2014—2020年）的通知
温鹿政发73号	关于鹿城区马鞍池东路与山前街交叉路口“11·24”燃气爆燃事故调查报告的批复
温鹿政发74号	关于温州市吴桥路拓宽工程A-2地块安置房建设工程“3·4”物体打击事故调查报告的批复
温鹿政发75号	关于同意温州市鹿城区上戍乡中学等10所学校更名的批复
温鹿政发78号	关于温州市鹿城区重点区域火灾等安全事故防控综合治理体系建设的实施意见
温鹿政发79号	关于认定首批鹿城区信用管理示范企业和信用管理先进企业的通知
温鹿政发80号	关于张丕容无证施工队“11·9”高处坠落事故调查报告的批复
温鹿政发81号	关于浙江长城减速机有限公司“3·6”机械伤害事故调查报告的批复
温鹿政发82号	关于海光木材店“6·15”触电事故调查报告的批复
温鹿政发83号	关于命名2014年度鹿城区级生态村的通知
温鹿政发84号	关于印发鹿城区创建“无违建区”活动实施方案的通知
温鹿政发85号	关于授权鹿城区质量技术监督局负责温州伟明环保能源有限公司“10·31”起重机撞击人员安全事故调查处理工作的通知
温鹿政发86号	关于公布2014年度温州市鹿城区企业技术研究开发中心的通知
温鹿政发87号	关于加强食品安全基层责任网络建设的实施意见
温鹿政发88号	关于同意双屿街道社区调整方案的批复

2014年区政协重要文件目录

表24

文号	文件标题
温鹿政协1号	关于印发《政协温州市鹿城区委员会2014年工作要点》和《政协温州市鹿城区委员会2014年重点工作任务分解表》的通知
温鹿政协2号	印发《关于开展“政协联动、委员同行、助推五水共治”专项集体民主监督实施方案》的通知
温鹿政协3号	关于同意黄克敌同志辞去政协第八届温州市鹿城区委员会常务委员的决定
温鹿政协4号	关于朱国榜等同志职务任免的通知
温鹿政协5号	关于调整政协第八届温州市鹿城区委员会各专门委员会组成人员的决定
温鹿政协6号	关于调整政协第八届温州市鹿城区委员会各委员小组组长、副组长的决定
温鹿政协7号	关于公布政协第八届温州市鹿城区委员会增选常务委员当选名单的通知
温鹿政协9号	关于朱谧娜等同志任职的通知
温鹿政协10号	关于卜红升等同志职务任免的决定

（编辑　王剑峰）

索 引

一、本索引采用主题索引、数字索引和表索引。

二、主题索引中文标目按汉语拼音顺序排列，同音字按笔画数从少到多排列。第一字相同，按第二字音序排列，依次类推。

三、数字索引按阿拉伯数字的大小顺序排列。

四、表索引按表号的顺序排列。

五、标目后的阿拉伯数字表示内容所在页码。

六、本年鉴的“特载”“特辑”“大事记”“机构及其负责人”“附录”均未作索引。

主题索引

A

B

C

K

T

数字索引

表格索引

撰稿人（以姓氏笔画为序）

于　丰　中国太平洋财产保险股份有限公司温州市鹿城支公司
毛飞龙　双屿街道
王　凯　区人武部
王　玺　区民政局
王月湖　工商银行鹿城支行
王陈淼　区机械联合会
王晓卯　区农林水利局
王浦仁　区农林水利局
王惠文　移动鹿城分公司
王琪琦　区服装行业协会
王琼玛　区市场监督管理局
王颖颖　区交通运输局
邓益萌　区公安分局
卢承承　区台办、区台联
厉希超　区府办
厉绿茸　南汇街道
叶　胜　九三学社鹿城基层委员会
叶　素　区商业零售业协会
叶　莹　区妇联
叶　琳　区人武部
叶心宇　区农林水利局
叶长春　区餐饮协会
叶仲伟　市邮政局
叶丽琼　区文联
叶碧茜　区编委办
伍为民　市美容美发行业协会
伍育莹　区环保局
伍祥来　区农林水利局
刘　琰　区慈善总会
刘春光　区卫生局
刘峻辉　区人武部
刘新美　区农林水利局
吕绚梦　联通鹿城分公司
孙　冰　区信访局
孙浙碧　市公园管理处
朱　进　区个人护理电器行业协会
朱　静　区温瑞塘河管委会
朱乐敏　邮政储蓄银行鹿城支行
朱施琰　市公安消防局鹿城区分局
朱德君　双屿街道建设工作委员会
何　丹　民进鹿城总支委员会
何永旺　区电子信息行业协会
何忠侯　区残联

撰稿人（以姓氏笔画为序）

余冰梅　区卫生局
余德松　民革鹿城总支委员会
吴昉昉　温州银行鹿城管理分部
吴敏乐　区金融协会
吴道人　区政协
吴黛芮　鹿城轻工产业园区管委会
应天虹　农业银行鹿城支行
张　婷　区人防办
张　超　七都街道
张成康　市文体用品商会
张克慧　中信银行鹿城支行
张纯纯　区药业协会
张信旺　区卫生局
张祖南　区印刷行业协会
张梦迪　区国土资源局
张维特　区卫生局
张微忠　区农林水利局
张旗成　区人民法院
李　前　区外事办
李　艳　市会展行业协会
李　慧　区房屋征收管理办公室
李冬冬　区安全生产监督局
李宏伟　兴业银行鹿城支行
李岳松　区党史研究室
李焕乐　区委政法委
李紫怡　新的社会阶层人士联谊会
李德省　区民族宗教事务局
李璐颖　团区委
杨　庆　区地税局
杨丽琴　区司法局
杨连庆　市住房公积金管理中心鹿城管理部
杨晓泉　松台街道
肖恩杰　民建鹿城总支委员会
邱明达　区城管与行政执法局
邹立敏　区红十字会
邹园园　区社科联
邹泉全　区物业管理总公司
邵　颖　市（区）打火机行业协会
邵澈尘　区风景旅游管理局
陈　峰　区人武部
陈　桑　市工艺美术行业协会
陈　晨　党外知识分子联谊会
陈　嫣　区侨联
陈芳芳　区人民检察院

陈芳芳　区发展和改革局
陈定毅　市运管局
陈秉杰　区农林水利局
陈郁芳　温州金属材料流通商会
陈春燕　区广电新闻中心
陈显建　五马街道
陈鸿升　区老干部局
陈博文　区金融工作办公室
陈腾超　区人大
陈慧慧　区委宣传部
卓晨柳　市规划局鹿城分局
单海峰　区科技局
周　远　区统战部
周围乐　区审计局
周灏渊　区纪委
巫一帆　市江滨路鹿城段工程建设指挥部
林　玲　区档案局
林　琦　区商务局
林倩倩　市滨江商务区改建办公室
林晓炎　区农林水利局
林雪静　区统计局
林崇崇　滨江街道
林淑乐　市粮食局
欧李雪　电信鹿城分局
郑　雪　区总工会
郑怀志　区委组织部
金　红　农工鹿城总支委员会
金丹辉　区民政局
金传坚　区档案局
金依依　建设银行鹿城支行
金忠克　鹿城区关心下一代工作委员会
金倩倩　区化工行业协会
金颖娅　藤桥镇
赵陈杰　区委办
姜微微　区行政审批管理办公室
施胜闯　区农林水利局
施晓丰　区农林水利局
洪招朋　市汽车流通协会
洪瑞楣　区化工行业协会
胡阿斌　温州市保险行业协会
胡剑珊　区质量技术监督局
胡荣辉　区印刷行业协会
胡锦美　区眼镜行业协会
倪玉兰　区国税局

撰稿人（以姓氏笔画为序）

唐时钊　区新居民服务管理局
夏　谊　市摄影行业协会
徐　丹　鹿城农村合作银行
徐如玉　鹿城仓储有限公司
殷光仲　区人武部
秦　密　区人口和计划生育局
秦　臻　区侨办
秦声龙　区电镀行业协会
郭　静　区市场开发服务中心
郭作仁　区五金行业协会、区制革行业协会
郭和意　区国内经济合作办公室
钱伊甸　区医疗器械行业协会
高慧静　仰义街道
黄　文　区鞋业协会
黄　影　区教育局
黄　河　区农林水利局
黄　彦　区住房和城乡建设局
黄小青　人寿城区团险专支公司
黄祖伦　台州银行鹿城支行
黄海燕　市家电电器商会
傅云云　民盟鹿城总支委员会
傅佳甄　区文明办
程　红　区文广新局
程劲钢　区农林水利局
董陈坚　区人力资源和社会保障局
董晓海　区公安分局
董翻身　市家电电器商会
谢海峰　区农林水利局
虞海丹　区机关事务管理局
虞海萍　区卫生局
鲍海清　区农林水利局
蔡　丹　区法制办
蔡建德　鹿城城市发展有限公司
蔡明伟　区经济和信息化局
潘　旻　区财政局
潘中慧　市房产管理局鹿城分局
潘光荣　区旅馆协会
潘崇亮　市证券期货业协会
戴向前　区供销合作社
戴哲人　区直属机关工委
戴海帆　市菜篮子集团
戴蓓玮　区体育局
戴震宇　区工商联